SV

Hermann Hesse
Die schönsten
Erzählungen

Suhrkamp Verlag

Zusammengestellt von Volker Michels

Einmalige Sonderausgabe 2006
© Suhrkamp Verlag Frankfurt am Main 2002
Der Text folgt den Bänden 6-8 der Sämtlichen Werke von Hermann Hesse.
© Suhrkamp Verlag Frankfurt am Main 2001
Alle Rechte vorbehalten, insbesondere das der
Übersetzung, des öffentlichen Vortrags sowie der
Übertragung durch Rundfunk und Fernsehen,
auch einzelner Teile.
Kein Teil des Werkes darf in irgendeiner Form
(durch Fotografie, Mikrofilm oder andere Verfahren)
ohne schriftliche Genehmigung des Verlages
reproduziert oder unter Verwendung elektronischer
Systeme verarbeitet, vervielfältigt oder verbreitet werden.
Satz: pagina GmbH, Tübingen
Druck: GGP Media GmbH, Pößneck
Printed in Germany

ISBN 978-3-518-07056-7
ISBN 3-518-07056-8

Inhalt

Der Wolf 7
Aus Kinderzeiten 11
In der alten Sonne 29
Der Lateinschüler 70
Heumond 101
Das erste Abenteuer 138
Casanovas Bekehrung 143
Hans Dierlamms Lehrzeit 169
Taedium vitae 196
Die Verlobung 217
Die Stadt 235
Doktor Knölges Ende 241
Pater Matthias 248
Der Weltverbesserer 276
Das Nachtpfauenauge 307
Robert Aghion 314
Der Zyklon 347
Autorenabend 363
Wenn der Krieg noch zwei Jahre dauert 371
Kinderseele 378
Die Fremdenstadt im Süden 409
Der Bettler 414
Unterbrochene Schulstunde 433
Kaminfegerchen 449

Quellennachweis 455

Der Wolf

Noch nie war in den französischen Bergen ein so unheimlich kalter und langer Winter gewesen. Seit Wochen stand die Luft klar, spröde und kalt. Bei Tage lagen die großen, schiefen Schneefelder mattweiß und endlos unter dem grellblauen Himmel, nachts ging klar und klein der Mond über sie hinweg, ein grimmiger Frostmond von gelbem Glanz, dessen starkes Licht auf dem Schnee blau und dumpf wurde und wie der leibhaftige Frost aussah. Die Menschen mieden alle Wege und namentlich die Höhen, sie saßen träge und schimpfend in den Dorfhütten, deren rote Fenster nachts neben dem blauen Mondlicht rauchig trüb erschienen und bald erloschen.

Das war eine schwere Zeit für die Tiere der Gegend. Die kleineren erfroren in Menge, auch Vögel erlagen dem Frost, und die hageren Leichname fielen den Habichten und Wölfen zur Beute. Aber auch diese litten furchtbar an Frost und Hunger. Es lebten nur wenige Wolfsfamilien dort, und die Not trieb sie zu festerem Verband. Tagsüber gingen sie einzeln aus. Da und dort strich einer über den Schnee, mager, hungrig und wachsam, lautlos und scheu wie ein Gespenst. Sein schmaler Schatten glitt neben ihm über die Schneefläche. Spürend reckte er die spitze Schnauze in den Wind und ließ zuweilen ein trockenes, gequältes Geheul vernehmen. Abends aber zogen sie vollzählig aus und drängten sich mit heiserem Heulen um die Dörfer. Dort war Vieh und Geflügel wohlverwahrt, und hinter festen Fensterladen lagen Flinten angelegt. Nur selten fiel eine kleine Beute, etwa ein Hund, ihnen zu, und zwei aus der Schar waren schon erschossen worden.

Der Frost hielt immer noch an. Oft lagen die Wölfe still und brütend beisammen, einer am andern sich wärmend, und lauschten beklommen in die tote Öde hinaus, bis einer, von den grausamen Qualen des Hungers gefoltert, plötzlich mit schauerlichem Gebrüll aufsprang. Dann wandten alle anderen ihm die Schnauze zu, zitterten und brachen miteinander in ein furchtbares, drohendes und klagendes Heulen aus.

Endlich entschloß sich der kleinere Teil der Schar, zu wandern. Früh am Tage verließen sie ihre Löcher, sammelten sich und schnoberten erregt und angstvoll in die frostkalte Luft. Dann trabten sie rasch und gleichmäßig davon. Die Zurückgebliebenen sahen ihnen mit weiten, glasigen Augen nach, trabten ein paar Dutzend Schritte hinterher, blieben unschlüssig und ratlos stehen und kehrten langsam in ihre leeren Höhlen zurück.

Die Auswanderer trennten sich am Mittag voneinander. Drei von ihnen wandten sich östlich dem Schweizer Jura zu, die anderen zogen südlich weiter. Die drei waren schöne, starke Tiere, aber entsetzlich abgemagert. Der eingezogene helle Bauch war schmal wie ein Riemen, auf der Brust standen die Rippen jämmerlich heraus, die Mäuler waren trocken und die Augen weit und verzweifelt. Zu dreien kamen sie weit in den Jura hinein, erbeuteten am zweiten Tag einen Hammel, am dritten einen Hund und ein Füllen und wurden von allen Seiten her wütend vom Landvolk verfolgt. In der Gegend, welche reich an Dörfern und Städten ist, verbreitete sich Schrecken und Scheu vor den ungewohnten Eindringlingen. Die Postschlitten wurden bewaffnet, ohne Gewehr ging niemand von einem Dorf zum anderen. In der fremden Gegend, nach so guter Beute, fühlten sich die drei Tiere zugleich scheu und wohl; sie wurden tollkühner als je zu Hause und brachen am hellen Tage in den Stall eines Meierhofes. Gebrüll von Kühen, Geknatter splitternder Holzschranken, Hufegetrampel und heißer, lechzender Atem erfüllten den engen, warmen Raum. Aber diesmal kamen Menschen dazwischen. Es war ein Preis auf die Wölfe gesetzt, das verdoppelte den Mut der Bauern. Und sie erlegten zwei von ihnen, dem einen ging ein Flintenschuß durch den Hals, der andere wurde mit einem Beil erschlagen. Der dritte entkam und rannte so lange, bis er halbtot auf den Schnee fiel. Er war der jüngste und schönste von den Wölfen, ein stolzes Tier von mächtiger Kraft und gelenken Formen. Lange blieb er keuchend liegen. Blutig rote Kreise wirbelten vor seinen Augen, und zuweilen stieß er ein pfeifendes, schmerzliches Stöhnen aus. Ein Beilwurf hatte ihm den Rücken getroffen. Doch erholte er sich und konnte sich wieder erheben. Erst jetzt sah er, wie weit er gelaufen war. Nirgends waren Menschen oder Häuser zu sehen. Dicht vor ihm lag ein verschneiter, mächtiger Berg. Es war der Chasseral. Er beschloß, ihn zu umgehen. Da ihn Durst quälte, fraß er kleine Bissen von der gefrorenen, harten Kruste der Schneefläche.

Jenseits des Berges traf er sogleich auf ein Dorf. Es ging gegen Abend. Er wartete in einem dichten Tannenforst. Dann schlich er vorsichtig um die Gartenzäune, dem Geruch warmer Ställe folgend. Niemand war auf der Straße. Scheu und lüstern blinzelte er zwischen den Häusern hindurch. Da fiel ein Schuß. Er warf den Kopf in die Höhe und griff zum Laufen aus, als schon ein zweiter Schuß knallte. Er war getroffen. Sein weißlicher Unterleib war an der Seite mit Blut befleckt, das in dicken Tropfen zäh herabrieselte. Dennoch gelang es ihm, mit großen Sätzen zu entkommen und den jenseitigen Bergwald zu erreichen. Dort wartete er horchend einen Augenblick und hörte von zwei Seiten Stimmen und Schritte. Angstvoll blickte er am Berg empor. Er war steil, bewaldet und mühselig zu ersteigen. Doch blieb ihm keine Wahl. Mit keuchendem Atem klomm er die steile Bergwand hinan, während unten ein Gewirr von Flüchen, Befehlen und Laternenlichtern sich den Berg entlangzog. Zitternd kletterte der verwundete Wolf durch den halbdunkeln Tannenwald, während aus seiner Seite langsam das braune Blut hinabrann.

Die Kälte hatte nachgelassen. Der westliche Himmel war dunstig und schien Schneefall zu versprechen.

Endlich hatte der Erschöpfte die Höhe erreicht. Er stand nun auf einem leicht geneigten, großen Schneefeld, nahe bei Mont Crosin, hoch über dem Dorf, dem er entronnen. Hunger fühlte er nicht, aber einen trüben, klammernden Schmerz von der Wunde. Ein leises, krankes Gebell kam aus seinem hängenden Maul, sein Herz schlug schwer und schmerzhaft und fühlte die Hand des Todes wie eine unsäglich schwere Last auf sich drükken. Eine einzeln stehende breitästige Tanne lockte ihn; dort setzte er sich und starrte trübe in die graue Schneenacht. Eine halbe Stunde verging. Nun fiel ein mattrotes Licht auf den Schnee, sonderbar und weich. Der Wolf erhob sich stöhnend und wandte den schönen Kopf dem Licht entgegen. Es war der Mond, der im Südost riesig und blutrot sich erhob und langsam am trüben Himmel höher stieg. Seit vielen Wochen war er nie so rot und groß gewesen. Traurig hing das Auge des sterbenden Tieres an der matten Mondscheibe, und wieder röchelte ein schwaches Heulen schmerzlich und tonlos in die Nacht.

Da kamen Lichter und Schritte nach. Bauern in dicken Mänteln,

Jäger und junge Burschen in Pelzmützen und mit plumpen Gamaschen stapften durch den Schnee. Gejauchze erscholl. Man hatte den verendenden Wolf entdeckt, zwei Schüsse wurden auf ihn abgedrückt und beide fehlten. Dann sahen sie, daß er schon im Sterben lag, und fielen mit Stöcken und Knüppeln über ihn her. Er fühlte es nicht mehr.

Mit zerbrochenen Gliedern schleppten sie ihn nach St. Immer hinab. Sie lachten, sie prahlten, sie freuten sich auf Schnaps und Kaffee, sie sangen, sie fluchten. Keiner sah die Schönheit des verschneiten Forstes, noch den Glanz der Hochebene, noch den roten Mond, der über dem Chasseral hing und dessen schwaches Licht in ihren Flintenläufen, in den Schneekristallen und in den gebrochenen Augen des erschlagenen Wolfes sich brach. *(1903)*

Aus Kinderzeiten

Der ferne braune Wald hat seit wenigen Tagen einen heiteren
Schimmer von jungem Grün; am Lettensteg fand ich heute die
erste halberschlossene Primelblüte; am feuchten klaren Himmel
träumen die sanften Aprilwolken, und die weiten, kaum ge-
pflügten Äcker sind so glänzend braun und breiten sich der
lauen Luft so verlangend entgegen, als hätten sie Sehnsucht, zu
empfangen und zu treiben und ihre stummen Kräfte in tausend
grünen Keimen und aufstrebenden Halmen zu erproben, zu
fühlen und wegzuschenken. Alles wartet, alles bereitet sich vor,
alles träumt und sproßt in einem feinen, zärtlich drängenden
Werdefieber – der Keim der Sonne, die Wolke dem Acker, das
junge Gras den Lüften entgegen. Von Jahr zu Jahr steh ich um
diese Zeit mit Ungeduld und Sehnsucht auf der Lauer, als müßte
ein besonderer Augenblick mir das Wunder der Neugeburt erschließen, als müsse es geschehen, daß ich einmal, eine Stunde
lang, die Offenbarung der Kraft und der Schönheit ganz sähe
und begriffe und miterlebte, wie das Leben lachend aus der Erde
springt und junge große Augen zum Licht aufschlägt. Jahr für
Jahr auch tönt und duftet das Wunder an mir vorbei, geliebt und
angebetet – und unverstanden; es ist da, und ich sah es nicht
kommen, ich sah nicht die Hülle des Keimes brechen und den
ersten zarten Quell im Lichte zittern. Blumen stehen plötzlich
allerorten, Bäume glänzen mit lichtem Laub oder mit schaumig
weißer Blust, und Vögel werfen sich jubelnd in schönen Bogen
durch die warme Bläue. Das Wunder ist erfüllt, ob ich es auch
nicht gesehen habe, Wälder wölben sich, und ferne Gipfel rufen,
und es ist Zeit, Stiefel und Tasche, Angelstock und Ruderzeug zu
rüsten und sich mit allen Sinnen des jungen Jahres zu freuen, das
jedesmal schöner ist, als es jemals war, und das jedesmal eiliger
zu schreiten scheint. – Wie lang, wie unerschöpflich lang ist ein
Frühling vorzeiten gewesen, als ich noch ein Knabe war!
Und wenn die Stunde es gönnt und mein Herz guter Dinge ist,
leg ich mich lang ins feuchte Gras oder klettere den nächsten
tüchtigen Stamm hinan, wiege mich im Geäst, rieche den Knos-
penduft und das frische Harz, sehe Zweigenetz und Grün und
Blau sich über mir verwirren und trete traumwandelnd als ein

11

stiller Gast in den seligen Garten meiner Knabenzeit. Das gelingt so selten und ist so köstlich, einmal wieder sich dort hinüberzuschwingen und die klare Morgenluft der ersten Jugend zu atmen und noch einmal, für Augenblicke, die Welt so zu sehen, wie sie aus Gottes Händen kam und wie wir alle sie in Kinderzeiten gesehen haben, da in uns selber das Wunder der Kraft und der Schönheit sich entfaltete.

Da stiegen die Bäume so freudig und trotzig in die Lüfte, da sproß im Garten Narziß und Hyazinth so glanzvoll schön; und die Menschen, die wir noch so wenig kannten, begegneten uns zart und gütig, weil sie auf unserer glatten Stirn noch den Hauch des Göttlichen fühlten, von dem wir nichts wußten und das uns ungewollt und ungewußt im Drang des Wachsens abhanden kam. Was war ich für ein wilder und ungebändigter Bub, wieviel Sorgen hat der Vater von klein auf um mich gehabt und wieviel Angst und Seufzen die Mutter! – und doch lag auch auf meiner Stirne Gottes Glanz, und was ich ansah, war schön und lebendig, und in meinen Gedanken und Träumen, auch wenn sie gar nicht frommer Art waren, gingen Engel und Wunder und Märchen geschwisterlich aus und ein.

Mir ist aus Kinderzeiten her mit dem Geruch des frischgepflügten Ackerlandes und mit dem keimenden Grün der Wälder eine Erinnerung verknüpft, die mich in jedem Frühling heimsucht und mich nötigt, jene halbvergessene und unbegriffene Zeit für Stunden wieder zu leben. Auch jetzt denke ich daran und will versuchen, wenn es möglich ist, davon zu erzählen.

In unserer Schlafkammer waren die Läden zu, und ich lag im Dunkel halbwach, hörte meinen kleinen Bruder neben mir in festen, gleichen Zügen atmen und wunderte mich wieder darüber, daß ich bei geschlossenen Augen statt des schwarzen Dunkels lauter Farben sah, violette und trübdunkelrote Kreise, die beständig weiter wurden und in die Finsternis zerflossen und beständig von innen her quellend sich erneuerten, jeder von einem dünnen gelben Streifen umrändert. Auch horchte ich auf den Wind, der von den Bergen her in lauen, lässigen Stößen kam und weich in den großen Pappeln wühlte und sich zuzeiten schwer gegen das ächzende Dach lehnte. Es tat mir wieder leid, daß Kinder nachts nicht aufbleiben und hinausgehen oder wenigstens am

Fenster sein dürfen, und ich dachte an eine Nacht, in der die
Mutter vergessen hatte, die Läden zu schließen.

Da war ich mitten in der Nacht aufgewacht und leise aufgestanden und mit Zagen ans Fenster gegangen, und vor dem Fenster
war es seltsam hell, gar nicht schwarz und todesfinster, wie ich's
mir vorgestellt hatte. Es sah alles dumpf und verwischt und traurig aus, große Wolken stöhnten über den ganzen Himmel und
die bläulich-schwarzen Berge schienen mitzufluten, als hätten
sie alle Angst und strebten davon, um einem nahenden Unglück
zu entrinnen. Die Pappeln schliefen und sahen ganz matt aus wie
etwas Totes oder Erloschenes, auf dem Hof aber stand wie sonst
die Bank und der Brunnentrog und der junge Kastanienbaum,
auch sie ein wenig müd und trüb. Ich wußte nicht, ob es kurz
oder lang war, daß ich im Fenster saß und in die bleiche ver-
wandelte Welt hinüberschaute; da fing in der Nähe ein Tier zu
klagen an, ängstlich und weinerlich. Es konnte ein Hund oder
auch ein Schaf oder Kalb sein, das erwacht war und im Dunkeln
Angst verspürte. Sie faßte auch mich, und ich floh in meine
Kammer und in mein Bett zurück, ungewiß, ob ich weinen sollte
oder nicht. Aber ehe ich dazu kam, war ich eingeschlafen.

Das alles lag jetzt wieder rätselhaft und lauernd draußen, hinter
den verschlossenen Läden, und es wäre so schön und gefährlich
gewesen, wieder hinauszusehen. Ich stellte mir die trüben
Bäume wieder vor, das müde, ungewisse Licht, den verstummten Hof, die samt den Wolken fortfliehenden Berge, die fahlen
Streifen am Himmel und die bleiche, undeutlich in die graue
Weite verschimmernde Landstraße. Da schlich nun, in einen
großen, schwarzen Mantel verhüllt, ein Dieb, oder ein Mörder,
oder es war jemand verirrt und lief dort hin und her, von der
Nacht geängstigt und von Tieren verfolgt. Es war vielleicht ein
Knabe, so alt wie ich, der verlorengegangen oder fortgelaufen
oder geraubt worden oder ohne Eltern war, und wenn er auch
Mut hatte, so konnte doch der nächste Nachtgeist ihn umbringen oder der Wolf ihn holen. Vielleicht nahmen ihn auch die
Räuber mit in den Wald, und er wurde selber ein Räuber, bekam
ein Schwert oder eine zweiläufige Pistole, einen großen Hut und
hohe Reiterstiefel.

Von hier war es nur noch ein Schritt, ein willenloses Sichfallen-
lassen, und ich stand im Träumeland und konnte alles mit Augen

sehen und mit Händen anfassen, was jetzt noch Erinnerung und Gedanke und Phantasie war.

Ich schlief aber nicht ein, denn in diesem Augenblick floß durch das Schlüsselloch der Kammertür, aus der Schlafstube der Eltern her, ein dünner, roter Lichtstrom zu mir herein, füllte die Dunkelheit mit einer schwachen zitternden Ahnung von Licht und malte auf die plötzlich matt aufschimmernde Tür des Kleiderkastens einen gelben, zackigen Fleck. Ich wußte, daß jetzt der Vater ins Bett ging. Sachte hörte ich ihn in Strümpfen herumlaufen, und gleich darauf vernahm ich auch seine gedämpfte tiefe Stimme. Er sprach noch ein wenig mit der Mutter.

»Schlafen die Kinder?« hörte ich ihn fragen.

»Ja, schon lang«, sagte die Mutter, und ich schämte mich, daß ich nun doch wach war. Dann war es eine Weile still, aber das Licht brannte fort. Die Zeit wurde mir lang, und der Schlummer wollte mir schon bis in die Augen steigen, da fing die Mutter noch einmal an.

»Hast auch nach dem Brosi gefragt?«

»Ich hab ihn selber besucht«, sagte der Vater. »Am Abend bin ich dort gewesen. Der kann einem leid tun.«

»Geht's denn so schlecht?«

»Ganz schlecht. Du wirst sehen, wenn's Frühjahr kommt, wird es ihn wegnehmen. Er hat schon den Tod im Gesicht.«

»Was denkst du«, sagt die Mutter, »soll ich den Buben einmal hinschicken? Es könnt vielleicht gut tun.«

»Wie du willst«, meinte der Vater, »aber nötig ist's nicht. Was versteht so ein klein Kind davon?«

»Also gut Nacht.«

»Ja, gut Nacht.«

Das Licht ging aus, die Luft hörte auf zu zittern, Boden und Kastentür waren wieder dunkel, und wenn ich die Augen zumachte, konnte ich wieder violette und dunkelrote Ringe mit einem gelben Rand wogen und wachsen sehen.

Aber während die Eltern einschliefen und alles still war, arbeitete meine plötzlich erregte Seele mächtig in die Nacht hinein. Das halbverstandene Gespräch war in sie gefallen wie eine Frucht in den Teich, und nun liefen schnellwachsende Kreise eilig und ängstlich über sie hinweg und machten sie vor banger Neugierde zittern.

Der Brosi, von dem die Eltern gesprochen hatten, war fast aus meinem Gesichtskreis verloren gewesen, höchstens war er noch eine matte, beinahe schon verglühte Erinnerung. Nun rang er sich, dessen Namen ich kaum mehr gewußt hatte, langsam kämpfend empor und wurde wieder zu einem lebendigen Bild. Zuerst wußte ich nur, daß ich diesen Namen früher einmal oft gehört und selber gerufen habe. Dann fiel ein Herbsttag mir ein, an dem ich von jemand Äpfel geschenkt bekommen hatte. Da erinnerte ich mich, daß das Brosis Vater gewesen sei, und da wußte ich plötzlich alles wieder.

Ich sah also einen hübschen Knaben, ein Jahr älter, aber nicht größer als ich, der hieß Brosi. Vielleicht vor einem Jahre war sein Vater unser Nachbar und der Bub mein Kamerad geworden; doch reichte mein Gedächtnis nimmer dahin zurück. Ich sah ihn wieder deutlich: er trug eine gestrickte blaue Wollkappe mit zwei merkwürdigen Hörnern, und er hatte immer Äpfel oder Schnitzbrot im Sack, und er hatte gewöhnlich einen Einfall und ein Spiel und einen Vorschlag parat, wenn es anfangen wollte, langweilig zu werden. Er trug eine Weste, auch werktags, worum ich ihn sehr beneidete, und früher hatte ich ihm fast gar keine Kraft zugetraut, aber da hieb er einmal den Schmiedsbarzle vom Dorf, der ihn wegen seiner Hörnerkappe verhöhnte (und die Kappe war von seiner Mutter gestrickt), jämmerlich durch, und dann hatte ich eine Zeitlang Angst vor ihm. Er besaß einen zahmen Raben, der hatte aber im Herbst zu viel junge Kartoffeln ins Futter bekommen und war gestorben, und wir hatten ihn begraben. Der Sarg war eine Schachtel, aber sie war zu klein, der Deckel ging nicht mehr drüber, und ich hielt eine Grabrede wie ein Pfarrer, und als der Brosi dabei anfing zu weinen, mußte mein kleiner Bruder lachen; da schlug ihn der Brosi, da schlug ich ihn wieder, der Kleine heulte, und wir liefen auseinander, und nachher kam Brosis Mutter zu uns herüber und sagte, es täte ihm leid, und wenn wir morgen nachmittag zu ihr kommen wollten, so gäbe es Kaffee und Hefekranz, er sei schon im Ofen. Und bei dem Kaffee erzählte der Brosi uns eine Geschichte, die fing mittendrin immer wieder von vorne an, und obwohl ich die Geschichte nie behalten konnte, mußte ich doch lachen, sooft ich daran dachte.

Das war aber nur der Anfang. Es fielen mir zu gleicher Zeit

tausend Erlebnisse ein, alle aus dem Sommer und Herbst, wo
Brosi mein Kamerad gewesen war, und alle hatte ich in den paar
Monaten, seit er nimmer kam, so gut wie vergessen. Nun dran-
gen sie von allen Seiten her, wie Vögel, wenn man im Winter
Körner wirft, alle zugleich, ein ganzes Gewölk.

Es fiel mir der glänzende Herbsttag wieder ein, an dem des
Dachtelbauers Turmfalk aus der Remise durchgegangen war.
Der beschnittene Flügel war ihm gewachsen, das messingene
Fußkettlein hatte er durchgerieben und den engen finsteren
Schuppen verlassen. Jetzt saß er dem Haus gegenüber ruhig auf
einem Apfelbaum, und wohl ein Dutzend Leute stand auf der
Straße davor, schaute hinauf und redete und machte Vorschläge.
Da war uns Buben sonderbar beklommen zumute, dem Brosi
und mir, wie wir mit allen anderen Leuten dastanden und den
Vogel anschauten, der still im Baume saß und scharf und kühn
herabäugte. »Der kommt nicht wieder«, rief einer. Aber der
Knecht Gottlob sagte: »Fliegen, wann er noch könnt, dann wär
er schon lang über Berg und Tal.« Der Falk probierte, ohne den
Ast mit den Krallen loszulassen, mehrmals seine großen Flügel;
wir waren schrecklich aufgeregt, und ich wußte selber nicht, was
mich mehr freuen würde, wenn man ihn finge oder wenn er
davonkäme. Schließlich wurde vom Gottlob eine Leiter angelegt, der Dachtelbauer stieg selber hinauf und streckte die Hand
nach seinem Falken aus. Da ließ der Vogel den Ast fahren und
fing an, stark mit den Flügeln zu flattern. Da schlug uns Knaben
das Herz so laut, daß wir kaum atmen konnten; wir starrten
bezaubert auf den schönen, flügelschlagenden Vogel, und dann
kam der herrliche Augenblick, daß der Falke ein paar große
Stöße tat, und wie er sah, daß er noch fliegen konnte, stieg er
langsam und stolz in großen Kreisen höher und höher in die
Luft, bis er so klein wie eine Feldlerche war und still im flim-
mernden Himmel verschwand. Wir aber, als die Leute schon
lang verlaufen waren, standen noch immer da, hatten die Köpfe
nach oben gestreckt und suchten den ganzen Himmel ab, und da
tat der Brosi plötzlich einen hohen Freudensatz in die Luft und
schrie dem Vogel nach: »Flieg du, flieg du, jetzt bist du wieder
frei.«

Auch an den Karrenschuppen des Nachbars mußte ich denken.
In dem hockten wir, wenn es so recht herunterregnete, im Halb-

dunkel beisammengekauert, hörten dem Klingen und Tosen des Platzregens zu und betrachteten den Hofboden, wo Bäche, Ströme und Seen entstanden und sich ergossen und durchkreuzten und veränderten. Und einmal, als wir so hockten und lauschten, fing der Brosi an und sagte: »Du, jetzt kommt die Sündflut, was machen wir jetzt? Also alle Dörfer sind schon ertrunken, das Wasser geht jetzt schon bis an den Wald.« Da dachten wir uns alles aus, spähten im Hof umher, horchten auf den schüttenden Regen und vernahmen darin das Brausen ferner Wogen und Meeresströmungen. Ich sagte, wir müßten ein Floß aus vier oder fünf Balken machen, das würde uns zwei schon tragen. Da schrie mich der Brosi aber an: »So, und dein Vater und die Mutter, und mein Vater und meine Mutter, und die Katz und dein Kleiner? Die nimmst nicht mit?« Daran hatte ich in der Aufregung und Gefahr freilich nicht gedacht, und ich log zur Entschuldigung: »Ja, ich hab mir gedacht, die seien alle schon untergegangen.« Er aber wurde nachdenklich und traurig, weil er sich das deutlich vorstellte, und dann sagte er: »Wir spielen jetzt was anderes.«

Und damals, als sein armer Rabe noch am Leben war und überall herumhüpfte, hatten wir ihn einmal in unser Gartenhaus mitgenommen, wo er auf den Querbalken gesetzt wurde und hin und her lief, weil er nicht herunterkonnte. Ich streckte ihm den Zeigefinger hin und sagte im Spaß: »Da, Jakob, beiß!« Da hackte er mich in den Finger. Es tat nicht besonders weh, aber ich war zornig geworden und schlug nach ihm und wollte ihn strafen. Der Brosi packte mich aber um den Leib und hielt mich fest, bis der Vogel, der in der Angst vom Balken heruntergeflügelt war, sich hinausgerettet hatte. »Laß mich los«, schrie ich, »er hat mich gebissen«, und rang mit ihm.

»Du hast selber zu ihm gesagt: Jakob beiß!« rief der Brosi und erklärte mir deutlich, der Vogel sei ganz in seinem Recht gewesen. Ich war ärgerlich über seine Schulmeisterei, sagte »meinetwegen« und beschloß aber im stillen, mich ein anderes Mal an dem Raben zu rächen.

Nachher, als Brosi schon aus dem Garten und halbwegs daheim war, rief er mir noch einmal und kehrte um, und ich wartete auf ihn. Er kam her und sagte: »Du, gelt, du versprichst mir ganz gewiß, daß du dem Jakob nichts mehr tust?« Und als ich keine

Antwort gab und trotzig war, versprach er mir zwei große Äpfel, und ich nahm an, und dann ging er heim.

Gleich darauf wurden auf dem Baum in seines Vaters Garten die ersten Jakobiäpfel reif; da gab er mir die versprochenen zwei Äpfel, von den schönsten und größten. Ich schämte mich jetzt und wollte sie nicht gleich annehmen, bis er sagte: »Nimm doch, es ist ja nicht mehr wegen dem Jakob, ich hätt sie dir auch so gegeben, und dein Kleiner kriegt auch einen.« Da nahm ich sie.

Aber einmal waren wir den ganzen Nachmittag auf dem Wiesenland herumgesprungen und dann in den Wald hineingegangen, wo unter dem Gebüsch weiches Moos wuchs. Wir waren müd und setzten uns auf den Boden. Ein paar Fliegen sumsten über einem Pilz, und allerlei Vögel flogen; von denen kannten wir einige, die meisten aber nicht; auch hörten wir einen Specht fleißig klopfen, und es wurde uns ganz wohl und froh zumute, so daß wir fast gar nichts zueinander sagten, und nur wenn einer etwas Besonderes entdeckt hatte, deutete er dorthin und zeigte es dem andern. In dem überwölbten grünen Raume floß ein grünes mildes Licht, während der Waldgrund in die Weite sich in ahnungsvolle braune Dämmerung verlor. Was sich dort hinten regte, Blättergeräusch und Vogelschlag, das kam aus verzauberten Märchengründen her, klang mit geheimnisvoll fremdem Ton und konnte viel bedeuten.

Weil es dem Brosi zu warm vom Laufen war, zog er seine Jacke aus und dann auch noch die Weste und legte sich ganz ins Moos hin. Da kam es, daß er sich umdrehte, und sein Hemd ging am Halse auf, und ich erschrak mächtig, denn ich sah über seine weiße Schulter eine lange rote Narbe hinlaufen. Gleich wollte ich ihn ausfragen, wo denn die Narbe herkäme, und freute mich schon auf eine rechte Unglücksgeschichte; aber wer weiß, wie es kam, ich mochte auf einmal doch nicht fragen und tat so, als hätte ich gar nichts gesehen. Jedoch zugleich tat mir Brosi mit seiner großen Narbe furchtbar leid, sie hatte sicher schrecklich geblutet und weh getan, und ich faßte in diesem Augenblick eine viel stärkere Zärtlichkeit zu ihm als früher, konnte aber nichts sagen. Also gingen wir später miteinander aus dem Wald und kamen heim, dann holte ich in der Stube meine beste Kugelbüchse aus einem dicken Holderstamm, die hatte mir der

Knecht einmal gemacht, und ging wieder hinunter und schenkte
sie dem Brosi. Er meinte zuerst, es sei ein Spaß, dann aber wollte
er sie nicht nehmen und legte sogar die Hände auf den Rücken,
und ich mußte ihm die Büchse in die Tasche stecken.

Und eine Geschichte um die andere, alle kamen sie mir wieder.
Auch die vom Tannenwald, der stand auf der anderen Seite vom
Bach, und einmal war ich mit meinem Kameraden hinüberge-
gangen, weil wir gern die Rehe gesehen hätten. Wir traten in den
weiten Raum, auf den glatten braunen Boden zwischen den him-
melhohen geraden Stämmen, aber so weit wir liefen, wir fanden
kein einziges Reh. Dafür sahen wir eine Menge große Felsen-
stücke zwischen den bloßen Tannenwurzeln liegen, und fast alle
diese Steine hatten Stellen, wo ein schmales Büschelchen helles
Moos auf ihnen wuchs, wie kleine grüne Male. Ich wollte so ein
Moosplätzchen abschälen, es war nicht viel größer als eine
Hand. Aber der Brosi sagte schnell: »Nein, laß es dran!« Ich
fragte warum, und er erklärte mir: »Das ist, wenn ein Engel
durch den Wald geht, dann sind das seine Tritte; überall wo er
hintritt, wächst gleich so ein Moosplatz in den Stein.« Nun ver-
gaßen wir die Rehe und warteten, ob vielleicht gerade ein Engel
käme. Wir blieben stehen und paßten auf; im ganzen Wald war
eine Todesstille, und auf dem braunen Boden fackelten helle
Sonnenflecken, in der Ferne gingen die senkrechten Stämme wie
eine hohe rote Säulenwand zusammen, in der Höhe stand hinter
den dichten schwarzen Kronen der blaue Himmel. Ein ganz
schwaches kühles Wehen lief unhörbar hin und wieder vorüber.
Da wurden wir beide bang und feierlich, weil es so ruhig und
einsam war und weil vielleicht bald ein Engel kam, und wir
gingen nach einer Weile ganz still und schnell miteinander weg,
an den vielen Steinen und Stämmen vorbei und aus dem Wald
hinaus. Als wir wieder auf der Wiese und über dem Bach waren,
sahen wir noch eine Zeitlang hinüber, dann liefen wir schnell
nach Haus.

Später hatte ich noch einmal mit dem Brosi Streit, dann versöhn-
ten wir uns wieder. Es ging schon gegen den Winter hin, da hieß
es, der Brosi sei krank und ob ich nicht zu ihm gehen wollte. Ich
ging auch ein- oder zweimal, da lag er im Bett und sagte fast gar
nichts, und es war mir bang und langweilig, obgleich seine Mutter mir eine halbe Orange schenkte. Und dann kam nichts mehr;

19

ich spielte mit meinem Bruder und mit dem Löhnersnikel oder mit den Mädchen, und so ging eine lange, lange Zeit vorbei. Es fiel Schnee und schmolz wieder und fiel noch einmal; der Bach fror zu, ging wieder auf und war braun und weiß und machte eine Überschwemmung und brachte vom Obertal eine ertrunkene Sau und eine Menge Holz mit; es wurden kleine Hühner geboren, und drei davon starben; mein Brüderlein wurde krank und wurde wieder gesund; es war in den Scheuern gedroschen und in den Stuben gesponnen worden, und jetzt wurden die Felder wieder gepflügt, alles ohne den Brosi. So war er ferner und ferner geworden und am Ende verschwunden und von mir vergessen worden – bis jetzt, bis auf diese Nacht, wo das rote Licht durchs Schlüsselloch floß und ich den Vater zur Mutter sagen hörte: »Wenn's Frühjahr kommt, wird's ihn wegnehmen.«

Unter vielen sich verwirrenden Erinnerungen und Gefühlen schlief ich ein, und vielleicht wäre schon am nächsten Tage im Drang des Erlebens das kaum erwachte Gedächtnis an den entschwundenen Spielgefährten wieder untergesunken und wäre dann vielleicht nie mehr in der gleichen, frischen Schönheit und Stärke zurückgekommen. Aber gleich beim Frühstück fragte mich die Mutter: »Denkst du auch noch einmal an den Brosi, der immer mit euch gespielt hat?«

Da rief ich »ja«, und sie fuhr fort mit ihrer guten Stimme: »Im Frühjahr, weißt du, wäret ihr beide miteinander in die Schule gekommen. Aber jetzt ist er so krank, daß es vielleicht nichts damit sein wird. Willst du einmal zu ihm gehen?«

Sie sagte das so ernsthaft, und ich dachte an das, was ich in der Nacht den Vater hatte sagen hören, und ich fühlte ein Grauen, aber zugleich eine angstvolle Neugierde. Der Brosi sollte, nach des Vaters Worten, den Tod im Gesicht haben, und das schien mir unsäglich grauenhaft und wunderbar.

Ich sagte wieder »ja«, und die Mutter schärfte mir ein: »Denk dran, daß er so krank ist! Du kannst jetzt nicht mit ihm spielen und darfst kein Lärmen vollführen.«

Ich versprach alles und bemühte mich schon jetzt, ganz still und bescheiden zu sein, und noch am gleichen Morgen ging ich hinüber. Vor dem Hause, das ruhig und ein wenig feierlich hinter seinen beiden kahlen Kastanienbäumen im kühlen Vormittags-

licht lag, blieb ich stehen und wartete eine Weile, horchte in den
Flur hinein und bekam fast Lust, wieder heimzulaufen. Da faßte
ich mir ein Herz, stieg schnell die drei roten Steinstufen hinauf
und durch die offenstehende Türhälfte, sah mich im Gehen um
und klopfte an die nächste Tür. Des Brosi Mutter war eine
kleine, flinke und sanfte Frau, die kam heraus und hob mich auf
und gab mir einen Kuß, und dann fragte sie: »Hast du zum Brosi
kommen wollen?«
Es ging nicht lang, so stand sie im oberen Stockwerk vor einer
weißen Kammertür und hielt mich an der Hand. Auf diese ihre
Hand, die mich zu den dunkel vermuteten grauenhaften Wun-
derdingen führen sollte, sah ich nicht anders als auf die eines
Engels oder eines Zauberers. Das Herz schlug mir geängstigt
und ungestüm wie ein Warner, und ich zögerte nach Kräften und
strebte zurück, so daß die Frau mich fast in die Stube ziehen
mußte. Es war eine große, helle und behaglich nette Kammer; ich
stand verlegen und grausend an der Tür und schaute auf das
lichte Bett hin, bis die Frau mich hinzuführte. Da drehte der
Brosi sich zu uns herum.
Und ich blickte aufmerksam in sein Gesicht, das war schmal und
spitzig, aber den Tod konnte ich nicht darin sehen, sondern nur
ein feines Licht, und in den Augen etwas Ungewohntes, gütig
Ernstes und Geduldiges, bei dessen Anblick mir ähnlich ums
Herz ward wie bei jenem Stehen und Lauschen im schweigenden Tannenwald, da ich in banger Neugierde den Atem anhielt
und Engelsschritte in meiner Nähe vorbeigehen spürte.
Der Brosi nickte und streckte mir eine Hand hin, die heiß und
trocken und abgezehrt war. Seine Mutter streichelte ihn, nickte
mir zu und ging wieder aus der Stube; so stand ich allein an
seinem kleinen hohen Bett und sah ihn an, und eine Zeitlang
sagten wir beide kein Wort.
»So, bist du's denn noch?« sagte dann der Brosi.
Und ich: »Ja, und du auch noch?«
Und er: »Hat dich deine Mutter geschickt?«
Ich nickte.
Er war müde und ließ jetzt den Kopf wieder auf das Kissen
fallen. Ich wußte gar nichts zu sagen, nagte an meiner Mützen-
troddel und sah ihn nur immer an und er mich, bis er lächelte und
zum Scherz die Augen schloß.

Da schob er sich ein wenig auf die Seite, und wie er es tat, sah ich plötzlich unter den Hemdknöpfen durch den Ritz etwas Rotes schimmern, das war die große Narbe auf seiner Schulter, und als ich die gesehen hatte, mußte ich auf einmal heulen.

»Ja, was hast du denn?« fragte er gleich.

Ich konnte keine Antwort geben, weinte weiter und wischte mir die Backen mit der rauhen Mütze ab, bis es weh tat.

»Sag's doch. Warum weinst du?«

»Bloß weil du so krank bist«, sagte ich jetzt. Aber das war nicht die eigentliche Ursache. Es war nur eine Woge von heftiger und mitleidiger Zärtlichkeit, wie ich sie schon früher einmal gespürt hatte, die quoll plötzlich in mir auf und konnte sich nicht anders Luft machen.

»Das ist nicht so schlimm«, sagte der Brosi.

»Wirst du bald wieder gesund?«

»Ja, vielleicht.«

»Wann denn?«

»Ich weiß nicht. Es dauert lang.«

Nach einer Zeit merkte ich auf einmal, daß er eingeschlafen war. Ich wartete noch eine Weile, dann ging ich hinaus, die Stiege hinunter und wieder heim, wo ich sehr froh war, daß die Mutter mich nicht ausfragte. Sie hatte wohl gesehen, daß ich verändert war und etwas erlebt hatte, und sie strich mir nur übers Haar und nickte, ohne etwas zu sagen.

Trotzdem kann es wohl sein, daß ich an jenem Tage noch sehr ausgelassen, wild und ungattig war, sei es, daß ich mit meinem kleinen Bruder händelte oder daß ich die Magd am Herd ärgerte oder im nassen Feld strolchte und besonders schmutzig heimkam. Etwas Derartiges ist jedenfalls gewesen, denn ich weiß noch gut, daß am selben Abend meine Mutter mich sehr zärtlich und ernst ansah – mag sein, daß sie mich gern ohne Worte an heute morgen erinnert hätte. Ich verstand sie auch wohl und fühlte Reue, und als sie das merkte, tat sie etwas Besonderes. Sie gab mir von ihrem Ständer am Fenster einen kleinen Tonscherben voll Erde, darin steckte eine schwärzliche Knolle, und diese hatte schon ein paar spitzige, hellgrüne, saftige junge Blättlein getrieben. Es war eine Hyazinthe. Die gab sie mir und sagte dazu: »Paß auf, das geb ich dir jetzt. Später wird's dann eine große rote Blume. Dort stell ich sie hin, und du mußt darauf achtgeben, man darf sie nicht anrühren und herumtragen, und jeden Tag muß man sie zweimal gießen; wenn du es vergißt, sag ich dir's schon. Wenn es aber eine schöne Blume werden will, darfst du sie nehmen und dem Brosi hinbringen, daß er eine Freude hat. Kannst du dran denken?«

Sie tat mich ins Bett, und ich dachte indessen mit Stolz an die Blume, deren Wartung mir als ein ehrenvoll wichtiges Amt erschien, aber gleich am nächsten Morgen vergaß ich das Begießen, und die Mutter erinnerte mich daran. »Und was ist denn mit dem Brosi seinem Blumenstock?« fragte sie, und sie hat es in jenen Tagen mehr als das eine Mal sagen müssen. Dennoch beschäftigte und beglückte mich damals nichts so stark wie mein Blumenstock. Es standen noch genug andere, auch größere und schönere, im Zimmer und im Garten, und Vater und Mutter hatten sie mir oft gezeigt. Aber es war nun doch das erstemal, daß ich mit dem Herzen dabei war, ein solches kleines Wachstum mit anzuschauen, zu erwünschen und zu pflegen und Sorge darum zu haben.

Ein paar Tage lang sah es mit dem Blümlein nicht erfreulich aus, es schien an irgendeinem Schaden zu leiden und nicht die rechten Kräfte zum Wachsen zu finden. Als ich darüber zuerst betrübt und dann ungeduldig wurde, sagte die Mutter einmal: »Siehst du, mit dem Blumenstock ist's jetzt gerade so wie mit dem Brosi, der so krank ist. Da muß man noch einmal so lieb und sorgsam sein wie sonst.«

Dieser Vergleich war mir verständlich und brachte mich bald auf einen ganz neuen Gedanken, der mich nun völlig beherrschte. Ich fühlte jetzt einen geheimen Zusammenhang zwischen der kleinen, mühsam strebenden Pflanze und dem kranken Brosi, ja ich kam schließlich zu dem festen Glauben, wenn die Hyazinthe gedeihe, müsse auch mein Kamerad wieder gesund werden. Käme sie aber nicht davon, so würde er sterben, und ich trüge dann vielleicht, wenn ich die Pflanze vernachlässigt hätte, mit Schuld daran. Als dieser Gedankenkreis in mir fertig geworden war, hütete ich den Blumentopf mit Angst und Eifersucht wie einen Schatz, in welchem besondere, nur mir bekannte und anvertraute Zauberkräfte verschlossen wären.

Drei oder vier Tage nach meinem ersten Besuch – die Pflanze sah noch ziemlich kümmerlich aus – ging ich wieder ins Nachbarhaus hinüber. Brosi mußte ganz still liegen, und da ich nichts zu sagen hatte, stand ich nahe am Bett und sah das nach oben gerichtete Gesicht des Kranken an, das zart und warm aus weißen Bett-Tüchern schaute. Er machte hin und wieder die Augen auf und wieder zu, sonst bewegte er sich nicht, und ein klügerer und älterer Zuschauer hätte vielleicht etwas davon gefühlt, daß des kleinen Brosi Seele schon unruhig war und sich auf die Heimkehr besinnen wollte. Als gerade eine Angst vor der Stille des Stübleins über mich kommen wollte, trat die Nachbarin herein und holte mich freundlich und leisen Schrittes weg.

Das nächste Mal kam ich mit viel froherem Herzen, denn zu Hause trieb mein Blumenstock mit neuer Lust und Kraft seine spitzigen freudigen Blätter heraus. Diesmal war auch der Kranke sehr munter.

»Weißt du auch noch, wie der Jakob noch am Leben war?« fragte er mich.

Und wir erinnerten uns an den Raben und sprachen von ihm, ahmten die drei Wörtlein nach, die er hatte sagen können, und redeten mit Begierde und Sehnsucht von einem grau und roten Papagei, der sich vorzeiten einmal hierher verirrt haben sollte. Ich kam ins Plaudern, und während der Brosi bald wieder ermüdete, hatte ich sein Kranksein für den Augenblick ganz vergessen. Ich erzählte die Geschichte vom entflogenen Papagei, die zu den Legenden unseres Hauses gehörte. Ihr Glanzpunkt war der, daß ein alter Hofknecht den schönen Vogel auf dem Dach des Schuppens sitzen sah, sogleich eine Leiter anlegte und ihn einfangen wollte. Als er auf dem Dach erschien und sich dem Papagei vorsichtig näherte, sagte dieser: »Guten Tag!« Da zog der Knecht seine Kappe herunter und sagte: »Bitt um Vergebung, jetzt hätt ich fast gemeint, Ihr wäret ein Vogeltier.«

Als ich das erzählt hatte, dachte ich, der Brosi müsse nun notwendig laut hinauslachen. Da er es nicht gleich tat, sah ich ihn ganz verwundert an. Ich sah ihn fein und herzlich lächeln, und seine Backen waren ein wenig röter als vorher, aber er sagte nichts und lachte nicht laut.

Da kam es mir plötzlich vor, als sei er um viele Jahre älter als ich. Meine Lustigkeit war im Augenblick erloschen, statt ihrer befiel mich Verwirrung und Bangigkeit, denn ich empfand wohl, daß zwischen uns beiden jetzt etwas Neues fremd und störend aufgewachsen sei.

Es surrte eine große Winterfliege durchs Zimmer, und ich fragte, ob ich sie fangen solle.

»Nein, laß sie doch!« sagte der Brosi.

Auch das kam mir vor, wie von einem Erwachsenen gesprochen. Befangen ging ich fort.

Auf dem Heimweg empfand ich zum erstenmal in meinem Leben etwas von der ahnungsvollen verschleierten Schönheit des Vorfrühlings, das ich erst um Jahre später, ganz am Ende der Knabenzeiten, wieder gespürt habe.

Was es war und wie es kam, weiß ich nicht. Ich erinnere mich aber, daß ein lauer Wind strich, daß feuchte dunkle Erdschollen am Rande der Äcker aufragten und streifenweise blank erglänzten und daß ein besonderer Föhngeruch in der Luft war. Ich erinnere mich auch dessen, daß ich eine Melodie summen wollte und gleich wieder aufhörte, weil irgend etwas mich bedrückte und still machte.

Dieser kurze Heimweg vom Nachbarhaus ist mir eine merkwürdig tiefe Erinnerung. Ich weiß kaum etwas Einzelnes mehr davon; aber zuweilen, wenn es mir gegönnt ist, mit geschlossenen Augen mich dahin zurückzufinden, meine ich, die Erde noch einmal mit Kindesaugen zu sehen – als Geschenk und Schöpfung Gottes, im leise glühenden Träumen unberührter Schönheit, wie wir Alten sie sonst nur aus den Werken der Künstler und Dichter kennen. Der Weg war vielleicht nicht ganz zweihundert Schritt lang, aber es lebte und geschah auf ihm und über ihm und an seinem Rande unendlich viel mehr als auf mancher Reise, die ich später unternommen habe.

Es streckten kahle Obstbäume verschlungene und drohende Äste und von den feinen Zweigspitzen rotbraune und harzige Knospen in die Luft, über sie hinweg ging Wind und schwärmende Wolkenflucht, unter ihnen quoll die nackte Erde in der Frühlingsgärung. Es rann ein vollgeregneter Graben über und sandte einen schmalen trüben Bach über die Straße, auf dem schwammen alte Birnenblätter und braune Holzstückchen, und jedes von ihnen war ein Schiff, jagte dahin und strandete, erlebte

Lust und Pein und wechselnde Schicksale, und ich erlebte sie mit.

Es hing unversehens vor meinen Augen ein dunkler Vogel in der Luft, überschlug sich und flatterte taumelnd, stieß plötzlich einen langen schallenden Triller aus und stob verglitzernd in die Höhen, und mein Herz flog staunend mit.

Ein leerer Lastwagen mit einem ledigen Beipferd kam gefahren, knarrte und rollte fort und fesselte noch bis zur nächsten Krümme meinen Blick, mit seinen starken Rossen aus einer unbekannten Welt gekommen und in sie verschwindend, flüchtige schöne Ahnungen aufregend und mit sich nehmend.

Das ist eine kleine Erinnerung oder zwei und drei; aber wer will die Erlebnisse, Erregungen und Freuden zählen, die ein Kind zwischen einem Stundenschlag und dem andern an Steinen, Pflanzen, Vögeln, Lüften, Farben und Schatten findet und sogleich wieder vergißt und doch mit hinübernimmt in die Schicksale und Veränderungen der Jahre? Eine besondere Färbung der Luft am Horizont, ein winziges Geräusch in Haus oder Garten oder Wald, der Anblick eines Schmetterlings oder irgendein flüchtig herwehender Geruch rührt oft für Augenblicke ganze Wolken von Erinnerungen an jene frühen Zeiten in mir auf. Sie sind nicht klar und einzeln erkennbar, aber sie tragen alle denselben köstlichen Duft von damals, da zwischen mir und jedem Stein und Vogel und Bach ein inniges Leben und Verbundensein vorhanden war, dessen Reste ich eifersüchtig zu bewahren bemüht bin.

Mein Blumenstock richtete sich indessen auf, reckte die Blätter höher und erstarkte zusehends. Mit ihm wuchs meine Freude und mein Glaube an die Genesung meines Kameraden. Es kam auch der Tag, an welchem zwischen den feisten Blättern eine runde rötliche Blütenknospe sich zu dehnen und aufzurichten begann, und der Tag, an dem die Knospe sich spaltete und ein heimliches Gekräusel schönroter Blütenblätter mit weißlichen Rändern sehen ließ. Den Tag aber, an dem ich den Topf mit Stolz und freudiger Behutsamkeit ins Nachbarhaus hinübertrug und dem Brosi übergab, habe ich völlig vergessen.

Dann war einmal ein heller Sonnentag; aus dem dunklen Akkerboden stachen schon feine grüne Spitzen, die Wolken hatten

Goldränder, und in den feuchten Straßen, Hofräumen und Vorplätzen spiegelte ein sanfter reiner Himmel. Das Bettlein des Brosi war näher zum Fenster gestellt worden, auf dessen Simsen die rote Hyazinthe in der Sonne prunkte; den Kranken hatte man ein wenig aufgerichtet und mit Kissen gestützt. Er sprach etwas mehr als sonst mit mir, über seinen geschorenen blonden Kopf lief das warme Licht fröhlich und glänzend und schien rot durch seine Ohren. Ich war sehr guter Dinge und sah wohl, daß es nun schnell vollends gut mit ihm werden würde. Seine Mutter saß dabei, und als es ihr genug schien, schenkte sie mir eine gelbe Winterbirne und schickte mich heim. Noch auf der Stiege biß ich die Birne an, sie war weich und honigsüß, und der Saft tropfte mir aufs Kinn und über die Hand. Den abgenagten Butzen warf ich unterwegs in hohem Bogen feldüber.

Tags darauf regnete es, was heruntermochte, ich mußte daheim bleiben und durfte mit sauber gewaschenen Händen in der Bilderbibel schwelgen, wo ich schon viele Lieblinge hatte, am liebsten aber waren mir doch der Paradieslöwe, die Kamele des Elieser und das Mosesknäblein im Schilf. Als es aber am zweiten Tage in einem Strich fortregnete, wurde ich verdrießlich. Den halben Vormittag starrte ich durchs Fenster auf den plätschernden Hof und Kastanienbaum, dann kamen der Reihe nach alle meine Spiele dran, und als sie fertig waren und es gegen Abend ging, bekam ich noch Streit mit meinem Bruder. Das alte Lied: wir reizten einander, bis der Kleine mir ein arges Schimpfwort sagte, da schlug ich ihn, und er floh heulend durch Stube, Öhrn, Küche, Stiege und Kammer bis zur Mutter, der er sich in den Schoß warf und die mich seufzend wegschickte. Bis der Vater heimkam, sich alles erzählen ließ, mich abstrafte und mit den nötigen Ermahnungen ins Bett steckte, wo ich mir namenlos unglücklich vorkam, aber bald unter noch rinnenden Tränen einschlief.

Als ich wieder, vermutlich am folgenden Morgen, in des Brosi Krankenstube stand, hatte seine Mutter beständig den Finger am Mund und sah mich warnend an, der Brosi aber lag mit geschlossenen Augen leise stöhnend da. Ich schaute bang in sein Gesicht, es war bleich und vom Schmerz verzogen. Und als seine Mutter meine Hand nahm und sie auf seine legte, machte er die Augen auf und sah mich eine kleine Weile still an. Seine Augen waren groß und verändert, und wie er mich ansah, war es ein fremder wunderlicher Blick wie aus einer weiten Ferne her, als kenne er mich gar nicht und sei über mich verwundert, habe aber zugleich andere und viel wichtigere Gedanken. Auf den Zehen schlich ich nach kurzer Zeit wieder hinaus.

Am Nachmittag aber, während ihm auf seine Bitte die Mutter eine Geschichte erzählte, sank er in einen Schlummer, der bis an den Abend dauerte und währenddessen sein schwacher Herzschlag langsam einträumte und erlosch.

Als ich ins Bett ging, wußte es meine Mutter schon. Doch sagte sie mir's erst am Morgen, nach der Milch. Darauf ging ich den ganzen Tag traumwandelnd umher und stellte mir vor, daß der Brosi zu den Engeln gekommen und selber einer geworden sei. Daß sein kleiner magerer Leib mit der Narbe auf der Schulter noch drüben im Hause lag, wußte ich nicht, auch vom Begräbnis sah und hörte ich nichts.

Meine Gedanken hatten viel Arbeit damit, und es verging wohl eine Zeit, bis der Gestorbene mir fern und unsichtbar wurde. Dann aber kam früh und plötzlich der ganze Frühling, über die Berge flog es gelb und grün, im Garten roch es nach jungem Wuchs, der Kastanienbaum tastete mit weich gerollten Blättern aus den aufgesprungenen Knospenhüllen, und an allen Gräben lachten auf fetten Stielen die goldgelben glänzenden Butterblumen. *(1903/1904)*

In der alten Sonne

Wenn im Frühling oder Sommer oder auch noch im Frühherbst
ein linder Tag ist und eine angenehme, auch wieder nicht zu
heftige Wärme den Aufenthalt im Freien zu einem Vergnügen
macht, dann ist die ausschweifend gebogene halbrunde Straßen-
kehle am Allpacher Weg, vor den letzten hochgelegenen Häusern der Stadt, ein prächtiger Winkel. Auf der berghinan sich
schlängelnden Straße sammelt sich die schöne Sonnenwärme
stetig an, die Lage ist vor jedem Winde wohl beschützt, ein paar
krumme alte Obstbäume spenden ein wenig Schatten, und der
Straßenrand, ein breiter, sanfter, rasiger Rain, verlockt mit seiner
wohlig sich schmiegenden Krümmung freundlich zum Sitzen
oder Liegen. Das weiße Sträßlein glänzt im Licht und hebt sich
schön langsam bergan, schickt jedem Bauernwagen oder Lan-
dauer oder Postkarren ein dünnes Stäublein nach und schaut über
eine schiefe, von Baumkronen da und dort unterbrochene
Flucht von schwärzlichen Dächern hinweg gerade ins Herz der
Stadt, auf den Marktplatz, der von hier aus gesehen freilich an
Stattlichkeit stark verliert und nur als ein sonderbar verscho-
benes Viereck mit krummen Häusern und herausspringenden
Vortreppen und Kellerhälsen erscheint.

An solchen sonnig milden Tagen ist der wohlige Rain jener hohen Bergstraßenkrümmung unwandelbar stets von einer kleinen
Schar ausruhender Männer besetzt, deren kühne und verwitterte
Gesichter nicht recht zu ihren zahmen und trägen Gebärden
passen und von denen der jüngste mindestens ein hoher Fünf-
ziger ist. Sie sitzen und liegen bequem in der Wärme, schweigen
oder führen kurze, brummende und knurrende Gespräche untereinander, rauchen kleine schwarze Pfeifenstrünke und spuk-
ken häufig weltverächterlich in kühnem Bogen bergabwärts.
Die etwa vorübertapernden Handwerksburschen werden von
ihnen scharf begutachtet und je nach Befund mit einem wohlwollend zugenickten »Servus, Kunde!« begrüßt oder schweigend verachtet.

Der Fremdling, der die alten Männlein so hocken sah und sich in
der nächsten Gasse über das seltsame Häuflein grauer Bären-
häuter erkundigte, konnte von jedem Kinde erfahren, daß dieses

die Sonnenbrüder seien, und mancher schaute dann noch einmal zurück, sah die müde Schar träg in die Sonne blinzeln und wunderte sich, woher ihr wohl ein so hoher, wohllautender und dichterischer Name gekommen sei. Das Gestirn aber, nach welchem die Sonnenbrüder genannt wurden, stand längst an keinem Himmel mehr, sondern war nur der Schildname eines ärmlichen und schon vor manchen Jahren eingegangenen Wirtshauses gewesen, dessen Schild und Glanz dahin waren, denn das Haus diente neuerdings als Spittel, das heißt als städtisches Armenasyl, und beherbergte freilich manche Gäste, die das Abendrot der vom Schild genommenen Sonne noch erlebt und sich hinter dem Schenktisch derselben die Anwartschaft auf ihre Bevormundung und jetzige Unterkunft erschöppelt hatten.

Das Häuschen stand, als vorletztes der steilen Gasse und der Stadt, zunächst jenem sonnigen Straßenrand, bot ein windschiefes und ermüdetes Ansehen, als mache das Aufrechtstehen ihm viele Beschwerde, und ließ sich nichts mehr davon anmerken, wieviel Lust und Gläserklang, Witz und Gelächter und flotte Freinächte es erlebt hatte, die fröhlichen Raufereien und Messergeschichten gar nicht zu rechnen. Seit der alte rosenrote Verputz der Vorderseite vollends erblaßt und in rissigen Feldern abgeblättert war, entsprach die alte Lotterfalle in ihrem Äußeren vollkommen ihrer Bestimmung, was bei städtischen Bauten unserer Zeit eine Seltenheit ist. Ehrlich und deutlich gab sie zu erkennen, daß sie ein Unterschlupf und Notdächlein für Schiffbrüchige und Zurückgebliebene war, das betrübliche Ende einer geringen Sackgasse, von wo aus keine Pläne und verborgenen Kräfte mehr ins Leben zurückstreben mögen.

Von der Melancholie solcher Betrachtungen war im Kreis der Sonnenbrüder meistens nur wenig zu finden. Vielmehr lebten sie fast alle nach Menschenart ihre späten Tage hin, als ginge es noch immer aus dem Vollen, bliesen ihre kleinen Gezänke und Lustbarkeiten und Spielereien nach Kräften zu wichtigen Angelegenheiten und Staatsaktionen auf und nahmen zwar nicht einander, aber doch jeder sich selber so ernst wie möglich. Ja, sie taten, als fange jetzt, da sie sich aus den geräuschvollen Gassen des tätigen Lebens beiseite gedrückt hatten, der Hallo erst recht an, und betrieben ihre jetzigen unbedeutenden Affären mit einer Wucht und Zähigkeit, welche sie in ihren früheren Betätigungen leider meist hatten vermissen lassen. Gleich manchem anderen Völklein glaubten sie, obwohl sie vom Spittelvater absolut monarchisch und als rechtlose Scheinexistenzen regiert wurden, eine kleine Republik zu sein, in welcher jeder freie Bürger den andern genau um Rang und Stellung ansah und emsig darauf bedacht war, ja nirgends um ein Haarbreit zu wenig ästimiert zu werden.

Auch das hatten die Sonnenbrüder mit anderen Leuten gemein, daß sie die Mehrzahl ihrer Schicksale, Befriedigungen, Freuden und Schmerzen mehr in der Einbildung als in Wirklichkeit erlebten. Ein frivoler Mensch könnte ja überhaupt den Unterschied zwischen dem Dasein dieser Ausrangierten und Steckengebliebenen und demjenigen der tätigen Bürger als lediglich in der Einbildung begründet hinstellen, indem diese wie jene ihre Geschäfte und Taten mit derselben Wichtigkeit verrichten und schließlich doch vor Gottes Augen so ein armer Spittelgast möglicherweise nicht schlechter dasteht als mancher große und geehrte Herr. Aber auch ohne so weit zu gehen, kann man wohl finden, daß für den behaglichen Zuschauer das Leben dieser Sonnenbrüder kein unwürdiger Gegenstand der Betrachtung sei.

Je näher die Zeiten heranrücken, da das jetzt aufwachsende Geschlecht den Namen der ehemaligen Sonne und der Sonnenbrüder vergessen und seine Armen und Auswürflinge anders und in anderen Räumen versorgen wird, desto wünschenswerter wäre es, eine Geschichte des alten Hauses und seiner Gäste zu haben. Als chronistischer Beitrag zu einer solchen soll auf diesen Blättern einiges vom Leben der ersten Sonnenbrüder berichtet werden.

In den Zeiten, da die heutigen Jungbürger von Gerbersau noch kurze Hosen oder gar noch Röckchen trugen und da über der Haustüre des nachmaligen Spittels noch aus der rosenroten Fassade ein schmiedeeiserner Schildarm mit der blechernen Sonne in die Gasse hinaus prangte, kehrte an einem Tage spät im Herbst Karl Hürlin, ein Sohn des vor vielen Jahren verstorbenen Schlossers Hürlin in der Senfgasse, in seine Heimatstadt zurück. Er war etwas über die Vierzig hinaus, und niemand kannte ihn mehr, da er seinerzeit als ein blutjunges Bürschlein weggewandert und seither nie mehr in der Stadt erblickt worden war. Nun trug er einen sehr guten und reinen Anzug, Knebelbart und kurzgeschnittenes Haar, eine silberne Uhrkette, einen steifen Hut und hohe Hemdkragen. Er besuchte einige von den ehemaligen Bekannten und Kollegen und trat überall als ein fremd und vornehm gewordener Mann auf, der sich seines Wertes ohne Überhebung bewußt ist. Dann ging er aufs Rathaus, wies seine Papiere vor und erklärte, sich hierorts niederlassen zu wollen. Nun entfaltete Herr Hürlin eine geheimnisvolle Tätigkeit und Korrespondenz, unternahm öftere kleine Reisen, kaufte ein Grundstück im Talgrunde und begann daselbst an Stelle einer abgebrannten Ölmühle ein neues Haus aus Backsteinen zu erbauen und neben dem Hause einen Schuppen und zwischen Haus und Schuppen einen gewaltigen backsteinernen Schlot. Zwischendrein sah man ihn in der Stadt gelegentlich bei einem Abendschoppen, wobei er zwar anfangs still und vornehm tat, nach wenigen Gläsern aber laut und mächtig redete und nicht damit hinterm Berge hielt, daß er zwar Geld genug im Sack habe, um sich ein schönes Herrenleben zu gönnen, doch sei der eine ein Faulpelz und Dickkopf, ein anderer aber ein Genie und Geschäftsgeist, und was ihn betreffe, so gehöre er zur letzteren Sorte und habe nicht im Sinn, sich zur Ruhe zu setzen, ehe er sechs Nullen hinter die Ziffer seines Vermögens setzen könne.

Geschäftsleute, bei denen er Kredit zu genießen wünschte, taten sich nach seiner Vergangenheit um und brachten in Erfahrung, daß Hürlin zwar bisher nirgends eine erhebliche Rolle gespielt hatte, sondern da und dort in Werkstätten und Fabriken, zuletzt als Aufseher gearbeitet, vor kurzem hingegen eine erkleckliche Erbschaft gemacht hatte. Also ließ man ihn gewähren und gönnte ihm ein bestimmtes Maß von Respekt, einige unternehmende Leute steckten auch noch Geld in seine Sache, so daß bald eine mäßig große Fabrik samt Wohnhäuschen im Tale erstand, in welcher Hürlin gewisse für die Wollwebeindustrie notwendige Walzen und Maschinenteile herzustellen gedachte. Die Aufträge blieben nicht aus, der große Schlot rauchte Tag und Nacht, und ein paar Jahre lang florierten Hürlin und seine Fabrik auf das erfreulichste und genossen Ansehen und ausgiebigen Kredit.

Damit war sein Ideal erreicht und sein alter Lieblingstraum in Erfüllung gegangen. Wohl hatte er schon in jüngeren Jahren des

32

öfteren Anläufe zum Reichwerden gemacht, aber erst jene ihm fast unerwartet zugefallene Erbschaft hatte ihn flott gemacht und ihm erlaubt, seine alten kühnen Pläne auszuführen. Übrigens war der Reichtum nicht sein einziges Sehnen gewesen, sondern seine heißesten Wünsche hatten zeitlebens dahin gezielt, eine gebietende und große Stellung einzunehmen. Er wäre als Indianerhäuptling oder als Regierungsrat oder auch als berittener Landjäger ganz ebenso in seinem Element gewesen, doch schien ihm nun das Leben eines Fabrikbesitzers sowohl bequemer als selbstherrlicher. Eine Zigarre im Mundwinkel und ein sorgenvoll gewichtiges Lächeln im Gesicht, am Fenster stehend oder am Schreibtisch sitzend allerlei Befehle zu erteilen, Verträge zu unterzeichnen, Vorschläge und Bitten anzuhören, mit der faltigen Miene des Vielbeschäftigten eine gelassene Behaglichkeit zu vereinigen, bald unnahbar streng, bald gutmütig herablassend zu sein und bei allem stets zu fühlen, daß er ein Hauptkerl sei und daß viel in der Welt auf ihn ankomme, das war seine erst spät zu ihrem vollen Recht gekommene Gabe. Nun hatte er das alles reichlich, konnte tun, was er mochte, Leute anstellen und entlassen, wohlige Seufzer des sorgenschweren Reichtums ausstoßen und sich von vielen beneiden lassen. Das alles genoß und übte er auch mit Kennerschaft und Hingabe, er wiegte sich weich im Glücke und fühlte sich endlich vom Schicksal an den ihm gebührenden Platz gestellt.

Inzwischen hatte aber ein Konkurrent eine neue Erfindung gemacht, nach deren Einführung mehrere der früheren Artikel teils entbehrlich, teils viel wohlfeiler wurden, und da Hürlin trotz seiner Versicherungen eben kein Genie war und nur das Äußerliche seines Geschäftes verstand, sank er anfänglich langsam, dann aber immer schneller von seiner Höhe und konnte am Ende nicht verbergen, daß er abgewirtschaftet habe. Er versuchte es in der Verzweiflung noch mit ein paar waghalsigen Finanzkünsten, durch welche er sich selber und mit ihm eine Reihe von Kreditoren schließlich in einen unsauberen Bankrott hineinritt. Er entfloh, wurde aber eingebracht, verurteilt und ins Loch gesteckt, und als er nach mehreren Jahren wieder in der Stadt erschien, war er ein entwerteter und lahmer Mensch, mit dem nichts mehr anzufangen war.

Eine Zeitlang drückte er sich in unbedeutenden Stellungen

herum; doch hatte er schon in den schwülen Zeiten, da er den Krach herankommen sah, sich zum heimlichen Trinker entwikkelt, und was damals heimlich gewesen und wenig beachtet worden war, wurde nun öffentlich und zu einem Ärgernis. Aus einer mageren Schreiberstelle wegen Unzuverlässigkeit entlassen, ward er Agent einer Versicherungsgesellschaft, trieb sich als solcher in allen Schenken der Gegend herum, wurde auch da wieder entlassen und fiel, als auch ein Hausierhandel mit Zündhölzern und Bleistiften nichts abwerfen wollte, am Ende der Stadt zur Last. Er war in diesen Jahren schnell vollends alt und elend geworden, hatte aber aus seiner fallitgegangenen Herrlichkeit einen Vorrat kleiner Künste und Äußerlichkeiten herübergerettet, die ihm über das Gröbste hinweghalfen und in geringeren Wirtshäusern noch immer einige Wirkung taten. Er brachte gewisse schwungvoll großartige Gesten und nicht wenige wohltönende Redensarten in die Kneipen mit, die ihm längst nur noch äußerlich anhafteten, auf Grund derer er aber doch noch immer eine Schätzung unter den Lumpen der Stadt genoß.

Damals gab es in Gerbersau noch kein Armenhaus, sondern die Unbrauchbaren wurden gegen eine geringe Entschädigung aus dem Stadtsäckel da und dort in Familien als Kostgänger gegeben, wo man sie mit dem Notwendigsten versah und nach Möglichkeit zu kleinen häuslichen Arbeiten anhielt. Da nun hieraus in letzter Zeit allerlei Unzuträglichkeiten entstanden waren und da den verkommenen Fabrikanten, der den Haß der Bevölkerung genoß, durchaus niemand aufnehmen wollte, sah sich die Gemeinde genötigt, ein besonderes Haus als Asyl zu beschaffen. Und da gerade das ärmliche alte Wirtshaus zur Sonne unter den Hammer kam, erwarb es die Stadt und setzte nebst einem Hausvater als ersten Gast den Hürlin hinein, dem in Kürze mehrere andere folgten. Diese nannte man die Sonnenbrüder.

Nun hatte Hürlin schon lange zur Sonne nahe Beziehungen gehabt, denn seit seinem Niedergang war er nach und nach in immer kleinere und ärmere Schenken gelaufen und schließlich am meisten in die Sonne, wo er zu den täglichen Gästen gehörte und beim Abendschnaps mit manchen Kumpanen am selben Tische saß, die ihm später, als auch ihre Zeit gekommen war, als Spittelbrüder und verachtete Stadtarme in ebendasselbe Haus

nachfolgen sollten. Ihn freute es, gerade dorthin zu wohnen zu
kommen, und in den Tagen nach der Gant, als Zimmermann und
Schreiner das alte Schankhaus für seinen neuen Zweck eilig und
bescheiden zurichteten, stand er von früh bis spät dabei und
hatte Maulaffen feil.

Eines Morgens, als es schön mild und sonnig war, hatte er sich
wieder daselbst eingefunden, stellte sich neben die Haustür und
sah dem Hantieren der Arbeiter im Innern zu. Er guckte hin-
gerissen und freudig zu und überhörte gern die bösartigen Bemerkungen der Arbeiter, hielt die Fäuste in den tiefen Taschen
seines schmierigen Rockes und warf mit seinen geschenkten, viel
zu langen und zu weiten Beinkleidern spiralförmige Falten, in
denen seine Beine wie Zapfenzieher aussahen. Der bevorstehende Einzug in die neue Bude, von dem er sich ein bequemes
und schöneres Leben versprach, erfüllte den Alten mit glücklicher Neugierde und Unruhe.

Indem er dem Legen der neuen Stiegenbretter zuschaute und
stillschweigend die dünnen tannenen Dielen abschätzte, fühlte
er sich plötzlich beiseite geschoben, und als er sich gegen die
Straße umkehrte, stand da ein Schlossergeselle mit einer großen
Bockleiter, die er mit großer Mühe und vielen untergelegten
Bretterstücken auf dem abschüssigen Straßenboden aufzustellen versuchte. Hürlin verfügte sich auf die andere Seite der Gasse
hinüber, lehnte sich an den Prellstein und verfolgte die Tätigkeit
des Schlossers mit großer Aufmerksamkeit. Dieser hatte nun
seine Leiter aufgerichtet und gesichert, stieg hinauf und begann
über der Haustüre am Mörtel herumzukratzen, um das alte
Wirtschild hinwegzunehmen. Seine Bemühungen erfüllten den
Exfabrikanten mit Spannung und auch mit Wehmut, indem er
der vielen unter diesem Wahrzeichen genossenen Schoppen und
Schnäpse und der früheren Zeiten überhaupt gedachte. Es bereitete ihm keine kleine Freude, daß der schmiedeeiserne Schildarm so fest in der Wand saß und daß der Schlossergesell sich so
damit abmühen mußte, ihn herunterzubringen. Es war doch unter dem armen alten Schilde oft heillos munter zugegangen! Als
der Schlosser zu fluchen begann, schmunzelte der Alte, und als
jener wieder daran zog und bog und wand und zerrte, in
Schweiß geriet und fast von der Leiter stürzte, empfand der Zuschauer eine nicht geringe Genugtuung. Da ging der Geselle fort

und kam nach einer Viertelstunde mit einer Eisensäge wieder. Hürlin sah wohl, daß es nun um den ehrwürdigen Zierat geschehen sei. Die Säge pfiff klingend in dem guten Eisen, und nach wenigen Augenblicken bog sich der eiserne Arm klagend ein wenig abwärts und fiel gleich darauf klingend und rasselnd aufs Pflaster.

Da kam Hürlin herüber. »Du, Schlosser«, bat er demütig, »gib mir das Ding! 's hat ja keinen Wert mehr.«

»Warum auch? Wer bist du denn?« schnauzte der Bursch.

»Ich bin doch von der gleichen Religion«, flehte Hürlin, »mein Alter war Schlosser, und ich bin auch einer gewesen. Gelt, gib's her!«

Der Geselle hatte indessen das Schild aufgehoben und betrachtet.

»Der Arm ist noch gut«, entschied er, »das war zu seiner Zeit keine schlechte Arbeit. Aber wenn du das Blechzeug willst, das hat keinen Wert mehr.«

Er riß den grünbemalten blechernen Blätterkranz, in welchem mit kupferig gewordenen und verbeulten Strahlen die goldene Sonne hing, herunter und gab ihn her. Der Alte bedankte sich und machte sich mit seiner Beute davon, um sie weiter oben im dicken Holdergebüsch vor fremder Habgier und Schaulust zu verbergen. So verbirgt nach verlorener Schlacht ein Paladin die Insignien der Herrschaft, um sie für bessere Tage und neue Glorien zu retten.

Wenige Tage darauf fand ohne viel Sang und Klang die Einweihung des dürftig hergerichteten neuen Armenhauses statt. Es waren ein paar Betten beschafft worden, der übrige Haushalt stammte noch von der Wirtsgant her, außerdem hatte ein Gönner in jedes der drei Schlafstüblein einen von gemalten Blumengewinden umgebenen Bibelspruch auf Pappdeckel gestiftet. Zu der ausgeschriebenen Hausvaterstelle hatten sich nicht viele Bewerber gemeldet, und die Wahl war sogleich auf Herrn Andreas Sauberle gefallen, einen verwitweten Wollstricker, der seinen Strickstuhl mitbrachte und sein Gewerbe weiter betrieb, denn die Stelle reichte knapp zum Leben aus, und er hatte keine Lust, auf seine alten Tage einmal selber ein Sonnenbruder zu werden.

Als der alte Hürlin seine Stube angewiesen bekam, unterzog

er sie sogleich einer genauen Besichtigung. Er fand ein gegen das Höflein gehendes Fenster, zwei Türen, ein Bett, eine Truhe, zwei Stühle, einen Nachttopf, einen Kehrbesen und einen Staubwischlappen vor, ferner ein mit Wachstuch bezogenes Eckbrett, auf welchem ein Wasserglas, ein blechernes Waschbecken, eine Kleiderbürste und ein Neues Testament lagen und standen. Er befühlte das solide Bettzeug, probierte die Bürste an seinem Hut, hielt Glas und Becken prüfend gegen das Tageslicht, setzte sich versuchsweise auf beide Stühle und fand, es sei alles befriedigend und in Ordnung. Nur der stattliche Wandspruch mit den Blumen wurde von ihm mißbilligt. Er sah ihn eine Weile höhnisch an, las die Worte: »Kindlein, liebet euch untereinander!« und schüttelte unzufrieden den struppigen Kopf. Dann riß er das Ding herunter und hängte mit vieler Sorgfalt an dessen Stelle das alte Sonnenschild auf, das er als einziges Wertstück in die neue Wohnung mitgebracht hatte. Aber da kam gerade der Hausvater wieder herein und gebot ihm scheltend, den Spruch wieder an seinen Platz zu hängen. Die Sonne wollte er mitnehmen und wegwerfen, aber Karl Hürlin klammerte sich ingrimmig daran, trotzte zeternd auf sein Eigentumsrecht und verbarg nachher die Trophäe schimpfend unter der Bettstatt.

Das Leben, das mit dem folgenden Tage seinen Anfang nahm, entsprach nicht ganz seinen Erwartungen und gefiel ihm zunächst keineswegs. Er mußte des Morgens um sieben Uhr aufstehen und zum Kaffee in die Stube des Strickers kommen, dann sollte das Bett gemacht, das Waschbecken gereinigt, die Stiefel geputzt und die Stube sauber aufgeräumt werden. Um zehn Uhr gab es ein Stück Schwarzbrot, und dann sollte die gefürchtete Spittelarbeit losgehen. Es war im Hof eine große Ladung buchenes Holz angefahren, das sollte gesägt und gespalten werden.

Da es noch weit hin bis zum Winter war, hatte es Hürlin mit dem Holz nicht eben eilig. Langsam und vorsichtig legte er ein Buchenscheit auf den Bock, rückte es sorgfältig und umständlich zurecht und besann sich eine Weile, wo er es zuerst ansägen solle, rechts oder links oder in der Mitte. Dann setzte er behutsam die Säge an, stellte sie noch einmal weg, spuckte in die Hände und nahm dann die Säge wieder vor. Nun tat er drei, vier Striche, etwa eine Fingerbreite tief ins Holz, zog aber sogleich die Säge wieder weg und prüfte sie aufs peinlichste, drehte am Strick, befühlte das Sägeblatt, stellte es etwas schiefer, hielt es lange blinzelnd vors Auge, seufzte alsdann tief auf und rastete ein wenig. Hierauf begann er von neuem und sägte einen halben Zoll tief, aber da wurde es ihm unerträglich warm, und er mußte seinen Rock ausziehen. Das vollführte er langsam und mit Bedacht, suchte auch eine gute Weile nach einem sauberen und sicheren Ort, um den Rock dahin zu legen. Als dies doch endlich geschehen war, fing er wieder an zu sägen, jedoch nicht lange, denn nun war die Sonne übers Dach gestiegen und schien ihm gerade ins Gesicht. Also mußte er den Bock und das Scheit und die Säge, jedes Stück einzeln, an einen anderen Platz tragen, wo noch Schatten war; dies brachte ihn in Schweiß, und nun brauchte er sein Sacktuch, um sich die Stirne abzuwischen. Das Tuch war aber in keiner Tasche, und da fiel ihm ein, er habe es ja im Rock gehabt, und so ging er denn dort hinüber, wo der Rock lag, breitete ihn säuberlich auseinander, suchte und fand das farbige Nastuch, wischte den Schweiß ab und schneuzte auch gleich, brachte das Tuch wieder unter, legte den Rock mit Aufmerksamkeit zusammen und kehrte erfrischt zum Sägebock zurück. Hier fand er nun bald, er habe vorher das Sägeblatt vielleicht doch allzu schräg gestellt, daher operierte er von neuem lange daran herum und sägte schließlich unter großem Stöhnen das Scheit vollends durch. Aber nun war es Mittag geworden und läutete vom Turm, und eilig zog er den Rock an, stellte die Säge beiseite und verfügte sich ins Haus zum Essen.

»Pünktlich seid Ihr, das muß man Euch lassen«, sagte der Strikker. Die Lauffrau trug die Suppe herein, danach gab es noch Wirsing und eine Scheibe Speck, und Hürlin langte fleißig zu. Nach Tisch sollte das Sägen wieder losgehen, aber da weigerte er sich entschieden.

»Das bin ich nicht gewöhnt«, sagte er entrüstet und blieb dabei. »Ich bin jetzt todmüd und muß nun auch eine Ruhe haben.«

Der Stricker zuckte die Achseln und meinte: »Tut, was Ihr mögt, aber wer nichts arbeitet, bekommt auch kein Vesper. Um vier Uhr gibt's Most und Brot, wenn Ihr gesägt habt, im anderen Fall nichts mehr bis zur Abendsuppe.«

Most und Brot, dachte Hürlin und besann sich in schweren Zweifeln. Er ging auch hinunter und holte die Säge wieder hervor, aber da graute ihm doch vor der heißen mittäglichen Arbeit, und er ließ das Holz liegen, ging auf die Gasse hinaus, fand einen Zigarrenstumpen auf dem Pflaster, steckte ihn zu sich und stieg langsam die fünfzig Schritte bis zur Wegbiegung hinan. Dort hielt er veratmend an, setzte sich abseits der Straße an den schön erwärmten Rain, sah auf die vielen Dächer und auf den Marktplatz hinunter, konnte im Talgrund auch seine ehemalige Fabrik liegen sehen und weihte also diesen Platz als erster Sonnenbruder ein, an welchem seither bis auf heute so viele von seinen Kameraden und Nachfolgern ihre Sommernachmittage und oft auch die Vormittage und Abende versessen haben.

Die Beschaulichkeit eines von Sorgen und Plagen befreiten Alters, die er sich vom Aufenthalt im Spittel versprochen hatte und die ihm am Morgen bei der sauren Arbeit wie ein schönes Trugbild zerronnen war, fand sich nun allmählich ein. Die Gefühle eines für Lebzeiten vor Sorge, Hunger und Obdachlosigkeit gesicherten Pensionärs im Busen, beharrte er mollig faul im Rasen, fühlte auf seiner welken Haut die schöne Sonnenwärme, überblickte weithin den Schauplatz seiner früheren Umtriebe, Arbeit und Leiden und wartete ohne Ungeduld, bis jemand käme, den er um Feuer für seinen Zigarrenstumpen bitten könnte. Das schrille Blechgehämmer einer Spenglerwerkstatt, das ferne Amboßgeläut einer Schmiede, das leise Knarren entfernter Lastwagen stieg, mit einigem Straßenstaub und dünnem Rauch aus großen und kleinen Schornsteinen vermischt, zur Höhe herauf und zeigte an, daß drunten in der Stadt brav gehämmert, gefeilt, gearbeitet und geschwitzt würde, während Karl Hürlin in vornehmer Entrücktheit darüber thronte.

Um vier Uhr trat er leise in die Stube des Hausvaters, der den Hebel seiner kleinen Strickmaschine taktmäßig hin und her bewegte. Er wartete eine Weile, ob es nicht doch am Ende Most und Brot gäbe, aber der Stricker lachte ihn aus und schickte ihn weg. Da ging er enttäuscht an seinen Ruheplatz zurück, brummte vor sich hin, verbrachte eine Stunde oder mehr im Halbschlaf und schaute dann dem Abendwerden im engen Tale zu. Es war droben noch so warm und behaglich wie zuvor, aber seine gute Stimmung ließ mehr und mehr nach, denn trotz seiner Trägheit überfiel ihn die Langeweile, auch kehrten seine Gedanken unaufhörlich zu dem entgangenen Vesper zurück. Er sah ein hohes Schoppenglas voll Most vor sich stehen, gelb und glänzend und mit süßer Herbe duftend. Er stellte sich vor, wie er es in die Hand nähme, das kühle runde Glas, und wie er es ansetzte, und wie er zuerst einen vollen starken Schluck nehmen, dann aber langsam sparend schlürfen würde. Wütend seufzte er auf, sooft er aus dem schönen Traum erwachte, und sein ganzer Zorn richtete sich gegen den unbarmherzigen Hausvater, den Strikker, den elenden Knauser, Knorzer, Schinder, Seelenverkäufer und Giftjuden. Nachdem er genug getobt hatte, fing er an sich selber leid zu tun und wurde weinerlich, schließlich aber beschloß er, morgen zu arbeiten.

Er sah nicht, wie das Tal bleicher und von zarten Schatten erfüllt und wie die Wolken rosig wurden, noch die abendmilde, süße Färbung des Himmels und das heimliche Blauwerden der entfernteren Berge; er sah nur das ihm entgangene Glas Most, die morgen unabwendbar seiner harrende Arbeit und die Härte seines Schicksals. Denn in derartige Betrachtungen verfiel er jedesmal, wenn er einen Tag lang nichts zu trinken bekommen hatte. Wie es wäre, jetzt einen Schnaps zu haben, daran durfte er gar nicht denken.

Gebeugt und verdrossen stieg er zur Abendessenszeit ins Haus hinunter und setzte sich mürrisch an den Tisch. Es gab Suppe, Brot und Zwiebeln, und er aß grimmig, solange etwas in der Schüssel war, aber zu trinken gab es nichts. Und nach dem Essen saß er verlassen da und wußte nicht, was anfangen. Nichts zu trinken, nichts zu rauchen, nichts zu schwätzen! Der Stricker nämlich arbeitete bei Lampenlicht geschäftig weiter, um Hürlin unbekümmert.

Dieser saß eine halbe Stunde lang am leeren Tisch, horchte auf Sauberles klappernde Maschine, starrte in die gelbe Flamme der Hängelampe und versank in Abgründe von Unzufriedenheit, Selbstbedauern, Neid, Zorn und Bosheit, aus denen er keinen Ausweg fand noch suchte. Endlich überwältigte ihn die stille Wut und Hoffnungslosigkeit. Hoch ausholend hieb er mit der Faust auf die Tischplatte, daß es knallte, und rief: »Himmelsternkreuzteufelsludernoch'nmal!«

»Holla«, rief der Stricker und kam herüber, »was ist denn wieder los? Geflucht wird bei mir fein nicht!«

»Ja, was ins heiligs Teufels Namen soll man denn anfangen?«

»Ja so, Langeweile? Ihr dürft ins Bett.«

»So, auch noch? Um die Zeit schickt man kleine Buben ins Bett, nicht mich.«

»Dann will ich Euch eine kleine Arbeit holen.«

»Arbeit? Danke für die Schinderei, Ihr Sklavenhändler, Ihr!«

»Oha, nur kalt Blut! Aber da, lest was!«

Er legte ihm ein paar Bände aus dem dürftig besetzten Wandregal hin und ging wieder an sein Geschäft. Hürlin hatte durchaus keine Lust zum Lesen, nahm aber doch eins von den Büchern in die Hand und machte es auf. Es war ein Kalender, und er begann die Bilder darin anzusehen. Auf dem ersten Blatt war irgendeine phantastisch gekleidete ideale Frauen- oder Mädchengestalt als Titelfigur abgebildet, mit bloßen Füßen und offenen Locken. Hürlin erinnerte sich sogleich an ein Restlein Bleistift, das er besaß. Er zog es aus der Tasche, machte es naß und malte dem Frauenzimmer zwei große runde Brüste aufs Mieder, die er so lange mit immer wieder benetztem Bleistift nachfuhr, bis das Papier mürb war und zu reißen drohte. Er wendete das Blatt um und sah mit Befriedigung, daß der Abdruck seiner Zeichnung durch viele Seiten sichtbar war. Das nächste Bild, auf das er stieß, gehörte zu einem Märchen und stellte einen Kobold oder Wüterich mit bösen Augen, gefährlich kriegerischem Schnauzbart und aufgesperrtem Riesenmaul vor. Begierig netzte der Alte seinen Bleistift an der Lippe und schrieb mit großen deutlichen Buchstaben neben den Unhold die Worte: »Das ist der Stricker Sauberle, Hausvater.«

Er beschloß, womöglich das ganze Buch so zu vermalen und verschweinigeln. Aber die folgende Abbildung fesselte ihn so stark, und er vergaß sich darüber. Sie zeigte die Explosion einer Fabrik und bestand fast nur aus einem mächtigen Dampf- und Feuerkegel, um welchen und über welchem halbe und ganze Menschenleiber, Mauerstücke, Ziegel, Stühle, Balken und Latten durch die Lüfte sausten. Das zog ihn an und zwang ihn, sich die ganze Geschichte dazu auszudenken und sich namentlich vorzustellen, wie es den Emporgeschleuderten im Augenblick des Ausbruches zumut gewesen sein möchte. Darin lag ein Reiz und eine Befriedigung, die ihn lange in Atem hielten. Als er seine Einbildungskraft an diesem aufregenden Bilde erschöpft hatte, fuhr er fort zu blättern und stieß bald auf ein

Bildlein, das ihn wieder festhielt, aber auf eine ganz andere Art. Es war ein lichter, freundlicher Holzschnitt: eine schöne Laube, an deren äußerstem Zweige ein Schenkenstern aushing, und über dem Stern saß mit geschwelltem Hals und offenem Schnäblein und sang ein kleiner Vogel. In der Laube aber erblickte man um einen Gartentisch eine kleine Gesellschaft junger Männer, Studenten oder Wanderburschen, die plauderten und tranken aus heiteren Glasflaschen einen guten Wein. Seitwärts sah man am Rande des Bildchens eine zerfallene Feste mit Tor und Türmen in den Himmel stehen, und in den Hintergrund hinein verlor sich eine schöne Landschaft, etwa das Rheintal, mit Strom und Schiffen und fernhin entschwindenden Höhenzügen. Die Zecher waren lauter junge, hübsche Leute, glatt oder mit jugendlichen Bärten, liebenswürdige und heitere Burschen, welche offenbar mit ihrem Wein die Freundschaft und die Liebe, den alten Rhein und Gottes blauen Sommerhimmel priesen.

Zunächst erinnerte dieser Holzschnitt den einsamen und mürrischen Betrachter an seine besseren Zeiten, da er sich noch Wein hatte leisten können, und an die zahlreichen Gläser und Becher guten Getränkes, die er damals genossen hatte. Dann aber wollte es ihm vorkommen, so vergnügt und herzlich heiter wie diese jungen Zecher sei er doch niemals gewesen, selbst nicht vorzeiten in den leichtblütigen Wanderjahren, da er noch als junger Schlossergeselle unterwegs gewesen war. Diese sommerliche Fröhlichkeit in der Laube, diese hellen, guten und freudigen Jünglingsgesichter machten ihn traurig und zornig; er zweifelte, ob alles nur die Erfindung eines Malers sei, verschönert und verlogen, oder ob es auch in Wirklichkeit etwa irgendwo solche Lauben und so hübsche, frohe und sorgenlose junge Leute gebe. Ihr heiterer Anblick erfüllte ihn mit Neid und Sehnsucht, und je länger er sie anschaute, desto mehr hatte er die Empfindung, er blicke durch ein schmales Fensterlein für Augenblicke in eine andere Welt, in ein schöneres Land und zu freieren und gütigeren Menschen hinüber, als ihm jemals im Leben begegnet waren. Er wußte nicht, in was für ein fremdes Reich er hineinschaue und daß er dieselbe Art von Gefühlen habe wie Leute, die in Dichtungen lesen. Diese Gefühle als etwas Süßes auszukosten, verstand er vollends nicht, also klappte er das Büchlein zu, schmiß es zornig auf den Tisch, brummte unwillig gut Nacht und begab

42

sich in seine Stube hinüber, wo über Bett und Diele und Truhe
das Mondzwielicht hingebreitet lag und in dem gefüllten
Waschbecken leise leuchtete. Die große Stille zu der noch frühen
Stunde, das ruhige Mondlicht und das leere, für eine bloße
Schlafstelle fast zu große Zimmer riefen in dem alten Rauhbein
ein Gefühl von unerträglicher Vereinsamung hervor, dem er
leise murmelnd und fluchend erst spät in das Land des Schlum-
mers entrann.

Es kamen nun Tage, an denen er Holz sägte und Most und Brot
bekam, wechselnd mit Tagen, an denen er faulenzte und ohne
Vesper blieb. Oft saß er oben am Straßenrain, giftig und ganz mit
Bosheit geladen, spuckte auf die Stadt hinab und trug Groll und
Verbitterung in seinem Herzen. Das ersehnte Gefühl, bequem in
einem sicheren Hafen zu liegen, blieb aus, und stattdessen kam
er sich verkauft und verraten vor, führte Gewaltszenen mit dem
Stricker auf oder fraß das Gefühl der Zurücksetzung und Unlust
und Langeweile still in sich hinein.

Mittlerweile lief der Pensionstermin eines der in Privathäusern
versorgten Stadtarmen ab, und eines Tages rückte in der »Sonne«
als zweiter Gast der frühere Seilermeister Lukas Heller ein.

Wenn die schlechten Geschäfte aus Hürlin einen Trinker gemacht hatten, war es mit diesem Heller umgekehrt gegangen.
Auch war er nicht wie jener plötzlich aus Pracht und Reichtum
herabgestürzt, sondern hatte sich langsam und stetig vom bescheidenen Handwerksmann zum unbescheidenen Lumpen
heruntergetrunken, wovor ihn auch sein tüchtiges und energi-
sches Weib nicht hatte retten können. Vielmehr war sie, die ihm
an Kräften weit überlegen schien, dem nutzlosen Kampf erlegen
und längst gestorben, während ihr nichtsnutziger Mann sich einer zähen Gesundheit erfreute. Natürlich war er überzeugt, daß
er mit dem Weib so gut wie mit der Seilerei ein unbegreifliches
Pech gehabt und nach seinen Gaben und Leistungen ein ganz
anderes Schicksal verdient habe.

Hürlin hatte die Ankunft dieses Mannes mit der sehnlichsten
Spannung erwartet, denn er war nachgerade des Alleinseins unsäglich müd geworden. Als Heller aber anrückte, tat der Fabrikant vornehm und machte sich kaum mit ihm zu schaffen. Er
schimpfte sogar darüber, daß Hellers Bett in seine Stube gestellt
wurde, obwohl er heimlich froh daran war.

Nach der Abendsuppe griff der Seiler, da sein Kamerad so störrisch schweigsam war, zu einem Buch und fing zu lesen an. Hürlin saß ihm gegenüber und warf ihm mißtrauisch beobachtende Blicke zu. Einmal, als der Lesende über irgend etwas Witziges lachen mußte, hatte der andere große Lust, ihn danach zu fragen. Aber als Heller im gleichen Augenblick vom Buch aufschaute, offenbar bereit, den Witz zu erzählen, schnitt Hürlin sofort ein finsteres Gesicht und tat, als sei er ganz in die Betrachtung einer über den Tisch hinwegkriechenden Mücke versunken.

So blieben sie hocken, den ganzen langen Abend. Der eine las und blickte zuweilen plaudersüchtig auf, der andere beobachtete ihn ohne Pause, wandte aber den Blick stolz zur Seite, so oft jener herüberschaute. Der Hausvater strickte unverdrossen in die Nacht hinein. Hürlins Mienenspiel wurde immer verbissener, obwohl er eigentlich seelenfroh war, nun nicht mehr allein in der Schlafstube liegen zu müssen. Als es zehn Uhr schlug, sagte der Hausvater: »Jetzt könntet ihr auch ins Bett gehen, ihr zwei.« Beide standen auf und gingen hinüber.

Während die beiden Männlein in der halbdunklen Stube sich langsam und steif entkleideten, schien Hürlin die rechte Zeit gekommen, um ein prüfendes Gespräch anzubinden und über den langersehnten Haus- und Leidensgenossen ins klare zu kommen.

»Also jetzt sind wir zu zweit«, fing er an und warf seine Weste auf den Stuhl.

»Ja«, sagte Heller.

»Eine Saubude ist's«, fuhr der andere fort.

»So? Weißt's gewiß?«

»Ob ich's weiß! – Aber jetzt muß ein Leben reinkommen, sag ich, jetzt! Jawohl.«

»Du«, fragte Heller, »ziehst du's Hemd aus in der Nacht oder behältst's an?«

»Im Sommer zieh ich's aus.«

Auch Heller zog sein Hemd aus und legte sich nackt ins krachende Bett. Er begann laut zu schnaufen. Aber Hürlin wollte noch mehr erfahren.

»Schlafst schon, Heller?«

»Nein.«

»Pressiert auch nicht so. – Gelt, du bist'n Seiler?«

»Gewesen, ja. Meister bin ich gewesen.«

»Und jetzt?«

»Und jetzt – kannst du mich gern haben, wenn du dumme Fragen tust.«

»Jerum, so spritzig! Narr, du bist wohl Meister gewesen, aber das ist noch lange nichts. Ich bin Fabrikant gewesen. Fabrikant, verstanden?«

»Mußt nicht so schreien, ich weiß schon lang. Und nachher, was hast denn nachher fabriziert?«

»Wieso nachher?«

»Frag auch noch! Im Zuchthaus mein ich.«

Hürlin meckerte belustigt.

»Du bist wohl'n Frommer, was. So ein Hallelujazapfen?«

»Ich? Das fehlt gerad noch! Fromm bin ich nicht, aber im Zuchthaus bin ich auch noch nicht gewesen.«

»Hättest auch nicht hineingepaßt. Da sind meistens ganz feine Herren.«

»O jegerle, so feine Herren wie du einer bist? Freilich, da hätt ich mich geniert.«

»'S redet ein jeder, wie er's versteht oder nicht versteht.«

»Ja, das mein ich auch.«

»Also, sei gescheit, du! Warum hast du die Seilerei aufgesteckt?«

»Ach, laß mich in Ruh! Die Seilerei war schon recht, der Teufel ist aber ganz woanders gesessen. Das Weib war schuld.«

»Das Weib? – Hat sie gesoffen?«

»Das hätte noch gefehlt! Nein, gesoffen hab ich, wie's der Brauch ist, und nicht das Weib. Aber sie ist schuld gewesen.«

»So? Was hat sie denn angestellt?«

»Frag nicht so viel!«

»Hast auch Kinder?«

»Ein Bub. In Amerika.«

»Der hat recht. Dem geht's besser als uns.«

»Ja, wenn's nur wahr wär. Um Geld schreibt er, der Dackel! Hat auch geheiratet. Wie er fortgegangen ist, sag ich zu ihm: Frieder, sag ich, mach's gut und bleib gesund; hantier, was du magst, aber wenn du heiratest, geht's Elend los. – Jetzt hockt er drin. Gelt, du hast kein Weib gehabt?«

»Nein. Siehst, man kann auch ohne Weib ins Pech kommen. Was meinst?«

»Danach man einer ist. Ich wär heut noch Meister, wenn die Dundersfrau nicht gewesen wär.«

»Na ja!«

»Hast du was gesagt?«

Hürlin schwieg still und tat so, als wäre er eingeschlafen. Eine warnende Ahnung sagte ihm, daß der Seiler, wenn er erst einmal recht angefangen habe, über sein Weib loszuziehen, kein Ende finden würde.

»Schlaf nur, Dickkopf!« rief Heller herüber. Er ließ sich aber nimmer reizen, sondern stieß eine Weile künstlich große Atemzüge aus, bis er wirklich schlief.

Der Seiler, der mit seinen sechzig Jahren schon einen kürzeren Schlummer hatte, wachte am folgenden Morgen zuerst auf. Eine halbe Stunde blieb er liegen und starrte die weiße Stubendecke an. Dann stieg er, der sonst schwerfällig und steif von Gliedern erschien, leise wie ein Morgenlüftchen aus seinem Bett, lief barfuß und unhörbar zu Hürlins Lagerstatt hinüber und machte sich an dessen über den Stuhl gebreiteten Kleidern zu schaffen. Er durchsuchte sie mit Vorsicht, fand aber nichts darin, als das Bleistiftstümpchen in der Westentasche, das er herausnahm und für sich behielt. Ein Loch im Strumpf seines Schlafkameraden vergrößerte er mit Hilfe beider Daumen um ein Beträchtliches. Sodann kehrte er sachte in sein warmes Bett zurück und regte sich erst wieder, als Hürlin schon erwacht und aufgestanden war und ihm ein paar Wassertropfen ins Gesicht spritzte, da sprang er hurtig auf, kroch in die Hosen und sagte guten Morgen. Mit dem Ankleiden hatte er es gar nicht eilig, und als der Fabrikant ihn antrieb, vorwärts zu machen, rief er behaglich: »Ja, geh nur einstweilen hinüber, ich komm schon auch bald.« Der andere ging, und Heller atmete erleichtert auf. Er griff behende zum Waschbecken und leerte das klare Wasser zum Fenster in den Hof hinaus, denn vor dem Waschen hatte er ein tiefes Grauen. Als er sich dieser ihm widerstrebenden Handlung entzogen hatte, war er im Umsehen mit dem Ankleiden fertig und hatte es eilig, zum Kaffee zu kommen.

Bettmachen, Zimmeraufräumen und Stiefelputzen ward besorgt, natürlich ohne Hast und mit reichlichen Plauderpausen.

Dem Fabrikanten schien das alles zu zweien doch freundlicher und bequemer zu gehen als früher allein. Sogar die unentrinnbar bevorstehende Arbeit flößte ihm heute etwas weniger Schrecken ein als sonst, und er ging, wenn auch zögernd, mit fast heiterer Miene auf die Mahnung des Hausvaters mit dem Seiler ins Höflein hinunter.

Trotz heftiger Entrüstungsausbrüche des Strickers und trotz seines zähen Kampfes mit der Unlust des Pfleglings war in den vergangenen paar Wochen an dem Holzvorrat kaum eine wahrnehmbare Veränderung vor sich gegangen. Die Beuge schien noch so groß und so hoch wie je, und das in der Ecke liegende Häuflein zersägter Rollen, kaum zwei Dutzend, erinnerte etwa an die in einer Laune begonnene und in einer neuen Laune liegengelassene spielerische Arbeit eines Kindes.

Nun sollten die beiden Grauköpfe zu zweien daran arbeiten; es galt, sich ineinander zu finden und einander in die Hände zu schaffen, denn es war nur ein einziger Sägbock und auch nur eine Säge vorhanden. Nach einigen vorbereitenden Gebärden, Seufzern und Redensarten überwanden die Leutlein denn auch ihr inneres Sträuben und schickten sich an, das Geschäft in die Hand zu nehmen. Und nun zeigte sich leider, daß Karl Hürlins frohe Hoffnungen eitel Träume gewesen waren, denn sogleich trat in der Arbeitsweise der beiden ein tiefer Wesensunterschied zutage.

Jeder von ihnen hatte seine besondere Art, tätig zu sein. In beider Seelen mahnte nämlich, neben der eingebornen Trägheit, ein Rest von Gewissen schüchtern zum Fleißigsein; wenigstens wollten beide zwar nicht wirklich arbeiten, aber doch vor sich selber den Anschein gewinnen, als seien sie etwas nütze. Dies erstrebten sie nun auf durchaus verschiedene Weise, und es trat hier in diesen abgenützten und scheinbar vom Schicksal zu Brüdern gemachten Männern ein unerwarteter Zwiespalt der Anlagen und Neigungen hervor.

Hürlin hatte die Methode, zwar so gut wie nichts zu leisten, aber doch fortwährend sehr beschäftigt zu sein oder zu scheinen. Ein einfacher Handgriff wurde bei ihm zu einem höchst verwickelten Manöver, indem mit jeder noch so kleinen Bewegung ein sparsam zähes Ritardando verschwistert war; überdies erfand und übte er zwischen zwei einfachen Bewegungen, beispielsweise zwischen dem Ergreifen und dem Ansetzen der Säge, beständig ganze Reihen von wertlosen und mühelosen Zwischentätigkeiten und war immer vollauf beschäftigt, sich durch solche unnütze Plempereien die eigentliche Arbeit möglichst noch ein wenig vom Leibe zu halten. Darin glich er einem Verurteilten, der dies und das und immer noch etwas aussheckt, was noch geschehen und stattfinden und getan und besorgt werden muß, ehe es ans Erleiden des Unvermeidlichen geht. Und so gelang es ihm wirklich, die vorgeschriebenen Stunden mit einer ununterbrochenen Geschäftigkeit auszufüllen und es zu einem Schimmer von ehrlichem Schweiß zu bringen, ohne doch eine nennenswerte Arbeit zu tun.

In diesem eigentümlichen, jedoch praktischen System hatte er gehofft, von Heller verstanden und unterstützt zu werden, und fand sich nun völlig enttäuscht. Der Seiler nämlich befolgte, seinem inneren Wesen entsprechend, eine entgegengesetzte Methode. Er steigerte sich durch krampfhaften Entschluß in einen schäumenden Furor hinein, stürzte sich mit Todesverachtung in die Arbeit und wütete, daß der Schweiß rann und die Späne flogen. Aber das hielt nur Minuten an, dann war er erschöpft, hatte sein Gewissen befriedigt und rastete tatenlos zusammengesunken, bis nach geraumer Zeit der Raptus wieder kam und wieder wütete und verrauchte. Die Resultate dieser Arbeitsart übertrafen die des Fabrikanten nicht erheblich.

Unter solchen Umständen mußte von den beiden jeder dem andern zum schweren Hindernis und Ärgernis werden. Die gewaltsame und hastige, ruckweise einsetzende Art des Heller war dem Fabrikanten im Innersten zuwider, während dessen stetig träges Schäffeln wieder jenem ein Greuel war. Wenn der Seiler einen seiner wütenden Anfälle von Fleiß bekam, zog sich der erschreckte Hürlin einige Schritte weit zurück und schaute verächtlich zu, indessen jener keuchend und schwitzend sich abmühte und doch noch einen Rest von Atem übrigbehielt, um Hürlin seine Faulenzerei vorzuwerfen.

»Guck nur«, schrie er ihn an, »guck nur, faules Luder, Tagdieb du! Gelt, das gefällt dir, wenn sich andere Leut für dich abschinden? Natürlich, der Herr ist ja Fabrikant! Ich glaub, du wärst imstand und tätest vier Wochen am gleichen Scheit herumsägen.«

Weder die Ehrenrührigkeit noch die Wahrheit dieser Vorwürfe regte Hürlin stark auf, dennoch blieb er dem Seiler nichts schuldig. Sobald Heller ermattet beiseite hockte, gab er ihm sein Schimpfen heim. Er nannte ihn Dickkopf, Ladstock, Hauderer, Seilersdackel, Turmspitzenvergolder, Kartoffelkönig, Allerweltsdreckler, Schoote, Schlangenfänger, Mohrenhäuptling, alte Schnapsbouteille und erbot sich mit herausfordernden Gesten, ihm so lang auf seinen Wasserkopf zu hauen, bis er die Welt für ein Erdäpfelgemüs und die zwölf Apostel für eine Räuberbande ansähe. Zur Ausführung solcher Drohungen kam es natürlich nie, sie waren rein oratorische Leistungen und wurden auch vom Gegner als nichts anderes betrachtet. Ein paarmal verklagten sie einander beim Hausvater, aber Sauberle war gescheit genug, sich das gründlich zu verbitten.

»Kerle«, sagte er ärgerlich, »ihr seid doch keine Schulbuben mehr. Auf so Stänkereien laß ich mich nicht ein; fertig, basta!«

Trotzdem kamen beide wieder, jeder für sich, um einander zu verklagen. Da bekam beim Mittagessen der Fabrikant kein Fleisch, und als er trotzig aufbegehrte, meinte der Stricker: »Regt Euch nicht so auf. Hürlin, Strafe muß sein. Der Heller hat mir erzählt, was Ihr wieder für Reden geführt habt.« Der Seiler triumphierte über diesen unerwarteten Erfolg nicht wenig. Aber abends ging es umgekehrt. Heller bekam keine Suppe, und die zwei Schlaumeier merkten, daß sie überlistet waren. Von da an hatte die Angeberei ein Ende.

Untereinander aber ließen sie sich keine Ruhe. Nur selten einmal, wenn sie nebeneinander am Rain droben kauerten und den Vorübergehenden ihre faltigen Hälse nachstreckten, spann sich vielleicht für eine Stunde eine flüchtige Seelengemeinschaft zwischen ihnen an, indem sie miteinander über den Lauf der Welt, über den Stricker, über die Armenpflege und über den dünnen Kaffee im Spittel räsonierten oder ihre kleinen idealen Güter austauschten, welche bei dem Seiler in einer bündigen Psychologie über Weiber, bei Hürlin hingegen aus Wandererinnerungen und phantastischen Plänen zu Finanzspekulationen großen Stils bestanden.

»Siehst du, wenn halt einer heiratet –«, fing es bei Heller allemal an. Und Hürlin, wenn an ihm die Reihe war, begann stets: »Tausend Mark wenn mir einer lehnte –« oder: »Wie ich dazumal in Solingen drunten war …« Drei Monate hatte er vor Jahren einmal dort gearbeitet, aber es war erstaunlich, was ihm alles gerade in Solingen passiert und zu Gesicht gekommen war.

Wenn sie sich müdgesprochen hatten, nagten sie schweigend an ihren meistens kalten Pfeifen, legten die Arme auf die spitzen Knie, spuckten in ungleichen Zwischenräumen auf die Straße und stierten an den krummen alten Apfelbaumstämmen vorüber in die Stadt hinunter, deren Auswürflinge sie waren und der sie Schuld an ihrem Unglück gaben. Da wurden sie wehmütig, seufzten, machten mutlose Handbewegungen und fühlten, daß sie alt und erloschen seien. Dieses dauerte stets so lange, bis die Wehmut wieder in Bosheit umschlug, wozu meistens eine halbe Stunde hinreichte. Dann war es gewöhnlich Lukas Heller, der den Reigen eröffnete, zuerst mit irgendeiner Neckerei.

»Sieh einmal da drunten!« rief er und deutete talwärts.

»Was denn?« brummte der andere.

»Mußt auch noch fragen! Ich weiß, was ich sehe.«

»Also was, zum Dreihenker?«

»Ich sehe die sogenannte Walzenfabrik von weiland Hürlin und Schwindelmeier, jetzt Dalles und Kompanie. Reiche Leute das, reiche Leute!«

»Kannst mich im ›Adler‹ treffen!« murmelte Hürlin.

»So? Danke schön.«

»Willst mich falsch machen?«

»Tut gar nicht not, bist's schon.«

»Dreckiger Seilersknorze, du!«

»Zuchthäusler!«

»Schnapslump!«

»Selber einer! Du hast's grad nötig, daß du ordentliche Leute schimpfst.«

»Ich schlag dir sieben Zähne ein.«

»Und ich hau dich lahm, du Bankröttler, du naseweiser!«

Damit war das Gefecht eröffnet. Nach Erschöpfung der ortsüblichen Schimpfnamen und Schandwörter erging sich die Phantasie der beiden Hanswürste in üppigen Neubildungen von verwegenem Klange, bis auch dies Kapital aufgebraucht war und die zwei Kampfhähne erschöpft und erbittert hintereinander her ins Haus zurückzottelten.

Jeder hatte keinen anderen Wunsch, als den Kameraden möglichst unterzukriegen und sich ihm überlegen zu fühlen, aber wenn Hürlin der Gescheitere war, so war Heller der Schlauere, und da der Stricker keine Partei nahm, wollte keinem ein rechter Trumpf gelingen. Die geachtetere und angenehmere Stellung im Spittel einzunehmen, war beider sehnliches Verlangen; sie verwandten darauf so viel Nachdenken und Zähigkeit, daß mit der Hälfte davon ein jeder, wenn er sie seinerzeit nicht gespart hätte, sein Schifflein hätte flott erhalten können, anstatt ein Sonnenbruder zu werden.

Unterdessen war die große Holzladung im Hof langsam kleiner geworden. Den Rest hatte man für später liegen lassen und einstweilen andere Geschäfte vorgenommen. Heller arbeitete tagweise in des Stadtschultheißen Garten, und Hürlin war unter hausväterlicher Aufsicht mit friedlichen Tätigkeiten, wie Salatputzen, Linsenlesen, Bohnenschnitzeln und dergleichen, beschäftigt, wobei er sich nicht zu übernehmen brauchte und doch etwas nütze sein konnte. Darüber schien die Feindschaft der Spittelbrüder langsam heilen zu wollen, da sie nicht mehr den ganzen Tag beisammen waren. Auch bildete jeder sich ein, man habe ihm gerade diese Arbeit seiner besonderen Vorzüge wegen zugeteilt und ihm damit über den andern einen Vorrang zugestanden. So zog sich der Sommer hin, bis schon das Laub braun anzulaufen begann.

Da begegnete es dem Fabrikanten, als er eines Nachmittags allein im Torgang saß und sich schläfrig die Welt betrachtete, daß ein Fremder den Berg herunterkam, vor der »Sonne« stehenblieb und ihn fragte, wo es zum Rathaus gehe. Hürlin lief zwei Gassen weit mit, stand dem Fremden Rede und bekam für seine Mühe zwei Zigarren geschenkt. Er bat den nächsten Fuhrmann um Feuer, steckte eine an und kehrte an seinen Schattenplatz bei der Haustüre zurück, wo er mit überschwenglichen Lustgefühlen sich dem lang entbehrten Genusse der guten Zigarre hingab, deren letzten Rest er schließlich noch im Pfeiflein aufrauchte, bis nur noch Asche und ein paar braune Tropfen übrig waren. Am Abend, da der Seiler vom Schulzengarten kam und wie gewöhnlich viel davon zu erzählen wußte, was für feinen Birnenmost und Weißbrot und Rettiche er zum Vesper gekriegt und wie nobel man ihn behandelt hatte, da berichtete Hürlin auch sein

Abenteuer mit ausführlicher Beredsamkeit, zu Hellers großem Neide.

»Und wo hast denn jetzt die Zigarren?« fragte dieser alsbald mit Interesse.

»Geraucht hab ich sie«, lachte Hürlin protzig.

»Alle beide?«

»Jawohl, alter Schwed, alle beide.«

»Auf einmal?«

»Nein, du Narr, sondern auf zweimal, eine hinter der anderen.«

»Ist's wahr?«

»Was soll's nicht wahr sein?«

»So«, meinte der Seiler, der es nicht glaubte, listig, »dann will ich dir was sagen. Du bist nämlich ein Rindvieh, und kein kleines.«

»So? Warum denn?«

»Hättest eine aufgehebt, dann hättest morgen auch was gehabt. Was hast jetzt davon?«

Das hielt der Fabrikant nicht aus. Grinsend zog er die noch übrige Zigarre aus der Brusttasche und hielt sie dem neidischen Seiler vors Auge, um ihn vollends recht zu ärgern.

»Siehst was? Ja gelt, so gottverlassen dumm bin ich auch nicht, wie du meinst.«

»So so. Also da ist noch eine. Zeig einmal!«

»Halt da, wenn ich nur müßte!«

»Ach was, bloß ansehen! Ich versteh mich darauf, ob's eine feine ist. Du kriegst sie gleich wieder.«

Da gab ihm Hürlin die Zigarre hin, er drehte sie in den Fingern herum, hielt sie an die Nase, roch daran und sagte, indem er sie ungern zurückgab, mitleidig: »Da, nimm sie nur wieder. Von der Sorte bekommt man zwei für den Kreuzer.«

Es entspann sich nun ein Streiten um die Güte und den Preis der Zigarre, das bis zum Bettgehen dauerte. Beim Auskleiden legte Hürlin den Schatz auf sein Kopfkissen und bewachte ihn ängstlich. Heller höhnte: »Ja, nimm sie nur mit ins Bett! Vielleicht kriegt sie Junge.« Der Fabrikant gab keine Antwort, und als jener im Bett lag, legte er die Zigarre behutsam auf den Fenstersims und stieg dann gleichfalls zu Nest. Wohlig streckte er sich aus und durchkostete vor dem Einschlafen noch einmal in der Erinnerung den Genuß vom Nachmittag, wo er den feinen

Rauch so stolz und prahlend in die Sonne geblasen hatte und wo mit dem guten Dufte ein Rest seiner früheren Herrlichkeit und Großmannsgefühle in ihm aufgewacht waren. Und dann schlief er ein, und während der Traum ihm das Bild jener versunkenen Glanzzeit vollends in aller Glorie zurückbeschwor, streckte er schlafend seine gerötete Nase mit der Weltverachtung seiner besten Zeiten in die Lüfte.

Allein mitten in der Nacht wachte er ganz wider alle Gewohnheit plötzlich auf, und da sah er im halben Licht den Seilersmann zu Häupten seines Bettes stehen und die magere Hand nach der auf dem Sims liegenden Zigarre ausstrecken.

Mit einem Wutschrei warf er sich aus dem Bett und versperrte dem Missetäter den Rückweg. Eine Weile wurde kein Wort gesprochen, sondern die beiden Feinde standen einander regungslos und fasernackend gegenüber, musterten sich mit durchbohrenden Zornblicken und wußten selber nicht, war es Angst oder Übermaß der Überraschung, daß sie einander nicht schon an den Haaren hatten.

»Leg die Zigarre weg!« rief endlich Hürlin keuchend.

Der Seiler rührte sich nicht.

»Weg legst sie!« schrie der andere noch einmal, und als Heller wieder nicht folgte, holte er aus und hätte ihm ohne Zweifel eine saftige Ohrfeige gegeben, wenn der Seiler sich nicht beizeiten gebückt hätte. Dabei entfiel demselben aber die Zigarre, Hürlin wollte eiligst nach ihr langen, da trat Heller mit der Ferse drauf, daß sie mit leisem Knistern in Stücke ging. Jetzt bekam er vom Fabrikanten einen Puff in die Rippen, und es begann eine Balgerei. Es war zum erstenmal, daß die beiden handgemein wurden, aber die Feigheit wog den Zorn so ziemlich auf, und es kam nichts Erkleckliches dabei heraus. Bald trat der eine einen Schritt vor und bald der andere, so schoben die nackten Alten ohne viel Geräusch in der Stube herum, als übten sie einen Tanz, und jeder war ein Held, und keiner bekam Hiebe. Das ging so lange, bis in einem günstigen Augenblick dem Fabrikanten seine leere Waschschüssel in die Hand geriet; er schwang sie wild über sich durch die Luft und ließ sie machtvoll auf den Schädel seines unbewaffneten Feindes herabsausen. Dieser Hauptschlag mit der Blechschüssel gab einen so kriegerisch schmetternden Klang durchs ganze Haus, daß sogleich die Türe ging, der Hausvater im Hemd hereintrat und mit Schimpfen und Lachen vor den Zweikämpfern stehenblieb.

»Ihr seid doch die reinen Lausbuben«, rief er scharf, »boxt euch da splitternackt in der Bude herum, so zwei alte Geißböcke! Packt euch ins Bett, und wenn ich noch einen Ton hör, könnt ihr euch gratulieren.«

»Gestohlen hat er« – schrie Hürlin, vor Zorn und Beleidigung fast heulend. Er ward aber sofort unterbrochen und zur Ruhe verwiesen. Die Geißböcke zogen sich murrend in ihre Betten zurück, der Stricker horchte noch eine kleine Weile vor der Türe, und auch als er fort war, blieb in der Stube alles still. Neben dem Waschbecken lagen die Trümmer der Zigarre am Boden, durchs Fenster sah die blasse Spätsommernacht herein, und über den beiden tödlich ergrimmten Taugenichtsen hing an der Wand von Blumen umrankt der Spruch: »Kindlein, liebet euch untereinander!«

Wenigstens einen kleinen Triumph trug Hürlin am andern Tage aus dieser Affäre davon. Er weigerte sich standhaft, fernerhin mit dem Seiler nachts die Stube zu teilen, und nach hartnäckigem Widerstand mußte der Stricker sich dazu verstehen, jenem das andere Stübchen anzuweisen. So war der Fabrikant wieder zum Einsiedler geworden, und so gerne er die Gesellschaft des Seilermeisters los war, machte es ihn doch schwermütig, so daß er zum erstenmal deutlich spürte, in was für eine hoffnungslose Sackgasse ihn das Schicksal auf seine alten Tage gestoßen hatte.

Das waren keine fröhlichen Vorstellungen. Früher war er, ging es wie es mochte, doch wenigstens frei gewesen, hatte auch in den elendesten Zeiten je und je noch ein paar Batzen fürs Wirtshaus gehabt und konnte, wenn er nur wollte, jeden Tag wieder auf die Wanderschaft gehen. Jetzt aber saß er da, rechtlos und bevogtet, bekam niemals einen blutigen Batzen zu sehen und hatte in der Welt nichts mehr vor sich, als vollends alt und mürb zu werden und zu seiner Zeit sich hinzulegen.

Er begann, was er sonst nie getan hatte, von seiner hohen Warte am Straßenrain über die Stadt hinweg das Tal hinab und hinauf zu äugen, die weißen Landstraßen mit dem Blick zu messen und den fliegenden Vögeln und Wolken, den vorbeifahrenden Wagen und den ab- und zugehenden Fußwanderern mit Sehnsucht nachzublicken. Für die Abende gewöhnte er sich nun sogar das

Lesen an, aber aus den erbaulichen Geschichten der Kalender und frommen Zeitschriften heraus hob er oft fremd und bedrückt den Blick, erinnerte sich an seine jungen Jahre, an Solingen, an seine Fabrik, ans Zuchthaus, an die Abende in der ehemaligen »Sonne« und dachte immer wieder daran, daß er nun allein sei, hoffnungslos allein.

Der Seiler Heller musterte ihn mit bösartigen Seitenblicken, versuchte aber nach einiger Zeit doch den Verkehr wieder ins Geleise zu bringen. So daß er etwa gelegentlich, wenn er den Fabrikanten draußen am Ruheplatz antraf, ein freundliches Gesicht schnitt und ihm zurief: »Schönes Wetter, Hürlin! Das gibt einen guten Herbst, was meinst?« Aber Hürlin sah ihn nur an, nickte träg und gab keinen Ton von sich.

Vermutlich hätte sich allmählich trotzdem wieder irgendein Faden zwischen den Trutzköpfen angesponnen, denn aus seinem Tiefsinn und Gram heraus hätte Hürlin doch ums Leben gern nach dem nächsten besten Menschenwesen gegriffen, um nur das elende Gefühl der Vereinsamung und Leere zeitweise loszuwerden. Der Hausvater, dem des Fabrikanten stilles Schwermüteln gar nicht gefiel, tat auch, was er konnte, um seine beiden Pfleglinge wieder aneinander zu bringen.

Da rückten kurz hintereinander im Lauf des September zwei neue Ankömmlinge ein, und zwar zwei sehr verschiedene.

Der eine hieß Louis Kellerhals, doch kannte kein Mensch in der Stadt diesen Namen, da Louis schon seit Jahrzehnten den Beinamen Holdria trug, dessen Ursprung unerfindlich ist. Er war, da er schon viele Jahre her der Stadt zur Last fiel, bei einem freundlichen Handwerker untergebracht gewesen, wo er es gut hatte und mit zur Familie zählte. Dieser Handwerker war nun gestorben, und da der Pflegling nicht zur Erbschaft mitgerechnet werden konnte, mußte ihn jetzt der Spittel übernehmen. Er hielt seinen Einzug mit einem wohlgefüllten Leinwandsäcklein, einem ungeheuren blauen Regenschirm und einem grünbemalten Holzkäfig, darin saß ein sehr feister Sperling und ließ sich durch den Umzug wenig aufregen. Der Holdria kam lächelnd, herzlich und strahlend, schüttelte jedermann die Hand, sprach kein Wort und fragte nach nichts, glänzte vor Wonne und Herzensgüte, sooft jemand ihn anredete oder ansah, und hätte, auch wenn er nicht schon längst eine überall bekannte Figur gewesen wäre, es keine Viertelstunde lang verbergen können, daß er ein ungefährlicher Schwachsinniger war.

Der zweite, der etwa eine Woche später seinen Einzug hielt, kam nicht minder lebensfroh und wohlwollend daher, war aber keineswegs schwach im Kopfe, sondern ein zwar harmloser, aber durchtriebener Pfiffikus. Er hieß Stefan Finkenbein und stammte aus der in der ganzen Stadt und Gegend von alters her wohlbekannten Landstreicher- und Bettlerdynastie der Finkenbeine, deren komplizierte Familie in vielerlei Zweigen in Gerbersau ansässig und anhängig war. Die Finkenbeine waren alle fast ohne Ausnahme helle und lebhafte Köpfe, dennoch hatte es niemals einer von ihnen zu etwas gebracht, denn von ihrem ganzen Wesen und Dasein war die Vogelfreiheit und der Humor des Nichtshabens ganz unzertrennlich.

Besagter Stefan war noch keine sechzig alt und erfreute sich einer fehlerlosen Gesundheit. Er war etwas mager und zart von Gliedern, aber zäh und stets wohlauf und rüstig, und auf welche schlaue Weise es ihm gelungen war, sich bei der Gemeinde als Anwärter auf einen Spittelsitz einzuschmuggeln und durchzusetzen, war rätselhaft. Es gab Ältere, Elendere und sogar Ärmere genug in der Stadt. Allein seit der Gründung dieser Anstalt hatte es ihm keine Ruhe gelassen, er fühlte sich zum Sonnenbruder geboren und wollte und mußte einer werden. Und nun war er da, ebenso lächelnd und liebenswürdig wie der treffliche Holdria, aber mit wesentlich leichterem Gepäck, denn außer dem, was er am Leibe trug, brachte er einzig einen zwar nicht in der Farbe, aber doch in der Form wohlerhaltenen steifen Sonntagshut von altväterischer Form mit. Wenn er ihn aufsetzte und ein wenig nach hinten rückte, war Stefan Finkenbein ein klassischer Vertreter des Typus Bruder Straubinger. Er führte sich als einen weltgewandten, spaßhaften Gesellschafter ein und wurde, da der Holdria schon in Hürlins Stube gesteckt worden war, beim Seiler Heller untergebracht. Alles schien ihm gut und lobenswert zu sein, nur die Schweigsamkeit seiner Kameraden gefiel ihm nicht. Eine Stunde vor dem Abendessen, als alle viere draußen beisammen im Freien saßen, fing der Finkenbein plötzlich an: »Hör du, Herr Fabrikant, ist das bei euch denn alleweil so trübselig? Ihr seid ja lauter Trauerwedel.«

»Ach, laß mich.«

»Na, wo fehlt's denn bei dir? Überhaupt, warum hocken wir alle so fad da herum? Man könnte doch wenigstens einen Schnaps trinken, oder nicht?«

Hürlin horchte einen Augenblick entzückt auf und ließ seine müden Äuglein glänzen, aber dann schüttelte er verzweifelt den Kopf, drehte seine leeren Hosentaschen um und machte ein leidendes Gesicht.

»Ach so, hast kein Moos?« rief Finkenbein lachend. »Lieber Gott, ich hab immer gedacht, so ein Fabrikant, der hat's alleweil im Sack herumklimpern. Aber heut ist doch mein Antrittsfest, das darf nicht so trocken vorbeigehen. Kommt nur, ihr Leute, der Finkenbein hat zur Not schon noch ein paar Kapitalien im Ziehamlederle.«

Da sprangen die beiden Trauerwedel behend auf die Füße. Den Schwachsinnigen ließen sie sitzen, die drei anderen stolperten im Eilmarsch nach dem »Sternen« und saßen bald auf der Wandbank jeder vor einem Glas Korn. Hürlin, der seit Wochen und Monaten keine Wirtsstube mehr von innen gesehen hatte, kam in die freudigste Aufregung. Er atmete in tiefen Zügen den lang entbehrten Dunst des Ortes ein und genoß den Kornschnaps in kleinen, sparsamen, scheuen Schlucken. Wie einer, der aus schweren Träumen erwacht ist, fühlte er sich dem Leben wiedergeschenkt und von der wohlbekannten Umgebung heimatlich angezogen. Er holte die vergessenen kühnen Gesten seiner ehemaligen Kneipenzeit eine um die andere wieder hervor, schlug auf den Tisch, schnippte mit den Fingern, spuckte vor sich hin auf die Diele und scharrte tönend mit der Sohle darüber. Auch seine Redeweise nahm einen plötzlichen Aufschwung, und die volltönenden Kraftausdrücke aus den Jahren seiner Herrlichkeit klangen noch einmal fast mit der alten brutalen Sicherheit von seinen blauen Lippen.

Während der Fabrikant sich diesermaßen verjüngte, blinzelte Lukas Heller nachdenklich in sein Gläschen und hielt die Zeit für gekommen, wo er dem Stolzen seine Beleidigungen und den entehrenden Blechhieb aus jener Nacht heimzahlen könnte. Er hielt sich still und wartete aufmerksam, bis der rechte Augenblick da wäre.

Inzwischen hatte Hürlin, wie es früher seine Art gewesen war, beim zweiten Glase angefangen ein Ohr auf die Gespräche der Leute am Nebentisch zu haben, mit Kopfnicken, Räuspern und Mienenspiel daran teilzunehmen und schließlich auch zwischenein ein freundschaftliches Jaja oder Soso dareinzugeben. Er fühlte sich ganz in das schöne Ehemals zurückversetzt, und als nun das Gespräch nebenan lebhafter wurde, drehte er sich mehr und mehr dort hinüber, und nach seiner alten Leidenschaft stürzte er sich bald mit Feuer in das Wogen und Aneinanderbranden der Meinungen. Die Redenden achteten im Anfang nicht darauf, bis einer von ihnen, ein Fuhrknecht, plötzlich rief: »Jeses, der Fabrikant! Ja, was willst denn du da, alter Lump? Sei so gut und halt du deinen Schnabel, sonst schwätz ich deutsch mit dir.«

Betrübt wendete der Angeschnauzte sich ab, aber da gab ihm der Seiler einen Ellbogenstoß und flüsterte eifrig: »Laß dir doch von dem Jockel das Maul nicht verbieten! Sag's ihm, dem Drallewatsch!«

Diese Ermunterung entflammte sogleich das Ehrgefühl des Fabrikanten zu neuem Bewußtsein. Trotzig hieb er auf den Tisch, rückte noch mehr gegen die Sprecher hinüber, warf kühne Blicke um sich und rief mit tiefem Brustton: »Nur etwas manierlicher, du, bitt ich mir aus! Du weißt scheint's nicht, was der Brauch ist.«

Einige lachten. Der Fuhrknecht drohte noch einmal gutmütig: »Paß Achtung, Fabrikantle! Dein Maul wenn du nicht hältst, kannst was erleben.«

»Ich brauch nichts zu erleben«, sagte Hürlin, von Heller wieder durch einen Stoß angefeuert, mit Würde und Nachdruck, »ich bin so gut da und kann mitreden wie ein anderer. So, jetzt weißt du's.«

Der Knecht, der seinem Tisch eine Runde bezahlt hatte und dort den Herrn spielte, stand auf und kam herüber. Er war der Kläfferei müde. »Geh heim ins Spittel, wo du hingehörst!« schrie er Hürlin an, nahm den Erschrockenen am Kragen, schleppte ihn zur Stubentüre und half ihm mit einem Tritt hinaus. Die Leute lachten und fanden, es geschehe dem Spektakler recht. Damit war der kleine Zwischenfall abgetan, und sie fuhren mit Schwören und Schreien in ihren wichtigen Gesprächen fort.

Der Seilermeister war selig. Er veranlaßte Finkenbein, noch ein letztes Gläschen zu spenden. Und da er den Wert dieses neuen Genossen erkannt hatte, bemühte er sich nach Kräften, sich mit ihm anzufreunden, was Finkenbein sich lächelnd gefallen ließ. Dieser war vorzeiten einmal im Hürlinschen Anwesen betteln gegangen und von dem Herrn Fabrikanten streng hinausgewiesen worden. Trotzdem hatte er nichts gegen ihn und stimmte den Beschimpfungen, die Heller dem Abwesenden jetzt antat, mit keinem Worte bei. Er war besser als diese aus glücklicheren Umständen Herabgesunkenen daran gewöhnt, der Welt ihren Lauf zu lassen und an den Besonderheiten der Leute seinen Spaß zu haben.

»Laß nur, Seiler«, sagte er abwehrend. »Der Hürlin ist freilich ein Narr, aber noch lang keiner von den übelsten. Da dank ich doch schön dafür, daß wir da droben auch noch Händel miteinander haben sollen.«

Heller merkte sich das und ging gefügig auf diesen versöhnlichen Ton ein. Es war nun auch Zeit zum Aufbrechen, so gingen sie denn und kamen gerade recht zum Nachtessen heim. Der Tisch, an dem nunmehr fünf Leute saßen, bot einen ganz stattlichen Anblick. Obenan saß der Stricker, dann kam auf der einen Seite der rotwangige Holdria neben dem hageren, verfallen und grämlich aussehenden Hürlin, ihnen gegenüber der dünn behaarte, pfiffige Seiler neben dem fidelen, helläugigen Finkenbein. Dieser unterhielt den Hausvater vortrefflich und brachte ihn in gute Laune, zwischenein machte er ein paar Späße mit dem Blöden, der geschmeichelt grinste, und als der Tisch abgeräumt und abgewaschen war, zog er Spielkarten heraus und schlug eine Partie vor. Der Stricker wollte es verbieten, gab es aber am Ende unter der Bedingung zu, daß »um nichts« gespielt werde. Finkenbein lachte laut.

»Natürlich um nichts, Herr Sauberle. Um was denn sonst? Ich bin ja freilich von Haus aus Millionär, aber das ist alles in Hürlinschen Aktien draufgegangen – nichts für ungut, Herr Fabrikant!«

Sie begannen denn, und das Spiel ging auch eine Weile ganz fröhlich seinen Gang, durch zahlreiche Kartenwitze des Finkenbein und durch einen von demselben Finkenbein entdeckten und vereitelten Mogelversuch des Seilermeisters anregend unterbrochen. Aber da stach den Seiler der Hafer, daß er mit geheimnisvollen Andeutungen immer wieder des Abenteuers im »Sternen« gedenken mußte. Hürlin überhörte es zuerst, dann winkte er ärgerlich ab. Da lachte der Seiler auf eine schadenfrohe Art dem Finkenbein zu. Hürlin blickte auf, sah das unangenehme Lachen und Blinzeln, und plötzlich wurde ihm klar, daß dieser an der Hinauswerferei schuld war und sich auf seine Kosten lustig mache. Das ging ihm durch und durch. Er verzog den Mund, warf mitten im Spiel seine Karten auf den Tisch und war nicht zum Weiterspielen zu bewegen. Heller merkte sofort, was los war, er hielt sich vorsichtig still und gab sich doppelt Mühe, auf einem recht brüderlichen Fuß mit Finkenbein zu bleiben.

Es war also zwischen den beiden alten Gegnern wieder alles verschüttet, und desto schlimmer, weil Hürlin überzeugt war, Finkenbein habe um den Streich gewußt und ihn anstiften helfen. Dieser benahm sich unverändert lustig und kameradschaftlich, da aber Hürlin ihn nun einmal beargwöhnte und seine Späße und Titulaturen wie Kommerzienrat, Herr von Hürlin und so weiter ruppig aufnahm, zerfiel in Bälde die Sonnenbrüderschaft in zwei Parteien. Denn der Fabrikant hatte sich als Schlafkamerad schnell an den blöden Holdria gewöhnt und ihn zu seinem Freund gemacht.

Von Zeit zu Zeit brachte Finkenbein, der aus irgendwelchen verborgenen Quellen her immer wieder ein bißchen kleines Geld im Sack hatte, wieder einen gemeinsamen Kneipengang in Vorschlag. Aber Hürlin, so gewaltig die Verlockung für ihn war, hielt sich stramm und ging niemals mehr mit, obwohl es ihn empörte zu denken, daß Heller desto besser dabei wegkomme. Statt dessen hockte er beim Holdria, der ihm mit verklärtem Lächeln oder mit ängstlich großen Augen zuhörte, wenn er klagte und schimpfte oder darüber phantasierte, was er tun würde, wenn ihm jemand tausend Mark liehe.

Lukas Heller dagegen hielt es klüglich mit dem Finkenbein. Freilich hatte er gleich im Anfang die neue Freundschaft in Gefahr gebracht. Er war des Nachts einmal nach seiner Gewohnheit über den Kleidern seines Schlafkameraden gewesen und hatte dreißig Pfennige darin gefunden und an sich gebracht. Der Beraubte aber, der nicht schlief, sah ruhig durch halbgeschlossene Lider zu. Am Morgen gratulierte er dem Seiler zu seiner

Fingerfertigkeit, forderte ihm das Geld wieder ab und tat, als
wäre es nur ein guter Scherz gewesen. Damit hatte er vollends
Macht über Heller gewonnen, und wenn dieser an ihm einen
guten Kameraden hatte, konnte er ihm doch nicht so unver-
wehrt seine Klagelieder vorsingen wie Hürlin dem seinigen.
Namentlich seine Reden über die Weiber wurden dem Finkenbein bald langweilig.

»'S ist gut, sag ich, Seilersmann, 's ist gut. Du bist auch so eine
Drehorgel mit einer ewigen Leier, hast keine Reservewalze. Was
die Weiber angeht, hast du meinetwegen recht. Aber was zuviel
ist, ist zuviel. Mußt dir eine Reservewalze anschaffen – mal was
anderes, weißt du, sonst kannst du mir gestohlen werden.«
Vor solchen Erklärungen war der Fabrikant sicher. Und das war
zwar bequem, aber es tat ihm nicht gut. Je geduldiger sein Zuhörer war, desto tiefer wühlte er in seinem Elend. Noch ein
paarmal steckte ihn die souveräne Lustigkeit des Taugenichts
Finkenbein für eine halbe Stunde an, daß er nochmals die groß-
artigen Handbewegungen und Kennworte seiner goldenen Zeit
hervorlangte und übte, aber seine Hände waren doch allmählich
ziemlich steif geworden, und es kam ihm nimmer von innen
heraus. In den letzten sonnigen Herbsttagen saß er zuweilen
noch unter den welkenden Apfelbäumen, aber er schaute auf
Stadt und Tal nicht mehr mit Neid oder mit Verlangen, sondern
fremd, wie wenn all dieses ihn nichts mehr anginge oder ihm
fernläge. Es ging ihn auch nichts mehr an, denn er war sichtlich
am Abrüsten und hatte hinter sich nichts mehr zu suchen.
Das war merkwürdig schnell über ihn gekommen. Zwar war er
schon bald nach seinem Sturze, in den dürftigen Zeiten, da die
»Sonne« ihm vertraut zu werden begann, grau geworden und
hatte angefangen, die Beweglichkeit zu verlieren. Aber er hätte
sich noch jahrelang herumschlagen und manches Mal das große
Wort am Wirtstisch oder auf der Gasse führen können. Es war
nur der Spittel, der ihm in die Knie geschlagen hatte. Als er
damals froh gewesen war, ins Asyl zu kommen, hatte er nicht
bedacht, daß er sich damit selber seinen besten Faden ab-
schneide. Denn ohne Projekte und ohne Aussicht auf allerlei
Umtrieb und Spektakel zu leben, dazu hatte er keine Gabe, und
daß er damals der Müdigkeit und dem Hunger nachgegeben und
sich zur Ruhe gesetzt hatte, das war erst sein eigentlicher Bank-

rott gewesen. Nun blieb ihm nichts mehr, als sein Zeitlein vollends abzuleben.

Es kam dazu, daß Hürlin allzu lange eine Wirtshausexistenz geführt hatte. Alte Gewohnheiten, auch wenn sie Laster sind, legt ein Grauhaariger nicht ohne Schaden ab. Die Einsamkeit und die Händel mit Heller halfen mit, ihn vollends still zu machen, und wenn ein alter Blagueur und Schreier einmal still wird, so ist das schon der halbe Weg zum Kirchhof.

Es war vielerlei, was jetzt an dieser rüden und übel erzogenen Seele zu rütteln und zu nagen kam, und es zeigte sich, daß sie ungeachtet ihrer früheren Starrheit und Selbstherrlichkeit recht wenig befestigt war. Der Hausvater war der erste, der seinen Zustand erkannte. Zum Stadtpfarrer, als dieser einmal seinen Besuch machte, sagte er achselzuckend: »Der Hürlin kann einem schier leid tun. Seit er so drunten ist, zwing ich ihn ja zu keiner Arbeit mehr, aber was hilft's, das sitzt bei ihm anderwärts. Er sinniert und studiert zu viel, und wenn ich diese Sorte nicht kennen täte, würd ich sagen, 's ist das schlechte Gewissen und geschieht ihm recht. Aber weit gefehlt! Es frißt ihn von innen, das ist's, und das hält einer in dem Alter nicht lang aus, wir werden's sehen.« Auf das hin saß der Stadtpfarrer ein paarmal beim Fabrikanten auf seiner Stube neben dem grünen Spatzenkäfig des Holdria und sprach mit ihm vom Leben und Sterben und versuchte irgendein Licht in seine Finsternis zu bringen, aber vergebens. Hürlin hörte zu oder hörte nicht zu, nickte oder brummte, sprach aber nichts und wurde immer fahriger und wunderlicher. Von den Witzen des Finkenbein tat ihm zuzeiten einer gut, dann lachte er leis und trocken, schlug auf den Tisch und nickte billigend, um gleich darauf wieder in sich hinein auf die verworrenen Stimmen zu horchen.

Nach außen zeigte er nur ein stilleres und weinerlich gewordenes Wesen, und jedermann ging mit ihm um wie sonst. Nur dem Schwachsinnigen, wenn er eben nicht ohne Verstand gewesen wäre, hätte ein Licht über Hürlins Zustand und Verfall aufgehen können und zugleich ein Grauen. Denn dieser ewig freundliche und friedfertige Holdria war des Fabrikanten Gesellschafter und Freund geworden. Sie hockten zusammen vor dem Holzkäfig, streckten dem fetten Spatzen die Finger hinein und ließen sich picken, lehnten morgens bei dem jetzt langsam herankommen-

den Winterwetter am geheizten Ofen und sahen einander so
verständnisvoll in die Augen, als wären sie zwei Weise. Man sieht
manchmal, daß zwei gemeinsam eingesperrte Waldestiere einander so anblicken.

Was am heftigsten an Hürlin zehrte, das war die auf Hellers Anstiften im »Sternen« erfahrene Demütigung und Schande. An
dem Wirtstisch, wo er lange Zeiten fast täglich gesessen war, wo er
seine letzten Heller hatte liegenlassen, wo er ein guter Gast und
Wortführer gewesen war, da hatten Wirt und Gäste mit Gelächter
zugesehen, wie er hinausgeworfen wurde. Er hatte es an den eigenen Knochen erfahren und spüren müssen, daß er nimmer
dorthin gehöre, nimmer mitzähle, daß er vergessen und ausge-
strichen war und keinen Schatten von Recht mehr besaß.

Für jeden anderen bösen Streich hätte er gewiß an Heller bei der
ersten Gelegenheit Rache genommen. Aber diesmal brachte er
nicht einmal die gewohnten Schimpfworte, die ihm so locker in
der Gurgel saßen, heraus. Was sollte er ihm sagen? Der Seiler war
ja ganz im Recht. Wenn er noch der alte Kerl und noch irgend
etwas wert wäre, hätte man nicht gewagt, ihn im »Sternen« an
die Luft zu setzen. Er war fertig und konnte einpacken.

Und nun schaute er vorwärts, die ihm bestimmte schmale und
gerade Straße, an ungezählten Reihen von leeren Tagen vorbei
dem Sterben entgegen. Da war alles festgesetzt, angenagelt und
vorgeschrieben, selbstverständlich und unerbittlich. Da war
nicht die Möglichkeit, eine Bilanz und ein Papierchen zu fälschen, sich in eine Aktiengesellschaft zu verwandeln oder sich in
Gottes Namen durch Bankrott und Zuchthaus auf Umwegen
wieder ins Leben hineinzuschleichen. Und wenn der Fabrikant
auf vielerlei Umstände und Lebenslagen eingerichtet war und
sich in sie zu finden wußte, so war er doch auf diese nicht eingerichtet und wußte sich nicht in sie zu finden.

Der gute Finkenbein gab ihm nicht selten ein ermunterndes
Wort oder klopfte ihm mit gutmütig tröstendem Lachen auf die
Schulter.

»Du, Oberkommerzienrat, studier nicht soviel, du bist allweg
gescheit genug, hast soviel reiche und gescheite Leut seinerzeit
eingeseift, oder nicht? – Nicht brummen, Herr Millionär, 's ist
nicht bös gemeint. Ist das ein Spritzigtun – Mann Gottes, denk
doch an den heiligen Vers über deiner Bettlade.«

Und er breitete mit pastoraler Würde die Arme aus wie zum
Segnen und sprach mit Salbung: »Kindlein, liebet euch untereinander!«

»Oder paß auf, wir fangen jetzt eine Sparkasse an, und wenn sie
voll ist, kaufen wir der Stadt ihren schäbigen Spittel ab und tun
das Schild raus und machen die alte ›Sonne‹ wieder auf, daß Öl in
die kranke Maschine kommt. Was meinst?«

»Fünftausend Mark wenn wir hätten –«, fing Hürlin zu rechnen
an, aber da lachten die anderen; er brach ab, seufzte und fiel in
sein Brüten und Stieren zurück.

Er hatte die Gewohnheit angenommen, tagaus, tagein in der
Stube hin und her zu traben, einmal grimmig, einmal angstvoll,
ein andermal lauernd und tückisch. Sonst aber störte er niemand.
Der Holdria leistete ihm häufig Gesellschaft, schloß sich in gleichem Tritt seinen Dauerläufen durchs Zimmer an und beantwortete nach Kräften die Blicke, Gestikulationen und Seufzer
des unruhigen Wanderers, der beständig vor dem bösen Geist
auf der Flucht war, den er doch in sich trug. Wenn er sein Leben
lang schwindelhafte Rollen geliebt und mit wechselndem Glück
gespielt hatte, so war er nun dazu verurteilt, ein trauriges Ende
mit seinen hanswurstmäßigen Manieren durchspielen zu müssen.

Zu den Sprüngen und Kapriolen des aus dem Geleise Gekommenen gehörte es, daß er neuerdings mehrmals am Tage unter
seine Bettstatt kroch, das alte Sonnenschild hervorholte und einen sehnsüchtig närrischen Kultus damit trieb, indem er es bald
feierlich vor sich hertrug wie ein heiliges Schaustück, bald vor
sich aufpflanzte und mit verzückten Augen betrachtete, bald
wütend mit Fäusten schlug, um es dann sogleich wieder sorglich
zu wiegen, zu liebkosen und endlich an seinen Ort zurückzu-
bringen. Als er diese symbolischen Possen anfing, verlor er seinen Rest von Kredit bei den Sonnenbrüdern und wurde gleich
seinem Freunde Holdria als völliger Narr behandelt. Namentlich der Seiler sah ihn mit unverhohlener Verachtung an, hänselte
und demütigte ihn, wo er konnte, und ärgerte sich, daß Hürlin
das kaum zu merken schien.

Einmal nahm er ihm sein Sonnenschild und versteckte es in einer
anderen Stube. Als Hürlin es holen wollte und nicht fand, irrte er
eine Zeit im Haus umher, dann suchte er wiederholt am alten

Orte danach, dann bedrohte er der Reihe nach alle Hausgenossen, den Stricker nicht ausgenommen, mit machtlos wütenden Reden und Lufthieben, und als alles das nichts half, setzte er sich an den Tisch, legte den Kopf in die Hände und brach in ein jammervolles Heulen aus, das eine halbe Stunde dauerte. Das war dem mitleidigen Finkenbein zuviel. Er gab dem zu Tod erschreckenden Seiler einen mächtigen Fausthieb und zwang ihn, das versteckte Kleinod sogleich herbeizubringen.

Der zähe Fabrikant hätte trotz seiner fast weiß gewordenen Haare noch manche Jahre leben können. Aber der Wille zum Sterben, der in ihm arbeitete, fand bald einen Ausweg. In einer Dezembernacht konnte der alte Mann nicht schlafen. Im Bett aufsitzend gab er sich seinen öden Gedanken hin, stierte über die dunklen Wände hin und kam sich verlassener vor als je. In Langeweile, Angst und Trostlosigkeit stand er schließlich auf, ohne recht zu wissen, was er tue, nestelte seinen hanfenen Hosenträger los und hängte sich damit geräuschlos an der Türangel auf. So fanden ihn im Morgen der Holdria und der auf des Narren ängstliches Geschrei herübergekommene Hausvater. Das Gesicht war ein wenig bläulicher geworden, sonst war wenig daran zu entstellen gewesen.

Schrecken und Überraschung waren nicht klein, aber von sehr kurzer Dauer. Nur der Schwachsinnige flennte leise in seinen Kaffeetopf hinein, alle anderen wußten oder fühlten, daß dieses Ende nicht zur unrechten Zeit gekommen war und daß es weder zur Klage noch zur Entrüstung Veranlassung biete. Auch hatte ihn ja niemand lieb gehabt.

Wie seinerzeit der Finkenbein als vierter Gast in den Spittel gekommen war, hatte man in der Stadt einige Klagen darüber vernommen, daß das kaum gegründete Asyl sich so ungehörig rasch bevölkere. Nun war schon einer von den Überzähligen verschwunden. Und wenn es wahr ist, daß die Armenhäusler meistens merkwürdig gedeihen und zu hohen Jahren kommen, so ist es doch ebenso wahr, daß selten ein Loch bleibt, wie es ist, sondern um sich fressen muß. So ging es auch hier; in der kaum erblühten Lumpenkolonie war nun einmal der Schwund ausgebrochen und wirkte weiter.

Zunächst schien freilich der Fabrikant vergessen und alles beim

alten zu sein, Lukas Heller führte, soweit Finkenbein es zuließ,
das große Wort, machte dem Stricker das Leben sauer und wußte
von seinem bißchen Arbeit noch die Hälfte dem willigen Holdria aufzuhalsen. So fühlte er sich wohl und heiter. Er war nun
der älteste von den Sonnenbrüdern, fühlte sich ganz heimisch
und hatte nie in seinem Leben sich so im Einklang mit seiner
Umgebung und Lebensstellung befunden, deren Ruhe und
Trägheit ihm Zeit ließ, sich zu dehnen und zu fühlen und sich als
ein achtenswerter und nicht unwesentlicher Teil der Gesellschaft, der Stadt und des Weltganzen vorzukommen.

Anders erging es dem Finkenbein. Das Bild, das seine lebhafte
Phantasie sich einst vom Leben eines Sonnenbruders erdacht
und herrlich ausgemalt hatte, war ganz anders gewesen, als was
er in Wirklichkeit hier gefunden und gesehen hatte. Zwar blieb
er dem Ansehen nach der alte Leichtfuß und Spaßmacher, genoß
das gute Bett, den warmen Ofen und die reichliche Kost und
schien keinen Mangel zu empfinden. Er brachte auch immer
wieder von geheimnisvollen Ausflügen in die Stadt ein paar
Nickel für Schnaps und Tabak mit, an welchen Gütern er den
Seiler ohne Geiz teilhaben ließ. Auch fehlte es ihm selten an
einem Zeitvertreib, da er gaßauf, gaßab jedes Gesicht kannte und
wohlgelitten war, so daß er in jedem Torgang und vor jeder
Ladentüre, auf Brücke und Steg, neben Lastfuhren und Schieb-
karren her jederzeit mit jedermann sich des Plauderns erfreuen
konnte.

Trotzdem aber war ihm nicht recht wohl in seiner Haut. Denn
einmal waren Heller und Holdria als tägliche Kameraden von
geringem Wert für ihn, und dann drückte ihn je länger je mehr
die Regelmäßigkeit dieses Lebens, das für Aufstehen, Essen,
Arbeiten und Zubettgehen feste Stunden vorschrieb. Schließlich, und das war die Hauptsache, war dies Leben zu gut und zu
bequem für ihn. Er war gewohnt, Hungertage mit Schlemmer-
tagen zu wechseln, bald auf Linnen und bald auf Stroh zu schlafen, bald bewundert und bald angeschnauzt zu werden. Er war
gewohnt, nach Belieben umherzustreifen, die Polizei zu fürchten, kleine Geschäfte und Streiche an der Kunkel zu haben und
von jedem lieben Tag etwas Neues zu erwarten. Diese Freiheit,
Armut, Beweglichkeit und beständige Spannung fehlte ihm hier
vollkommen, und bald sah er ein, daß der Eintritt in den Spittel

nicht, wie er gemeint hatte, sein Meisterstück, sondern ein dummer Streich mit betrüblichen und lebenslangen Folgen gewesen war.

Freilich, wenn es in dieser Hinsicht dem Finkenbein wenig anders erging als vorher dem Fabrikanten, so war er in allem übrigen dessen fertiges Gegenteil. Vor allem ließ er den Kopf nicht hängen wie jener und ließ die Gedanken nicht ewig auf demselben leeren Felde der Trauer und Ungenüge grasen, sondern hielt sich munter, ließ die Zukunft möglichst außer Augen und tändelte sich leichtfüßig von einem Tag in den andern. Er gewann dem Stricker, dem Simpel, dem Seiler Heller, dem fetten Sperling und der ganzen Sachlage nach Möglichkeit die fidele Seite ab. Und das tat nicht ihm allein, sondern dem ganzen Hause gut, dessen tägliches Leben durch ihn einen Hauch von Freisinn und Heiterkeit bekam. Den konnte es freilich nötig brauchen, denn zur Erheiterung und Verschönerung der gleichförmigen Tage hatten Sauberle und Heller aus eigenen Mitteln ungefähr so wenig wie der gute Holdria beizusteuern.

Es liefen also die Tage und Wochen so leidlich hin. Der Hausvater schaffte und sorgte sich müd und mager, der Seiler genoß eifersüchtig sein billiges Wohlsein, der Finkenbein drückte ein Auge zu und hielt sich an der Oberfläche, der Holdria blühte in ewigem Seelenfrieden und nahm an Liebenswürdigkeit, gutem Appetit und Beleibtheit täglich zu. Das Idyll wäre fertig gewesen. Allein es ging inmitten dieses nahrhaften Friedens der hagere Geist des toten Fabrikanten um. Das Loch mußte um sich fressen.

Und so geschah es an einem Mittwoch im Februar, daß Lukas Heller morgens eine Arbeit im Holzstall zu tun hatte, und da er noch immer nicht anders als ruckweise fleißig sein konnte, kam er in Schweiß, ruhte unter der Türe aus und bekam Husten und Kopfweh. Zu Mittag aß er kaum die Hälfte wie sonst, nachmittags blieb er beim Ofen und zankte, hustete und fluchte, und abends legte er sich schon um acht ins Bett. Am andern Morgen holte man den Doktor. Diesmal aß Heller um Mittag gar nichts, etwas später ging das Fieber los, in der Nacht mußten der Finkenbein und der Hausvater abwechselnd bei ihm wachen. Tags darauf starb der Seiler, und die Stadt war wieder einen Kostgänger losgeworden.

Es brach im März ein ungewöhnlich frühes Sommerwetter und Wachstum an. Die großen Berge und die kleinen Straßengräben wurden grün und jung, die Straße war von plötzlich aufgetauchten Hühnern, Enten und Handwerksburschen fröhlich bevölkert, und durch die Lüfte stürzten sich mit freudigem Schwunge große und kleine Vögel.

Dem Finkenbein war es in der zunehmenden Vereinsamung und Stille des Hauses immer enger und bänglicher ums Herz geworden. Die beiden Sterbefälle schienen ihm bedenklich, und er kam sich immer mehr wie einer vor, der auf einem untersinkenden Schiffe als letzter am Leben blieb. Nun roch und lugte er stündlich zum Fenster hinaus in die Wärme und milde Frühjahrsbläue. Es gärte ihm in allen Gliedern, und sein jung gebliebenes Herz, da es den lieben Frühling witterte, gedachte alter Zeiten.

Eines Tages brachte er aus der Stadt nicht nur ein Päcklein Tabak und einige neueste Neuigkeiten, sondern auch in einem schäbig alten Wachstüchlein zwei neue Papiere mit, welche zwar schöne Schnörkel und feierliche blaue Amtsstempel trugen, aber nicht vom Rathaus geholt waren. Wie sollte auch ein so alter und kühner Landfahrer und Türklinkenputzer die zarte und geheimnisvolle Kunst nicht verstehen, auf sauber geschriebene Papiere beliebige alte oder neue Stempel zu übertragen. Nicht jeder kann und weiß es, und es gehören feine Finger und gute Übung dazu, von einem frischen Ei die dünne innere Haut zu lösen und makellos auszubreiten, die Stempel eines alten Heimatscheins und Wanderpasses darauf abzudrücken und reinlich von der feuchten Haut aufs neue Papier zu übertragen.

Und wieder eines Tages war Stefan Finkenbein ohne Sang und Klang aus Stadt und Gegend verschwunden. Er hatte auf die Reise seinen hohen, steifen Straubingerhut mitgenommen und seine alte Wollenkappe als einziges Andenken zurückgelassen. Die Behörde stellte eine kleine vorsichtige Untersuchung an. Da man aber bald gerüchtweise vernahm, er sei in einem benachbarten Oberamt lebendig und vergnügt in einer beliebten Kundenherberge erblickt worden, und da man kein Interesse daran hatte, ihn ohne Not zurückzuholen, seinem etwaigen Glücke im Weg zu stehen und ihn auf Stadtkosten weiter zu füttern, wurde auf fernere Nachforschungen klug verzichtet, und man ließ den

losen Vogel mit den besten Wünschen fliegen, wohin er mochte.
Es kam auch nach sechs Wochen eine Postkarte von ihm aus dem
Bayrischen, worin er dem Stricker schrieb: »Geehrter Herr Sauberle, ich bin in Bayern. Es ist hier ziemlich kälter. Wissen Sie
was? Nehmen Sie den Holdria und seinen Spatz und lassen sie
für Geld sehen. Wir können dann mitnander drauf reisen. Wir
hängen dann dem Hürlin selig sein Schild raus. Ihr getreuer Stefan Finkenbein, Turmspitzenvergolder.«
Es sind seit Hellers Tode und Finkenbeins Auszug fünfzehn
Jahre vergangen, und Holdria haust noch immer feist und rot-
backig in der ehemaligen »Sonne«. Er ist zuerst eine Zeitlang
allein geblieben. Die Aspiranten hielten sich zurück, denn der
schauervolle Tod des Fabrikanten, das schnelle Wegsterben des
Seilers und die Flucht Finkenbeins hatten sich zur allbekannten
Moritat gestaltet und umgaben etwa ein halbes Jahr lang das
Haus mit blutrünstigen Sagen. Allein nach dieser Zeit trieben die
Not und die Trägheit wieder manche Gäste in die »Alte Sonne«
hinauf, und der Holdria ist von da an nie mehr allein dort gesessen. Kuriose und langweilige Brüder hat er kommen, mitessen
und sterben sehen und ist zur Zeit der Senior einer Hausge-
nossenschaft von sieben Kumpanen, den Hausvater nicht mitgerechnet. An warmen, angenehmen Tagen sieht man sie häufig
vollzählig am Rain des Bergsträßleins hocken, kleine Stummel-
pfeifen rauchen und mit verwitterten Gesichtern auf die inzwischen talauf- und talabwärts etwas größer gewordene Stadt hin-
unterblicken.   (1904)

Der Lateinschüler

Mitten in dem enggebauten alten Städtlein liegt ein phantastisch
großes Haus mit vielen kleinen Fenstern und jämmerlich ausgetretenen Vorstaffeln und Treppenstiegen, halb ehrwürdig und
halb lächerlich, und ebenso war dem jungen Karl Bauer zumute,
welcher als sechzehnjähriger Schüler jeden Morgen und Mittag
mit seinem Büchersack hineinging. Da hatte er seine Freude an
dem schönen, klaren und tückelosen Latein und an den altdeut-
schen Dichtern und hatte seine Plage mit dem schwierigen Griechisch und mit der Algebra, die ihm im dritten Jahr so wenig lieb
war wie im ersten, und wieder seine Freude an ein paar grau-
bärtigen alten Lehrern und seine Not mit ein paar jungen.
Nicht weit vom Schulhaus stand ein uralter Kaufladen, da ging
es über dunkelfeuchte Stufen durch die immer offene Tür unab-
lässig aus und ein mit Leuten, und im pechfinsteren Hausgang
roch es nach Sprit, Petroleum und Käse. Karl fand sich aber gut
im Dunkeln durch, denn hoch oben im selben Haus hatte er
seine Kammer, dort ging er zu Kost und Logis bei der Mutter des
Ladenbesitzers. So finster es unten war, so hell und frei war es
droben; dort hatten sie Sonne, soviel nur schien, und sahen über
die halbe Stadt hinweg, deren Dächer sie fast alle kannten und
einzeln mit Namen nennen konnten.
Von den vielerlei guten Sachen, die es im Laden in großer Menge
gab, kam nur sehr weniges die steile Treppe herauf, zu Karl
Bauer wenigstens, denn der Kosttisch der alten Frau Kusterer
war mager bestellt und sättigte ihn niemals. Davon aber abgesehen, hausten sie und er ganz freundschaftlich zusammen, und
seine Kammer besaß er wie ein Fürst sein Schloß. Niemand
störte ihn darin, er mochte treiben, was es war, und er trieb
vielerlei. Die zwei Meisen im Käfig wären noch das wenigste
gewesen, aber er hatte auch eine Art Schreinerwerkstatt eingerichtet, und im Ofen schmolz und goß er Blei und Zinn, und
sommers hielt er Blindschleichen und Eidechsen in einer Kiste –
sie verschwanden immer nach kurzer Zeit durch immer neue
Löcher im Drahtgitter. Außerdem hatte er auch noch seine
Geige, und wenn er nicht las oder schreinerte, so geigte er gewiß,
zu allen Stunden bei Tag und bei Nacht.

So hatte der junge Mensch jeden Tag seine Freuden und ließ sich die Zeit niemals lang werden, zumal da es ihm nicht an Büchern fehlte, die er entlehnte, wo er eins stehen sah. Er las eine Menge, aber freilich war ihm nicht eins so lieb wie das andre, sondern er zog die Märchen und Sagen sowie Trauerspiele in Versen allen andern vor.

Das alles, so schön es war, hätte ihn aber doch nicht satt gemacht. Darum stieg er, wenn der fatale Hunger wieder zu mächtig wurde, so still wie ein Wiesel die alten, schwarzen Stiegen hinunter bis in den steinernen Hausgang, in welchen nur aus dem Laden her ein schwacher Lichtstreifen fiel. Dort war es nicht selten, daß auf einer hohen leeren Kiste ein Rest guten Käses lag, oder es stand ein halbvolles Heringsfäßchen offen neben der Tür, und an guten Tagen oder wenn Karl unter dem Vorwand der Hilfsbereitschaft mutig in den Laden selber trat, kamen auch zuweilen ein paar Hände voll gedörrte Zwetschgen, Birnenschnitze oder dergleichen in seine Tasche.

Diese Züge unternahm er jedoch nicht mit Habsucht und schlechtem Gewissen, sondern teils mit der Harmlosigkeit des Hungernden, teils mit den Gefühlen eines hochherzigen Räubers, der keine Menschenfurcht kennt und der Gefahr mit kühlem Stolze ins Auge blickt. Es schien ihm ganz den Gesetzen der sittlichen Weltordnung zu entsprechen, daß das, was die alte Mutter geizig an ihm sparte, der überfüllten Schatzkammer ihres Sohnes entzogen würde.

Diese verschiedenartigen Gewohnheiten, Beschäftigungen und Liebhabereien hätten, neben der allmächtigen Schule her, eigentlich genügen können, um seine Zeit und seine Gedanken auszufüllen. Karl Bauer war aber davon noch nicht befriedigt. Teils in Nachahmung einiger Mitschüler, teils infolge seiner vielen schöngeistigen Lektüre, teils auch aus eignem Herzensbedürfnis betrat er in jener Zeit zum erstenmal das schöne ahnungsvolle Land der Frauenliebe. Und da er doch zum voraus genau wußte, daß sein derzeitiges Streben und Werben zu keinem realen Ziele führen würde, war er nicht allzu bescheiden und weihte seine Verehrung dem schönsten Mädchen der Stadt, die aus reichem Hause war und schon durch die Pracht ihrer Kleidung alle gleichaltrigen Jungfern weit überstrahlte. An ihrem Haus ging der Schüler täglich vorbei, und wenn sie ihm begegnete, zog er den Hut so tief wie vor dem Rektor nicht.

So waren seine Umstände beschaffen, als durch einen Zufall eine ganz neue Farbe in sein Dasein kam und neue Tore zum Leben sich ihm öffneten.

Eines Abends gegen Ende des Herbstes, da Karl von der Schale mit dünnem Milchkaffee wieder gar nicht satt geworden war, trieb ihn der Hunger auf die Streife. Er glitt unhörbar die Treppe hinab und revierte im Hausgang, wo er nach kurzem Suchen einen irdenen Teller stehen sah, auf welchem zwei Winterbirnen von köstlicher Größe und Farbe sich an eine rotgeränderte Scheibe Holländerkäse lehnten.

Leicht hätte der Hungrige erraten können, daß diese Kollation für den Tisch des Hausherrn bestimmt und nur für Augenblicke von der Magd beiseitegestellt worden sei; aber im Entzücken des unerwarteten Anblicks lag ihm der Gedanke an eine gütige Schicksalsfügung viel näher, und er barg die Gabe mit dankbaren Gefühlen in seinen Taschen.

Noch ehe er damit fertig und wieder verschwunden war, trat jedoch die Dienstmagd Babett auf leisen Pantoffeln aus der Kellertüre, hatte ein Kerzenlicht in der Hand und entdeckte entsetzt den Frevel. Der junge Dieb hatte noch den Käse in der Hand; er blieb regungslos stehen und sah zu Boden, während in ihm alles auseinanderging und in einem Abgrund von Scham versank. So standen die beiden da, von der Kerze beleuchtet, und das Leben hat dem kühnen Knaben seither wohl schmerzlichere Augenblicke beschert, aber gewiß nie einen peinlicheren.

»Nein, so was!« sprach Babett endlich und sah den zerknirschten Frevler an, als wäre er eine Moritat. Dieser hatte nichts zu sagen. »Das sind Sachen!« fuhr sie fort. »Ja, weißt du denn nicht, daß das gestohlen ist?«

»Doch, ja.«

»Herr du meines Lebens, wie kommst du denn dazu?«

»Es ist halt dagestanden, Babett, und da hab ich gedacht –«

»Was denn hast gedacht?«

»Weil ich halt so elend Hunger gehabt hab ...«

Bei diesen Worten riß das alte Mädchen ihre Augen weit auf und starrte den Armen mit unendlichem Verständnis, Erstaunen und Erbarmen an.

»Hunger hast? Ja, kriegst denn nichts zu futtern da droben?«
»Wenig, Babett, wenig.«
»Jetzt da soll doch! Nun, 's ist gut, 's ist gut. Behalt das nur, was
du im Sack hast, und den Käs auch, behalt's nur, 's ist noch mehr
im Haus. Aber jetzt tät ich raufgehen, sonst kommt noch jemand.«
In merkwürdiger Stimmung kehrte Karl in seine Kammer zurück, setzte sich hin und verzehrte nachdenklich erst den Hol-
länder und dann die Birnen. Dann wurde ihm freier ums Herz,
er atmete auf, reckte sich und stimmte alsdann auf der Geige eine
Art Dankpsalm an. Kaum war dieser beendet, so klopfte es leise
an, und wie er aufmachte, stand vor der Tür die Babett und
streckte ihm ein gewaltiges, ohne Sparsamkeit bestrichenes Butterbrot entgegen.
So sehr ihn dieses erfreute, wollte er doch höflich ablehnen, aber
sie litt es nicht, und er gab gerne nach.
»Geigen tust du aber mächtig schön«, sagte sie bewundernd,
»ich hab's schon öfter gehört. Und wegen dem Essen, da will ich
schon sorgen. Am Abend kann ich dir gut immer was bringen, es
braucht's niemand zu wissen. Warum gibt sie dir's auch nicht
besser, wo doch wahrhaftig dein Vater genug Kostgeld zahlen
muß.«
Noch einmal versuchte der Bursche schüchtern dankend abzu-
lehnen, aber sie hörte gar nicht darauf, und er fügte sich gerne.
Am Ende kamen sie dahin überein, daß Karl an Tagen der Hun-
gersnot beim Heimkommen auf der Stiege das Lied »Güldne
Abendsonne« pfeifen sollte, dann käme sie und brächte ihm zu
essen. Wenn er etwas andres pfiffe oder gar nichts, so wäre es
nicht nötig. Zerknirscht und dankbar legte er seine Hand in ihre
breite Rechte, die mit starkem Druck das Bündnis besiegelte.
Und von dieser Stunde an genoß der Gymnasiast mit Behagen
und Rührung die Teilnahme und Fürsorge eines guten Frauen-
gemütes, zum erstenmal seit den heimatlichen Knabenjahren,
denn er war schon früh in Pension getan worden, da seine Eltern
auf dem Lande wohnten. An jene Heimatjahre ward er auch oft
erinnert, denn die Babett bewachte und verwöhnte ihn ganz wie
eine Mutter, was sie ihren Jahren nach auch annähernd hätte
sein können. Sie war gegen vierzig und im Grunde eine eiserne, unbeugsame, energische Natur; aber Gelegenheit macht

Diebe, und da sie so unerwartet an dem Jüngling einen dankbaren Freund und Schützling und Futtervogel gefunden hatte, trat mehr und mehr aus dem bisher schlummernden Grunde ihres gehärteten Gemütes ein fast zaghafter Hang zur Weichheit und selbstlosen Milde an den Tag.

Diese Regung kam dem Karl Bauer zugute und verwöhnte ihn schnell, wie denn so junge Knaben alles Dargebotene, sei es auch die seltenste Frucht, mit Bereitwilligkeit und fast wie ein gutes Recht hinnehmen. So kam es auch, daß er schon nach wenigen Tagen jene so beschämende erste Begegnung bei der Kellertüre völlig vergessen hatte und jeden Abend sein »Güldne Abendsonne« auf der Treppe erschallen ließ, als wäre es nie anders gewesen.

Trotz aller Dankbarkeit wäre vielleicht Karls Erinnerung an die Babett nicht so unverwüstlich lebendig geblieben, wenn ihre Wohltaten sich dauernd auf das Eßbare beschränkt hätten. Jugend ist hungrig, aber sie ist nicht weniger schwärmerisch, und ein Verhältnis zu Jünglingen läßt sich mit Käse und Schinken, ja selbst mit Kellerobst und Wein nicht auf die Dauer warmhalten.

Die Babett war nicht nur im Hause Kusterer hochgeachtet und unentbehrlich, sondern genoß in der ganzen Nachbarschaft den Ruf einer tadelfreien Ehrbarkeit. Wo sie dabei war, ging es auf eine anständige Weise heiter zu. Das wußten die Nachbarinnen, und sie sahen es daher gern, wenn ihre Dienstmägde, namentlich die jungen, mit ihr Umgang hatten. Wen sie empfahl, der fand gute Aufnahme, und wer ihren vertrauteren Verkehr genoß, der war besser aufgehoben als im Mägdestift oder Jungfrauenverein.

Feierabends und an den Sonntagnachmittagen war also die Babett selten allein, sondern stets von einem Kranz jüngerer Mägde umgeben, denen sie die Zeit herumbringen half und mit allerlei Rat zur Hand ging. Dabei wurden Spiele gespielt, Lieder gesungen, Scherzfragen und Rätsel aufgegeben, und wer etwa einen Bräutigam oder einen Bruder besaß, durfte ihn gern mitbringen. Freilich geschah das nur sehr selten, denn die Bräute wurden dem Kreise meistens bald untreu, und die jungen Gesellen und Knechte hatten es mit der Babett nicht so freundschaftlich wie die Mädchen. Lockere Liebesgeschichten duldete sie nicht; wenn von ihren Schützlingen eine auf solche Wege geriet und durch ernstes Vermahnen nicht zu bessern war, so blieb sie ausgeschlossen.

In diese muntere Jungferngesellschaft ward der Lateinschüler als Gast aufgenommen, und vielleicht hat er dort mehr gelernt als im Gymnasium. Den Abend seines Eintritts hat er nicht vergessen. Es war im Hinterhof, die Mädchen saßen auf Treppenstaffeln und leeren Kisten, es war dunkel, und oben floß der viereckig abgeschnittene Abendhimmel noch in schwachem mildblauem Licht. Die Babett saß vor der halbrunden Kellereinfahrt auf einem Fäßchen, und Karl stand schüchtern neben ihr an den Torbalken gelehnt, sagte nichts und schaute in der Dämmerung die Gesichter der Mädchen an. Zugleich dachte er ein wenig ängstlich daran, was wohl seine Kameraden zu diesem abendlichen Verkehr sagen würden, wenn sie davon erführen.

Ach, diese Mädchengesichter! Fast alle kannte er vom Sehen schon, aber nun waren sie, so im Halblicht zusammengerückt, ganz verändert und sahen ihn wie lauter Rätsel an. Er weiß auch heute noch alle Namen und alle Gesichter und von vielen die Geschichte dazu. Was für Geschichten! Wieviel Schicksal, Ernst, Wucht und auch Anmut in den paar kleinen Mägdeleben!

Es war die Anna vom Grünen Baum da, die hatte als ganz junges Ding in ihrem ersten Dienst einmal gestohlen und war einen Monat gesessen. Nun war sie seit Jahren treu und ehrlich und galt für ein Kleinod. Sie hatte große braune Augen und einen herben Mund, saß schweigsam da und sah den Jüngling mit kühler Neugierde an. Aber ihr Schatz, der ihr damals bei der Polizeigeschichte untreu geworden war, hatte inzwischen geheiratet und war schon wieder Witwer geworden. Er lief ihr jetzt wieder nach und wollte sie durchaus noch haben, aber sie machte sich hart und tat, als wollte sie nichts mehr von ihm wissen, obwohl sie ihn heimlich noch so lieb hatte wie je.

Die Margret aus der Binderei war immer fröhlich, sang und klang und hatte Sonne in den rotblonden Kraushaaren. Sie war beständig sauber gekleidet und hatte immer etwas Schönes und Heiteres an sich, ein blaues Band oder ein paar Blumen, und doch gab sie niemals Geld aus, sondern schickte jeden Pfennig ihrem Stiefvater heim, der's versoff und ihr nicht danke sagte. Sie hat dann später ein schweres Leben gehabt, ungeschickt geheiratet und sonst vielerlei Pech und Not, aber auch dann ging sie noch leicht und hübsch einher, hielt sich rein und schmuck und lächelte zwar seltener, aber desto schöner.

Und so fast alle, eine um die andre, wie wenig Freude und Geld und Freundliches haben sie gehabt und wieviel Arbeit, Sorge und Ärger, und wie haben sie sich durchgebracht und sind obenan geblieben, mit wenig Ausnahmen lauter wackere und unverwüstliche Kämpferinnen! Und wie haben sie in den paar freien Stunden gelacht und sich fröhlich gemacht mit nichts, mit einem Witz und einem Lied, mit einer Handvoll Walnüsse und einem roten Bandrestchen! Wie haben sie vor Lust gezittert, wenn eine recht grausame Martergeschichte erzählt wurde, und wie haben sie bei traurigen Liedern mitgesungen und geseufzt und große Tränen in den guten Augen gehabt!

Ein paar von ihnen waren ja auch widerwärtig, krittelig und stets zum Nörgeln und Klatschen bereit, aber die Babett fuhr ihnen, wenn es not tat, schon übers Maul. Und auch sie trugen ja ihre Last und hatten es nicht leicht. Die Gret vom Bischofseck namentlich war eine Unglückliche. Sie trug schwer am Leben und schwer an ihrer großen Tugend, sogar im Jungfrauenverein war es ihr nicht fromm und streng genug, und bei jedem kräftigen Wort, das an sie kam, seufzte sie tief in sich hinein, biß die Lippen zusammen und sagte leise: »Der Gerechte muß viel leiden.« Sie litt jahraus, jahrein und gedieh am Ende doch dabei, aber wenn sie ihren Strumpf voll ersparter Taler überzählte, wurde sie gerührt und fing zu weinen an. Zweimal konnte sie einen Meister heiraten, aber sie tat es beidemal nicht, denn der eine war ein Leichtfuß, und der andere war selber so gerecht und edel, daß sie bei ihm das Seufzen und Unverstandensein hätte entbehren müssen.

Die alle saßen da in der Ecke des dunkeln Hofes, erzählten einander ihre Begebenheiten und warteten darauf, was der Abend nun Gutes und Fröhliches bringen würde. Ihre Reden und Gebärden wollten dem gelehrten Jüngling anfänglich nicht die klügsten und nicht die feinsten scheinen, aber bald wurde ihm, da seine Verlegenheit wich, freier und wohler, und er blickte nun auf die im Dunkel beisammenkauernden Mädchen wie auf ein ungewöhnliches, sonderbar schönes Bild.

»Ja, das wäre also der Herr Lateinschüler«, sagte die Babett und wollte sogleich die Geschichte seines kläglichen Hungerleidens vortragen, doch da zog er sie flehend am Ärmel, und sie schonte ihn gutmütig.

»Da müssen Sie sicher schrecklich viel lernen?« fragte die rotblonde Margret aus der Binderei, und sie fuhr sogleich fort: »Auf was wollen Sie denn studieren?«

»Ja, das ist noch nicht ganz bestimmt. Vielleicht Doktor.« Das erweckte Ehrfurcht, und alle sahen ihn aufmerksam an.

»Da müssen Sie aber doch zuerst noch einen Schnurrbart kriegen«, meinte die Lene vom Apotheker, und nun lachten sie teils leise kichernd, teils kreischend auf und kamen mit hundert Neckereien, deren er sich ohne Babetts Hilfe schwerlich erwehrt hätte. Schließlich verlangten sie, er solle ihnen eine Geschichte erzählen. Ihm wollte, soviel er auch gelesen hatte, keine einfallen als das Märchen von dem, der auszog, das Gruseln zu lernen; doch hatte er kaum recht angefangen, da lachten sie und riefen: »Das wissen wir schon lang«, und die Gret vom Bischofseck sagte geringschätzig: »Das ist bloß für Kinder.« Da hörte er auf und schämte sich, und die Babett versprach an seiner Stelle: »Nächstes Mal erzählt er was andres, er hat ja soviel Bücher daheim!« Das war ihm auch recht, und er beschloß, sie glänzend zufriedenzustellen.

Unterdessen hatte der Himmel den letzten blauen Schimmer verloren, und auf der matten Schwärze schwamm ein Stern.

»Jetzt müßt ihr aber heim«, ermahnte die Babett, und sie standen auf, schüttelten und rückten die Zöpfe und Schürzen zurecht, nickten einander zu und gingen davon, die einen durchs hintere Hoftürlein, die andern durch den Gang und die Haustüre.

Auch Karl Bauer sagte gute Nacht und stieg in seine Kammer hinauf, befriedigt und auch nicht, mit unklarem Gefühl. Denn so tief er in Jugendhochmut und Lateinschülertorheiten steckte, so hatte er doch gemerkt, daß unter diesen seinen neuen Bekannten ein andres Leben gelebt ward als das seinige und daß fast alle diese Mädchen, mit fester Kette ans rührige Alltagsleben gebunden, Kräfte in sich trugen und Dinge wußten, die für ihn so fremd wie ein Märchen waren. Nicht ohne einen kleinen Forscherdünkel gedachte er möglichst tief in die interessante Poesie

77

dieses naiven Lebens, in die Welt des Urvolkstümlichen, der Moritaten und Soldatenlieder hineinzublicken. Aber doch fühlte er diese Welt der seinigen in gewissen Dingen unheimlich überlegen und fürchtete allerlei Tyrannei und Überwältigung von ihr.

Einstweilen ließ sich jedoch keine derartige Gefahr blicken, auch wurden die abendlichen Zusammenkünfte der Mägde immer kürzer, denn es ging schon stark in den Winter hinein, und man machte sich, wenn es auch noch mild war, jeden Tag auf den ersten Schnee gefaßt. Immerhin fand Karl noch Gelegenheit, seine Geschichte loszuwerden. Es war die vom Zundelheiner und Zundelfrieder, die er im Schatzkästlein gelesen hatte, und sie fand keinen geringen Beifall. Die Moral am Schlusse ließ er weg, aber die Babett fügte eine solche aus eignem Bedürfnis und Vermögen hinzu. Die Mädchen, mit Ausnahme der Gret, lobten den Erzähler über Verdienst, wiederholten abwechselnd die Hauptszenen und baten sehr, er möge nächstens wieder so etwas zum besten geben. Er versprach es auch, aber schon am andern Tag wurde es so kalt, daß an kein Herumstehen im Freien mehr zu denken war, und dann kamen, je näher die Weihnacht rückte, andre Gedanken und Freuden über ihn.

Er schnitzelte alle Abend an einem Tabakskasten für seinen Papa und dann an einem lateinischen Vers dazu. Der Vers wollte jedoch niemals jenen klassischen Adel bekommen, ohne welchen ein lateinisches Distichon gar nicht auf seinen Füßen stehen kann, und so schrieb er schließlich nur »Wohl bekomm's!« in großen Schnörkelbuchstaben auf den Deckel, zog die Linien mit dem Schnitzmesser nach und polierte den Kasten mit Bimsstein und Wachs. Alsdann reiste er wohlgemut in die Ferien.

Der Januar war kalt und klar, und Karl ging, so oft er eine freie Stunde hatte, auf den Eisplatz zum Schlittschuhlaufen. Dabei ging ihm eines Tages sein bißchen eingebildete Liebe zu jenem schönen Bürgermädchen verloren. Seine Kameraden umwarben sie mit hundert kleinen Kavalierdiensten, und er konnte wohl sehen, daß sie einen wie den andern mit derselben kühlen, ein wenig neckischen Höflichkeit und Koketterie behandelte. Da wagte er es einmal und forderte sie zum Fahren auf, ohne allzusehr zu erröten und zu stottern, aber immerhin mit einigem

Herzklopfen. Sie legte eine kleine, in weiches Leder gekleidete Linke in seine frostrote Rechte, fuhr mit ihm dahin und verhehlte kaum ihre Belustigung über seine hilflosen Anläufe zu einer galanten Konversation. Schließlich machte sie sich mit leichtem Dank und Kopfnicken los, und gleich darauf hörte er sie mit ihren Freundinnen, von denen manche listig nach ihm herüberschielte, so hell und boshaft lachen, wie es nur hübsche und verwöhnte kleine Mädchen können.

Das war ihm zu viel, er tat von da an diese ohnehin nicht echte Schwärmerei entrüstet von sich ab und machte sich ein Vergnügen daraus, künftighin den Fratz, wie er sie jetzt nannte, weder auf dem Eisplatz noch auf der Straße mehr zu grüßen.

Seine Freude darüber, dieser unwürdigen Fesseln einer faden Galanterie wieder ledig zu sein, suchte er dadurch zum Ausdruck zu bringen und womöglich zu erhöhen, daß er häufig in den Abendstunden mit einigen verwegenen Kameraden auf Abenteuer auszog. Sie hänselten die Polizeidiener, klopften an erleuchtete Parterrefenster, zogen an Glockensträngen und klemmten elektrische Drücker mit Zündholzspänen fest, brachten angekettete Hofhunde zur Raserei und erschreckten Mädchen und Frauen in entlegenen Vorstadtgassen durch Pfiffe, Knallerbsen und Kleinfeuerwerk.

Karl Bauer fühlte sich bei diesen Unternehmungen im winterlichen Abenddunkel eine Zeitlang überaus wohl; ein fröhlicher Übermut und zugleich ein beklemmendes Erlebnisfieber machte ihn dann wild und kühn und bereitete ihm ein köstliches Herzklopfen, das er niemand eingestand und das er doch wie einen Rausch genoß. Nachher spielte er dann zu Hause noch lange auf der Geige oder las spannende Bücher und kam sich dabei vor wie ein vom Beutezug heimgekehrter Raubritter, der seinen Säbel abgewischt und an die Wand gehängt und einen friedlich leuchtenden Kienspan entzündet hat.

Als aber bei diesen Dämmerungsfahrten allmählich alles immer wieder auf die gleichen Streiche und Ergötzungen hinauslief und als niemals etwas von den heimlich erwarteten richtigen Abenteuern passieren wollte, fing das Vergnügen allmählich an, ihm zu verleiden, und er zog sich von der ausgelassenen Kameradschaft enttäuscht mehr und mehr zurück. Und gerade an jenem Abend, da er zum letztenmal mitmachte und nur mit halbem

Herzen noch dabei war, mußte ihm dennoch ein kleines Erlebnis blühen.

Die Buben liefen zu viert in der Brühelgasse hin und her, spielten mit kleinen Spazierstöckchen und sannen auf Schandtaten. Der eine hatte einen blechernen Zwicker auf der Nase, und alle vier trugen ihre Hüte und Mützen mit burschikoser Leichtfertigkeit schief auf dem Hinterkopf. Nach einer Weile wurden sie von einem eilig daherkommenden Dienstmädchen überholt, sie streifte rasch an ihnen vorbei und trug einen großen Henkelkorb am Arm. Aus dem Korbe hing ein langes Stück schwarzes Band herunter, flatterte bald lustig auf und berührte bald mit dem schon beschmutzten Ende den Boden.

Ohne eigentlich etwas dabei zu denken, faßte Karl Bauer im Übermut nach dem Bändel und hielt fest. Während die junge Magd sorglos weiterging, rollte das Band sich immer länger ab, und die Buben brachen in ein frohlockendes Gelächter aus. Da drehte das Mädchen sich um, stand wie der Blitz vor den lachenden Jünglingen, schön und jung und blond, gab dem Bauer eine Ohrfeige, nahm das verlorene Band hastig auf und eilte schnell davon.

Der Spott ging nun über den Gezüchtigten her, aber Karl war ganz schweigsam geworden und nahm an der nächsten Straßenecke kurzen Abschied.

Es war ihm sonderbar ums Herz. Das Mädchen, dessen Gesicht er nur einen Augenblick in der halbdunklen Gasse gesehen hatte, war ihm sehr schön und lieb erschienen, und der Schlag von ihrer Hand, so sehr er sich seiner schämte, hatte ihm mehr wohl als weh getan. Aber wenn er daran dachte, daß er dem lieben Geschöpf einen dummen Bubenstreich gespielt hatte und daß sie ihm nun zürnen und ihn für einen einfältigen Ulkmacher ansehen müsse, dann brannte ihn Reue und Scham.

Langsam ging er heim und pfiff auf der steilen Treppe diesmal kein Lied, sondern stieg still und bedrückt in seine Kammer hinauf. Eine halbe Stunde lang saß er in dem dunkeln und kalten Stüblein, die Stirn an der Fensterscheibe. Dann langte er die Geige hervor und spielte lauter sanfte, alte Lieder aus seiner Kinderzeit und darunter manche, die er seit vier und fünf Jahren nimmer gesungen oder gegeigt hatte. Er dachte an seine Schwester und an den Garten daheim, an den Kastanienbaum und an die rote Kapuzinerblüte an der Veranda, und an seine Mutter. Und als er dann müde und verwirrt zu Bett gegangen war und doch nicht gleich schlafen konnte, da geschah es dem trotzigen Abenteurer und Gassenhelden, daß er ganz leise und sanft zu weinen begann und stille weiter weinte, bis er eingeschlummert war.

Karl kam nun bei den bisherigen Genossen seiner abendlichen Streifzüge in den Ruf eines Feiglings und Deserteurs, denn er nahm nie wieder an diesen Gängen teil. Statt dessen las er den Don Carlos, die Gedichte Emanuel Geibels und die Hallig von Biernatzki, fing ein Tagebuch an und nahm die Hilfsbereitschaft der guten Babett nur selten mehr in Anspruch.

Diese gewann den Eindruck, es müsse etwas bei dem jungen Manne nicht in Ordnung sein, und da sie nun einmal eine Fürsorge um ihn übernommen hatte, erschien sie eines Tages an der Kammertür, um nach dem Rechten zu sehen. Sie kam nicht mit leeren Händen, sondern brachte ein schönes Stück Lyonerwurst mit und drang darauf, daß Karl es sofort vor ihren Augen verzehre.

»Ach laß nur, Babett«, meinte er, »jetzt hab ich gerade keinen Hunger.«

Sie war jedoch der Ansicht, junge Leute müßten zu jeder Stunde essen können, und ließ nicht nach, bis er ihren Willen erfüllt hatte. Sie hatte einmal von der Überbürdung der Jugend an den Gymnasien gehört und wußte nicht, wie fern ihr Schützling sich von jeder Überanstrengung im Studieren hielt. Nun sah sie in der auffallenden Abnahme seiner Eßlust eine beginnende Krankheit, redete ihm ernstlich ins Gewissen, erkundigte sich nach den Einzelheiten seines Befindens und bot ihm am Ende ein bewährtes volkstümliches Laxiermittel an. Da mußte Karl doch lachen und erklärte ihr, daß er völlig gesund sei und daß sein geringerer Appetit nur von einer Laune oder Verstimmung herrühre. Das begriff sie sofort.

»Pfeifen hört man dich auch fast gar nimmer«, sagte sie lebhaft, »und es ist dir doch niemand gestorben. Sag, du wirst doch nicht gar verliebt sein?«

Karl konnte nicht verhindern, daß er ein wenig rot wurde, doch wies er diesen Verdacht mit Entrüstung zurück und behauptete,

ihm fehle nichts als ein wenig Zerstreuung, er habe Langeweile.

»Dann weiß ich dir gleich etwas«, rief Babett fröhlich. »Morgen
hat die kleine Lies vom unteren Eck Hochzeit. Sie war ja schon
lang genug verlobt, mit einem Arbeiter. Eine bessere Partie hätte
sie schon machen können, sollte man denken, aber der Mann ist
nicht unrecht, und das Geld allein macht auch nicht selig. Und
zu der Hochzeit mußt du kommen, die Lies kennt dich ja schon,
und alle haben eine Freude, wenn du kommst und zeigst, daß du
nicht zu stolz bist. Die Anna vom Grünen Baum und die Gret
vom Bischofseck sind auch da und ich, sonst nicht viel Leute.
Wer sollt's auch zahlen? Es ist halt nur so eine stille Hochzeit, im
Haus, und kein großes Essen und kein Tanz und nichts dergleichen. Man kann auch ohne das vergnügt sein.«

»Ich bin aber doch nicht eingeladen«, meinte Karl zweifelnd, da
die Sache ihm nicht gar so verlockend vorkam. Aber die Babett
lachte nur.

»Ach was, das besorg ich schon, und es handelt sich ja auch bloß
um eine Stunde oder zwei am Abend. Und jetzt fällt mir noch
das Allerbeste ein! Du bringst deine Geige mit. – Warum nicht
gar! Ach, dumme Ausreden! Du bringst sie mit, gelt ja, das gibt
eine Unterhaltung, und man dankt dir noch dafür.«

Es dauerte nicht lange, so hatte der junge Herr zugesagt.

Am andern Tage holte ihn die Babett gegen Abend ab; sie hatte
ein wohlerhaltenes Prachtkleid aus ihren jüngeren Jahren angelegt, das sie stark beengte und erhitzte, und sie war ganz aufgeregt und rot vor Festfreude. Doch duldete sie nicht, daß Karl
sich umkleide, nur einen frischen Kragen solle er umlegen, und
die Stiefel bürstete sie trotz des Staatskleides ihm sogleich an den
Füßen ab. Dann gingen sie miteinander in das ärmliche Vor-
stadthaus, wo jenes junge Ehepaar eine Stube nebst Küche und
Kammer gemietet hatte. Und Karl nahm seine Geige mit.

Sie gingen langsam und vorsichtig, denn seit gestern war Tau-
wetter eingetreten, und sie wollten doch mit reinen Stiefeln
draußen ankommen. Babett trug einen ungeheuer großen und
massiven Regenschirm unter dem Arm geklemmt und hielt ihren
rotbraunen Rock mit beiden Händen hoch heraufgezogen, nicht
zu Karls Freude, der sich ein wenig schämte, mit ihr gesehen zu
werden.

In dem sehr bescheidenen, weißgegipsten Wohnzimmer der Neuvermählten saßen um den tannenen, sauber gedeckten Eß- tisch sieben oder acht Menschen beieinander, außer dem Paare selbst zwei Kollegen des Hochzeiters und ein paar Basen oder Freundinnen der jungen Frau. Es hatte einen Schweinebraten mit Salat zum Festmahl gegeben, und nun stand ein Kuchen auf dem Tisch und daneben am Boden zwei große Bierkrüge. Als die Babett mit Karl Bauer ankam, standen alle auf, der Hausherr machte zwei schamhafte Verbeugungen, die redegewandte Frau übernahm die Begrüßung und Vorstellung, und jeder von den Gästen gab den Angekommenen die Hand.

»Nehmet vom Kuchen«, sagte die Wirtin. Und der Mann stellte schweigend zwei neue Gläser hin und schenkte Bier ein.

Karl hatte, da noch keine Lampe angezündet war, bei der Be- grüßung niemand als die Gret vom Bischofseck erkannt. Auf einen Wink Babetts drückte er ein in Papier gewickeltes Geld- stück, das sie ihm zu diesem Zwecke vorher übergeben hatte, der Hausfrau in die Hand und sagte einen Glückwunsch dazu. Dann wurde ihm ein Stuhl hingeschoben, und er kam vor sein Bierglas zu sitzen.

In diesem Augenblick sah er mit plötzlichem Erschrecken neben sich das Gesicht jener jungen Magd, die ihm neulich in der Brüh- elgasse die Ohrfeige versetzt hatte. Sie schien ihn jedoch nicht zu erkennen, wenigstens sah sie ihm gleichmütig ins Gesicht und hielt ihm, als jetzt auf den Vorschlag des Wirtes alle miteinander anstießen, freundlich ihr Glas entgegen. Hierdurch ein wenig beruhigt, wagte Karl sie offen anzusehen. Er hatte in letzter Zeit jeden Tag oft genug an dies Gesicht gedacht, das er damals nur einen Augenblick und seither nicht wieder gesehen hatte, und nun wunderte er sich, wie anders sie aussah. Sie war sanfter und zarter, auch etwas schlanker und leichter als das Bild, das er von ihr herumgetragen hatte. Aber sie war nicht weniger hübsch und noch viel liebreizender, und es wollte ihm scheinen, sie sei kaum älter als er.

Während die andern, namentlich Babett und die Anna, sich leb- haft unterhielten, wußte Karl nichts zu sagen und saß stille da, drehte sein Bierglas in der Hand und ließ die junge Blonde nicht aus den Augen. Wenn er daran dachte, wie oft es ihn verlangt hatte, diesen Mund zu küssen, erschrak er beinahe, denn es schien ihm nun, je länger er sie ansah, desto schwieriger und verwegener, ja ganz unmöglich zu sein.

Er wurde kleinlaut und blieb eine Weile schweigsam und unfroh sitzen. Da rief ihn die Babett auf, er solle seine Geige nehmen und etwas spielen. Der Junge sträubte und zierte sich ein wenig, griff dann aber in den Kasten, zupfte, stimmte und spielte ein beliebtes Lied, das, obwohl er zu hoch angestimmt hatte, die ganze Gesellschaft sogleich mitsang.

Damit war das Eis gebrochen, und es entstand eine laute Fröhlichkeit um den Tisch. Eine nagelneue kleine Stehlampe ward vorgezeigt, mit Öl gefüllt und angezündet, Lied um Lied klang in der Stube auf, ein frischer Krug Bier wurde aufgestellt, und als Karl Bauer einen der wenigen Tänze, die er konnte, anstimmte, waren im Augenblick drei Paare auf dem Plan und drehten sich lachend durch den viel zu engen Raum.

Gegen neun Uhr brachen die Gäste auf. Die Blonde hatte eine Straße lang denselben Weg wie Karl und Babett, und auf diesem Wege wagte er es, ein Gespräch mit dem Mädchen zu führen.

»Wo sind Sie denn hier im Dienst?« fragte er schüchtern.

»Beim Kaufmann Kolderer, in der Salzgasse am Eck.«

»So, so.«

»Ja.«

»Ja freilich. So …«

Dann gab es eine längere Pause. Aber er riskierte es und fing noch einmal an.

»Sind Sie schon lange hier?«

»Ein halb Jahr.«

»Ich meine immer, ich hätte Sie schon einmal gesehen.«

»Ich Sie aber nicht.«

»Einmal am Abend, in der Brühelgasse, nicht?«

»Ich weiß nichts davon. Liebe Zeit, man kann ja nicht alle Leute auf der Gasse so genau angucken.«

Glücklich atmete er auf, daß sie den Übeltäter von damals nicht in ihm erkannt hatte; er war schon entschlossen gewesen, sie um Verzeihung zu bitten.

Da war sie an der Ecke ihrer Straße und blieb stehen, um Abschied zu nehmen. Sie gab der Babett die Hand, und zu Karl sagte sie: »Adieu denn, Herr Student. Und danke auch schön!«

»Für was denn?«

»Für die Musik, für die schöne. Also gut Nacht miteinander.«
Karl streckte ihr, als sie eben umdrehen wollte, die Hand hin und
sie legte die ihre flüchtig darein. Dann war sie fort.

Als er nachher auf dem Treppenabsatz der Babett gut Nacht
sagte, fragte sie: »Nun, ist's schön gewesen oder nicht?«

»Schön ist's gewesen, wunderschön, jawohl«, sagte er glücklich
und war froh, daß es so dunkel war, denn er fühlte, wie ihm das
warme Blut ins Gesicht stieg.

Die Tage nahmen zu. Es wurde allmählich wärmer und blauer,
auch in den verstecktesten Gräben und Hofwinkeln schmolz das
alte graue Grundeis weg, und an hellen Nachmittagen wehte
schon Vorfrühlingsahnung in den Lüften.

Da eröffnete auch die Babett ihren abendlichen Hofzirkel wieder und saß, so oft es die Witterung dulden wollte, vor der Kellereinfahrt im Gespräch mit ihren Freundinnen und Schutzbe-
fohlenen. Karl aber hielt sich fern und lief in der Traumwolke
seiner Verliebtheit herum. Das Vivarium in seiner Stube hatte er
eingehen lassen, auch das Schnitzen und Schreinern trieb er
nicht mehr. Dafür hatte er sich ein Paar eiserne Hanteln von
unmäßiger Größe und Schwere angeschafft und turnte damit,
wenn das Geigen nimmer helfen wollte, bis zur Erschöpfung in
seiner Kammer auf und ab.

Drei- oder viermal war er der hellblonden jungen Magd wieder
auf der Gasse begegnet und hatte sie jedesmal liebenswerter und
schöner gefunden. Aber mit ihr gesprochen hatte er nicht mehr
und sah auch keine Aussicht dazu offen.

Da geschah es an einem Sonntagnachmittag, dem ersten Sonntag
im März, daß er beim Verlassen des Hauses nebenan im Höflein
die Stimmen der versammelten Mägde erlauschte und in plötzlich erregter Neugierde sich ans angelehnte Tor stellte und durch
den Spalt hinausspähte. Er sah die Gret und die fröhliche Margret aus der Binderei dasitzen und hinter ihnen einen lichtblon-
den Kopf, der sich in diesem Augenblick ein wenig erhob. Und
Karl erkannte sein Mädchen, die blonde Tine, und mußte vor
frohem Schrecken erst veratmen und sich zusammenraffen, ehe
er die Tür aufstoßen und zu der Gesellschaft treten konnte.

»Wir haben schon gemeint, der Herr sei vielleicht zu stolz geworden«, rief die Margret lachend und streckte ihm als erste die

Hand entgegen. Die Babett drohte ihm mit dem Finger, machte ihm aber zugleich einen Platz frei und hieß ihn sitzen. Dann fuhren die Weiber in ihren vorigen Gesprächen fort. Karl aber verließ sobald wie möglich seinen Sitz und schritt eine Weile hin und her, bis er neben der Tine haltmachte.

»So, sind Sie auch da?« fragte er leise.

»Jawohl, warum auch nicht? Ich habe immer geglaubt, Sie kämen einmal. Aber Sie müssen gewiß alleweil lernen.«

»O, so schlimm ist das nicht mit dem Lernen, das läßt sich noch zwingen. Wenn ich nur gewußt hätte, daß Sie dabei sind, dann wär ich sicher immer gekommen.«

»Ach, gehen Sie doch mit so Komplimenten!«

»Es ist aber wahr, ganz gewiß. Wissen Sie, damals bei der Hochzeit ist es so schön gewesen.«

»Ja, ganz nett.«

»Weil Sie dort gewesen sind, bloß deswegen.«

»Sagen Sie keine so Sachen, Sie machen ja nur Spaß.«

»Nein, nein. Sie müssen mir nicht bös sein.«

»Warum auch bös?«

»Ich hatte schon Angst, ich sehe Sie am Ende gar nimmer.«

»So, und was dann?«

»Dann – dann weiß ich gar nicht, was ich getan hätte. Vielleicht wär ich ins Wasser gesprungen.«

»O je, 's wär schad um die Haut, sie hätt können naß werden.«

»Ja, Ihnen wär's natürlich nur zum Lachen gewesen.«

»Das doch nicht. Aber Sie reden auch ein Zeug, daß man ganz sturm im Kopf könnt werden. Geben Sie Obacht, sonst auf einmal glaub ich's Ihnen.«

»Das dürfen Sie auch tun, ich mein es nicht anders.«

Hier wurde er von der herben Stimme der Gret übertönt. Sie erzählte schrill und klagend eine lange Schreckensgeschichte von einer bösen Herrschaft, die eine Magd erbärmlich behandelt und gespeist und dann, nachdem sie krank geworden war, ohne Sang und Klang entlassen hatte. Und kaum war sie mit dem Erzählen fertig, so fiel der Chor der andern laut und heftig ein, bis die Babett zum Frieden mahnte. Im Eifer der Debatte hatte Tines nächste Nachbarin dieser den Arm um die Hüfte gelegt, und Karl Bauer merkte, daß er einstweilen auf eine Fortführung des Zwiegespräches verzichten müsse.

Er kam auch zu keiner neuen Annäherung, harrte aber wartend aus, bis nach nahezu zwei Stunden die Margret das Zeichen zum Aufbruch gab. Es war schon dämmerig und kühl geworden. Er sagte kurz adieu und lief eilig davon.

Als eine Viertelstunde später die Tine sich in der Nähe ihres Hauses von der letzten Begleiterin verabschiedet hatte und die kleine Strecke vollends allein ging, trat plötzlich hinter einem Ahornbaume hervor der Lateinschüler ihr in den Weg und grüßte sie mit schüchterner Höflichkeit. Sie erschrak ein wenig und sah ihn beinahe zornig an.

»Was wollen Sie denn, Sie?«

Da bemerkte sie, daß der junge Kerl ganz ängstlich und bleich aussah, und sie milderte Blick und Stimme beträchtlich.

»Also, was ist's denn mit Ihnen?«

Er stotterte sehr und brachte wenig Deutliches heraus. Dennoch verstand sie, was er meine, und verstand auch, daß es ihm ernst sei, und kaum sah sie den Jungen so hilflos in ihre Hände geliefert, so tat er ihr auch schon leid, natürlich ohne daß sie darum weniger Stolz und Freude über ihren Triumph empfunden hätte.

»Machen Sie keine dummen Sachen«, redete sie ihm gütig zu. Und als sie hörte, daß er erstickte Tränen in der Stimme hatte, fügte sie hinzu: »Wir sprechen ein andermal miteinander, jetzt muß ich heim. Sie dürfen auch nicht so aufgeregt sein, nicht wahr? Also aufs Wiedersehen!«

Damit enteilte sie nickend, und er ging langsam, langsam davon, während die Dämmerung zunahm und vollends in Finsternis und Nacht überging. Er schritt durch Straßen und über Plätze, an Häusern, Mauern, Gärten und sanftfließenden Brunnen vorbei, ins Feld vor die Stadt hinaus und wieder in die Stadt hinein, unter den Rathausbogen hindurch und am oberen Marktplatz hin, aber alles war verwandelt und ein unbekanntes Fabelland geworden. Er hatte ein Mädchen lieb, und er hatte es ihr gesagt, und sie war gütig gegen ihn gewesen und hatte »auf Wiedersehen« zu ihm gesagt!

Lange schritt er ziellos so umher, und da es ihm kühl wurde, hatte er die Hände in die Hosentaschen gesteckt, und als er beim Einbiegen in seine Gasse aufschaute und den Ort erkannte und aus seinem Traum erwachte, fing er ungeachtet der späten

Abendstunde an laut und durchdringend zu pfeifen. Es tönte widerhallend durch die nächtige Straße und verklang erst im kühlen Hausgang der Witwe Kusterer.

Tine machte sich darüber, was aus der Sache werden solle, viele Gedanken, jedenfalls mehr als der Verliebte, der vor Erwartungsfieber und süßer Erregung nicht zum Nachdenken kam. Das Mädchen fand, je länger sie sich das Geschehene vorhielt und überlegte, desto weniger Tadelnswertes an dem hübschen Knaben; auch war es ihr ein neues und köstliches Gefühl, einen so feinen und gebildeten, dazu unverdorbenen Jüngling in sie verliebt zu wissen. Dennoch dachte sie keinen Augenblick an ein Liebesverhältnis, das ihr nur Schwierigkeiten oder gar Schaden bringen und jedenfalls zu keinem soliden Ziele führen konnte. Hingegen widerstrebte es ihr auch wieder, dem armen Buben durch eine harte Antwort oder durch gar keine weh zu tun. Am liebsten hätte sie ihn halb schwesterlich, halb mütterlich in Güte und Scherz zurechtgewiesen. Mädchen sind in diesen Jahren schon fertiger und ihres Wesens sicherer als Knaben, und eine Dienstmagd vollends, die ihr eigen Brot verdient, ist in Dingen der Lebensklugheit jedem Schüler oder Studentlein weit überlegen, zumal wenn dieser verliebt ist und sich willenlos ihrem Gutdünken überläßt.

Die Gedanken und Entschlüsse der bedrängten Magd schwankten zwei Tage lang hin und wider. So oft sie zu dem Schluß gekommen war, eine strenge und deutliche Abweisung sei doch das Richtige, so oft wehrte sich ihr Herz, das in den Jungen zwar nicht verliebt, aber ihm doch in mitleidig-gütigem Wohlwollen zugetan war.

Und schließlich machte sie es, wie es die meisten Leute in derartigen Lagen machen: sie wog ihre Entschlüsse so lang gegeneinander ab, bis sie gleichsam abgenutzt waren und zusammen wieder dasselbe zweifelnde Schwanken darstellten wie in der ersten Stunde. Und als es Zeit zu handeln war, tat und sagte sie kein Wort von dem zuvor Bedachten und Beschlossenen, sondern überließ sich völlig dem Augenblick, gerade wie Karl Bauer auch.

Diesem begegnete sie am dritten Abend, als sie ziemlich spät noch auf einen Ausgang geschickt wurde, in der Nähe ihres

Hauses. Er grüßte bescheiden und sah ziemlich kleinlaut aus.
Nun standen die zwei jungen Leute voreinander und wußten
nicht recht, was sie einander zu sagen hätten. Die Tine fürchtete,
man möchte sie sehen, und trat schnell in eine offenstehende,
dunkle Toreinfahrt, wohin Karl ihr ängstlich folgte. Nebenzu
scharrten Rosse in einem Stall, und in irgendeinem benachbarten
Hof oder Garten probierte ein unerfahrener Dilettant seine An-
fängergriffe auf einer Blechflöte.
»Was der aber zusammenbläst!« sagte Tine leise und lachte gezwungen.
»Tine!«
»Ja, was denn?«
»Ach, Tine – –«
Der scheue Junge wußte nicht, was für ein Spruch seiner warte,
aber es wollte ihm scheinen, die Blonde zürne ihm nicht unver-
söhnlich.
»Du bist so lieb«, sagte er ganz leise und erschrak sofort darüber,
daß er sie ungefragt geduzt hatte.
Sie zögerte eine Weile mit der Antwort. Da griff er, dem der
Kopf ganz leer und wirbelig war, nach ihrer Hand, und er tat es
so schüchtern und hielt die Hand so ängstlich lose und bittend,
daß es ihr unmöglich wurde, ihm den verdienten Tadel zu ertei-
len. Vielmehr lächelte sie und fuhr dem armen Liebhaber mit
ihrer freien Linken sachte übers Haar.
»Bist du mir auch nicht bös?« fragte er, selig bestürzt.
»Nein, du Bub, du kleiner«, lachte die Tine nun freundlich.
»Aber fort muß ich jetzt, man wartet daheim auf mich. Ich muß
ja noch Wurst holen.«
»Darf ich nicht mit?«
»Nein, was denkst du auch! Geh voraus und heim, nicht daß uns
jemand beieinander sieht.«
»Also gut Nacht, Tine.«
»Ja, geh jetzt nur! Gut Nacht.«
Er hatte noch mehreres fragen und erbitten wollen, aber er
dachte jetzt nimmer daran und ging glücklich fort, mit leichten,
ruhigen Schritten, als sei die gepflasterte Stadtstraße ein weicher
Rasenboden, und mit blinden, einwärtsgekehrten Augen, als
komme er aus einem blendend lichten Lande. Er hatte ja kaum
mit ihr gesprochen, aber er hatte du zu ihr gesagt und sie zu ihm,

er hatte ihre Hand gehalten, und sie war ihm mit der ihren übers Haar gefahren. Das schien ihm mehr als genug, und auch noch nach vielen Jahren fühlte er, sooft er an diesen Abend dachte, ein Glück und eine dankbare Güte seine Seele wie ein Lichtschein erfüllen.

Die Tine freilich, als sie nachträglich das Begebnis überdachte, konnte durchaus nimmer begreifen, wie das zugegangen war. Doch fühlte sie wohl, daß Karl an diesem Abend ein Glück erlebt habe und ihr dafür dankbar sei, auch vergaß sie seine kindliche Verschämtheit nicht und konnte schließlich in dem Geschehenen kein so großes Unheil finden. Immerhin wußte sich das kluge Mädchen von jetzt an für den Schwärmer verantwortlich und nahm sich vor, ihn so sanft und sicher wie möglich an dem angesponnenen Faden zum Rechten zu führen. Denn daß eines Menschen erste Verliebtheit, sie möge noch so heilig und köstlich sein, doch nur ein Behelf und ein Umweg sei, das hatte sie, es war noch nicht so lange her, selber mit Schmerzen erfahren. Nun hoffte sie, dem Kleinen ohne unnötiges Wehtun über die Sache hinüberzuhelfen.

Das nächste Wiedersehen geschah erst am Sonntag bei der Babett. Dort begrüßte Tine den Gymnasiasten freundlich, nickte ihm von ihrem Platze aus ein- oder zweimal lächelnd zu, zog ihn mehrmals mit ins Gespräch und schien im übrigen nicht anders mit ihm zu stehen als früher. Für ihn aber war jedes Lächeln von ihr ein unschätzbares Geschenk und jeder Blick eine Flamme, die ihn mit Glanz und Glut umhüllte.

Einige Tage später aber kam Tine endlich dazu, deutlich mit dem Jungen zu reden. Es war nachmittags nach der Schule, und Karl hatte wieder in der Gegend um ihr Haus herum gelauert, was ihr nicht gefiel. Sie nahm ihn durch den kleinen Garten in einen Holzspeicher hinter dem Hause mit, wo es nach Sägespänen und trockenem Buchenholz roch. Dort nahm sie ihn vor, untersagte ihm vor allem sein Verfolgen und Auflauern und machte ihm klar, was sich für einen jungen Liebhaber von seiner Art gebühre.

»Du siehst mich jedesmal bei der Babett, und von dort kannst du mich ja allemal begleiten, wenn du magst, aber nur bis dahin, wo die andern mitgehen, nicht den ganzen Weg. Allein mit mir gehen darfst du nicht, und wenn du vor den andern nicht Obacht gibst und dich zusammennimmst, dann geht alles schlecht. Die

Leute haben ihre Augen überall, und wo sie's rauchen sehen, schreien sie gleich Feurio.«

»Ja, wenn ich doch aber dein Schatz bin«, erinnerte Karl etwas weinerlich. Sie lachte.

»Mein Schatz! Was heißt jetzt das wieder! Sag das einmal der Babett oder deinem Vater daheim, oder deinem Lehrer! Ich hab dich ja ganz gern und will nicht unrecht mit dir sein, aber eh du mein Schatz sein könntest, da müßtest du vorher ein eigner Herr sein und dein eignes Brot essen, und bis dahin ist's doch noch recht lang. Einstweilen bist du einfach ein verliebter Schulbub, und wenn ich's nicht gut mit dir meinte, würd ich gar nimmer mit dir darüber reden. Deswegen brauchst du aber nicht den Kopf zu hängen, das bessert nichts.«

»Was soll ich dann tun? Hast du mich nicht gern?«

»O Kleiner! Davon ist doch nicht die Rede. Nur vernünftig sein sollst du und nicht Sachen verlangen, die man in deinem Alter noch nicht haben kann. Wir wollen gute Freunde sein und einmal abwarten, mit der Zeit kommt schon alles, wie es soll.«

»Meinst du? Aber du, etwas hab ich doch sagen wollen –«

»Und was?«

»Ja, sieh – nämlich – –«

»Red doch!«

»– ob du mir nicht auch einmal einen Kuß geben willst.«

Sie betrachtete sein rotgewordenes, unsicher fragendes Gesicht und seinen knabenhaften, hübschen Mund, und einen Augenblick schien es ihr nahezu erlaubt, ihm den Willen zu tun. Dann schalt sie sich aber sogleich und schüttelte streng den blonden Kopf.

»Einen Kuß? Für was denn?«

»Nur so. Du mußt nicht bös sein.«

»Ich bin nicht bös. Aber du mußt auch nicht keck werden. Später einmal reden wir wieder davon. Kaum kennst du mich und willst gleich küssen! Mit so Sachen soll man kein Spiel treiben. Also sei jetzt brav, am Sonntag seh ich dich wieder, und dann könntest du auch einmal deine Geige bringen, nicht?«

»Ja, gern.«

Sie ließ ihn gehen und sah ihm nach, wie er nachdenklich und ein wenig unlustig davonschritt. Und sie fand, er sei doch ein ordentlicher Kerl, dem sie nicht zu weh tun dürfe.

Wenn Tines Ermahnungen auch eine bittere Pille für Karl gewesen waren, er folgte doch und befand sich nicht schlecht dabei. Zwar hatte er vom Liebeswesen einigermaßen andre Vorstellungen gehabt und war anfangs ziemlich enttäuscht, aber bald entdeckte er die alte Wahrheit, daß Geben seliger als Nehmen ist und daß Lieben schöner ist und seliger macht als Geliebtwerden. Daß er seine Liebe nicht verbergen und sich ihrer nicht schämen mußte, sondern sie anerkannt, wenn auch zunächst nicht belohnt sah, das gab ihm ein Gefühl der Lust und Freiheit und hob ihn aus dem engen Kreis seiner bisherigen unbedeutenden Existenz in die höhere Welt der großen Gefühle und Ideale.

Bei den Zusammenkünften der Mägde spielte er jetzt jedesmal ein paar Stücklein auf der Geige vor.

»Das ist bloß für dich, Tine«, sagte er nachher, »weil ich dir sonst nichts geben und zulieb tun kann.«

Der Frühling rückte näher und war plötzlich da, mit gelben Sternblumen auf zartgrünen Matten, mit dem tiefen Föhnblau ferner Waldgebirge, mit feinen Schleiern jungen Laubes im Gezweige und wiederkehrenden Zugvögeln. Die Hausfrauen stellten ihre Stockscherben mit Hyazinthen und Geranien auf die grünbemalten Blumenbretter vor den Fenstern. Die Männer verdauten mittags unterm Haustor in Hemdärmeln und konnten abends im Freien Kegel schieben. Die jungen Leute kamen in Unruhe, wurden schwärmerischer und verliebten sich.

An einem Sonntag, der mildblau und lächelnd über dem schon grünen Flußtal aufgegangen war, ging die Tine mit einer Freundin spazieren. Sie wollten eine Stunde weit nach der Emanuelsburg laufen, einer Ruine im Wald. Als sie aber schon gleich vor der Stadt an einem fröhlichen Wirtsgarten vorüberkamen, wo eine Musik erschallte und auf einem runden Rasenplatz ein Schleifer getanzt wurde, gingen sie zwar an der Versuchung vorüber, aber langsam und zögernd, und als die Straße einen Bogen machte, und als sie bei dieser Windung noch einmal das süß anschwellende Wogen der schon ferner tönenden Musik vernahmen, da gingen sie noch langsamer und gingen schließlich gar nicht mehr, sondern lehnten am Wiesengatter des Straßenrandes und lauschten hinüber, und als sie nach einer Weile wieder Kraft zum Gehen hatten, war doch die lustig-sehnsüchtige Musik stärker als sie und zog sie rückwärts.

»Die alte Emanuelsburg läuft uns nicht davon«, sagte die Freundin, und damit trösteten sich beide und traten errötend und mit gesenkten Blicken in den Garten, wo man durch ein Netzwerk von Zweigen und braunen, harzigen Kastanienknospen den Himmel noch blauer lachen sah. Es war ein herrlicher Nachmittag, und als Tine gegen Abend in die Stadt zurückkehrte, tat sie es nicht allein, sondern wurde höflich von einem kräftigen, hübschen Mann begleitet.

Und diesmal war Tine an den Rechten gekommen. Er war ein Zimmermannsgesell, der mit dem Meisterwerden und einer Heirat nicht mehr allzu lange zu warten brauchte. Er sprach andeutungsweise und stockend von seiner Liebe und deutlich und fließend von seinen Verhältnissen und Aussichten. Es zeigte sich, daß er unbekannterweise die Tine schon einigemal gesehen und begehrenswert gefunden hatte und daß es ihm nicht nur um ein vorübergehendes Liebesvergnügen zu tun war. Eine Woche lang sah sie ihn täglich und gewann ihn täglich lieber, zugleich besprachen sie alles Nötige, und dann waren sie einig und galten voreinander und vor ihren Bekannten als Verlobte.

Auf die erste traumartige Erregung folgte bei Tine ein stilles, fast feierliches Fröhlichsein, über welchem sie eine Weile alles vergaß, auch den armen Schüler Karl Bauer, der in dieser ganzen Zeit vergeblich auf sie wartete.

Als ihr der vernachlässigte Junge wieder ins Gedächtnis kam, tat er ihr so leid, daß sie im ersten Augenblick daran dachte, ihm die Neuigkeit noch eine Zeitlang vorzuenthalten. Dann wieder schien ihr dies doch nicht gut und erlaubt zu sein, und je mehr sie es bedachte, desto schwieriger kam die Sache ihr vor. Sie bangte davor, sogleich ganz offen mit dem Ahnungslosen zu reden, und wußte doch, daß das der einzige Weg zum Guten war; und jetzt sah sie erst ein, wie gefährlich ihr wohlgemeintes Spiel mit dem Knaben gewesen war. Jedenfalls mußte etwas geschehen, ehe der Junge durch andre von ihrem neuen Verhältnis erfuhr. Sie wollte nicht, daß er schlecht von ihr denke. Sie fühlte, ohne es deutlich zu wissen, daß sie dem Jüngling einen Vorgeschmack und eine Ahnung der Liebe gegeben hatte und daß die Erkenntnis des

Betrogenseins ihn schädigen und ihm das Erlebte vergiften würde. Sie hatte nie gedacht, daß diese Knabengeschichte ihr so zu schaffen machen könnte.

Am Ende ging sie in ihrer Ratlosigkeit zur Babett, welche freilich in Liebesangelegenheiten nicht die berufenste Richterin sein mochte. Aber sie wußte, daß die Babett ihren Lateinschüler gern hatte und sich um sein Ergehen sorgte, und so wollte sie lieber einen Tadel von ihr ertragen, als den jungen Verliebten unbehütet alleingelassen wissen.

Der Tadel blieb nicht aus. Die Babett, nachdem sie die ganze Erzählung des Mädchens aufmerksam und schweigend angehört hatte, stampfte zornig auf den Boden und fuhr die Bekennerin mit rechtschaffener Entrüstung an.

»Mach keine schönen Worte!« rief sie ihr heftig zu. »Du hast ihn einfach an der Nase herumgeführt und deinen gottlosen Spaß mit ihm gehabt, mit dem Bauer, und nichts weiter.«

»Das Schimpfen hilft nicht viel, Babett. Weißt du, wenn mir's bloß ums Amüsieren gewesen wär, dann wär ich jetzt nicht zu dir gelaufen und hätte dir's eingestanden. Es ist mir nicht so leicht gewesen.«

»So? Und jetzt, was stellst du dir vor? Wer soll jetzt die Suppe ausfressen, he? Ich vielleicht? Und es bleibt ja doch alles an dem Bub hängen, an dem armen.«

»Ja, der tut mir leid genug. Aber hör mir zu. Ich meine, ich rede jetzt mit ihm und sag ihm alles selber, ich will mich nicht schonen. Nur hab ich wollen, daß du davon weißt, damit du nachher kannst ein Aug auf ihn haben, falls es ihn zu arg plagt. – Wenn du also willst –?«

»Kann ich denn anders? Kind, dummes, vielleicht lernst du was dabei. Die Eitelkeit und das Herrgottspielenwollen betreffend, meine ich. Es könnte nicht schaden.«

Diese Unterredung hatte das Ergebnis, daß die alte Magd noch am selben Tag eine Zusammenkunft der beiden im Hofe veranstaltete, ohne daß Karl ihre Mitwisserschaft erriet. Es ging gegen den Abend, und das Stückchen Himmel über dem kleinen Hofraum glühte mit schwachem Goldfeuer. In der Torecke aber war es dunkel, und niemand konnte die zwei jungen Leute dort sehen.

»Ja, ich muß dir was sagen, Karl«, fing das Mädchen an. »Heut müssen wir einander adieu sagen. Es hat halt alles einmal sein Ende.«

»Aber was denn – – warum –?«

»Weil ich jetzt einen Bräutigam hab –«

»Einen – – –«

»Sei ruhig, gelt, und hör mich zuerst. Siehst, du hast mich ja gern gehabt, und ich hab dich nicht wollen so ohne Hü und ohne Hott fortschicken. Ich hab dir ja auch gleich gesagt, weißt du, daß du dich deswegen nicht als meinen Schatz ansehen darfst, nicht wahr?«

Karl schwieg.

»Nicht wahr?«

»Ja, also.«

»Und jetzt müssen wir ein Ende machen, und du mußt es auch nicht schwer nehmen, es ist die Gasse voll mit Mädchen, und ich bin nicht die einzige und auch nicht die rechte für dich, wo du doch studierst und später ein Herr wirst und vielleicht ein Doktor.«

»Nein du, Tine, sag das nicht!«

»Es ist halt doch so und nicht anders. Und das will ich dir auch noch sagen, daß das niemals das Richtige ist, wenn man sich zum erstenmal verliebt. So jung weiß man ja noch gar nicht, was man will. Es wird nie etwas draus, und später sieht man dann alles anders an und sieht ein, daß es nicht das Rechte war.«

Karl wollte etwas antworten, er hatte viel dagegen zu sagen, aber vor Leid brachte er kein Wort heraus.

»Hast du was sagen wollen?« fragte die Tine.

»O du, du weißt ja gar nicht – –«

»Was, Karl?«

»Ach, nichts. O Tine, was soll ich denn anfangen?«

»Nichts anfangen, bloß ruhig bleiben. Das dauert nicht lang, und nachher bist du froh, daß es so gekommen ist.«

»Du redest, ja, du redest –«

»Ich red nur, was in der Ordnung ist, und du wirst sehen, daß ich ganz recht hab, wenn du auch jetzt nicht dran glauben willst. Es tut mir ja leid, du, es tut mir wirklich so leid.«

»Tut's dir? – Tine, ich will ja nichts sagen, du sollst ja ganz recht haben – – aber daß das alles so auf einmal aufhören soll, alles –«

Er kam nicht weiter, und sie legte ihm die Hand auf die zuckende Schulter und wartete still, bis sein Weinen nachließ.

»Hör mich«, sagte sie dann entschlossen. »Du mußt mir jetzt versprechen, daß du brav und gescheit sein willst.«

»Ich will nicht gescheit sein! Tot möcht ich sein, lieber tot, als so – –«

»Du, Karl, tu nicht so wüst! Schau, du hast früher einmal einen Kuß von mir haben wollen – weißt noch?«

»Ich weiß.«

»Also. Jetzt, wenn du brav sein willst – sieh, ich mag doch nicht, daß du nachher übel von mir denkst; ich möcht so gern im Guten von dir Abschied nehmen. Wenn du brav sein willst, dann will ich dir den Kuß heut geben. Willst du?«

Er nickte nur und sah sie ratlos an. Und sie trat dicht zu ihm hin und gab ihm den Kuß, und der war still und ohne Gier, rein gegeben und genommen. Zugleich nahm sie seine Hand und drückte sie leise, dann ging sie schnell durchs Tor in den Hausgang und davon.

Karl Bauer hörte ihre Schritte im Gang schallen und verklingen; er hörte, wie sie das Haus verließ und über die Vortreppe auf die Straße ging. Er hörte es, aber er dachte an andre Dinge.

Er dachte an eine winterliche Abendstunde, in der ihm auf der Gasse eine junge blonde Magd eine Ohrfeige gegeben hatte, und dachte an einen Vorfrühlingsabend, da im Schatten einer Hofeinfahrt ihm eine Mädchenhand das Haar gestreichelt hatte, und die Welt war verzaubert, und die Straßen der Stadt waren fremde, selig schöne Räume gewesen. Melodien fielen ihm ein, die er früher gegeigt hatte, und jener Hochzeitsabend in der Vorstadt mit Bier und Kuchen. Bier und Kuchen, kam es ihm vor, war eigentlich eine lächerliche Zusammenstellung, aber er konnte nicht weiter daran denken, denn er hatte ja seinen Schatz verloren und war betrogen und verlassen worden. Freilich, sie hatte ihm einen Kuß gegeben – einen Kuß ... O Tine!

Müde setzte er sich auf eine von den vielen leeren Kisten, die im Hof herumstanden. Das kleine Himmelsviereck über ihm wurde rot und wurde silbern, dann erlosch es und blieb lange Zeit tot und dunkel, und nach Stunden, da es mondhell wurde, saß Karl Bauer noch immer auf seiner Kiste, und sein verkürzter Schatten lag schwarz und mißgestaltet vor ihm auf dem unebenen Steinpflaster.

Es waren nur flüchtige und vereinzelte Blicke eines Zaungastes gewesen, die der junge Bauer ins Land der Liebe getan hatte, aber sie waren hinreichend gewesen, ihm das Leben ohne den Trost der Frauenliebe traurig und wertlos erscheinen zu lassen. So lebte er jetzt leere und schwermütige Tage und verhielt sich gegen die Ereignisse und Pflichten des alltäglichen Lebens teilnahmslos wie einer, der nicht mehr dazu gehört. Sein Griechischlehrer verschwendete nutzlose Ermahnungen an den unaufmerksamen Träumer; auch die guten Bissen der getreuen Babett schlugen ihm nicht an, und ihr wohlgemeinter Zuspruch glitt ohne Wirkung an ihm ab.

Es waren eine sehr scharfe, außerordentliche Vermahnung vom Rektor und eine schmähliche Arreststrafe nötig, um den Entgleisten wieder auf die Bahn der Arbeit und Vernunft zu zwingen. Er sah ein, daß es töricht und ärgerlich wäre, gerade vor dem letzten Schuljahr noch sitzenzubleiben, und begann in die immer länger werdenden Frühsommerabende hinein zu studieren, daß ihm der Kopf rauchte. Das war der Anfang der Genesung.

Manchmal suchte er noch die Salzgasse auf, in der Tine gewohnt hatte, und begriff nicht, warum er ihr kein einziges Mal begegnete. Das hatte jedoch seinen guten Grund. Das Mädchen war schon bald nach ihrem letzten Gespräch mit Karl abgereist, um in der Heimat ihre Aussteuer fertigzumachen. Er glaubte, sie sei noch da und weiche ihm aus, und nach ihr fragen mochte er niemand, auch die Babett nicht. Nach solchen Fehlgängen kam er, je nachdem, ingrimmig oder traurig heim, stürmte wild auf der Geige oder starrte lang durchs kleine Fenster auf die vielen Dächer hinaus.

Immerhin ging es vorwärts mit ihm, und daran hatte auch die Babett ihren Teil. Wenn sie merkte, daß er einen übeln Tag hatte, dann kam sie nicht selten am Abend heraufgestiegen und klopfte an seine Türe. Und dann saß sie, obwohl sie ihn nicht wissen lassen wollte, daß sie den Grund seines Leides kenne, lange bei ihm und brachte ihm Trost. Sie redete nicht von der Tine, aber sie erzählte ihm kleine drollige Anekdoten, brachte ihm eine halbe Flasche Most oder Wein mit, bat ihn um ein Lied auf der Geige oder um das Vorlesen einer Geschichte. So verging der Abend friedlich, und wenn es spät war und die Babett wieder ging, war Karl stiller geworden und konnte ohne böse Träume schlafen.

Und das alte Mädchen bedankte sich noch jedesmal, wenn sie adieu sagte, für den schönen Abend.

Langsam gewann der Liebeskranke seine frühere Art und seinen Frohmut wieder, ohne zu wissen, daß die Tine sich bei der Babett öfters in Briefen nach ihm erkundigte. Er war ein wenig männlicher und reifer geworden, hatte das in der Schule Versäumte wieder eingebracht und führte nun so ziemlich dasselbe Leben wie vor einem Jahre, nur die Eidechsensammlung und das Vögelhalten fing er nicht wieder an. Aus den Gesprächen der Oberprimaner, die im Abgangsexamen standen, drangen verlockend klingende Worte über akademische Herrlichkeiten ihm ins Ohr, er fühlte sich diesem Paradiese wohlig nähergerückt und begann sich nun auf die Sommerferien ungeduldig zu freuen. Jetzt erst erfuhr er auch durch die Babett, daß Tine schon lange die Stadt verlassen habe, und wenn auch die Wunde noch zuckte und leise brannte, so war sie doch schon geheilt und dem Vernarben nahe.

Auch wenn weiter nichts geschehen wäre, hätte Karl die Geschichte seiner ersten Liebe in gutem und dankbarem Andenken behalten und gewiß nie vergessen. Es kam aber noch ein kurzes Nachspiel, das er noch weniger vergessen hat.

Acht Tage vor den Sommerferien hatte die Freude auf die Ferien in seiner noch biegsamen Seele die nachklingende Liebestrauer übertönt und verdrängt. Er begann schon zu packen und verbrannte alte Schulhefte. Die Aussicht auf Waldspaziergänge, Flußbad und Nachenfahrten, auf Heidelbeeren und Jakobiäpfel und ungebunden fröhliche Bummeltage machte ihn so froh, wie er lange nicht mehr gewesen war. Glücklich lief er durch die heißen Straßen, und an Tine hatte er schon seit mehreren Tagen gar nimmer gedacht.

Um so heftiger schreckte er zusammen, als er eines Nachmittags auf dem Heimweg von der Turnstunde in der Salzgasse unvermutet mit Tine zusammentraf. Er blieb stehen, gab ihr verlegen die Hand und sagte beklommen grüß Gott. Aber trotz seiner eigenen Verwirrung bemerkte er bald, daß sie traurig und verstört aussah.

»Wie geht's, Tine?« fragte er schüchtern und wußte nicht, ob er zu ihr »du« oder »Sie« sagen solle.

»Nicht gut«, sagte sie. »Kommst du ein Stück weit mit?«
Er kehrte um und schritt langsam neben ihr die Straße zurück,
während er daran denken mußte, wie sie sich früher dagegen
gesträubt hatte, mit ihm gesehen zu werden. Freilich, sie ist ja
jetzt verlobt, dachte er, und um nur etwas zu sagen, tat er eine
Frage nach dem Befinden ihres Bräutigams. Da zuckte Tine so
jämmerlich zusammen, daß es auch ihm weh tat.
»Weißt du also noch nichts?« sagte sie leise. »Er liegt im Spital,
und man weiß nicht, ob er mit dem Leben davonkommt. – Was
ihm fehlt? Von einem Neubau ist er abgestürzt und ist seit gestern nicht zu sich gekommen.«
Schweigend gingen sie weiter. Karl besann sich vergebens auf
irgendein gutes Wort der Teilnahme; ihm war es wie ein beängstigender Traum, daß er jetzt so neben ihr durch die Straßen ging
und Mitleid mit ihr haben mußte.
»Wo gehst du jetzt hin?« fragte er schließlich, da er das Schweigen nimmer ertrug.
»Wieder zu ihm. Sie haben mich mittags fortgeschickt, weil mir's
nicht gut war.«
Er begleitete sie bis an das große stille Krankenhaus, das zwischen hohen Bäumen und umzäunten Anlagen stand, und ging
auch leise schaudernd mit hinein über die breite Treppe und
durch die sauberen Flure, deren mit Medizingerüchen erfüllte
Luft ihn scheu machte und bedrückte.
Dann trat Tine allein in eine numerierte Türe. Er wartete still auf
dem Gang; es war sein erster Aufenthalt in einem solchen Hause,
und die Vorstellung der vielen Schrecken und Leiden, die hinter
allen diesen lichtgrau gestrichenen Türen verborgen waren,
nahm sein Gemüt mit Grauen gefangen. Er wagte sich kaum zu
rühren, bis Tine wieder herauskam.
»Es ist ein wenig besser, sagen sie, und vielleicht wacht er heut
noch auf. Also adieu, Karl, ich bleib jetzt drinnen, und danke
auch schön.«
Leise ging sie wieder hinein und schloß die Türe, auf der Karl
zum hundertstenmal gedankenlos die Ziffer siebzehn las. Seltsam erregt verließ er das unheimliche Haus. Die vorige Fröhlichkeit war ganz in ihm erloschen, aber was er jetzt empfand,
war auch nicht mehr das einstige Liebesweh, es war eingeschlossen und umhüllt von einem viel weiteren, größeren Füh-

len und Erleben. Er sah sein Entsagungsleid klein und lächerlich werden neben dem Unglück, dessen Anblick ihn überrascht hatte. Er sah auch plötzlich ein, daß sein kleines Schicksal nichts Besonderes und keine grausame Ausnahme sei, sondern daß auch über denen, die er für Glückliche angesehen hatte, unentrinnbar das Schicksal walte.

Aber er sollte noch mehr und noch Besseres und Wichtigeres lernen. In den folgenden Tagen, da er Tine häufig im Spital aufsuchte, und dann, als der Kranke so weit war, daß Karl ihn zuweilen sehen durfte, da erlebte er nochmals etwas ganz Neues.

Da lernte er sehen, daß auch das unerbittliche Schicksal noch nicht das Höchste und Endgültige ist, sondern daß schwache, angstvolle, gebeugte Menschenseelen es überwinden und zwingen können. Noch wußte man nicht, ob dem Verunglückten mehr als das hilflos elende Weiterleben eines Siechen und Gelähmten zu retten sein werde. Aber über diese angstvolle Sorge hinweg sah Karl Bauer die beiden Armen sich des Reichtums ihrer Liebe erfreuen, er sah das ermüdete, von Sorgen verzehrte Mädchen aufrecht bleiben und Licht und Freude um sich verbreiten und sah das blasse Gesicht des gebrochenen Mannes trotz der Schmerzen von einem frohen Glanz zärtlicher Dankbarkeit verklärt.

Und er blieb, als schon die Ferien begonnen hatten, noch mehrere Tage da, bis die Tine selber ihn zum Abreisen nötigte.

Im Gang vor den Krankenzimmern nahm er von ihr Abschied, anders und schöner als damals im Hof des Kustererschen Ladens. Er nahm nur ihre Hand und dankte ihr ohne Worte, und sie nickte ihm unter Tränen zu. Er wünschte ihr Gutes und hatte selber in sich keinen besseren Wunsch, als daß auch er einmal auf die heilige Art lieben und Liebe empfangen möchte wie das arme Mädchen und ihr Verlobter.   *(1905)*

Heumond

Das Landhaus Erlenhof lag nicht weit vom Wald und Gebirge in der hohen Ebene.

Vor dem Hause war ein großer Kiesplatz, in den die Landstraße mündete. Hier konnten die Wagen vorfahren, wenn Besuch kam. Sonst lag der viereckige Platz immer leer und still und schien dadurch noch größer, als er war, namentlich bei gutem Sommerwetter, wenn das blendende Sonnenlicht und die heiße Zitterluft ihn so anfüllten, daß man nicht daran denken mochte, ihn zu überschreiten.

Der Kiesplatz und die Straße trennten das Haus vom Garten. »Garten« sagte man wenigstens, aber es war vielmehr ein mäßig großer Park, nicht sehr breit, aber tief, mit stattlichen Ulmen, Ahornen und Platanen, gewundenen Spazierwegen, einem jungen Tannendickicht und vielen Ruhebänken. Dazwischen lagen sonnige, lichte Rasenstücke, einige leer und einige mit Blumenrondells oder Ziersträuchern geschmückt, und in dieser heiteren, warmen Rasenfreiheit standen allein und auffallend zwei große einzelne Bäume.

Der eine war eine Trauerweide. Um ihren Stamm lief eine schmale Lattenbank, und ringsum hingen die langen, seidig zarten, müden Zweige so tief und dicht herab, daß es innen ein Zelt oder Tempel war, wo trotz des ewigen Schattens und Dämmerlichtes eine stete, matte Wärme brütete.

Der andere Baum, von der Weide durch eine niedrig umzäunte Wiese getrennt, war eine mächtige Blutbuche. Sie sah von weitem dunkelbraun und fast schwarz aus. Wenn man jedoch näher kam oder sich unter sie stellte und emporschaute, brannten alle Blätter der äußeren Zweige, vom Sonnenlicht durchdrungen, in einem warmen, leisen Purpurfeuer, das mit verhaltener und feierlich gedämpfter Glut wie in Kirchenfenstern leuchtete. Die alte Blutbuche war die berühmteste und merkwürdigste Schönheit des großen Gartens, und man konnte sie von überallher sehen. Sie stand allein und dunkel mitten in dem hellen Graslande, und sie war hoch genug, daß man, wo man auch vom Park aus nach ihr blickte, ihre runde, feste, schöngewölbte Krone mitten im blauen Luftraum stehen sah, und je heller und blendender die Bläue war, desto schwärzer und feierlicher ruhte der Baumwipfel in ihr. Er konnte je nach der Witterung und Tageszeit sehr verschieden aussehen. Oft sah man ihm an, daß er wußte, wie schön er sei und daß er nicht ohne Grund allein und stolz weit von den anderen Bäumen stehe. Er brüstete sich und blickte kühl über alles hinweg in den Himmel. Oft auch sah er aber aus, als wisse er wohl, daß er der einzige seiner Art im Garten sei und keine Brüder habe. Dann schaute er zu den übrigen, entfernten Bäumen hinüber, suchte und hatte Sehnsucht. Morgens war er am schönsten, und auch abends, bis die Sonne rot wurde, aber dann war er plötzlich gleichsam erloschen, und es schien an seinem Orte eine Stunde früher Nacht zu werden als sonst überall. Das eigentümlichste und düsterste Aussehen hatte er jedoch an Regentagen. Während die anderen Bäume atmeten und sich reckten und freudig mit hellerem Grün erprangten, stand er wie tot in seiner Einsamkeit, vom Wipfel bis zum Boden schwarz anzusehen. Ohne daß er zitterte, konnte man doch sehen, daß er fror und daß er mit Unbehagen und Scham so allein und preisgegeben stand.

Früher war der regelmäßig angelegte Lustpark ein strenges Kunstwerk gewesen. Als dann aber Zeiten kamen, in welchen den Menschen ihr mühseliges Warten und Pflegen und Beschneiden verleidet war und niemand mehr nach den mit Mühe hergepflanzten Anlagen fragte, waren die Bäume auf sich selber angewiesen. Sie hatten Freundschaft untereinander geschlossen, sie hatten ihre kunstmäßige, isolierte Rolle vergessen, sie hatten sich in der Not ihrer alten Waldheimat erinnert, sich aneinandergelehnt, mit den Armen umschlungen und gestützt. Sie hatten die schnurgeraden Wege mit dickem Laub verborgen und mit ausgreifenden Wurzeln an sich gezogen und in nährenden Waldboden verwandelt, ihre Wipfel ineinander verschränkt und festgewachsen, und sie sahen in ihrem Schutze ein eifrig aufstrebendes Baumvolk aufwachsen, das mit glatteren Stämmen und lichteren Laubfarben die Leere füllte, den brachen Boden eroberte und durch Schatten und Blätterfall die Erde schwarz, weich und fett machte, so daß nun auch die Moose und Gräser und kleinen Gesträuche ein leichtes Fortkommen hatten.

Als nun später von neuem Menschen herkamen und den einstigen Garten zu Rast und Lustbarkeit gebrauchen wollten, war er ein kleiner Wald geworden. Man mußte sich bescheiden. Zwar wurde der alte Weg zwischen den zwei Platanenreihen wiederhergestellt, sonst aber begnügte man sich damit, schmale und gewundene Fußwege durch das Dickicht zu ziehen, die heidigen Lichtungen mit Rasen zu besäen und an guten Plätzen grüne Sitzbänke aufzustellen. Und die Leute, deren Großväter die Platanen nach der Schnur gepflanzt und beschnitten und nach Gutdünken gestellt und geformt hatten, kamen nun mit ihren Kindern zu ihnen zu Gast und waren froh, daß in der langen Verwahrlosung aus den Alleen ein Wald geworden war, in welchem Sonne und Winde ruhen und Vögel singen und Menschen ihren Gedanken, Träumen und Gelüsten nachhängen konnten.

Paul Abderegg lag im Halbschatten zwischen Gehölz und Wiese und hatte ein weiß und rot gebundenes Buch in der Hand. Bald las er darin, bald sah er übers Gras hinweg den flatternden Bläulingen nach. Er stand eben da, wo Frithjof über Meer fährt, Frithjof der Liebende, der Tempelräuber, der von der Heimat Verbannte. Groll und Reue in der Brust, segelt er über die ungastliche See, am Steuer stehend; Sturm und Gewoge bedrängen das schnelle Drachenschiff, und bitteres Heimweh bezwingt den starken Steuermann.

Über der Wiese brütete die Wärme, hoch und gellend sangen die Grillen, und im Innern des Wäldchens sangen tiefer und süßer die Vögel. Es war herrlich, in dieser einsamen Wirrnis von Düften und Tönen und Sonnenlichtern hingestreckt in den heißen Himmel zu blinzeln, oder rückwärts in die dunkeln Bäume hineinzulauschen, oder mit geschlossenen Augen sich auszurecken und das tiefe, warme Wohlsein durch alle Glieder zu spüren. Aber Frithjof fuhr über Meer, und morgen kam Besuch, und wenn er nicht heute noch das Buch zu Ende las, war es vielleicht wieder nichts damit, wie im vorigen Herbst. Da war er auch hier gelegen und hatte die Frithjofsage angefangen, und es war auch Besuch gekommen, und mit dem Lesen hatte es ein Ende gehabt. Das Buch war dageblieben, er aber ging in der Stadt in seine Schule und dachte zwischen Homer und Tacitus beständig an das angefangene Buch und was im Tempel geschehen würde, mit dem Ring und der Bildsäule.

Er las mit neuem Eifer, halblaut, und über ihm lief ein schwacher Wind durch die Ulmenkronen, sang das Gevögel und flogen die gleißenden Falter, Mücken und Bienen. Und als er zuklappte und in die Höhe sprang, hatte er das Buch zu Ende gelesen, und die Wiese war voll Schatten, und am hellroten Himmel erlosch der Abend. Eine müde Biene setzte sich auf seinen Ärmel und ließ sich tragen. Die Grillen sangen noch immer. Paul ging schnell davon, durchs Gebüsch und den Platanenweg und dann über die Straße und den stillen Vorplatz ins Haus. Er war schön anzusehen, in der schlanken Kraft seiner sechzehn Jahre, und den Kopf hatte er mit stillen Augen gesenkt, noch von den Schicksalen des nordischen Helden erfüllt und zum Nachdenken genötigt.

Die Sommerstube, wo man die Mahlzeiten hielt, lag zuhinterst im Hause. Sie war eigentlich eine Halle, vom Garten nur durch eine Glaswand getrennt, und sprang geräumig als ein kleiner Flügel aus dem Hause vor. Hier war nun der eigentliche Garten, der von alters her »am See« genannt wurde, wenngleich statt eines Sees nur ein kleiner, länglicher Teich zwischen den Beeten, Spalierwänden, Wegen und Obstpflanzungen lag. Die aus der Halle ins Freie führende Treppe war von Oleandern und Palmen eingefaßt, im übrigen sah es »am See« nicht herrschaftlich, sondern behaglich ländlich aus.

»Also morgen kommen die Leutchen«, sagte der Vater. »Du freust dich hoffentlich, Paul?«

»Ja, schon.«

»Aber nicht von Herzen? Ja, mein Junge, da ist nichts zu machen. Für uns paar Leute ist ja Haus und Garten viel zu groß und für niemand soll doch die ganze Herrlichkeit nicht da sein! Ein Landhaus und ein Park sind dazu da, daß fröhliche Menschen drin herumlaufen, und je mehr, desto besser. Übrigens kommst du mit solenner Verspätung. Suppe ist nicht mehr da.«

Dann wandte er sich an den Hauslehrer.

»Verehrtester, man sieht Sie ja gar nie im Garten. Ich hatte immer gedacht, Sie schwärmen fürs Landleben.«

Herr Homburger runzelte die Stirn.

»Sie haben vielleicht recht. Aber ich möchte die Ferienzeit doch möglichst zu meinen Privatstudien verwenden.«

»Alle Hochachtung, Herr Homburger! Wenn einmal Ihr Ruhm

die Welt erfüllt, lasse ich eine Tafel unter Ihrem Fenster anbringen. Ich hoffe bestimmt, es noch zu erleben.«

Der Hauslehrer verzog das Gesicht. Er war sehr nervös.

»Sie überschätzen meinen Ehrgeiz«, sagte er frostig. »Es ist mir durchaus einerlei, ob mein Name einmal bekannt wird oder nicht. Was die Tafel betrifft –«

»O, seien Sie unbesorgt, lieber Herr! Aber Sie sind entschieden zu bescheiden. Paul, nimm dir ein Muster!«

Der Tante schien es nun an der Zeit, den Kandidaten zu retten. Sie kannte diese Art von höflichen Dialogen, die dem Hausherrn so viel Vergnügen machten, und sie fürchtete sie. Indem sie Wein anbot, lenkte sie das Gespräch in andere Gleise und hielt es darin fest.

Es war hauptsächlich von den erwarteten Gästen die Rede. Paul hörte kaum darauf. Er aß nach Kräften und besann sich nebenher wieder einmal darüber, wie es käme, daß der junge Hauslehrer neben dem fast grauhaarigen Vater immer aussah, als sei er der Ältere.

Vor den Fenstern und Glastüren begannen Garten, Baumland, Teich und Himmel sich zu verwandeln, vom ersten Schauer der heraufkommenden Nacht berührt. Die Gebüsche wurden schwarz und rannen in dunkle Wogen zusammen, und die Bäume, deren Wipfel die ferne Hügellinie überschnitten, reckten sich mit ungeahnten, bei Tage nie gesehenen Formen dunkel und mit einer stummen Leidenschaft in den lichteren Himmel. Die vielfältige, fruchtbare Landschaft verlor ihr friedlich buntes zerstreutes Wesen mehr und mehr und rückte in großen, fest geschlossenen Massen zusammen. Die entfernten Berge sprangen kühner und entschlossener empor, die Ebene lag schwärzlich hingebreitet und ließ nur noch die stärkeren Schwellungen des Bodens durchfühlen. Vor den Fenstern kämpfte das noch vorhandene Tageslicht müde mit dem herabfallenden Lampenschimmer.

Paul stand in dem offenen Türflügel und schaute zu, ohne viel Aufmerksamkeit und ohne viel dabei zu denken. Er dachte wohl, aber nicht an das, was er sah. Er sah es Nacht werden. Aber er konnte nicht fühlen, wie schön es war. Er war zu jung und lebendig, um so etwas hinzunehmen und zu betrachten und und sein Genüge daran zu finden. Woran er dachte, das war eine Nacht am nordischen Meer. Am Strande zwischen schwarzen Bäumen wälzt der düster lodernde Tempelbrand Glut und Rauch gen Himmel, an den Felsen bricht sich die See und spiegelt wilde rote Lichter, im Dunkel enteilt mit vollen Segeln ein Wikingerschiff.

»Nun, Junge«, rief der Vater, »was hast du denn heut wieder für einen Schmöker draußen gehabt?«

»O, den Frithjof!«

»So, so, lesen das die jungen Leute noch immer? Herr Homburger, wie denken Sie darüber? Was hält man heutzutage von diesem alten Schweden? Gilt er noch?«

»Sie meinen Esajas Tegner?«

»Ja, richtig, Esajas. Nun?«

»Ist tot, Herr Abderegg, vollkommen tot.«

»Das glaub ich gerne! Gelebt hat der Mann schon zu meinen Zeiten nicht mehr, ich meine damals, als ich ihn las. Ich wollte fragen, ob er noch Mode ist.«

»Ich bedaure, über Mode und Moden bin ich nicht unterrichtet. Was die wissenschaftlich-ästhetische Wertung betrifft –«

»Nun ja, das meinte ich. Also die Wissenschaft – –?«

»Die Literaturgeschichte verzeichnet jenen Tegner lediglich noch als Namen. Er war, wie Sie sehr richtig sagten, eine Mode. Damit ist ja alles gesagt. Das Echte, Gute ist nie Mode gewesen, aber es lebt. Und Tegner ist, wie ich sagte, tot. Er existiert für uns nicht mehr. Er scheint uns unecht, geschraubt, süßlich ...«

Paul wandte sich heftig um.

»Das kann doch nicht sein, Herr Homburger!«

»Darf ich fragen, warum nicht?«

»Weil es schön ist! Ja, es ist einfach schön.«

»So? Das ist aber doch kein Grund, sich so aufzuregen.«

»Aber Sie sagen, es sei süßlich und habe keinen Wert. Und es ist doch wirklich schön.«

»Meinen Sie? Ja, wenn Sie so felsenfest wissen, was schön ist, sollte man Ihnen einen Lehrstuhl einräumen. Aber wie Sie sehen, Paul – diesmal stimmt Ihr Urteil nicht mit der Ästhetik überein. Sehen Sie, es ist gerade umgekehrt wie mit Thucydides. Den findet die Wissenschaft schön, und Sie finden ihn schrecklich. Und den Frithjof –«

»Ach, das hat doch mit der Wissenschaft nichts zu tun.«

»Es gibt nichts, schlechterdings nichts in der Welt, womit die Wissenschaft nicht zu tun hätte. – Aber, Herr Abderegg, Sie erlauben wohl daß ich mich empfehle.«

»Schon?«

»Ich sollte noch etwas schreiben.«

»Schade, wir wären gerade so nett ins Plaudern gekommen. Aber über alles die Freiheit! Also gute Nacht!«

Herr Homburger verließ das Zimmer höflich und verlor sich geräuschlos im Korridor.

»Also die alten Abenteuer haben dir gefallen, Paul?« lachte der Hausherr. »Dann laß sie dir von keiner Wissenschaft verhunzen, sonst geschieht's dir recht. Du wirst doch nicht verstimmt sein?«

»Ach, es ist nichts. Aber weißt du, ich hatte doch gehofft, der Herr Homburger würde nicht mit aufs Land kommen. Du hast ja gesagt, ich brauche in diesen Ferien nicht zu büffeln.«

»Ja, wenn ich das gesagt habe, ist's auch so, und du kannst froh sein. Und der Herr Lehrer beißt dich ja nicht.«

»Warum mußte er denn mitkommen?«

»Ja, siehst du, Junge, wo hätt er denn sonst bleiben sollen? Da, wo er daheim ist, hat er's leider nicht sonderlich schön. Und ich will doch auch mein Vergnügen haben! Mit unterrichteten und gelehrten Männern verkehren, ist Gewinn, das merke dir. Ich möchte unsern Herrn Homburger nicht gern entbehren.«

»Ach, Papa, bei dir weiß man nie, was Spaß und was Ernst ist!«

»So lerne es unterscheiden, mein Sohn. Es wird dir nützlich sein. Aber jetzt wollen wir noch ein bißchen Musik machen, nicht?«

Paul zog den Vater sogleich freudig ins nächste Zimmer. Es geschah nicht häufig, daß Papa unaufgefordert mit ihm spielte. Und das war kein Wunder, denn er war ein Meister auf dem Klavier, und der Junge konnte, mit ihm verglichen, nur eben so ein wenig klimpern.

Tante Grete blieb allein zurück. Vater und Sohn gehörten zu den Musikanten, die nicht gerne einen Zuhörer vor der Nase haben, aber gerne einen unsichtbaren, von dem sie wissen, daß er nebenan sitzt und lauscht. Das wußte die Tante wohl. Wie sollte sie es auch nicht wissen? Wie sollte ihr irgendein kleiner, zarter Zug an den beiden fremd sein, die sie seit Jahren mit Liebe umgab und behütete und die sie beide wie Kinder ansah.

Sie saß ruhend in einem der biegsamen Rohrsessel und horchte. Was sie hörte, war eine vierhändig gespielte Ouvertüre, die sie gewiß nicht zum erstenmal vernahm, deren Namen sie aber nicht hätte sagen können; denn so gern sie Musik hörte, verstand sie doch wenig davon. Sie wußte, nachher würde der Alte oder der Bub beim Herauskommen fragen: »Tante, was war das für ein Stück?« Dann würde sie sagen »von Mozart« oder »aus Carmen« und dafür ausgelacht werden, denn es war immer etwas anderes gewesen.

Sie horchte, lehnte sich zurück und lächelte. Es war schade, daß niemand es sehen konnte, denn ihr Lächeln war von der echten Art. Es geschah weniger mit den Lippen als mit den Augen; das ganze Gesicht, Stirn und Wangen glänzten innig mit, und es sah aus wie ein tiefes Verstehen und Liebhaben.

Sie lächelte und horchte. Es war eine schöne Musik, und sie gefiel ihr höchlich. Doch hörte sie keineswegs die Ouvertüre allein, obwohl sie ihr zu folgen versuchte. Zuerst bemühte sie sich herauszubringen, wer oben sitze und wer unten. Paul saß unten, das hatte sie bald erhorcht. Nicht daß es gehapert hätte, aber die oberen Stimmen klangen so leicht und kühn und sangen so von innen heraus, wie kein Schüler spielen kann. Und nun konnte sich die Tante alles vorstellen. Sie sah die zwei am Flügel sitzen. Bei prächtigen Stellen sah sie den Vater zärtlich schmunzeln. Paul aber sah sie bei solchen Stellen mit geöffneten Lippen und flammenden Augen sich auf dem Sessel höher recken. Bei besonders heiteren Wendungen paßte sie auf, ob Paul nicht lachen müsse. Dann schnitt nämlich der Alte manchmal eine Grimasse oder machte so eine burschikose Armbewegung, daß es für junge Leute nicht leicht war, an sich zu halten.

Je weiter die Ouvertüre vorwärtsgedieh, desto deutlicher sah das Fräulein ihre beiden vor sich, desto inniger las sie in ihren vom Spielen erregten Gesichtern. Und mit der raschen Musik lief ein großes Stück Leben, Erfahrung und Liebe an ihr vorbei.

Es war Nacht, man hatte einander schon »Schlaf wohl« gesagt, und jeder war in sein Zimmer gegangen. Hier und dort ging noch eine Tür, ein Fenster auf oder zu. Dann ward es still.

Was auf dem Lande sich von selber versteht, die Stille der Nacht, ist doch für den Städter immer wieder ein Wunder. Wer aus

seiner Stadt heraus auf ein Landgut oder in einen Bauernhof
kommt und den ersten Abend am Fenster steht oder im Bett
liegt, den umfängt diese Stille wie ein Heimatzauber und Ru-
heport, als wäre er dem Wahren und Gesunden nähergekommen
und spüre ein Wehen des Ewigen.

Es ist ja keine vollkommene Stille. Sie ist voll von Lauten, aber es
sind dunkle, gedämpfte, geheimnisvolle Laute der Nacht, während in der Stadt die Nachtgeräusche sich von denen des Tages so
bitter wenig unterscheiden. Es ist das Singen der Frösche, das
Rauschen der Bäume, das Plätschern des Baches, der Flug eines
Nachtvogels, einer Fledermaus. Und wenn etwa einmal ein ver-
späteter Leiterwagen vorüberjagt oder ein Hofhund anschlägt,
so ist es ein erwünschter Gruß des Lebens und wird majestätisch
von der Weite des Luftraums gedämpft und verschlungen.

Der Hauslehrer hatte noch Licht brennen und ging unruhig und
müde in der Stube auf und ab. Er hatte den ganzen Abend bis
gegen Mitternacht gelesen. Dieser junge Herr Homburger war
nicht, was er schien oder scheinen wollte. Er war kein Denker.
Er war nicht einmal ein wissenschaftlicher Kopf. Aber er hatte
einige Gaben, und er war jung. So konnte es ihm, in dessen
Wesen es keinen befehlenden und unausweichlichen Schwer-
punkt gab, an Idealen nicht fehlen.

Zur Zeit beschäftigten ihn einige Bücher, in welchen merkwürdig schmiegsame Jünglinge sich einbildeten, Bausteine zu einer
neuen Kultur aufzutürmen, indem sie in einer weichen, wohl-
lauten Sprache bald Ruskin, bald Nietzsche um allerlei kleine,
schöne, leicht tragbare Kleinode bestahlen. Diese Bücher waren
viel amüsanter zu lesen als Ruskin und Nietzsche selber, sie
waren von koketter Grazie, groß in kleinen Nuancen und von
seidig vornehmem Glanze. Und wo es auf einen großen Wurf,
auf Machtworte und Leidenschaft ankam, zitierten sie Dante
oder Zarathustra.

Deshalb war auch Homburgers Stirn umwölkt, sein Auge müde
wie vom Durchmessen ungeheurer Räume und sein Schritt erregt und ungleich. Er fühlte, daß an die ihn umgebende schale
Alltagswelt allenthalben Mauerbrecher gelegt waren und daß es
galt, sich an die Propheten und Bringer der neuen Seligkeit zu
halten. Schönheit und Geist würden ihre Welt durchfluten, und
jeder Schritt in ihr würde von Poesie und Weisheit triefen.

Vor seinen Fenstern lag und wartete der gestirnte Himmel, die schwebende Wolke, der träumende Park, das schlafend atmende Feld und die ganze Schönheit der Nacht. Sie wartete darauf, daß er ans Fenster trete und sie schaue. Sie wartete darauf, sein Herz mit Sehnsucht und Heimweh zu verwunden, seine Augen kühl zu baden, seiner Seele gebundene Flügel zu lösen. Er legte sich aber ins Bett, zog die Lampe näher und las im Liegen weiter.

Paul Abderegg hatte kein Licht mehr brennen, schlief aber noch nicht, sondern saß im Hemd auf dem Fensterbrett und schaute in die ruhigen Baumkronen hinein. Den Helden Frithjof hatte er vergessen. Er dachte überhaupt an nichts Bestimmtes, er genoß nur die späte Stunde, deren reges Glücksgefühl ihn noch nicht schlafen ließ. Wie schön die Sterne in der Schwärze standen! Und wie der Vater heute wieder gespielt hatte! Und wie still und märchenhaft der Garten da im Dunkeln lag!

Die Juninacht umschloß den Knaben zart und dicht, sie kam ihm still entgegen, sie kühlte, was noch in ihm heiß und flammend war. Sie nahm ihm leise den Überfluß seiner Jugend ab, bis seine Augen ruhig und seine Schläfen kühl wurden, und dann blickte sie ihm lächelnd als eine gute Mutter in die Augen. Er wußte nicht mehr, wer ihn anschaue und wo er sei, er lag schlummernd auf dem Lager, atmete tief und schaute gedankenlos hingegeben in große, stille Augen, in deren Spiegel Gestern und Heute zu wunderlich verschlungenen Bildern und schwer zu entwirrenden Sagen wurden.

Auch des Kandidaten Fenster war nun dunkel. Wenn jetzt etwa ein Nachtwanderer auf der Landstraße vorüberkam und Haus und Vorplatz, Park und Garten lautlos im Schlummer liegen sah, konnte er wohl mit einem Heimweh herüberblicken und sich des ruhevollen Anblicks mit halbem Neide freuen. Und wenn es ein armer, obdachloser Fechtbruder war, konnte er unbesorgt in den arglos offenstehenden Park eintreten und sich die längste Bank zum Nachtlager aussuchen.

Am Morgen war diesmal gegen seine Gewohnheit der Hauslehrer vor allen andern wach. Munter war er darum nicht. Er hatte sich mit dem langen Lesen bei Lampenlicht Kopfweh geholt; als er dann endlich die Lampe gelöscht hatte, war das Bett schon zu warmgelegen und zerwühlt zum Schlafen, und nun stand er nüchtern und fröstelnd mit matten Augen auf. Er fühlte deutlicher als je die Notwendigkeit einer neuen Renaissance, hatte aber für den Augenblick zur Fortsetzung seiner Studien keine Lust, sondern spürte ein heftiges Bedürfnis nach frischer Luft. So verließ er leise das Haus und wandelte langsam feldeinwärts.

Überall waren schon die Bauern an der Arbeit und blickten dem ernst Dahinschreitenden flüchtig und, wie es ihm zuweilen scheinen wollte, spöttisch nach. Dies tat ihm weh, und er beeilte sich, den nahen Wald zu erreichen, wo ihn Kühle und mildes Halblicht umflossen. Eine halbe Stunde trieb er sich verdrossen dort umher. Dann fühlte er eine innere Öde und begann zu erwägen, ob es nun wohl bald einen Kaffee geben werde. Er kehrte um und lief an den schon warm besonnten Feldern und unermüdlichen Bauersleuten vorüber wieder heimwärts.

Unter der Haustür kam es ihm plötzlich unfein vor, so heftig und happig zum Frühstück zu eilen. Er wandte um, tat sich Gewalt an und beschloß, vorher noch gemäßigten Schrittes einen Gang durch die Parkwege zu tun, um nicht atemlos am Tisch zu erscheinen. Mit künstlich bequemem Schlenderschritt ging er durch die Platanenallee und wollte soeben gegen den Ulmenwinkel umwenden, als ein unvermuteter Anblick ihn erschreckte.

Auf der letzten, durch Holundergebüsche etwas versteckten Bank lag ausgestreckt ein Mensch. Er lag bäuchlings und hatte das Gesicht auf die Ellbogen und Hände gelegt. Herr Homburger war im ersten Schreck geneigt, an eine Greueltat zu denken, doch belehrte ihn bald das feste tiefe Atmen des Daliegenden, daß er vor einem Schlafenden stehe. Dieser sah abgerissen aus, und je mehr der Lehrersmann erkannte, daß er es mit einem vermutlich ganz jungen und unkräftigen Bürschlein zu tun habe, desto höher stiegen der Mut und die Entrüstung in seiner Seele. Überlegenheit und Mannesstolz erfüllten ihn, als er nach kurzem Zögern entschlossen nähertrat und den Schläfer wachschüttelte.

»Stehen Sie auf, Kerl! Was machen Sie denn hier?«

Das Handwerksbürschlein taumelte erschrocken empor und starrte verständnislos und ängstlich in die Welt. Er sah einen Herrn im Gehrock befehlend vor sich stehen und besann sich eine Weile, was das bedeuten könne, bis ihm einfiel, daß er zu Nacht in einen offenen Garten eingetreten sei und dort genächtigt habe. Er hatte mit Tagesanbruch weiterwollen, nun war er verschlafen und wurde zur Rechenschaft gezogen.

»Können Sie nicht reden, was tun Sie hier?«

»Nur geschlafen hab ich«, seufzte der Angedonnerte und erhob sich vollends. Als er auf den Beinen stand, bestätigte sein schmächtiges Gliedergerüst den unfertig jugendlichen Ausdruck seines fast noch kindlichen Gesichts. Er konnte höchstens achtzehn Jahre alt sein.

»Kommen Sie mit mir!« gebot der Kandidat und nahm den willenlos folgenden Fremdling mit zum Hause hinüber, wo ihm gleich unter der Türe Herr Abderegg begegnete.

»Guten Morgen, Herr Homburger, Sie sind ja früh auf! Aber was bringen Sie da für merkwürdige Gesellschaft?«

»Dieser Bursche hat Ihren Park als Nachtherberge benützt. Ich glaubte, Sie davon unterrichten zu müssen.«

Der Hausherr begriff sofort. Er schmunzelte.

»Ich danke Ihnen, lieber Herr. Offen gestanden, ich hätte kaum ein so weiches Herz bei Ihnen vermutet. Aber Sie haben recht, es ist ja klar, daß der arme Kerl zum mindesten einen Kaffee bekommen muß. Vielleicht sagen Sie drinnen dem Fräulein, sie möchte ein Frühstück für ihn herausschicken? Oder warten Sie, wir bringen ihn gleich in die Küche. – Kommen Sie mit, Kleiner, es ist schon was übrig.«

Am Kaffeetisch umgab sich der Mitbegründer einer neuen Kultur mit einer majestätischen Wolke von Ernst und Schweigsamkeit, was den alten Herrn nicht wenig freute. Es kam jedoch zu keiner Neckerei, schon weil die heute erwarteten Gäste alle Gedanken in Anspruch nahmen.

Die Tante hüpfte immer wieder sorgend und lächelnd von einer Gaststube in die andere, die Dienstboten nahmen maßvoll an der Aufregung teil oder grinsten zuschauend, und gegen Mittag setzte sich der Hausherr mit Paul in den Wagen, um zur nahen Bahnstation zu fahren.

Wenn es in Pauls Wesen lag, daß er die Unterbrechungen seines gewohnten, stillen Ferienlebens durch Gastbesuche fürchtete, so war es ihm ebenso natürlich, die einmal Angekommenen nach seiner Weise möglichst kennenzulernen, ihr Wesen zu beobachten und sie sich irgendwie zu eigen zu machen. So betrachtete er auf der Heimfahrt im etwas überfüllten Wagen die drei Fremden mit stiller Aufmerksamkeit, zuerst den lebhaft redenden Professor, dann mit einiger Scheu die beiden Mädchen.

Der Professor gefiel ihm, schon weil er wußte, daß er ein Duzfreund seines Vaters war. Im übrigen fand er ihn ein wenig streng und ältlich, aber nicht zuwider und jedenfalls unsäglich gescheit. Viel schwerer war es, über die Mädchen ins reine zu kommen. Die eine war eben schlechthin ein junges Mädchen, ein Backfisch, jedenfalls ziemlich gleich alt wie er selber. Es würde nur darauf ankommen, ob sie von der spöttischen oder gutmütigen Art war, je nachdem würde es Krieg oder Freundschaft zwischen ihm und ihr geben. Im Grunde waren ja alle jungen Mädchen dieses Alters gleich, und es war mit allen gleich schwer zu reden und auszukommen. Es gefiel ihm, daß sie wenigstens still war und nicht gleich einen Sack voll Fragen auskramte.

Die andere gab ihm mehr zu raten. Sie war, was er freilich nicht zu berechnen verstand, vielleicht drei- oder vierundzwanzig und gehörte zu der Art von Damen, welche Paul zwar sehr gerne sah und von weitem betrachtete, deren näherer Umgang ihn aber scheu machte und meist in Verlegenheiten verwickelte. Er wußte an solchen Wesen die natürliche Schönheit durchaus nicht von der eleganten Haltung und Kleidung zu trennen, fand ihre Gesten und ihre Frisuren meist affektiert und vermutete bei ihnen eine Menge von überlegenen Kenntnissen über Dinge, die ihm tiefe Rätsel waren.

Wenn er genau darüber nachdachte, haßte er diese ganze Gattung. Sie sahen alle schön aus, aber sie hatten auch alle die gleiche demütigende Zierlichkeit und Sicherheit im Benehmen, die gleichen hochmütigen Ansprüche und die gleiche geringschätzende Herablassung gegen Jünglinge seines Alters. Und wenn sie lachten oder lächelten, was sie sehr häufig taten, sah es oft so unleidlich maskenhaft und verlogen aus. Darin waren die Backfische doch viel erträglicher.

Am Gespräch nahm außer den beiden Männern nur Fräulein Thusnelde – das war die ältere, elegante – teil. Die kleine blonde Berta schwieg ebenso scheu und beharrlich wie Paul, dem sie gegenübersaß. Sie trug einen großen, weich gebogenen, ungefärbten Strohhut mit blauen Bändern und ein blaßblaues, dünnes Sommerkleid mit losem Gürtel und schmalen weißen Säumen. Es schien, als sei sie ganz in den Anblick der sonnigen Felder und heißen Heuwiesen verloren.

Aber zwischenein warf sie häufig einen schnellen Blick auf Paul. Sie wäre noch einmal so gern mit nach Erlenhof gekommen, wenn nur der Junge nicht gewesen wäre. Er sah ja sehr ordentlich aus, aber gescheit, und die Gescheiten waren doch meistens die Widerwärtigsten. Da würde es gelegentlich so heimtückische Fremdwörter geben und auch solche herablassende Fragen, etwa nach dem Namen einer Feldblume, und dann, wenn sie ihn nicht wußte, so ein unverschämtes Lächeln, und so weiter. Sie kannte das von ihren zwei Vettern, von denen einer Student und der andere Gymnasiast war, und der Gymnasiast war eher der schlimmere, einmal bubenhaft ungezogen und ein andermal von jener unausstehlich höhnischen Kavaliershöflichkeit, vor der sie so Angst hatte.

Eins wenigstens hatte Berta gelernt, und sie hatte beschlossen, sich auch jetzt auf alle Fälle daran zu halten: weinen durfte sie nicht, unter keinen Umständen. Nicht weinen und nicht zornig werden, sonst war sie unterlegen. Und das wollte sie hier um keinen Preis. Es fiel ihr tröstlich ein, daß für alle Fälle auch noch eine Tante da sein würde; an die wollte sie sich dann zum Schutz wenden, falls es nötig werden sollte.

»Paul, bist du stumm?« rief Herr Abderegg plötzlich.

»Nein, Papa. Warum?«

»Weil du vergißt, daß du nicht allein im Wagen sitzt. Du könntest dich der Berta schon etwas freundlicher zeigen.«

Paul seufzte unhörbar. Also nun fing es an.

»Sehen Sie, Fräulein Berta, dort hinten ist dann unser Haus.«

»Aber Kinder, ihr werdet doch nicht Sie zueinander sagen!«

»Ich weiß, nicht, Papa – ich glaube doch.«

»Na, dann weiter! Ist aber recht überflüssig.«

Berta war rot geworden, und kaum sah es Paul, so ging es ihm nicht anders. Die Unterhaltung zwischen ihnen war schon wieder zu Ende, und beide waren froh, daß die Alten es nicht merkten. Es wurde ihnen unbehaglich, und sie atmeten auf, als der Wagen mit plötzlichem Krachen auf den Kiesweg einbog und am Hause vorfuhr.

»Bitte, Fräulein«, sagte Paul und half Berta beim Aussteigen. Damit war er der Sorge um sie fürs erste entledigt, denn im Tor stand schon die Tante, und es schien, als lächle das ganze Haus, öffne sich und fordere zum Eintritt auf, so gastlich froh und herzlich nickte sie und streckte die Hand entgegen und empfing eins um das andere und dann jedes noch ein zweites Mal. Die Gäste wurden in ihre Stuben begleitet und gebeten, recht bald und recht hungrig zu Tisch zu kommen.

Auf der weißen Tafel standen zwei große Blumensträuße und dufteten in die Speisengerüche hinein. Herr Abderegg tranchierte den Braten, die Tante visierte scharfäugig Teller und Schüsseln. Der Professor saß wohlgemut und festlich im Gehrock am Ehrenplatz, warf der Tante sanfte Blicke zu und störte den eifrig arbeitenden Hausherrn durch zahllose Fragen und Witze. Fräulein Thusnelde half zierlich und lächelnd beim Herumbieten der Teller und kam sich zu wenig beschäftigt vor, da ihr Nachbar, der Kandidat, zwar wenig aß, aber noch weniger redete. Die Gegenwart eines altmodischen Professors und zweier junger Damen wirkte versteinernd auf ihn. Er war im Angstgefühl seiner jungen Würde beständig auf irgendwelche Angriffe, ja Beleidigungen gefaßt, welche er zum voraus durch eiskalte Blicke und angestrengtes Schweigen abzuwehren bemüht war.

Berta saß neben der Tante und fühlte sich geborgen. Paul widmete sich mit Anstrengung dem Essen, um nicht in Gespräche verwickelt zu werden, vergaß sich darüber und ließ es sich wirklich besser schmecken als alle anderen.

Gegen das Ende der Mahlzeit hatte der Hausherr nach hitzigem Kampf mit seinem Freund das Wort an sich gerissen und ließ es sich nicht wieder nehmen. Der besiegte Professor fand nun erst Zeit zum Essen und holte maßvoll nach. Herr Homburger merkte endlich, daß niemand Angriffe auf ihn plane, sah aber nun zu spät, daß sein Schweigen unfein gewesen war, und glaubte sich von seiner Nachbarin höhnisch betrachtet zu wissen. Er senkte deshalb den Kopf so weit, daß eine leichte Falte unterm Kinn entstand, zog die Augenbrauen hoch und schien Probleme im Kopf zu wälzen.

Fräulein Thusnelde begann, da der Hauslehrer versagte, ein sehr zärtliches Geplauder mit Berta, an welchem die Tante sich beteiligte.

Paul hatte sich inzwischen vollgegessen und legte, indem er sich plötzlich übersatt fühlte, Messer und Gabel nieder. Aufschauend erblickte er zufällig gerade den Professor in einem komischen Augenblick: er hatte eben einen stattlichen Bissen zwischen den Zähnen und noch nicht von der Gabel los, als ihn gerade ein Kraftwort in der Rede Abdereggs aufzumerken nötigte. So vergaß er für Augenblicke die Gabel zurückzuziehen und schielte großäugig und mit offenem Munde auf seinen sprechenden Freund hinüber. Da brach Paul, der einem plötzlichen Lachreiz nicht widerstehen konnte, in ein mühsam gedämpftes Kichern aus.

Herr Abderegg fand im Drang der Rede nur Zeit zu einem eiligen Zornblick. Der Kandidat bezog das Lachen auf sich und biß auf die Unterlippe. Berta lachte mitgerissen ohne weiteren Grund plötzlich auch. Sie war so froh, daß Paul diese Jungenhaftigkeit passierte. Er war also wenigstens keiner von den Tadellosen.

»Was freut Sie denn so?« fragte Fräulein Thusnelde.

»O, eigentlich gar nichts.«

»Und dich, Berta?«

»Auch nichts. Ich lache nur so mit.«

»Darf ich Ihnen noch einschenken?« fragte Herr Homburger mit gepreßtem Ton.

»Danke, nein.«

»Aber mir, bitte«, sagte die Tante freundlich, ließ jedoch den Wein alsdann ungetrunken stehen.

Man hatte abgetragen, und es wurden Kaffee, Kognak und Zigarren gebracht.

Paul wurde von Fräulein Thusnelde gefragt, ob er auch rauche.

»Nein«, sagte er, »es schmeckt mir gar nicht.«

Dann fügte er, nach einer Pause, plötzlich ehrlich hinzu: »Ich darf auch noch nicht.«

Als er das sagte, lächelte Fräulein Thusnelde ihm schelmisch zu, wobei sie den Kopf etwas auf die Seite neigte. In diesem Augenblick erschien sie dem Knaben charmant, und er bereute den vorher auf sie geworfenen Haß. Sie konnte doch sehr nett sein.

Der Abend war so warm und einladend, daß man noch um elf
Uhr unter den leise flackernden Windlichtern im Garten draußen saß. Und daß die Gäste sich von der Reise müde gefühlt
hatten und eigentlich früh zu Bett hatten gehen wollen, daran
dachte jetzt niemand mehr.
Die warme Luft wogte in leichter Schwüle ungleich und träumend hin und wider, der Himmel war ganz in der Höhe stern-
klar und feuchtglänzend, gegen die Berge hin tiefschwarz und
golden vom fiebernden Geäder des Wetterleuchtens überspannt.
Die Gebüsche dufteten süß und schwer, und der weiße Jasmin
schimmerte mit unsicheren Lichtern fahl aus der Finsternis.
»Sie glauben also, diese Reform unserer Kultur werde nicht aus
dem Volksbewußtsein kommen, sondern von einem oder eini-
gen genialen Einzelnen?«
Der Professor legte eine gewisse Nachsicht in den Ton seiner
Frage.
»Ich denke es mir so –«, erwiderte etwas steif der Hauslehrer
und begann eine lange Rede, welcher außer dem Professor nie-
mand zuhörte.
Herr Abderegg scherzte mit der kleinen Berta, welcher die
Tante Beistand leistete. Er lag voll Behagen im Stuhl zurück und
trank Weißwein mit Sauerwasser.
»Sie haben den ›Ekkehard‹ also auch gelesen?« fragte Paul das
Fräulein Thusnelde.
Sie lag in einem sehr niedriggestellten Klappstuhl, hatte den
Kopf ganz zurückgelegt und sah geradeaus in die Höhe.
»Jawohl«, sagte sie. »Eigentlich sollte man Ihnen solche Bücher
noch verbieten.«
»So? Warum denn?«
»Weil Sie ja doch noch nicht alles verstehen können.«
»Glauben Sie?«
»Natürlich.«
»Es gibt aber Stellen darin, die ich vielleicht besser als Sie ver-
standen habe.«
»Wirklich? Welche denn?«
»Die lateinischen.«
»Was Sie für Witze machen!«
Paul war sehr munter. Er hatte zu Abend etwas Wein zu trinken
bekommen, nun fand er es köstlich, in die weiche, dunkle Nacht

hineinzureden, und wartete neugierig, ob es ihm gelänge, die elegante Dame ein wenig aus ihrer trägen Ruhe zu bringen, zu einem heftigeren Widerspruch oder zu einem Gelächter. Aber sie schaute nicht zu ihm herüber. Sie lag unbeweglich, das Gesicht nach oben, eine Hand auf dem Stuhl, die andre bis zur Erde herabhängend. Ihr weißer Hals und ihr weißes Gesicht hoben sich matt schimmernd von den schwarzen Bäumen ab.

»Was hat Ihnen denn im ›Ekkehard‹ am besten gefallen?« fragte sie jetzt, wieder ohne ihn anzusehen.

»Der Rausch des Herrn Spazzo.«

»Ach?«

»Nein, wie die alte Waldfrau vertrieben wird.«

»So?«

»Oder vielleicht hat mir doch das am besten gefallen, wie die Praxedis ihn aus dem Kerker entwischen läßt. Das ist fein.«

»Ja, das ist fein. Wie war es nur?«

»Wie sie nachher Asche hinschüttet –«

»Ach ja. Ja, ich weiß.«

»Aber jetzt müssen Sie mir auch sagen, was Ihnen am besten gefällt.«

»Im ›Ekkehard‹?«

»Ja, natürlich.«

»Dieselbe Stelle. Wo Praxedis dem Mönch davonhilft. Wie sie ihm da noch einen Kuß mitgibt und dann lächelt und ins Schloß zurückgeht.«

»Ja – ja«, sagte Paul langsam, aber er konnte sich des Kusses nicht erinnern.

Des Professors Gespräch mit dem Hauslehrer war zu Ende gegangen. Herr Abderegg steckte sich eine Virginia an, und Berta sah neugierig zu, wie er die Spitze der langen Zigarre über der Kerzenflamme verkohlen ließ. Das Mädchen hielt die neben ihr sitzende Tante mit dem rechten Arm umschlungen und hörte großäugig den fabelhaften Erlebnissen zu, von denen der alte Herr ihr erzählte. Es war von Reiseabenteuern, namentlich in Neapel, die Rede.

»Ist das wirklich wahr?« wagte sie einmal zu fragen.

Herr Abderegg lachte.

»Das kommt allein auf Sie an, kleines Fräulein. Wahr ist an einer Geschichte immer nur das, was der Zuhörer glaubt.«

»Aber nein?! Da muß ich Papa drüber fragen.«

»Tun Sie das!«

Die Tante streichelte Bertas Hand, die ihre Taille umfing.

»Es ist ja Scherz, Kind.«

Sie hörte dem Geplauder zu, wehrte die taumelnden Nacht-
motten von ihres Bruders Weinglas ab und gab jedem, der sie
etwa anschaute, einen gütigen Blick zurück. Sie hatte ihre
Freude an den alten Herren, an Berta und dem lebhaft schwatz-
enden Paul, an der schönen Thusnelde, die aus der Gesellschaft
heraus in die Nachtbläue schaute, am Hauslehrer, der seine klugen Reden nachgenoß. Sie war noch jung genug und hatte nicht
vergessen, wie es der Jugend in solchen Gartensommernächten
warm und wohl sein kann. Wieviel Schicksal noch auf alle diese
schönen Jungen und klugen Alten wartete! Auch auf den Hauslehrer. Wie jedem sein Leben und seine Gedanken und Wünsche
so wichtig waren! Und wie schön Fräulein Thusnelde aussah!
Eine wirkliche Schönheit.

Die gütige Dame streichelte Bertas rechte Hand, lächelte dem
etwas vereinsamten Kandidaten lieblich zu und fühlte von Zeit
zu Zeit hinter den Stuhl des Hausherrn, ob auch seine Wein-
flasche noch im Eise stehe.

»Erzählen Sie mir etwas aus Ihrer Schule!« sagte Thusnelde zu
Paul.

»Ach, die Schule! Jetzt sind doch Ferien.«

»Gehen Sie denn nicht gern ins Gymnasium?«

»Kennen Sie jemand, der gern hineingeht?«

»Sie wollen aber doch studieren?«

»Nun ja. Ich will schon.«

»Aber was möchten Sie noch lieber?«

»Noch lieber? – Haha –. Noch lieber möcht ich Seeräuber werden.«

»Seeräuber?«

»Jawohl, Seeräuber. Pirat.«

»Dann könnten Sie aber nimmer soviel lesen.«

»Das wäre auch nicht nötig. Ich würde mir schon die Zeit ver-
treiben.«

»Glauben Sie?«

»O gewiß. Ich würde –«

»Nun?«

»Ich würde – ach, das kann man gar nicht sagen.«

»Dann sagen Sie es eben nicht.«

Es wurde ihm langweilig. Er rückte zu Berta hinüber und half ihr zuhören. Papa war ungemein lustig. Er sprach jetzt ganz allein, und alles hörte zu und lachte.

Da stand Fräulein Thusnelde in ihrem losen, feinen englischen Kleide langsam auf und trat an den Tisch.

»Ich möchte gute Nacht sagen.«

Nun brachen alle auf, sahen auf die Uhr und konnten nicht begreifen, daß es wirklich schon Mitternacht sei.

Auf dem kurzen Weg bis zum Hause ging Paul neben Berta, die ihm plötzlich sehr gut gefiel, namentlich seit er sie über Papas Witze so herzlich hatte lachen hören. Er war ein Esel gewesen, sich über den Besuch zu ärgern. Es war doch fein, so des Abends mit Mädchen zu plaudern.

Er fühlte sich als Kavalier und begann zu bedauern, daß er sich den ganzen Abend nur um die andere gekümmert hatte. Die war doch wohl ein Fratz. Berta war ihm viel lieber, und es tat ihm leid, daß er sich heute nicht zu ihr gehalten hatte. Und er versuchte, ihr das zu sagen. Sie kicherte.

»O, Ihr Papa war so unterhaltend! Es war reizend.«

Er schlug ihr für morgen einen Spaziergang auf den Eichelberg vor. Es sei nicht weit und so schön. Er kam ins Beschreiben, sprach vom Weg und von der Aussicht und redete sich ganz in Feuer.

Da ging gerade Fräulein Thusnelde an ihnen vorüber, während er im eifrigsten Reden war. Sie wandte sich ein wenig um und sah ihm ins Gesicht. Es geschah ruhig und etwas neugierig, aber er fand es spöttisch und verstummte plötzlich. Berta blickte erstaunt auf und sah ihn verdrießlich werden, ohne zu wissen warum.

Da war man schon im Hause. Berta gab Paul die Hand. Er sagte gute Nacht. Sie nickte und ging.

Thusnelde war vorausgegangen, ohne ihm gute Nacht zu sagen. Er sah sie mit einer Handlampe die Treppe hinaufgehen, und indem er ihr nachschaute, ärgerte er sich über sie.

Paul lag wach im Bett und verfiel dem feinen Fieber der warmen Nacht. Die Schwüle war im Zunehmen, das Wetterleuchten zitterte beständig an den Wänden. Zuweilen glaubte er, es in weiter Ferne leise donnern zu hören. In langen Pausen kam und ging ein schlaffer Wind, der kaum die Wipfel rauschen machte.

Der Knabe überdachte halb träumend den vergangenen Abend und fühlte, daß er heute anders gewesen sei als sonst. Er kam sich erwachsener vor, vielmehr schien ihm die Rolle des Erwachsenen heute besser geglückt als bei früheren Versuchen. Mit dem Fräulein hatte er sich doch ganz flott unterhalten und nachher auch mit Berta.

Es quälte ihn, ob Thusnelde ihn ernstgenommen habe. Vielleicht hatte sie eben doch nur mit ihm gespielt. Und das mit dem Kuß der Praxedis mußte er morgen nachlesen. Ob er das wirklich nicht verstanden oder nur vergessen hatte?

Er hätte gern gewußt, ob Fräulein Thusnelde wirklich schön sei, richtig schön. Es schien ihm so, aber er traute weder sich noch ihr. Wie sie da beim schwachen Lampenlicht im Stuhl halb saß und halb lag, so schlank und ruhig, mit der auf den Boden niederhängenden Hand, das hatte ihm gefallen. Wie sie lässig nach oben schaute, halb vergnügt und halb müde, und der weiße schlanke Hals – im hellen, langen Damenkleid –, das könnte geradeso auf einem Gemälde vorkommen.

Freilich, Berta war ihm entschieden lieber. Sie war ja vielleicht ein wenig sehr naiv, aber sanft und hübsch, und man konnte doch mit ihr reden ohne den Argwohn, sie mache sich heimlich über einen lustig. Wenn er es von Anfang an mit ihr gehalten hätte, statt erst im letzten Augenblick, dann könnten sie möglicherweise jetzt schon ganz gute Freunde sein. Überhaupt begann es ihm jetzt leid zu tun, daß die Gäste nur zwei Tage bleiben wollten.

Aber warum hatte ihn, als er beim Heimgehen mit der Berta lachte, die andere so angesehen?

Er sah sie wieder an sich vorbeigehen und den Kopf umwenden, und er sah wieder ihren Blick. Sie war doch schön. Er stellte sich alles wieder deutlich vor, aber er kam nicht darüber hinweg – ihr Blick war spöttisch gewesen, überlegen spöttisch. Warum? Noch wegen des »Ekkehard«? Oder weil er mit der Berta gelacht hatte?

Der Ärger darüber folgte ihm noch in den Schlaf.

Am Morgen war der ganze Himmel bedeckt, doch hatte es noch nicht geregnet. Es roch überall nach Heu und nach warmem Erdstaub.

»Schade«, klagte Berta beim Herunterkommen, »man wird heute keinen Spaziergang machen können?«

»O, es kann sich noch den ganzen Tag halten«, tröstete Herr Abderegg.

»Du bist doch sonst nicht so eifrig fürs Spazierengehen«, meinte Fräulein Thusnelde.

»Aber wenn wir doch nur so kurz hier sind!«

»Wir haben eine Luftkegelbahn«, schlug Paul vor. »Im Garten. Auch ein Krocket. Aber Krocket ist langweilig.«

»Ich finde Krocket sehr hübsch«, sagte Fräulein Thusnelde.

»Dann können wir ja spielen.«

»Gut, nachher. Wir müssen doch erst Kaffee trinken.«

Nach dem Frühstück gingen die jungen Leute in den Garten; auch der Kandidat schloß sich an. Fürs Krocketspielen fand man das Gras zu hoch, und man entschloß sich nun doch zu dem andern Spiel. Paul schleppte eifrig die Kegel herbei und stellte auf.

»Wer fängt an?«

»Immer der, der fragt.«

»Also gut. Wer spielt mit?«

Paul bildete mit Thusnelde die eine Partei. Er spielte sehr gut und hoffte, von ihr dafür gelobt oder auch nur geneckt zu werden. Sie sah es aber gar nicht und schenkte überhaupt dem Spiel keine Aufmerksamkeit. Wenn Paul ihr die Kugel gab, schob sie unachtsam und zählte nicht einmal, wieviel Kegel fielen. Statt dessen unterhielt sie sich mit dem Hauslehrer über Turgenjew. Herr Homburger war heute sehr höflich. Nur Berta schien ganz beim Spiel zu sein. Sie half stets beim Aufsetzen und ließ sich von Paul das Zielen zeigen.

»König aus der Mitte!« schrie Paul. »Fräulein, nun gewinnen wir sicher. Das gilt zwölf.«

Sie nickte nur.

»Eigentlich ist Turgenjew gar kein richtiger Russe«, sagte der Kandidat und vergaß, daß es an ihm war zu spielen. Paul wurde zornig.

»Herr Homburger, Sie sind dran!«

»Ich?«

»Ja doch, wir warten alle.«

Er hätte ihm am liebsten die Kugel ans Schienbein geschleudert. Berta, die seine Verstimmung bemerkte, wurde nun auch unruhig und traf nichts mehr.

»Dann können wir ja aufhören.«

Niemand hatte etwas dagegen. Fräulein Thusnelde ging langsam weg, der Lehrer folgte ihr. Paul warf verdrießlich die noch stehenden Kegel mit dem Fuße um.

»Sollen wir nicht weiterspielen?« fragte Berta schüchtern.

»Ach, zu zweien ist es nichts. Ich will aufräumen.«

Sie half ihm bescheiden. Als alle Kegel wieder in der Kiste waren, sah er sich nach Thusnelde um. Sie war im Park verschwunden. Natürlich, er war ja für sie nur ein dummer Junge.

»Was nun?«

»Vielleicht zeigen Sie mir den Park ein wenig?«

Da schritt er so rasch durch die Wege voran, daß Berta außer Atem kam und fast laufen mußte, um nachzukommen. Er zeigte ihr das Wäldchen und die Platanenallee, dann die Blutbuche und die Wiesen. Während er sich beinahe ein wenig schämte, so grob und wortkarg zu sein, wunderte er sich zugleich, daß er sich vor Berta gar nicht mehr geniere. Er ging mit ihr um, wie wenn sie zwei Jahre jünger wäre. Und sie war still, sanft und schüchtern, sagte kaum ein Wort und sah ihn nur zuweilen an, als bäte sie für irgend etwas um Entschuldigung.

Bei der Trauerweide trafen sie mit den beiden andern zusammen. Der Kandidat redete noch fort, das Fräulein war still geworden und schien verstimmt. Paul wurde plötzlich gesprächiger. Er machte auf den alten Baum aufmerksam, schlug die herabhängenden Zweige auseinander und zeigte die um den Stamm laufende Rundbank.

»Wir wollen sitzen«, befahl Fräulein Thusnelde.

Alle setzten sich nebeneinander auf die Bank. Es war hier sehr warm und dunstig, die grüne Dämmerung war schlaff und schwül und machte schläfrig. Paul saß rechts neben Thusnelde.

»Wie still es da ist!« begann Herr Homburger.

Das Fräulein nickte.

»Und so heiß!« sagte sie. »Wir wollen eine Weile gar nichts reden.«

Da saßen alle vier schweigend. Neben Paul lag auf der Bank

Thusneldes Hand, eine lange und schmale Damenhand mit schlanken Fingern und feinen, gepflegten, mattglänzenden Nägeln. Paul sah beständig die Hand an. Sie kam aus einem weiten hellgrauen Ärmel hervor, so weiß wie der bis übers Gelenk sichtbare Arm, sie bog sich vom Gelenk etwas nach außen und lag ganz still, als sei sie müde.

Und alle schwiegen. Paul dachte an gestern abend. Da war dieselbe Hand auch so lang und still und ruhend herabgehängt und die ganze Gestalt so regungslos halb gesessen, halb gelegen. Es paßte zu ihr, zu ihrer Figur und zu ihren Kleidern, zu ihrer angenehm weichen, nicht ganz freien Stimme, auch zu ihrem Gesicht, das mit den ruhigen Augen so klug und abwartend und gelassen aussah.

Herr Homburger sah auf die Uhr.

»Verzeihen Sie, meine Damen, ich sollte nun an die Arbeit. Sie bleiben doch hier, Paul?«

Er verbeugte sich und ging.

Die andern blieben schweigend sitzen. Paul hatte seine Linke langsam und mit ängstlicher Vorsicht wie ein Verbrecher der Frauenhand genähert und dann dicht neben ihr liegen lassen. Er wußte nicht, warum er es tat. Es geschah ohne seinen Willen, und dabei wurde ihm so drückend bang und heiß, daß seine Stirn voll von Tropfen stand.

»Krocket spiele ich auch nicht gerne«, sagte Berta leise, wie aus einem Traum heraus. Durch das Weggehen des Hauslehrers war zwischen ihr und Paul eine Lücke entstanden, und sie hatte sich die ganze Zeit besonnen, ob sie herrücken solle oder nicht. Es war ihr, je länger sie zauderte, immer schwerer vorgekommen, es zu tun, und nun fing sie, nur um sich nicht länger ganz allein zu fühlen, zu reden an.

»Es ist wirklich kein nettes Spiel«, fügte sie nach einer langen Pause mit unsicherer Stimme hinzu. Doch antwortete niemand.

Es war wieder ganz still. Paul glaubte, sein Herz schlagen zu hören. Es trieb ihn, aufzuspringen und irgend etwas Lustiges oder Dummes zu sagen oder wegzulaufen. Aber er blieb sitzen, ließ seine Hand liegen und hatte ein Gefühl, als würde ihm langsam, langsam die Luft entzogen, bis zum Ersticken. Nur war es angenehm, auf eine traurige, quälende Art angenehm.

Fräulein Thusnelde blickte in Pauls Gesicht, mit ihrem ruhigen und etwas müden Blick. Sie sah, daß er unverwandt auf seine Linke schaute, die dicht neben ihrer Rechten auf der Bank lag.

Da hob sie ihre Rechte ein wenig, legte sie fest auf Pauls Hand und ließ sie da liegen.

Ihre Hand war weich, doch kräftig und von trockener Wärme. Paul erschrak wie ein überraschter Dieb und fing zu zittern an, zog aber seine Hand nicht weg. Er konnte kaum noch atmen, so stark arbeitete sein Herzschlag, und sein ganzer Leib brannte und fror zugleich. Langsam wurde er blaß und sah das Fräulein flehend und angstvoll an.

»Sind Sie erschrocken?« lachte sie leise. »Ich glaube, Sie waren eingeschlafen?«

Er konnte nichts sagen. Sie hatte ihre Hand weggenommen, aber seine lag noch da und fühlte die Berührung noch immer. Er wünschte, sie wegzuziehen, aber er war so matt und verwirrt, daß er keinen Gedanken oder Entschluß fassen und nichts tun konnte, nicht einmal das.

Plötzlich erschreckte ihn ein ersticktes, ängstliches Geräusch, das er hinter sich vernahm. Er wurde frei und sprang tiefatmend auf. Auch Thusnelde war aufgestanden.

Da saß Berta tiefgebückt an ihrem Platz und schluchzte.

»Gehen Sie hinein«, sagte Thusnelde zu Paul, »wir kommen gleich nach.«

Und als Paul wegging, setzte sie noch hinzu: »Sie hat Kopfweh bekommen.«

»Komm, Berta. Es ist zu heiß hier, man erstickt ja vor Schwüle. Komm, nimm dich zusammen! Wir wollen ins Haus gehen.«

Berta gab keine Antwort. Ihr magerer Hals lag auf dem hellblauen Ärmel des leichten Backfischkleidchens, aus dem der dünne, eckige Arm mit dem breiten Handgelenk herabhing. Und sie weinte still und leise schluckend, bis sie nach einer langen Weile rot und verwundert sich aufrichtete, das Haar zurückstrich und langsam und mechanisch zu lächeln begann.

Paul fand keine Ruhe. Warum hatte Thusnelde ihre Hand so auf seine gelegt? War es nur ein Scherz gewesen? Oder wußte sie, wie seltsam weh das tat? So oft er es sich wieder vorstellte, hatte er von neuem dasselbe Gefühl; ein erstickender Krampf vieler

Nerven oder Adern, ein Druck und leichter Schwindel im Kopf, eine Hitze in der Kehle und ein lähmend ungleiches, wunderliches Wallen des Herzens, als sei der Puls unterbunden. Aber es war angenehm, so weh es tat.

Er lief am Haus vorbei zum Weiher und in den Obstgängen auf und ab. Indessen nahm die Schwüle stetig zu. Der Himmel hatte sich vollends ganz bezogen und sah gewitterig aus. Es ging kein Wind, nur hin und wieder im Gezweig ein feiner, zager Schauer, vor dem auch der fahle, glatte Spiegel des Weihers für Augenblicke kraus und silbern erzitterte.

Der kleine alte Kahn, der angebunden am Rasenufer lag, fiel dem Jungen ins Auge. Er stieg hinein und setzte sich auf die einzige noch vorhandene Ruderbank. Doch band er das Schifflein nicht los: es waren auch schon längst keine Ruder mehr da. Er tauchte die Hände ins Wasser, das war widerlich lau.

Unvermerkt überkam ihn eine grundlose Traurigkeit, die ihm ganz fremd war. Er kam sich wie in einem beklemmenden Traume vor – als könnte er, wenn er auch wollte, kein Glied rühren. Das fahle Licht, der dunkel bewölkte Himmel, der laue dunstige Teich und der alte, am Boden moosige Holznachen ohne Ruder, das sah alles unfroh, trist und elend aus, einer schweren, faden Trostlosigkeit hingegeben, die er ohne Grund teilte.

Er hörte Klavierspiel vom Hause herübertönen, undeutlich und leise. Nun waren also die andern drinnen, und wahrscheinlich spielte Papa ihnen vor. Bald erkannte Paul auch das Stück, es war aus Griegs Musik zum »Peer Gynt«, und er wäre gern hineingegangen. Aber er blieb sitzen, starrte über das träge Wasser weg und durch die müden, regungslosen Obstzweige in den fahlen Himmel. Er konnte sich nicht einmal wie sonst auf das Gewitter freuen, obwohl es sicher bald ausbrechen mußte, und das erste richtige in diesem Sommer sein würde.

Da hörte das Klavierspiel auf, und es war eine Weile ganz still. Bis ein paar zarte, wiegend laue Takte aufklangen, eine scheue und ungewöhnliche Musik. Und nun Gesang, eine Frauenstimme. Das Lied war Paul unbekannt, er hatte es nie gehört, er besann sich auch nicht darüber. Aber die Stimme kannte er, die leicht gedämpfte, ein wenig müde Stimme. Das war Thusnelde. Ihr Gesang war vielleicht nichts Besonderes, aber er traf und

reizte den Knaben ebenso beklemmend und quälend wie die
Berührung ihrer Hand. Er horchte, ohne sich zu rühren, und
während er noch saß und horchte, schlugen die ersten trägen
Regentropfen lau und schwer in den Weiher. Sie trafen seine
Hände und sein Gesicht, ohne daß er es spürte. Er fühlte nur,
daß etwas Drängendes, Gärendes, Gespanntes um ihn her oder
auch in ihm selber sich verdichte und schwelle und Auswege
suche. Zugleich fiel ihm eine Stelle aus dem »Ekkehard« ein, und
in diesem Augenblick überraschte und erschreckte ihn plötzlich
die sichere Erkenntnis. Er wußte, daß er Thusnelde lieb habe.
Und zugleich wußte er, daß sie erwachsen und eine Dame war,
er aber ein Schuljunge, und daß sie morgen abreisen würde.
Da klang – der Gesang war schon eine Weile verstummt – die
helltönige Tischglocke, und Paul ging langsam zum Hause hinüber. Vor der Türe wischte er sich die Regentropfen von den
Händen, strich das Haar zurück und tat einen tiefen Atemzug,
als sei er im Begriff, einen schweren Schritt zu tun.

»Ach, nun regnet es doch schon«, klagte Berta. »Nun wird also
nichts daraus?«
»Aus was denn?« fragte Paul, ohne vom Teller aufzublicken.
»Wir hatten ja doch – – Sie hatten mir versprochen, mich heut
auf den Eichelberg zu führen.«
»Ja so. Nein, das geht bei dem Wetter freilich nicht.«
Halb sehnte sie sich danach, er möchte sie ansehen und eine
Frage nach ihrem Wohlsein tun, halb war sie froh, daß er's nicht
tat. Er hatte den peinlichen Augenblick unter der Weide, da sie in
Tränen ausgebrochen war, völlig vergessen. Dieser plötzliche
Ausbruch hatte ihm ohnehin wenig Eindruck gemacht und ihn
nur in dem Glauben bestärkt, sie sei doch noch ein recht kleines
Mädchen. Statt auf sie zu achten, schielte er beständig zu Fräu-
lein Thusnelde hinüber.
Diese führte mit dem Hauslehrer, der sich seiner albernen Rolle
von gestern schämte, ein lebhaftes Gespräch über Sportsachen.
Es ging Herrn Homburger dabei wie vielen Leuten; er sprach
über Dinge, von denen er nichts verstand, viel gefälliger und
glatter als über solche, die ihm vertraut und wichtig waren. Meistens hatte die Dame das Wort, und er begnügte sich mit Fragen,
Nicken, Zustimmen und pausenfüllenden Redensarten. Die et-

was kokette Plauderkunst der jungen Dame enthob ihn seiner gewohnten dickblütigen Art; es gelang ihm sogar, als er beim Weineinschenken daneben goß, selber zu lachen und die Sache leicht und komisch zu nehmen. Seine mit Schlauheit eingefädelte Bitte jedoch, dem Fräulein nach Tisch ein Kapitel aus einem seiner Lieblingsbücher vorlesen zu dürfen, wurde zierlich abgelehnt.

»Du hast kein Kopfweh mehr, Kind?« fragte Tante Grete.

»O nein, gar nimmer«, sagte Berta halblaut. Aber sie sah noch elend genug aus.

»O ihr Kinder!« dachte die Tante, der auch Pauls erregte Unsicherheit nicht entgangen war. Sie hatte mancherlei Ahnungen und beschloß, die zwei jungen Leutchen nicht unnötig zu stören, wohl aber aufmerksam zu sein und Dummheiten zu verhüten. Bei Paul war es das erstemal, dessen war sie sicher. Wie lang noch, und er würde ihrer Fürsorge entwachsen sein und seine Wege ihrem Blick entziehen! – O ihr Kinder!

Draußen war es beinahe finster geworden. Der Regen rann und ließ nach mit den wechselnden Windstößen, das Gewitter zögerte noch, und der Donner klang noch meilenfern.

»Haben Sie Furcht vor Gewittern?« fragte Herr Homburger seine Dame.

»Im Gegenteil, ich weiß nichts Schöneres. Wir könnten nachher in den Pavillon gehen und zusehen. Kommst du mit, Berta?«

»Wenn du willst, ja, gern.«

»Und Sie also auch, Herr Kandidat? – Gut, ich freue mich darauf. Es ist in diesem Jahr das erste Gewitter, nicht?«

Gleich nach Tisch brachen sie mit Regenschirmen auf, zum nahen Pavillon. Berta nahm ein Buch mit.

»Willst du dich denen nicht anschließen, Paul?« ermunterte die Tante.

»Danke, nein. Ich muß eigentlich üben.«

Er ging in einem Wirrwarr von quellenden Gefühlen ins Klavierzimmer. Aber kaum hatte er zu spielen begonnen, er wußte selbst nicht was, so kam sein Vater herein.

»Junge, könntest du dich nicht um einige Zimmer weiter verfügen? Brav, daß du üben wolltest, aber alles hat seine Zeit, und wir älteren Semester möchten bei dieser Schwüle doch gern ein wenig zu schlafen versuchen. Auf Wiedersehen, Bub!«

Der Knabe ging hinaus und durchs Eßzimmer, über den Gang und zum Tor. Drüben sah er gerade die andern den Pavillon betreten. Als er hinter sich den leisen Schritt der Tante hörte, trat er rasch ins Freie und eilte mit unbedecktem Kopf, die Hände in den Taschen, durch den Regen davon. Der Donner nahm stetig zu, und erste scheue Blitze rissen zuckend durch das schwärzliche Grau.

Paul ging um das Haus herum und gegen den Weiher hin. Er fühlte mit trotzigem Leid den Regen durch seine Kleider dringen. Die noch nicht erfrischte, schwebende Luft erhitzte ihn, so daß er beide Hände und die halbentblößten Arme in die schwer fallenden Tropfen hielt. Nun saßen die andern vergnügt im Pavillon beisammen, lachten und schwatzten, und an ihn dachte niemand. Es zog ihn hinüber, doch überwog sein Trotz; hatte er einmal nicht mitkommen wollen, so wollte er ihnen auch nicht hinterdrein nachlaufen. Und Thusnelde hatte ihn ja überhaupt nicht aufgefordert. Sie hatte Berta und Herrn Homburger mitzukommen aufgefordert und ihn nicht. Warum ihn nicht?

Ganz durchnäßt kam er, ohne auf den Weg zu achten, ans Gärtnerhäuschen. Die Blitze jagten jetzt fast ohne Pause herab und quer durch den Himmel in phantastisch kühnen Linien, und der Regen rauschte lauter. Unter der Holztreppe des Gärtnerschuppens klirrte es auf, und mit verhaltenem Grollen kam der große Hofhund heraus. Als er Paul erkannte, drängte er sich fröhlich und schmeichelnd an ihn. Und Paul, in plötzlich überwallender Zärtlichkeit, legte ihm den Arm um den Hals, zog ihn in den dämmernden Treppenwinkel zurück und blieb dort bei ihm kauern und sprach und koste mit ihm, er wußte nicht wie lang.

Im Pavillon hatte Herr Homburger den eisernen Gartentisch an die gemauerte Rückwand geschoben, die mit einer italienischen Küstenlandschaft bemalt war. Die heiteren Farben, Blau, Weiß und Rosa paßten schlecht in das Regengrau und schienen trotz der Schwüle zu frieren.

»Sie haben schlechtes Wetter für Erlenhof«, sagte Herr Homburger.

»Warum? Ich finde das Gewitter prächtig.«

»Und Sie auch, Fräulein Berta?«

»O, ich sehe es ganz gerne.«

Es machte ihn wütend, daß die Kleine mitgekommen war. Gerade jetzt, wo er anfing, sich mit der schönen Thusnelde besser zu verstehen.

»Und morgen werden Sie wirklich schon wieder reisen?«

»Warum sagen Sie das so tragisch?«

»Es muß mir doch leid tun.«

»Wahrhaftig?«

»Aber gnädiges Fräulein –«

Der Regen prasselte auf dem dünnen Dach und quoll in leidenschaftlichen Stößen aus den Mündungen der Traufen.

»Wissen Sie, Herr Kandidat, Sie haben da einen lieben Jungen als Schüler. Es muß ein Vergnügen sein, so einen zu unterrichten.«

»Ist das Ihr Ernst?«

»Gewiß. Er ist doch ein prächtiger Junge – Nicht, Berta?«

»O, ich weiß nicht, ich sah ihn ja kaum.«

»Gefällt er dir denn nicht?«

»Ja, das schon. – O ja.«

»Was stellt das Wandbild da eigentlich vor, Herr Kandidat? Es scheint eine Rivieravedute?«

Paul war nach zwei Stunden ganz durchnäßt und todmüde heimgekommen, hatte ein kaltes Bad genommen und sich umgekleidet. Dann wartete er bis die drei ins Haus zurückkehrten, und als sie kamen und als Thusneldes Stimme im Gang laut wurde, schrak er zusammen und bekam Herzklopfen. Dennoch tat er gleich darauf etwas, wozu er sich selber noch einen Augenblick zuvor den Mut nicht zugetraut hätte.

Als das Fräulein allein die Treppe heraufstieg, lauerte er ihr auf und überraschte sie im oberen Flur. Er trat auf sie zu und streckte ihr einen kleinen Rosenstrauß entgegen. Es waren wilde Heckenröschen, die er im Regen draußen abgeschnitten hatte.

»Ist das für mich?« fragte Thusnelde.

»Ja, für Sie.«

»Womit hab ich denn das verdient? Ich fürchtete schon, Sie könnten mich gar nicht leiden.«

»O, Sie lachen mich ja nur aus.«

»Gewiß nicht, lieber Paul. Und ich danke schön für die Blumen. Wilde Rosen, nicht?«

»Hagrosen.«

»Ich will eine davon anstecken, nachher.«
Dann ging sie weiter nach ihrem Zimmer.

Am Abend blieb man diesmal in der Halle sitzen. Es hatte schön abgekühlt, und draußen fielen noch die Tropfen von den blankgespülten Zweigen. Man hatte im Sinn gehabt zu musizieren, aber der Professor wollte lieber die paar Stunden noch mit Abderegg verplaudern. So saßen nun alle bequem in dem großen Raum, die Herren rauchten, und die jungen Leute hatten Limonadebecher vor sich stehen.

Die Tante sah mit Berta ein Album an und erzählte ihr alte Geschichten. Thusnelde war guter Laune und lachte viel. Den Hauslehrer hatte das lange erfolglose Reden im Pavillon stark mitgenommen, er war wieder nervös und zuckte leidend mit den Gesichtsmuskeln. Daß sie jetzt so lächerlich mit dem Büblein Paul kokettierte, fand er geschmacklos, und er suchte wählerisch nach einer Form, ihr das zu sagen.

Paul war der lebhafteste von allen. Daß Thusnelde seine Rosen im Gürtel trug und daß sie »lieber Paul« zu ihm gesagt hatte, war ihm wie Wein zu Kopf gestiegen. Er machte Witze, erzählte Geschichten, hatte glühende Backen und ließ den Blick nicht von seiner Dame, die sich seine Huldigung so graziös gefallen ließ. Dabei rief es im Grund seiner Seele ohne Unterlaß: »Morgen geht sie fort! Morgen geht sie fort!« und je lauter und schmerzlicher es rief, desto sehnlicher klammerte er sich an den schönen Augenblick, und desto lustiger redete er darauf los.

Herr Abderegg, der einen Augenblick herüberhorchte, rief lachend: »Paul, du fängst früh an!«

Er ließ sich nicht stören. Für Augenblicke faßte ihn ein drängendes Verlangen, hinauszugehen, den Kopf an den Türpfosten zu lehnen und zu schluchzen. Aber nein, nein!

Währenddessen hatte Berta mit der Tante »Du« gemacht und gab sich dankbar unter ihren Schutz. Es lag wie eine Last auf ihr, daß Paul allein von ihr nichts wissen wollte, daß er den ganzen Tag kaum ein Wort an sie gerichtet hatte, und müde und unglücklich überließ sie sich der gütigen Zärtlichkeit der Tante.

Die beiden alten Herren überboten einander im Aufwärmen von Erinnerungen und spürten kaum etwas davon, daß neben ihnen

junge unausgesprochene Leidenschaften sich kreuzten und be-
kämpften.

Herr Homburger fiel mehr und mehr ab. Daß er hin und wieder
eine schwach vergiftete Pointe ins Gespräch warf, wurde kaum
beachtet, und je mehr die Bitterkeit und Auflehnung in ihm
wuchs, desto weniger wollte es ihm gelingen, Worte zu finden.
Er fand es kindisch, wie Paul sich gehen ließ, und unverzeihlich,
wie das Fräulein darauf einging. Am liebsten hätte er gute Nacht
gesagt und wäre gegangen. Aber das mußte aussehen wie ein
Geständnis, daß er sein Pulver verschossen habe und kampfun-
fähig sei. Lieber blieb er da und trotzte. Und so widerwärtig ihm
Thusneldes ausgelassen spielerisches Wesen heute abend war, so
hätte er sich doch vom Anblick ihrer weichen Gesten und ihres
schwach geröteten Gesichtes jetzt nicht trennen mögen.

Thusnelde durchschaute ihn und gab sich keine Mühe, ihr Vergnügen über Pauls leidenschaftliche Aufmerksamkeiten zu verbergen, schon weil sie sah, daß es den Kandidaten ärgerte. Und
dieser, der in keiner Hinsicht ein Kraftmensch war, fühlte langsam seinen Zorn in jene weibisch trübe, faule Resignation übergehen, mit der bis jetzt fast alle seine Liebesversuche geendet
hatten. War er denn je von einem Weib verstanden und nach
seinem Wert geschätzt worden? O, aber er war Künstler genug,
um auch die Enttäuschung, den Schmerz, das Einsambleiben mit
allen verborgensten Reizen zu genießen. Wenn auch mit zuk-
kender Lippe, er genoß es doch; und wenn auch verkannt und
verschmäht, er war doch der Held in der Szene, der Träger einer
stummen Tragik, lächelnd mit dem Dolch im Herzen.

Man trennte sich erst spät. Als Paul in sein kühles Schlafzimmer
trat, sah er durchs offene Fenster den beruhigten Himmel mit
stillstehenden, milchweißen Flaumwölkchen bedeckt; durch
ihre dünnen Flöre drang das Mondlicht weich und stark und
spiegelte sich tausendmal in den nassen Blättern der Parkbäume.
Fern über den Hügeln, nicht weit vom dunklen Horizont,
leuchtete schmal und langgestreckt wie eine Insel ein Stück reinen Himmels feucht und milde, darin ein einziger blasser
Stern.

Der Knabe blickte lange hinaus und sah es nicht, sah nur ein
bleiches Wogen und fühlte reine, frisch gekühlte Lüfte um sich

her, hörte niegehörte, tiefe Stimmen wie entfernte Stürme brausen und atmete die weiche Luft einer anderen Welt. Vorgebeugt stand er am Fenster und schaute, ohne etwas zu sehen, wie ein Geblendeter, und vor ihm ungewiß und mächtig ausgebreitet, lag das Land des Lebens und der Leidenschaften, von heißen Stürmen durchzittert und von dunkelschwülem Gewölk verschattet.

Die Tante war die letzte, die zu Bett ging. Wachsam hatte sie noch Türen und Läden revidiert, nach den Lichtern gesehen und einen Blick in die dunkle Küche getan, dann war sie in ihre Stube gegangen und hatte sich beim Kerzenlicht in den altmodischen Sessel gesetzt. Sie wußte ja nun, wie es um den Kleinen stand, und sie war im Innersten froh, daß morgen die Gäste wieder reisen wollten. Wenn nur auch alles gut ablief! Es war doch eigen, so ein Kind von heut auf morgen zu verlieren. Denn daß Pauls Seele ihr nun entgleiten und mehr und mehr undurchsichtig werden müsse, wußte sie wohl, und sie sah ihn mit Sorge seine ersten, knabenhaften Schritte in den Garten der Liebe tun, von dessen Früchten sie selber zu ihrer Zeit nur wenig und fast nur die bitteren gekostet hatte. Dann dachte sie an Berta, seufzte und lächelte ein wenig und suchte dann lange in ihren Schubladen nach einem tröstenden Abschiedsgeschenk für die Kleine. Dabei erschrak sie plötzlich, als sie sah, wie spät es schon war. Über dem schlafenden Haus und dem dämmernden Garten standen ruhig die milchweißen, flaumig dünnen Wolken, die Himmelsinsel am Horizont wuchs langsam zu einem weiten, reinen, dunkelklaren Felde, zart von schwachglänzenden Sternen durchglüht, und über die entferntesten Hügel lief eine milde, schmale Silberlinie, sie vom Himmel trennend. Im Garten atmeten die erfrischten Bäume tief und rastend, und auf der Parkwiese wechselte mit dünnen, wesenlosen Wolkenschatten der schwarze Schattenkreis der Blutbuche.

Die sanfte, noch von Feuchtigkeit gesättigte Luft dampfte leise gegen den völlig klaren Himmel. Kleine Wasserlachen standen auf dem Kiesplatz und auf der Landstraße, blitzten golden oder spiegelten die zarte Bläue. Knirschend fuhr der Wagen vor, und man stieg ein. Der Kandidat machte mehrere tiefe Bücklinge, die Tante nickte liebevoll und drückte noch einmal allen die Hände, die Hausmädchen sahen vom Hintergrund des Flurs der Abfahrt zu.

Paul saß im Wagen Thusnelde gegenüber und spielte den Fröhlichen. Er lobte das gute Wetter, sprach rühmend von köstlichen Ferientouren in die Berge, die er vorhabe, und sog jedes Wort und jedes Lachen des Mädchens gierig ein. Am frühen Morgen war er mit schlechtem Gewissen in den Garten geschlichen und hatte in dem peinlich geschonten Lieblingsbeet seines Vaters die prächtigste halboffene Teerose abgeschnitten. Die trug er nun, zwischen Seidenpapier gelegt, versteckt in der Brusttasche und war beständig in Sorge, er könnte sie zerdrücken. Ebenso bang war ihm vor der Möglichkeit einer Entdeckung durch den Vater.

Die kleine Berta war ganz still und hielt den blühenden Jasminzweig vors Gesicht, den ihr die Tante mitgegeben hatte. Sie war im Grunde fast froh, nun fortzukommen.

»Soll ich Ihnen einmal eine Karte schicken?« fragte Thusnelde munter.

»O ja, vergessen Sie es nicht! Das wäre schön.«

Und dann fügte er hinzu: »Aber Sie müssen dann auch unterschreiben, Fräulein Berta.«

Sie schrak ein wenig zusammen und nickte.

»Also gut, hoffentlich denken wir auch daran«, sagte Thusnelde.

»Ja, ich will dich dann erinnern.«

Da war man schon am Bahnhof. Der Zug sollte erst in einer Viertelstunde kommen. Paul empfand diese Viertelstunde wie eine unschätzbare Gnadenfrist. Aber es ging ihm sonderbar; seit man den Wagen verlassen hatte und vor der Station auf und ab spazierte, fiel ihm kein Witz und kein Wort mehr ein. Er war plötzlich bedrückt und klein, sah oft auf die Uhr und horchte, ob der kommende Zug schon zu hören sei. Erst im letzten Augenblick zog er seine Rose hervor und drückte sie noch an der Wagentreppe dem Fräulein in die Hand. Sie nickte ihm fröhlich zu und stieg ein. Dann fuhr der Zug ab, und alles war aus.

Vor der Heimfahrt mit dem Papa graute ihm, und als dieser schon eingestiegen war, zog er den Fuß wieder vom Tritt zurück und meinte: »Ich hätte eigentlich Lust, zu Fuß heimzugehen.«

»Schlechtes Gewissen, Paulchen?«

»O nein, Papa, ich kann ja auch mitkommen.«

Aber Herr Abderegg winkte lachend ab und fuhr allein davon.

»Er soll's nur ausfressen«, knurrte er unterwegs vor sich hin, »umbringen wird's ihn nicht.« Und er dachte, seit Jahren zum erstenmal, an sein erstes Liebesabenteuer und war verwundert, wie genau er alles noch wußte. Nun war also schon die Reihe an seinem Kleinen! Aber es gefiel ihm, daß der Kleine die Rose gestohlen hatte. Er hatte sie wohl gesehen.

Zu Hause blieb er einen Augenblick vor dem Bücherschrank im Wohnzimmer stehen. Er nahm den Werther heraus und steckte ihn in die Tasche, zog ihn aber gleich darauf wieder heraus, blätterte ein wenig darin herum, begann ein Lied zu pfeifen und stellte das Büchlein an seinen Ort zurück.

Mittlerweile lief Paul auf der warmen Landstraße heimwärts und war bemüht, sich das Bild der schönen Thusnelde immer wieder vorzustellen. Erst als er heiß und erschlafft die Parkhecke erreicht hatte, öffnete er die Augen und besann sich, was er nun treiben solle. Da zog ihn die plötzlich aufblitzende Erinnerung unwiderstehlich zur Trauerweide hin. Er suchte den Baum mit heftig wallendem Verlangen auf, schlüpfte durch die tiefhängenden Zweige und setzte sich auf dieselbe Stelle der Bank, wo er gestern neben Thusnelde gesessen war und wo sie ihre Hand auf seine gelegt hatte. Er schloß die Augen, ließ die Hand auf dem Holze liegen und fühlte noch einmal den ganzen Sturm, der gestern ihn gepackt und berauscht und gepeinigt hatte. Flammen wogten um ihn, und Meere rauschten, und heiße Ströme zitterten sausend auf purpurnen Flügeln vorüber.

Paul saß noch nicht lange auf seinem Platz, so klangen Schritte, und jemand trat herzu. Er blickte verwirrt auf, aus hundert Träumen gerissen und sah den Herrn Homburger vor sich stehen.

»Ah, Sie sind da, Paul? Schon lange?«

»Nein, ich war ja mit an der Bahn. Ich kam zu Fuß zurück.«

»Und nun sitzen Sie hier und sind melancholisch.«

»Ich bin nicht melancholisch.«

»Also nicht. Ich habe Sie zwar schon munterer gesehen.«

Paul antwortete nicht.

»Sie haben sich ja sehr um die Damen bemüht.«

»Finden Sie?«

»Besonders um die eine. Ich hätte eher gedacht, Sie würden dem jüngeren Fräulein den Vorzug geben.«

»Dem Backfisch? Hm.«

»Ganz richtig, dem Backfisch.«

Da sah Paul, daß der Kandidat ein fatales Grinsen aufgesetzt hatte, und ohne noch ein Wort zu sagen, kehrte er sich um und lief davon, mitten über die Wiese.

Mittags bei Tisch ging es sehr ruhig zu.

»Wir scheinen ja alle ein wenig müde zu sein«, lächelte Herr Abderegg. »Auch du, Paul. Und Sie Herr Homburger? Aber es war eine angenehme Abwechslung, nicht?«

»Gewiß, Herr Abderegg.«

»Sie haben sich mit dem Fräulein gut unterhalten? Sie soll ja riesig belesen sein.«

»Darüber müßte Paul unterrichtet sein. Ich hatte leider nur für Augenblicke das Vergnügen.«

»Was sagst du dazu, Paul?«

»Ich? Von wem sprecht ihr denn?«

»Von Fräulein Thusnelde, wenn du nichts dagegen hast. Du scheinst einigermaßen zerstreut zu sein –«

»Ach, was wird der Junge sich viel um die Damen gekümmert haben«, fiel die Tante ein.

Es wurde schon wieder heiß. Der Vorplatz strahlte Hitze aus, und auf der Straße waren die letzten Regenpfützen vertrocknet. Auf ihrer sonnigen Wiese stand die alte Blutbuche, von warmem Licht umflossen, und auf einem ihrer starken Äste saß der junge Paul Abderegg, an den Stamm gelehnt und ganz von rötlich dunkeln Laubschatten umfangen. Das war ein alter Lieblingsplatz des Knaben, er war dort vor jeder Überraschung sicher. Dort auf dem Buchenast hatte er heimlicherweise im Herbst vor drei Jahren die »Räuber« gelesen, dort hatte er seine erste halbe Zigarre geraucht, und dort hatte er damals das Spottgedicht auf seinen früheren Hauslehrer gemacht, bei dessen Entdeckung sich die Tante so furchtbar aufgeregt hatte. Er dachte an diese und andere Streiche mit einem überlegenen, nachsichtigen Gefühl, als wäre das alles vor Urzeiten gewesen. Kindereien, Kindereien!

Mit einem Seufzer richtete er sich auf, kehrte sich behutsam im

Sitze um, zog sein Taschenmesser heraus und begann am Stamm zu ritzen. Es sollte ein Herz daraus werden, das den Buchstaben T umschloß, und er nahm sich vor, es schön und sauber auszuschneiden, wenn er auch mehrere Tage dazu brauchen sollte.

Noch am selben Abend ging er zum Gärtner hinüber, um sein Messer schleifen zu lassen. Er trat selber das Rad dazu. Auf dem Rückweg setzte er sich eine Weile in das alte Boot, plätscherte mit der Hand im Wasser und suchte sich auf die Melodie des Liedes zu besinnen, das er gestern von hier aus hatte singen hören. Der Himmel war halb verwölkt, und es sah aus, als werde in der Nacht schon wieder ein Gewitter kommen. *(1905)*

Das erste Abenteuer

Sonderbar, wie Erlebtes einem fremd werden und entgleiten kann! Ganze Jahre, mit tausend Erlebnissen, können einem verloren gehen. Ich sehe oft Kinder in die Schule laufen und denke nicht an die eigene Schulzeit, ich sehe Gymnasiasten und weiß kaum mehr, daß ich auch einmal einer war. Ich sehe Maschinenbauer in ihre Werkstätten und windige Kommis in ihre Büros gehen und habe vollkommen vergessen, daß ich einst die gleichen Gänge tat, die blaue Bluse und den Schreibersrock mit glänzigen Ellenbogen trug. Ich betrachte in der Buchhandlung merkwürdige Versbüchlein von Achtzehnjährigen, im Verlag Pierson in Dresden erschienen, und ich denke nicht mehr daran, daß ich auch einmal derartige Verse gemacht habe und sogar demselben Autorenfänger auf den Leim gegangen bin.

Bis irgend einmal auf einem Spaziergang oder auf einer Eisenbahnfahrt oder in einer schlaflosen Nachtstunde ein ganzes vergessenes Stück Leben wieder da ist und grell beleuchtet wie ein Bühnenbild vor mir steht, mit allen Kleinigkeiten, mit allen Namen und Orten, Geräuschen und Gerüchen. So ging es mir vorige Nacht. Ein Erlebnis trat wieder vor mich hin, von dem ich seinerzeit ganz sicher wußte, daß ich es nie vergessen würde, und das ich doch jahrelang spurlos vergessen hatte. Ganz so wie man ein Buch oder ein Taschenmesser verliert, vermißt und dann vergißt, und eines Tages liegt es in einer Schublade zwischen altem Kram und ist wieder da und gehört einem wieder.

Ich war achtzehnjährig und am Ende meiner Lehrzeit in der Maschinenschlosserei. Seit kurzem hatte ich eingesehen, daß ich es in dem Fache doch nicht weit bringen würde, und war entschlossen, wieder einmal umzusatteln. Bis sich eine Gelegenheit böte, dies meinem Vater zu eröffnen, blieb ich noch im Betrieb und tat die Arbeit halb verdrossen, halb fröhlich wie einer, der schon gekündigt hat und alle Landstraßen auf sich warten weiß.

Wir hatten damals einen Volontär in der Werkstatt, dessen hervorragendste Eigenschaft darin bestand, daß er mit einer reichen Dame im Nachbarstädtchen verwandt war. Diese Dame, eine

138

junge Fabrikantenwitwe, wohnte in einer kleinen Villa, hatte einen eleganten Wagen und ein Reitpferd und galt für hochmütig und exzentrisch, weil sie nicht an den Kaffeekränzchen teilnahm und statt dessen ritt, angelte, Tulpen züchtete und Bernhardiner hielt. Man sprach von ihr mit Neid und Erbitterung, namentlich seit man wußte, daß sie in Stuttgart und München, wohin sie häufig reiste, sehr gesellig sein konnte.

Dieses Wunder war, seit ihr Neffe oder Vetter bei uns volontierte, schon dreimal in der Werkstatt gewesen, hatte ihren Verwandten begrüßt und sich unsere Maschinen zeigen lassen. Es hatte jedesmal prächtig ausgesehen und großen Eindruck auf mich gemacht, wenn sie in feiner Toilette mit neugierigen Augen und drolligen Fragen durch den rußigen Raum gegangen war, eine große hellblonde Frau mit einem Gesicht so frisch und naiv wie ein kleines Mädchen. Wir standen in unseren öligen Schlosserblusen und mit unseren schwarzen Händen und Gesichtern da und hatten das Gefühl, eine Prinzessin habe uns besucht. Zu unseren sozialdemokratischen Ansichten paßte das nicht, was wir nachher jedesmal einsahen.

Da kommt eines Tags der Volontär in der Vesperpause auf mich zu und sagt: »Willst du am Sonntag mit zu meiner Tante kommen? Sie hat dich eingeladen.«

»Eingeladen? Du, mach keine dummen Witze mit mir, sonst steck' ich dir die Nase in den Löschtrog.« Aber es war Ernst. Sie hatte mich eingeladen auf Sonntagabend. Mit dem Zehnuhrzug konnten wir heimkehren, und wenn wir länger bleiben wollten, würde sie uns vielleicht den Wagen mitgeben.

Mit der Besitzerin eines Luxuswagens, der Herrin eines Dieners, zweier Mägde, eines Kutschers und eines Gärtners Verkehr zu haben, war nach meiner damaligen Weltanschauung einfach ruchlos. Aber das fiel mir erst ein, als ich schon längst mit Eifer zugesagt und gefragt hatte, ob mein gelber Sonntagsanzug gut genug sei.

Bis zum Samstag lief ich in einer heillosen Aufregung und Freude herum. Dann kam die Angst über mich. Was sollte ich dort sagen, wie mich benehmen, wie mit ihr reden? Mein Anzug, auf den ich immer stolz gewesen war, hatte auf einmal so viele Falten und Flecken, und meine Krägen hatten alle Fransen am Rand. Außerdem war mein Hut alt und schäbig, und alles das konnte durch meine drei Glanzstücke – ein Paar nadelspitze Halbschuhe, eine leuchtend rote, halbseidene Krawatte und einen Zwicker mit Nickelrändern – nicht aufgewogen werden.

Am Sonntagabend ging ich mit dem Volontär zu Fuß nach Settlingen, krank vor Aufregung und Verlegenheit. Die Villa ward sichtbar, wir standen an einem Gitter vor ausländischen Kiefern und Zypressen, Hundegebell vermischte sich mit dem Ton der Torglocke. Ein Diener ließ uns ein, sprach kein Wort und behandelte uns geringschätzig, kaum daß er geruhte, mich vor den großen Bernhardinern zu schützen, die mir an die Hose wollten. Ängstlich sah ich meine Hände an, die seit Monaten nicht so peinlich sauber gewesen waren. Ich hatte sie am Abend vorher eine halbe Stunde lang mit Petroleum und Schmierseife gewaschen.

In einem einfachen, hellblauen Sommerkleid empfing uns die Dame im Salon. Sie gab uns beiden die Hand und hieß uns Platz nehmen, das Abendessen sei gleich bereit.

»Sind Sie kurzsichtig?« fragte sie mich.

»Ein klein wenig.«

»Der Zwicker steht Ihnen gar nicht, wissen Sie.« Ich nahm ihn ab, steckte ihn ein und machte ein trotziges Gesicht.

»Und Sozi sind Sie auch?« fragte sie weiter.

»Sie meinen Sozialdemokrat? Ja, gewiß.«

»Warum eigentlich?«

»Aus Überzeugung.«

»Ach so. Aber die Krawatte ist wirklich nett. Na, wir wollten essen. Ihr habt doch Hunger mitgebracht?«

Im Nebenzimmer waren drei Couverts aufgelegt. Mit Ausnahme der dreierlei Gläser gab es wider mein Erwarten nichts, was mich in Verlegenheit brachte. Eine Hirnsuppe, ein Lendenbraten, Gemüse, Salat und Kuchen, das waren lauter Dinge, die ich zu essen verstand, ohne mich zu blamieren. Und die Weine schenkte die Hausfrau selber ein. Während der Mahlzeit sprach sie fast nur mit dem Volontär, und da die guten Speisen samt dem Wein mir angenehm zu tun gaben, wurde mir bald wohl und leidlich sicher zumute.

Nach der Mahlzeit wurden uns die Weingläser in den Salon gebracht, und als mir eine feine Zigarre geboten und zu meinem

Erstaunen an einer rot und goldenen Kerze angezündet war,
stieg mein Wohlsein bis zur Behaglichkeit. Nun wagte ich auch
die Dame anzusehen, und sie war so fein und schön, daß ich
mich mit Stolz in die seligen Gefilde der noblen Welt versetzt
fühlte, von der ich aus einigen Romanen und Feuilletons eine
sehnsüchtig vage Vorstellung gewonnen hatte.

Wir kamen in ein ganz lebhaftes Gespräch, und ich wurde so
kühn, daß ich über Madames vorige Bemerkungen, die Sozial-
demokratie und die rote Krawatte betreffend, zu scherzen
wagte.

»Sie haben ganz recht«, sagte sie lächelnd. »Bleiben Sie nur bei
Ihrer Überzeugung. Aber Ihre Krawatte sollten sie weniger
schief binden. Sehen Sie, so –«

Sie stand vor mir und bückte sich über mich, faßte meine Krawatte mit beiden Händen und rückte an ihr herum. Dabei fühlte
ich plötzlich mit heftigem Erschrecken, wie sie zwei Finger
durch meine Hemdspalte schob und mir leise die Brust betastete. Und als ich entsetzt aufblickte, drückte sie nochmals mit
den beiden Fingern und sah mir dabei starr in die Augen.

O Donnerwetter, dachte ich, und bekam Herzklopfen, während
sie zurücktrat und so tat, als betrachte sie die Krawatte. Statt
dessen aber sah sie mich wieder an, ernst und voll, und nickte
langsam ein paarmal mit dem Kopf.

»Du könntest droben im Eckzimmer den Spielkasten holen«,
sagte sie zu ihrem Neffen, der in einer Zeitschrift blätterte. »Ja,
sei so gut.«

Er ging und sie kam auf mich zu, langsam, mit großen Augen.
»Ach du!« sagte sie leise und weich. »Du bist lieb.«

Dabei näherte sie mir ihr Gesicht, und unsre Lippen kamen zu-
sammen, lautlos und brennend, und wieder, und noch einmal.
Ich umschlang sie und drückte sie an mich, die große schöne
Dame, so stark, daß es ihr weh tun mußte. Aber sie suchte nur
nochmals meinen Mund, und während sie küßte, wurden ihre
Augen feucht und mädchenhaft schimmernd.

Der Volontär kam mit den Spielen zurück, wir setzten uns und
würfelten alle drei um Pralinés. Sie sprach wieder lebhaft und
scherzte bei jedem Wurf, aber ich brachte kein Wort heraus und
hatte Mühe mit dem Atmen. Manchmal kam unter dem Tisch
ihre Hand und spielte mit meiner oder lag auf meinem Knie.

Gegen zehn Uhr erklärte der Volontär, es sei Zeit für uns zu gehen.

»Wollen Sie auch schon fort?« fragte sie mich und sah mich an.

Ich hatte keine Erfahrung in Liebessachen und stotterte, ja es sei wohl Zeit, und stand auf.

»Na, denn«, rief sie, und der Volontär brach auf. Ich folgte ihm zur Tür, aber eben als er über die Schwelle war, riß sie mich am Arm zurück und zog mich noch einmal an sich. Und im Hinausgehen flüsterte sie mir zu: »Sei gescheit, du, sei gescheit!« Auch das verstand ich nicht.

Wir nahmen Abschied und rannten auf die Station. Wir nahmen Billette, und der Volontär stieg ein. Aber ich konnte jetzt keine Gesellschaft brauchen. Ich stieg nur auf die erste Stufe, und als der Zugführer pfiff, sprang ich wieder ab und blieb zurück. Es war schon finstere Nacht.

Betäubt und traurig lief ich die lange Landstraße heim, an ihrem Garten und an dem Gitter vorbei wie ein Dieb. Eine vornehme Dame hatte mich lieb! Zauberländer taten sich vor mir auf, und als ich zufällig in meiner Tasche den Nickelzwicker fand, warf ich ihn in den Straßengraben.

Am nächsten Sonntag war der Volontär wieder eingeladen zum Mittagessen, aber ich nicht. Und sie kam auch nicht mehr in die Werkstatt.

Ein Vierteljahr lang ging ich noch oft nach Settlingen hinüber, sonntags oder spät abends, und horchte am Gitter und ging um den Garten herum, hörte die Bernhardiner bellen und den Wind durch die ausländischen Bäume gehen, sah Licht in den Zimmern und dachte: Vielleicht sieht sie mich einmal; sie hat mich ja lieb. Einmal hörte ich im Haus Klaviermusik, weich und wiegend, und lag an der Mauer und weinte.

Aber nie mehr hat der Diener mich hinaufgeführt und vor den Hunden beschützt, und nie mehr hat ihre Hand die meine und ihr Mund den meinen berührt. Nur im Traum geschah mir das noch einigemal, im Traum. Und im Spätherbst gab ich die Schlosserei auf und legte die blaue Bluse für immer ab und fuhr weit fort in eine andere Stadt.

(1905)

Casanovas Bekehrung

I

In Stuttgart, wohin der Weltruf der luxuriösen Hofhaltung Karl Eugens ihn gezogen hatte, war es dem Glücksritter Jakob Casanova nicht gut ergangen. Zwar hatte er, wie in jeder Stadt der Welt, sogleich eine ganze Reihe von alten Bekannten wieder getroffen, darunter die Venetianerin Gardella, die damalige Favoritin des Herzogs, und ein paar Tage waren ihm in der Gesellschaft befreundeter Tänzer, Tänzerinnen, Musiker und Theaterdamen heiter und leicht vergangen. Beim österreichischen Gesandten, bei Hofe, sogar beim Herzog selber schien ihm gute Aufnahme gesichert. Aber kaum warm geworden, ging der Leichtfuß eines Abends mit einigen Offizieren zu Weibern, es wurde gespielt und Ungarwein getrunken, und das Ende des Vergnügens war, daß Casanova viertausend Louisdor in Marken verspielt hatte, seine kostbaren Uhren und Ringe vermißte und in jämmerlicher Verfassung sich im Wagen nach Hause bringen lassen mußte. Daran hatte sich ein unglücklicher Prozeß geknüpft, es war so weit gekommen, daß der Waghals sich in Gefahr sah, unter Verlust seiner gesamten Habe als Zwangssoldat in des Herzogs Regimenter gesteckt zu werden. Da hatte er es an der Zeit gefunden, sich dünn zu machen. Er, den seine Flucht aus den venetianischen Bleikammern zu einer Berühmtheit gemacht hatte, war auch seiner Stuttgarter Haft schlau entronnen, hatte sogar seine Koffer gerettet und sich über Tübingen nach Fürstenberg in Sicherheit gebracht.

Dort rastete er nun im Gasthaus. Seine Gemütsruhe hatte er schon unterwegs wieder gefunden; immerhin hatte ihn aber dies Mißgeschick stark ernüchtert. Er sah sich an Geld und Reputation geschädigt, in seinem blinden Vertrauen zur Glücksgöttin enttäuscht und ohne Reiseplan und Vorbereitungen über Nacht auf die Straße gesetzt.

Dennoch machte der bewegliche Mann durchaus nicht den Eindruck eines vom Schicksal Geschlagenen. Im Gasthof ward er seinem Anzug und Auftreten entsprechend als ein Reisender erster Klasse bewirtet. Er trug eine mit Steinen geschmückte goldene Uhr, schnupfte bald aus einer goldenen Dose, bald aus einer silbernen, stak in überaus feiner Wäsche, zartseidenen Strümpfen, holländischen Spitzen, und der Wert seiner Kleider, Steine, Spitzen und Schmucksachen war erst kürzlich von einem Sachverständigen in Stuttgart auf hunderttausend Franken geschätzt worden. Deutsch sprach er nicht, dafür ein tadelfreies Pariser Französisch, und sein Benehmen war das eines reichen, verwöhnten, doch wohlwollenden Vergnügungsreisenden. Er machte Ansprüche, sparte aber auch weder an der Zeche noch an Trinkgeldern.

Nach einer überhetzten Reise war er abends angekommen. Während er sich wusch und puderte, wurde ihm auf seine Bestellung ein vorzügliches Abendessen bereitet, das ihm nebst einer Flasche Rheinwein den Rest des Tages angenehm und rasch verbringen half. Darauf ging er zeitig zur Ruhe und schlief ausgezeichnet bis zum Morgen. Erst jetzt ging er daran, Ordnung in seine Angelegenheiten zu bringen.

Nach dem Frühstück, das er während des Ankleidens zu sich nahm, klingelte er, um Tinte, Schreibzeug und Papier zu bestellen. In Bälde erschien ein hübsches Mädchen mit guten Manieren und stellte die verlangten Sachen auf den Tisch. Casanova bedankte sich artig, zuerst in italienischer Sprache, dann auf französisch, und es zeigte sich, daß die hübsche Blonde diese zweite Sprache verstand.

»Sie können kein Zimmermädchen sein«, sagte er ernst, doch freundlich. »Gewiß sind Sie die Tochter des Hoteliers.«

»Sie haben es erraten, mein Herr.«

»Nicht wahr? Ich beneide Ihren Vater, schönes Fräulein. Er ist ein glücklicher Mann.«

»Warum denn, meinen Sie?«

»Ohne Zweifel. Er kann jeden Morgen und Abend der schönsten, liebenswürdigsten Tochter einen Kuß geben.«

»Ach, geehrter Herr! Das tut er ja gar nicht.«

»Dann tut er Unrecht und ist zu bedauern. Ich an seiner Stelle wüßte ein solches Glück zu schätzen.«

»Sie wollen mich in Verlegenheit bringen.«

»Aber Kind! Seh' ich aus wie ein Don Juan? Ich könnte Ihr Vater sein, den Jahren nach.«

Dabei ergriff er ihre Hand und fuhr fort: »Auf eine solche Stirne

den Kuß eines Vaters zu drücken, muß ein Glück voll Rührung
sein.«
Er küßte sie sanft auf die Stirn.
»Gestatten Sie das einem Manne, der selbst Vater ist. Übrigens
muß ich Ihre Hand bewundern.«
»Meine Hand?«
»Ich habe Hände von Prinzessinnen geküßt, die sich neben den
Ihren nicht sehen lassen dürften. Bei meiner Ehre!«
Damit küßte er ihre Rechte. Er küßte sie zuerst leise und ach-
tungsvoll auf den Handrücken, dann drehte er sie um und küßte
die Stelle des Pulses, darauf küßte er jeden Finger einzeln.
Das rot gewordene Mädchen lachte auf, zog sich mit einem halb
spöttischen Knicks zurück und verließ das Zimmer.
Casanova lächelte und setzte sich an den Tisch. Er nahm einen
Briefbogen und setzte mit leichter, eleganter Hand das Datum
darauf: »Fürstenberg, 6. April 1760.« Dann begann er nachzudenken. Er schob das Blatt beiseite, zog ein kleines silbernes
Toilettenmesserchen aus der Tasche des samtnen Gilets und
feilte eine Weile an seinen Fingernägeln.
Alsdann schrieb er rasch und mit wenigen Pausen einen seiner
flotten Briefe. Er galt jenen Stuttgarter Offizieren, die ihn so
schwer in Not gebracht hatten. Darin beschuldigte er sie, sie
hätten ihm im Tokayer einen betäubenden Trank beigebracht,
um ihn dann im Spiel zu betrügen und von den Dirnen seiner
Wertsachen berauben zu lassen. Und er schloß mit einer schnei-
digen Herausforderung. Sie möchten sich binnen drei Tagen in
Fürstenberg einfinden, er erwarte sie in der angenehmen Hoffnung, sie alle drei im Duell zu erschießen und dadurch seinen
Ruhm in Europa zu verdoppeln.
Diesen Brief kopierte er in drei Exemplaren und adressierte sie
einzeln nach Stuttgart. Während er dabei war, klopfte es an der
Tür. Es war wieder die hübsche Wirtstochter. Sie bat sehr um
Entschuldigung, wenn sie störe, aber sie habe vorher das Sand-
faß mitzubringen vergessen. Ja, und da sei es nun, und er möge
entschuldigen.
»Wie gut sich das trifft!« rief der Kavalier, der sich vom Sessel
erhoben hatte. »Auch ich habe vorher etwas vergessen, was ich
nun gutmachen möchte.«
»Wirklich? Und das wäre?«

»Es ist eine Beleidigung Ihrer Schönheit, daß ich es unterließ, Sie auch noch auf den Mund zu küssen. Ich bin glücklich, es nun nachholen zu können.«

Ehe sie zurückweichen konnte, hatte er sie um das Mieder gefaßt und zog sie an sich. Sie kreischte und leistete Widerstand, aber sie tat es mit so wenig Geräusch, daß der erfahrene Liebhaber seinen Sieg sicher sah. Mit einem feinen Lächeln küßte er ihren Mund, und sie küßte ihn wieder. Er setzte sich in den Sessel zurück, nahm sie auf den Schoß und sagte ihr die tausend zärtlich neckischen Worte, die er in drei Sprachen jederzeit zur Verfügung hatte. Noch ein paar Küsse, ein Liebesscherz und ein leises Gelächter, dann fand die Blonde es an der Zeit, sich zurückzuziehen.

»Verraten Sie mich nicht, Lieber. Auf Wiedersehn!«

Sie ging hinaus. Casanova pfiff eine venetianische Melodie vor sich hin, rückte den Tisch zurecht und arbeitete weiter. Er versiegelte die drei Briefe und brachte sie dem Wirt, daß sie per Eilpost wegkämen. Zugleich tat er einen Blick in die Küche, wo zahlreiche Töpfe überm Feuer hingen. Der Gastwirt begleitete ihn.

»Was gibt's heute Gutes?«

»Junge Forellen, gnädiger Herr.«

»Gebacken?«

»Gewiß, gebacken.«

»Was für Öl nehmen Sie dazu?«

»Kein Öl, Herr Baron. Wir backen mit Butter.«

»Ei so. Wo ist denn die Butter?«

Sie wurde ihm gezeigt, er roch daran und billigte sie.

»Sorgen Sie täglich für ganz frische Butter, so lange ich da bin. Auf meine Rechnung natürlich.«

»Verlassen Sie sich darauf.«

»Sie haben eine Perle von Tochter, Herr Wirt. Gesund, hübsch und sittsam. Ich bin selbst Vater, das schärft den Blick.«

»Es sind zwei, Herr Baron.«

»Wie, zwei Töchter? Und beide erwachsen?«

»Gewiß. Die Sie bedient hat, war die Ältere. Sie werden die andere bei Tisch sehen.«

»Ich zweifle nicht, daß sie Ihrer Erziehung nicht weniger Ehre machen wird als die Ältere. Ich schätze an jungen Mädchen

nichts höher als Bescheidenheit und Unschuld. Nur wer selbst
Familie hat, kann wissen, wie viel das sagen will und wie sorgsam
die Jugend behütet werden muß.«
Die Zeit vor der Mittagstafel widmete der Reisende seiner Toilette. Er rasierte sich selbst, da sein Diener ihn auf der Flucht aus
Stuttgart nicht hatte begleiten können. Er legte Puder auf, wechselte den Rock und vertauschte die Pantoffeln mit leichten, feinen Schuhen, deren goldene Schnallen die Form einer Lilie hatten und aus Paris stammten. Da es noch nicht ganz Essenszeit
war, holte er aus einer Mappe ein Heft beschriebenes Papier, an
dem er mit dem Bleistift in der Hand sogleich zu studieren begann.
Es waren Zahlentabellen und Wahrscheinlichkeitsrechnungen.
Casanova hatte in Paris den arg zerrütteten Finanzen des Königs
durch Inszenierung von Lottobüros aufgeholfen und dabei ein
Vermögen verdient. Sein System zu vervollkommnen und in
geldbedürftigen Residenzen, etwa in Berlin oder Petersburg ein-
zuführen, war eine von seinen hundert Zukunftsplänen. Rasch
und sicher überflog sein Blick die Zahlenreihen, vom deutenden
Finger unterstützt, und vor seinem inneren Auge balancierten
Summen von Millionen und Millionen.
Bei Tische leiteten die beiden Töchter die Bedienung. Man aß
vorzüglich, auch der Wein war gut, und unter den Mitgästen
fand Casanova wenigstens einen, mit dem ein Gespräch sich
lohnte. Es war ein mäßig gekleideter, noch junger Schöngeist
und Halbgelehrter, der ziemlich gut italienisch sprach. Er behauptete, auf einer Studienreise durch Europa begriffen zu sein
und zur Zeit an einer Widerlegung des letzten Buches von Vol-
taire zu arbeiten.
»Sie werden mir Ihre Schrift senden, wenn sie gedruckt ist, nicht
wahr? Ich werde die Ehre haben, mich mit einem Werk meiner
Mußestunden zu revanchieren.«
»Es ist mir eine Ehre. Darf ich den Titel erfahren?«
»Bitte. Es handelt sich um eine italienische Übersetzung der
Odyssee, an der ich schon längere Zeit arbeite.«
Und er plauderte fließend und leichthin viel Geistreiches über
Eigentümlichkeit, Metrik und Poetik seiner Muttersprache,
über Reim und Rhythmus, über Homer und Ariosto, den gött-
lichen Ariosto, von dem er etwa zehn Verse deklamierte.

Doch fand er daneben auch noch Gelegenheit, den beiden hübschen Schwestern etwas Freundliches zu sagen. Und als man
sich vom Tisch erhob, näherte er sich der Jüngeren, sagte ein paar
respektvolle Artigkeiten und fragte sie, ob sie wohl die Kunst
des Frisierens verstehe. Als sie bejahte, bat er sie, ihm künftig
morgens diesen Dienst zu erweisen.
»O, ich kann es ebensogut«, rief die Ältere.
»Wirklich? Dann wechseln wir ab.« Und zur Jüngeren: »Also
morgen nach dem Frühstück, nicht wahr?«
Nachmittags schrieb er noch mehrere Briefe, namentlich an die
Tänzerin Binetti in Stuttgart, die seiner Flucht assistiert hatte
und die er nun bat, sich um seinen zurückgebliebenen Diener zu
bekümmern. Dieser Diener hieß Leduc, galt für einen Spanier
und war ein Taugenichts, aber von großer Treue, und Casanova
hing mehr an ihm, als man bei seiner Leichtfertigkeit für möglich
gehalten hätte.
Einen weiteren Brief schrieb er an seinen holländischen Bankier
und einen an eine ehemalige Geliebte in London. Dann fing er an
zu überlegen, was weiter zu unternehmen sei. Zunächst mußte
er die drei Offiziere erwarten, sowie Nachrichten von seinem
Diener. Beim Gedanken an die bevorstehenden Pistolenduelle
wurde er ernst und beschloß, morgen sein Testament nochmals
zu revidieren. Wenn alles gut abliefe, gedachte er auf Umwegen
nach Wien zu gehen, wohin er manche Empfehlungen hatte.
Nach einem Spaziergang nahm er seine Abendmahlzeit ein,
dann blieb er lesend in seinem Zimmer wach, da er um elf Uhr
den Besuch der älteren Wirtstochter erwartete.

Ein warmer Föhn blies um das Haus und führte kurze Regen-
schauer mit. Casanova brachte die beiden folgenden Tage ähnlich zu wie den vergangenen, nur daß jetzt auch das zweite Mädchen ihm öfters Gesellschaft leistete. So hatte er neben Lektüre
und Korrespondenz genug damit zu tun, der Liebe froh zu werden und beständig drohende Überraschungs- und Eifersuchts-
szenen zwischen den beiden Blonden umsichtig zu verhüten. Er
verfügte weise abwägend über die Stunden des Tages und der
Nacht, vergaß auch sein Testament nicht und hielt seine schönen
Pistolen mit allem Zubehör bereit.
Allein die drei geforderten Offiziere kamen nicht. Sie kamen

nicht und schrieben nicht, am dritten Wartetag so wenig wie am
zweiten. Der Abenteurer, bei dem der erste Zorn längst abgekühlt war, hatte im Grunde nicht viel dagegen. Weniger ruhig
war er über das Ausbleiben Leducs, seines Dieners. Er beschloß,
noch einen Tag zu warten. Mittlerweile entschädigten ihn die
verliebten Mädchen für seinen Unterricht in der ars amandi dadurch, daß sie ihm, dem endlos Gelehrigen, ein wenig Deutsch
beibrachten.

Am vierten Tage drohte Casanovas Geduld ein Ende zu nehmen.
Da kam, noch ziemlich früh am Vormittag, Leduc auf keuchen-
dem Pferde dahergesprengt, von den kotigen Vorfrühlingswe-
gen über und über bespritzt. Froh und gerührt hieß ihn sein
Herr willkommen und Leduc begann, noch ehe er über Brot,
Schinken und Wein herfiel, eilig zu berichten.

»Vor allem, Herr Ritter«, begann er, »bestellen Sie Pferde und
lassen Sie uns noch heute die Schweizer Grenze erreichen. Zwar
werden keine Offiziere kommen, um sich mit Ihnen zu schlagen,
aber ich weiß für sicher, daß Sie hier in Bälde von Spionen,
Häschern und bezahlten Mördern würden belästigt werden,
wenn Sie dableiben. Der Herzog selber soll empört über Sie sein
und Ihnen seinen Schutz versagen. Also eilen Sie!«

Casanova überlegte nicht lange. In Aufregung geriet er nicht, das
Unheil war ihm zu anderen Zeiten schon weit näher auf den
Fersen gewesen. Doch gab er seinem Spanier recht und bestellte
Pferde für Schaffhausen.

Zum Abschiednehmen blieb ihm wenig Zeit. Er bezahlte seine
Zeche, gab der älteren Schwester einen Schildpattkamm zum
Andenken und der jüngeren das heilige Versprechen, in möglichster Bälde wiederzukommen, packte seine Reisekoffer und
saß, kaum drei Stunden nach dem Eintritt seines Leduc, schon
mit diesem im Postwagen. Tücher wurden geschwenkt und Ab-
schiedsworte gerufen, dann bog der wohlbespannte Eilwagen
aus dem Hof auf die Straße und rollte schnell auf der nassen
Landstraße davon.

II

Angenehm war es nicht, so Hals über Kopf ohne Vorbereitungen in ein wildfremdes Land entfliehen zu müssen. Auch mußte Leduc dem Betrübten mitteilen, daß sein schöner, vor wenigen Monaten gekaufter Reisewagen in den Händen der Stuttgarter geblieben sei. Dennoch kam er gegen Schaffhausen hin wieder in gute Laune, und da die Landesgrenze überschritten und der Rhein erreicht war, nahm er ohne Ungeduld die Nachricht entgegen, daß zur Zeit in der Schweiz die Einrichtung der Extraposten noch nicht bestehe.

Es wurden also Mietpferde zur Weiterreise nach Zürich bestellt, und bis diese bereit waren, konnte man in aller Ruhe eine gute Mahlzeit einnehmen.

Dabei versäumte der weltgewandte Reisende nicht, sich in aller Eile einigermaßen über Lebensart und Verhältnisse des fremden Landes zu unterrichten. Es gefiel ihm wohl, daß der Gastwirt hausväterlich an der Wirtstafel präsidierte und daß dessen Sohn, obwohl er den Rang eines Hauptmanns bei den Reichstruppen besaß, sich nicht schämte, aufwartend hinter seinem Stuhl zu stehen und ihm die Teller zu wechseln. Dem raschlebigen Weltbummler, der viel auf erste Eindrücke gab, wollte es scheinen, er sei in ein gutes Land gekommen, wo unverdorbene Menschen sich eines schlichten, doch behaglichen Lebens erfreuten. Auch fühlte er sich hier vor dem Zorn des Stuttgarter Tyrannen geborgen und witterte, nachdem er lange Zeit an Höfen verkehrt und in Fürstendiensten gestanden hatte, lüstern die Luft der Freiheit.

Rechtzeitig fuhr der bestellte Wagen vor, die beiden stiegen ein und weiter ging es, einem leuchtend gelben Abendglanz entgegen, nach Zürich.

Leduc sah seinen Herrn in der nachdenksamen Stimmung der Verdauungsstunde im Polster lehnen, wartete längere Zeit, ob er etwa ein Gespräch beliebe, und schlief dann ein. Casanova achtete nicht auf ihn.

Er war, teils durch den Abschied von den Fürstenbergerinnen, teils durch das gute Essen und die neuen Eindrücke in Schaffhausen, wohlig gerührt und im Ausruhen von den vielen Erregungen dieser letzten Wochen fühlte er mit leiser Ermattung, daß er doch nicht mehr jung sei. Zwar hatte er noch nicht das Gefühl, daß der Stern seines glänzenden Zigeunerlebens sich zu neigen beginne. Doch gab er sich Betrachtungen hin, die den Heimatlosen stets früher befallen als andere Menschen, Betrachtungen über das unaufhaltsame Näherrücken des Alters und des Todes. Er hatte sein Leben ohne Vorbehalt der unbeständigen Glücksgöttin anvertraut, und sie hatte ihn bevorzugt und verwöhnt, sie hatte ihm mehr gegönnt als tausend Nebenbuhlern. Aber er wußte genau, daß Fortuna nur die Jugend liebt, und die Jugend war flüchtig und unwiederbringlich, er fühlte sich ihrer nicht mehr sicher und wußte nicht, ob sie ihn nicht vielleicht schon verlassen habe.

Freilich, er war nicht mehr als fünfunddreißig Jahre alt. Aber er hatte vierfältig und zehnfältig gelebt. Er hatte nicht nur hundert Frauen geliebt, er war auch in Kerkern gelegen, hatte qualvolle Nächte durchwacht, Tage und Wochen im Reisewagen verlebt, die Angst des Gefährdeten und Verfolgten gekostet, dann wieder aufregende Geschäfte betrieben, erschöpfende Nächte mit heißen Augen an den Spieltischen aller Städte verbracht, Vermögen gewonnen und verloren und zurückgewonnen. Er hatte Freunde und Feinde, die gleich ihm als kühne Heimatlose und Glücksjäger über die Erde irrten, in Not und Krankheit, Kerker und Schande geraten sehen. Wohl hatte er in fünfzig Städten dreier Länder Freunde und Frauen, die an ihm hingen, aber würden sie sich seiner erinnern wollen, wenn er je einmal krank, alt und bettelnd zu ihnen käme?«

»Schläfst du, Leduc?«

Der Diener fuhr auf.

»Was beliebt?«

»In einer Stunde sind wir in Zürich.«

»Kann schon sein.«

»Kennst du Zürich?«

»Nicht besser als meinen Vater, und den hab' ich nie gesehen. Es wird eine Stadt sein wie andere, jedoch vorwiegend blond, wie ich sagen hörte.«

»Ich habe genug von den Blonden.«

»Ei so. Seit Fürstenberg wohl? Die zwei haben Ihnen doch nicht weh getan?«

»Sie haben mich frisiert, Leduc.«

»Frisiert?«

»Frisiert. Und mir Deutsch beigebracht, sonst nichts.«

»War das zu wenig?«

»Keine Witze jetzt! – Ich werde alt, du.«

»Heute noch?«

»Sei vernünftig. Es wäre auch für dich allmählich Zeit, nicht?«

»Zum Altwerden, nein. Zum Vernünftigwerden, ja, wenn es mit Ehren sein kann.«

»Du bist ein Schwein, Leduc.«

»Mit Verlaub, das stimmt nicht. Verwandte fressen einander nicht auf, und mir geht nichts über frischen Schinken. Der in Fürstenberg war übrigens zu stark gesalzen.«

Diese Art von Unterhaltung war nicht, was der Herr gewollt hatte. Doch schalt er nicht, dazu war er zu müde und in zu milder Stimmung. Er schwieg nur und winkte lächelnd ab. Er fühlte sich schläfrig und konnte seine Gedanken nimmer beisammen halten. Und während er in einen ganz leichten, halben Schlummer sank, glitt seine Erinnerung in die Zeiten der ersten Jugend zurück. Er träumte in lichten, verklärten Farben und Gefühlen von einer Griechin, die er einst als blutjunger Fant im Schiffe vor Ancona getroffen hatte, und von seinen ersten, phantastischen Erlebnissen in Konstantinopel und auf Korfu.

Darüber eilte der Wagen weiter und rollte, als der Schläfer emporfuhr, über Steinpflaster und gleich darauf über eine Brücke, unter welcher ein schwarzer Strom rauschte und rötliche Lichter spiegelte. Man war in Zürich vor dem Gasthaus zum Schwert angekommen.

Casanova war im Augenblicke munter. Er reckte sich und stieg aus, von einem höflichen Wirt empfangen.

»Also Zürich«, sagte er vor sich hin. Und obwohl er gestern noch die Absicht gehabt hatte, nach Wien zu reisen und nicht im mindesten wußte, was ungefähr er in Zürich treiben solle, blickte er fröhlich um sich, folgte dem Gastwirt ins Haus und suchte sich ein bequemes Zimmer mit Vorraum im ersten Stockwerk aus.

Nach dem Abendessen kehrte er bald zu seinen früheren Betrachtungen zurück. Je geborgener und wohler er sich fühlte, desto bedenklicher kamen ihm nachträglich die Bedrängnisse vor, denen er soeben entronnen war. Sollte er sich freiwillig wieder in solche Gefahren begeben? Sollte er, nachdem das stürmische Meer ihn ohne sein Verdienst an einen friedlichen Strand geworfen hatte, sich ohne Not noch einmal den Wellen überlassen?

Wenn er genau nachrechnete, betrug der Wert seines Besitzes an Geld, Kreditbriefen und fahrender Habe ungefähr hunderttausend Taler. Das genügte für einen Mann ohne Familie, sich für immer ein stilles und bequemes Leben zu sichern.

Mit diesen Gedanken legte er sich zu Bett und erlebte in einem langen ungestörten Schlafe eine Reihe friedvoll glücklicher Träume. Er sah sich als Besitzer eines schönen Landsitzes, frei und heiter lebend, fern von Höfen, Gesellschaft und Intrigen, in immer neuen Bildern voll ländlicher Anmut und Frische.

Diese Träume waren so schön und so gesättigt von reinem Glücksgefühl, daß Casanova das Erwachen am Morgen fast schmerzlich ernüchternd empfand. Doch beschloß er sofort, diesem letzten Wink seiner guten Glücksgöttin zu folgen und seine Träume wahr zu machen. Sei es nun, daß er sich in der hiesigen Gegend ankaufe, sei es, daß er nach Italien, Frankreich oder Holland zurückkehren würde, jedenfalls wollte er von heute an auf Abenteuer, Glücksjagd und äußeren Lebensglanz verzichten und sich so bald wie möglich ein ruhiges, sorglos unabhängiges Leben schaffen.

Gleich nach dem Frühstück befahl er Leduc die Obhut über seine Zimmer und verließ allein und zu Fuß das Hotel. Ein lang nicht mehr gefühltes Bedürfnis zog den Vielgereisten seitab auf das Land zu Wiesen und Wald. Bald hatte er die Stadt hinter sich und wanderte ohne Eile den See entlang. Milde, zärtliche Frühlingsluft wogte lau und schwellend über graugrünen Matten, auf denen erste gelbe Blümlein strahlend lachten und an deren Rande die Hecken voll rötlich warmer, strotzender Blattknospen standen. Am feuchtblauen Himmel schwammen weich geballte, lichte Wolken hin, und in der Ferne stand über den mattgrauen und tannenblauen Vorbergen weiß und feierlich der zackige Halbkreis der Alpen.

Einzelne Ruderboote und Frachtkähne mit großem Dreiecksegel waren auf der nur schwach bewegten Seefläche unterwegs, und am Ufer führte ein guter, reinlicher Weg durch helle, meist aus Holz gebaute Dörfer. Fuhrleute und Bauern begegneten dem Spaziergänger, und manche grüßten ihn freundlich. Das alles ging ihm lieblich ein und bestärkte seine tugendhaften und klugen Vorsätze. Am Ende einer stillen Dorfstraße schenkte er einem weinenden Kinde eine kleine Silbermünze, und in einem Wirtshaus, wo er nach beinahe dreistündigem Gehen Rast hielt und einen Imbiß nahm, ließ er den Wirt leutselig aus seiner Dose schnupfen.

Casanova hatte keine Ahnung, in welcher Gegend er sich nun befinde, und mit dem Namen eines wildfremden Dorfes wäre ihm auch nicht gedient gewesen. Er fühlte sich wohl in der leise durchsonnten Luft. Von den Strapazen der letzten Zeit hatte er sich genügend ausgeruht, auch war sein ewig verliebtes Herz zur Zeit still und hatte Feiertag, so wußte er im Augenblick nichts Schöneres, als dieses sorglose Lustwandeln durch ein fremdes, schönes Land. Da er immer wieder Gruppen von Landleuten begegnete, hatte es mit dem Verirren keine Gefahr.

Im Sicherheitsgefühl seiner neuesten Entschlüsse genoß er nun den Rückblick auf sein bewegtes Vagantenleben wie ein Schauspiel, das ihn rührte oder belustigte, ohne ihn doch in seiner jetzigen Gemütsruhe zu stören. Sein Leben war gewagt und oft liederlich gewesen, das gab er sich selber zu, aber nun er es so im Ganzen überblickte, war es doch ohne Zweifel ein hübsch buntes, flottes und lohnendes Spiel gewesen, an dem man Freude haben konnte.

Indessen führte ihn, da er anfing ein wenig zu ermüden, der Weg in ein breites Tal zwischen hohen Bergen. Eine große, prächtige Kirche stand da, an die sich weitläufige Gebäude anschlossen. Erstaunt bemerkte er, daß das ein Kloster sein müsse, und freute sich, unvermutet in eine katholische Gegend gekommen zu sein.

Er trat entblößten Hauptes in die Kirche und nahm mit zunehmender Verwunderung Marmor, Gold und kostbare Stickereien wahr. Es wurde eben die letzte Messe gelesen, die er mit Andacht anhörte. Darauf begab er sich neugierig in die Sakristei, wo er eine Anzahl Benediktinermönche sah. Der Abt, erkenntlich durch das Kreuz vor der Brust, war dabei und erwiderte den Gruß des Fremden durch die höfliche Frage, ob er die Sehenswürdigkeiten der Kirche betrachten wolle.

Gern nahm Casanova an und wurde vom Abte selbst in Begleitung zweier Brüder umhergeführt und sah alle Kostbarkeiten und Heiligtümer mit der diskreten Neugier des gebildeten Reisenden an, ließ sich die Geschichte und Legenden der Kirche erzählen und war nur dadurch ein wenig in Verlegenheit gebracht, daß er nicht wußte, wo er eigentlich sei und wie Ort und Kloster heiße.

»Wo sind Sie denn abgestiegen?« fragte schließlich der Abt.

»Nirgends, Hochwürden. Zu Fuß von Zürich her angekommen, trat ich sogleich in die Kirche.«

Der Abt, über den frommen Eifer des Wallfahrers entzückt, lud ihn zu Tisch, was jener dankbar annahm. Nun, da der Abt ihn für einen bußfahrenden Sünder hielt, der weite Wege gemacht, um hier Trost zu finden, konnte Casanova vollends nicht mehr fragen, wo er sich denn befinde. Übrigens sprach er mit dem geistlichen Herrn, da es mit dem Deutschen nicht so recht gehen wollte, lateinisch.

»Unsere Brüder haben Fastenzeit«, fuhr der Abt fort, »da habe ich ein Privileg vom heiligen Vater Benedikt dem Vierzehnten, das mir gestattet, täglich mit drei Gästen auch Fleischspeisen zu essen. Wollen Sie gleich mir von dem Privilegium Gebrauch machen, oder ziehen Sie es vor zu fasten?«

»Es liegt mir fern, hochwürdiger Herr, von der Erlaubnis des Papstes wie auch von Ihrer gütigen Einladung keinen Gebrauch zu machen. Es möchte arrogant aussehen.«

»Also speisen wir!«

Im Speisezimmer des Abtes hing wirklich jenes päpstliche Breve unter Glas gerahmt an der Wand. Es waren zwei Couverts aufgelegt, zu denen ein Bedienter in Livree sogleich ein drittes fügte.

»Wir speisen zu dreien, Sie, ich und mein Kanzler. Da kommt er ja eben.«

»Sie haben einen Kanzler?«

»Ja. Als Abt von Maria-Einsiedeln bin ich Fürst des römischen Reiches und habe die Verpflichtungen eines solchen.«

Endlich wußte also der Gast, wo er hingeraten sei, und freute sich, das weltberühmte Kloster unter so besonderen Umständen und ganz unverhofft kennengelernt zu haben. Indessen nahm man Platz und begann zu tafeln.

»Sie sind Ausländer?« fragte der Abt.

»Venetianer, doch schon seit längerer Zeit auf Reisen.«
Daß er verbannt sei, brauchte er ja einstweilen nicht zu erzählen.
»Und reisen Sie weiter durch die Schweiz? Dann bin ich gerne bereit, Ihnen einige Empfehlungen mitzugeben.«
»Ich nehme das dankbar an. Ehe ich jedoch weiterreise, wäre es mein Wunsch, eine vertraute Unterredung mit Ihnen haben zu dürfen. Ich möchte Ihnen beichten und Ihren Rat über manches, was mein Gewissen beschwert, erbitten.«
»Ich werde nachher zu Ihrer Verfügung stehen. Es hat Gott gefallen, Ihr Herz zu erwecken, so wird er auch Frieden für das Herz haben. Der Menschen Wege sind vielerlei, doch sind nur wenige so weit verirrt, daß ihnen nicht mehr zu helfen wäre. Wahre Reue ist das erste Erfordernis der Umkehr, wenn auch die echte, gottgefällige Zerknirschung noch nicht im Zustand der Sünde, sondern erst in dem der Gnade eintreten kann.«
So redete er eine Weile weiter, während Casanova sich mit Speise und Wein bediente. Als er schwieg, nahm jener wieder das Wort.
»Verzeihen Sie meine Neugierde, Hochwürdiger, aber wie machen Sie es möglich, um diese Jahreszeit so vortreffliches Wild zu haben?«
»Nicht wahr? Ich habe dafür ein Rezept. Wild und Geflügel, die Sie hier sehen, sind sämtlich sechs Monate alt.«
»Ist es möglich?«
»Ich habe eine Einrichtung, mittels der ich die Sachen so lange vollkommen luftdicht abschließe.«
»Darum beneide ich Sie.«
»Bitte. Aber wollen Sie gar nichts vom Lachs nehmen?«
»Wenn Sie ihn mir eigens anbieten, gewiß.«
»Ist er doch eine Fastenspeise!«
Der Gast lachte und nahm vom Lachs.

III

Nach Tisch empfahl sich der Kanzler, ein stiller Mann, und der Abt zeigte seinem Gast das Kloster. Alles gefiel dem Venetianer sehr wohl. Er begriff, daß ruhebedürftige Menschen das Klosterleben erwählen und sich darin wohlfühlen konnten. Und schon begann er zu überlegen, ob dies nicht auch für ihn am Ende der beste Weg zum Frieden des Leibes und der Seele sei.

Einzig die Bibliothek befriedigte ihn wenig.

»Ich sehe da«, bemerkte er, »zwar Massen von Folianten, aber die neuesten davon scheinen mir mindestens hundert Jahre alt zu sein, und lauter Bibeln, Psalter, theologische Exegese, Dogmatik und Legendenbücher. Das alles sind ja ohne Zweifel vortreffliche Werke –«

»Ich vermute es«, lächelte der Prälat.

»Aber Ihre Mönche werden doch auch andere Bücher haben, über Geschichte, Physik, schöne Künste, Reisen und dergleichen.«

»Wozu? Unsere Brüder sind fromme, einfache Leute. Sie tun ihre tägliche Pflicht und sind zufrieden.«

»Das ist ein großes Wort. – Aber dort hängt ja, sehe ich eben, ein Bildnis des Kurfürsten von Köln.«

»Der da im Bischofsornat, jawohl.«

»Sein Gesicht ist nicht ganz gut getroffen. Ich habe ein besseres Bild von ihm. Sehen Sie!«

Er zog aus einer inneren Tasche eine schöne Dose, in deren Deckel ein Miniaturporträt eingefügt war. Es stellte den Kurfürsten als Großmeister des deutschen Ordens vor.

»Das ist hübsch. Woher haben Sie das?«

»Vom Kurfürsten selbst.«

»Wahrhaftig?«

»Ich habe die Ehre, sein Freund zu sein.«

Mit Wohlgefallen nahm er wahr, wie er zusehends in der Achtung des Abtes stieg, und steckte die Dose wieder ein.

»Ihre Mönche sind fromm und zufrieden, sagten Sie. Das möchte einem beinahe Lust nach diesem Leben erwecken.«

»Es ist eben ein Leben im Dienst des Herrn.«

»Gewiß, und fern von den Stürmen der Welt.«

»So ist es.«

Nachdenklich folgte er seinem Führer und bat ihn nach einer Weile, nun seine Beichte anzuhören, damit er Absolution erhalten und morgen die Kommunion nehmen könne.

Der Herr führte ihn zu einem kleinen Pavillon, wo sie eintraten.

Der Abt setzte sich und Casanova wollte niederknien, doch gab jener das nicht zu.

»Nehmen Sie einen Stuhl«, sagte er freundlich, »und erzählen Sie mir von Ihren Sünden.«

»Es wird lange dauern.«

»Bitte, beginnen Sie nur. Ich werde aufmerksam sein.«

Damit hatte der gute Mann nicht zuviel versprochen. Die Beichte des Chevaliers nahm, obwohl er möglichst gedrängt und rasch erzählte, volle drei Stunden in Anspruch. Der hohe Geistliche schüttelte anfangs ein paar Mal den Kopf oder seufzte, denn eine solche Kette von Sünden war ihm doch noch niemals vorgekommen, und er hatte eine unglaubliche Mühe, die einzelnen Frevel so in der Geschwindigkeit einzuschätzen, zu addieren und im Gedächtnis zu behalten. Bald genug gab er das völlig auf und horchte nur mit Erstaunen dem fließenden Vortrag des Italieners, der in zwangloser, flotter, fast künstlerischer Weise sein ganzes Leben erzählte. Manchmal lächelte der Abt und manchmal lächelte auch der Beichtende, ohne jedoch innezuhalten. Seine Erzählung führte in fremde Länder und Städte, durch Krieg und Seereisen, durch Fürstenhöfe, Klöster, Spielhöllen, Gefängnis, durch Reichtum und Not, sie sprang vom Rührenden zum Tollen, vom Harmlosen zum Skandalösen, vorgetragen aber wurde sie nicht wie ein Roman und nicht wie eine Beichte, sondern unbefangen, ja manchmal heiter-geistreich und stets mit der selbstverständlichen Sicherheit dessen, der Erlebtes erzählt und weder zu sparen noch dick aufzutragen braucht.

Nie war der Abt und Reichsfürst besser unterhalten worden. Besondere Reue konnte er im Ton des Beichtenden nicht wahrnehmen, doch hatte er selbst bald vergessen, daß er als Beichtvater und nicht als Zuschauer eines aufregenden Theaterstücks hier sitze.

»Ich habe Sie nun lang genug belästigt«, schloß Casanova endlich. »Manches mag ich vergessen haben, doch kommt es ja wohl auf ein wenig mehr oder minder nicht an. Sind Sie ermüdet, Hochwürden?«

»Durchaus nicht. Ich habe kein Wort verloren.«

»Und darf ich die Absolution erwarten?«

Noch ganz benommen sprach der Abt die heiligen Worte aus,

durch welche Casanovas Sünden vergeben waren und die ihn des Sakramentes würdig erklärten.

Jetzt wurde ihm ein Zimmer angewiesen, damit er die Zeit bis morgen in frommer Betrachtung ungestört verbringen könnte. Den Rest des Tages verwendete er dazu, sich den Gedanken ans Mönchwerden zu überlegen. So sehr er Stimmungsmensch und rasch im Ja- oder Neinsagen war, hatte er doch zuviel Selbsterkenntnis und viel zu viel rechnende Klugheit, um sich nicht voreilig die Hände zu binden und des Verfügungsrechts über sein Leben zu begeben.

Er malte sich also sein zukünftiges Mönchsdasein bis in alle Einzelheiten aus und entwarf einen Plan, um sich für jeden möglichen Fall einer Reue oder Enttäuschung offene Tür zu halten. Den Plan wandte und drehte er um und um, bis er ihm vollkommen erschien, und dann brachte er ihn sorgfältig zu Papier.

In diesem Schriftstück erklärte er sich bereit, als Novize in das Kloster Maria-Einsiedeln zu treten. Um jedoch Zeit zur Selbstprüfung und zum etwaigen Rücktritt zu behalten, erbat er ein zehnjähriges Noviziat. Damit man ihm diese ungewöhnlich lange Frist gewähre, hinterlegte er ein Kapital von zehntausend Franken, das nach seinem Tode oder Wiederaustritt aus dem Orden dem Kloster zufallen sollte. Ferner erbat er sich die Erlaubnis, Bücher jeder Art auf eigene Kosten zu erwerben und in seiner Zelle zu haben; auch diese Bücher sollten nach seinem Tode Eigentum des Klosters werden.

Nach einem Dankgebet für seine Bekehrung legte er sich nieder und schlief gut und fest als einer, dessen Gewissen rein wie Schnee und leicht wie eine Feder ist. Und am Morgen nahm er in der Kirche die Kommunion.

Der Abt hatte ihn zur Schokolade eingeladen. Bei dieser Gelegenheit übergab Casanova ihm sein Schriftstück mit der Bitte um eine günstige Antwort.

Jener las das Gesuch sogleich, beglückwünschte den Gast zu seinem Entschluß und versprach, ihm nach Tisch Antwort zu geben.

»Finden Sie meine Bedingungen zu selbstsüchtig?«

»O nein, Herr Chevalier, ich denke, wir werden wohl einig werden. Mich persönlich würde das aufrichtig freuen. Doch muß ich Ihr Gesuch zuvor dem Konvent vorlegen.«

»Das ist nicht mehr als billig. Darf ich Sie bitten, meine Eingabe
freundlich zu befürworten?«

»Mit Vergnügen. Also auf Wiedersehn bei Tische!«

Der Weltflüchtige machte nochmals einen Gang durchs Kloster,
sah sich die Brüder an, inspizierte einige Zellen und fand alles
nach seinem Herzen. Freudig lustwandelte er durch Einsiedeln,
sah Wallfahrer mit einer Fahne einziehen und Fremde in Züricher Mietwagen abreisen, hörte nochmals eine Messe und
steckte einen Taler in die Almosenbüchse.

Während der Mittagstafel, die ihm diesmal ganz besonders
durch vorzügliche Rheinweine Eindruck machte, fragte er, wie
es mit seinen Angelegenheiten stehe.

»Seien Sie ohne Sorge«, meinte der Abt, »obwohl ich Ihnen im
Augenblick noch keine entscheidende Antwort habe. Der Konvent will noch Bedenkzeit.«

»Glauben Sie, daß ich aufgenommen werde?«

»Ohne Zweifel.«

»Und was soll ich inzwischen tun?«

»Was Sie wollen. Gehen Sie nach Zürich zurück und erwarten Sie
dort unsere Antwort, die ich Ihnen übrigens persönlich bringen
werde. Heut über vierzehn Tage muß ich ohnehin in die Stadt,
dann suche ich Sie auf, und wahrscheinlich werden Sie dann
sogleich mit mir hierher zurückkehren können. Paßt Ihnen
das?«

»Vortrefflich. Also heut über vierzehn Tage. Ich wohne im
Schwert. Man ißt dort recht gut; wollen Sie dann zu Mittag mein
Gast sein?«

»Sehr gerne.«

»Aber wie komme ich heute nach Zürich zurück? Sind irgendwo
Wagen zu haben?«

»Sie fahren nach Tisch in meiner Reisekutsche.«

»Das ist allzuviel Güte. –«

»Lassen Sie doch! Es ist schon Auftrag gegeben. Sehen Sie lieber
zu, sich noch ordentlich zu stärken. Vielleicht noch ein Stückchen Kalbsbraten?«

Kaum war die Mahlzeit beendet, so fuhr des Abtes Wagen vor.
Ehe der Gast einstieg, gab ihm jener noch zwei versiegelte Briefe
an einflußreiche Züricher Herren mit. Herzlich nahm Casanova
von dem gastfreien Herrn Abschied, und mit dankbaren Gefüh-

len fuhr er in dem sehr bequemen Wagen durch das lachende Land und am See entlang nach Zürich zurück.

Als er vor seinem Gasthaus vorfuhr, empfing ihn der Diener Leduc mit unverhohlenem Grinsen.

»Was lachst du?«

»Na, es freut mich nur, daß Sie in dieser fremden Stadt schon Gelegenheit gefunden haben, sich volle zwei Tage außer dem Haus zu amüsieren.«

»Dummes Zeug. Geh jetzt und sag dem Wirt, daß ich vierzehn Tage hier bleibe und für diese Zeit einen Wagen und einen guten Lohndiener haben will.«

Der Wirt kam selber und empfahl einen Diener, für dessen Redlichkeit er sich verbürgte. Auch besorgte er einen offenen Mietwagen, da andere nicht zu haben waren.

Am folgenden Tage gab Casanova seine Briefe an die Herren Orelli und Pestalozzi persönlich ab. Sie waren nicht zu Hause, machten ihm aber beide nach Mittag einen Besuch im Hotel und luden ihn für morgen und übermorgen zu Tisch und für heute abend ins Konzert ein. Er sagte zu und fand sich rechtzeitig ein.

Das Konzert, das einen Taler Eintrittsgeld kostete, gefiel ihm gar nicht. Namentlich mißfiel ihm die langweilige Einrichtung, daß Männer und Frauen abgesondert je in einem Teil des Saales saßen. Sein scharfes Auge entdeckte unter den Damen mehrere Schönheiten, und er begriff nicht, warum die Sitte ihm verbiete, ihnen den Hof zu machen. Nach dem Konzert wurde er den Frauen und Töchtern der Herren vorgestellt und fand besonders in Fräulein Pestalozzi eine überaus hübsche und liebenswürdige Dame. Doch enthielt er sich jeder leichtfertigen Galanterie.

Obwohl ihm dies Benehmen nicht ganz leicht fiel, schmeichelte es doch seiner Eitelkeit. Er war seinen neuen Freunden in den Briefen des Abtes als ein bekehrter Mann und angehender Büßer vorgestellt worden und er merkte, daß man ihn mit fast ehrerbietiger Achtung behandelte, obwohl er meist mit Protestanten verkehrte. Diese Achtung tat ihm wohl und ersetzte ihm teilweise das Vergnügen, das er seinem ernsten Auftreten opfern mußte.

Und dieses Auftreten gelang ihm so gut, daß er bald sogar auf der

Straße mit einer gewissen Ehrerbietung gegrüßt wurde. Ein Geruch von Askese und Heiligkeit umwehte den merkwürdigen Mann, dessen Leumund so wechselnd war wie sein Leben.

Immerhin konnte er es sich nicht versagen, vor seinem Rücktritt aus dem Weltleben dem Herzog von Württemberg noch einen unverschämt gesalzenen Brief zu schreiben. Das wußte ja niemand. Und es wußte auch niemand, daß er manchmal im Schutz der Dunkelheit abends ein Haus aufsuchte, in dem weder Mönche wohnten noch Psalmen gesungen wurden.

IV

Die Vormittage widmete der fromme Herr Chevalier dem Studium der deutschen Sprache. Er hatte einen armen Teufel von der Straße aufgelesen, einen Genuesen namens Giustiniani. Der saß nun täglich in den Morgenstunden bei Casanova und brachte ihm Deutsch bei, wofür er jedesmal sechs Franken Honorar bekam.

Dieser entgleiste Mann, dem sein reicher Schüler übrigens die Adresse jenes Hauses verdankte, unterhielt seinen Gönner hauptsächlich dadurch, daß er über Mönchtum und Klosterleben in allen Tonarten schimpfte und lästerte. Er wußte nicht, daß sein Schüler im Begriffe stand, Benediktinerbruder zu werden, sonst wäre er zweifellos vorsichtiger gewesen. Casanova nahm ihm jedoch nichts übel. Der Genuese war vor Zeiten Kapuzinermönch gewesen und der Kutte wieder entschlüpft. Nun fand der merkwürdige Bekehrte ein Vergnügen darin, den armen Kerl seine klosterfeindlichen Ergüsse vortragen zu lassen.

»Es gibt aber doch auch gute Leute unter den Mönchen«, wandte er etwa einmal ein.

»Sagen Sie das nicht! Keinen gibt es, keinen einzigen! Sie sind ohne Ausnahme Tagdiebe und faule Bäuche.«

Sein Schüler hörte lachend zu und freute sich auf den Augenblick, in dem er das Lästermaul durch die Nachricht von seiner bevorstehenden Einkleidung verblüffen würde.

Immerhin begann ihm bei dieser stillen Lebensweise die Zeit etwas lang zu werden, und er zählte die Tage bis zum vermutlichen Eintreffen des Abtes mit Ungeduld. Nachher, wenn er

dann im Klosterfrieden säße und in Ruhe seinem Studium ob-
läge, würden Langeweile und Unrast ihn schon verlassen. Er
plante eine Homerübersetzung, ein Lustspiel und eine Geschichte Venedigs und hatte, um einstweilen doch etwas in diesen Sachen zu tun, bereits einen starken Posten gutes Schreib-
papier gekauft.

So verging ihm die Zeit zwar langsam und unlustig, aber sie
verging doch, und am Morgen des 23. April stellte er aufatmend
fest, daß dies sein letzter Wartetag sein sollte, denn andern Tages
stand die Ankunft des Abtes bevor.

Er schloß sich ein und prüfte noch einmal seine weltlichen wie
geistlichen Angelegenheiten, bereitete auch das Einpacken seiner Sachen vor und freute sich, endlich dicht vor dem Beginn
eines neuen, friedlichen Lebens zu stehen. An seiner Aufnahme
in Maria-Einsiedeln zweifelte er nicht, denn nötigenfalls war er
entschlossen, das versprochene Kapital zu verdoppeln. Was lag
in diesem Falle an zehntausend Franken?

Gegen sechs Uhr abends, da es im Zimmer leis zu dämmern
begann, trat er ans Fenster und schaute hinaus. Er konnte von
dort den Vorplatz des Hotels und die Limmatbrücke überse-
hen.

Eben fuhr ein Reisewagen an und hielt vor dem Gasthaus. Casanova schaute neugierig zu. Der Kellner sprang herzu und öffnete den Schlag. Heraus stieg eine in Mäntel gehüllte ältere Frau,
dann noch eine, hierauf eine dritte, lauter matronenhaft ernste,
ein wenig säuerliche Damen.

»Die hätten auch anderswo absteigen dürfen«, dachte der am
Fenster.

Aber diesmal kam das schlanke Ende nach. Es stieg eine vierte
Dame aus, eine hohe schöne Figur in einem Kostüm, das damals
viel getragen und Amazonenkleid genannt wurde. Auf dem
schwarzen Haar trug sie eine kokette, blauseidene Mütze mit
einer silbernen Quaste.

Casanova stellte sich auf die Zehen und schaute vorgebeugt
hinab. Es gelang ihm, ihr Gesicht zu sehen, ein junges, schönes,
brünettes Gesicht mit schwarzen Augen unter stolzen, dichten
Brauen. Zufällig blickte sie am Hause hinauf, und da sie den im
Fenster Stehenden gewahr wurde und seinen Blick auf sich gerichtet fühlte, seinen Casanovablick, betrachtete sie ihn einen

163

kleinen Augenblick mit Aufmerksamkeit – einen kleinen Augenblick.

Dann ging sie mit den andern ins Haus. Der Chevalier eilte in sein Vorzimmer, durch dessen Glastür er auf den Korridor schauen konnte. Richtig kamen die Viere, und als letzte die Schöne in Begleitung des Wirtes die Treppe herauf und an seiner Türe vorbei. Die Schwarze, als sie sich unversehens von demselben Manne fixiert sah, der sie soeben vom Fenster aus angestaunt hatte, stieß einen leisen Schrei aus, faßte sich aber sofort und eilte kichernd den anderen nach.

Casanova glühte. Seit Jahren glaubte er nichts Ähnliches gesehen zu haben.

»Amazone, meine Amazone!« sang er vor sich hin und warf seinen Kleiderkoffer ganz durcheinander, um in aller Eile große Toilette zu machen. Denn heute mußte er unten an der Tafel speisen, mit den Neuangekommenen! Bisher hatte er sich im Zimmer servieren lassen, um sein weltfeindliches Auftreten zu wahren. Nun zog er hastig eine Sammethose, neue weißseidene Strümpfe, eine goldgestickte Weste, den Gala-Leibrock und seine Spitzenmanschetten an. Dann klingelte er dem Kellner.

»Sie befehlen?«

»Ich speise heute an der Tafel, unten.«

»Ich werde es bestellen.«

»Sie haben neue Gäste?«

»Vier Damen.«

»Woher?«

»Aus Solothurn.«

»Spricht man in Solothurn französisch?«

»Nicht durchwegs. Aber diese Damen sprechen es.«

»Gut. – Halt, noch was. Die Damen speisen doch unten?«

»Bedaure. Sie haben das Souper auf ihr Zimmer bestellt.«

»Da sollen doch dreihundert junge Teufel! Wann servieren Sie dort?«

»In einer halben Stunde.«

»Danke. Gehen Sie!«

»Aber werden Sie nun an der Tafel essen oder –?«

»Gottesdonner, nein! Gar nicht werde ich essen. Gehen Sie.«

Wütend stürmte er im Zimmer auf und ab. Es mußte heut abend etwas geschehen. Wer weiß, ob die Schwarze nicht morgen schon weiterfuhr. Und außerdem kam ja morgen der Abt. Er wollte ja Mönch werden. Zu dumm! Zu dumm!

Aber es wäre seltsam gewesen, wenn der Lebenskünstler nicht doch eine Hoffnung, einen Ausweg, ein Mittel, ein Mittelchen gefunden hätte. Seine Wut dauerte nur Minuten. Dann sann er nach. Und nach einer Weile schellte er den Kellner wieder herauf.

»Was beliebt?«

»Ich möchte dir einen Louisdor zu verdienen geben.«

»Ich stehe zu Diensten, Herr Baron.«

»Gut. So geben Sie mir Ihre grüne Schürze.«

»Mit Vergnügen.«

»Und lassen Sie mich die Damen bedienen.«

»Gerne. Reden Sie bitte mit Leduc, da ich unten servieren muß, habe ich ihn schon gebeten, mir das Aufwarten da oben abzunehmen.«

»Schicken Sie ihn sofort her. – Werden die Damen länger hierbleiben?«

»Sie fahren morgen früh nach Einsiedeln, sie sind katholisch. Übrigens hat die Jüngste mich gefragt, wer Sie seien.«

»Gefragt hat sie? Wer ich sei? Und was haben Sie ihr gesagt?«

»Sie seien Italiener, mehr nicht.«

»Gut. Seien Sie verschwiegen!«

Der Kellner ging und gleich darauf kam Leduc herein, aus vollem Halse lachend.

»Was lachst du, Schaf.«

»Über Sie als Kellner.«

»Also weißt du schon. Und nun hat das Lachen ein Ende oder du siehst nie mehr einen Sou von mir. Hilf mir jetzt die Schürze umbinden. Nachher trägst du die Platten herauf und ich nehme sie dir unter der Tür der Damen ab. Vorwärts!«

Er brauchte nicht lange zu warten. Die Kellnerschürze über der Goldweste umgebunden, betrat er das Zimmer der Fremden.

»Ist's gefällig, meine Damen?«

Die Amazone hatte ihn erkannt und schien vor Verwunderung starr. Er servierte tadellos und hatte Gelegenheit, sie genau zu betrachten und immer schöner zu finden. Als er einen Kapaun künstlerisch tranchierte, sagte sie lächelnd: »Sie servieren gut. Dienen Sie schon lange hier?«

»Sie sind gütig, darnach zu fragen. Erst drei Wochen.«
Als er ihr nun vorlegte, bemerkte sie seine zurückgeschlagenen, aber noch sichtbaren Manschetten. Sie stellte fest, daß es echte Spitzen seien, berührte seine Hand und befühlte die feinen Spitzen. Er war selig.
»Laß das doch!« rief eine der älteren Frauen tadelnd, und sie errötete. Sie errötete! Kaum konnte Casanova sich halten.
Nach der Mahlzeit blieb er, so lange er irgendeinen Vorwand dazu fand, im Zimmer. Die drei Alten zogen sich ins Schlafkabinett zurück, die Schöne aber blieb da, setzte sich wieder und fing zu schreiben an.
Er war endlich mit dem Aufräumen fertig und mußte schlechterdings gehen. Doch zögerte er in der Türe.
»Auf was warten Sie noch?« fragte die Amazone.
»Gnädige Frau, Sie haben die Stiefel noch an und werden schwerlich mit ihnen zu Bett gehen wollen.«
»Ach so, Sie wollen sie ausziehen? Machen Sie sich nicht so viel Mühe mit mir!«
»Das ist mein Beruf, gnädige Frau.«
Er kniete vor ihr auf den Boden und zog ihr, während sie scheinbar weiterschrieb, die Schnürsenkel auf, langsam und sorglich.
»Es ist gut. Genug, genug! Danke.«
»Ich danke vielmehr Ihnen.«
»Morgen abend sehen wir uns ja wieder, Herr Kellner.«
»Sie speisen wieder hier?«
»Gewiß. Wir werden vor Abend von Einsiedeln zurück sein.«
»Danke, gnädige Frau.«
»Also gute Nacht, Kellner.«
»Gute Nacht, Madame. Soll ich die Stubentür schließen oder auflassen?«
»Ich schließe selbst.«
Das tat sie denn auch, als er draußen war, wo ihn Leduc mit ungeheurem Grinsen erwartete.
»Nun?« sagte sein Herr.
»Sie haben Ihre Rolle großartig gespielt. Die Dame wird Ihnen morgen einen Dukaten Trinkgeld geben. Wenn Sie mir aber den nicht überlassen, verrate ich die ganze Geschichte.«
»Du kriegst ihn schon heute, Scheusal.«

Am folgenden Morgen fand er sich rechtzeitig mit den geputzten Stiefeln wieder ein. Doch erreichte er nicht mehr, als daß die Amazone sich diese wieder von ihm anziehen ließ.

Er schwankte, ob er ihr nicht nach Einsiedeln nachfahren sollte. Doch kam gleich darauf ein Lohndiener mit der Nachricht, der Herr Abt sei in Zürich und werde sich die Ehre geben, um zwölf Uhr mit dem Herrn Chevalier allein auf seinem Zimmer zu speisen.

Herrgott, der Abt! An den hatte der gute Casanova nicht mehr gedacht. Nun, mochte er kommen. Er bestellte ein höchst luxuriöses Mahl, zu dem er selber in der Küche einige Anweisungen gab. Dann legte er sich, da er vom Frühaufstehen müde war, noch zwei Stunden aufs Bett und schlief.

Am Mittag kam der Abt. Es wurden Höflichkeiten gewechselt und Grüße ausgerichtet, dann setzten sich beide zu Tisch. Der Prälat war über die prächtige Tafel entzückt und vergaß über den guten Platten für eine halbe Stunde ganz seine Aufträge. Endlich fielen sie ihm wieder ein.

»Verzeihen Sie«, sagte er plötzlich, »daß ich Sie so ungebührlich lange in der Spannung ließ! Ich weiß gar nicht, wie ich das so lang vergessen konnte.«

»O bitte.«

»Nach allem, was ich in Zürich über Sie hörte – ich habe mich begreiflicherweise ein wenig erkundigt –, sind Sie wirklich durchaus würdig, unser Bruder zu werden. Ich heiße Sie willkommen, lieber Herr, herzlichst willkommen. Sie können nun über Ihre Tür schreiben: *Inveni portum. Spes et fortuna valete!*«

»Zu deutsch: Lebe wohl, Glücksgöttin; ich bin im Hafen! Der Vers stammt aus Euripides und ist wirklich sehr schön, wenn auch in meinem Falle nicht ganz passend.«

»Nicht passend? Sie sind zu spitzfindig.«

»Der Vers, Hochwürden, paßt nicht auf mich, weil ich nicht mit Ihnen nach Einsiedeln kommen werde. Ich habe gestern meinen Vorsatz geändert.«

»Ist es möglich?«

»Es scheint so. Ich bitte Sie, mir das nicht übel zu nehmen und in aller Freundschaft noch dies Glas Champagner mit mir zu leeren.«

»Auf Ihr Wohl denn! Möge Ihr Entschluß Sie niemals reuen! Das Weltleben hat auch seine Vorzüge.«

»Die hat es, ja.«

Der freundliche Abt empfahl sich nach einer Weile und fuhr in seiner Equipage davon. Casanova aber schrieb Briefe nach Paris und Anweisungen an seinen Bankier, verlangte auf den Abend die Hotelrechnung und bestellte für morgen einen Wagen nach Solothurn. *(1906)*

Hans Dierlamms Lehrzeit

I

Der Lederhändler Ewald Dierlamm, den man seit längerer Zeit nicht mehr als Gerber anreden durfte, hatte einen Sohn namens Hans, an den er viel rückte und der die höhere Realschule in Stuttgart besuchte. Dort nahm der kräftige und muntere junge Mensch zwar an Jahren, aber nicht an Weisheit und Ehren zu. Indem er jede Klasse zweimal absitzen mußte, sonst aber ein zufriedenes Leben mit Theaterbesuchen und Bierabenden führte, erreichte er schließlich das achtzehnte Jahr und war schon zu einem ganz stattlichen jungen Herrn gediehen, während seine derzeitigen Mitschüler noch bartlose und unreife Jünglinglein waren. Da er nun aber auch mit diesem Jahrgang nicht lange Schritt hielt, sondern den Schauplatz seines Vergnügens und Ehrgeizes durchaus in einem unwissenschaftlichen Welt- und Herrenleben suchte, ward seinem Vater nahegelegt, er möge den leichtsinnigen Jungen von der Schule nehmen, wo er sich und andere verderbe. So kam Hans eines Tages im schönsten Frühjahr mit seinem betrübten Vater heim nach Gerbersau gefahren, und es war nun die Frage, was mit dem Ungeratenen anzufangen sei. Denn um ihn ins Militär zu stecken, wie der Familienrat gewünscht hatte, dazu war es für diesen Frühling schon zu spät.

Da trat der junge Hans selber zu der Eltern Erstaunen mit dem Wunsch hervor, man solle ihn als Praktikanten in eine Maschinenwerkstätte gehen lassen, da er Lust und Begabung zu einem Ingenieur in sich verspüre. In der Hauptsache war es ihm damit voller Ernst, daneben hegte er aber noch die verschwiegene Hoffnung, man werde ihn in eine Großstadt tun, wo die besten Fabriken wären und wo er außer dem Beruf auch noch manche angenehme Gelegenheiten zum Zeitvertreib und Vergnügen zu finden dachte. Damit hatte er sich jedoch verrechnet. Denn nach den nötigen Beratungen teilte der Vater ihm mit, er sei zwar gesonnen, ihm seinen Wunsch zu erfüllen, halte es aber für rätlich, ihn einstweilen hier am Orte zu behalten, wo es vielleicht nicht die allerbesten Werkstätten und Lehrplätze, dafür aber auch keine Versuchungen und Abwege gebe. Das letztere war nun freilich auch nicht vollkommen richtig, wie sich später zeigen sollte, aber es war wohlgemeint, und so mußte Hans Dierlamm sich entschließen, den neuen Lebensweg unter väterlicher Beaufsichtigung im Heimatstädtchen anzutreten. Der Mechaniker Haager fand sich bereit, ihn aufzunehmen, und etwas befangen ging jetzt der flotte Jüngling täglich seinen Arbeitsweg von der Münzgasse bis zur unteren Insel, angetan mit einem blauen Leinenanzug, wie alle Schlosser einen tragen. Diese Gänge machten ihm anfangs einige Beschwerde, da er vor seinen Mitbürgern bisher in ziemlich feinen Kleidern zu erscheinen gewohnt gewesen war. Doch wußte er sich bald dareinzufinden und tat, als trage er sein Leinenkleid gewissermaßen zum Spaß wie einen Maskenanzug. Die Arbeit selbst aber tat ihm, der so lange Zeit unnütz in Schulen herumgesessen war, sehr gut, ja sie gefiel ihm sogar und regte erst die Neugierde, dann den Ehrgeiz, schließlich eine ehrliche Freude in ihm auf.

Die Haagersche Werkstatt lag dicht am Flusse, zu Füßen einer größeren Fabrik, deren Maschinen mit Instandhalten und Reparaturen dem jungen Meister Haager hauptsächlich zu arbeiten und zu verdienen gaben. Die Werkstätte war klein und alt, bis vor wenigen Jahren hatte der Vater Haager dort geherrscht und gutes Geld verdient, ein beharrlicher Handwerksmann ohne jede Schulbildung. Der Sohn, der jetzt das Geschäft besaß und führte, plante wohl Erweiterungen und Neuerungen, fing jedoch als vorsichtiger Sohn eines altmodisch strengen Handwerkers bescheiden beim Kleinen an und redete zwar gerne von Dampfbetrieb, Motoren und Maschinenhallen, werkelte aber fleißig im alten Stil weiter und hatte außer einer englischen Eisendrehbank noch keine nennenswerten neuen Einrichtungen angeschafft. Er arbeitete mit zwei Gesellen und einem Lehrbuben und hatte für den neuen Volontär gerade noch einen Platz an der Werkbank und einen Schraubstock frei. Mit den fünf Leuten war der enge Raum reichlich angefüllt, und durchwandernde landfahrende Kollegen brauchten beim Zuspruch um Arbeit nicht zu fürchten, daß man sie beim Wort nehme.

Der Lehrling, um von unten auf anzufangen, war ein ängstliches und gutwilliges Bürschlein von vierzehn Jahren, das der neueintretende Volontär kaum zu beachten nötig fand. Von den

Gehilfen hieß einer Johann Schömbeck, ein schwarzhaariger magerer Mensch und sparsamer Streber. Der andere Gehilfe war ein schöner, gewaltiger Mensch von achtundzwanzig Jahren, er hieß Niklas Trefz und war ein Schulkamerad des Meisters, zu dem er daher ›du‹ sagte. Niklas führte in aller Freundschaftlichkeit, als könne es nicht anders sein, das Regiment im Hause mit dem Meister gemeinsam; denn er war nicht bloß stark und ansehnlich von Gestalt und Auftreten, sondern auch ein gescheiter und fleißiger Mechaniker, der wohl das Zeug zum Meister hatte. Haager selber, der Besitzer, trug ein sorgenvoll-geschäftiges Wesen zur Schau, wenn er unter Leute kam, fühlte sich aber ganz zufrieden und machte auch an Hans sein gutes Geschäft, denn der alte Dierlamm mußte ein recht anständiges Lehrgeld für seinen Sohn erlegen.

So sahen die Leute aus, deren Arbeitsgenosse Hans Dierlamm geworden war, oder so erschienen sie ihm wenigstens. Zunächst nahm ihn die neue Arbeit mehr in Anspruch als die neuen Menschen. Er lernte ein Sägblatt hauen, mit Schleifstein und Schraubstock umgehen, die Metalle unterscheiden, er lernte die Esse feuern, den Vorhammer schwingen, die erste grobe Feile führen. Er zerbrach Bohrer und Meißel, würgte mit der Feile an schlechtem Eisen herum, beschmutzte sich mit Ruß, Feilspänen und Maschinenöl, hieb sich mit dem Hammer den Finger wund oder verklemmte sich an der Drehbank, alles unter dem spöttischen Schweigen seiner Umgebung, die den schon erwachsenen Sohn eines reichen Mannes mit Vergnügen zu solcher Anfängerschaft verurteilt sah. Aber Hans blieb ruhig, schaute den Gesellen aufmerksam zu, stellte in den Vesperpausen Fragen an den Meister, probierte und regte sich, und bald konnte er einfache Arbeiten sauber und brauchbar abliefern, zum Vorteil und Erstaunen des Herrn Haager, der wenig Vertrauen zu den Fähigkeiten des Praktikanten gehabt hatte.

»Ich meinte allweil, Sie wollten bloß eine Weile Schlosser spielen«, sagte er einst anerkennend. »Aber wenn Sie so weitermachen, können Sie wirklich einer werden.«

Hans, dem in seinen Schulzeiten Lob und Tadel der Lehrer ein leeres Geräusch gewesen waren, kostete diese erste Anerkennung wie ein Hungriger einen guten Bissen. Und da auch die Gesellen ihn allmählich gelten ließen und nicht mehr wie einen

Hanswurst anschauten, wurde ihm frei und wohl, und er fing an, seine Umgebung mit menschlicher Teilnahme und Neugierde zu betrachten.

Am besten gefiel ihm Niklas Trefz, der Obergesell, ein ruhiger dunkelblonder Riese mit gescheiten grauen Augen. Es dauerte aber noch einige Zeit, bis dieser den Neuen an sich herankommen ließ. Einstweilen war er still und ein wenig mißtrauisch gegen den Herrensohn. Desto zugänglicher zeigte sich der zweite Gesell Johann Schömbeck. Er nahm von Hans je und je eine Zigarre und ein Glas Bier an, wies ihm zuweilen kleine Vorteile bei der Arbeit und gab sich Mühe, den jungen Mann für sich einzunehmen, ohne doch seiner Gesellenwürde etwas zu vergeben.

Als Hans ihn einmal einlud, den Abend mit ihm zu verbringen, nahm Schömbeck herablassend an und bestellte ihn auf acht Uhr in eine kleine Beckenwirtschaft an der mittleren Brücke. Dort saßen sie dann; durch die offenen Fenster hörte man das Flußwehr brausen, und beim zweiten Liter Unterländer wurde der Gesell gesprächig. Er rauchte zu dem hellen, milden Rotwein eine gute Zigarre und weihte Hans mit gedämpfter Stimme in die Geschäfts- und Familiengeheimnisse der Haagerschen Werkstatt ein. Der Meister tue ihm leid, sagte er, daß er so vor dem Trefz unterducke, vor dem Niklas. Das sei ein Gewalttätiger, und früher habe er einmal bei einem Streit den Haager, der damals noch unter seinem Vater arbeitete, windelweich gehauen. Ein guter Arbeiter sei er schon, wenigstens wenn es ihm gerade darum zu tun sei, aber er tyrannisiere die ganze Werkstatt und sei stolzer als ein Meister, obwohl er keinen Pfennig besitze.

»Aber er wird wohl einen hohen Lohn kriegen«, meinte Hans.

Schömbeck lachte und schlug sich aufs Knie. »Nein«, sagte er blinzelnd, »er hat nur eine Mark mehr als ich, der Niklas. Und das hat seinen guten Grund. Kennen Sie die Maria Testolini?«

»Von den Italienern im Inselviertel?«

»Ja, von der Bagage. Die Maria hat schon lang ein Verhältnis mit dem Trefz, wissen Sie. Sie schafft in der Weberei uns gegenüber. Ich glaube nicht einmal, daß sie ihm gar so anhänglich ist. Er ist ja ein fester großer Kerl, das haben die Mädel alle gern, aber extra heilig hat sie's nicht mit der Verliebtheit.«

»Aber was hat das mit dem Lohn zu tun?«

»Mit dem Lohn? Ja so. Nun, der Niklas hat also ein Verhältnis mit ihr und könnte schon längst eine viel bessere Stellung haben, wenn er nicht ihretwegen hier bliebe. Und das ist des Meisters Vorteil. Mehr Lohn zahlt er nicht, und der Niklas kündigt nicht, weil er nicht von der Testolini fort will. In Gerbersau ist für einen Mechaniker nicht viel zu holen, länger als dies Jahr bleib ich auch nimmer da, aber der Niklas hockt und geht nicht weg.«

Im weiteren erfuhr Hans Dinge, die ihn weniger interessierten. Schömbeck wußte gar viel über die Familie der jungen Frau Haager, über ihre Mitgift, deren Rest der Alte nicht herausgeben wolle, und über die daraus entstandene Ehezwietracht. Das alles hörte Hans Dierlamm geduldig an, bis es ihm an der Zeit schien, aufzubrechen und heimzugehen. Er ließ Schömbeck beim Rest des Weines sitzen und ging fort.

Auf dem Heimweg durch den lauen Maiabend dachte er an das, was er soeben von Niklas Trefz erfahren hatte, und es fiel ihm nicht ein, diesen für einen Narren zu halten, weil er einer Liebschaft wegen angeblich sein Fortkommen versäume. Vielmehr schien ihm das sehr einleuchtend. Er glaubte nicht alles, was der schwarzhaarige Gesell ihm erzählt hatte, aber er glaubte an diese Mädchengeschichte, weil sie ihm gefiel und zu seinen Gedanken paßte. Denn seit er nicht mehr so ausschließlich mit den Mühen und Erwartungen seines neuen Berufes beschäftigt war wie in den ersten Wochen, plagte ihn an den stillen Frühlingsabenden der heimliche Wunsch, eine Liebschaft zu haben, nicht wenig. Als Schüler hatte er auf diesem Gebiete einige erste Weltmannserfahrungen gesammelt, die freilich noch recht unschuldig waren. Nun aber, da er einen blauen Schlosserkittel trug und zu den Tiefen des Volkstums hinabgestiegen war, schien es ihm gut und verlockend, auch von den einfachen und kräftigen Lebenssitten des Volkes seinen Teil zu haben. Aber damit wollte es nicht vorwärtsgehen. Die Bürgermädchen, mit denen er durch seine Schwester Bekanntschaft hatte, waren nur in Tanzstuben und etwa auf einem Vereinsball zu sprechen und auch da unter der Aufsicht ihrer strengen Mütter. Und in dem Kreis der Handwerker und Fabrikleute hatte Hans es bis jetzt noch nicht dahin gebracht, daß sie ihn als ihresgleichen annahmen.

Er suchte sich auf jene Maria Testolini zu besinnen, konnte sich ihrer aber nicht erinnern. Die Testolinis waren eine komplizierte Familiengemeinschaft in einer traurigen Armutgegend und bewohnten mit mehreren Familien welschen Namens zusammen in einer unzählbaren Schar ein altes, elendes Häuschen an der Insel. Hans erinnerte sich aus seinen Knabenjahren, daß es dort von kleinen Kindern gewimmelt hatte, die an Neujahr und manchmal auch zu andern Zeiten bettelnd in seines Vaters Haus gekommen waren. Eines von jenen verwahrlosten Kindern war nun wohl die Maria, und er malte sich eine dunkle, großäugige und schlanke Italienerin aus, ein wenig zerzaust und nicht sehr sauber gekleidet. Aber unter den jungen Fabrikmädchen, die er täglich an der Werkstatt vorübergehen sah und von denen manche ihm recht hübsch erschienen waren, konnte er sich diese Maria Testolini nicht denken.

Sie sah auch ganz anders aus, und es vergingen kaum zwei Wochen, so machte er unerwartet ihre Bekanntschaft.

Zu den ziemlich baufälligen Nebenräumen der Werkstatt gehörte ein halbdunkler Verschlag an der Flußseite, wo allerlei Vorräte lagerten. An einem warmen Nachmittag im Juni hatte Hans dort zu tun, er mußte einige hundert Stangen nachzählen und hatte nichts dagegen, eine halbe oder ganze Stunde hier abseits von der warmen Werkstatt im Kühlen zu verbringen. Er hatte die Eisenstangen nach ihrer Stärke geordnet und fing nun das Zählen an, wobei er von Zeit zu Zeit die Summe mit Kreide an die dunkle Holzwand schrieb. Halblaut zählte er vor sich hin: dreiundneunzig, vierundneunzig – –. Da rief eine leise, tiefe Frauenstimme mit halbem Lachen: »Fünfundneunzig – hundert – tausend –«

Erschrocken und unwillig fuhr er herum. Da stand am niederen, scheibenlosen Fenster ein stattliches blondes Mädchen, nickte ihm zu und lachte.

»Was gibt's?« fragte er blöde.

»Schön Wetter«, rief sie. »Gelt, du bist der neue Volontär da drüben?«

»Ja. Und wer sind denn Sie?«

»Jetzt sagt er ›Sie‹ zu mir! Muß es immer so nobel sein?«

»O, wenn ich darf, kann ich schon auch ›du‹ sagen.«

Sie trat zu ihm hinein, schaute sich in dem Loche um, netzte ihren Zeigefinger und löschte ihm seine Kreidezahlen aus.

»Halt!« rief er. »Was machst du?«

»Kannst du nicht so viel im Kopf behalten?«

»Wozu, wenn es Kreide gibt? Jetzt muß ich alles noch einmal durchzählen.«

»O je! Soll ich helfen?«

»Ja, gern.«

»Das glaub ich dir, aber ich hab andres zu tun.«

»Was denn? Man merkt wenig davon.«

»So? Jetzt wird er auf einmal grob. Kannst du nicht auch ein bißchen nett sein?«

»Ja, wenn du mir zeigst, wie man's macht.«

Sie lächelte, trat dicht zu ihm, fuhr ihm mit ihrer vollen, warmen Hand übers Haar, streichelte seine Wange und sah ihm nahe und immer lächelnd in die Augen. Ihm war so etwas noch nie geschehen und es wurde ihm beklommen und schwindlig.

»Bist ein netter Kerl, ein lieber«, sagte sie.

Er wollte sagen: »Und du auch.« Aber er brachte vor Herzklopfen kein Wort heraus. Er hielt ihre Hand und drückte sie.

»Au, nicht so fest!« rief sie leise. »Die Finger tun einem ja weh.«

Da sagte er: »Verzeih.« Sie aber legte für einen kurzen Augenblick ihren Kopf mit dem blonden, dichten Haar auf seine Schulter und schaute zärtlich schmeichelnd zu ihm auf. Dann lachte sie wieder mit ihrer warmen, tiefen Stimme, nickte ihm freundlich und unbefangen zu und lief davon. Als er vor die Tür trat, ihr nachzusehen, war sie schon verschwunden.

Hans blieb noch lange zwischen seinen Eisenstangen. Anfangs war er so verwirrt und heiß und befangen, daß er nichts denken konnte und schwer atmend vor sich hin stierte. Bald aber war er über das hinweg, und nun kam eine erstaunte, unbändige Freude über ihn. Ein Abenteuer! Ein schönes großes Mädchen war zu ihm gekommen, hatte ihm schöngetan, hatte ihn liebgehabt! Und er hatte sich nicht zu helfen gewußt, er hatte nichts gesagt, wußte nicht einmal ihren Namen, hatte ihr nicht einmal einen Kuß gegeben! Das plagte und erzürnte ihn noch den ganzen Tag. Aber er beschloß grimmig und selig, das alles wiedergutzumachen und das nächste Mal nicht mehr so dumm und blöde zu sein.

Er dachte jetzt an keine Italienerinnen mehr. Er dachte beständig an »das nächste Mal«. Und am folgenden Tage benutzte er jede Gelegenheit, auf ein paar Minuten vor die Werkstatt zu treten und sich überall umzusehen. Die Blonde zeigte sich aber nirgends. Statt dessen kam sie gegen Abend mit einer Kameradin zusammen ganz unbefangen und gleichgültig in die Werkstatt, brachte eine kleine Stahlschiene, das Stück einer Webmaschine, und ließ sie abschleifen. Den Hans schien sie weder zu kennen noch zu sehen, scherzte dagegen ein wenig mit dem Meister und trat dann zu Niklas Trefz, der das Schleifen besorgte und mit dem sie sich leise unterhielt. Erst als sie wieder ging und schon Adieu gesagt hatte, schaute sie unter der Türe nochmals zurück und warf Hans einen kurzen warmen Blick zu. Dann runzelte sie die Stirn ein wenig und zuckte mit den Lidern, wie um zu sagen, sie habe ihr Geheimnis mit ihm nicht vergessen und er solle es gut verwahren. Und fort war sie.

Johann Schömbeck ging gleich darauf an Hansens Schraubstock vorüber, grinste still und flüsterte.

»Das war die Testolini.«

»Die Kleine?« fragte Hans.

»Nein, die große Blonde.«

Der Volontär beugte sich über seine Arbeit und feilte heftig drauflos. Er feilte, daß es pfiff und daß die Werkbank zitterte. Das war also sein Abenteuer! Wer war jetzt betrogen, der Obergesell oder er? Und was jetzt tun? Er hätte nicht gedacht, daß eine Liebesgeschichte gleich so verwickelt anfangen könne. Den Abend und die halbe Nacht konnte er an nichts andres denken. Eigentlich war seine Meinung von Anfang an, er müsse nun verzichten. Aber nun hatte er sich vierundzwanzig Stunden mit lauter verliebten Gedanken an das hübsche Mädchen beschäftigt, und das Verlangen, sie zu küssen und sich von ihr liebhaben zu lassen, war mächtig groß in ihm geworden. Ferner war es das erste Mal, daß eine Frauenhand ihn so gestreichelt und ein Frauenmund ihm so schön getan hatte. Verstand und Pflichtgefühl erlagen der jungen Verliebtheit, die durch den Beigeschmack eines schlechten Gewissens nicht schöner, aber auch nicht schwächer ward. Mochte es nun gehen, wie es wollte, die Maria hatte ihn gern und er wollte sie wieder gernhaben.

Wohl war ihm allerdings nicht dabei. Als er das nächste Mal mit Maria zusammentraf im Treppenhaus der Fabrik, sagte er so-

gleich: »Du, wie ist das mit dem Niklas und dir? Ist er wirklich
dein Schatz?«

»Ja«, meinte sie lachend. »Fällt dir sonst nichts ein, was du mich
fragen kannst?«

»Doch, gerade. Wenn du ihn gernhast, kannst du doch nicht
auch noch mich gernhaben.«

»Warum nicht? Der Niklas ist mein Verhältnis, verstehst du, das
ist schon lang so und soll so bleiben. Aber dich hab ich gern, weil
du so ein netter kleiner Bub bist. Der Niklas ist gar streng und
herb, weißt du, und dich will ich zum Küssen und Liebsein
haben, kleiner Bub. Hast du was dagegen?«

Nein, er hatte nichts dagegen. Er legte still und andächtig seine
Lippen auf ihren blühenden Mund, und da sie seine Unerfah-
renheit im Küssen bemerkte, lachte sie zwar, schonte ihn aber
und gewann ihn noch lieber.

II

Bis jetzt war Niklas Trefz, als Obergesell und Duzfreund des
jungen Meisters, aufs beste mit diesem ausgekommen, ja er hatte
eigentlich in Haus und Werkstatt meistens das erste Wort gehabt. Neuerdings schien dies gute Einvernehmen etwas gestört
zu sein, und gegen den Sommer hin wurde Haager in seinem
Benehmen gegen die Gesellen immer spitziger. Er kehrte zuweilen den Meister gegen ihn heraus, fragte ihn nicht mehr um
Rat und ließ bei jeder Gelegenheit merken, daß er das frühere
Verhältnis nicht fortzusetzen wünsche.

Trefz war gegen ihn, dem er sich überlegen fühlte, nicht emp-
findlich. Anfangs wunderte ihn diese kühle Behandlung als eine
ungewohnte Schrulle des Meisters. Er lächelte und nahm es ruhig hin. Als aber Haager ungeduldiger und launischer wurde,
legte Trefz sich aufs Beobachten und glaubte bald hinter die
Ursache der Verstimmung gekommen zu sein.

Er sah nämlich, daß zwischen dem Meister und seiner Frau nicht
alles in Ordnung war. Es gab keine lauten Händel, dafür war die
Frau zu klug. Aber die Eheleute wichen einander aus, die Frau
ließ sich nie in der Werkstatt blicken, und der Mann war abends
selten zu Hause. Ob die Uneinigkeit, wie Johann Schömbeck

wissen wollte, daher rührte, daß der Schwiegervater sich nicht bereden ließ, mehr Geld herauszurücken, oder ob persönliche Zwistigkeiten dahintersteckten, jedenfalls war eine schwüle Luft im Hause, die Frau sah oft verweint und verärgert aus, und auch der Mann schien vom Baum einer schlimmen Erkenntnis gekostet zu haben.

Niklas war überzeugt, daß dieser häusliche Unfrieden an allem schuld sei, und ließ den Meister seine Reizbarkeit und Grobheit nicht entgelten. Was ihn heimlich plagte und zornig machte, war die leise schlaue Art, mit der Schömbeck sich die Verstimmung zunutze machte. Dieser war nämlich, seit er den Obergesellen in Ungnade gefallen sah, mit einer unterwürfig-süßen Beflissenheit bemüht, sich dem Meister zu empfehlen, und daß Haager darauf einging und den Schleicher sichtlich begünstigte, war für Trefz ein empfindlicher Stich.

In dieser unbehaglichen Zeit nahm Hans Dierlamm entschieden für Trefz Partei. Einmal imponierte ihm Niklas durch seine gewaltige Kraft und Männlichkeit, alsdann war ihm der schmeichlerische Schömbeck allmählich verdächtig und zuwider geworden, und schließlich hatte er das Gefühl, durch sein Verhalten eine uneingestandene Schuld gegen Niklas gutzumachen. Denn wenn auch sein Verkehr mit der Testolini sich auf kurze hastige Zusammenkünfte beschränkte, wobei es über einiges Küssen und Streicheln nicht hinausging, wußte er sich doch auf verbotenem Wege und hatte kein sauberes Gewissen. Desto entschiedener wies er dafür Schömbecks Klatschereien zurück und trat mit ebensoviel Bewunderung wie Mitleid für Niklas ein. Es dauerte denn auch nicht lange, bis dieser das fühlte. Er hatte sich bisher kaum um den Volontär gekümmert und in ihm einfach ein unnützes Herrensöhnchen gesehen. Jetzt schaute er ihn freundlicher an, richtete zuweilen das Wort an ihn und duldete, daß Hans in den Vesperpausen sich zu ihm setzte.

Schließlich lud er ihn sogar eines Abends zum Mitkommen ein. »Heut ist mein Geburtstag«, sagte er, »da muß ich doch mit jemand eine Flasche Wein trinken. Der Meister ist verhext, den Schömbeck kann ich nicht brauchen, den Lump. Wenn Sie wollen, Dierlamm, so kommen Sie heut mit mir. Wir könnten uns nach dem Nachtessen an der Allee treffen. Wollen Sie?«

Hans war hocherfreut und versprach, pünktlich zu kommen.

Es war ein warmer Abend, Anfang Juli. Hans aß daheim sein Abendbrot mit Hast, wusch sich ein wenig und eilte zur Allee, wo Trefz schon wartete.

Dieser hatte seinen Sonntagsanzug angelegt, und als er Hans im blauen Arbeitskleid kommen sah, fragte er mit gutmütigem Vorwurf: »So, Sie sind noch in der Uniform?«

Hans entschuldigte sich, er habe es so eilig gehabt, und Niklas lachte: »Nun, keine Redensarten! Sie sind halt Volontär und haben Spaß an dem dreckigen Kittel, weil Sie ihn doch nicht lang tragen. Unsereiner legt ihn gern ab, wenn er am Feierabend ausgeht.«

Sie schritten nebeneinander die dunkle Kastanienallee hinunter vor die Stadt hinaus. Hinter den letzten Bäumen trat plötzlich eine hohe Mädchengestalt hervor und hängte sich an des Gesellen Arm. Es war Maria. Trefz sagte kein Wort des Grußes zu ihr und nahm sie ruhig mit, und Hans wußte nicht, war sie von ihm herbestellt oder unaufgefordert gekommen. Das Herz schlug ihm ängstlich.

»Da ist auch der junge Herr Dierlamm«, sagte Niklas.

»Ach ja«, rief Maria lachend, »der Volontär. Kommen Sie auch mit?«

»Ja, der Niklas hat mich eingeladen.«

»Das ist lieb von ihm. Und auch von Ihnen, daß Sie kommen. So ein feiner junger Herr!«

»Dummes Zeug!« rief Niklas. »Der Dierlamm ist mein Kollege. Und jetzt wollen wir Geburtstag feiern.«

Sie hatten das Wirtshaus zu den drei Raben erreicht, das dicht am Flusse in einem kleinen Garten lag. Drinnen hörte man Fuhrleute sich unterhalten und Karten spielen, draußen war kein Mensch. Trefz rief dem Wirt durchs Fenster hinein, er solle Licht bringen. Dann setzte er sich an einen der vielen ungehobelten Brettertische. Maria nahm neben ihm und Hans gegenüber Platz. Der Wirt kam mit einer schlecht brennenden Flurlampe heraus, die er überm Tisch an einem Draht aufhängte. Trefz bestellte einen Liter vom besten Wein, Brot, Käse und Zigarren.

»Hier ist's aber öd«, sagte das Mädchen enttäuscht. »Wollen wir nicht hineingehen? Es sind ja gar keine Leute da.«

»Wir sind Leute genug«, meinte Niklas ungeduldig.

Er schenkte Wein in die dicken Kübelgläser, schob Maria Brot und Käse zu, bot Hans Zigarren an und zündete sich selber eine an. Sie stießen miteinander an. Darauf spann Trefz, als wäre das Mädchen gar nicht da, ein weitläufiges Gespräch über technische Dinge mit Hans an. Er saß vorgebeugt, den einen Ellbogen auf dem Tische, Maria aber lehnte sich neben ihm ganz in die Bank zurück, verschränkte die Arme vor der Brust und schaute aus der Dämmerung unverwandt, mit ruhigen, zufriedenen Augen in Hansens Gesicht. Dem wurde dadurch nicht behaglicher, und er umgab sich aus Verlegenheit mit dicken Rauchwolken. Daß sie drei einmal an einem Tisch beieinandersitzen würden, hätte er nicht gedacht. Er war froh, daß die beiden vor seinen Augen keine Zärtlichkeiten wechselten, und er vertiefte sich geflissentlich in die Unterhaltung mit dem Gesellen.

Über den Garten schwammen blasse Nachtwolken durch den gestirnten Himmel, im Wirtshause klang zuweilen Gespräch und Gelächter, nebenzu lief mit leisem Rauschen der dunkle Fluß talab. Maria saß regungslos im Halbdunkel, hörte die Reden der beiden dahinrinnen und hielt den Blick auf Hans geheftet. Er empfand ihn, auch wenn er nicht hinübersah, und bald schien er ihm verlockend zu winken, bald spöttisch zu lachen, bald kühl zu beobachten.

So verging wohl eine Stunde, und die Unterhaltung ward allmählich langsamer und träger, endlich schlief sie ein, und eine kurze Weile redete niemand ein Wort. Da richtete die Testolini sich auf. Trefz wollte ihr einschenken, sie zog aber ihr Glas weg und sagte kühl: »Ist nicht nötig, Niklas.«

»Was gibt's denn?«

»Einen Geburtstag gibt's. Und dein Schatz sitzt dabei und kann einschlafen. Kein Wort, keinen Kuß, nichts als ein Glas Wein und ein Stück Brot! Wenn mein Schatz der steinerne Mann wär, könnt es nicht schöner sein.«

»Ach, geh weg!« lachte Niklas unzufrieden.

»Ja, geh weg! Ich geh auch noch weg. Am Ende gibt's andre, die mich noch ansehen mögen.«

Niklas fuhr auf. »Was sagst?«

»Ich sag, was wahr ist.«

»So? Wenn's wahr ist, dann sag lieber gleich alles. Ich will jetzt wissen, wer das ist, der nach dir schaut.«

»O, das tun manche.«

»Ich will den Namen wissen. Du gehörst mir, und wenn einer dir nachläuft, ist er ein Lump und hats mit mir zu tun.«

»Meinetwegen. Wenn ich dir gehör, mußt du aber auch mir gehören und nicht so ruppig sein. Wir sind nicht verheiratet.«

»Nein, Maria, leider nicht, und ich kann nichts dafür, das weißt du wohl.«

»Gut denn, so sei auch wieder freundlicher und nicht gleich so wild. Weiß Gott, was du seit einer Zeit hast!«

»Ärger hab ich, nichts als Ärger. Aber wir wollen jetzt noch ein Glas austrinken und vergnügt sein, sonst meint der Dierlamm, wir seien immer so ungattig. He, Rabenwirt! Heda! Noch eine Flasche!«

Hans war ganz ängstlich geworden. Nun sah er erstaunt den plötzlich aufgeflammten Streit ebenso schnell wieder beruhigt und hatte nichts dagegen, noch ein letztes Glas in fröhlichem Frieden mitzutrinken.

»Also prosit!« rief Niklas, stieß mit beiden an und leerte in einem langen Zug sein Glas. Dann lachte er kurz und sagte mit verändertem Ton: »Nun ja, nun ja. Aber ich kann euch sagen, an dem Tag, wo mein Schatz sich mit einem andern einläßt, gibt's ein Unglück.«

»Dummerle«, rief Maria leise, »was fällt dir auch ein?«

»Es ist nur so geredet«, meinte Niklas ruhig. Er lehnte sich wohlig zurück, knöpfte die Weste auf und fing zu singen an:

»A Schlosser hot an G'sella g'het ...«

Hans fiel eifrig ein. Im stillen aber hatte er beschlossen, er wolle mit Maria nichts mehr zu tun haben. Er hatte Furcht bekommen.

Auf dem Heimweg blieb das Mädchen an der unteren Brücke stehen.

»Ich geh heim«, sagte sie. »Kommst du mit?«

»Also denn«, nickte der Geselle und gab Hans die Hand.

Dieser sagte Gutenacht und ging aufatmend allein weiter. Ein peinliches Grauen war diesen Abend in ihn gefahren. Er mußte sich immer wieder ausmalen, wie es gegangen wäre, wenn ihn der Obergeselle einmal mit Maria überrascht hätte. Nachdem diese gräßliche Vorstellung seine Entschlüsse bestimmt hatte, wurde es ihm leicht, sie sich selber in einem verklärenden moralischen Lichte darzustellen. Er bildete sich schon nach einer Woche ein, er habe auf die Spielerei mit Maria nur aus Edelmut und aus Freundschaft für Niklas verzichtet. Die Hauptsache war, daß er nun das Mädchen wirklich mied. Erst nach mehreren Tagen traf er sie unvermutet allein, und da beeilte er sich, ihr zu sagen, er könne nicht mehr zu ihr kommen. Sie schien darüber betrübt zu sein, und ihm wurde das Herz schwer, als sie sich an ihn hängte und ihn mit Küssen zu bekehren suchte. Doch gab er ihr keinen zurück, sondern machte sich mit erzwungener Ruhe los. Sie aber ließ ihn nicht eher los, bis er in seiner Herzensangst drohte, dem Niklas alles zu sagen. Da schrie sie auf und sagte:

»Du, das tust du nicht. Das wär mein Tod.«

»Hast du ihn also doch lieb?« fragte Hans bitter.

»Ach was!« seufzte sie. »Dummer Bub, du weißt wohl, daß ich dich viel lieber hab. Nein, aber der Niklas würde mich umbringen. So ist er. Gib mir die Hand darauf, daß du ihm nichts sagst!«

»Gut, aber du mußt mir auch versprechen, daß du mich in Ruhe lassen willst.«

»Hast mich schon so satt?«

»Ach, laß! Aber ich kann die Heimlichkeit vor ihm nimmer haben, ich kann nicht, begreif doch. Also versprich's mir, gelt.«

Da gab sie ihm die Hand, aber er sah ihr dabei nicht in die Augen. Er ging still davon, und sie sah ihm mit Kopfschütteln und innigem Ärger nach. »So ein Hanswurst!« dachte sie.

Für den kamen jetzt wieder schlimme Tage. Sein durch Maria heftig erregtes und immer nur für den Augenblick beschwichtigtes Liebesbedürfnis ging nun wieder heiße, unbefriedigte Wege aufwühlender Sehnsucht, und nur die strenge Arbeit half ihm von Tag zu Tag durch. Sie machte ihn jetzt bei der zunehmenden Sommerhitze doppelt müde. In der Werkstatt war es heiß und schwül, anstrengende Arbeiten wurden halbnackt ausgeführt, und den dumpfen ewigen Ölgeruch durchdrang der scharfe Dunst des Schweißes. Am Abend nahm Hans, zuweilen mit Niklas zusammen, ein Bad oberhalb der Stadt im kühlen Fluß, nachher fiel er todmüde ins Bett, und morgens hatte man Mühe, ihn zur Zeit wachzubringen.

Auch für die andern, Schömbeck vielleicht ausgenommen, war es jetzt in der Werkstatt ein böses Leben. Der Lehrling bekam Scheltworte und Ohrfeigen, der Meister war fortwährend barsch und erregt, und Trefz hatte Mühe, sein launisch-hastiges Wesen zu ertragen. Er fing allmählich auch an, brummig zu werden. Eine kurze Weile noch ließ er es gehen, wie es mochte, dann war seine Geduld erschöpft, und er stellte eines Mittags nach dem Essen den Meister im Hof.

»Was willst?« fragte Haager unfreundlich.

»Mit dir reden will ich einmal. Du weißt schon warum. Ich tue meine Arbeit, so gut du's verlangen kannst, oder nicht?«

»Ja, schon.«

»Also. Und du behandelst mich fast wie einen Lehrbuben. Es muß doch etwas dahinterstecken, daß ich dir auf einmal nichts mehr gelte. Sonst sind wir doch immer gut ausgekommen.«

»Lieber Gott, was soll ich sagen? Ich bin halt, wie ich bin, und kann mich nicht anders machen. Du hast auch deine Schrullen.«

»Jawohl, Haager, aber bei der Arbeit nicht, das ist der Unterschied. Ich kann dir nur sagen, du verdirbst dir selber dein Geschäft.«

»Das sind meine Sachen, nicht deine.«

»Na, dann tust du mir leid. Da will ich nicht weiterreden. Vielleicht wird's einmal von selber wieder anders.«

Er ging fort. An der Haustür traf er auf Schömbeck, der zugehört zu haben schien und leise lachte. Er hatte Lust, den Kerl zu verprügeln, aber er nahm sich zusammen und ging ruhig an ihm vorbei.

Er verstand jetzt, daß zwischen Haager und ihm etwas andres stehen müsse als nur eine Verstimmung, und er nahm sich vor, dem auf die Spur zu kommen. Freilich, am liebsten hätte er noch heute gekündigt, statt unter solchen Verhältnissen weiterzuarbeiten. Aber er konnte und mochte Gerbersau nicht verlassen, Marias wegen. Dagegen sah es aus, als läge dem Meister wenig daran, ihn zu behalten, obgleich sein Weggang ihm schaden mußte. Ärgerlich und traurig ging er, als es ein Uhr schlug, in die Werkstatt hinüber.

Am Nachmittag war in der Webfabrik drüben eine kleine Reparatur zu machen. Das kam häufig vor, da der Fabrikant mit einigen umgebauten alten Maschinen Versuche anstellte, an denen Haager beteiligt war. Früher waren diese Reparaturen und Änderungen meistens von Niklas Trefz ausgeführt worden. Neuerdings aber ging der Meister immer selbst hinüber, und wenn ein Gehilfe nötig war, nahm er Schömbeck oder den Volontär mit. Niklas hatte nichts dawider gesagt, doch kränkte es ihn wie ein Zeichen von Mißtrauen. Er hatte drüben bei diesen Gelegenheiten immer die Testolini getroffen, die in jenem Saal arbeitete, und nun mochte er sich nicht zur Arbeit drängen, damit es nicht aussehe, als tue er es ihretwegen.

Auch heute ging der Meister mit Schömbeck hin und überließ dem Niklas die Beaufsichtigung der Werkstatt. Eine Stunde verging, dann kam Schömbeck mit einigen Werkzeugen zurück.

»An welcher Maschine seid ihr?« fragte Hans, den die Versuche dort interessierten.

»An der dritten, beim Eckfenster«, sagte Schömbeck und sah zu Niklas hinüber. »Ich hab alles allein machen müssen, weil sich der Meister so gut unterhalten hat.«

Niklas wurde aufmerksam, denn an jener Maschine hatte die Testolini Dienst. Er wollte an sich halten und sich mit dem Gesellen nicht einlassen, doch fuhr ihm wider seinen Willen die Frage heraus: »Mit wem denn? Mit der Maria?«

»Richtig geraten«, lachte Schömbeck. »Er macht ihr nach Noten den Hof. Es ist ja auch kein Wunder, so nett wie sie ist.«

Trefz gab ihm keine Antwort mehr. Er mochte Marias Namen aus diesem Munde und in diesem Ton nicht hören. Wuchtig setzte er die Feile wieder ein und maß, als er absetzen mußte, mit dem Kaliber so peinlich nach, als sei er mit allen Gedanken bei seiner Arbeit. Es lag ihm jedoch andres im Sinn. Ein böser Verdacht plagte ihn, und je mehr er daran herumsann, desto besser schien ihm alles Vergangene zu dem Verdacht zu passen. Der Meister stellte Maria nach, darum ging er seit einiger Zeit immer selber in die Fabrik hinüber und duldete ihn nimmer dort. Darum hatte er ihn so sonderbar grob und gereizt behandelt. Er war eifersüchtig, und er wollte es dahin treiben, daß er kündige und fortginge.

Aber er wollte nicht gehen, jetzt gerade nicht.

Am Abend suchte er Marias Wohnung auf. Sie war nicht da, und er wartete vor dem Hause bis zehn Uhr auf der Bank unter den

Weibern und Burschen, die sich da den Abend vertrieben. Als sie kam, ging er mit ihr hinauf.

»Hast du gewartet?« fragte sie unterwegs auf der Treppe.

Er gab aber keine Antwort. Stillschweigend ging er hinter ihr her bis in ihre Kammer und machte die Türe hinter ihr zu.

Sie drehte sich um und fragte: »Na, bist wieder letz? Wo fehlt's denn?«

Er sah sie an. »Wo kommst du her?«

»Von draußen. Ich bin mit der Lina und der Christiane gewesen.«

»So.«

»Und du?«

»Ich hab drunten gewartet. Ich muß was mit dir reden.«

»Auch schon wieder! Also red.«

»Wegen meinem Meister, du. Ich glaub, er lauft dir nach.«

»Der? Der Haager? Liebe Zeit, so laß ihn laufen.«

»Das laß ich ihn nicht, nein. Ich will wissen, was damit ist. Er geht jetzt immer selber, wenn's bei euch zu tun gibt, und heut war er wieder den halben Nachmittag bei dir an der Maschine. Jetzt sag, was hat er mit dir?«

»Nichts hat er. Er schwätzt mit mir, und das kannst du ihm nicht verbieten. Wenn's auf dich ankäme, müßt ich immer in einem Glaskasten sitzen!«

»Ich mache keinen Spaß, du. Gerade was er schwätzt, wenn er bei dir ist, möcht ich wissen.«

Sie seufzte gelangweilt und setzte sich aufs Bett.

»Laß doch den Haager!« rief sie ungeduldig. »Was wird's mit ihm sein? Verliebt ist er ein bißchen und macht mir den Hof.«

»Hast du ihm keine Maulschelle gegeben?«

»Herrgott, warum soll ich ihn nicht lieber gleich zum Fenster rausgeworfen haben! Ich laß ihn halt reden und lach ihn aus. Heut hat er gesagt, er wolle mir eine Brosche schenken –«

»Was? Hat er? Und du, was hast du ihm gesagt?«

»Daß ich keine Broschen brauche, und er solle zu seiner Frau heimgehen. – Jetzt aber Punktum! Ist das eine Eifersucht! Du glaubst doch selber nicht im Ernst an das Zeug.«

»Ja, ja. Also denn gut Nacht, ich muß heim.«

Er ging, ohne sich mehr aufhalten zu lassen. Aber er war nicht beruhigt, obwohl er dem Mädchen eigentlich nicht mißtraute.

Allein er wußte nicht, fühlte es aber dunkel, daß ihre Treue zur
Hälfte Furcht vor ihm sei. Solange er da war, konnte er vielleicht
sicher sein. Aber wenn er wandern mußte, nicht. Maria war eitel
und hörte gern schöne Worte, sie hatte auch gar jung schon mit
der Liebe angefangen. Und Haager war Meister und hatte Geld.
Er konnte ihr Broschen anbieten, so sparsam er sonst war.
Niklas lief wohl eine Stunde lang in den Gassen herum, wo ein
Fenster ums andre dunkel ward und schließlich nur noch die
Wirtshäuser Licht hatten. Er suchte daran zu denken, daß ja
noch gar nichts Schlimmes geschehen war. Aber es war ihm
angst vor der Zukunft, vor morgen und vor jedem Tag, an dem er
neben dem Meister stehen und mit ihm arbeiten und reden
mußte, während er wußte, daß der Mensch Maria nachstellte.
Wie sollte das werden?
Müde und verstört trat er in eine Wirtschaft, bestellte eine Flasche Bier und trank Kühlung und Linderung mit jedem rasch
geleerten Glase. Er trank selten, meistens nur im Zorn oder
wenn er ungewöhnlich heiter war, und er hatte wohl ein Jahr
lang keinen Rausch mehr gehabt. Jetzt überließ er sich halb unbewußt einem rechenschaftslosen Kneipen und war stark betrunken, als er das Wirtshaus wieder verließ. Doch hatte er noch
so viel Besinnung, daß er es vermied, in diesem Zustand ins
Haagersche Haus zu gehen. Er wußte unterhalb der Allee eine
Wiese, die gestern geschnitten worden war. Dorthin ging er mit
ungleichen Schritten und warf sich in das zur Nacht in Haufen
getürmte Heu, wo er sogleich einschlief.

III

Als Niklas am folgenden Morgen müde und bleich, doch pünkt-
lich zur rechten Zeit in die Werkstatt kam, war der Meister mit
Schömbeck zufällig schon da. Trefz ging still an seinen Platz und
griff nach der Arbeit. Da rief der Meister ihm zu:
»So, kommst auch endlich?«
»Ich bin auf die Minute dagewesen wie immer«, sagte Niklas
mit mühsam gespielter Gleichgültigkeit. »Da droben hängt die
Uhr.«
»Und wo bist die ganze Nacht gesteckt?«

»Geht's dich was an?«

»Ich will's meinen. Du wohnst bei mir im Haus, und da will ich Ordnung haben.«

Niklas lachte laut. Jetzt war es ihm einerlei, was kommen würde. Er hatte Haager und sein dummes Rechthabenwollen und alles satt.

»Was lachst du?« rief der Meister zornig.

»Ich muß eben lachen, Haager. Das kommt mir so, wenn ich was Lustiges höre.«

»Hier gibt's nichts Lustiges. Nimm dich in acht.«

»Vielleicht doch. Weißt du, Herr Meister, das mit der Ordnung hast du gut gesagt. ›Ich will Ordnung im Hause haben!‹ Schneidig hast du's gesagt. Aber es macht mich halt lachen, wenn einer von Ordnung redet und hat selber keine.«

»Was? Was hab ich?«

»Keine Ordnung im Haus. Mit uns zankst du und tust wüst um jedes Nichtslein. Aber wie ist's denn mit deiner Frau zum Beispiel?«

»Halt! Hund du! Hund, sag ich.«

Haager war herbeigesprungen und stand drohend vor dem Gesellen. Trefz aber, der dreimal stärker war, blinzelte ihn beinahe freundlich an.

»Ruhig!« sagte er langsam. »Beim Reden muß man höflich sein. Du hast mich vorher nicht ausreden lassen. Deine Frau geht mich freilich nichts an, wenn sie mir auch leid tut –«

»Dein Maul hältst du, oder –«

»Später dann, wenn ich fertig bin. Also deine Frau, sag ich, geht mich nichts an, und es geht mich auch nichts an, wenn du den Fabrikmädchen nachläufst, du geiler Aff. Aber die Maria geht mich was an, das weißt du so gut wie ich. Und wenn du mir die mit einem Finger anrührst, geht's dir elend schlecht, darauf kannst du dich verlassen. – So, jetzt hab ich meine Sache gesagt.«

Der Meister war blaß vor Erregung, aber er wagte es nicht, Hand an Niklas zu legen.

Auch waren mittlerweile Hans Dierlamm und der Lehrling gekommen und standen am Eingang, erstaunt über das Geschrei und die bösen Worte, die hier schon in den ersten nüchternen Morgenstunden tobten. Er hielt es für besser, keinen Skandal aufkommen zu lassen. Darum kämpfte und schluckte er eine kleine Weile, um seiner zitternden Stimme Herr zu werden.

Dann sagte er laut und ruhig: »Also genug jetzt. Du kannst nächste Woche gehen, ich habe schon einen neuen Gesellen in Aussicht. – Ans Geschäft, Leute, vorwärts!«

Niklas nickte nur und gab keine Antwort. Sorgfältig spannte er eine blanke Stahlwelle in die Drehbank, probierte den Drehstahl, schraubte ihn wieder ab und ging zum Schleifstein. Auch die andern gingen mit großer Beflissenheit ihren Geschäften nach, und den ganzen Vormittag wurden in der Werkstatt keine zehn Worte gewechselt. Nur in der Pause suchte Hans den Obergesellen auf und fragte ihn leise, ob er wirklich gehen werde.

»Versteht sich«, sagte Niklas kurz und wandte sich ab.

Die Mittagsstunde verschlief er, ohne zu Tisch zu gehen, auf einem Hobelspansack in der Lagerkammer. Die Kunde von seiner Entlassung kam aber durch Schömbeck über Mittag unter die Arbeiter aus der Weberei, und die Testolini erfuhr sie gleich am Nachmittag von einer Freundin.

»Du, der Niklas geht weg. Es ist ihm gekündigt worden.«

»Der Trefz? Nein!«

»Jawohl, der Schömbeck hat's brühwarm herumerzählt. 'S ist schad um ihn, nicht?«

»Ja, wenn's wahr ist. Aber der Haager ist doch ein Hitziger, der! Er hat ja schon lang mit mir anbändeln wollen.«

»Geh, dem würd ich auf die Hand spucken. Mit einem Verheirateten soll eine überhaupt nicht gehen, das gibt bloß dumme Geschichten und nachher nimmt dich keiner mehr.«

»Das wär das wenigste. Heiraten hätt ich schon zehnmal können, sogar einen Aufseher. Wenn ich nur möchte!«

Mit dem Meister wollte sie es drauf ankommen lassen, der war ihr einstweilen sicher. Aber den jungen Dierlamm wollte sie haben, wenn der Trefz fort war. Der Dierlamm war so nett und frisch und hatte so gute Manieren. Daß er auch noch eines reichen Mannes Sohn war, daran dachte sie nicht. Geld konnte sie dann schon von Haager oder sonstwo bekommen. Aber den Volontär hatte sie gern, der war hübsch und stark und doch noch fast ein Bub. Niklas tat ihr leid, und sie fürchtete sich vor den nächsten Tagen, bis er fort wäre. Sie hatte ihn liebgehabt und fand ihn noch immer wundervoll stattlich und schön, aber er hatte gar viele Launen und unnötige Sorgen, träumte immerfort vom Heiraten und war neuerdings so eifersüchtig, daß sie eigentlich wenig an ihm verlor.

Am Abend wartete sie auf ihn in der Nähe des Haagerschen Hauses. Gleich nach dem Abendessen kam er gegangen, sie grüßte und hängte bei ihm ein, und sie spazierten langsam vor die Stadt hinaus.

»Ist's wahr, daß er dir gekündigt hat?« fragte sie, da er nicht davon anfing.

»So, du weißt es auch schon?«

»Ja. Und was hast du im Sinn?«

»Ich fahre nach Eßlingen, dort ist mir schon lange eine Stelle angeboten. Und wenn's dort nichts ist, auf die Wanderschaft.«

»Und denkst nicht auch an mich?«

»Mehr als gut ist. Ich weiß nicht, wie ich's aushalten soll. Ich meine immer, du solltest halt mitkommen.«

»Ja, das wäre schon recht, wenn's ginge.«

»Warum geht's denn nicht?«

»Ach, sei doch gescheit! Du kannst doch nicht mit einem Frauenzimmer wandern gehen wie die Vagabunden.«

»Das nicht, aber wenn ich die Stelle habe –.«

»Ja, wenn du sie hast. Das ist's gerade. Wann willst du denn verreisen?«

»Am Sonntag.«

»Also dann schreibst du vorher noch und meldest dich an. Und wenn du dort unterkommst und es geht dir gut, dann schreibst du mir einen Brief und wir schauen dann weiter.«

»Du mußt dann nachkommen, gleich.«

»Nein, zuerst mußt du dort schauen, ob die Stelle gut ist und ob du bleiben kannst. Und dann geht es vielleicht, daß du mir auch eine Stelle dort besorgst, gelt? Und dann kann ich ja kommen und dich wieder trösten. Wir müssen halt jetzt eine Weile Geduld haben.«

»Ja, wie's in dem Lied heißt: ›Was steht den jungen Burschen wohl an? Geduld, Geduld, Geduld!‹ – Der Teufel hol's! Aber du hast recht, das ist wahr.«

Es gelang ihr, ihn zuversichtlicher zu machen, sie sparte die guten Worte nicht. Zwar dachte sie nicht daran, ihm jemals nachzureisen, aber einstweilen mußte sie ihm recht Hoffnung machen, sonst wurden diese nächsten Tage unerträglich. Und während sie ihn eigentlich schon fahren gelassen hatte und während sie überzeugt war, er werde in Eßlingen oder anderswo sie bald vergessen und eine andere finden, ward sie dennoch im Vorgefühl des Abschiednehmens in ihrem beweglichen Herzen zärtlicher und wärmer, als sie seit langer Zeit gegen ihn gewesen war. Er wurde schließlich beinahe vergnügt.

Das dauerte jedoch nur so lange, als Maria bei ihm war. Kaum saß er daheim auf dem Rand seiner Bettstatt, so war alle Zuversicht verflogen. Wieder quälte er sich mit angstvoll mißtrauischen Gedanken. Es fiel ihm plötzlich auf, daß sie eigentlich über die Nachricht von der Kündigung gar nicht betrübt gewesen war. Sie hatte es ganz leichtgenommen und nicht einmal gefragt, ob er nicht doch noch dableiben könne. Zwar konnte er das nicht, aber sie hätte doch fragen sollen. Und ihre Zukunftspläne schienen ihm jetzt auch nicht mehr so einleuchtend.

Er hatte den Brief nach Eßlingen heute noch schreiben wollen. Aber sein Kopf war jetzt leer und elend und die Müdigkeit überkam ihn so plötzlich, daß er beinahe in den Kleidern eingeschlafen wäre. Er stand willenlos auf, zog sich aus und legte sich ins Bett. Doch hatte er keine ruhige Nacht. Die Schwüle, die schon seit mehreren Tagen in dem engen Flußtal zögerte, wuchs von Stunde zu Stunde, ferne Donnerwetter zankten jenseits der Berge, und der Himmel zuckte in beständigem Wetterleuchten, ohne daß doch ein Gewitter oder Platzregen Luft und Kühle bringen wollte.

Am Morgen war Niklas müde, nüchtern und mißvergnügt. Auch sein gestriger Trotz war zum größeren Teil vergangen. Ein jämmerliches Vorgefühl von Heimweh fing an, ihn zu beklemmen. Überall sah er Meister, Gesellen, Lehrlinge, Fabrikler und Fabrikweiber gleichmütig in ihre Geschäfte und abends wieder heraus laufen, ja ein jeder Hund schien sich seines Rechtes auf Heimat und Haus zu freuen. Er aber sollte wider seinen Willen und wider alle Vernunft seine Arbeit, die ihm lieb war, und sein Städtchen verlassen und anderwärts um das bitten und sich bemühen, was er hier so lange Zeit unangefochten besessen hatte.

Der starke Mensch wurde weichmütig. Still und gewissenhaft

ging er seiner Arbeit nach, sagte dem Meister und sogar Schömbeck freundlich guten Morgen, und wenn Haager an ihm vor-
überging, sah er ihn beinahe flehentlich an und meinte jeden
Augenblick, es tue dem Haager leid und er werde die Kündigung
zurücknehmen, da er sich so willfährig zeige. Allein Haager
wich seinen Blicken aus und tat, als sei er schon nimmer da und
zu Haus und zu Werkstatt gehörig. Nur Hans Dierlamm hielt
sich zu ihm und gab durch ein revolutionäres Gebärdenspiel zu
verstehen, daß er auf den Meister und auf Schömbeck pfeife und
mit den Zuständen durchaus nicht einverstanden sei. Aber damit
war dem Niklas nicht geholfen.

Auch die Testolini, zu der Trefz am Abend traurig und mißmutig
ging, gab ihm keinen Trost. Zwar hätschelte sie ihn mit Lieb-
kosungen und guten Worten, aber auch sie redete von seinem
Fortgehen recht gleichmütig als von einer beschlossenen und
unabänderlichen Sache; und als er auf die Trostgründe und auf
die Vorschläge und Pläne zu sprechen kam, die sie gestern selber
vorgebracht hatte, ging sie zwar darauf ein, schien aber doch
alles nicht so ernst genommen zu haben und hatte sogar einige
ihrer eignen Vorschläge offenbar schon wieder vergessen. Er
hatte die Nacht bei ihr bleiben wollen, änderte aber seinen Sinn
und ging zeitig weg.

In seiner Betrübnis wanderte er ziellos in der Stadt umher. Beim
Anblick des kleinen Vorstadthauses, in dem er als Waisenkind
bei fremden Leuten aufgewachsen war und wo jetzt eine andre
Familie wohnte, fiel ihm flüchtig die Schulzeit und die Lehr-
lingszeit und manches Schöne von damals ein, aber es schien
unendlich weit zurück zu liegen und berührte ihn nur mit leisem
Anklang an Verlorenes und Fremdgewordenes. Schließlich ward
die ungewohnte Hingabe an solche Gefühlsregungen ihm selber
zuwider. Er zündete sich eine Zigarre an, machte ein unbeküm-
mertes Gesicht und trat in eine Gartenwirtschaft, wo er sogleich
von einigen Arbeitern aus der Weberei erkannt und angerufen
wurde.

»Was ist«, rief ihm einer entgegen, der schon angeheitert war, »du
wirst doch auch einen Abschied feiern und was zahlen, nicht?«
Niklas lachte und setzte sich unter die kleine Gesellschaft. Er
versprach, für jeden zwei Schoppen Bier zu spenden, und bekam
dafür von allen Seiten zu hören, wie schade es um ihn sei, daß er

fort wolle, so ein netter und beliebter Kerl, und ob er nicht doch noch am Ende dableibe. Er tat nun auch, als sei die Kündigung von ihm ausgegangen, und prahlte mit guten Stellungen, die er in Aussicht habe. Ein Lied wurde gesungen, man stieß mit den Gläsern an, lärmte und lachte, und Niklas geriet in eine künstliche laute Fröhlichkeit hinein, die ihm übel anstand und deren er sich eigentlich schämte. Doch wollte er nun einmal den munteren Bruder spielen, und um ein übriges zu tun, ging er ins Haus und kaufte drinnen ein Dutzend Zigarren für seine Kameraden.

Wie er wieder in den Wirtsgarten trat, hörte er an jenem Tisch seinen Namen nennen. Die meisten dort waren leicht betrunken, sie schlugen beim Reden auf den Tisch und lachten unbändig. Niklas merkte, daß von ihm die Rede war, er blieb hinter einem Baum verborgen stehen und hörte zu. Als er das wüste Gelächter, das ihm zu gelten schien, gehört hatte, war seine Ausgelassenheit unversehens verdampft. Aufmerksam und bitter stand er im Dunkeln und horchte, wie über ihn geredet wurde.

»Ein Narr ist er schon«, meinte einer von den Stilleren, »aber vielleicht ist der Haager doch der Dümmere. Der Trefz ist vielleicht froh, daß er bei der Gelegenheit die Welsche los wird.«

»Da kennst du den schlecht«, meinte ein andrer. »Der hängt an der Person wie eine Klette. Und so vernagelt wie er ist, weiß er vielleicht nicht einmal, wohin der Hase läuft. Nachher wollen wir's mal probieren und ihn ein bißchen kitzeln.«

»Paß aber auf! Der Niklas kann ungemütlich werden.«

»Ach, der! Der merkt ja nichts. Gestern abend ist er mit ihr spazierengelaufen, und kaum ist er heim in's Bett, so kommt der Haager und geht mit ihr. Die nimmt ja einen jeden. Ich möcht nur wissen, wen sie heut bei sich hat.«

»Ja, mit dem Dierlamm hat sie auch angebändelt, mit dem Volontärbuben. Es muß scheint's doch allemal ein Schlosser sein.«

»Oder er muß Geld haben! Aber von dem kleinen Dierlamm hab ich's nicht gewußt. Hast du's selber gesehen?«

»Und ob. In der Sackkammer und einmal auf der Stiege. Sie haben einander verküßt, daß mir's ganz gegraust hat. Der Bube fängt beizeiten an, gerade wie sie auch.«

Niklas hatte genug. Wohl spürte er Lust, mit einem Donnerwetter zwischen die Kerle zu fahren. Doch tat er es nicht, sondern ging still davon.

Auch Hans Dierlamm hatte in den letzten Nächten nicht gut geschlafen. Die Liebesgedanken, der Ärger in der Werkstatt und die schwüle Hitze plagten ihn, und morgens kam er öfters eine Weile zu spät ins Geschäft.

Am folgenden Tage, nachdem er hastig Kaffee getrunken hatte und die Treppe hinabgeeilt war, kam ihm zu seinem Erstaunen Niklas Trefz entgegen.

»Grüß Gott«, rief Hans, »was gibt's Neues?«

»Arbeit in der Sägemühle draußen, du sollst mitkommen.«

Hans war verwundert, teils über den ungewohnten Auftrag, teils darüber, daß Trefz ihn auf einmal duzte. Er sah, daß dieser einen Hammer und einen kleinen Werkzeugkasten trug. Er nahm ihm den Kasten ab, und sie gingen miteinander flußaufwärts, zur Stadt hinaus, zuerst an Gärten, dann an Wiesen hin. Der Morgen war dunstig und heiß, in der Höhe schien ein Westwind zu gehen, unten im Tal aber herrschte völlige Windstille.

Der Geselle war finster und sah mitgenommen aus, wie nach einer argen Kneipnacht. Hans fing nach einer Weile zu plaudern an, bekam aber keine Antwort. Niklas tat ihm leid, doch wagte er nichts mehr zu sagen.

Auf halbem Wege zur Sägmühle, wo der gewundene Flußlauf eine kleine, mit jungen Erlen bestandene Halbinsel umschloß, machte Niklas plötzlich halt. Er ging zu den Erlen hinab, legte sich ins Gras und winkte Hans, er solle auch kommen. Der folgte gern, und sie lagen nun eine längere Zeit nebeneinander ausgestreckt, ohne ein Wort zu reden.

Am Ende schlief Dierlamm ein. Niklas beobachtete ihn, und als er eingeschlafen war, beugte er sich über ihn und schaute ihm mit großer Aufmerksamkeit ins Gesicht, eine gute Weile. Er seufzte dazu und sprach murmelnd mit sich selber.

Schließlich sprang er zornig auf und gab dem Schläfer einen Fußtritt. Erschreckt und verwirrt taumelte Hans auf.

»Was ist?« fragte er unsicher. »Hab ich so lang geschlafen?«

Niklas sah ihn an, wie er ihn vorher angesehen hatte, mit merkwürdig verwandelten Augen. Er fragte: »Bist du wach?« Hans nickte ängstlich.

»Also, paß auf! Da neben mir liegt ein Hammer. Siehst du
ihn?«

»Ja.«

»Weißt du, für was ich ihn mitgenommen hab?«

Hans sah ihm in die Augen und erschrak unsäglich. Furchtbare
Ahnungen drängten in ihm auf. Er wollte fortlaufen, aber Trefz
hielt ihn mit einem mächtigen Griff fest.

»Nicht fortlaufen! Du mußt mir zuhören. Also den Hammer,
den hab ich mitgenommen, weil ich – –. Oder so … den Hammer …«

Hans begriff alles und schrie in Todesangst auf. Niklas schüttelte
den Kopf.

»Mußt nicht schreien. Willst du mir jetzt zuhören?«

»Ja –.«

»Du weißt ja schon, von was ich rede. Also ja, den Hammer hab
ich dir auf den Kopf hauen wollen. – Sei ruhig! Hör mich! – Aber
es ist nicht gegangen. Ich kann's nicht. Und es ist auch nicht
recht ehrlich, vollends im Schlaf! Aber jetzt bist du wach, und
den Hammer hab ich dahin gelegt. Und jetzt sag ich dir: Wir
wollen miteinander ringen, du bist ja auch stark. Wir ringen, und
wer den andern drunten hat, der kann den Hammer nehmen und
zuschlagen. Du oder ich, einer muß dran glauben.«

Aber Hans schüttelte den Kopf. Die Todesangst war von ihm
gewichen, er fühlte nur eine schneidend herbe Trauer und ein
beinahe unerträgliches Mitleid.

»Warten Sie noch«, sagte er leise. »Ich will vorher reden. Wir
können ja noch einmal hinsitzen, nicht?«

Und Niklas folgte. Er fühlte, daß Hans etwas zu sagen habe und
daß nicht alles so sei, wie er es gehört und sich ausgedacht
hatte.

»Es ist wegen der Maria?« fing Hans an, und Trefz nickte. Nun
erzählte Hans alles. Er verschwieg nichts und suchte nichts von
sich abzuwälzen, er schonte aber auch das Mädchen nicht, denn
er fühlte wohl, daß alles darauf ankam, ihn von ihr abzubringen.
Er sprach von jenem Abend, da Niklas Geburtstag gefeiert hatte,
und von seiner letzten Zusammenkunft mit Maria.

Als er schwieg, gab Niklas ihm die Hand und sagte: »Ich weiß,
daß Sie nicht gelogen haben. Sollen wir jetzt in die Werkstatt
zurück?«

»Nein«, meinte Hans, »ich schon, aber Sie nicht. Sie sollten gleich jetzt verreisen, das wär am besten.«

»Ja, schon. Aber ich brauche mein Arbeitsbuch und ein Zeugnis vom Meister.«

»Das besorge ich. Kommen Sie am Abend zu mir, da bring ich Ihnen alles. Sie können einstweilen Ihre Sachen einpacken, nicht?«

Niklas besann sich. »Nein«, sagte er dann, »es ist doch nicht das Richtige. Ich gehe mit in die Werkstatt und bitte den Haager, daß er mich schon heute gehen läßt. Ich danke schön, daß Sie das alles für mich haben ausfressen wollen, aber es ist besser, ich geh selber.«

Sie kehrten miteinander um. Als sie zurückkamen, war mehr als der halbe Vormittag verstrichen, und Haager empfing sie mit heftigen Vorwürfen. Niklas bat ihn aber, zum Abschied noch einmal in Güte und Ruhe mit ihm zu reden, und nahm ihn mit vor die Türe. Als sie wiederkamen, gingen sie beide ruhig an ihre Plätze und nahmen eine Arbeit vor. Aber am Nachmittag war Niklas nimmer da, und in der nächsten Woche stellte der Meister einen neuen Gesellen ein.   *(1907)*

Taedium vitae

Erster Abend

Es ist Anfang Dezember. Der Winter zögert noch, Stürme heulen und seit Tagen fällt ein dünner, hastiger Regen, der sich manchmal, wenn es ihm selber zu langweilig wird, für eine Stunde in nassen Schnee verwandelt. Die Straßen sind ungangbar, der Tag dauert nur sechs Stunden.

Mein Haus steht allein im freien Feld, umgeben vom heulenden Westwind, von Regendämmerung und Geplätscher, von dem braunen, triefenden Garten und schwimmenden bodenlos gewordenen Feldwegen, die nirgendshin führen. Es kommt niemand, es geht niemand, die Welt ist irgendwo in der Ferne untergegangen. Es ist alles, wie ich mir's oft gewünscht habe – Einsamkeit, vollkommene Stille, keine Menschen, keine Tiere, nur ich allein in einem Studierzimmer, in dessen Kamin der Sturm jammert und an dessen Fensterscheiben Regen klatscht.

Die Tage vergehen so: Ich stehe spät auf, trinke Milch, besorge den Ofen. Dann sitze ich im Studierzimmer, zwischen dreitausend Büchern, von denen ich zwei abwechselnd lese. Das eine ist die »Geheimlehre« der Frau Blavatsky, ein schauerliches Werk. Das andere ist ein Roman von Balzac. Manchmal stehe ich auf, um ein paar Zigarren aus der Schublade zu holen, zweimal um zu essen. Die »Geheimlehre« wird immer dicker, sie wird nie ein Ende nehmen und mich ins Grab begleiten. Der Balzac wird immer dünner, er schwindet täglich, obwohl ich nicht viel Zeit an ihn wende.

Wenn mir die Augen weh tun, setze ich mich in den Lehnstuhl und schaue zu, wie die dürftige Tageshelle an den bücherbedeckten Wänden hinstirbt und versiegt. Oder ich stelle mich vor die Wände und schaue die Bücherrücken an. Sie sind meine Freunde, sie sind mir geblieben, sie werden mich überleben; und wenn auch mein Interesse für sie im Schwinden begriffen ist, muß ich mich doch an sie halten, da ich nichts anderes habe. Ich schaue sie an, diese stummen, zwangsweise treu gebliebenen Freunde, und denke an ihre Geschichten. Da ist ein griechischer

Prachtband, in Leyden gedruckt, irgendein Philosoph. Ich kann ihn nicht lesen, ich kann schon lang kein Griechisch mehr. Ich kaufte ihn in Venedig, weil er billig war und weil der Antiquar ganz überzeugt war, ich lese Griechisch geläufig. So kaufte ich ihn aus Verlegenheit, und schleppte ihn in der Welt herum, in Koffern und Kisten, sorgfältig eingepackt und ausgepackt, bis hierher, wo ich nun festsitze und wo auch er seinen Stand und seine Ruhe gefunden hat.

So vergeht der Tag, und der Abend vergeht bei Lampenlicht, Büchern, Zigarren, bis gegen zehn Uhr. Dann steige ich im kalten Nebenzimmer ins Bett, ohne zu wissen warum, denn ich kann wenig schlafen. Ich sehe das Fensterviereck, den weißen Waschtisch, ein weißes Bild überm Bett in der Nachtblässe schwimmen, ich höre den Sturm im Dach poltern und an den Fenstern zittern, höre das Stöhnen der Bäume, das Fallen des gepeitschten Regens, meinen Atem, meinen leisen Herzschlag. Ich mache die Augen auf, ich mache sie wieder zu; ich versuche an meine Lektüre zu denken, doch gelingt es mir nicht. Stattdessen denke ich an andere Nächte, an zehn, an zwanzig vergangene Nächte, da ich ebenso lag, da ebenso das bleiche Fenster schimmerte und mein leiser Herzschlag die blassen, wesenlosen Stunden abzählte. So vergehen die Nächte.

Sie haben keinen Sinn, so wenig wie die Tage, aber sie vergehen doch, und das ist ihre Bestimmung. Sie werden kommen und vergehen, bis sie wieder irgendeinen Sinn erhalten oder auch bis sie zu Ende sind, bis mein Herzschlag sie nimmer zählen kann. Dann kommt der Sarg, das Grab, vielleicht an einem hellblauen Septembertag, vielleicht bei Wind und Schnee, vielleicht im schönen Juni, wenn der Flieder blüht.

Immerhin sind meine Stunden nicht alle so. Eine, eine halbe von hundert ist doch anders. Dann fällt mir plötzlich das wieder ein, an was ich eigentlich immerfort denken will und was mir die Bücher, der Wind, der Regen, die blasse Nacht immer wieder verhüllen und entziehen. Dann denke ich wieder: Warum ist das so? Warum hat Gott dich verlassen? Warum ist deine Jugend von dir gewichen? Warum bist du so tot?

Das sind meine guten Stunden. Dann weicht der erdrückende Nebel. Geduld und Gleichgültigkeit fliehen fort, ich schaue erwacht in die scheußliche Öde und kann wieder fühlen. Ich fühle die Einsamkeit wie einen gefrorenen See um mich her, ich fühle die Schande und Torheit dieses Lebens, ich fühle den Schmerz um die verlorene Jugend grimmig flammen. Es tut weh, freilich, aber es ist doch Schmerz, es ist doch Scham, es ist doch Qual, es ist doch Leben, Denken, Bewußtsein.

Warum hat Gott dich verlassen? Wo ist deine Jugend hin? Ich weiß es nicht, ich werde es nie erdenken. Aber es sind doch Fragen, es ist doch Auflehnung, es ist doch nicht mehr Tod. Und statt der Antwort, die ich doch nicht erwarte, finde ich neue Fragen. Zum Beispiel: Wie lang ist es her? Wann war's das letzte Mal, daß du jung gewesen bist?

Ich denke nach, und die erfrorene Erinnerung kommt langsam in Fluß, bewegt sich, schlägt unsichere Augen auf und strahlt unversehens ihre klaren Bilder aus, die unverloren unter der Todesdecke schliefen.

Anfangs will es mir scheinen, die Bilder seien ungeheuer alt, zum mindesten zehn Jahre alt. Aber das taub gewordene Zeitgefühl wird zusehends wacher, legt den vergessenen Maßstab auseinander, nickt und mißt. Ich erfahre, daß alles viel näher beieinander liegt, und nun tut auch das entschlafene Identitätsbewußtsein die hochmütigen Augen auf und nickt bestätigend und frech zu den unglaublichsten Dingen. Es geht von Bild zu Bild und sagt: »Ja, das war ich«, und jedes Bild rückt damit sofort aus seiner kühlschönen Beschaulichkeit heraus und wird ein Stück Leben, ein Stück meines Lebens. Das Identitätsbewußtsein ist eine zauberhafte Sache, fröhlich zu sehen, und doch unheimlich. Man hat es, und man kann doch ohne es leben und tut es oft genug, wenn nicht meistens. Es ist herrlich, denn es vernichtet die Zeit; und ist schlimm, denn es leugnet den Fortschritt.

Die erwachten Funktionen arbeiten, und sie stellen fest, daß ich einmal an einem Abend im vollen Besitz meiner Jugend war, und daß es erst vor einem Jahr gewesen ist. Es war ein unbedeutendes Erlebnis, viel zu klein, als daß es sein Schatten sein könnte, in dem ich nun so lange lichtlos lebe. Aber es war ein Erlebnis, und da ich seit Wochen, vielleicht Monaten vollkommen ohne Erlebnisse war, dünkt es mir eine wunderbare Sache, schaut mich wie ein Paradieslein an und tut viel wichtiger, als nötig wäre. Allein mir ist das lieb, ich bin dafür unendlich dankbar. Ich habe eine gute Stunde. Die Bücherreihen, die

Stube, der Ofen, der Regen, das Schlafzimmer, die Einsamkeit, alles löst sich auf, zerrinnt, schmilzt hin. Ich rege, für eine Stunde, befreite Glieder.

Das war vor einem Jahr, Ende November, und es war ein ähnliches Wetter wie jetzt, nur war es fröhlich und hatte einen Sinn. Es regnete viel, aber melodisch schön, und ich hörte nicht vom Schreibtisch aus zu, sondern ging im Mantel und auf leisen, elastischen Gummischuhen draußen umher und betrachtete die Stadt. Ebenso wie der Regen war mein Gang und meine Bewegungen und mein Atem, nicht mechanisch, sondern schön, freiwillig, voller Sinn. Auch die Tage schwanden nicht so totgeboren hin, sie verliefen im Takt, mit Hebungen und Senkungen, und die Nächte waren lächerlich kurz und erfrischend, kleine Ruhepausen zwischen zwei Tagen, nur von den Uhren gezählt. Wie herrlich ist es, so seine Nächte zu verbringen, ein Drittel seines Lebens guten Mutes zu verschwenden, statt dazuliegen und die Minuten nachzuzählen, von denen doch keine den geringsten Wert hat.

Die Stadt war München. Ich war dorthin gereist, um ein Geschäft zu besorgen, das ich aber nachher brieflich abtat, denn ich traf so viele Freunde, sah und hörte so viel Hübsches, daß an Geschäfte nicht zu denken war. Einen Abend saß ich in einem schönen, wundervoll erleuchteten Saal und hörte einen kleinen, breitschultrigen Franzosen namens Lamond Stücke von Beethoven spielen. Das Licht glänzte, die schönen Kleider der Damen funkelten freudevoll, und durch den hohen Saal flogen große, weiße Engel, verkündeten Gericht und verkündeten frohe Botschaft, gossen Füllhörner der Lust aus und weinten schluchzend hinter vorgehaltenen, durchsichtigen Händen.

Eines Morgens fuhr ich, nach einer durchgezechten Nacht, mit Freunden durch den Englischen Garten, sang Lieder und trank beim Aumeister Kaffee. Einen Nachmittag war ich ganz von Gemälden umgeben, von Bildnissen, von Waldwiesen und Meerufern, von denen viele wunderbar erhöht und paradiesisch atmeten wie eine neue, unbefleckte Schöpfung. Abends sah ich den Glanz der Schaufenster, der für Landleute unendlich schön und gefährlich ist, sah Photographien und Bücher ausgestellt, und Schalen voll fremdländischer Blumen, teure Zigarren in Silberpapier gewickelt und feine Lederwaren von lachender Eleganz. Ich sah elektrische Lampen in den feuchten Straßen spiegelnd blitzen und die Helme alter Kirchentürme in der Wolkendämmerung verschwinden.

Mit alledem verging die Zeit schnell und leicht, wie ein Glas leer wird, aus dem jeder Schluck Vergnügen macht. Es war Abend, ich hatte meinen Koffer gepackt und mußte morgen abreisen, ohne daß es mir leid tat. Ich freute mich schon auf die Eisenbahnfahrt an Dörfern, Wäldern und schon beschneiten Bergen vorbei, und auf die Heimkehr.

Für den Abend war ich noch eingeladen, in einem schönen neuen Hause in einer vornehmen Schwabinger Straße, wo es mir bei lebhaften Gesprächen und feinen Speisen wohl erging. Es waren auch einige Frauen da, doch bin ich im Verkehr mit solchen schamhaft und behindert, so daß ich mich lieber zu den Männern hielt. Wir tranken Weißwein aus dünnen Kelchgläsern, und rauchten gute Zigarren, deren Asche wir in silberne, innen vergoldete Becher fallen ließen. Wir sprachen von Stadt und Land, von der Jagd und vom Theater, auch von der Kultur, die uns nahe herbeigekommen schien. Wir sprachen laut und zart, mit Feuer und mit Ironie, ernst und witzig, und schauten uns klug und lebhaft in die Augen.

Erst spät, als der Abend beinahe vorüber war und das Männergespräch sich zur Politik wandte, wovon ich wenig verstehe, sah ich mir die eingeladenen Damen an. Sie wurden von einigen jungen Malern und Bildhauern unterhalten, die zwar arme Teufel, aber sämtlich mit großer Eleganz gekleidet waren, so daß ich ihnen gegenüber nicht Mitleid fühlen konnte, sondern Achtung und Respekt empfinden mußte. Doch ward ich auch von ihnen liebenswürdig geduldet, ja als zugereister Gast vom Lande freundlich ermuntert, so daß ich meine Schüchternheit ablegte und auch mit ihnen ganz brüderlich ins Reden kam. Daneben warf ich neugierige Blicke auf die jungen Damen.

Unter ihnen entdeckte ich nun eine ganz junge, vielleicht neunzehn Jahre alt, mit hellblonden, kinderhaften Haaren und einem blauäugigen, schmalen Mädchengesicht. Sie trug ein helles Kleid mit blauen Besätzen und saß horchend und zufrieden auf ihrem Sessel. Ich sah sie kaum, da ging auch schon ihr Stern mir auf, daß ich ihre feine Gestalt und innige, unschuldige Schönheit im Herzen begriff und die Melodie erfühlte, in welche eingehüllt sie sich bewegte. Eine stille Freude und Rührung machte meinen Herzschlag leicht und schnell, und ich hätte sie gerne angeredet, doch wußte ich nichts Stichhaltiges zu sagen. Sie selber sprach wenig, lächelte nur, nickte und sang kurze Antworten mit einer leichten, hold schwebenden Stimme. Über ihr dünnes Handgelenk fiel eine Manschette aus Spitzen, daraus die Hand mit den zarten Fingern kindlich und beseelt hervorschaute. Ihr Fuß, den sie spielend schaukelte, war mit einem feinen, hohen Stiefel aus braunem Leder bekleidet, und seine Form und Größe stand, wie auch die ihrer Hände in einem richtigen, wohlgefälligen Verhältnis zu der ganzen Gestalt.

»Ach du!« dachte ich mir und sah sie an, »du Kind, du schöner Vogel du! Wohl mir, daß ich dich in deinem Frühling sehen darf.«

Es waren noch andere Frauen da, glänzendere und verheißungsvolle in reifer Pracht, und kluge mit durchdringenden Augen, doch hatte keine einen solchen Duft und keine war so von sanfter Musik umflossen. Sie sprachen und lachten und führten Krieg mit Blicken aus Augen aller Farben. Sie zogen auch mich gütig und neckend ins Gespräch und erwiesen mir Freundlichkeit, doch gab ich nur wie im Schlummer Antwort und blieb mit dem Gemüt bei der Blonden, um ihr Bild in mich zu fassen und die Blüte ihres Wesens nicht aus der Seele zu verlieren.

Ohne daß ich darauf achtete, wurde es spät, und plötzlich waren alle aufgestanden und unruhig geworden, gingen hin und her und nahmen Abschied. Da erhob auch ich mich schnell und tat dasselbe. Draußen zogen wir Mäntel und Kragen an, und ich hörte einen von den Malern zu der Schönen sagen: »Darf ich Sie begleiten?« Und sie sagte: »Ja, aber das ist ein großer Umweg für Sie. Ich kann ja auch einen Wagen nehmen.«

Da trat ich rasch hinzu und sagte: »Lassen Sie mich mitgehen, ich habe den gleichen Weg.«

Sie lächelte und sagte: »Gut, danke schön.« Und der Maler grüßte höflich, sah mich verwundert an und ging davon.

Nun schritt ich neben der lieben Gestalt die nächtliche Straße hinab. An einer Ecke stand eine späte Droschke und schaute uns aus müden Laternen an. Sie sagte: »Soll ich nicht lieber die Droschke nehmen? Es ist eine halbe Stunde weit.« Ich bat sie jedoch, es nicht zu tun. Nun fragte sie plötzlich: »Woher wissen Sie denn, wo ich wohne?«

»O, das ist ja gleichgültig. Übrigens weiß ich es gar nicht.«

»Sie sagten doch, Sie hätten den gleichen Weg?«

»Ja, den habe ich. Ich wäre ohnehin noch eine halbe Stunde spazieren gegangen.«

Wir schauten an den Himmel, der war klar geworden und stand voll von Sternen, und durch die weiten, stillen Straßen strich ein frischer, kühler Wind.

Anfangs war ich in Verlegenheit, da ich durchaus nichts mit ihr zu reden wußte. Sie schritt jedoch frei und unbefangen dahin, atmete die reine Nachtluft mit Behagen und tat nur hie und da, wie es ihr einfiel, einen Ausruf oder eine Frage, auf die ich pünktlich Antwort gab. Da wurde auch ich wieder frei und zufrieden, und es ergab sich im Takt unserer Schritte ein ruhiges Plaudern, von dem ich heute kein Wort mehr weiß.

Wohl aber weiß ich noch, wie ihre Stimme klang; sie klang rein, vogelleicht und dennoch warm, und ihr Lachen ruhig und fest. Ihr Schritt nahm meinen gleichmäßig mit, ich bin nie so froh und schwebend gegangen, und die schlafende Stadt mit Palästen, Toren, Gärten und Denkmälern glitt still und schattenhaft an uns vorüber.

Es begegnete uns ein alter Mann in schlechten Kleidern, der nicht mehr gut zu Fuß war. Er wollte uns ausweichen, doch nahmen wir das nicht an, sondern machten ihm zu beiden Seiten Platz, und er drehte sich langsam um und blickte uns nach.

»Ja, schau du nur!« sagte ich, und das blonde Mädchen lachte vergnügt.

Von hohen Türmen schollen Stundenschläge, flogen klar und frohlockend im frischen Winterwind über die Stadt und vermischten sich fern in den Lüften zu einem verhallenden Brausen. Ein Wagen fuhr über einen Platz, die Hufschläge tönten klappernd auf dem Pflaster, die Räder aber hörte man nicht, sie liefen auf Gummireifen.

Neben mir schritt heiter und frisch die schöne junge Gestalt, die Musik ihres Wesens umschloß auch mich, mein Herz schlug denselben Takt wie ihres, meine Augen sahen alles, was ihre Augen sahen. Sie kannte mich nicht, und ich wußte ihren Namen nicht, aber wir waren beide sorgenlos und jung, wir waren Ka-

meraden wie zwei Sterne und wie zwei Wolken, die denselben
Weg ziehen, dieselbe Luft atmen und sich ohne Worte wunsch-
los wohlfühlen. Mein Herz war wieder neunzehn Jahre alt und
unversehrt.

Mir schien, wir beide müßten ohne Ziel und unermüdet weiter
wandern. Mir schien, wir gingen schon unausdenklich lange
nebeneinander, und es könnte nie ein Ende nehmen. Die Zeit
war ausgelöscht, ob auch die Uhren schlugen.

Da aber blieb sie unvermutet stehen, lächelte, gab mir die Hand
und verschwand in einem Haustor.

Zweiter Abend

Ich habe den halben Tag gelesen und meine Augen schmerzen,
ohne daß ich weiß, warum ich sie eigentlich so anstrenge. Aber
auf irgendeine Art muß ich die Zeit doch hinbringen. Jetzt ist es
wieder Abend, und indem ich überlese, was ich gestern schrieb,
richtet sich jene vergangene Zeit wieder auf, blaß und entrückt,
aber doch erkennbar. Ich sehe Tage und Wochen, Ereignisse und
Wünsche, Gedachtes und Erlebtes schön verknüpft und in sinn-
voller Folge aneinander gereiht, ein richtiges Leben mit Konti-
nuität und Rhythmus, mit Interessen und Zielen, und mit der
wunderbaren Berechtigung und Selbstverständlichkeit eines gewöhnlichen, gesunden Lebens, was alles mir seither so völlig
abhanden gekommen ist.

Also ich war, am Tag nach jenem schönen Abendgang mit dem
fremden Mädchen, abgereist und in meine Heimat gefahren. Ich
saß fast ganz allein im Wagen und freute mich über den guten
Schnellzug und über die fernen Alpen, die eine Zeitlang klar und
glänzend zu sehen waren. In Kempten aß ich am Büffet eine
Wurst und unterhielt mich mit dem Schaffner, dem ich eine Zigarre kaufte. Später wurde das Wetter trüb, und den Bodensee
sah ich grau und groß wie ein Meer im Nebel und leisem Schnee-
geriesel liegen.

Zu Hause in demselben Zimmer, in dem ich auch jetzt sitze,
machte ich mir ein gutes Feuer in den Ofen und ging mit Eifer an
meine Arbeit. Es kamen Briefe und Bücherpakete und gaben mir
zu tun, und einmal in der Woche fuhr ich ins Städtchen hinüber,

machte meine paar Einkäufe, trank ein Glas Wein und spielte eine Partie Billard.

Dabei merkte ich doch allmählich, daß die freudige Munterkeit und zufriedene Lebenslust, mit der ich noch kürzlich in München umhergegangen war, sich anschickte zur Neige zu gehen und durch irgendeinen kleinen, dummen Riß zu entrinnen, so daß ich langsam in einen minder hellen, träumerischen Zustand hineingeriet. Im Anfang dachte ich, es werde ein kleines Unwohlsein sich ausbrüten, darum fuhr ich in die Stadt und nahm ein Dampfbad, das jedoch nichts helfen wollte. Ich sah auch bald ein, daß dieses Übel nicht in den Knochen und im Blut steckte. Denn ich begann jetzt, ganz wider oder doch ohne meinen Willen, zu allen Stunden des Tages mit einer gewissen hartnäckigen Begierde an München zu denken, als ob ich in dieser angenehmen Stadt etwas Wesentliches verloren hätte. Und ganz allmählich nahm dieses Wesentliche für mein Bewußtsein Gestalt an, und es war die liebliche schlanke Gestalt der neunzehnjährigen Blonden. Ich merkte, daß ihr Bildnis und jener dankbar frohe abendliche Gang an ihrer Seite in mir nicht zur stillen Erinnerung, sondern zu einem Teil meiner selbst geworden war, der jetzt zu schmerzen und zu leiden anfing.

Es ging schon leis in den Frühling hinein, da war die Sache reif und brennend geworden und ließ sich auf keine Weise mehr unterschlagen. Ich wußte jetzt, daß ich das liebe Mädchen wiedersehen müsse, ehe an anderes zu denken war. Wenn alles stimmte, so durfte ich den Gedanken nicht scheuen, meinem stillen Leben Fahrwohl zu sagen und mein harmloses Schicksal mitten in den Strom zu lenken. War es auch bisher meine Absicht gewesen, meinen Weg allein als ein unbeteiligter Zuschauer zu gehen, so schien doch jetzt ein ernsthaftes Bedürfnis es anders zu wollen.

Darum überlegte ich mir alles Notwendige gewissenhaft und kam zu dem Schluß, es sei mir durchaus möglich und erlaubt, mich einem jungen Mädchen anzutragen, falls es dazu kommen sollte. Ich war wenig über dreißig Jahre alt, auch gesund und gutartig, und besaß so viel Vermögen, daß eine Frau, wenn sie nicht zu sehr verwöhnt war, sich mir ohne Sorge anvertrauen konnte. Gegen Ende März fuhr ich denn wieder nach München, und diesmal hatte ich auf der langen Eisenbahnfahrt recht viel zu denken. Ich nahm mir vor, zunächst die nähere Bekanntschaft des Mädchens zu machen und hielt es nicht für völlig unmöglich, daß dann vielleicht mein Bedürfnis sich als minder heftig und überwindbar erweisen könnte. Vielleicht, meinte ich, werde das bloße Wiedersehen meinem Heimweh Genüge tun und das Gleichgewicht in mir sich dann von selber wiederherstellen.

Das war nun allerdings die törichte Annahme eines Unerfahrenen. Ich erinnere mich nun wieder wohl daran, mit wieviel Vergnügen und Schlauheit ich diese Reisegedanken spann, während ich im Herzen schon fröhlich war, da ich mich München und der Blonden nahe wußte.

Kaum hatte ich das vertraute Pflaster wieder betreten, so stellte sich auch ein Behagen ein, das ich wochenlang vermißt hatte. Es war nicht frei von Sehnsucht und verhüllter Unruhe, aber doch war mir längere Zeit nicht mehr so wohl gewesen. Wieder freute mich alles, was ich sah, und hatte einen wunderlichen Glanz, die bekannten Straßen, die Türme, die Leute in der Trambahn mit ihrer Mundart, die großen Bauten und stillen Denkmäler. Ich gab jedem Trambahnschaffner einen Fünfer Trinkgeld, ließ mich durch ein feines Schaufenster verleiten, mir einen eleganten Regenschirm zu kaufen, gönnte mir auch in einem Zigarrenladen etwas Feineres, als eigentlich meinem Stande und Vermögen entsprach, und fühlte mich in der frischen Märzluft recht unternehmungslustig.

Nach zwei Tagen hatte ich schon in aller Stille mich nach dem Mädchen erkundigt und nicht viel anderes erfahren, als ich ungefähr erwartet hatte. Sie war eine Waise und aus gutem Hause, doch arm, und besuchte eine kunstgewerbliche Schule. Mit meinem Bekannten in der Leopoldstraße, in dessen Haus ich sie damals gesehen hatte, war sie entfernt verwandt.

Dort sah ich sie auch wieder. Es war eine kleine Abendgesellschaft, fast alle Gesichter von damals tauchten wieder auf, manche erkannten mich wieder und gaben mir freundlich die Hand. Ich aber war sehr befangen und erregt, bis endlich mit anderen Gästen auch sie erschien. Da wurde ich still und zufrieden, und als sie mich erkannte, mir zunickte und mich sogleich an jenen Abend im Winter erinnerte, fand sich bei mir das alte Zutrauen ein, und ich konnte mit ihr reden und ihr in die Augen sehen, als wäre seither keine Zeit vergangen und wehte noch derselbe winterliche Nachtwind um uns beide. Doch hatten wir einander nicht viel mitzuteilen, sie fragte nur, wie es mir seither gegangen sei und ob ich die ganze Zeit auf dem Land gelebt habe. Als das besprochen war, schwieg sie ein paar Augenblicke, sah mich dann lächelnd an und wendete sich zu ihren Freunden, während ich sie nun aus einiger Ferne nach Lust betrachten konnte. Sie schien mir ein wenig verändert, doch wußte ich nicht wie und in welchen Zügen, und erst nachher, als sie fort war und ich ihre beiden Bilder in mir streiten fühlte und vergleichen konnte, fand ich heraus, daß sie ihr Haar jetzt anders aufgesteckt hatte und auch zu etwas volleren Wangen gekommen war. Ich betrachtete sie still und hatte dabei dasselbe Gefühl der Freude und Verwunderung, daß es etwas so Schönes und innig Junges gebe und daß es mir erlaubt war, diesem Menschenfrühling zu begegnen und in die hellen Augen zu sehen.

Während des Abendessens und nachher beim Moselwein ward ich in die Herrengespräche hineingezogen, und wenn auch von anderen Dingen die Rede war als bei meinem letzten Hiersein, schien mir das Gespräch doch wie eine Fortsetzung des damaligen, und ich nahm mit einer kleinen Genugtuung wahr, daß diese lebhaften und verwöhnten Stadtleute doch auch trotz aller Augenlust und Neuigkeiten einen gewissen Zirkel haben, in dem ihr Geist und Leben sich bewegt, und daß bei allem Vielerlei und Wechsel doch auch hier der Zirkel unerbittlich und verhältnismäßig eng ist. Obschon mir in ihrer Mitte recht wohl war, fühlte ich mich doch durch meine lange Abwesenheit im Grunde um nichts betrogen und konnte die Vorstellung nicht ganz unterdrücken, diese Herrschaften seien alle noch von damals her sitzen geblieben und redeten noch am selben Gespräch von damals fort. Dieser Gedanke war natürlich ungerecht und kam nur daher, daß meine Aufmerksamkeit und Teilnahme diesmal häufig von der Unterhaltung abwich.

Ich wandte mich auch, sobald ich konnte, dem Nebenzimmer zu, wo die Damen und jungen Leute ihre Unterhaltung hatten. Es entging mir nicht, daß die jungen Künstler von der Schönheit des Fräuleins stark angezogen wurden und mit ihr teils kameradschaftlich, teils ehrerbietig umgingen. Nur einer, ein Bildnismaler namens Zündel, hielt sich kühl bei den älteren Frauen und schaute uns Schwärmern mit einer gutmütigen Verachtung zu. Er sprach lässig und mehr horchend als redend mit einer schönen, braunäugigen Frau, von der ich gehört hatte, sie stehe im Ruf großer Gefährlichkeit und vieler gehabter oder noch schwebender Liebesabenteuer.

Doch nahm ich alles das nur nebenbei mit halben Sinnen wahr. Das Mädchen nahm mich ganz in Anspruch, doch ohne daß ich mich ins allgemeine Gespräch mischte. Ich fühlte, wie sie in einer lieblichen Musik befangen lebte und sich bewegte, und der milde, innige Reiz ihres Wesens umgab mich so dicht und süß und stark wie der Duft einer Blume. So wohl mir das jedoch tat, so konnte ich doch unzweifelhaft spüren, daß ihr Anblick mich nicht stillen und sättigen könne und daß mein Leiden, wenn ich jetzt wieder von ihr getrennt würde, noch weit quälender werden müsse. Mir schien in ihrer zierlichen Person mein eigenes Glück und der blühende Frühling meines Lebens mich anzublicken, daß ich ihn fasse und an mich nehme, der sonst nie wieder käme. Es war nicht eine Begierde des Blutes nach Küssen und nach einer Liebesnacht, wie es manche schöne Frau schon für Stunden in mir erweckt und mich damit erhitzt und gequält hatte. Vielmehr war es ein frohes Vertrauen, daß in dieser lieben Gestalt mein Glück mir begegnen wolle, daß ihre Seele mir verwandt und freundlich und mein Glück auch ihres sein müsse.

Darum beschloß ich, ihr nahe zu bleiben und zur rechten Stunde meine Frage an sie zu tun.

Dritter Abend

Es soll nun einmal erzählt sein, also weiter!

Ich hatte nun in München eine schöne Zeit. Meine Wohnung lag nicht weit vom Englischen Garten, den suchte ich jeden Morgen auf. Auch in die Bildersäle ging ich häufig, und wenn ich etwas besonders Herrliches sah, war es immer wie ein Zusammentreffen der äußeren Welt mit dem seligen Bilde, das ich in mir bewahrte.

Eines Abends trat ich in ein kleines Antiquariat, um mir etwas zum Lesen zu kaufen. Ich stöberte in staubigen Regalen und fand eine schöne, zierlich eingebundene Ausgabe des Herodot, die ich erwarb. Darüber kam ich mit dem Gehilfen, der mich bediente, in ein Gespräch. Es war ein auffallend freundlicher, still höflicher Mann mit einem bescheidenen, doch heimlich durchleuchteten Gesicht, und in seinem ganzen Wesen lag eine sanfte, friedliche Güte, die man sofort spürte und auch aus seinen Zügen und Gebärden lesen konnte. Er zeigte sich belesen, und da er mir so gut gefiel, kam ich mehrmals wieder, um etwas zu kaufen und mich eine Viertelstunde mit ihm zu unterhalten. Ohne daß er dergleichen gesagt hätte, hatte ich von ihm den Eindruck eines Mannes, der die Finsternis und Stürme des Lebens vergessen oder überwunden habe und ein friedvolles und gutes Leben führe.

Nachdem ich den Tag in der Stadt bei Freunden oder in Sammlungen hingebracht, saß ich abends vor dem Schlafengehen stets noch eine Stunde in meinem Mietzimmer, in die Wolldecke gehüllt, las im Herodot oder ließ meine Gedanken hinter dem schönen Mädchen hergehen, dessen Namen Maria ich nun auch erfahren hatte.

Beim nächsten Zusammentreffen mit ihr gelang es mir, sie etwas besser zu unterhalten, wir plauderten ganz vertraulich, und ich erfuhr manches über ihr Leben. Auch durfte ich sie nach Hause begleiten, und es war mir wie im Traum, daß ich wieder mit ihr denselben Weg durch die ruhigen Straßen ging. Ich sagte ihr, ich habe oft an jenen Heimweg gedacht und mir gewünscht, ihn noch einmal gehen zu dürfen. Sie lachte vergnügt und fragte mich ein wenig aus. Und schließlich, da ich doch am Bekennen war, sah ich sie an und sagte: »Ich bin nur Ihretwegen nach München gekommen, Fräulein Maria.«

Ich fürchtete sogleich, das möchte zu dreist gewesen sein, und wurde verlegen. Aber sie sagte nichts darauf und sah mich nur ruhig und ein wenig neugierig an. Nach einer Weile sagte sie dann: »Am Donnerstag gibt ein Kamerad von mir ein Atelierfest. Wollen Sie auch kommen? Dann holen Sie mich um acht Uhr hier ab.«

Wir standen vor ihrer Wohnung. Da dankte ich und nahm Abschied.

So war ich denn von Maria zu einem Fest eingeladen worden. Eine große Freudigkeit kam über mich. Ohne daß ich mir von diesem Fest allzuviel versprach, war es mir doch ein wunderlich süßer Gedanke, von ihr dazu aufgefordert zu sein und ihr etwas zu verdanken. Ich besann mich, wie ich ihr dafür danken könne, und beschloß, ihr am Donnerstag einen schönen Blumenstrauß mitzubringen.

In den drei Tagen, die ich noch warten mußte, fand ich die heiter zufriedene Stimmung nicht wieder, in der ich die letzte Zeit gewesen war. Seit ich ihr das gesagt hatte, daß ich ihretwegen hierher gereist sei, war meine Unbefangenheit und Ruhe verloren. Es war doch so gut wie ein Geständnis gewesen, und nun mußte ich immer denken, sie wisse um meinen Zustand und überlege sich vielleicht, was sie mir antworten solle. Ich brachte diese Tage meist auf Ausflügen außerhalb der Stadt zu, in den großen Parkanlagen von Nymphenburg und von Schleißheim oder im Isartal in den Wäldern.

Als der Donnerstag gekommen war und es Abend wurde, zog ich mich an, kaufte im Laden einen großen Strauß rote Rosen und fuhr damit in einer Droschke bei Maria vor. Sie kam sogleich herab, ich half ihr in den Wagen und gab ihr die Blumen, aber sie war aufgeregt und befangen, was ich trotz meiner eigenen Verlegenheit wohl bemerkte. Ich ließ sie denn auch in Ruhe, und es gefiel mir, sie so mädchenhaft vor einer Festlichkeit in Aufregung und Freudenfieber zu sehen. Bei der Fahrt im offenen Wagen durch die Stadt überkam auch mich allmählich eine große Freude, indem es mir scheinen wollte, als bekenne damit Maria, sei es auch nur für eine Stunde, sich zu einer Art von Freundschaft und Einverständnis mit mir. Es war mir ein festtägliches Ehrenamt, sie für diesen Abend unter meinem Schutz und meiner Begleitung zu haben, da es ihr hierzu doch gewiß nicht an anderen erbötigen Freunden gefehlt hätte.

Der Wagen hielt vor einem großen kahlen Miethaus, dessen Flur und Hof wir durchschreiten mußten. Dann ging es im Hinterhause unendliche Treppen hinauf, bis uns im obersten Korridor ein Schwall von Licht und Stimmen entgegenbrach. Wir legten in einer Nebenstube ab, wo ein eisernes Bett und ein paar Kisten schon mit Mänteln und Hüten bedeckt waren, und traten dann in das Atelier, das hell erleuchtet und voll von Menschen war. Drei oder vier waren mir flüchtig bekannt, die andern samt dem Hausherrn aber alle fremd.

Diesem stellte mich Maria vor und sagte dazu: »Ein Freund von mir. Ich durfte ihn doch mitbringen?«

Das erschreckte mich ein wenig, da ich glaubte, sie habe mich angemeldet. Aber der Maler gab mir unbeirrt die Hand und sagte gleichmütig: »Ist schon recht.«

Es ging in dem Atelier recht lebhaft und freimütig zu. Jeder setzte sich, wo er Platz fand, und man saß nebeneinander, ohne sich zu kennen. Auch nahm sich jedermann nach Belieben von den kalten Speisen, die da und dort herumstanden, und vom Wein oder Bier, und während die einen erst ankamen oder ihr Abendbrot aßen, hatten andere schon die Zigarren angezündet, deren Rauch sich allerdings anfänglich in dem sehr hohen Raume leicht verlor.

Da niemand nach uns sah, versorgte ich Maria und dann auch mich mit einigem Essen, das wir ungestört an einem kleinen niederen Zeichentisch verzehrten, zusammen mit einem fröhlichen, rotbärtigen Mann, den wir beide nicht kannten, der uns aber munter und anfeuernd zunickte. Hie und da griff jemand von den später Gekommenen, für die es an Tischen fehlte, über unsre Schultern hinweg nach einem Schinkenbrot, und als die Vorräte zu Ende waren, klagten viele noch über Hunger, und zwei von den Gästen gingen aus, um noch etwas einzukaufen, wozu der eine von seinen Kameraden kleine Geldbeiträge erbat und erhielt.

Der Gastgeber sah diesem munteren und etwas lärmigen Wesen gleichmütig zu, aß stehend ein Butterbrot und ging mit diesem und einem Weinglas in den Händen plaudernd bei den Gästen hin und wider. Auch ich nahm an dem ungebundenen Treiben keinen Anstoß, doch wollte es mir im stillen leid tun, daß Maria sich hier anscheinend wohl und heimisch fühlte. Ich wußte ja, daß die jungen Künstler ihre Kollegen und zum Teil sehr achtenswerte Leute waren, und hatte keinerlei Recht, etwas anders zu wünschen. Dennoch war es mir ein leiser Schmerz und fast eine kleine Enttäuschung, zu sehen, wie sie diese immerhin robuste Geselligkeit befriedigt hinnahm. Ich blieb bald allein, da sie nach der kurzen Mahlzeit sich erhob und ihre Freunde begrüßte. Den beiden ersten stellte sie mich vor und suchte mich mit in ihre Unterhaltung zu ziehen, wobei ich freilich versagte. Dann stand sie bald da, bald dort bei Bekannten, und da sie mich nicht zu vermissen schien, zog ich mich in einen Winkel zurück, lehnte mich an die Wand und schaute mir die lebhafte Gesellschaft in Ruhe an. Ich hatte nicht erwartet, daß Maria sich den ganzen Abend in meiner Nähe halten würde, und war damit zufrieden, sie zu sehen, etwa einmal mit ihr zu plaudern und sie dann wieder nach Hause zu begleiten. Trotzdem kam allmählich ein Mißbehagen über mich, und je munterer die andern wurden, desto unnützer und fremder stand ich da, nur selten von jemand flüchtig angeredet.

Unter den Gästen bemerkte ich auch jenen Porträtmaler Zündel sowie jene schöne Frau mit den braunen Augen, die mir als gefährlich und etwas übel berufen bezeichnet worden war. Sie schien in diesem Kreis wohlbekannt und ward von den meisten mit einer gewissen lächelnden Vertrautheit, doch ihrer Schönheit wegen auch mit freimütiger Bewunderung betrachtet. Zündel war ebenfalls ein hübscher Mensch, groß und kräftig, mit scharfen dunklen Augen und von einer sichern, stolzen und überlegenen Haltung wie ein verwöhnter und seines Eindrucks gewisser Mann. Ich betrachtete ihn mit Aufmerksamkeit, da ich von Natur für solche Männer ein merkwürdiges, mit Humor und auch mit etwas Neid vermischtes Interesse habe. Er versuchte den Gastgeber wegen der mangelhaften Bewirtung aufzuziehen.

»Du hast ja nicht einmal genug Stühle«, meinte er geringschätzig. Aber der Hausherr blieb unangefochten. Er zuckte die Achseln und sagte: »Wenn ich mich einmal zum Porträtmalen hergeb', wird's bei mir schon auch fein werden.« Dann tadelte Zündel die Gläser: »Aus den Kübeln kann man doch keinen Wein trinken. Hast du nie gehört, daß zum Wein feine Gläser gehören?« Und der Gastgeber antwortete unverzagt: »Vielleicht verstehst du was von Gläsern, aber vom Wein verstehst du nichts. Mir ist alleweil ein feiner Wein lieber als ein feines Glas.«

Die schöne Frau hörte lächelnd zu, und ihr Gesicht sah merkwürdig zufrieden und selig aus, was kaum von diesen Witzen herrühren konnte. Ich sah denn auch bald, daß sie unterm Tisch ihre Hand tief in den linken Rockärmel des Malers gesteckt hielt, während sein Fuß leicht und nachlässig mit ihrem spielte. Doch schien er mehr höflich als zärtlich zu sein, sie aber hing mit einer unangenehmen Inbrunst an ihm, und ihr Anblick wurde mir bald unerträglich.

Übrigens machte sich auch Zündel nun von ihr los und stand auf. Es war jetzt ein starker Rauch im Atelier, auch Frauen und Mädchen rauchten Zigaretten, Gelächter und laute Gespräche klangen durcheinander, alles ging auf und ab, setzte sich auf Stühle, auf Kisten, auf den Kohlenbehälter, auf den Boden. Eine Pikkoloflöte wurde geblasen, und mitten in dem Getöse las ein leicht angetrunkener Jüngling einer lachenden Gruppe ein ernsthaftes Gedicht vor.

Ich beobachtete Zündel, der gemessen hin und wider ging und völlig ruhig und nüchtern blieb. Dazwischen sah ich immer wieder zu Maria hinüber, die mit zwei andern Mädchen auf einem Diwan saß und von jungen Herren unterhalten wurde, die mit Weingläsern in den Händen dabeistanden. Je länger die Lustbarkeit dauerte und je lauter sie wurde, desto mehr kam eine Trauer und Beklemmung über mich. Es schien mir, ich sei mit meinem Märchenkind an einen unreinen Ort geraten, und ich begann darauf zu warten, daß sie mir winke und fortzugehen begehre.

Der Maler Zündel stand jetzt abseits und hatte sich eine Zigarre angezündet. Er beschaute sich die Gesichter und blickte auch aufmerksam zu dem Diwan hin. Da hob Maria den Blick, ich sah es genau, und sah ihm eine kleine Weile in die Augen. Er lächelte, sie aber blickte ihn fest und gespannt an, und dann sah ich ihn ein Auge schließen und den Kopf fragend heben, sie aber leise nikken.

Da wurde mir schwül und dunkel im Herzen. Ich wußte ja nichts, und es konnte ein Scherz, ein Zufall, eine kaum gewollte Gebärde sein. Allein ich tröstete mich damit nicht. Ich hatte gesehen, es gab ein Einverständnis zwischen den beiden, die den ganzen Abend kein Wort miteinander gesprochen und sich fast auffallend voneinander fern gehalten hatten.

In jenem Augenblick fiel mein Glück und meine kindische Hoffnung zusammen, es blieb kein Hauch und kein Glanz davon übrig. Es blieb nicht einmal eine reine, herzliche Trauer, die ich gern getragen hätte, sondern nur eine Scham und Enttäuschung, ein widerwärtiger Geschmack und Ekel. Wenn ich Maria mit einem frohen Bräutigam oder Liebhaber gesehen hätte, so hätte ich ihn beneidet und mich doch gefreut. Nun aber war es ein Verführer und Weiberheld, dessen Fuß noch vor einer halben Stunde mit dem der braunäugigen Frau gespielt hatte.

Trotzdem raffte ich mich zusammen. Es konnte immer noch eine Täuschung sein, und ich mußte Maria Gelegenheit geben, meinen bösen Verdacht zu widerlegen.

Ich ging zu ihr und sah ihr betrübt in das frühlinghafte, liebe Gesicht. Und ich fragte: »Es wird spät Fräulein Maria, darf ich Sie nicht heimbegleiten?«

Ach, da sah ich sie zum erstenmal unfrei und verstellt. Ihr Gesicht verlor den feinen Gotteshauch, und auch ihre Stimme klang verhüllt und unwahr. Sie lachte und sagte laut: »O verzeihen Sie, daran hatte ich gar nicht gedacht. Ich werde abgeholt. Wollen Sie schon gehen?«

Ich sagte: »Ja, ich will gehen. Adieu, Fräulein Maria.«

Ich nahm von niemand Abschied und wurde von niemand aufgehalten. Langsam ging ich die vielen Treppen hinunter, über den Hof und durch das Vorderhaus. Draußen besann ich mich, was nun zu tun sei, und kehrte wieder um und verbarg mich im Hof hinter einem leeren Wagen. Dort wartete ich lang, beinahe eine Stunde. Dann kam der Zündel, warf einen Zigarrenrest weg und knöpfte seinen Mantel zu, ging durch die Einfahrt hinaus, kam aber bald wieder und blieb am Ausgang stehen.

Es dauerte fünf, zehn Minuten, und immerfort verlangte es mich, hervorzutreten, ihn anzurufen, ihn einen Hund zu heißen und an der Kehle zu packen. Aber ich tat es nicht, ich blieb still in meinem Versteck und wartete. Und es dauerte nicht lang, da hörte ich wieder Schritte auf der Treppe, und die Türe ging, und Maria kam heraus, schaute sich um, schritt zum Ausgang und legte still ihren Arm in den des Malers. Rasch gingen sie miteinander fort, ich sah ihnen nach und machte mich dann auf den Heimweg.

Zu Hause legte ich mich ins Bett, konnte aber keine Ruhe finden, so daß ich wieder aufstand und in den Englischen Garten ging. Dort lief ich die halbe Nacht herum, kam dann wieder in mein Zimmer und schlief nun fest bis in den Tag hinein.

Ich hatte mir nachts vorgenommen, gleich am Morgen fortzureisen. Dafür war ich nun aber zu spät erwacht und hatte also noch einen Tag hinzubringen. Ich packte und zahlte, nahm von meinen Freunden schriftlich Abschied, aß in der Stadt und setzte mich in ein Kaffeehaus. Die Zeit wollte mir lang werden, und ich sann nach, womit ich den Nachmittag verbringen könne. Dabei fing ich an, mein Elend zu fühlen. Seit Jahren war ich nicht mehr in dem scheußlichen und unwürdigen Zustand gewesen, daß ich die Zeit fürchtete und verlegen war, wie ich sie umbringe. Spazierengehen, Gemälde sehen, Musik hören, ausfahren, eine Partie Billard spielen, lesen, alles lockte mich nicht, alles war dumm, fad, sinnlos. Und wenn ich auf der Straße um mich blickte, sah ich Häuser, Bäume, Menschen, Pferde, Hunde, Wagen, alles unendlich langweilig, reizlos und gleichgültig. Nichts sprach zu mir, nichts machte mir Freude, erweckte mir Teilnahme oder Neugierde.

Während ich eine Tasse Kaffee trank, um die Zeit hinter mich zu bringen und eine Art von Pflicht zu erfüllen, fiel mir ein, ich müsse mich umbringen. Ich war froh, diese Lösung gefunden zu haben, und überlegte sachlich das Notwendige. Allein meine Gedanken waren zu unstet und haltlos, als daß sie länger als für Minuten bei mir geblieben wären. Zerstreut zündete ich mir eine Zigarre an, warf sie wieder weg, bestellte die zweite oder dritte Tasse Kaffee, blätterte in einer Zeitschrift und schlenderte schließlich weiter. Es kam mir wieder in den Sinn, daß ich hatte abreisen wollen, und ich nahm mir vor, es morgen gewiß zu tun. Plötzlich machte mich der Gedanke an meine Heimat warm, und für Augenblicke fühlte ich statt des elenden Ekels eine rechte, reinliche Trauer. Ich erinnerte mich daran, wie schön es in der Heimat war, wie dort die grünen und blauen Berge weich aus dem See emporstiegen, wie der Wind in den Pappeln tönte und wie die Möwen kühn und launisch flogen. Und mir schien, ich müsse nur aus dieser verfluchten Stadt hinaus und wieder in die Heimat kommen, damit der böse Zauber breche und ich die Welt wieder in ihrem Glanze sehen, verstehen und liebhaben könne.

Im Hinschlendern und Denken verlor ich mich in den Gassen der Altstadt, ohne genau zu wissen, wo ich war, bis ich unversehens vor dem Laden meines Antiquars stand. Im Fenster hing ein Kupferstich ausgestellt, das Bildnis eines Gelehrten aus dem siebzehnten Jahrhundert, und ringsum standen alte Bücher in Leder, Pergament und Holz gebunden. Das weckte in meinem ermüdeten Kopf eine neue, flüchtige Reihe von Vorstellungen, in denen ich eifrig Trost und Ablenkung suchte. Es waren angenehme, etwas träge Vorstellungen von Studien und mönchischem Leben, von einem stillen, resignierten und etwas staubigen Winkelglück bei Leselampe und Büchergeruch. Um den flüchtigen Trost noch eine Weile festzuhalten, trat ich in den Laden und wurde sogleich von jenem freundlichen Gehilfen empfangen. Er führte mich eine enge Wendeltreppe hinauf in das obere Stockwerk, wo mehrere große Räume ganz mit wandhohen Bücherschäften gefüllt waren. Die Weisen und Dichter vieler Zeiten schauten mich traurig aus blinden Bücheraugen an, der schweigsame Antiquar stand wartend da und sah mich bescheiden an.

Da geriet ich auf den Einfall, diesen stillen Mann um Trost zu fragen. Ich sah in sein gutes, offenes Gesicht und sagte: »Bitte nennen Sie mir etwas, was ich lesen soll. Sie müssen doch wissen, wo etwas Tröstliches und Heilsames zu finden ist; Sie sehen gut und getröstet aus.«

»Sind Sie krank?« fragte er leise.

»Ein wenig«, sagte ich.

Und er: »Ist es schlimm?«

»Ich weiß nicht. Es ist *taedium vitae*.«

Da nahm sein einfaches Gesicht einen großen Ernst an. Er sagte ernst und eindringlich: »Ich weiß einen guten Weg für Sie.«

Und als ich ihn mit den Augen fragte, fing er an zu reden und erzählte mir von der Gemeinde der Theosophen, zu der er gehörte. Manches davon war mir nicht unbekannt, doch war ich nicht fähig, ihm mit rechter Aufmerksamkeit zuzuhören. Ich vernahm nur ein mildes, wohlgemeintes, herzliches Sprechen, Sätze von Karma, Sätze von der Wiedergeburt, und als er innehielt und beinah verlegen schwieg, wußte ich gar keine Antwort. Schließlich fragte ich, ob er mir Bücher zu nennen wisse, in denen ich diese Sache studieren könne. Sofort brachte er mir einen kleinen Katalog theosophischer Bücher.

»Welches soll ich lesen?« fragte ich unsicher.

»Das grundlegende Buch über die Lehre ist von Madame Blavatsky«, sagte er entschieden.

»Geben Sie mir das!«

Wieder wurde er verlegen. »Es ist nicht hier, ich müßte es für Sie kommen lassen. Aber allerdings – – das Werk hat zwei starke Bände, es braucht Geduld zum Lesen. Und leider ist es sehr teuer, es kostet über fünfzig Mark. Soll ich versuchen, es Ihnen leihweise zu verschaffen?«

»Nein danke, bestellen Sie es mir!«

Ich schrieb ihm meine Adresse auf, bat ihn, das Buch gegen Nachnahme dahin zu schicken, nahm Abschied von ihm und ging.

Ich wußte schon damals, daß die »Geheimlehre« mir nicht helfen würde. Ich wollte nur dem Antiquar eine kleine Freude machen. Und warum sollte ich nicht ein paar Monate hinter den Blavatskybänden sitzen?

Ich ahnte auch, daß meine anderen Hoffnungen nicht haltbarer sein würden. Ich ahnte, daß auch in meiner Heimat alle Dinge grau und glanzlos geworden seien, und daß es überall so sein würde, wohin ich ginge.

Diese Ahnung hat mich nicht getäuscht. Es ist etwas verlorengegangen, was früher in der Welt war, ein gewisser unschuldiger Duft und Liebreiz, und ich weiß nicht, ob das wiederkommen kann. *(1908)*

Die Verlobung

In der Hirschengasse gibt es einen bescheidenen Weißwarenladen, der gleich seiner Nachbarschaft noch unberührt von den Veränderungen der neuen Zeit dasteht und hinreichenden Zuspruch hat. Man sagt dort noch beim Abschied zu jedem Kunden, auch wenn er seit zwanzig Jahren regelmäßig kommt, die Worte: »Schenken Sie mir die Ehre ein andermal wieder«, und es gehen dort noch zwei oder drei alte Käuferinnen ab und zu, die ihren Bedarf an Band und Litzen in Ellen verlangen und auch im Ellenmaß bedient werden. Die Bedienung wird von einer ledig gebliebenen Tochter des Hauses und einer angestellten Verkäuferin besorgt, der Besitzer selbst ist von früh bis spät im Laden und stets geschäftig, doch redet er niemals ein Wort. Er kann nun gegen siebzig alt sein, ist von sehr kleiner Statur, hat nette rosige Wangen und einen kurz geschnittenen grauen Bart, auf dem vielleicht längst kahlen Kopfe aber trägt er allezeit eine runde steife Mütze mit stramingestickten Blumen und Mäandern. Er heißt Andreas Ohngelt und gehört zur echten, ehrwürdigen Altbürgerschaft der Stadt.
Dem schweigsamen Kaufmännlein sieht niemand etwas Besonderes an, es sieht sich seit Jahrzehnten gleich und scheint ebensowenig älter zu werden, als jemals jünger gewesen zu sein. Doch war auch Andreas Ohngelt einmal ein Knabe und ein Jüngling, und wenn man alte Leute fragt, kann man erfahren, daß er vorzeiten »der kleine Ohngelt« geheißen wurde und eine gewisse Berühmtheit wider Willen genoß. Einmal, vor etwa fünfunddreißig Jahren, hat er sogar eine »Geschichte« erlebt, die früher jedem Gerbersauer geläufig war, wenn sie auch jetzt niemand mehr erzählen und hören will. Das war die Geschichte seiner Verlobung.

Der junge Andreas war schon in der Schule aller Rede und Geselligkeit abgeneigt, er fühlte sich überall überflüssig und von jedermann beobachtet und war ängstlich und bescheiden genug, jedem andern im voraus nachzugeben und das Feld zu räumen. Vor den Lehrern empfand er einen abgründigen Respekt, vor den Kameraden eine mit Bewunderung gemischte Furcht. Man sah ihn nie auf der Gasse und auf den Spielplätzen, nur selten beim Bad im Fluß, und im Winter zuckte er zusammen und duckte sich, sobald er einen Knaben eine Handvoll Schnee aufheben sah. Dafür spielte er daheim vergnügt und zärtlich mit den hinterbliebenen Puppen seiner älteren Schwester und mit einem Kaufladen, auf dessen Waage er Mehl, Salz und Sand abwog und in kleine Tüten verpackte, um sie später wieder gegeneinander zu vertauschen, auszuleeren, umzupacken und wieder zu wiegen. Auch half er seiner Mutter gern bei leichter Hausarbeit, machte Einkäufe für sie oder suchte im Gärtlein die Schnecken vom Salat.

Seine Schulkameraden plagten und hänselten ihn zwar häufig, aber da er nie zornig wurde und fast nichts übelnahm, hatte er im ganzen doch ein leichtes und ziemlich zufriedenes Leben. Was er an Freundschaft und Gefühl bei seinesgleichen nicht fand und nicht weggeben durfte, das gab er seinen Puppen. Den Vater hatte er früh verloren, er war ein Spätling gewesen, und die Mutter hätte ihn wohl anders gewünscht, ließ ihn aber gewähren und hatte für seine fügsame Anhänglichkeit eine etwas mitleidige Liebe.

Dieser leidliche Zustand hielt jedoch nur so lange an, bis der kleine Andreas aus der Schule und aus der Lehre war, die er am obern Markt im Dierlammschen Geschäft abdiente. Um diese Zeit, etwa von seinem siebzehnten Jahre an, fing sein nach Zärtlichkeiten dürstendes Gemüt andere Wege zu gehen an. Der klein und schüchtern gebliebene Jüngling begann mit immer größeren Augen nach den Mädchen zu schauen und errichtete in seinem Herzen einen Altar der Frauenliebe, dessen Flamme desto höher loderte, je trauriger seine Verliebtheiten verliefen.

Zum Kennenlernen und Beschauen von Mädchen jeden Alters war reichliche Gelegenheit vorhanden, denn der junge Ohngelt war nach Ablauf seiner Lehrzeit in den Weißwarenladen seiner Tante eingetreten, den er später einmal übernehmen sollte. Da kamen Kinder, Schulmädchen, junge Fräulein und alte Jungfern, Mägde und Frauen tagaus, tagein, kramten in Bändern und Linnen, wählten Besätze und Stickmuster aus, lobten und tadelten, feilschten und wollten beraten sein, ohne doch auf Rat zu hören, kauften und tauschten das Gekaufte wieder um. Alledem wohnte der Jüngling höflich und schüchtern bei, er zog Schub-

laden heraus, stieg die Bockleiter hinauf und herunter, legte vor
und packte wieder ein, notierte Bestellungen und gab über
Preise Auskunft, und alle acht Tage war er in eine andere von
seinen Kundinnen verliebt. Errötend pries er Litzen und Wolle
an, zitternd quittierte er Rechnungen, mit Herzklopfen hielt er
die Ladentür und sagte den Spruch vom Wiederbeehren, wenn
eine schöne Junge hoffärtig das Geschäft verließ.
Um seinen Schönen recht gefällig und angenehm zu sein, gewöhnte Andreas sich feine und sorgfältige Manieren an. Er fri-
sierte sein hellblondes Haar jeden Morgen sorgfältig, hielt seine
Kleider und Leibwäsche sehr sauber und sah dem allmählichen
Erscheinen eines Schnurrbärtchens mit Ungeduld entgegen. Er
lernte beim Empfang seiner Kunden elegante Verneigungen machen, lernte beim Vorlegen der Zeuge sich mit dem linken Handrücken auf den Ladentisch stützen und auf nur anderthalb Beinen stehen und brachte es zur Meisterschaft im Lächeln, das er
bald vom diskreten Schmunzeln bis zum innig glücklichen
Strahlen beherrschte. Außerdem war er stets auf der Jagd nach
neuen schönen Phrasen, die zumeist aus Umstandsworten bestanden und deren er immer neue und köstlichere erlernte und
erfand. Da er von Hause aus im Sprechen unbeholfen und ängstlich war und schon früher nur selten einen vollkommenen Satz
mit Subjekt und Prädikat ausgesprochen hatte, fand er nun in
diesem sonderbaren Wortschatz eine Hilfe und gewöhnte sich
daran, unter Verzicht auf Sinn und Verständlichkeit sich und
andern eine Art von Sprechvermögen vorzutäuschen.
Sagte jemand: »Heut ist aber ein Prachtswetter«, so antwortete
der kleine Ohngelt: »Gewiß – o ja – denn, mit Verlaub – allerdings –.« Fragte eine Käuferin, ob dieser Leinenstoff auch halt-
bar sei, so sagte er: »O bitte, ja, ohne Zweifel, sozusagen, ganz
gewiß.« Und erkundigte sich jemand nach seinem Befinden, so
erwiderte er: »Danke gehorsamst – freilich wohl – sehr angenehm –.« In besonders wichtigen und ehrenvollen Lagen
scheute er auch vor Ausdrücken wie »nichtsdestoweniger, aber
immerhin, keinesfalls hingegen« nicht zurück. Dabei waren alle
seine Glieder vom geneigten Kopf bis zur wippenden Fußspitze
ganz Aufmerksamkeit, Höflichkeit und Ausdruck. Am aus-
drucksvollsten aber sprach sein verhältnismäßig langer Hals, der
mager und sehnig und mit einem erstaunlich großen und be-

weglichen Adamsapfel ausgestattet war. Wenn der kleine schmachtende Ladengehilfe eine seiner Antworten im Stakkato gab, hatte man den Eindruck, er bestehe zu einem Drittel aus Kehlkopf.

Die Natur verteilt ihre Gaben nicht ohne Sinn, und wenn der bedeutende Hals des Ohngelt in einem Mißverhältnis zu dessen Redefähigkeit stehen mochte, so war er als Eigentum und Wahrzeichen eines leidenschaftlichen Sängers desto berechtigter. Andreas war in hohem Grade ein Freund des Gesanges. Auch beim wohlgelungensten Kompliment, bei der feinsten kaufmännischen Gebärde, beim gerührtesten »Immerhin« und »Wennschon« war ihm vielleicht im Innersten der Seele nicht so schmelzend wohl wie beim Singen. Dieses Talent war in den Schulzeiten verborgen geblieben, kam aber nach vollendetem Stimmbruch zu immer schönerer Entfaltung, wenn auch nur im Geheimen. Denn es hätte zu der ängstlich scheuen Befangenheit Ohngelts nicht gepaßt, daß er seiner heimlichen Lust und Kunst anders als in der sichersten Verborgenheit froh geworden wäre.

Am Abend, wenn er zwischen Mahlzeit und Bettgehen ein Stündlein in seiner Kammer verweilte, sang er im Dunkeln seine Lieder und schwelgte in lyrischen Entzückungen. Seine Stimme war ein ziemlich hoher Tenor, und was ihm an Schulung gebrach, suchte er durch Temperament zu ersetzen. Sein Auge schwamm in feuchtem Schimmer, sein schön gescheiteltes Haupt neigte sich rückwärts zum Nacken, und sein Adamsapfel stieg mit den Tönen auf und nieder. Sein Lieblingslied war »Wenn die Schwalben heimwärts ziehn«. Bei der Strophe »Scheiden, ach Scheiden tut weh« hielt er die Töne lang und zitternd aus und hatte manchmal Tränen in den Augen.

In seiner geschäftlichen Laufbahn kam er mit schnellen Schritten vorwärts. Es hatte der Plan bestanden, ihn noch einige Jahre nach einer größeren Stadt zu schicken. Nun aber machte er sich im Geschäft der Tante bald so unentbehrlich, daß diese ihn nicht mehr fortlassen wollte, und da er später den Laden erblich übernehmen sollte, war sein äußeres Wohlergehen für alle Zeiten gesichert. Anders stand es mit der Sehnsucht seines Herzens. Er war für alle Mädchen seines Alters, namentlich für die hübschen, trotz seiner Blicke und Verbeugungen nichts als eine komische

Figur. Der Reihe nach war er in sie alle verliebt, und er hätte jede genommen, die ihm nur einen Schritt entgegen getan hätte. Aber den Schritt tat keine, obwohl er nach und nach seine Sprache um die gebildetsten Phrasen und seine Toilette um die angenehmsten Gegenstände bereicherte.

Eine Ausnahme gab es wohl, allein er bemerkte sie kaum. Das Fräulein Paula Kircher, das Kircherspäule genannt, war immer nett gegen ihn und schien ihn ernst zu nehmen. Sie war freilich weder jung noch hübsch, vielmehr einige Jahre älter als er und ziemlich unscheinbar, sonst aber ein tüchtiges und geachtetes Mädchen aus einer wohlhabenden Handwerkerfamilie. Wenn Andreas sie auf der Straße grüßte, dankte sie nett und ernsthaft, und wenn sie in den Laden kam, war sie freundlich, einfach und bescheiden, machte ihm das Bedienen leicht und nahm seine geschäftsmännischen Aufmerksamkeiten wie bare Münze hin. Daher sah er sie nicht ungern und hatte Vertrauen zu ihr, im übrigen aber war sie ihm recht gleichgültig, und sie gehörte zu der geringen Anzahl lediger Mädchen, für die er außerhalb seines Ladens keinen Gedanken übrig hatte.

Bald setzte er seine Hoffnungen auf feine, neue Schuhe, bald auf ein nettes Halstuch, ganz abgesehen vom Schnurrbart, der allmählich sproßte und den er wie seinen Augapfel pflegte. Endlich kaufte er sich von einem reisenden Handelsmann auch noch einen Ring aus Gold mit einem großen Opal daran. Damals war er sechsundzwanzig Jahre alt.

Als er aber dreißig wurde und noch immer den Hafen der Ehe nur in sehnsüchtiger Ferne umsegelte, hielten Mutter und Tante es für notwendig, fördernd einzugreifen. Die Tante, die schon recht hoch in den Jahren war, machte den Anfang mit dem Angebot, sie wolle ihm noch zu ihren Lebzeiten das Geschäft abtreten, jedoch nur am Tage seiner Verheiratung mit einer unbescholtenen Gerbersauer Tochter. Dies war denn auch für die Mutter das Signal zum Angriff. Nach manchen Überlegungen kam sie zu dem Befinden, ihr Sohn müsse in einen Verein eintreten, um mehr unter Leute zu kommen und den Umgang mit Frauen zu lernen. Und da sie seine Liebe zur Sangeskunst wohl kannte, dachte sie ihn an dieser Angel zu fangen und legte ihm nahe, sich beim Liederkranz als Mitglied anzumelden.

Trotz seiner Scheu vor Geselligkeit war Andreas in der Hauptsache einverstanden. Doch schlug er statt des Liederkranzes den Kirchengesangverein vor, weil ihm die ernstere Musik besser gefalle. Der wahre Grund war aber der, daß dem Kirchengesangverein Margret Dierlamm angehörte. Diese war die Tochter von Ohngelts früherem Lehrprinzipal, ein sehr hübsches und fröhliches Mädchen von wenig mehr als zwanzig Jahren, und in sie war Andreas seit neuestem verliebt, da es schon seit geraumer Zeit keine ledigen Altersgenossinnen mehr für ihn gab, wenigstens keine hübschen.

Die Mutter hatte gegen den Kirchengesangverein nichts Triftiges einzuwenden. Zwar hatte dieser Verein nicht halb soviel gesellige Abende und Festlichkeiten wie der Liederkranz, dafür war aber die Mitgliedschaft hier viel wohlfeiler, und Mädchen aus guten Häusern, mit denen Andreas bei Proben und Aufführungen zusammenkommen würde, gab es auch hier genug. So ging sie denn ungesäumt mit dem Herrn Sohn zum Vorstand, einem greisen Schullehrer, der sie freundlich empfing.

»So, Herr Ohngelt«, sagte er, »Sie wollen bei uns mitsingen?«

»Ja, gewiß, bitte –«

»Haben Sie denn schon früher gesungen?«

»O ja, das heißt, gewissermaßen –«

»Nun, machen wir eine Probe. Singen Sie irgendein Lied, das Sie auswendig können.«

Ohngelt wurde rot wie ein Knabe und wollte um alles nicht anfangen. Aber der Lehrer bestand darauf und wurde schließlich fast böse, so daß er am Ende doch sein Bangen überwand und mit einem resignierten Blick auf die ruhig dasitzende Mutter sein Leiblied anstimmte. Es riß ihn mit, und er sang den ersten Vers ohne Stocken.

Der Dirigent winkte, es sei genug. Er war wieder ganz höflich und sagte, das sei allerdings sehr nett gesungen und man merke, daß es con amore geschehe, allein vielleicht wäre er doch mehr für weltliche Musik veranlagt, ob er es nicht etwa beim Liederkranz probieren wolle. Schon wollte Herr Ohngelt eine verlegene Antwort stammeln, da legte seine Mutter sich für ihn ins Zeug. Er singe wirklich schön, meinte sie, und sei jetzt nur ein wenig verlegen gewesen, und es wäre ihr gar so lieb, wenn er ihn aufnähme, der Liederkranz sei doch etwas ganz anderes und nicht so fein, und sie gebe auch jedes Jahr für die Kirchenbescherung, und kurz, wenn der Herr Lehrer so gut sein wollte, wenigstens für eine Probezeit, man werde ja alsdann schon sehen. Der alte Mann versuchte noch zweimal begütigend davon zu reden, daß das Kirchensingen kein Spaß sei und daß es ohnehin schon so eng hergehe auf dem Orgelpodium, aber die mütterliche Beredtsamkeit siegte zuletzt doch. Es war dem bejahrten Dirigenten noch nie vorgekommen, daß ein Mann von über dreißig Jahren sich zum Mitsingen gemeldet und seine Mutter zum Beistand mitgebracht hatte. So ungewohnt und eigentlich unbequem ihm dieser Zuwachs zu seinem Chore war, machte ihm die Sache im stillen doch ein Vergnügen, wenn auch nicht um der Musik willen. Er bestellte Andreas zur nächsten Probe und ließ die beiden lächelnd ziehen.

Am Mittwoch abend fand sich der kleine Ohngelt pünktlich in der Schulstube ein, wo die Proben abgehalten wurden. Man übte einen Choral für das Osterfest. Die allmählich ankommenden Sänger und Sängerinnen begrüßten das neue Mitglied sehr freundlich und hatten alle ein so aufgeräumtes und heiteres Wesen, daß Ohngelt sich selig fühlte. Auch Margret Dierlamm war da, und auch sie nickte dem Neuen mit freundlichem Lächeln zu. Wohl hörte er manchmal hinter sich leise lachen, doch war er ja gewöhnt, ein wenig komisch genommen zu werden, und ließ es sich nicht anfechten. Was ihn hingegen befremdete, war das zurückhaltend ernste Betragen des Kircherspäule, das ebenfalls anwesend war und, wie er bald bemerkte, sogar zu den geschätzteren Sängerinnen gehörte. Sie hatte sonst immer eine wohltuende Freundlichkeit gegen ihn gezeigt, und jetzt war gerade sie merkwürdig kühl und schien beinahe Anstoß daran zu nehmen, daß er hier eingedrungen war. Aber was ging ihn das Kircherspäule an?

Beim Singen verhielt sich Ohngelt überaus vorsichtig. Wohl hatte er von der Schule her noch eine leise Ahnung vom Notenwesen, und manche Takte sang er mit gedämpfter Stimme den andern nach, im ganzen aber fühlte er sich seiner Kunst wenig sicher und hegte bange Zweifel daran, ob das jemals anders werden würde. Der Dirigent, den seine Verlegenheit lächerte und rührte, schonte ihn und sagte beim Abschied sogar: »Es wird mit der Zeit schon gehen, wenn Sie sich dranhalten.« Den ganzen Abend aber hatte Andreas das Vergnügen, in Margrets Nähe sein und sie häufig anschauen zu dürfen. Er dachte daran, daß bei dem öffentlichen Singen vor und nach dem Gottesdienst auf der Orgel die Tenöre gerade hinter den Mädchen aufgestellt waren, und malte sich die Wonne aus, am Osterfest und bei allen künftigen Anlässen so nahe bei Fräulein Dierlamm zu stehen und sie ungescheut betrachten zu können. Da fiel ihm zu seinem Schmerz wieder ein, wie klein und niedrig er gewachsen war und daß er zwischen den andern Sängern stehend nichts würde sehen können. Mit großer Mühe und vielem Stottern machte er einem der Mitsinger diese seine künftige Notlage auf der Orgel klar, natürlich ohne den wahren Grund seines Kummers zu nennen. Da beruhigte ihn der Kollege lachend und meinte, er werde ihm schon zu einer ansehnlichen Aufstellung verhelfen können.

Nach dem Schluß der Probe lief alles davon, kaum daß man einander grüßte. Einige Herren begleiteten Damen nach Hause, andere gingen miteinander zu einem Glas Bier. Ohngelt blieb allein und kläglich auf dem Platze vor dem finstern Schulhaus stehen, sah den andern und namentlich der Margret beklommen nach und machte ein enttäuschtes Gesicht, da kam das Kircherspäule an ihm vorbei, und als er den Hut zog, sagte sie: »Gehen Sie heim? Dann haben wir ja einen Weg und können miteinander gehen.« Dankbar schloß er sich an und lief neben ihr her durch die feuchten, märzkühlen Gassen heimwärts, ohne mehr Worte als den Gutenachtgruß mit ihr zu tauschen.

Am nächsten Tag kam Margret Dierlamm in den Laden, und er durfte sie bedienen. Er faßte jeden Stoff an, als wäre er Seide, und bewegte den Maßstab wie einen Fiedelbogen, er legte Gefühl und Anmut in jede kleine Dienstleistung, und leise wagte er zu hoffen, sie würde ein Wort von gestern und vom Verein und von der Probe sagen. Richtig tat sie das auch. Gerade noch unter der Türe fragte sie: »Es war mir ganz neu, daß Sie auch singen, Herr Ohngelt. Singen Sie denn schon lang?« Und während er unter Herzklopfen hervorstieß: »Ja – vielmehr nur so – mit Verlaub«, entschwand sie leicht nickend in die Gasse.

»Schau, schau!« dachte er bei sich und spann Zukunftsträume, ja er verwechselte beim Einräumen zum erstenmal in seinem Leben die halbwollenen Litzen mit den reinwollenen.

Indessen kam die Osterzeit immer näher, und da sowohl am

Karfreitag wie am Ostersonntag der Kirchenchor singen sollte, gab es mehrmals in der Woche Proben. Ohngelt erschien stets pünktlich und gab sich alle Mühe, nichts zu verderben, wurde auch von jedermann mit Wohlwollen behandelt. Nur das Kircherspäule schien nicht recht mit ihm zufrieden zu sein, und das war ihm nicht lieb, denn sie war schließlich doch die einzige Dame, zu der er ein volles Vertrauen hatte. Auch fügte es sich regelmäßig, daß er an ihrer Seite nach Hause ging, denn der Margret seine Begleitung anzutragen, war wohl stets sein stiller Wunsch und Entschluß, doch fand er nie den Mut dazu. So ging er denn mit dem Päule. Die ersten Male wurde auf diesem Heimgang kein Wort geredet. Das nächstemal nahm die Kircher ihn ins Gebet und fragte, warum er nur so wortkarg sei, ob er sie denn fürchte.

»Nein«, stammelte er erschrocken, »das nicht – vielmehr – gewiß nicht – im Gegenteil.«

Sie lachte leise und fragte: »Und wie geht's denn mit dem Singen? Haben Sie Freude dran?«

»Freilich ja – sehr – jawohl.«

Sie schüttelte den Kopf und sagte leise: »Kann man denn mit Ihnen wirklich nicht reden, Herr Ohngelt? Sie drücken sich auch um jede Antwort herum.«

Er sah sie hilflos an und stotterte.

»Ich meine es doch gut«, fuhr sie fort. »Glauben Sie das nicht?«

Er nickte heftig.

»Also denn! Können Sie denn gar nichts reden als wieso und immerhin und mit Verlaub und dergleichen Zeug?«

»Ja, schon, ich kann schon, obwohl – allerdings.«

»Ja obwohl und allerdings. Sagen Sie, am Abend mit Ihrer Frau Mutter und mit der Tante reden Sie doch auch deutsch, oder nicht? Dann tun Sie's doch auch mit mir und mit andern Leuten. Man könnte dann doch ein vernünftiges Gespräch führen. Wollen Sie nicht?«

»Doch ja, ich will schon – gewiß –«

»Also gut, das ist gescheit von Ihnen. Jetzt kann ich doch mit Ihnen reden. Ich hätte nämlich einiges zu sagen.«

Und nun sprach sie mit ihm, wie er es nicht gewöhnt war. Sie fragte, was er denn im Kirchengesangverein suche, wenn er doch nicht singen könne und wo fast nur Jüngere als er seien. Und ob er nicht merke, daß man sich dort manchmal über ihn lustig mache und mehr von der Art. Aber je mehr der Inhalt ihrer Rede ihn demütigte, desto eindringlicher empfand er die gütige und wohlmeinende Art ihres Zuredens. Etwas weinerlich schwankte er zwischen kühler Ablehnung und gerührter Dankbarkeit. Da waren sie schon vor dem Kircherschen Hause. Paula gab ihm die Hand und sagte ernsthaft:

»Gute Nacht, Herr Ohngelt, und nichts für ungut. Nächstesmal reden wir weiter, gelt?«

Verwirrt ging er heim, und so weh ihm war, wenn er an ihre Enthüllungen dachte, so neu und tröstlich war es ihm, daß jemand so freundschaftlich und ernst und wohlgesinnt mit ihm gesprochen hatte.

Auf dem Heimweg von der nächsten Probe gelang es ihm schon, in ziemlich deutscher Sprache zu reden, etwa wie daheim mit der Mutter, und mit dem Gelingen stieg sein Mut und sein Vertrauen. Am folgenden Abend war er schon so weit, daß er ein Bekenntnis abzulegen versuchte, er war sogar halb entschlossen, die Dierlamm mit Namen zu nennen, denn er versprach sich Unmögliches von Päules Mitwisserschaft und Hilfe. Aber sie ließ ihn nicht dazu kommen. Sie schnitt seine Geständnisse plötzlich ab und sagte: »Sie wollen heiraten, nicht wahr? Das ist auch das Gescheiteste, was Sie tun können. Das Alter haben Sie ja.«

»Das Alter, ja das schon«, sagte er traurig. Aber sie lachte nur, und er ging ungetröstet heim. Das nächstemal kam er wieder auf diese Angelegenheit zu sprechen. Das Päule entgegnete bloß, er müsse ja wissen, wen er haben wolle; gewiß sei nur, daß die Rolle, die er im Gesangverein spiele, ihm nicht förderlich sein könnte, denn junge Mädchen nähmen schließlich bei einem Liebhaber alles lieber in Kauf als Lächerlichkeit.

Die Seelenqualen, in welche ihn diese Worte versetzt hatten, wichen endlich der Aufregung und den Vorbereitungen zum Karfreitag, an welchem Ohngelt zum erstenmal im Chor auf der Orgeltribüne sich zeigen sollte. Er kleidete sich an diesem Morgen mit besonderer Sorgfalt an und kam mit gewichstem Zylinder frühzeitig in die Kirche. Nachdem ihm sein Platz angewiesen worden war, wandte er sich nochmals an jenen Kollegen, der ihm bei der Aufstellung behilflich zu sein versprochen hatte.

Wirklich schien dieser die Sache nicht vergessen zu haben, er winkte dem Orgeltreter, und dieser brachte schmunzelnd ein kleines Kistlein, das wurde an Ohngelts Stehplatz hingesetzt und der kleine Mann daraufgestellt, so daß er nun im Sehen und Gesehenwerden dieselben Vorteile genoß wie die längsten Tenöre. Nur war das Stehen auf diese Art mühevoll und gefährlich, er mußte sich genau im Gleichgewicht halten und vergoß manchen Tropfen Schweiß bei dem Gedanken, er könnte umfallen und mit gebrochenen Beinen unter die an der Brüstung postierten Mädchen hinabstürzen, denn der Orgelvorbau neigte sich in schmalen, stark abfallenden Terrassen niederwärts gegen das Kirchenschiff. Dafür hatte er aber das Vergnügen, der schönen Margret Dierlamm aus beklemmender Nähe in den Nacken schauen zu können. Da der Gesang und der ganze Gottesdienst vorüber war, fühlte er sich erschöpft und atmete tief auf, als die Türen geöffnet und die Glocken gezogen wurden.

Tags darauf warf ihm das Kircherspäule vor, sein künstlich erhobener Standpunkt sehe recht hochmütig aus und mache ihn lächerlich. Er versprach, sich späterhin seines kurzen Leibes nicht mehr zu schämen, doch wollte er morgen am Osterfeste ein letztesmal das Kistlein benutzen, schon um den Herrn, der es ihm angeboten, nicht zu beleidigen. Sie wagte nicht zu sagen, ob er denn nicht sehe, daß jener die Kiste nur hergebracht habe, um sich einen Spaß mit ihm zu machen. Kopfschüttelnd ließ sie ihn gewähren und war über seine Dummheit so ärgerlich wie über seine Arglosigkeit gerührt.

Am Ostersonntag ging es im Kirchenchor noch um einen Grad feierlicher zu als neulich. Es wurde eine schwierige Musik aufgeführt, und Ohngelt balancierte tapfer auf seinem Gerüste. Gegen den Schluß des Chorals hin nahm er jedoch mit Entsetzen wahr, daß sein Standörtlein unter seinen Sohlen zu wanken und unfest zu werden begann. Er konnte nichts tun, als stillhalten und womöglich den Sturz über die Terrasse vermeiden. Dieses gelang ihm auch, und statt eines Skandals und Unglücks ereignete sich nichts, als daß der Tenor Ohngelt unter leisem Krachen sich langsam verkürzte und mit angsterfülltem Gesicht abwärtssinkend aus der Sichtbarkeit verschwand. Der Dirigent, das Kirchenschiff, die Emporen und der schöne Nacken der blonden Margret gingen nacheinander seinem Blick verloren, doch kam er heil zu Boden, und in der Kirche hatte außer den grinsenden Sangesbrüdern nur ein Teil der nahe sitzenden männlichen Schuljugend den Vorgang wahrgenommen. Über die Stätte seiner Erniedrigung hinweg jubilierte und frohlockte der kunstreiche Osterchoral.

Als unterm Kehraus des Organisten das Volk die Kirche verließ, blieb der Verein auf seiner Tribüne noch auf ein paar Worte beieinander, denn morgen, am Ostermontag, sollte wie jedes Jahr ein festlicher Vereinsausflug unternommen werden. Auf diesen Ausflug hatte Andreas Ohngelt von Anfang an große Erwartungen gestellt. Er fand jetzt sogar den Mut, Fräulein Dierlamm zu fragen, ob sie auch mitzukommen gedenke, und die Frage kam ohne viel Anstoß über seine Lippen.

»Ja, gewiß gehe ich mit«, sagte das schöne Mädchen mit Ruhe, und dann fügte sie hinzu: »Übrigens, haben Sie sich vorher nicht weh getan?« Dabei stieß sie das verhaltene Lachen so, daß sie auf keine Antwort mehr wartete und davonlief. In demselben Augenblick schaute das Päule herüber, mit einem mitleidigen und ernsthaften Blick, der Ohngelts Verwirrung noch steigerte. Sein flüchtig aufgeloderter Mut war nicht minder eilig wieder umgeschlagen, und wenn er von dem Ausflug nicht schon mit seiner Mama geredet und diese nicht schon zum Mitgehen aufgefordert gehabt hätte, so wäre er jetzt am liebsten vom Ausflug, vom Verein und von allen seinen Hoffnungen zurückgetreten.

Der Ostermontag war blau und sonnig, und um zwei Uhr kamen fast alle Mitglieder des Gesangvereins mit mancherlei Gästen und Verwandten oberhalb der Stadt in der Lärchenallee zusammen. Ohngelt brachte seine Mutter mit. Er hatte ihr am vergangenen Abend gestanden, daß er in Margret verliebt sei, und zwar wenig Hoffnungen hege, dem mütterlichen Beistand aber und dem Ausflugsnachmittage doch noch einiges zutraue. So sehr sie ihrem Kleinen das Beste gönnte, so schien ihr doch Margret zu jung und zu hübsch für ihn zu sein. Man konnte es ja versuchen; die Hauptsache war, daß Andreas bald eine Frau bekam, schon des Ladens wegen.

Man rückte ohne Gesang aus, denn der Waldweg ging ziemlich steil und beschwerlich bergauf. Frau Ohngelt fand trotzdem Sammlung und Atem genug, um ernstlich ihrem Sohn die letzten Verhaltungsmaßregeln für die kommenden Stunden einzuschärfen und hernach ein aufgeräumtes Gespräch mit Frau Dierlamm anzufangen. Margrets Mutter bekam, während sie Mühe hatte, im Bergansteigen Luft für die notwendigsten Antworten zu erübrigen, eine Reihe angenehmer und interessanter Dinge zu hören. Frau Ohngelt begann mit dem prächtigen Wetter, ging von da zu einer Würdigung der Kirchenmusik, einem Lob für Frau Dierlamms rüstiges Aussehen und einem Entzücken über das Frühlingskleid der Margret über, sie verweilte bei Angelegenheiten der Toilette und gab schließlich eine Darstellung von dem erstaunlichen Aufschwung, den der Weißwarenladen ihrer Schwägerin in den letzten Jahren genommen habe. Frau Dierlamm konnte auf dieses hin nicht anders, als auch des jungen Ohngelt lobend zu erwähnen, der so viel Geschmack und kaufmännische Fähigkeiten zeige, was ihr Mann schon vor manchen Jahren während Andreas' Lehrzeit bemerkt und anerkannt habe. Auf diese Schmeichelei antwortete die entzückte Mutter mit einem halben Seufzer. Freilich, der Andreas sei tüchtig und werde es noch weit bringen, auch sei der prächtige Laden schon so gut wie sein Eigentum, ein Jammer aber sei es mit seiner Schüchternheit gegen die Frauenzimmer. Seinerseits fehle es weder an Lust noch an den wünschenswerten Tugenden für das Heiraten, wohl aber an Zutrauen und Unternehmungsmut.

Frau Dierlamm begann nun die besorgte Mutter zu trösten, und wenn sie dabei auch weit davon entfernt war, an ihre Tochter zu denken, versicherte sie doch, daß eine Verbindung mit Andreas für jede ledige Tochter der Stadt nur willkommen sein könnte. Diese Worte sog die Ohngelt wie Honig ein.

Unterdessen war Margret mit anderen jungen Leuten der Gesellschaft weit vorangeeilt, und diesem kleinen Kreise der Jüngsten und Lustigsten schloß sich auch Ohngelt an, obwohl er alle Not hatte, mit seinen kurzen Beinen nachzukommen.

Wieder waren alle ausnehmend freundlich gegen ihn, denn für diese Spaßvögel war der ängstliche Kleine mit seinen verliebten Augen ein gefundenes Fressen. Auch die hübsche Margret tat mit und zog den Anbeter je und je mit scheinbarem Ernst ins Gespräch, so daß er vor glücklicher Erregung und verschluckten Satzteilen ganz heiß wurde.

Allein das Vergnügen dauerte nicht lange. Allmählich merkte der arme Teufel doch, daß er hinterrücks ausgelacht wurde, und wenn er sich auch darein zu schicken wußte, so ward er doch niedergeschlagen und ließ die Hoffnung wieder sinken. Äußerlich ließ er sich jedoch möglichst wenig anmerken. Die Ausgelassenheit der jungen Leute stieg mit jeder Viertelstunde, und er lachte angestrengt desto lauter mit, je deutlicher er alle Witze und Andeutungen als auf sich selber gemünzt erkannte. Schließlich endete der Keckste von den Jungen, ein baumlanger Apothekergehilfe, die Neckereien durch einen recht groben Scherz.

Man kam gerade an einer schönen alten Eiche vorüber, und der Apotheker bot sich an, zu versuchen, ob er den untersten Ast des hohen Baumes mit den Händen erreichen könne. Er stellte sich auf und sprang mehrmals in die Höhe, aber es reichte nicht ganz, und die im Halbkreis umherstehenden Zuschauer begannen ihn auszulachen. Da kam er auf den Einfall, sich durch einen Witz wieder in Ehren und einen andern an die Stelle des Ausgelachten zu bringen. Plötzlich griff er den kleinen Ohngelt um den Leib, hob ihn in die Höhe und forderte ihn auf, den Ast zu fassen und sich daran zu halten. Der Überraschte war empört und wäre gewiß nicht darauf eingegangen, hätte er nicht in seiner schwebenden Lage Furcht vor einem Sturz gehabt. So packte er denn zu und klammerte sich an; sobald sein Träger dies aber bemerkte, ließ er ihn los, und Ohngelt hing nun unter dem Gelächter der Jugend hilflos hoch am Ast, mit den Beinen zappelnd und zornige Schreie ausstoßend.

»Herunter!« schrie er heftig. »Nehmen Sie mich sofort wieder herunter, Sie!«

Seine Stimme überschlug sich, er fühlte sich vollkommen vernichtet und ewiger Schande preisgegeben. Der Apotheker aber meinte, nun müsse er sich loskaufen, und alle jubelten Beifall.

»Sie müssen sich loskaufen«, rief auch Margret Dierlamm.

Da konnte er doch nicht widerstehen.

»Ja, ja«, rief er, »aber schnell!«

Sein Peiniger hielt nun eine kleine Rede des Inhalts, daß Herr Ohngelt schon seit drei Wochen Mitglied des Kirchengesangvereins wäre, ohne daß jemand ihn habe singen hören. Nun könne er nicht eher aus seiner hohen und gefährlichen Lage befreit werden, als bis er der Versammlung ein Lied vorgesungen habe.

Kaum hatte er gesprochen, so begann Andreas auch schon zu singen, denn er fühlte sich von seinen Kräften verlassen. Halb schluchzend fing er an: »Gedenkst du noch der Stunde« – und war noch nicht mit der ersten Strophe fertig, so mußte er loslassen und stürzte mit einem Schrei herab. Alle waren nun doch erschrocken, und wenn er ein Bein gebrochen hätte, wäre er gewiß eines reumütigen Mitleids sicher gewesen. Aber er stand zwar blaß, doch unversehrt wieder auf, griff nach seinem Hut, der neben ihm im Moos lag, setzte ihn sorgfältig wieder auf und ging schweigend davon – denselben Weg zurück, den sie gekommen waren. Hinter der nächsten Wegbiegung setzte er sich am Straßenrand nieder und suchte sich zu erholen.

Hier fand ihn der Apotheker, der ihm mit schlechtem Gewissen nachgeschlichen war. Er bat um Verzeihung, ohne eine Antwort zu erhalten.

»Es tut mir wirklich sehr leid«, sagte er nochmals bittend, »ich hatte gewiß nichts Böses im Sinn. Bitte verzeihen Sie mir, und kommen Sie wieder mit!«

»Es ist schon gut«, sagte Ohngelt und winkte ab, und der andere ging unbefriedigt davon.

Wenig später kam der zweite Teil der Gesellschaft mit den älteren Leuten und den beiden Müttern dabei langsam angerückt. Ohngelt ging zu seiner Mutter hin und sagte:

»Ich will heim.«

»Heim? Ja warum denn? Ist was passiert?«

»Nein. Aber es hat doch keinen Wert, ich weiß es jetzt gewiß.«

»So? Hast du einen Korb gekriegt?«

»Nein. Aber ich weiß doch –«

Sie unterbrach ihn und zog ihn mit.

»Jetzt keine Faxen! Du kommst mit, und es wird schon recht werden. Beim Kaffee setz ich dich neben die Margret, paß auf.«

Er schüttelte bekümmert den Kopf, gehorchte aber und ging mit. Das Kircherspäule versuchte eine Unterhaltung mit ihm anzufangen und mußte es wieder aufgeben, denn er blickte schweigend geradeaus und hatte ein so gereiztes und verbittertes Gesicht, wie es niemand an ihm je gesehen hatte.

Nach einer halben Stunde erreichte die Gesellschaft das Ziel des Ausflugs, ein kleines Walddorf, dessen Wirtshaus durch seinen guten Kaffee bekannt war und in dessen Nähe die Ruinen einer

Raubritterburg lagen. Im Wirtsgarten war die schon länger angekommene Jugend lebhaften Spielen hingegeben. Jetzt wurden Tische aus dem Hause gebracht und zusammengerückt, die jungen Leute trugen Stühle und Bänke herbei; frisches Tischzeug wurde aufgelegt und die Tafeln mit Tassen, Kannen, Tellern und Backwerk bestellt. Frau Ohngelt gelang es richtig, ihren Sohn an Margrets Seite zu bringen. Er aber nahm seines Vorteils nicht wahr, sondern dämmerte im Gefühl seines Unglücks trostlos vor sich hin, rührte gedankenlos mit dem Löffel im erkaltenden Kaffee und schwieg hartnäckig trotz allen Blicken, die seine Mutter ihm sandte.

Nach der zweiten Tasse beschlossen die Anführer der Jungen, einen Gang nach der Burgruine zu tun und dort Spiele zu machen. Lärmend erhob sich die Jungmannschaft samt den Mädchen. Auch Margret Dierlamm stand auf, und im Aufstehen übergab sie dem mutlos verharrenden Ohngelt ihr hübsches perlenbesticktes Handtäschlein mit den Worten:

»Bitte bewahren Sie mir das gut, Herr Ohngelt, wir gehen zum Spielen.« Er nickte und nahm das Ding zu sich. Die grausame Selbstverständlichkeit, mit der sie annahm, er werde bei den Alten bleiben und sich nicht an den Spielen beteiligen, wunderte ihn nicht mehr. Ihn wunderte nur noch, daß er das alles nicht von Anfang an bemerkt hatte, die merkwürdige Freundlichkeit bei den Proben, die Geschichte mit dem Kistlein und alles andere.

Als die jungen Leute gegangen waren und die Zurückgebliebenen weiter Kaffee tranken und Gespräche spannen, verschwand Ohngelt unvermerkt von seinem Platz und ging hinterm Garten übers Feld dem Walde zu. Die hübsche Tasche, die er in der Hand trug, glitzerte freudig im Sonnenlicht. Vor einem frischen Baumstrunk machte er halt. Er zog sein Taschentuch heraus, breitete es über das noch lichte, feuchte Holz und setzte sich darauf. Dann stützte er den Kopf in die Hände und brütete über traurigen Gedanken, und als sein Blick wieder auf die bunte Tasche fiel und als zugleich mit einem Windzug die Schreie und Freudenrufe der Gesellschaft herüberklangen, neigte er den schweren Kopf tiefer und begann lautlos und kindlich zu weinen.

Wohl eine Stunde lang blieb er sitzen. Seine Augen waren wieder trocken und seine Erregung verflogen, aber das Traurige seines Zustandes und die Hoffnungslosigkeit seiner Bestrebungen waren ihm jetzt noch klarer als zuvor. Da hörte er einen leichten Schritt sich nähern, ein Kleid rauschen, und ehe er von seinem Sitz aufspringen konnte, stand die Paula Kircher neben ihm.

»Ganz allein?« fragte sie scherzend. Und da er nicht antwortete und sie ihn genauer anschaute, wurde sie plötzlich ernst und fragte mit frauenhafter Güte: »Wo fehlt es denn? Ist Ihnen ein Unglück geschehen?«

»Nein«, sagte Ohngelt leise und ohne nach Phrasen zu suchen. »Nein. Ich habe nur eingesehen, daß ich nicht unter die Leute passe. Und daß ich ihr Hanswurst gewesen bin.«

»Nun, so schlimm wird es nicht sein –«

»Doch, gerade so. Ihr Hanswurst bin ich gewesen, und besonders noch den Mädchen ihrer. Weil ich gutmütig gewesen bin und es redlich gemeint habe. Sie haben recht gehabt, ich hätte nicht in den Verein gehen sollen.«

»Sie können ja wieder austreten, und dann ist alles gut.«

»Austreten kann ich schon, und ich tu es lieber heut als morgen. Aber damit ist noch lange nicht alles gut.«

»Warum denn nicht?«

»Weil ich zum Spott für sie geworden bin. Und weil jetzt vollends keine mehr –«

Das Schluchzen übernahm ihn beinahe. Sie fragte freundlich: »– und weil jetzt keine mehr –?«

Mit zitternder Stimme fuhr er fort: »Weil jetzt vollends kein Mädchen mehr mich achtet und mich ernst nehmen will.«

»Herr Ohngelt«, sagte das Päule langsam, »sind Sie jetzt nicht ungerecht? Oder meinen Sie, ich achte Sie nicht und nehme Sie nicht ernst?«

»Ja, das wohl. Ich glaube schon, daß Sie mich noch achten. Aber das ist es nicht.«

»Ja, was ist es denn?«

»Ach Gott, ich sollte gar nicht davon reden. Aber ich werde ganz irr, wenn ich denke, daß jeder andere es besser hat als ich, und ich bin doch auch ein Mensch, nicht? Aber mich – mich will – mich will keine heiraten!«

Es entstand eine längere Pause. Dann fing das Päule wieder an:

»Ja, haben Sie denn schon die eine oder andre gefragt, ob sie will oder nicht?«

»Gefragt! Nein, das nicht. Zu was auch? Ich weiß ja vorher, daß keine will.«

»Dann verlangen Sie also, daß die Mädchen zu Ihnen kommen und sagen: ach Herr Ohngelt, verzeihen Sie, aber ich möchte so schrecklich gern haben, daß Sie mich heiraten! Ja, auf das werden Sie freilich noch lang warten können.«

»Das weiß ich wohl«, seufzte Andreas. »Sie wissen schon, wie ich's meine, Fräulein Päule. Wenn ich wüßte, daß eine es so gut mit mir meint und mich ein wenig gut leiden könnte, dann –«

»Dann würden Sie vielleicht so gnädig sein und ihr zublinzeln oder mit dem Zeigefinger winken! Lieber Gott, Sie sind – Sie sind –«

Damit lief sie davon, aber nicht etwa mit einem Gelächter, sondern mit Tränen in den Augen. Ohngelt konnte das nicht sehen, doch hatte er etwas Sonderbares in ihrer Stimme und in ihrem Davonlaufen bemerkt, darum rannte er ihr nach und als er bei ihr war und beide keine Worte fanden, hielten sie sich plötzlich umarmt und gaben sich einen Kuß. Da war der kleine Ohngelt verlobt.

Als er mit seiner Braut verschämt und doch tapfer Arm in Arm in den Wirtsgarten zurückkehrte, war alles schon zum Aufbruch bereit und hatte nur noch auf die zwei gewartet. In dem allgemeinen Tumult, Erstaunen, Kopfschütteln und Glückwünschen trat die schöne Margret vor Ohngelt und fragte: »Ja, wo haben Sie denn meine Handtasche gelassen?«

Bestürzt gab der Bräutigam Auskunft und eilte in den Wald zurück, und das Päule lief mit. An der Stelle, wo er so lang gesessen und geweint hatte, lag im braunen Laub der schimmernde Beutel und die Braut sagte: »Es ist gut, daß wir noch einmal herüber sind. Da liegt ja auch noch dein Sacktuch.«

(1908)

Die Stadt

»Es geht vorwärts!« rief der Ingenieur, als auf der gestern neu-
gelegten Schienenstrecke schon der zweite Eisenbahnzug voll
Menschen, Kohlen, Werkzeugen und Lebensmitteln ankam. Die
Prärie glühte leise im gelben Sonnenlicht, blaudunstig stand am
Horizont das hohe Waldgebirge. Wilde Hunde und erstaunte
Präriebüffel sahen zu, wie in der Einöde Arbeit und Getümmel
anhob, wie im grünen Lande Flecken von Kohlen und von
Asche und von Papier und von Blech entstanden. Der erste Ho-
bel schrillte durch das erschrockene Land, der erste Flintenschuß donnerte auf und verrollte am Gebirge hin, der erste Am-
boß klang helltönig unter raschen Hammerschlägen auf. Ein
Haus aus Blech entstand, und am nächsten Tag eines aus Holz,
und andere, und täglich neue, und bald auch steinerne. Die wilden Hunde und Büffel blieben fern, die Gegend wurde zahm
und fruchtbar, es wehten schon im ersten Frühjahr Ebenen voll
grüner Feldfrucht, Höfe und Ställe und Schuppen ragten daraus
auf, Straßen schnitten durch die Wildnis.
Der Bahnhof wurde fertig und eingeweiht, und das Regierungs-
gebäude, und die Bank, mehrere kaum um Monate jüngere
Schwesterstädte erwuchsen in der Nähe. Es kamen Arbeiter aus
aller Welt, Bauern und Städter, es kamen Kaufleute und Advo-
katen, Prediger und Lehrer, es wurde eine Schule gegründet, drei
religiöse Gemeinschaften, zwei Zeitungen. Im Westen wurden
Erdölquellen gefunden, es kam großer Wohlstand in die junge
Stadt. Noch ein Jahr, da gab es schon Taschendiebe, Zuhälter,
Einbrecher, ein Warenhaus, einen Alkoholgegnerbund, einen
Pariser Schneider, eine bayrische Bierhalle. Die Konkurrenz der
Nebenstädte beschleunigte das Tempo. Nichts fehlte mehr, von
der Wahlrede bis zum Streik, vom Kinotheater bis zum Spiriti-
stenverein. Man konnte französischen Wein, norwegische He-
ringe, italienische Würste, englische Kleiderstoffe, russischen
Kaviar in der Stadt haben. Es kamen schon Sänger, Tänzer und
Musiker zweiten Ranges auf ihren Gastreisen in den Ort.
Und es kam auch langsam die Kultur. Die Stadt, die anfänglich
nur eine Gründung gewesen war, begann eine Heimat zu werden. Es gab hier eine Art, sich zu grüßen, eine Art, sich im Be-

gegnen zuzunicken, die sich von den Arten in andern Städten leicht und zart unterschied. Männer, die an der Gründung der Stadt teilgehabt hatten, genossen Achtung und Beliebtheit, ein kleiner Adel strahlte von ihnen aus. Ein junges Geschlecht wuchs auf, dem erschien die Stadt schon als eine alte, beinahe von Ewigkeit stammende Heimat. Die Zeit, da hier der erste Hammerschlag erschollen, der erste Mord geschehen, der erste Gottesdienst gehalten, die erste Zeitung gedruckt worden war, lag fern in der Vergangenheit, war schon Geschichte.

Die Stadt hatte sich zur Beherrscherin der Nachbarstädte und zur Hauptstadt eines großen Bezirkes erhoben. An breiten, heiteren Straßen, wo einst neben Aschenhaufen und Pfützen die ersten Hütten aus Brettern und Wellblech gestanden hatten, erhoben sich ernst und ehrwürdig Amtshäuser und Banken, Theater und Kirchen. Studenten gingen schlendernd zur Universität und Bibliothek, Krankenwagen fuhren leise zu den Kliniken, der Wagen eines Abgeordneten wurde bemerkt und begrüßt; in zwanzig gewaltigen Schulhäusern aus Stein und Eisen wurde jedes Jahr der Gründungstag der ruhmreichen Stadt mit Gesang und Vorträgen gefeiert. Die ehemalige Prärie war von Feldern, Fabriken, Dörfern bedeckt und von zwanzig Eisenbahnlinien durchschnitten, das Gebirge war nahegerückt und durch eine Bergbahn bis ins Herz der Schluchten erschlossen. Dort, oder fern am Meer, hatten die Reichen ihre Sommerhäuser.

Ein Erdbeben warf, hundert Jahre nach ihrer Gründung, die Stadt bis auf kleine Teile zu Boden. Sie erhob sich von neuem, und alles Hölzerne ward nun Stein, alles Kleine groß, alles Enge weit. Der Bahnhof war der größte des Landes, die Börse die größte des ganzen Erdteils, Architekten und Künstler schmückten die verjüngte Stadt mit öffentlichen Bauten, Anlagen, Brunnen, Denkmälern. Im Laufe dieses neuen Jahrhunderts erwarb sich die Stadt den Ruf, die schönste und reichste des Landes und eine Sehenswürdigkeit zu sein. Politiker und Architekten, Techniker und Bürgermeister fremder Städte kamen gereist, um die Bauten, Wasserleitungen, die Verwaltung und andere Einrichtungen der berühmten Stadt zu studieren. Um jene Zeit begann der Bau des neuen Rathauses, eines der größten und herrlichsten Gebäude der Welt, und da diese Zeit beginnenden Reichtums und städtischen Stolzes glücklich mit einem Aufschwung des

236

allgemeinen Geschmacks, der Baukunst und Bildhauerei vor allem, zusammentraf, ward die rasch wachsende Stadt ein keckes und wohlgefälliges Wunderwerk. Den innern Bezirk, dessen Bauten ohne Ausnahme aus einem edlen, hellgrauen Stein bestanden, umschloß ein breiter grüner Gürtel herrlicher Parkanlagen, und jenseits dieses Ringes verloren sich Straßenzüge und Häuser in weiter Ausdehnung langsam ins Freie und Ländliche. Viel besucht und bewundert wurde ein ungeheures Museum, in dessen hundert Sälen, Höfen und Hallen die Geschichte der Stadt von ihrer Entstehung bis zur letzten Entwicklung dargestellt war. Der erste, ungeheure Vorhof dieser Anlage stellte die ehemalige Prärie dar, mit wohlgepflegten Pflanzen und Tieren und genauen Modellen der frühesten elenden Behausungen, Gassen und Einrichtungen. Da lustwandelte die Jugend der Stadt und betrachtete den Gang ihrer Geschichte, vom Zelt und Bretterschuppen an, vom ersten unebenen Schienenpfad bis zum Glanz der großstädtischen Straßen. Und sie lernten daran, von ihren Lehrern geführt und unterwiesen, die herrlichen Gesetze der Entwicklung und des Fortschritts begreifen, wie aus dem Rohen das Feine, aus dem Tier der Mensch, aus dem Wilden der Gebildete, aus der Not der Überfluß, aus der Natur die Kultur entstehe.

Im folgenden Jahrhundert erreichte die Stadt den Höhepunkt ihres Glanzes, der sich in reicher Üppigkeit entfaltete und eilig steigerte, bis eine blutige Revolution der unteren Stände dem ein Ziel setzte. Der Pöbel begann damit, viele von den großen Erdölwerken, einige Meilen von der Stadt entfernt, anzuzünden, so daß ein großer Teil des Landes mit Fabriken, Höfen und Dörfern teils verbrannte, teils verödete. Die Stadt selbst erlebte zwar Gemetzel und Greuel jeder Art, blieb aber bestehen und erholte sich in nüchternen Jahrzehnten wieder langsam, ohne aber das frühere flotte Leben und Bauen je wieder zu vermögen. Es war während ihrer üblen Zeit ein fernes Land jenseits der Meere plötzlich aufgeblüht, das lieferte Korn und Eisen, Silber und andere Schätze mit der Fülle eines unerschöpften Bodens, der noch willig hergibt. Das neue Land zog die brachen Kräfte, das Streben und Wünschen der alten Welt gewaltsam an sich, Städte blühten dort über Nacht aus der Erde, Wälder verschwanden, Wasserfälle wurden gebändigt.

Die schöne Stadt begann langsam zu verarmen. Sie war nicht mehr Herz und Gehirn einer Welt, nicht mehr Markt und Börse vieler Länder. Sie mußte damit zufrieden sein, sich am Leben zu erhalten und im Lärm neuer Zeiten nicht ganz zu erblassen. Die müßigen Kräfte, soweit sie nicht nach der fernen neuen Welt fortschwanden, hatten nichts mehr zu bauen und zu erobern und wenig mehr zu handeln und zu verdienen. Statt dessen keimte in dem nun alt gewordenen Kulturboden ein geistiges Leben, es gingen Gelehrte und Künstler von der stillwerdenden Stadt aus, Maler und Dichter. Die Nachkommen derer, welche einst auf dem jungen Boden die ersten Häuser erbaut hatten, brachten lächelnd ihre Tage in stiller, später Blüte geistiger Genüsse und Bestrebungen hin, sie malten die wehmütige Pracht alter moosiger Gärten mit verwitternden Statuen und grünen Wassern und sangen in zarten Versen vom fernen Getümmel der alten heldenhaften Zeit oder vom stillen Träumen müder Menschen in alten Palästen.

Damit klangen der Name und Ruhm dieser Stadt noch einmal durch die Welt. Mochten draußen Kriege die Völker erschüttern und große Arbeiten sie beschäftigen, hier wußte man in verstummter Abgeschiedenheit den Frieden walten und den Glanz versunkener Zeiten leise nachdämmern: stille Straßen, von Blütenzweigen überhangen, wetterfarbene Fassaden mächtiger Bauwerke über lärmlosen Plätzen träumend, moosbewachsene Brunnenschalen in leiser Musik von spielenden Wassern überronnen.

Manche Jahrhunderte war die alte träumende Stadt für die jüngere Welt ein ehrwürdiger und geliebter Ort, von Dichtern besungen und von Liebenden besucht. Doch drängte das Leben der Menschheit immer mächtiger nach anderen Erdteilen hin. Und in der Stadt selbst begannen die Nachkommen der alten einheimischen Familien auszusterben oder zu verwahrlosen. Es hatte auch die letzte geistige Blüte ihr Ziel längst erreicht, und übrig blieb nur verwesendes Gewebe. Die kleineren Nachbarstädte waren seit längeren Zeiten ganz verschwunden, zu stillen Ruinenhaufen geworden, zuweilen von ausländischen Malern und Touristen besucht, zuweilen von Zigeunern und entflohenen Verbrechern bewohnt.

Nach einem Erdbeben, das indessen die Stadt selbst verschonte, war der Lauf des Flusses verschoben und ein Teil des verödeten Landes zu Sumpf, ein anderer dürr geworden. Und von den Bergen her, wo die Reste uralter Steinbrücken und Landhäuser zerbröckelten, stieg der Wald, der alte Wald, langsam herab. Er sah die weite Gegend öde liegen und zog langsam ein Stück nach dem andern in seinen grünen Kreis, überflog hier einen Sumpf mit flüsterndem Grün, dort ein Steingeröll mit jungem, zähem Nadelholz.

In der Stadt hausten am Ende keine Bürger mehr, nur noch Gesindel, unholdes, wildes Volk, das in den schiefen, einsinkenden Palästen der Vorzeit Obdach nahm und in den ehemaligen Gärten und Straßen seine mageren Ziegen weidete. Auch diese letzte Bevölkerung starb allmählich in Krankheiten und Blödsinn aus, die ganze Landschaft war seit der Versumpfung von Fieber heimgesucht und der Verlassenheit anheimgefallen.

Die Reste des alten Rathauses, das einst der Stolz seiner Zeit gewesen war, standen noch immer sehr hoch und mächtig, in Liedern aller Sprachen besungen und ein Herd unzähliger Sagen der Nachbarvölker, deren Städte auch längst verwahrlost waren und deren Kultur entartete. In Kinder-Spukgeschichten und melancholischen Hirtenliedern tauchten entstellt und verzerrt noch die Namen der Stadt und der gewesenen Pracht gespenstisch auf, und Gelehrte ferner Völker, deren Zeit jetzt blühte, kamen zuweilen auf gefährlichen Forschungsreisen in die Trümmerstädte, über deren Geheimnisse die Schulknaben entfernter Länder sich begierig unterhielten. Es sollten Tore von reinem Gold und Grabmäler voll von Edelsteinen dort sein, und die wilden Nomadenstämme der Gegend sollten aus alten fabelhaften Zeiten her verschollene Reste einer tausendjährigen Zauberkunst bewahren.

Der Wald aber stieg weiter von den Bergen her in die Ebene, Seen und Flüsse entstanden und vergingen, und der Wald rückte vor und ergriff und verhüllte langsam das ganze Land, die Reste der alten Straßenmauern, der Paläste, Tempel, Museen, und Fuchs und Marder, Wolf und Bär bevölkerten die Einöde.

Über einem der gestürzten Paläste, von dem kein Stein mehr am Tage lag, stand eine junge Kiefer, die war vor einem Jahr noch der vorderste Bote und Vorläufer des heranwachsenden Waldes gewesen. Nun aber schaute auch sie schon wieder weit auf jungen Wuchs hinaus.

»Es geht vorwärts!« rief ein Specht, der am Stamme hämmerte, und sah den wachsenden Wald und den herrlichen, grünenden Fortschritt auf Erden zufrieden an. *(1910)*

Doktor Knölges Ende

Herr Doktor Knölge, ein ehemaliger Gymnasiallehrer, der sich früh zur Ruhe gesetzt und privaten philologischen Studien gewidmet hatte, wäre gewiß niemals in Verbindung mit den Vegetariern und dem Vegetarismus gekommen, wenn nicht eine Neigung zu Atemnot und Rheumatismen ihn einst zu einer vegetarischen Diätkur getrieben hätte. Der Erfolg war so ausgezeichnet, daß der Privatgelehrte von da an alljährlich einige Monate in irgendeiner vegetarischen Heilstätte oder Pension zubrachte, meist im Süden, und so trotz seiner Abneigung gegen alles Ungewöhnliche und Sonderbare in einen Verkehr mit Kreisen und Individuen geriet, die nicht zu ihm paßten und deren seltene, nicht ganz zu vermeidende Besuche in seiner Heimat er keineswegs liebte.

Manche Jahre hatte Doktor Knölge die Zeit des Frühlings und Frühsommers oder auch die Herbstmonate in einer der vielen freundlichen Vegetarierpensionen an der südfranzösischen Küste oder am Lago Maggiore hingebracht. Er hatte vielerlei Menschen an diesen Orten kennengelernt und sich an manches gewöhnt, an Barfußgehen und langhaarige Apostel, an Fanatiker des Fastens und an vegetarische Gourmands. Unter den letzteren hatte er manche Freunde gefunden, und er selbst, dem sein Leiden den Genuß schwerer Speisen immer mehr verbot, hatte sich zu einem bescheidenen Feinschmecker auf dem Gebiete der Gemüse und des Obstes ausgebildet. Er war keineswegs mit jedem Endiviensalat zufrieden und hätte niemals eine kalifornische Orange für eine italienische gegessen. Im übrigen kümmerte er sich wenig um den Vegetarismus, der für ihn nur ein Kurmittel war, und interessierte sich höchstens gelegentlich für alle die famosen sprachlichen Neubildungen auf diesem Gebiete, die ihm als einem Philologen merkwürdig waren. Da gab es Vegetarier, Vegetarianer, Vegetabilisten, Rohkostler, Frugivoren und Gemischtkostler!

Der Doktor selbst gehörte nach dem Sprachgebrauch der Eingeweihten zu den Gemischtkostlern, da er nicht nur Früchte und Ungekochtes, sondern auch gekochte Gemüse, ja auch Speisen aus Milch und Eiern zu sich nahm. Daß dies den wahren

Vegetariern, vor allem den reinen Rohkostlern strenger Observanz, ein Greuel war, entging ihm nicht. Doch hielt er sich den
fanatischen Bekenntnisstreitigkeiten dieser Brüder fern und gab
seine Zugehörigkeit zur Klasse der Gemischtkostler nur durch
die Tat zu erkennen, während manche Kollegen, namentlich
Österreicher, sich ihres Standes auf den Visitenkarten rühmten.

Wie gesagt, Knölge paßte nicht recht zu diesen Leuten. Er sah
schon mit seinem friedlichen, roten Gesicht und der breiten Figur ganz anders aus als die meist hageren, asketisch blickenden,
oft phantastisch gekleideten Brüder vom reinen Vegetarismus,
deren manche die Haare bis über die Schultern hinab wachsen
ließen und deren jeder als Fanatiker, Bekenner und Märtyrer
seines speziellen Ideals durchs Leben ging. Knölge war Philolog
und Patriot, er teilte weder die Menschheitsgedanken und sozialen Reformideen noch die absonderliche Lebensweise seiner
Mitvegetarier. Er sah so aus, daß an den Bahnhöfen und Schiff-
haltestellen von Locarno oder Pallanza ihm die Diener der weltlichen Hotels, die sonst jeden »Kohlrabiapostel« von weitem
rochen, vertrauensvoll ihre Gasthäuser empfahlen und ganz erstaunt waren, wenn der so anständig aussehende Mensch seinen
Koffer dem Diener einer Thalysia oder Ceres oder dem Esels-
führer des Monte Verità übergab.

Trotzdem fühlte er sich mit der Zeit in der ihm fremden Umgebung ganz wohl. Er war ein Optimist, ja beinahe ein Lebenskünstler, und allmählich fand er unter den Pflanzenessern aller
Länder, die jene Orte besuchten, namentlich unter den Franzosen, manchen friedliebenden und rotwangigen Freund, an
dessen Seite er seinen jungen Salat und seinen Pfirsich ungestört
in behaglichen Tischgesprächen verzehren konnte, ohne daß
ihm ein Fanatiker der strengen Observanz seine Gemischtkost-
lerei oder ein reiskauender Buddhist seine religiöse Indifferenz
vorwarf.

Da geschah es, daß Doktor Knölge erst durch die Zeitungen,
dann durch direkte Mitteilungen aus dem Kreise seiner Bekannten von der großen Gründung der Internationalen Vegetarier-
Gesellschaft hörte, die ein gewaltiges Stück Land in Kleinasien
erworben hatte und alle Brüder der Welt bei mäßigsten Preisen
einlud, sich dort besuchsweise oder dauernd niederzulassen. Es

242

war eine Unternehmung jener idealistischen Gruppe deutscher, holländischer und österreichischer Pflanzenesser, deren Bestrebungen eine Art von vegetarischem Zionismus waren und dahin zielten, den Anhängern und Bekennern ihres Glaubens ein eigenes Land mit eigener Verwaltung irgendwo in der Welt zu erwerben, wo die natürlichen Bedingungen zu einem Leben vorhanden wären, wie es ihnen als Ideal vor Augen stand. Ein Anfang dazu war diese Gründung in Kleinasien. Ihre Aufrufe wandten sich »an alle Freunde der vegetarischen und vegetabilistischen Lebensweise, der Nacktkultur und Lebensreform«, und sie versprachen so viel und klangen so schön, daß auch Herr Knölge dem sehnsüchtigen Ton aus dem Paradiese nicht widerstand und sich für den kommenden Herbst als Gast dort anmeldete.

Das Land sollte Obst und Gemüse in wundervoller Zartheit und Fülle liefern, die Küche des großen Zentralhauses wurde vom Verfasser der »Paradiese« geleitet, und als besonders angenehm empfanden viele den Umstand, daß es sich dort ganz ungestört ohne den Hohn der argen Welt würde leben lassen. Jede Art von Vegetarismus und von Kleidungsreformbestrebung war zugelassen, und es gab kein Verbot als das des Genusses von Fleisch und Alkohol.

Und aus allen Teilen der Welt kamen flüchtige Sonderlinge, teils, um dort in Kleinasien endlich Ruhe und Behagen in einem ihrer Natur gemäßen Leben zu finden, teils, um von den dort zusammenströmenden Heilsbegierigen ihren Vorteil und Unterhalt zu ziehen. Da kamen flüchtig gegangene Priester und Lehrer aller Kirchen, falsche Hindus, Okkultisten, Sprachlehrer, Masseure, Magnetopathen, Zauberer, Gesundbeter. Dieses ganz kleine Volk exzentrischer Existenzen bestand weniger aus Schwindlern und bösen Menschen als aus harmlosen Betrügern im Kleinen, denn große Vorteile waren nicht zu gewinnen, und die meisten suchten denn auch nichts anderes als ihren Lebensunterhalt, der für einen Pflanzenesser in südlichen Ländern sehr wohlfeil ist.

Die meisten dieser in Europa und Amerika entgleisten Menschen trugen als einziges Laster die so vielen Vegetariern eigene Arbeitsscheu mit sich. Sie wollten nicht Gold und Genuß, Macht und Vergnügen, sondern sie wollten vor allem ohne Arbeit und Belästigung ihr bescheidenes Leben führen können. Mancher von ihnen hatte zu Fuß ganz Europa wiederholt durchmessen als bescheidener Türklinkenputzer bei wohlhabenden Gesinnungsgenossen oder als predigender Prophet oder als Wunderdoktor, und Knölge fand bei seinem Eintreffen in Quisisana manchen alten Bekannten, der ihn je und je in Leipzig als harmloser Bettler besucht hatte.

Vor allem aber traf er Größen und Helden aus allen Lagern des Vegetariertums. Sonnenbraune Männer mit langwallenden Haaren und Bärten schritten alttestamentlich in weißen Burnussen auf Sandalen einher, andere trugen Sportkleider aus heller Leinwand. Einige ehrwürdige Männer gingen nackt mit Lendentüchern aus Bastgeflecht eigener Arbeit. Es hatten sich Gruppen und sogar organisierte Vereine gebildet, an gewissen Orten trafen sich die Frugivoren, an anderen die asketischen Hungerer, an anderen die Theosophen oder Lichtanbeter. Ein Tempel war von Verehrern des amerikanischen Propheten Davis erbaut, eine Halle diente dem Gottesdienst der Neo-Swedenborgisten.

In diesem merkwürdigen Gewimmel bewegte sich Doktor Knölge anfangs nicht ohne Befangenheit. Er besuchte die Vorträge eines früheren badischen Lehrers namens Klauber, der in reinem Alemannisch die Völker der Erde über die Geschehnisse des Landes Atlantis unterrichtete, und bestaunte den Yogi Vishinanda, der eigentlich Beppo Cinari hieß und es in jahrzehntelangem Streben dahin gebracht hatte, die Zahl seiner Herzschläge willkürlich um etwa ein Drittel vermindern zu können.

In Europa zwischen den Erscheinungen des gewerblichen und politischen Lebens hätte diese Kolonie den Eindruck eines Narrenhauses oder einer phantastischen Komödie gemacht. Hier in Kleinasien sah das alles ziemlich verständig und gar nicht unmöglich aus. Man sah zuweilen neue Ankömmlinge in Verzükkung über diese Erfüllung ihrer Lieblingsträume mit geisterhaft leuchtenden Gesichtern oder in hellen Freudentränen umhergehen, Blumen in den Händen, und jeden Begegnenden mit dem Friedenskuß begrüßend.

Die auffallendste Gruppe war jedoch die der reinen Frugivoren. Diese hatten auf Tempel und Haus und Organisation jeder Art verzichtet und zeigten kein anderes Streben als das, immer natürlicher zu werden und, wie sie sich ausdrückten, »der Erde näher zu kommen«. Sie wohnten unter freiem Himmel und aßen nichts, als was von Baum oder Strauch zu brechen war. Sie verachteten alle anderen Vegetarier unmäßig, und einer von ihnen erklärte dem Doktor Knölge ins Gesicht, das Essen von Reis und Brot sei genau dieselbe Schweinerei wie der Fleischgenuß, und zwischen einem sogenannten Vegetarier, der Milch zu sich nehme, und irgendeinem Säufer und Schnapsbruder könne er keinen Unterschied finden.

Unter den Frugivoren ragte der verehrungswürdige Bruder Jonas hervor, der konsequenteste und erfolgreichste Vertreter dieser Richtung. Er trug zwar ein Lendentuch, doch war es kaum von seinem behaarten braunen Körper zu unterscheiden, und er lebte in einem kleinen Gehölz, in dessen Geäste man ihn mit gewandter Hurtigkeit sich bewegen sah. Seine Daumen und große Zehen waren in einer wunderbaren Rückbildung begriffen, und sein ganzes Wesen und Leben stellte die beharrlichste und gelungenste Rückkehr zur Natur vor, die man sich denken konnte. Wenige Spötter nannten ihn unter sich den Gorilla, im übrigen genoß Jonas die Bewunderung und Verehrung der ganzen Provinz.

Auf den Gebrauch der Sprache hatte der große Rohkostler Verzicht getan. Wenn Brüder oder Schwestern sich am Rande seines Gehölzes unterhielten, saß er zuweilen auf einem Ast zu ihren Häupten, grinste ermunternd oder lachte mißbilligend, gab aber keine Worte von sich und suchte durch Gebärden anzudeuten, seine Sprache sei die unfehlbare der Natur und werde später die Weltsprache aller Vegetarier und Naturmenschen sein. Seine nächsten Freunde waren täglich bei ihm, genossen seinen Unterricht in der Kunst des Kauens und Nüsseschälens und sahen seiner fortschreitenden Vervollkommnung mit Ehrfurcht zu, doch hegten sie die Besorgnis, ihn bald zu verlieren, da er vermutlich binnen kurzem, ganz eins mit der Natur, sich in die heimatliche Wildnis der Gebirge zurückziehen werde.

Einige Schwärmer schlugen vor, diesem wundersamen Wesen, das den Kreislauf des Lebens vollendet und den Weg zum Ausgangspunkt der Menschwerdung zurückgefunden hatte, göttliche Ehren zu erweisen. Als sie jedoch eines Morgens bei Aufgang der Sonne in dieser Absicht das Gehölz aufsuchten und ihren Kult mit Gesang begannen, erschien der Gefeierte auf seinem großen Lieblingsast, schwang sein gelöstes Lendentuch höhnisch in Lüften und bewarf die Anbeter mit harten Pinienzapfen.

Dieser Jonas der Vollendete, dieser »Gorilla«, war unserem Doktor Knölge im Innersten seiner bescheidenen Seele zuwider. Alles, was er in seinem Herzen je gegen die Auswüchse vegetarischer Weltanschauung und fanatisch-tollen Wesens schweigend bewegt hatte, trat ihm in dieser Gestalt schreckhaft entgegen und schien sogar sein eigenes maßvolles Vegetariertum grell zu verhöhnen. In der Brust des anspruchslosen Privatgelehrten erhob sich gekränkt die Würde des Menschen, und er, der so viele Andersmeinende gelassen und duldsam ertragen hatte, konnte an dem Wohnort des Vollkommenen nicht vorübergehen, ohne Haß und Wut gegen ihn zu empfinden. Und der Gorilla, der auf seinem Ast alle Arten von Gesinnungsgenossen, Verehrern und Kritikern mit Gleichmut betrachtet hatte, fühlte ebenfalls wider diesen Menschen, dessen Haß sein Instinkt wohl witterte, eine zunehmende tierische Erbitterung. Sooft der Doktor vorüber kam, maß er den Baumbewohner mit vorwurfsvoll beleidigten Blicken, die dieser mit Zähnefletschen und zornigem Fauchen erwiderte.

Schon hatte Knölge beschlossen, im nächsten Monat die Provinz zu verlassen und nach seiner Heimat zurückzukehren, da führte ihn, beinahe wider seinen Willen, in einer strahlenden Vollmondnacht ein Spaziergang in die Nähe des Gehölzes. Mit Wehmut dachte er früherer Zeiten, da er noch in voller Gesundheit als ein Fleischesser und gewöhnlicher Mensch unter seinesgleichen gelebt hatte, und im Gedächtnis schöner Jahre begann er unwillkürlich ein altes Studentenlied vor sich hin zu pfeifen.

Da brach krachend aus dem Gebüsch der Waldmensch hervor, durch die Töne erregt und wild gemacht. Bedrohlich stellte er sich vor dem Spaziergänger auf, eine ungefüge Keule schwingend. Aber der überraschte Doktor war so erbittert und erzürnt, daß er nicht die Flucht ergriff, sondern die Stunde gekommen fühlte, da er sich mit seinem Feinde auseinandersetzen müsse. Grimmig lächelnd verbeugte er sich und sagte mit so viel Hohn und Beleidigung in der Stimme, als er aufzubringen vermochte: »Sie erlauben, daß ich mich vorstelle. Doktor Knölge.«

Da warf der Gorilla mit einem Wutschrei seine Keule fort,

stürzte sich auf den Schwachen und hatte ihn im Augenblick mit seinen furchtbaren Händen erdrosselt. Man fand ihn am Morgen, manche ahnten den Zusammenhang, doch wagte niemand etwas gegen den Affen Jonas zu tun, der gleichmütig im Geäste seine Nüsse schälte. Die wenigen Freunde, die sich der Fremde während seines Aufenthaltes im Paradiese erworben hatte, begruben ihn in der Nähe und steckten auf sein Grab eine einfache Tafel mit der kurzen Inschrift: Dr. Knölge, Gemischtkostler aus Deutschland. *(1910)*

Pater Matthias

I

An der Biegung des grünen Flusses, ganz in der Mitte der hügeligen alten Stadt, lag im Vormittagslicht eines sonnigen Spätsommertages das stille Kloster. Von der Stadt durch den hoch ummauerten Garten, vom ebenso großen und stillen Nonnenkloster durch den Fluß getrennt, ruhte der dunkle breite Bau in behaglicher Ehrwürdigkeit am gekrümmten Ufer und schaute mit vielen blinden Fensterscheiben hochmütig in die entartete Zeit. In seinem Rücken an der schattigen Hügelseite stieg die fromme Stadt mit Kirchen, Kapellen, Kollegien und geistlichen Herrenhäusern bergan bis zum hohen Dom; gegenüber aber jenseits des Wassers und des einsam stehenden Schwesterklosters lag helle Sonne auf der steilen Halde, deren lichte Matten und Obsthänge da und dort von goldbraun schimmernden Geröllwällen und Lehmgruben unterbrochen wurden.

An einem offenen Fenster des zweiten Stockwerkes saß lesend der Pater Matthias, ein blondbärtiger Mann im besten Alter, der im Kloster und anderwärts den Ruf eines freundlichen, wohlwollenden und sehr achtbaren Herrn genoß. Es spielte jedoch unter der Oberfläche seines hübschen Gesichtes und ruhigen Blickes ein Schatten von verheimlichter Dunkelheit und Unordnung, den die Brüder, sofern sie ihn wahrnahmen, als einen gelinden Nachklang der tiefen Jugendmelancholie betrachteten, welche vor zwölf Jahren den Pater in dieses stille Kloster getrieben hatte und seit geraumer Zeit immer mehr untergesunken und in liebenswürdige Gemütsruhe verwandelt schien. Aber der Schein trügt, und Pater Matthias selbst war der einzige, der um die verborgenen Ursachen dieses Schattens wußte.

Nach heftigen Stürmen einer leidenschaftlichen Jugend hatte ein Schiffbruch diesen einst glühenden Menschen in das Kloster geführt, wo er Jahre in zerstörender Selbstverleugnung und Schwermut hinbrachte, bis die geduldige Zeit und die ursprüngliche kräftige Gesundheit seiner Natur ihm Vergessen und neuen Lebensmut brachte. Er war ein beliebter Bruder geworden und stand im gesegneten Ruf, er habe eine besondere Gabe, auf Mis-

sionsreisen und in frommen Häusern ländlicher Gemeinden die
Herzen zu rühren und die Hände zu öffnen, so daß er von solchen Zügen stets mit reichlichen Erträgen an barem Gut und
rechtskräftigen Legaten in das beglückte Kloster heimkehrte.
Ohne Zweifel war dieser Ruf wohlerworben, sein Glanz jedoch
und der des klingenden Geldes hatte die Väter für einige andere
Züge im Bild ihres lieben Bruders blind gemacht. Denn wohl
hatte Pater Matthias die Seelenstürme jener dunklen Jugendzei-
ten überwunden und machte den Eindruck eines ruhig gewordenen, doch vorwiegend frohgesinnten Mannes, dessen Wünsche und Gedanken im Frieden mit seinen Pflichten beisammen
wohnten; wirkliche Seelenkenner aber hätten doch wohl sehen
müssen, daß die angenehme Bonhommie des Paters nur einen
Teil seines inneren Zustandes wirklich ausdrückte, über manchen verschwiegenen Unebenheiten aber nur als eine hübsche
Maske lag. Der Pater Matthias war nicht ein Vollkommener, in
dessen Brust alle Schlacken des Ehemals untergegangen waren;
vielmehr hatte mit der Gesundung seiner Seele auch der alte,
eingeborene Kern dieses Menschen wieder eine Genesung begangen und schaute, wenn auch aus veränderten und beherrschten Augen, längst wieder mit heller Begierde nach dem funkeln-
den Leben der Welt.
Um es ohne Umschweife zu sagen: Der Pater hatte schon mehrmals die Klostergelübde gebrochen. Seiner reinlichen Natur
widerstrebte es zwar, unterm Mantel der Frömmigkeit Weltlust
zu suchen, und er hatte seine Kutte nie befleckt. Wohl aber hatte
er sie, wovon kein Mensch etwas wußte, schon mehrmals beiseite getan, um sie säuberlich zu erhalten und nach einem Ausflug ins Weltliche wieder anzulegen.
Pater Matthias hatte ein gefährliches Geheimnis. Er besaß, an
sicherem Orte verborgen, eine angenehme, ja elegante Bürger-
kleidung samt Wäsche, Hut und Schmuck, und wenn er auch
neunundneunzig von hunderten seiner Tage durchaus ehrbar in
Kutte und Pflichtübung hinbrachte, so weilten seine heimlichen
Gedanken doch allzuoft bei jenen seltenen, geheimnisvollen Tagen, die er da und dort als Weltmann unter Weltmenschen verlebt hatte.
Dieses Doppelleben, dessen Ironie auszukosten des Paters Gemüt viel zu redlich war, lastete als ungebeichtetes Verbrechen

auf seiner Seele. Wäre er ein schlechter, uneifriger und unbeliebter Pater gewesen, so hätte er längst den Mut gefunden, sich des Ordenskleides unwürdig zu bekennen und eine ehrliche Freiheit zu gewinnen. So aber sah er sich geachtet und geliebt und tat seinem Orden die trefflichsten Dienste, neben welchen ihm sogar zuweilen seine Verfehlungen beinahe verzeihlich erscheinen wollten. Ihm war wohl und frei ums Herz, wenn er in ehrlicher Arbeit für die Kirche und seinen Orden wirken konnte. Wohl war ihm auch, wenn er auf verbotenen Wegen den Begierden seiner Natur Genüge tun und lang unterdrückte Wünsche ihres Stachels berauben konnte. In allen müßigen Zwischenzeiten jedoch erschien in seinem guten Blick der unliebliche Schatten, da schwankte seine nach Sicherheit begehrende Seele zwischen Reue und Trotz, Mut und Angst hin und wider, und bald beneidete er jeden Mitbruder um seine Unschuld, bald jeden Städter draußen um seine Freiheit.

So saß er auch jetzt, vom Lesen nicht erfüllt, an seinem Fenster und sah häufig vom Buche weg ins Freie hinaus. Indem er mit müßigem Auge den lichten frohen Hügelhang gegenüber betrachtete, sah er einen merkwürdigen Menschenzug dort drüben erscheinen, der von der Höhenstraße her auf einem Fußpfad näher kam.

Es waren vier Männer, von denen der eine fast elegant, die anderen schäbig und kümmerlich gekleidet waren, ein Landjäger in glitzernder Uniform ging ihnen voraus, und zwei andere Landjäger folgten hinten nach. Der neugierig zuschauende Pater erkannte bald, daß es Verurteilte waren, welche vom Bahnhof her auf diesem nächsten Wege dem Kreisgefängnis zugeführt wurden, wie er es öfter gesehen hatte.

Erfreut durch die Ablenkung, beschaute er sich die betrübte Gruppe, jedoch nicht ohne in seinem heimlichen Mißmut unzufriedene Betrachtungen daran zu knüpfen. Er empfand zwar wohl ein Mitleid mit diesen armen Teufeln, von welchen namentlich einer den Kopf hängen ließ und jeden Schritt voll Widerstreben tat; doch meinte er, es ginge ihnen eigentlich nicht gar so übel wie ihre augenblickliche Lage andeute.

»Jeder von diesen Gefangenen«, dachte er, »hat als ersehntes Ziel den Tag vor Augen, da er entlassen und wieder frei wird. Ich aber habe keinen solchen Tag vor mir, nicht nah noch fern, sondern

eine endlose bequeme Gefangenschaft, nur durch seltene ge-
stohlene Stunden einer eingebildeten Freiheit unterbrochen.
Der eine oder andere von den armen Kerlen da drüben mag mich
jetzt hier sitzen sehen und mich herzlich beneiden. Sobald sie
aber wieder frei sind und ins Leben zurückkehren, hat der Neid
ein Ende, und sie halten mich lediglich für einen armen Tropf,
der wohlgenährt hinter dem zierlichen Gitter sitzt.«
Während er noch, in den Anblick der Dahingeführten und Soldaten verloren, solchen Gedanken nachhing, trat ein Bruder bei
ihm ein und meldete, er werde vom Guardian in dessen Amts-
zimmer erwartet. Freundlich kam der gewohnte Gruß und
Dank von seinen Lippen, lächelnd erhob er sich, tat das Buch an
seinen Ort, wischte über den braunen Ärmel seiner Kutte, auf
dem ein Lichtreflex vom Wasser herauf in rostfarbenen Flecken
tanzte, und ging sogleich mit seinem unfehlbar anmutig würdigen Schritt über die langen kühlen Korridore zum Guardian
hinüber.
Dieser empfing ihn mit gemessener Herzlichkeit, bot ihm einen
Stuhl an und begann ein Gespräch über die schlimme Zeit, über
das scheinbare Abnehmen des Gottesreiches auf Erden und die
zunehmende Teuerung. Pater Matthias, der dieses Gespräch seit
langem kannte, gab ernsthaft die erwarteten Antworten und
Einwürfe von sich und sah mit froher Erregung dem Endziel
entgegen, welchem sich denn auch der würdige Herr ohne Eile
näherte. Es sei, so schloß er seufzend, eine Ausfahrt ins Land
sehr notwendig, auf welcher Matthias den Glauben treuer Seelen
ermuntern, den Wankelmut ungetreuer vermahnen solle und
von welcher er, wie man hoffe, eine erfreuliche Beute von Lie-
besgaben heimbringen werde. Der Zeitpunkt sei nämlich ungewöhnlich günstig, da ja soeben in einem fernen südlichen Lande
bei Anlaß einer politischen Revolution Kirchen und Klöster
mörderlich heimgesucht worden, wovon alle Zeitungen meldeten. Und er gab dem Pater eine sorgfältige Auswahl von teils
schrecklichen, teils rührenden Einzelheiten aus diesen neuesten
Martyrien der kämpfenden Kirche.
Dankend zog sich der erfreute Pater zurück, schrieb Notizen in
sein kleines Taschenbüchlein, überdachte mit geschlossenen Augen seine Aufgabe und fand eine glückliche Wendung und Lösung um die andere, ging zur gewohnten Stunde munter zu

Tisch und brachte alsdann den Nachmittag mit den vielen kleinen Vorbereitungen zur Reise hin. Sein unscheinbares Bündel war bald beisammen; weit mehr Zeit und Sorgfalt erforderten die Anmeldungen in Pfarrhäusern und bei treuen gastfreien Anhängern, deren er manche wußte. Gegen Abend trug er eine Handvoll Briefe zur Post und hatte dann noch eine Weile auf dem Telegrafenamt zu tun. Schließlich legte er noch einen tüchtigen Taschenvorrat von kleinen Traktaten, Flugblättern und frommen Bildchen bereit und schlief danach fest und friedvoll als ein Mann, der wohlgerüstet einer ehrenvollen Arbeit entgegengeht.

2

Am Morgen gab es, gerade vor seiner Abreise, noch eine kleine unerfreuliche Szene. Es lebte im Kloster ein junger Laienbruder von geringem Verstand, der früher an Epilepsie gelitten hatte, aber seiner zutraulichen Unschuld und rührenden Dienstwilligkeit wegen von allen im Hause geliebt wurde. Dieser einfältige Bursche begleitete den Pater Matthias zur Eisenbahn, seine kleine Reisetasche tragend. Schon unterwegs zeigte er ein etwas erregtes und gestörtes Wesen, auf dem Bahnhof aber zog er plötzlich mit flehenden Mienen den reisefertigen Pater in eine menschenleere Ecke und bat ihn mit Tränen in den Augen, er möge doch um Gottes willen von dieser Reise abstehen, deren unheilvollen Ausgang ihm eine sichere Ahnung vorausverkünde.

»Ich weiß, Ihr kommt nicht wieder!« rief er weinend mit verzerrtem Gesicht. »Ach, ich weiß gewiß, Ihr werdet nimmer wiederkommen!«

Der gute Matthias hatte alle Mühe, dem Trostlosen, dessen Zuneigung er kannte, zuzureden; er mußte sich am Ende beinahe mit Gewalt losreißen und sprang in den Wagen, als der Zug schon die Räder zu drehen begann. Und im Wegfahren sah er von draußen das angstvolle Gesicht des Halbklugen mit Wehmut und Sorge auf sich gerichtet. Der unscheinbare Mensch in seiner schäbigen und verflickten Kutte winkte ihm noch lange nach, Abschied nehmend und beschwörend, und es ging dem Abreisenden noch eine Weile ein leiser kühler Schauder nach.

Bald indessen überkam ihn die hintangehaltene Freude am Reisen, das er über alles liebte, so daß er die peinliche Szene rasch vergaß und mit zufriedenem Blick und gespannten Seelenkräften den Abenteuern und Siegen seines Beutezuges entgegenfuhr. Die hügelige und waldreiche Landschaft leuchtete ahnungsvoll einem glänzenden Tag entgegen, schon von ersten herbstlichen Feuern überflogen, und der reisende Pater ließ bald das Brevier wie das kleine wohlgerüstete Notizbuch ruhen und schaute in wohliger Erwartung durchs offne Wagenfenster in den siegreichen Tag, der über Wälder hinweg und aus noch nebelverschleierten Tälern emporwuchs und Kraft gewann, um bald in Blau und Goldglanz makellos zu erstehen. Seine Gedanken gingen elastisch zwischen diesem Reisevergnügen und den ihm bevorstehenden Aufgaben hin und wider. Wie wollte er die fruchtbringende Schönheit dieser Erntetage hinmalen, und den nahen sicheren Ertrag an Obst und Wein, und wie würde sich von diesem paradiesischen Grunde das Entsetzliche abheben, das er von den heimgesuchten Gläubigen in dem fernen gottlosen Lande zu berichten hatte!

Die zwei oder drei Stunden der Eisenbahnfahrt vergingen schnell. An dem bescheidenen Bahnhof, an welchem Pater Matthias ausstieg und welcher einsam neben einem kleinen Gehölz im freien Felde lag, erwartete ihn ein hübscher Einspänner, dessen Besitzer den geistlichen Gast mit Ehrerbietung begrüßte. Dieser gab leutselig Antwort, stieg vergnügt in das bequeme Gefährt und fuhr sogleich an Ackerland und schöner Weide vorbei dem stattlichen Dorf entgegen, wo seine Tätigkeit beginnen sollte und das ihn bald einladend und festlich anlachte, zwischen Weinbergen und Gärten gelegen. Der fröhliche Ankommende betrachtete das hübsche gastliche Dorf mit Wohlwollen. Da wuchs Korn und Rübe, gedieh Wein und Obst, stand Kartoffel und Kohl in Fülle, da war überall Wohlsein und feiste Gedeihlichkeit zu spüren; wie sollte nicht von diesem Born des Überflusses ein voller Opferbecher auch dem anklopfenden Gast zugute kommen?

Der Pfarrherr empfing ihn und bot ihm Quartier im Pfarrhaus an, teilte ihm auch mit, daß er schon auf den heutigen Abend des

Paters Gastpredigt in der Dorfkirche angekündigt habe und daß, bei dem Ruf des Herrn Paters, ein bedeutender Zulauf auch aus dem Filialdorfe zu erwarten sei. Der Gast nahm die Schmeichelei mit Liebenswürdigkeit auf und gab sich Mühe, den Kollegen mit Höflichkeit einzuspinnen, da er die Neigung kleiner Landpfarrer wohl kannte, auf wortgewandte und erfolgreiche Gastspieler ihrer Kanzeln eifersüchtig zu werden.

Hinwieder hielt der Geistliche mit einem recht üppigen Mittagessen im Hinterhalt, das alsbald nach der Ankunft im Pfarrhause aufgetragen wurde. Und auch hier wußte Matthias die Mittelstraße zwischen Pflicht und Neigung zu finden, indem er unter schmeichelnder Anerkennung hiesiger Küchenkünste dem Dargebotenen mit gesunder Begierde zusprach, ohne doch – zumal beim Wein – ein ihm bekömmliches Maß zu überschreiten und seiner Aufgabe zu vergessen. Gestärkt und fröhlich konnte er schon nach einer ganz kurzen Ruhepause dem Gastgeber mitteilen, er fühle sich nun ganz in der Stimmung, seine Arbeit im Weinberg des Herrn zu beginnen. Hatte also der Wirt etwa den schlimmen Plan gehabt, unseren Pater durch die so reichliche Bewirtung lahmzulegen, so war er ihm völlig mißlungen.

Dafür hatte nun allerdings der Pfarrer dem Gast eine Arbeit eingefädelt, welche an Schwierigkeit und Delikatesse nichts zu wünschen ließ. Seit kurzem lebte im Dorf, als am Heimatort ihres Mannes, in einem neu erbauten Landhaus die Witwe eines reichen Bierbrauers, die wegen ihres skeptischen Verstandes und ihrer anmutig gewandten Zunge nicht minder bekannt und mit Scheu geachtet war als wegen ihres Geldes. Diese Frau Franziska Tanner stand zuoberst auf der Liste derer, deren spezielle Heimsuchung der Pfarrer dem Pater Matthias ans Herz legte.

So erschien, auf das zu Gewärtigende vom geistlichen Kollegen wenig vorbereitet, der satte Pater zu guter Nachmittagsstunde im Landhause und begehrte mit der Frau Tanner zu sprechen. Eine nette Magd führte ihn in das Besuchszimmer, wo er eine längere Weile warten mußte, was ihn als eine ungewohnte Respektlosigkeit verwirrte und warnte. Alsdann trat zu seinem Erstaunen nicht eine ländliche Person und schwarzgekleidete Witwe, sondern eine grauseidene damenhafte Erscheinung in das Zimmer, die ihn gelassen willkommen hieß und nach seinem Begehren fragte.

Und nun versuchte er der Reihe nach alle Register, und jedes versagte, und Schlag um Schlag ging ins Leere, während die geschickte Frau lächelnd entglitt und von Satz zu Satz neue Angeln auslegte. War er weihevoll, so begann sie zu scherzen; neigte er zu geistlichen Bedrohungen, so ließ sie harmlos ihren Reichtum und ihre Lust zu mildtätigen Werken glänzen, so daß er aufs neue Feuer fing und ins Disputieren kam, denn sie ließ ihn deutlich merken, sie kenne seine Endabsicht genau und sei auch bereit, Geld zu geben, wenn es ihm nur gelänge, ihr die tatsächliche Nützlichkeit einer solchen Gabe zu beweisen. War es ihr kaum gelungen, den gar nicht ungeschickten Herrn in einen leichten geselligen Weltton zu verstricken, so redete sie ihn plötzlich wieder devot mit Hochwürden an, und begann er sie wieder geistlicherweise als Tochter zu ermahnen, so war sie unversehens eine kühle Dame.

Trotz dieser Maskenspiele und Redekämpfe hatten die beiden ein Gefallen aneinander. Sie schätzte an dem hübschen Pater die männliche Aufmerksamkeit, mit der er ihrem Spiel zu folgen und sie im Besiegen zu schonen suchte, und er hatte mitten im Schweiß der Bedrängnis eine heimliche natürliche Freude an dem Schauspiel weiblich beweglicher Koketterie, so daß es trotz schwieriger Augenblicke zu einer ganz guten Unterhaltung kam und der lange Besuch in gutem Frieden verlief, wobei unausgesprochenerweise freilich der moralische Sieg auf der Seite der Dame blieb. Sie übergab zwar dem Pater am Ende eine Banknote und sprach ihm und seinem Orden ihre Anerkennung aus, doch geschah es in ganz gesellschaftlichen Formen und beinahe mit einem Hauch von Ironie, und auch sein Dank und Abschied fiel so diskret und weltmännisch aus, daß er sogar den üblichen feierlichen Segensspruch vergaß.

Die weiteren Besuche im Dorf wurden etwas abgekürzt und verliefen nach der Regel. Pater Matthias zog sich noch eine halbe Stunde in seine Stube zurück, aus welcher er wohlbereitet und frisch zur Abendpredigt wieder hervorging.

Diese Predigt gelang vortrefflich. Zwischen den im entlegenen Süden geplünderten Altären und Klöstern und dem Bedürfnis des eigenen Klosters nach einigen Geldern entstand ganz zauberhaft ein inniger Zusammenhang, der weniger auf kühlen logischen Folgerungen als auf einer mit Kunst erzeugten und gesteigerten Stimmung des Mitleids und unbestimmter frommer Erregung beruhte. Die Frauen weinten, und die Opferbüchsen klangen, und der Pfarrer sah mit Erstaunen die Frau Tanner unter den Andächtigen sitzen und dem Vortrag zwar ohne Aufregung, doch mit freundlichster Aufmerksamkeit lauschen.

Damit hatte der feierliche Beutezug des beliebten Paters seinen glänzenden Anfang genommen. Auf seinem Angesicht glänzte Pflichteifer und herzliche Befriedigung, in seiner verborgenen Brusttasche ruhte und wuchs der kleine Schatz, in einige gefällige Banknoten und Goldstücke umgewechselt. Daß inzwischen die größeren Zeitungen draußen in der Welt berichteten, es stehe um die bei jener Revolution geschädigten Klöster bei weitem nicht so übel, als es im ersten Wirrwarr geschienen habe, das wußte der Pater nicht und hätte sich dadurch wohl auch wenig stören lassen.

Sechs, sieben Gemeinden hatten die Freude, ihn bei sich zu sehen, und die ganze Reise verlief aufs erfreulichste. Nun, indem er sich schon gegen die protestantische Nachbargegend hin dem letzten kleinen Weiler näherte, den zu besuchen ihm noch oblag, nun dachte er mit Stolz und Wehmut an den Glanz dieser Triumphtage und daran, daß nun für eine ungewisse Weile Klosterstille und mißmutige Langeweile den genußreichen Erregungen seiner Fahrt nachfolgen würden.

Diese Zeiten waren dem Pater stets verhaßt und gefährlich gewesen, da das Geräusch und die Leidenschaft einer frohen außerordentlichen Tätigkeit sich legte und hinter den prächtigen Kulissen der klanglose Alltag hervorschaute. Die Schlacht war geschlagen, der Lohn im Beutel, nun blieb nichts Lockendes mehr als die kurze Freude der Ablieferung und Anerkennung daheim, und diese Freude war auch schon keine richtige mehr.

Hingegen war von hier der Ort nicht weit entfernt, wo er sein merkwürdiges Geheimnis verwahrte, und je mehr die Feststimmung in ihm verglühte und je näher die Heimkehr bevorstand, desto heftiger ward seine Begierde, die Gelegenheit zu nützen und einen wilden frohen Tag ohne Kutte zu genießen. Noch gestern hätte er davon nichts wissen mögen, allein so ging es jedesmal, und er war es schon müde, dagegen anzukämpfen: am

Schluß einer solchen Reise stand immer der Versucher plötzlich da, und fast immer war er ihm unterlegen.

So ging es auch dieses Mal. Der kleine Weiler wurde noch besucht und gewissenhaft erledigt, dann wanderte Pater Matthias zu Fuß nach dem nächsten Bahnhof, ließ den nach seiner Heimat führenden Zug trotzig davonfahren und kaufte sich ein Billett nach der nächsten größeren Stadt, welche in protestantischem Land lag und für ihn sicher war. In der Hand aber trug er einen kleinen hübschen Reisekoffer, den gestern noch niemand bei ihm gesehen hatte.

3

Am Bahnhof eines lebhaften Vorortes, wo beständig viele Züge aus- und einliefen, stieg Pater Matthias aus, den Koffer in der Hand und bewegte sich ruhig, von niemandem beachtet, einem kleinen hölzernen Gebäude zu, auf dessen weißem Schild die Inschrift »Für Männer« stand. An diesem Ort verhielt er sich wohl eine Stunde, bis gerade wieder mehrere ankommende Züge ein Gewühl von Menschen ergossen, und da er in diesem Augenblick wieder hervortrat, trug er wohl noch denselben Koffer bei sich, war aber nicht der Pater Matthias mehr, sondern ein angenehmer, blühender Herr in guter, wenn schon nicht ganz modischer Kleidung, der sein Gepäck am Schalter in Verwahrung gab und alsdann ruhig der Stadt entgegenschlenderte, wo er bald auf der Plattform eines Trambahnwagens, bald vor einem Schaufenster zu sehen war und endlich im Straßengetöse sich verlor.

Mit diesem vielfach zusammengesetzten, ohne Pause schwingenden Getöne, mit dem Glanz der Geschäfte, dem durchsonnten Staub der Straßen atmete Herr Matthias die berauschende Vielfältigkeit und liebe Farbigkeit der törichten Welt, für welche seine wenig verdorbenen Sinne empfänglich waren, und gab sich jedem frohen Eindruck willig hin. Es schien ihm herrlich, die eleganten Damen in Federhüten spazieren oder in feinen Equipagen fahren zu sehen, und köstlich, als Frühstück in einem schönen Laden von marmornem Tische eine Tasse Schokolade und einen zarten, süßen französischen Likör zu nehmen. Und daraufhin, innerlich erwärmt und erheitert, hin und wider zu gehen, sich an Plakatsäulen über die für den Abend versprochenen Unterhaltungen zu unterrichten und darüber nachzudenken, wo es nachher sich am besten zu Mittag werde speisen lassen; das tat ihm in allen Fasern wohl. Allen diesen größeren und kleineren Genüssen ging er ohne Eile in dankbarer Kindlichkeit nach, und wer ihn dabei beobachtet hätte, wäre niemals auf den Gedanken gekommen, dieser schlichte, sympathische Herr könnte verbotene Wege gehen.

Ein treffliches Mittagessen zog Matthias beim schwarzen Kaffee und einer Zigarre weit in den Nachmittag hinein. Er saß nahe an einer der gewaltigen bis zum Fußboden reichenden Fensterscheiben des Restaurants und sah durch den duftenden Rauch seiner Zigarre mit Behagen auf die belebte Straße hinaus. Vom Essen und Sitzen war er ein wenig schwer geworden und schaute gleichmütig auf den Strom der Vorübergehenden. Nur einmal reckte er sich plötzlich auf, leicht errötend, und blickte aufmerksam einer schlanken Frauengestalt nach, in welcher er einen Augenblick lang die Frau Tanner zu erkennen glaubte. Er sah jedoch, daß er sich getäuscht habe, fühlte eine leise Ernüchterung und erhob sich, um weiterzugehen.

Unschlüssig stand er eine Stunde später vor den Reklametafeln eines kinematografischen Theaters und las die großgedruckten Titel der versprochenen Darbietungen. Dabei hielt er eine brennende Zigarre in der Hand und wurde plötzlich im Lesen durch einen jungen Mann unterbrochen, der ihn mit Höflichkeit um Feuer für seine Zigarette bat.

Bereitwillig erfüllte er die kleine Bitte, sah dabei den Fremden an und sagte: »Mir scheint, ich habe Sie schon gesehen. Waren Sie nicht heute früh im Café Royal?«

Der Fremde bejahte, dankte freundlich, griff an den Hut und wollte weitergehen, besann sich aber plötzlich anders und sagte lächelnd: »Ich glaube, wir sind beide fremd hier. Ich bin auf der Reise und suche hier nichts als ein paar Stunden gute Unterhaltung und vielleicht ein bißchen holde Weiblichkeit für den Abend. Wenn es Ihnen nicht zuwider ist, könnten wir ja zusammenbleiben.«

Das gefiel Herrn Matthias durchaus, und die beiden Müßiggänger flanierten nun nebeneinander weiter, wobei der Fremde sich

258

dem Älteren stets höflich zur Linken hielt. Er fragte ohne Zudringlichkeit ein wenig nach Herkunft und Absichten des neuen Bekannten, und da er merkte, daß Matthias hierüber nur undeutlich und beinahe etwas befangen sich äußerte, ließ er die Frage lässig fallen und begann ein munteres Geplauder, das Herrn Matthias sehr wohl gefiel. Der junge Herr Breitinger schien viel gereist zu sein und die Kunst wohl zu verstehen, wie man in fremden Städten sich einen vergnügten Tag macht. Auch am hiesigen Ort war er schon je und je gewesen und erinnerte sich einiger Vergnügungslokale, wo er damals recht nette Gesellschaft gefunden und köstliche Stunden verlebt habe. So ergab es sich bald von selbst, daß er mit des Herrn Matthias dankbarer Einwilligung die Führung übernahm. Nur einen heiklen Punkt erlaubte sich Herr Breitinger im voraus zu berühren. Er bat, es ihm nicht zu verübeln, wenn er darauf bestehe, daß jeder von ihnen beiden überall seine Zeche sofort aus dem eigenen Beutel bezahle. Denn, so fügte er entschuldigend bei, er sei zwar kein Rechner und Knicker, habe jedoch in Geldsachen gern reinliche Ordnung und sei zudem nicht gesonnen, seinem heutigen Vergnügen mehr als ein paar Goldfüchse zu opfern, und wenn etwa sein Begleiter großartigere Gewohnheiten habe, so würde es besser sein, sich in Frieden zu trennen, statt etwaige Enttäuschungen und Ärgerlichkeiten zu wagen.

Auch dieser Freimut war ganz nach Matthias' Geschmack. Er erklärte, auf einen goldenen Zwanziger hin oder her komme es ihm allerdings nicht an, doch sei er gerne einverstanden und im voraus überzeugt, daß sie beide aufs beste miteinander auskommen würden.

Darüber hatte Breitinger, wie er sagte, einen kleinen Durst bekommen, und ohnehin war es jetzt nach seiner Meinung Zeit, die angenehme Bekanntschaft durch Anstoßen mit einem Glase Wein zu feiern. Er führte den Freund durch unbekannte Gassen nach einer kleinen, abseits gelegenen Gastwirtschaft, wo man sicher sein dürfe, einen raren Tropfen zu bekommen, und sie traten durch eine klirrende Glastüre in die enge niedere Stube, in der sie die einzigen Gäste waren. Ein etwas unfreundlicher Wirt brachte auf Breitingers Verlangen eine Flasche herbei, die er öffnete und woraus er den Gästen einen hellgelben kühlen, leicht prickelnden Wein einschenkte, mit welchem sie denn anstießen.

Darauf zog sich der Wirt zurück, und bald erschien statt seiner ein großes hübsches Mädchen, das die Herrn lächelnd begrüßte und, da eben das erste Glas geleert war, das Einschenken übernahm.

»Prosit!« sagte Breitinger zu Matthias, und indem er sich zu dem Mädchen wandte: »Prosit, schönes Fräulein!«

Sie lachte und hielt scherzweise dem Herrn ein Salzfaß zum Anstoßen hin.

»Ach, Sie haben ja nichts zum Anstoßen«, rief Breitinger und holte selbst von der Kredenz ein Glas für sie. »Kommen Sie, Fräulein, und leisten Sie uns ein bißchen Gesellschaft!«

Damit schenkte er ihr Glas voll und hieß sie, die sich nicht sträubte, zwischen ihm und seinem Bekannten sitzen. Diese zwanglose Leichtigkeit der Anknüpfung machte Herrn Matthias Eindruck. Er stieß nun auch seinerseits mit dem Mädchen an und rückte seinen Stuhl dem ihren nahe. Es war indessen in dem unfrohen Raume schon dunkel geworden, die Kellnerin zündete ein paar Gasflammen an und bemerkte nun, daß kein Wein mehr in der Flasche sei.

»Die zweite Bouteille geht auf meine Kosten!« rief Herr Breitinger. Aber der andere wollte das nicht dulden, und es gab einen kleinen Wortkrieg, bis er sich unter der Bedingung fügte, daß nachher auf seine Rechnung noch eine Flasche Champagner getrunken werde. Fräulein Meta hatte inzwischen die neue Flasche herbeigebracht und ihren Platz wieder eingenommen, und während der Jüngere mit dem Korkziehen beschäftigt war, streichelte sie unterm Tische leise die Hand des Herrn Matthias, der alsbald mit Feuer auf diese Eroberung einging und sie weiter verfolgte, indem er seinen Fuß auf ihren setzte. Nun zog sie den Fuß zwar zurück, liebkoste dafür aber wieder seine Hand, und so blieben sie in stillem Einverständnis triumphierend beieinander sitzen. Matthias ward jetzt gesprächig, er redete vom Wein und erzählte von Zechgelagen, die er früher mitgemacht habe, stieß immer wieder mit den beiden an, und der erhitzende falsche Wein machte seine Augen glänzen.

Als eine Weile später Fräulein Meta meinte, sie habe in der Nachbarschaft eine sehr nette und lustige Freundin, da hatte keiner von den Kavalieren etwas dagegen, daß sie diese einlade, den Abend mitzufeiern. Eine alte Frau, die inzwischen den Wirt ab-

gelöst hatte, wurde mit dem Auftrag weggeschickt. Als nun
Herr Breitinger sich für Minuten zurückzog, nahm Matthias die
hübsche Meta an sich und küßte sie heftig auf den Mund. Sie ließ
es still und lächelnd geschehen, da er aber stürmisch ward und
mehr begehrte, leuchtete sie ihn aus feurigen Augen an und
wehrte: »Später, du, später!«

Die klappernde Glastüre mehr als ihre beschwichtigende Gebärde hielt ihn zurück, und es kam mit der Alten nicht nur die
erwartete Freundin herein, sondern auch noch eine zweite mit
ihrem Bräutigam, einem halbeleganten Jüngling mit steifem
Hütchen und glatt in der Mitte gescheiteltem schwarzem Haar,
dessen Mund unter einem gezwickelten Schnauzbärtchen hervor
hochmütig und gewalttätig ausschaute. Zugleich trat auch Breitinger wieder ein, es entstand eine Begrüßung und man rückte
zwei Tische aneinander, um gemeinsam zu Abend zu essen.
Matthias sollte bestellen und war für einen Fisch mit nachfol-
gendem Rindsbraten, dazu kam auf Metas Vorschlag noch eine
Platte mit Kaviar, Lachs und Sardinen, sowie auf den Wunsch
ihrer Freundin eine Punschtorte. Der Bräutigam aber erklärte
mit merkwürdig gereizter Verächtlichkeit, ohne Geflügel tauge
ein Abendessen nichts, und wenn auf das Rindfleisch nicht ein
Fasanenbraten folge, so esse er schon lieber gar nicht mit. Meta
wollte ihm zureden, aber Herr Matthias, der inzwischen zu einem Burgunderwein übergegangen war, rief munter dazwischen: »Ach was, man soll doch den Fasan bestellen! Die Herrschaften sind doch hoffentlich alle meine Gäste?«

Das wurde angenommen, die Alte verschwand mit dem Spei-
sezettel, der Wirt tauchte auch wieder auf. Meta hatte sich nun
ganz an Matthias angeschlossen, ihre Freundin saß gegenüber
neben Herrn Breitinger. Das Essen, das nicht im Hause gekocht,
sondern über die Straße herbeigeholt schien, wurde rasch aufgetragen und war gut. Beim Nachtisch machte Fräulein Meta
ihren Verehrer mit einem neuen Genusse bekannt: er bekam in
einem großen fußlosen Glase ein delikates Getränk dargereicht,
das sie ihm eigens zubereitet hatte und das, wie sie erzählte, aus
Champagner, Cherry und Kognak gemischt war. Es schmeckte
gut, nur etwas schwer und süß, und sie nippte jedesmal selber am
Glase, wenn sie ihn zum Trinken einlud. Matthias wollte nun
auch Herrn Breitinger ein solches Glas anbieten. Der lehnte je-

doch ab, da er das Süße nicht liebe, auch habe dies Getränk den leidigen Nachteil, daß man darauf hin nur noch Champagner genießen könne.

»Hoho, das ist doch kein Nachteil!« rief Matthias überlaut. »Ihr Leute, Champagner her!«

Er brach in ein heftiges Gelächter aus, wobei ihm die Augen voll Wasser liefen, und war von diesem Augenblick an ein hoffnungslos betrunkener Mann, der beständig ohne Ursache lachte, Wein über den Tisch vergoß und rechenschaftslos auf einem breiten Strome von Rausch und Wohlleben dahintrieb. Nur zuweilen besann er sich für eine Minute, blickte verwundert in die Lustbarkeit und griff nach Metas Hand, die er küßte und streichelte, um sie bald wieder loszulassen und zu vergessen. Einmal erhob er sich, um einen Trinkspruch auszubringen, doch fiel ihm das schwankende Glas aus der Hand und zersprang auf dem überschwemmten Tisch, worüber er wieder ein herzliches, doch schon ermüdetes Gelächter begann. Meta zog ihn in seinen Stuhl zurück, und Breitinger bot ihm mit ernsthafter Zurede ein Glas Kirschwasser an, das er leerte und dessen scharfer brennender Geschmack das letzte war, was ihm von diesem Abend dunkel im Gedächtnis blieb.

4

Nach einem todschweren Schlaf erwachte Herr Matthias blinzelnd zu einem schauderhaften Gefühl von Leere, Zerschlagenheit, Schmerz und Ekel. Kopfweh und Schwindel hielten ihn nieder, die Augen brannten trocken und entzündet, an der Hand schmerzte ihn ein breiter verkrusteter Riß, von dessen Herkunft er keine Erinnerung hatte. Nur langsam erholte sich sein Bewußtsein, da richtete er sich plötzlich auf, sah an sich nieder und suchte Stützen für sein Gedächtnis zu gewinnen. Er lag, nur halb entkleidet, in einem fremden Zimmer und Bett, und da er erschreckend aufsprang und zum Fenster trat, blickte er in eine morgendliche unbekannte Straße hinab. Stöhnend goß er ein Waschbecken voll und badete das entstellte heiße Gesicht, und während er mit dem Handtuch darüber fuhr, schlug ihm plötzlich ein böser Argwohn wie ein Blitz ins Gehirn. Hastig stürzte er sich auf seinen Rock, der am Boden lag, riß ihn an sich, betastete und wendete ihn, griff in alle Taschen und ließ ihn erstarrt aus zitternden Händen sinken. Er war beraubt. Die schwarzlederne Brustmappe war fort.

Er besann sich und wußte alles plötzlich wieder. Es waren über tausend Kronen in Papier und Gold gewesen.

Still legte er sich wieder auf das Bett und blieb wohl eine halbe Stunde wie ein Erschlagener liegen. Weindunst und Schlaftrunkenheit waren völlig verflogen, auch die Schmerzen spürte er nicht mehr, nur eine große Müdigkeit und Trauer. Langsam erhob er sich wieder, wusch sich mit Sorgfalt, klopfte und schabte seine beschmutzten Kleider nach Möglichkeit zurecht, zog sich an und schaute in den Spiegel, wo ein gedunsenes trauriges Gesicht ihm fremd entgegensah. Dann faßte er alle Kraft mit einem heftigen Entschluß zusammen und überdachte seine Lage. Und dann tat er ruhig und bitter das Wenige, was ihm zu tun übrigblieb.

Vor allem durchsuchte er seine ganze Kleidung, auch Bett und Fußboden genau. Der Rock war leer, im Beinkleid jedoch fand sich ein zerknitterter Schein von fünfzig Kronen und zehn Kronen in Gold. Sonst war kein Geld mehr da.

Nun zog er die Glocke und fragte den erscheinenden Kellner, um welche Zeit er heute nacht angekommen sei. Der junge Mensch sah ihm lächelnd ins Gesicht und meinte, wenn der Herr selber sich nimmer erinnern könne, so werde einzig der Portier Bescheid wissen.

Und er ließ den Portier kommen, gab ihm das Goldstück und fragte ihn aus. Wann er ins Haus gebracht worden sei? – Gegen zwölf Uhr. – Ob er bewußtlos gewesen? – Nein, nur anscheinend bezecht. – Wer ihn hergebracht habe? – Zwei junge Männer. Sie hätten erzählt, der Herr habe sich bei einem Gastmahl übernommen und begehre hier zu schlafen. Er habe ihn zuerst nicht aufnehmen wollen, sei jedoch durch ein schönes Trinkgeld doch dazu bestimmt worden. – Ob der Portier die beiden Männer wiedererkennen würde? – Ja, das heißt wohl nur den einen, den mit dem steifen Hut.

Matthias entließ den Mann und bestellte seine Rechnung samt einer Tasse Kaffee. Den trank er heiß hinunter, bezahlte und ging weg.

263

Er kannte den Teil der Stadt, in dem sein Gasthaus lag, nicht, und ob er wohl nach längerem Gehen bekannte und halbbekannte Straßen traf, so gelang es ihm doch in mehreren Stunden angestrengter Wanderung nicht, jenes kleine Wirtshaus wiederzufinden, wo das Gestrige passiert war.

Doch hatte er sich ohnehin kaum Hoffnung gemacht, etwas von dem Verlorenen wiederzugewinnen. Von dem Augenblick an, da er in plötzlich aufzuckendem Verdacht seinen Rock untersucht und die Brusttasche leer gefunden hatte, war er von der Erkenntnis durchdrungen, es sei nicht das Kleinste mehr zu retten. Dieses Gefühl hatte durchaus mit der Empfindung eines ärgerlichen Zufalls oder Unglücks nichts zu tun, sondern war frei von jeder Auflehnung und glich mehr einer zwar bitteren, doch entschiedenen Zustimmung zu dem Geschehenen. Dies Gefühl vom Einklang des Geschehens mit dem eigenen Gemüt, der äußeren und inneren Notwendigkeit, dessen ganz geringe Menschen niemals fähig sind, rettete den armen betrogenen Pater vor der Verzweiflung. Er dachte nicht einen Augenblick daran, sich etwa durch List reinzuwaschen und wieder in Ehre und Achtung zurückzustehlen, noch auch trat ihm der Gedanke nahe, sich ein Leid anzutun. Nein, er fühlte nichts als eine völlig klare und gerechte Notwendigkeit, die ihn zwar traurig machte, gegen welche er jedoch mit keinem Gedanken protestierte. Denn stärker als Bangnis und Sorge, wenn auch noch verborgen und außerhalb des Bewußtseins, war in ihm die Empfindung einer großen Erlösung vorhanden, da jetzt unzweifelhaft seiner bisherigen Unzufriedenheit und dem unklaren, durch Jahre geführten und verheimlichten Doppelleben ein Ende gesetzt war. Er fühlte wie früher zuweilen nach kleineren Verfehlungen die schmerzliche innere Befreitheit eines Mannes, der vor dem Beichtstuhl kniet und dem zwar eine Demütigung und Bestrafung bevorsteht, dessen Seele aber die beklemmende Last verheimlichter Taten schon weichen fühlt.

Dennoch aber war er über das, was nun zu tun sei, keineswegs im klaren. Hatte er innerlich seinen Austritt aus dem Orden schon genommen und Verzicht auf alle Ehren getan, so schien es ihm doch ärgerlich und recht unnütz, nun alle häßlichen und schmerzenden Szenen einer feierlichen Ausstoßung und Verurteilung auskosten zu sollen. Schließlich hatte er, weltlich ge-

dacht, kein gar so schändliches Verbrechen begangen, und das
viele Klostergeld hatte ja nicht er gestohlen, sondern offenbar
jener Herr Breitinger.

Klar war ihm zunächst nur, daß noch heute etwas Entscheidendes zu geschehen habe; denn blieb er länger als noch diesen Tag
dem Kloster fern, so entstand Verdacht und Untersuchung und
es war ihm die Freiheit des Handelns abgeschnitten. Ermüdet
und hungrig suchte er ein Speisehaus, aß einen Teller Suppe und
schaute alsdann, rasch gesättigt und von verwirrten Erinne-
rungsbildern gequält, mit müden Augen durchs Fenster auf die
Straße hinaus, genau wie er es gestern ungefähr um dieselbe Zeit
getan hatte.

Indem er seine Lage hin und her bedachte, fiel es ihm grausam
auf die Seele, daß er auf Erden keinen einzigen Menschen habe,
dem er mit Vertrauen und Hoffnung seine Not klagen könnte,
der ihm hülfe und riete, der ihn zurechtweise, rette oder doch
tröste. Ein Auftritt, den er erst vor einer Woche erlebt und schon
völlig wieder vergessen hatte, stieg unversehens rührend und
wunderlich in seinem Gedächtnis auf; der junge halbgescheite
Laienbruder in seiner geflickten Kutte, wie er am heimischen
Bahnhof stand und ihm nachschaute, angstvoll und beschwörend.

Heftig wendete er sich von diesem Bilde ab und zwang seinen
Blick, dem Straßenleben draußen zu folgen. Da trat ihm, auf
seltsamen Umwegen der Erinnerung, mit einem Male ein Name
und eine Gestalt vor die Seele, woran sie sich sofort mit instink-
tivem Zutrauen klammerte.

Diese Gestalt war die der Frau Franziska Tanner, jener reichen
jungen Witwe, deren Geist und Takt er erst kürzlich bewundert
und deren anmutig strenges Bild ihn heimlich begleitet hatte. Er
schloß die Augen und sah sie, im grauseidenen Kleide, mit dem
klugen und beinahe spöttischen Mund im hübschen blassen Gesicht, und je genauer er zuschaute und je deutlicher nun auch der
kräftig entschlossene Ton ihrer hellen Stimme und der feste, ruhig beobachtende Blick ihrer grauen Augen ihm wieder vorschwebte, desto leichter, ja selbstverständlicher schien es ihm,
das Vertrauen dieser ungewöhnlichen Frau in seiner ungewöhnlichen Lage anzurufen.

Dankbar und froh, das nächste Stück seines Weges endlich klar vor sich zu sehen, machte er sich sofort daran, seinen Entschluß auszuführen. Von dieser Minute an bis zu jener, da er wirklich vor Frau Tanner stand, tat er jeden Schritt sicher und rasch, nur ein einzigesmal geriet er ins Zaudern. Das war, als er jenen Bahnhof des Vorortes wieder erreichte, wo er gestern seinen Sündenwandel begonnen hatte und wo seither sein Köfferchen in Verwahrung stand. Er war des Sinnes gewesen, wieder als Pater in der Kutte vor die hochgeschätzte Frau zu treten, schon um sie nicht allzusehr zu erschrecken, und hatte deshalb den Weg hierher genommen. Nun jedoch, da er nur eines Schrittes bedurfte, um am Schalter sein Eigentum wiederzufordern, kam diese Absicht ihm plötzlich töricht und unredlich vor, ja er empfand, wie nie zuvor, vor der Rückkehr in die klösterliche Tracht einen wahren Schreck und Abscheu, so daß er seinen Plan im Augenblick änderte und vor sich selber schwor, die Kutte niemals wieder anzulegen, es komme, wie es wolle.

Daß mit den übrigen Wertsachen ihm auch der Gepäckschein entwendet worden war, wußte und bedachte er dabei gar nicht.

Darum ließ er sein Gepäck liegen, wo es lag, und reiste denselben Weg, den er gestern in der Frühe noch als Pater gefahren, im schlichten Bürgerrocke zurück. Dabei schlug ihm das Herz immerhin, je näher er dem Ziel kam, desto peinlicher; denn er fuhr nun schon wieder durch die Gegend, welcher er vor Tagen noch gepredigt hatte, und mußte in jedem neu einsteigenden Fahrgaste den beargwöhnen, der ihn erkennen und als erster seine Schande sehen würde. Doch war der Zufall und der einbrechende Abend ihm günstig, so daß er die letzte Station unerkannt und unbelästigt erreichte.

Bei sinkender Nacht wanderte er auf müden Beinen den Weg zum Dorf hin, den er zuletzt bei Sonnenschein im Einspänner gefahren war, und zog, da er noch überall Licht hinter den Läden bemerkte, noch am selben Abend die Glocke am Tore des Tannerschen Landhauses.

Die gleiche Magd wie neulich tat ihm auf und fragte nach seinem Begehren, ohne ihn zu erkennen. Matthias bat, die Hausfrau noch heute abend sprechen zu dürfen, und gab dem Mädchen ein verschlossenes Billett mit, das er vorsorglich noch in der Stadt geschrieben hatte. Sie ließ ihn, der späten Stunde wegen, ängst-

lich, im Freien warten, schloß das Tor wieder ab und blieb eine
bange Weile aus. Dann aber schloß sie rasch wieder auf, hieß ihn
mit verlegener Entschuldigung ihrer vorigen Ängstlichkeit eintreten und führte ihn in das Wohnzimmer der Frau, die ihn dort
allein erwartete.

»Guten Abend, Frau Tanner«, sagte er mit etwas befangener
Stimme, »darf ich Sie nochmals für eine kleine Weile stören?«

Sie grüßte gemessen und sah ihn an.

»Da Sie, wie Ihr Billett mir sagt, in einer sehr wichtigen Sache
kommen, stehe ich gerne zur Verfügung. – Aber wie sehen Sie
denn aus?«

»Ich werde Ihnen alles erklären, bitte, erschrecken Sie nicht! Ich
wäre nicht zu Ihnen gekommen, wenn ich nicht das Zutrauen
hätte, Sie würden mich in einer sehr schlimmen Lage nicht ohne
Rat und Teilnahme lassen. Ach, verehrte Frau, was ist aus mir
geworden!«

Seine Stimme brach, und es schien, als würgten ihn Tränen.
Doch hielt er sich tapfer, entschuldigte sich mit großer Erschöpfung und begann alsdann, in einem bequemen Sessel ruhend, seine Erzählung. Er fing damit an, daß er schon seit mehreren Jahren des Klosterlebens müde sei und sich mehrere
Verfehlungen vorzuwerfen habe. Dann gab er eine kurze Darstellung seines früheren Lebens und seiner Klosterzeit, seiner
Predigtreisen und auch seiner letzten Mission. Und darauf berichtete er ohne viel Einzelheiten, aber ehrlich und verständlich
sein Abenteuer in der Stadt.

5

Es folgte auf seine Erzählung eine lange Pause. Frau Tanner hatte
aufmerksam und ohne jede Unterbrechung zugehört, zuweilen
gelächelt und zuweilen den Kopf geschüttelt, schließlich aber
jedes Wort mit einem gleichbleibenden gespannten Ernst verfolgt. Nun schwiegen sie beide eine Weile.

»Wollen Sie jetzt nicht vor allem andern einen Imbiß nehmen?«
fragte sie endlich. »Sie bleiben jedenfalls die Nacht hier und
können in der Gärtnerwohnung schlafen.«

Die Herberge nahm der Pater dankbar an, wollte jedoch von Essen und Trinken nichts wissen.

»Was wollen Sie nun von mir haben?« fragte sie langsam.

»Vor allem Ihren Rat. Ich weiß selber nicht genau, woher mein Vertrauen zu Ihnen kommt. Aber in allen diesen schlimmen Stunden ist mir niemand sonst eingefallen, auf den ich hätte hoffen mögen. Bitte, sagen Sie mir, was ich tun soll!«

Nun lächelte sie ein wenig.

»Es ist eigentlich schade«, sagte sie, »daß Sie mich das nicht neulich schon gefragt haben. Daß Sie für einen Mönch zu gut oder doch zu lebenslustig sind, kann ich wohl begreifen. Es ist aber nicht schön, daß Sie Ihre Rückkehr ins Weltleben so heimlich betreiben wollten. Dafür sind Sie nun gestraft. Denn Sie müssen den Austritt aus Ihrem Orden, den Sie freiwillig und in Ehren hätten suchen sollen, jetzt eben unfreiwillig tun. Mir scheint, Sie können gar nichts anderes tun, als Ihre Sache mit aller Offenheit Ihren Oberen anheimstellen. Ist das nicht Ihre Meinung?«

»Ja, das ist sie; ich habe es mir nicht anders gedacht.«

»Gut also. Und was wird dann aus Ihnen werden?«

»Das ist es eben! Ich werde ohne Zweifel nicht im Orden behalten werden, was ich auch keinesfalls annehmen würde. Mein Wille ist, ein stilles Leben als ein fleißiger und ehrlicher Mensch anzufangen; denn ich bin zu jeder anständigen Arbeit bereit und habe manche Kenntnisse, die mir nützen können.«

»Recht so, das habe ich von Ihnen erwartet.«

»Ja. Aber nun werde ich nicht nur aus dem Kloster entlassen werden, sondern muß auch für die mir anvertrauten Summen, die dem Kloster gehören, mit meiner Person eintreten. Da ich diese Summen in der Hauptsache nicht selber veruntreut, sondern an Schelme verloren habe, wäre es mir doch gar bitter, für sie wie ein gemeiner Betrüger zur Rechenschaft gezogen zu werden.«

»Das verstehe ich wohl. Aber wie wollen Sie das verhüten?«

»Das weiß ich noch nicht. Ich würde, wie es selbstverständlich ist, das Geld so bald und so vollkommen als möglich zu ersetzen suchen. Wenn es möglich wäre, dafür eine einstweilige Bürgschaft zu stellen, so könnte wohl ein gerichtliches Verfahren ganz vermieden werden.«

Die Frau sah ihn forschend an.

»Was wären in diesem Falle Ihre Pläne?« fragte sie dann ruhig.

»Dann würde ich außer Landes eine Arbeit suchen und mich bemühen, vor allem jene Summe abzutragen. Sollte jedoch die Person, welche für mich bürgt, mir anders raten und mich anders zu verwenden wünschen, so wäre mir natürlich dieser Wunsch Befehl.«

Frau Tanner erhob sich und tat einige erregte Schritte durchs Zimmer. Sie blieb außerhalb des Lichtkreises der Lampe in der Dämmerung stehen und sagte leise von dort herüber: »Und die Person, von der Sie reden und die für Sie bürgen soll, die soll ich sein?«

Herr Matthias war ebenfalls aufgestanden.

»Wenn Sie wollen – ja«, sagte er tief atmend. »Da ich mich Ihnen, die ich noch kaum kannte, so weit geöffnet habe, mag auch das gewagt sein. Ach, liebe Frau Tanner, es ist mir wunderlich, wie ich in meiner elenden Lage zu solcher Kühnheit komme. Aber ich weiß keinen Richter, dem ich mich so leicht und gerne zu jedem Urteilsspruch überließe, wie Ihnen. Sagen Sie ein Wort, so gehe ich heute noch für immer aus Ihren Augen.«

Sie trat an den Tisch zurück, wo vom Abend her noch eine feine Stickarbeit und eine umgefalzte Zeitung lag, und verbarg ihre leicht zitternden Hände hinter ihrem Rücken. Dann lächelte sie ganz leicht und sagte: »Danke für Ihr Vertrauen, Herr Matthias, es soll in guten Händen sein. Aber Geschäfte tut man nicht so in einer Abendstimmung ab. Wir wollen jetzt zur Ruhe gehen, die Magd wird Sie ins Gärtnerhaus führen. Morgen früh um sieben wollen wir hier frühstücken und weiterreden, dann können Sie noch leicht den ersten Bahnzug erreichen.«

In dieser Nacht hatte der flüchtige Pater einen weit besseren Schlaf als seine gütige Wirtin. Er holte in einer tiefen achtstündigen Ruhe das Versäumte zweier Tage und Nächte ein und erwachte zur rechten Zeit ausgeruht und helläugig, so daß ihn die Frau Tanner beim Frühstück erstaunt und wohlgefällig betrachten mußte.

Diese verlor über der Sache Matthias den größeren Teil ihrer Nachtruhe. Die Bitte des Paters hätte, soweit sie nur das verlorene Geld betraf, ihr dies nicht angetan. Aber es war ihr sonderbar zu Herzen gegangen, wie da ein fremder Mensch, der nur ein einzigesmal zuvor flüchtig ihren Weg gestreift, in der Stunde peinlicher Not so voll Vertrauen zu ihr gekommen war, fast wie ein Kind zur Mutter. Und daß ihr selber dies doch eigentlich nicht erstaunlich gewesen war, daß sie es ohne weiteres verstanden und beinahe wie etwas Erwartetes aufgenommen hatte, während sie sonst eher zum Mißtrauen neigte, das schien ihr darauf zu deuten, daß zwischen ihr und dem Fremden ein Zug von Geschwisterlichkeit und heimlicher Harmonie bestehe.

Der Pater hatte ihr schon bei seinem ersten Besuch neulich einen angenehmen Eindruck gemacht. Sie mußte ihn für einen lebenstüchtigen, harmlosen Menschen halten, dazu war er ein hübscher und gebildeter Mann. An diesem Urteil hatte das seither Erfahrene nichts geändert, nur daß die Gestalt des Paters dadurch in ein etwas schwankendes Licht von Abenteuer gerückt und in seinem Charakter immerhin eine gewisse Schwäche enthüllt schien.

Dies alles hätte hingereicht, dem Mann ihre Teilnahme zu gewinnen, wobei sie die geforderte Bürgschaft oder Geldsumme gar nicht beachtet haben würde. Durch die merkwürdige Sympathie jedoch, die sie mit dem Fremden verband und die auch in den sorgenvollen Gedanken dieser Nacht nicht abgenommen hatte, war alles in eine andere Beleuchtung getreten, wo das Geschäftliche und Persönliche gar eng aneinanderhing und wo sonst harmlose Dinge ein bedeutendes, ja schicksalhaftes Aussehen gewannen. Wenn dieser Mann so viel Macht über sie hatte und so viel Anziehung zwischen ihnen beiden bestand, so war es mit einem Geschenk nicht getan, sondern es mußten daraus dauernde Verhältnisse und Beziehungen entstehen, die immerhin auf ihr Leben großen Einfluß gewinnen konnten.

Dem gewesenen Pater schlechthin mit einer Geldgabe aus der Not und ins Ausland zu helfen, unter Ausschluß aller weiteren Beteiligung an seinem Schicksal als einfache Abfindung, das ging nicht an, dazu stand ihr der Mann zu hoch. Andererseits trug sie Bedenken, ihn auf seine immerhin seltsamen Geständnisse hin ohne weiteres in ihr Leben aufzunehmen, dessen Freiheit und Übersicht sie liebte. Und wieder tat es ihr weh und schien ihr unmöglich, den Armen ganz ohne Hilfe zu lassen.

So sann sie mehrere Stunden hin und wider, und als sie nach

kurzem Schlaf in guter Toilette das Frühstückszimmer betrat,
sah sie ein wenig geschwächt und müde aus. Matthias begrüßte
sie und blickte ihr so klar in die Augen, daß ihr Herz sich rasch
wieder erwärmte. Sie sah, es war ihm mit allem, was er gestern
gesagt, vollkommen ernst, und er würde zuverlässig dabei bleiben.

Sie schenkte ihm Kaffee und Milch ein, ohne mehr als die notwendigen geselligen Worte dazu zu sagen, und gab Auftrag, daß
später für ihren Gast der Wagen angespannt werde, da er zum
Bahnhof müsse. Zierlich aß sie aus silbernem Becherlein ein Ei
und trank eine Schale Milch dazu, und erst als sie damit und der
Gast ebenfalls mit seinem Morgenkaffee fertig war, begann sie
zu sprechen.

»Sie haben mir gestern«, sagte sie, »eine Frage und Bitte vorgelegt, über die ich mich nun besonnen habe. Sie haben auch ein
Versprechen gegeben, nämlich in allem und jedem es so zu halten, wie ich es gutfinden werde. Ist das Ihr Ernst gewesen und
wollen Sie sich noch dazu bekennen?«

Er sah sie ernsthaft und innig an und sagte einfach: »Ja.«

»Gut, so will ich Ihnen sagen, was ich mir zurechtgelegt habe. Sie
wissen selbst, daß Sie mit Ihrer Bitte nicht nur mein Schuldner
werden, sondern mir und meinem Leben auf eine Weise näher-
treten wollen, deren Bedeutung und Folgen für uns beide wichtig werden können. Sie wollen nicht ein Geschenk von mir haben, sondern mein Vertrauen und meine Freundschaft. Das ist
mir lieb und ehrenvoll, doch müssen Sie selbst zugeben, daß Ihre
Bitte in einem Augenblick an mich gekommen ist, wo Sie nicht
völlig tadelfrei dastehen und wo manches Bedenken wider Sie
erlaubt und möglich ist.«

Matthias nickte errötend, lächelte aber ein klein wenig dazu,
weshalb sie ihren Ton sofort um einen Schatten strenger werden
ließ.

»Eben darum kann ich leider Ihren Vorschlag nicht annehmen,
werter Herr. Es ist mir für die Zuverlässigkeit und Dauer Ihrer
guten Gesinnung zu wenig Gewähr vorhanden. Wie es mit Ihrer
Freundschaft und Treue beschaffen ist, das kann nur die Zeit
lehren, und was aus meinem Geld würde, kann ich auch nicht
wissen, seit Sie mir das mit Ihrem Freunde Breitinger erzählt
haben. Ich bin daher gesonnen, Sie beim Wort zu nehmen. Sie

271

sind mir zu gut, als daß ich Sie mit Geld abfinden möchte, und
Sie sind mir wieder zu fremd und unsicher, als daß ich Sie ohne
weiteres in meinen Lebenskreis aufnehmen könnte. Darum
stelle ich Ihre Treue auf eine vielleicht schwere Probe, indem ich
Sie bitte: Reisen Sie heim, übergeben Sie Ihren ganzen Handel
dem Kloster, fügen Sie sich in alles, auch in eine Bestrafung
durch die Gerichte! Wenn Sie das tapfer und ehrlich tun wollen,
ohne mich in der Sache irgend zu nennen, so verspreche ich
Ihnen dagegen, nachher keinen Zweifel mehr an Ihnen zu haben
und Ihnen zu helfen, wenn Sie mit Mut und Fröhlichkeit ein
neues Leben anfangen wollen. – Haben Sie mich verstanden und
soll es gelten?«

Herr Matthias nahm ihre ausgestreckte Hand, blickte ihr mit
Bewunderung und tiefer Rührung in das schön erregte bleiche
Gesicht und machte eine sonderbare stürmische Bewegung,
beinahe als wollte er sie in die Arme schließen. Statt dessen verbeugte er sich sehr tief und drückte auf die schmale Damenhand
einen festen Kuß. Dann ging er aufrecht aus dem Zimmer, ohne
weiteren Abschied zu nehmen, und schritt durch den Garten
und stieg in das draußen wartende Kabriolett, während die überraschte Frau seiner großen Gestalt und entschiedenen Bewegung in sonderbar gemischter Empfindung nachschaute.

6

Als der Pater Matthias in seinem städtischen Anzug und mit
einem merkwürdig veränderten Gesicht wieder in sein Kloster
gegangen kam und ohne Umweg den Guardian aufsuchte, da
zuckte Schrecken, Erstaunen und lüsterne Neugierde durch die
alten Hallen. Doch erfuhr niemand etwas Gewisses. Hingegen
fand schon nach einer Stunde eine geheime Sitzung der Oberen
statt, in welcher die Herren trotz manchen Bedenkens schlüssig
wurden, den übeln Fall mit aller Sorgfalt geheimzuhalten, die
verlorenen Gelder zu verschmerzen und den Pater lediglich mit
einer längeren Buße in einem ausländischen Kloster zu bestra-
fen.

Da er hereingeführt und ihm dieser Entscheid mitgeteilt wurde,
setzte er die milden Richter durch seine Weigerung, ihren

Spruch anzuerkennen, in kein geringes Erstaunen. Allein es half kein Drohen und kein gütiges Zureden, Matthias blieb dabei, um seine Entlassung aus dem Orden zu bitten. Wolle man ihm, fügte er hinzu, die durch seinen Leichtsinn verlorengegangene Opfersumme als persönliche Schuld stunden und deren allmähliche Abtragung erlauben, so würde er dies dankbar als eine große Gnade annehmen, andernfalls jedoch ziehe er es vor, daß seine Sache vor einem weltlichen Gericht ausgetragen werde.

Da war guter Rat teuer, und während Matthias Tag um Tag einsam in strengem Zellenarrest gehalten wurde, beschäftigte seine Angelegenheit die Vorgesetzten bis nach Rom hin, ohne daß der Gefangene über den Stand der Dinge das geringste erfahren konnte.

Es hätte auch noch viele Zeit darüber hingehen können, wäre nicht durch einen unvermuteten Anstoß von außen her plötzlich alles in Fluß gekommen und nach einer ganz anderen Entwicklung hin gedrängt worden.

Es wurde nämlich, zehn Tage nach des Paters unseliger Rückkehr, amtlich und eilig von der Behörde angefragt, ob etwa dem Kloster neuestens ein Insasse oder doch eine so und so beschriebene Ordenskleidung abhanden gekommen, da diese Gewandung soeben als Inhalt eines auf dem und dem Bahnhof abgegebenen rätselhaften Handkoffers festgestellt worden sei. Es habe dieser Koffer, der seit genau zwölf Tagen in jener Station lagerte, infolge eines schwebenden Prozesses geöffnet werden müssen, da ein unter schwerem Verdacht verhafteter Gauner neben anderem gestohlenen Gute auch den auf obigen Koffer lautenden Gepäckschein bei sich getragen habe.

Eilig lief nun einer der Väter zur Behörde, bat um nähere Auskünfte und reiste, da er diese nicht erhielt, unverweilt in die benachbarte Provinzhauptstadt, wo er sich viele, doch vergebliche Mühe gab, die Person und die Spuren des guten Pater Matthias als mit dem Gaunerprozesse unzusammenhängend darzustellen. Der Staatsanwalt zeigte im Gegenteil für diese Spuren ein lebhaftes Interesse und eine große Lust, den einstweilen als krankliegend entschuldigten Pater Matthias selber kennenzulernen.

Durch diese Ereignisse kam plötzlich eine schroffe Änderung in die Taktik der Väter. Es wurde nun, um zu retten, was noch zu retten wäre, der Pater Matthias mit aller Feierlichkeit aus dem Orden ausgestoßen, der Staatsanwaltschaft übergeben und wegen Veruntreuung von Klostergeldern angeklagt. Und von dieser Stunde an füllte der Prozeß des Paters nicht nur die Aktenmappen der Richter und Anwälte, sondern auch als Skandalgeschichte alle Zeitungen, so daß sein Name im ganzen Lande widerhallte.

Da niemand sich des Mannes annahm, da sein Orden ihn völlig preisgab und die öffentliche Meinung, dargestellt durch die Artikel der liberalen Tagesblätter, den Pater keineswegs schonte und den Anlaß zu einer kleinen frohen Hetze wider die Klöster benutzte, kam der Angeklagte in eine wahre Hölle von Verdacht und Verleumdung und bekam eine schlimmere Suppe auszuessen, als er sich eingebrockt zu haben meinte. Er hielt sich aber in aller Bedrängnis brav und tat keine einzige Aussage, die sich nicht bewährt hätte.

Im übrigen nahmen die beiden ineinander verwickelten Prozesse ihren raschen Verlauf. Mit wunderlichen Gefühlen sah sich Matthias bald als Angeklagter den Pfarrern und Mesnern jener Missionsgegend, bald als Zeuge der hübschen Meta und dem Herrn Breitinger gegenübergestellt, der gar nicht Breitinger hieß und in weiten Kreisen als Gauner und Zuhälter unter dem Namen des dünnen Jakob bekannt war. Sobald sein Anteil an der Breitingerschen Affäre klargestellt war, entschwand dieser und seine Gefolgschaft aus des Paters Augen, und es wurde in wenigen kräftigen Verhandlungen sein eigenes Urteil vorbereitet.

Er war auf eine Verurteilung von allem Anfang an gefaßt gewesen. Inzwischen hatte die Enthüllung der Einzelheiten jenes Tages in der Stadt, das Verhalten seiner Oberen und die öffentliche Stimmung auf seine allgemeine Beurteilung gedrückt, so daß die Richter auf sein unbestrittenes Vergehen den gefährlichsten Paragraphen anwendeten und ihn zu einer recht langen Gefängnisstrafe verurteilten.

Das war ihm nun doch ein empfindlicher Schlag, und es wollte ihm scheinen, eine so harte Buße habe sein in keiner eigentlichen Bosheit beruhendes Vergehen doch nicht verdient. Am meisten quälte ihn dabei der Gedanke an die Frau Tanner und ob sie ihn, wenn er nach Verbüßung einer so langwierigen Strafe und überhaupt nach diesem unerwartet viel beschriebenen Skandal sich ihr wieder vorstelle, noch überhaupt werde kennen wollen.

Zu gleicher Zeit bekümmerte und empörte sich Frau Tanner kaum weniger über diesen Ausgang der Sache und machte sich Vorwürfe darüber, daß sie ihn doch eigentlich ohne Not da hineingetrieben habe. Sie schrieb auch ein Brieflein an ihn, worin sie ihn ihres unveränderten Zutrauens versicherte und die Hoffnung aussprach, er werde gerade in der unverdienten Härte seines Urteils eine Mahnung sehen, sich innerlich ungebeugt und unverbittert für bessere Tage zu erhalten. Allein dann fand sie wieder, es sei kein Grund vorhanden, an Matthias zu zweifeln, und sie müsse es nun erst recht darauf ankommen lassen, wie er die Probe bestehe. Und sie legte den geschriebenen Brief, ohne ihn nochmals anzusehen, in ein Fach ihres Schreibtisches, das sie sorgfältig verschloß.

Über alledem war es längst völlig Herbst geworden und der Wein schon gekeltert, als nach einigen trüben Wochen der Spätherbst noch einmal warme, blaue, zart verklärte Tage brachte. Friedlich lag, vom Wasser in gebrochenen Linien gespiegelt, an der Biegung des grünen Flusses das alte Kloster und schaute mit vielen Fensterscheiben in den zartgolden blühenden Tag. Da zog in dem schönen Spätherbstwetter wieder einmal ein trauriges Trüpplein unter der Führung einiger bewaffneter Landjäger auf dem hohen Weg überm steilen Ufer dahin.

Unter den Gefangenen war auch der ehemalige Pater Matthias, der zuweilen den gesenkten Kopf aufrichtete und in die sonnige Weite des Tales und zum stillen Kloster hinunter sah. Er hatte keine guten Tage, aber seine Hoffnung stand immer wieder, von allen Zweifeln unzerstört, auf das Bild der hübschen blassen Frau gerichtet, deren Hand er vor dem bitteren Gang in die Schande gehalten und geküßt hatte. Und indem er unwillkürlich jenes Tages vor seiner Schicksalsreise gedachte, da er noch aus dem Schutz und Schatten des Klosters in Langeweile und Mißmut hier herübergeblickt hatte, da ging ein feines Lächeln über sein mager gewordenes Gesicht, und es schien ihm das halbzufriedene Damals keineswegs besser und wünschenswerter als das hoffnungsvolle Heute. *(1910)*

Der Weltverbesserer

Berthold Reichardt war vierundzwanzig Jahre alt. Er hatte die Eltern früh verloren, und von seinen Erziehern hatte nur ein einziger Einfluß auf ihn bekommen, ein edler, doch fanatischer Mensch und frommer Freigeist, welcher dem Jüngling früh die Gewohnheit eines Denkens beibrachte, das bei scheinbarer Gerechtigkeit doch nicht ohne Hochmut den Dingen seine Form aufzwang. Nun wäre es für den jungen Menschen Zeit gewesen, seine Kräfte im Spiel der Welt zu versuchen, um ohne Hast sich nach dem ihm zukömmlichen und erreichbaren Lebensglück umzusehen, auf das er als ein gescheiter, hübscher und wohlhabender Mann gewiß nicht lange hätte zu warten brauchen.

Berthold hatte keinen bestimmten Beruf gewählt. Seinen Neigungen gemäß hatte er bei guten Lehrern, auf Reisen und aus Büchern Philosophie und Geschichte studiert mit einer Tendenz nach den ästhetischen Fächern. Sein ursprünglicher Wunsch, Baumeister zu werden, war dabei in den Studienjahren abwechselnd erkaltet und wieder aufgeflammt; schließlich war er bei der Kunstgeschichte stehengeblieben und hatte vorläufig seine Lehrjahre durch eine Doktorarbeit abgeschlossen. Als junger Doktor traf er nun in München ein, wo er am ehesten die Menschen und die Tätigkeit zu finden hoffte, zu denen seine Natur auf noch verdunkelten Wegen doch immer stärker hinstrebte. Er dürstete danach, am Entstehen neuer Zeiten und Werke mitzuraten und mitzubauen und im Werden und Emporkommen seiner Generation mitzuwachsen. Des Vorteiles, den jeder Friseurgehilfe hat: durch Beruf und Stellung von allem Anfang an ein festes, klares Verhältnis zum Leben und eine berechtigte Stelle im Gefüge der menschlichen Tätigkeiten zu haben, dieses Vorteils also mußte Berthold bei seinem Eintritt in die Welt und ins männliche Alter entraten.

In München, wo er schon früher ein Jahr als Student gelebt hatte, war der junge Doktor in mehreren Häusern eingeführt, hatte es aber mit den Begrüßungen und Besuchen nicht eilig, da er seinen Umgang in aller Freiheit suchen und unabhängig von früheren Verpflichtungen sein Leben einrichten wollte. Vor allem war er

auf die Künstlerwelt begierig, welche zur Zeit eben wieder voll
neuer Ideen gärte und beinahe täglich Zustände, Gesetze und
Sitten entdeckte, welchen der Krieg zu erklären war.
Er geriet bald in näheren Umgang mit einem kleinen Kreise
junger Künstler dieser Art. Man traf sich bei Tisch und im Kaf-
feehaus, bei öffentlichen Vorträgen und bald auch freundschaft-
lich in den Wohnungen und Ateliers, meistens in dem des Malers
Hans Konegen, der eine Art geistiger Führerschaft in dieser
Künstlergruppe ausübte.
Im weiteren Umgang mit diesen Künstlern fand er manchen
Anlaß zur Verwunderung, ohne darüber den guten Willen zum
Lernen zu verlieren. Es fiel ihm vor allem auf, daß die paar berühmten Maler und Bildhauer, deren Namen er stets in enger
Verbindung mit den jungen künstlerischen Revolutionen nennen gehört hatte, offenbar diesem reformierenden Denken und
Treiben der Jungen weit ferner standen, als er gedacht hätte, daß
sie vielmehr in einer gewissen Einsamkeit und Unsichtbarkeit
nur ihrer Arbeit zu leben schienen. Ja, diese Berühmtheiten wurden von den jungen Kollegen keineswegs als Vorbilder bewundert, sondern mit Schärfe, ja mit Lieblosigkeit kritisiert und zum
Teil sogar verachtet. Es schien, als begehe jeder Künstler, der
unbekümmert seine Werke schuf, damit einen Verrat an der Sache der revolutionierenden Jugend.
Es entsprach dieser Verirrung ein gewisser jugendlich-pedanti-
scher Zug in Reichardts Wesen selbst, so daß er trotz gelegent-
licher Bedenken dieser ganzen Art sehr bald zustimmte. Es fiel
ihm nicht auf, wie wenig und mit wie geringer Leidenschaft in
den Ateliers seiner Freunde gearbeitet wurde. Da er selbst ohne
Beruf war, gefiel es ihm wohl, daß auch seine Malerfreunde fast
immer Zeit und Lust zum Reden und Theoretisieren hatten.
Namentlich schloß er sich an Hans Konegen an, dessen kalt-
blütige Kritiklust ihm ebensosehr imponierte wie sein unver-
hohlenes Selbstbewußtsein. Mit ihm durchstreifte er häufig die
vielen Kunstausstellungen und hatte die Überzeugung, dabei
viel zu lernen, denn es gab kaum ein Kunstwerk, an dem Konegen nicht klar und schön darzulegen wußte, wo seine Fehler
lagen. Anfangs hatte es Berthold oft weh getan, wenn der andere
über ein Bild, das ihm gefiel und in das er sich eben mit Freude
hineingesehen hatte, gröblich und schonungslos hergefallen

war; mit der Zeit gefiel ihm jedoch dieser Ton und färbte sogar auf seinen eigenen ab.

Da hing eine zarte grüne Landschaft, ein Flußtal mit bewaldeten Hügeln, von Frühsommerwolken überflogen, treu und zart gemalt, das Werk eines noch jungen, doch schon rühmlich bekannten Malers. »Das schätzen und kaufen nun die Leute«, sagte Hans Konegen dazu, »und es ist ja ganz nett, die Wolkenspiegel im Wasser sind sogar direkt gut. Aber wo ist da Größe, Wucht, Linie, kurz – Rhythmus? Eine nette kleine Arbeit, sauber und lieb, gewiß, aber das soll nun ein Berühmter sein! Ich bitte Sie: wir sind ein Volk, das den größten Krieg der modernen Geschichte gewonnen hat, das Handel und Industrie im größten Maßstab treibt, das reich geworden ist und Machtbewußtsein hat, das eben noch zu den Füßen Bismarcks und Nietzsches saß – und das soll nun unsere Kunst sein!«

Ob ein hübsches waldiges Flußtal geeignet sei, mit monumentaler Wucht gemalt zu werden, oder ob das Gefühl für einfache Schönheiten der ländlichen Natur unseres Volkes unwürdig sei, davon sprach er nicht.

Doktor Reichardt wußte nicht, daß seine Bekannten keineswegs die Blüte der Künstlerjugend darstellten, denn nach ihren Reden, ihrem Auftreten und ihren vielen theoretischen Kenntnissen taten sie das entschieden. Er wußte nicht, daß sie höchstens einen mäßigen Durchschnitt, ja vielleicht nur eine launige Luftblase und Zerrform bedeuteten. Er wußte auch nicht, wie wenig gründlich und gewissenhaft die Urteile Konegens waren, der von schlichten Landschaften den großen Stil, von Riesenkartons aber tonige Weichheit, von Studienblättern Bildwirkung und von Staffeleibildern größere Naturnähe verlangte, so daß freilich seine Ansprüche stets weit größer blieben als die Kunst aller Könner. Und er fragte nicht, ob eigentlich Konegens eigene Arbeiten so mächtig seien, daß sie ihm das Recht zu solchen Ansprüchen und Urteilen gäben. Wie es Art und schönes Recht der Jugend ist, unterschied er nicht zwischen seiner Freunde Idealen und ihren Taten.

Ihre Arbeit galt meistens recht anspruchslosen Dingen, kleinen Gegenständen und Spielereien dekorativer und gewerblicher Art. Aber wie das Können des größten Malers klein wurde und elend dahinschmolz, wenn man es an ihren Forderungen und

Urteilen maß, so wuchsen ihre eigenen Geschäftigkeiten ins Gewaltige, wenn man sie darüber sprechen hörte. Der eine hatte eine Zeichnung zu einer Vase oder Tasse gemacht und wußte nachzuweisen, daß diese Arbeit, so unscheinbar sie sei, doch vielleicht mehr bedeute als mancher Saal voll Bilder, da sie in ihrem schlichten Ausdruck das Gepräge des Notwendigen trage und auf einer Erkenntnis der statischen und konstruktiven Grundgesetze jedes gewerblichen Gegenstandes, ja des Weltgefüges selbst, beruhe. Ein anderer versah ein Stück graues Papier, das zu Büchereinbänden dienen sollte, mit regellos verteilten gelblichen Flecken und konnte darüber eine Stunde lang philosophieren, wie die Art der Verteilung jener Flecken etwas Kosmisches zeige und ein Gefühl von Sternhimmel und Unendlichkeit zu wecken vermöge.

Dergleichen Unfug lag in der Luft und wurde von der Jugend als eine Mode betrieben; mancher kluge, doch schwache Künstler mochte es auch ernstlich darauf anlegen, mangelnden natürlichen Geschmack durch solche Räsonnements zu ersetzen oder zu entschuldigen. Reichardt aber in seiner Gründlichkeit nahm alles eine Zeitlang ernst und lernte dabei von Grund auf die Müßiggängerkunst eines intellektualistischen Beschäftigtseins, das der Todfeind jeder wertvollen Arbeit ist.

Über diesem Treiben aber konnte er doch auf die Dauer nicht alle gesellschaftlichen Verpflichtungen vergessen, und so erinnerte er sich vor allem eines Hauses, in dem er einst als Student verkehrt hatte, da der Hausherr vor Zeiten mit Bertholds Vater in näheren Beziehungen gestanden war. Es war dies ein Justizrat Weinland, der als leidenschaftlicher Freund der Kunst und der Geselligkeit ein glänzendes Haus geführt hatte. Dort wollte nun Reichardt, nachdem er schon einen Monat in der Stadt wohnte, einen Besuch machen und sprach in sorgfältiger Toilette in dem Hause vor, dessen erste Etage der Rat einst bewohnt hatte. Da fand er zu seinem Erstaunen einen fremden Namen auf dem Türschild stehen, und als er einen heraustretenden Diener fragte, erfuhr er, der Rat sei vor mehr als Jahresfrist gestorben.

Die Wohnung der Witwe, die Berthold sich aufgeschrieben hatte, lag weit draußen in einer unbekannten Straße am Rande

der Stadt, und ehe er dorthin ging, suchte er durch Kaffeehaus-
bekannte, deren er einige noch von der Studentenzeit her vor-
gefunden hatte, über Schicksal und jetzigen Zustand des Hauses
Weinland Bericht zu erhalten. Das hielt nicht schwer, da der
verstorbene Rat ein weithin gekannter Mann gewesen war, und
so erfuhr Berthold eine ganze Geschichte: Weinland hatte allezeit weit über seine Verhältnisse gelebt und war so tief in Schul-
den und mißliche Finanzgeschäfte hineingeraten, daß niemand
seinen plötzlichen Tod für einen natürlichen hatte halten mögen.
Jedenfalls habe sofort nach diesem unerklärlichen Todesfall die
Familie alle Habe verkaufen müssen und sei, obwohl noch in der
Stadt wohnhaft, so gut wie vergessen und verschollen. Schade sei
es dabei um die Tochter, der man ein besseres Schicksal gegönnt
hätte.

Der junge Mann, von solchen Nachrichten überrascht und mitleidig ergriffen, wunderte sich doch über das Dasein dieser
Tochter, welche je gesehen zu haben er sich nicht erinnern
konnte, und es geschah zum Teil aus Neugierde auf das Mädchen, als er nach einigen Tagen beschloß, die Weinlands zu besuchen. Er nahm einen Mietwagen und fuhr hinaus, durch eine
unvornehme Vorstadt bis an die Grenze des freien Feldes. Der
Wagen hielt vor einem einzeln stehenden mehrstöckigen Miethaus, das trotz seiner Neuheit in Fluren und Treppen schon den
trüben Duft der Ärmlichkeit angenommen hatte.

Etwas verlegen trat er in die kleine Wohnung im zweiten Stockwerk, deren Türe ihm eine Küchenmagd geöffnet hatte. Sogleich
erkannte er in der einfachen Stube die Frau Rätin, deren strenge
magere Gestalt ihm beinahe unverändert und nur um einen
Schatten reservierter und kühler geworden schien. Neben ihr
aber tauchte die Tochter auf, und nun wußte er genau, daß er
diese noch nie gesehen habe, denn sonst hätte er sie gewiß nicht
so ganz vergessen können. Sie hatte die Figur der Mutter und sah
mit dem gesunden Gesicht, in der strammen, elastischen Haltung und einfachen, doch tadellosen Toilette wie eine junge Of-
fiziersfrau oder Sportsdame aus. Bei längerem Betrachten ergab
sich dann, daß in dem frischen, herben Gesicht dunkelbraune
Augen ihre Stätte hatten, und in diesen ruhigen Augen sowohl
wie in manchen Bewegungen der beherrschten Gestalt schien
erst der wahre Charakter des schönen Mädchens zu wohnen,

den das übrige Äußere härter und kälter vermuten ließ, als er
war.

Reichardt blieb eine halbe Stunde bei den Frauen. Das Fräulein
Agnes war, wie er nun erfuhr, während der Zeit seines früheren
Verkehrs in ihrem Vaterhause im Ausland gewesen. Doch vermieden sie es alle, näher an die Vergangenheit zu rühren, und so
kam es von selbst, daß vor allem des Besuchers Person und Leben besprochen wurde. Beide Frauen zeigten sich ein wenig verwundert, ihn so zuwartend und unschlüssig an den Toren des
Lebens stehen zu sehen, und Agnes meinte geradezu, wenn er
einiges Talent zum Baumeister in sich fühle, so sei das ein so
herrlicher Beruf, daß sie sein Zaudern nicht begreife. Beim Abschied wurde er eingeladen, nach Belieben sich wieder einzufin-
den.

Von den veränderten Umständen der Familie hatte zwar die
Lage und Bescheidenheit ihrer Wohnung Kunde gegeben, die
Frauen selbst aber hatten dessen nicht nur mit keinem Worte
gedacht, sondern auch in ihrem ganzen Wesen kein Wissen von
Armut oder Bedrücktheit gezeigt, vielmehr den Ton bewahrt,
der in ihrer früheren Lebensführung ihnen geläufig gewesen
war. Reichardt nahm eine Teilnahme und Bewunderung für die
schöne, tapfere Tochter mit sich in die abendliche Stadt hinein
und fühlte sich bis zur Nacht und zum Augenblick des Ein-
schlafens von einer wohlig reizenden Atmosphäre umgeben, wie
vom tiefen, warmen Braun ihrer Blicke.

Dieser sanfte Reiz spornte den Doktor auch zu neuen Arbeits-
gedanken und Lebensplänen an. Er hatte darüber ein langes Gespräch mit dem Maler Konegen, das jedoch zu einer Abkühlung
dieser Freundschaft führte. Hans Konegen hatte auf Reichardts
Klagen hin sofort einen Arbeitsplan entworfen, er war in dem
großen Atelier heftig hin und wider geschritten, hatte seinen
Bart mit nervösen Händen gedreht und sich alsbald, wie es seine
unheimliche Gabe war, in ein flimmerndes Gehäuse eingesponnen, das aus lauter Beredsamkeit bestand und dem Regendache
jenes Meisterfechters im Volksmärchen glich, unter welchem jener trocken stand, obwohl es aus nichts bestand als dem rasenden Kreisschwung seines Degens.

Er rechtfertigte zuerst die Existenz seines Freundes Reichardt,
indem er den Wert solcher Intelligenzen betonte, die als kritische

und heimlich mitschöpferische Berater der Kunst helfen und dienen könnten. Es sei also dessen Pflicht, seine Kräfte der Kunst dienstbar zu machen. Er möge daher trachten, an einer angesehenen Kunstzeitschrift oder noch besser an einer Tageszeitung kritischer Mitarbeiter zu werden und zu Einfluß zu kommen. Dann würde er, Hans Konegen, ihm durch eine Gesamtausstellung seiner Schöpfungen Gelegenheit geben, einer guten Sache zu dienen und der Welt etwas Neues zu zeigen.

Als Berthold ein wenig mißmutig den Freund daran erinnerte, wie verächtlich sich dieser noch kürzlich über alle Zeitungen und über das Amt des Kritikers geäußert habe, legte der Maler dar, wie eben bei dem traurig tiefen Stand der Kritik ein wahrhaft freier Geist auf diesem Gebiete zum Reformator werden könne, zum Lessing unserer Zeit. Übrigens stehe dem Kunstschriftsteller auch noch ein anderer und schönerer Weg offen, nämlich der des Buches. Er selbst habe schon manchmal daran gedacht, die Herausgabe einer Monographie über ihn, Hans Konegen, zu veranlassen; nun sei in Reichardt der Mann für diese nicht leichte Aufgabe gefunden. Berthold solle den Text schreiben, die Illustration des Buches übernehme er selbst.

Reichardt hörte die wortreichen Vorschläge mit zunehmender Verstimmung an. Heute, da er das Übel seiner berufslosen Entbehrlichkeit besonders stark empfand, tat es ihm weh zu sehen, wie der Maler in diesem Zustand nichts anderes fand als eine Verlockung, ihn seinem persönlichen Ruhm oder Vorteil dienstbar zu machen.

Aber als er ihm ins Wort fiel und diese Pläne kurz von der Hand wies, war Hans Konegen keineswegs geschlagen.

»Gut, gut«, sagte er wohlwollend, »ich verstehe Sie vollkommen und muß Ihnen eigentlich recht geben. Sie wollen Werte schaffen helfen, nicht wahr? Tun Sie das! Sie haben Kenntnisse und Geschmack, Sie haben mich und einige Freunde und dadurch eine direkte Verbindung mit dem schaffenden Geist der Zeit. Gründen Sie also ein Unternehmen, mit dem Sie einen unmittelbaren Einfluß auf das Kunstleben ausüben können! Gründen Sie zum Beispiel einen Kunstverlag, eine Stelle für Herstellung und Vertrieb wertvoller Graphik, ich stelle dazu das Verlagsrecht meiner Holzschnitte und zahlreicher Entwürfe zur Verfügung, ich richte Ihre Druckerei und Ihr Privatbüro ein, die Möbel etwa in

Ahornholz mit Messingbeschlägen. Oder noch besser, hören Sie! Beginnen wir eine kleine Werkstätte für vornehmes Kunstgewerbe! Nehmen Sie mich als Berater oder Direktor, für gute Hilfskräfte werde ich sorgen, ein Freund von mir modelliert zum Beispiel prachtvoll und versteht sich auch auf Bronzeguß.«

Und so ging es weiter, munter Plan auf Plan, bis Reichardt beinahe wieder lachen konnte. Überall sollte er der Unternehmer sein, das Geld aufbringen und riskieren, Konegen aber war der Direktor, der technische Leiter, kurz die Seele von allem. Zum erstenmal erkannte er deutlich, wie eng alle Kunstgedanken des Malergenies nur um dessen eigene Person und Eitelkeit kreisten, und er sah nachträglich mit Unbehagen, wie wenig schön die Rolle war, die er in der Vorstellung und den Absichten dieser Leute gespielt hatte.

Doch überschätzte er sie immer noch, indem er nun darauf dachte, sich von diesem Umgang unter möglichster Delikatesse und Schonung zurückzuziehen. Denn kaum hatte Herr Konegen nach mehrmals wiederholten Beredungsversuchen eingesehen, daß Reichardt wirklich nicht gesonnen war, diese Unternehmergelüste zu befriedigen, so fiel die ganze Bekanntschaft dahin, als wäre sie nie gewesen. Der Doktor hatte diesen Leuten ihre paar Holzschnitte und Töpfchen längst abgekauft, einigen auch kleine Geldbeträge geliehen; wenn er nun seiner Wege gehen wollte, hielt niemand ihn zurück. Reichardt, mit den Sitten der Bohème noch wenig vertraut, sah sich mit unbehaglichem Erstaunen von seinen Künstlerfreunden vergessen und kaum mehr gegrüßt, während er sich noch damit quälte, eine ebensolche Entfremdung vorsichtig einzuleiten.

Zuweilen sprach Doktor Reichardt in dem öden Vorstadthause bei der Frau Rat Weinland vor, wo es ihm jedesmal merkwürdig wohl wurde. Der vornehme Ton dort bildete einen angenehmen Gegensatz zu den Reden und Sitten des Zigeunertums, und immer ernsthafter beschäftigte ihn die Tochter, die ihn zweimal allein empfing und deren strenge Anmut ihn jedesmal entzückte und verwirrte. Denn er fand es unmöglich, mit ihr jemals über Gefühle zu reden oder doch die ihren kennenzulernen, da sie bei all ihrer damenhaften Schönheit die Verständigkeit selbst zu sein schien. Und zwar besaß sie jene praktische, auf das Notwendige und Nächste gerichtete Klugheit, welche das nur spielerische Sichabgeben mit den Dingen nicht kennt.

Agnes zeigte eine freundliche, sachliche Teilnahme für den Zustand, in dem sie ihn befangen sah, und wurde nicht müde, ihn auszufragen und ihm zuzureden, ja sie machte gar kein Hehl daraus, daß sie es eines Mannes unwürdig finde, sich seinen Beruf so im Weiten zu suchen, wie man Abenteuer suche, statt mit festem Willen an einem bestimmten Punkt zu beginnen. Von den Weisheiten des Malers Konegen hielt sie ebensowenig wie von dessen Holzschnitten, die ihr Reichardt mitgebracht hatte.

»Das sind Spielereien«, sagte sie bestimmt, »und ich hoffe, Ihr Freund treibe dergleichen nur in Mußestunden. Es sind, soviel ich davon verstehe, Nachahmungen japanischer Arbeiten, die vielleicht den Wert von Stilübungen haben können. Mein Gott, was sind denn das für Männer, die in den besten Jugendjahren sich daran verlieren, ein Grün und ein Grau gegeneinander abzustimmen! Jede Frau von einigem Geschmack leistet ja mehr, wenn sie sich ihre Kleiderstoffe aussucht!«

Die wehrhafte Gestalt bot selber in ihrem sehr einfachen, doch sorgfältig und bewußt zusammengestellten Kostüm das Beispiel einer solchen Frau. Recht als wolle es ihn mit der Nase darauf stoßen, hatte sein Glück ihm diese prächtige Figur in seinen Weg gestellt, daß er sich an sie halte. Aber der Mensch ist zu nichts schwerer zu bringen als zu seinem Glück.

Bei einem öffentlichen Vortrag über das Thema »Neue Wege zu einer künstlerischen Kultur« hatte Berthold etwas erfahren, was er um so bereitwilliger aufnahm, als es seiner augenblicklichen enttäuschten Gedankenlage entsprach, nämlich daß es not tue, aus allen ästhetischen und intellektualistischen Interessantheiten herauszukommen. Fort mit der formalistischen und negativen Kritik unserer Kultur, fort mit dem kraftlosen Geistreichtun auf Kosten heiliger Güter und Angelegenheiten unserer Zeit! Dies war der Ruf, dem er wie ein Erlöster folgte. Er folgte ihm in einer Art von Bekehrung sofort und unbedingt, einerlei wohin er führe.

Und er führte auf eine Straße, deren Pflaster für Bertholds Steckenpferde wie geschaffen war, nämlich zu einer neuen Ethik. War nicht ringsum alles faul und verdorben, wohin der Blick auch fallen mochte? Unsere Häuser, Möbel und Kleider geschmacklos, auf Schein berechnet und unecht, unsere Geselligkeit hohl und eitel, unsere Wissenschaft verknöchert, unser Adel vertrottelt und unser Bürgertum verfettet? Beruhte nicht unsere Industrie auf einem Raubsystem, und war es nicht ebendeshalb, daß sie das häßliche Widerspiel ihres wahren Ideals darstellte? Warf sie etwa, wie sie könnte und sollte, Schönheit und Heiterkeit in die Massen, erleichterte sie das Leben, förderte sie Freude und Edelmut?

Der gelehrige Gelehrte sah sich rings von Falschheit und Schwindel umgeben, er sah die Städte vom Kohlenrauch beschmutzt und vom Geldhunger korrumpiert, das Land entvölkert, das Bauerntum aussterbend, jede echte Lebensregung an der Wurzel bedroht. Dinge, die er noch vor Tagen mit Gleichmut, ja mit Vergnügen betrachtet hatte, enthüllten ihm nun ihre innere Fäulnis. Berthold fühlte sich für dies alles mitverantwortlich und zur Mitarbeit an der neuen Ethik und Kultur verpflichtet.

Als er dem Fräulein Weinland zum erstenmal davon berichtete, wurde sie aufrichtig betrübt. Sie hatte Berthold gerne und traute es sich zu, ihm zu einem tüchtigen und schönen Leben zu verhelfen, und nun sah sie ihn, der sie doch sichtlich liebte, blind in diese Lehren und Umtriebe stürzen, für die er nicht der Mann war und bei denen er nur zu verlieren hatte. Sie sagte ihm ihre Meinung recht deutlich und meinte, jeder, der auch nur eine Stiefelsohle mache oder einen Knopf annähe, sei der Menschheit gewiß nützlicher als diese Propheten. Es gebe in jedem kleinen Menschenleben Anlaß genug, edel zu sein und Mut zu zeigen, und nur wenige seien dazu berufen, das Bestehende anzugreifen und Lehrer der Menschheit zu werden.

Er antwortete dagegen mit Feuer, ebendiese Gesinnung, die sie äußere, sei die übliche weltkluge Lauheit, mit welcher es zu halten sein Gewissen ihm verbiete. Es war der erste kleine Streit, den die beiden hatten, und Agnes sah mit Betrübnis, wie der liebe Mensch immer weiter von seinem eigenen Leben und Glück abgedrängt und in endlose Wüsten der Theorie und Einbildungen verschlagen wurde. Schon war er im Begriff, blind und stolz an der hübschen Glücksinsel vorüberzusegeln, wo sie auf ihn wartete.

Die Sache wurde um so übler, als Reichardt jetzt in den Einfluß eines wirklichen Propheten geriet, den er in einem »ethischen Verein« kennengelernt hatte. Dieser Mann, welcher Eduard van Vlissen hieß, war erst Theologe, dann Künstler gewesen und hatte überall, wohin er kam, rasch eine große Macht in den Kreisen der Suchenden gewonnen, welche ihm auch zukam, da er nicht nur unerbittlich im Erkennen und Verurteilen sozialer Übelstände, sondern persönlich zu jeder Stunde bereit war, für seine Gedanken einzustehen und sich ihnen zu opfern. Als katholischer Theologe hatte er eine Schrift über den heiligen Franz von Assisi veröffentlicht, worin er den Untergang seiner Ideen aus seinem Kompromiß mit dem Papsttum erklärt und den Gegensatz von heiliger Intuition und echter Sittlichkeit gegen Dogma und Kirchenmacht auf das schroffste ausgemalt hatte. Von der Kanzel deshalb vertrieben, nahm er seinen Austritt aus der Kirche und tauchte bald darauf in belgischen Kunstausstellungen als Urheber seltsamer mystischer Gemälde auf, die viel von sich reden machten. Seit Jahren aber lebte er nun auf Reisen, ganz dem Drang seiner Mission hingegeben. Er gab einem Armen achtlos sein letztes kleines Geldstück, um dann selbst zu betteln. In den Häusern der Reichen verkehrte er unbefangen, stets in dasselbe überaus einfache Lodenkleid gehüllt, das er auch auf seinen Fußwanderungen und Reisen trug. Seine Lehre war ohne Dogmen, er liebte und empfahl vor allem Bedürfnislosigkeit und Wahrhaftigkeit, so daß er auch die kleinste Höflichkeitslüge verabscheute. Wenn er daher zu jemand, den er kennenlernte, sagte: »Es freut mich«, so galt das für eine Auszeichnung, und ebendas hatte er zu Reichardt gesagt.

Seit dieser den merkwürdigen Mann gesehen hatte und seinen Umgang genoß, wurde sein Verhältnis zu Agnes Weinland immer lockerer und unsicherer. Der Prophet sah in Reichardt einen begabten jungen Mann, der im Getriebe der Welt keinen richtigen Platz finden konnte und den er keineswegs zu beruhigen und zu versöhnen dachte, denn er liebte und brauchte solche Unzufriedene, deren Not er teilte und aus deren Bedürfnis und Auflehnung er die Entstehung der besseren Zeiten erwartete. Während dilettantische Weltverbesserer stets an ihren eigenen Unzulänglichkeiten leiden, war dieser holländische Prophet gegen sein eigenes Wohl oder Wehe unempfindlich und

richtete alle seine Kraft gegen jene Übel, die er als Feinde und
Zerstörer menschlichen Friedens ansah. Er haßte den Krieg und
die Machtpolitik, er haßte das Geld und den Luxus, und er sah
seine Mission darin, seinen Haß auszubreiten und aus dem Funken zur Flamme zu machen, damit sie einst das Übel vernichte.
In der Tat kannte er Hunderte und Tausende von notleidenden
und suchenden Seelen in der Welt, und seine Verbindungen
reichten vom russischen Gutshof des Grafen Tolstoi bis in die
Friedens- und Vegetarierkolonien an der italienischen Küste
und auf Madeira.

Van Vlissen hielt sich drei Wochen in München auf und wohnte
bei einem schwedischen Maler, in dessen Atelier er sich nachts
eine Hängematte ausspannte und dessen mageres Frühstück er
teilte, obwohl er genug reiche Freunde hatte, die ihn mit Einla-
dungen bedrängten. Öffentliche Vorträge hielt er nicht, war aber
von früh bis spät und selbst bei Gängen auf der Straße umgeben
von einem Kreis Gleichgesinnter oder Ratsuchender, mit denen
er einzeln oder in Gruppen redete, ohne zu ermüden. Mit einer
einfachen, volkstümlichen Dialektik wußte er alle Propheten
und Weisen als seine Bundesgenossen darzustellen und ihre
Sprüche als Belege für seine Lehre zu zitieren, nicht nur den
heiligen Franz, sondern ebenso Jesus selbst, Sokrates, Buddha,
Konfuzius. Berthold unterlag willig dem Einfluß einer so starken und anziehenden Persönlichkeit. Wie ihm ging es auch hundert anderen, die sich in van Vlissens Nähe hielten. Aber Reichardt war einer von den wenigen, die sich nicht mit der Sen-
sation des Augenblicks begnügten, sondern eine Umkehrung
des Willens in sich erlebten.

In dieser Zeit besuchte er Agnes Weinland und ihre Mutter nur
ein einziges Mal. Die Frauen bemerkten die Veränderung seines
Wesens alsbald; seine Begeisterung, die keinen kleinsten Widerspruch ertragen konnte, und die fanatisierte Gehobenheit seiner
Sprache mißfielen ihnen beiden, und indem er ahnungslos mit
seinem Eifer sich immer heißer und immer weiter von Agnes
wegredete, sorgte der böse Feind dafür, daß gerade heute ihn das
denkbar unglücklichste Thema beschäftigen mußte.

Dieses war die damals viel besprochene Reform der Frauen-
kleidung, welche von vielen Seiten fanatisch gefordert wurde,
von Künstlern aus ästhetischen Gründen, von Hygienikern aus

hygienischen, von Ethikern aus ethischen. Während eine lärmende Jugend, von manchen ernsthaften Männern und Frauen bedeutsam unterstützt, gegen die bisherigen Frauenkleider auftrat und der Mode ihre Lebensberechtigung absprach, sah man freilich die schönen und eleganten Frauen nach wie vor sich mit dem schönen Schein dieser verfolgten Mode schmücken; und diese eleganten Frauen gefielen sich und der Welt entschieden besser als die Erstlingsopfer der neuen Reform, die mutig in ungewohnten faltenlosen Kostümen einhergingen.

Reichardt stand neuerdings unbedingt auf der Seite der Reformer. Die anfangs humoristischen, dann ernster werdenden und schließlich indignierten Einwürfe der beiden Damen beantwortete er in einem überlegenen Ton, wie ein Weiser, der zu Kindern spricht. Die alte Dame versuchte mehrmals das Gespräch in andere Gleise zu lenken, doch vergebens, bis schließlich Agnes mit Entschiedenheit sagte: »Sprechen wir nicht mehr davon! Ich bin darüber erstaunt, Herr Doktor, wieviel Sie von diesem Gebiet verstehen, auf dem ich mich auch ein wenig auszukennen glaubte, denn ich mache alle meine Kleider selber. Da habe ich denn also, ohne es zu ahnen, Ihre Gesinnungen und Ihren Geschmack durch meine Trachten fortwährend beleidigt.«

Erst bei diesen Worten ward Reichardt inne, wie anmaßend sein Predigen gewesen sei, und errötend bat er um Entschuldigung. »Meine Überzeugung zwar bleibt bestehen«, sagte er ernsthaft, »aber es ist mir niemals eingefallen, auch nur einen Augenblick dabei an Ihre Person zu denken, die mir für solche Kritik viel zu hoch steht. Auch muß ich gestehen, daß ich selbst wider meine Anschauungen sündige, indem Sie mich in einer Kleidung sehen, deren Prinzip ich verwerfe. Mit anderen Änderungen meiner Lebensweise, die ich schon vorbereite, werde ich auch zu einer anderen Tracht übergehen, mit deren Beschreibung ich Sie jedoch nicht belästigen darf.«

Unwillkürlich musterte bei diesen Worten Agnes seine Gestalt, die in ihrer Besuchskleidung recht hübsch und nobel aussah, und sie rief mit einem Seufzer: »Sie werden doch nicht im Ernst hier in München in einem Prophetenmantel herumlaufen wollen!«

»Nein«, sagte der Doktor, »aber ich habe eingesehen, daß ich überhaupt nicht in das Stadtleben tauge, und will mich in Bälde auf das Land zurückziehen, um in schlichter Tätigkeit ein einfaches und naturgemäßes Leben zu führen.«

Eine gewisse Befangenheit, der sie alle drei verfielen, lag lähmend über der weiteren Unterhaltung, so daß Reichardt nach wenigen Minuten Abschied nahm. Er reichte der Rätin die Hand, dann der Tochter, die jedoch erklärte, ihn hinauszubegleiten zu wollen. Sie ging, was sie noch nie getan hatte, mit ihm in den engen Flur hinaus und wartete, bis er im Überzieher war. Dann öffnete sie die Tür zur Treppe, und als er ihr nun Abschied nehmend die Hand gab, hielt sie diese einen Augenblick fest, sah ihn mit dunklen Augen aus dem erbleichten Gesicht durchdringend an und sagte: »Tun Sie das nicht! Tun Sie nichts von dem, was Ihr Prophet verlangt! Ich meine es gut.«

Unter ihrem halb flehenden, halb befehlenden Blick überlief ihn ein süßer, starker Schauder von Glück, und im Augenblick schien es ihm Erlösung, sein Leben dieser Frau in die Hände zu geben. Er fühlte, wie weit aus ihrer spröden Selbständigkeit sie ihm hatte entgegenkommen müssen, und einige Sekunden lang schwankte, von diesem Wort und Blick erschüttert, das ganze Gebäude seiner Gedankenwelt, als wolle es einstürzen.

Indessen hatte sie seine Hand losgelassen und die Türe hinter ihm geschlossen.

Am folgenden Tag merkte van Vlissen wohl, daß sein Jünger unsicher geworden und von fremden Einflüssen gestört war. Er sah ihm lächelnd ins Gesicht, mit seinen klaren, doch leidvollen Augen, doch tat er keine Frage und lud ihn stattdessen zu einem Spaziergang ein. Berthold ließ alsbald einen Wagen kommen, in dem sie weit vor die Stadt hinaus isaraufwärts fuhren. Im Walde ließ van Vlissen halten und schickte den Wagen zurück. Der Wald stand vorwinterlich verlassen unter dem bleichen grauen Himmel, nur aus großer Ferne her hörten sie die Axtschläge von Holzhauern durch die graue Kühle klingen.

Auch jetzt begann der Apostel kein Gespräch. Er schritt mit leichtem, wandergewohntem Gange dahin, aufmerksam mit allen Sinnen die Waldstille einatmend und durchdringend. Wie er die Luft eintrank und den Boden trat, wie er einem entfliehenden Eichhorn nachblickte und mit lautloser Gebärde den Begleiter auf einen nahe sitzenden Specht aufmerksam machte, da war etwas still Zwingendes in seinem Wesen, eine ungetrübte Wachheit und überall mitlebende Unschuld, in welche der mächtige Mann wie in einen Zaubermantel gehüllt ein Reich zu durchwandern schien, dessen heimlicher König er war. Aus dem Walde tretend sahen sie Äcker ausgebreitet, ein Bauer fuhr am Horizont langsam mit schweren Gäulen dahin, und langsam begann van Vlissen zu sprechen, von Saat und Ernte und lauter bäuerlichen Dingen, und entfaltete in einfachen Worten ein Bild des ländlichen Lebens, das der stumpfe Bauer unbewußt führe, das aber, von bewußten und dankbaren Menschen geführt, voll Heiligung und geheimer Kraft sein müsse. Und der Jünger fühlte, wie die Weite und Stille und der ruhige große Atem der ländlichen Natur Sprache gewann und sich seines Herzens bemächtigte. Erst gegen Abend kehrten sie in die Stadt zurück.

Wenige Tage später fuhr van Vlissen zu Freunden nach Tirol, und Reichardt reiste mit ihm, und in einem südlichen Tal kaufte er einen Obstgarten und ein kleines, etwas verfallenes Weinberghäuschen, in das er ohne Säumen einziehen wollte, um sein neues Leben zu beginnen. Er trug ein einfaches Kleid aus grauem Loden, wie das des Holländers, und fuhr in diesem Kleide auch nach München zurück, wo er sein Zelt abbrechen und Abschied nehmen wollte.

Schon aus seinem langen Wegbleiben hatte Agnes geschlossen, daß ihr Rettungsversuch vergeblich gewesen sei. Das stolze Mädchen war betrübt, den Mann und die an ihn geknüpften Hoffnungen zu verlieren, doch nicht minder in ihrem Selbstgefühl verletzt, sich von ihm verschmäht zu sehen, dem sie nicht ohne Selbstüberwindung so weit entgegengekommen war.

Als jetzt Berthold Reichardt gemeldet wurde, hatte sie alle Lust, ihn gar nicht zu empfangen, bezwang jedoch ihre Verstimmung und sah ihm mit einer gewissen Neugierde entgegen. Die Mutter lag mit einer Erkältung zu Bett.

Mit Verwunderung sah Agnes den Mann eintreten, um den sie mit einem Luftgespinst zu kämpfen hatte und der nun etwas verlegen und wunderlich verändert vor ihr stand. Er trug nämlich die Tracht van Vlissens, Wams und Beinkleider von grobem Filztuch und statt steifgebügelter Wäsche ein Hemd aus naturfarbenem Linnen.

Agnes, die ihn nie anders als im schwarzen Besuchsrock oder im modischen Straßenanzug gesehen hatte, betrachtete ihn einen Augenblick, dann bot sie ihm einen Stuhl an und sagte mit einem kleinen Anklang von Spott: »Sie haben sich verändert, Herr Doktor.«

Er lächelte befangen und sagte: »Allerdings, und Sie wissen ja auch, was diese Veränderung bedeutet. Ich komme, um Abschied zu nehmen, denn ich übersiedele dieser Tage nach meinem kleinen Gut in Tirol.«

»Sie haben Güter in Tirol? Davon wußten wir ja gar nichts.«

»Es ist nur ein Garten und Weinberg und gehört mir erst seit einer Woche. Sie haben die große Güte gehabt, sich um mein Vorhaben und Ergehen zu kümmern, darum glaube ich Ihnen darüber Rechenschaft schuldig zu sein. Oder darf ich nun auf jene Teilnahme nicht mehr rechnen?«

Agnes Weinland zog die Brauen zusammen und sah ihn an.

»Ihr Ergehen«, sagte sie leise und klar, »hat mich interessiert, solange ich so etwas wie einen tätigen Anteil daran nehmen konnte. Für die Versuche mit Tolstoischer Lebensweise, die Sie vorhaben, kann ich aber leider nur wenig Interesse aufbringen.«

»Seien Sie nicht zu streng!« sagte er bittend. »Aber wie Sie auch von mir denken mögen, Fräulein Agnes, ich werde Sie nicht vergessen können, und ich hoffe, Sie werden mir das, was ich tue, verzeihen, sobald Sie mich hierin ganz verstehen.«

»O, zu verzeihen habe ich Ihnen nichts.«

Berthold beugte sich vor und fragte leise: »Und wenn wir beide guten Willens wären, glauben Sie nicht, daß Sie dann vielleicht diesen Weg mit mir gemeinsam gehen könnten?«

Sie stand auf und sagte ohne Erregung: »Nein, Herr Reichardt, das glaube ich nicht. Ich kann Ihnen alles Glück wünschen. Aber ich bin in all meiner Armut gar nicht so unglücklich, daß ich Lust hätte, einen Weg zu teilen, der aus der Welt hinaus ins Unsichere führt.«

Und plötzlich aufflammend rief sie fast heftig: »Gehen Sie nur Ihren Weg! Gehen Sie ihn!«

Mit einer zornig-stolzen, prachtvollen Gebärde lud sie ihn ein, sich zu verabschieden, was er betroffen und bekümmert tat, und indessen er draußen die Türe öffnete und schloß und die Treppe hinabstieg, hatte sie, die seine Schritte verklingen hörte, genau dasselbe bittere Gefühl im Herzen wie der davongehende Mann, als gehe hier einer Torheit wegen eine schöne und köstliche Sache zugrunde; nur daß jeder dabei an die Torheit des andern dachte.

Es begann jetzt Berthold Reichardts Martyrium. In den ersten Anfängen sah es gar nicht übel aus. Wenn er ziemlich früh am Morgen das Lager verließ, das er sich selber bereitete, schaute durch das kleine Fenster seiner Schlafkammer das stille morgendliche Tal herein. Der Tag begann mit angenehmen und kurzweiligen Betätigungen des Einsiedlerlehrlings, mit dem Waschen oder auch Baden im Brunnentrog, mit dem Feuermachen im Steinherd, dem Herrichten der Kammer, dem Milchkochen. Sodann erschien der Knecht und Lehrmeister Xaver aus dem Dorf, der auch das Brot mitbrachte. Mit ihm ging Berthold nun an die Arbeit, bei gutem Wetter im Freien, sonst im Holzschuppen oder im Stall. Emsig lernte er unter des Knechtes Anleitung die wichtigsten Geräte handhaben, die Geiß melken und füttern, den Boden graben, Obstbäume putzen, den Gartenzaun flicken, Scheitholz für den Herd spalten und Reisig für den Ofen bündeln, und war es kalt und wüst, so wurden im Hause Wände und Fenster verstopft, Körbe und Strohseile geflochten, Spatenstiele geschnitzt und ähnliche Dinge betrieben, wobei der Knecht seine Holzpfeife rauchte und aus dem Gewölk hervor eine Menge Geschichten erzählte.

Wenn Berthold mit dem von ihm selbst gespaltenen Holz in der urtümlichen Feuerstelle unterm Schlund des Rauchfanges Feuer anmachte und das Wasser oder die Milch im viel zu großen Hängekessel zu sieden begann, dann konnte er ein Gefühl robinsonschen Behagens in den Gliedern spüren, das er seit fernen Knabenzeiten nicht gekannt hatte und in dem er schon die ersten Atemzüge der ersehnten inneren Erlösung zu kosten meinte.

In der Tat mag es für den Städter nichts Erfrischenderes geben, als eine Weile mit bäuerlicher Arbeit zu spielen, die Glieder zu ermüden, früh schlafen zu gehen und früh aufzustehen. Es lassen sich jedoch ererbte und erworbene Gewohnheiten und Bedürfnisse nicht wie Hemden wechseln, das mußte auch Reichardt erfahren.

Abends ging der Knecht nach Hause oder ins Wirtshaus, um

unter seinesgleichen froh zu sein und von dem Treiben seines
wunderlichen Brotgebers zu erzählen; der Herr aber saß bei der
Lampe und las in den Büchern, die er mitgebracht hatte und die
vom Garten und Obstbau handelten. Diese vermochten ihn aber
nicht lange zu fesseln. Er las und lernte gläubig, daß das Stein-
obst die Neigung hat, mit seinen Wurzeln in die Breite zu gehen,
das Kernobst aber mehr in die Tiefe und daß dem Blumenkohl
nichts so bekömmlich sei wie eine gleichmäßig feuchte Wärme.
Er interessierte sich auch noch dafür, daß die Samen von Lauch
und Zwiebeln ihre Keimkraft nach zwei Jahren verlieren, während die Kerne von Gurken und Melonen ihr geheimnisvolles
Leben bis ins sechste Jahr behalten. Bald aber ermüdeten und
langweilten ihn diese Dinge, die er von Xaver doch besser lernen
konnte, und er gab diese Lektüre auf.
Dafür nahm er jetzt einen kleinen Bücherstoß hervor, der sich in
der letzten Münchener Zeit bei ihm angesammelt, da er dies und
jenes Zeitbuch auf dringende Empfehlungen hin gekauft hatte,
zum Lesen aber nie gekommen war. Da waren Bücher von Tolstoi, van Vlissens Abhandlung über den Heiligen von Assisi,
Schriften wider den Alkohol, wider die Laster der Großstadt,
wider den Luxus, den Industrialismus, den Krieg.
Von diesen Büchern fühlte sich der Weltflüchtige wieder in allen
seinen Prinzipien bestätigt, er sog sich mit erbittertem Vergnügen voll an der Philosophie der Unzufriedenen, Asketen und
Idealisten, aus deren Schriften her ein Heiligenschein über sein
eigenes jetziges Leben fiel. Und als nun bald der Frühling begann, erlebte Berthold mit Wonne den Segen natürlicher Arbeit
und Lebensweise, er sah unter seinem Rechen hübsche Beete
entstehen, tat zum erstenmal in seinem Leben die schöne, ver-
trauensvolle Arbeit des Säens und hatte seine Lust am Keimen
und Gedeihen der Gewächse. Die Arbeit hielt ihn jetzt bis weit
in die Abende hinein gefangen, die müßigen Stunden wurden
selten, und in den Nächten schlief er tief. Wenn er jetzt, in einer
Ruhepause auf den Spaten gestützt oder am Brunnen das Voll-
werden der Gießkanne abwartend, an Agnes Weinland denken
mußte, so zog sich wohl sein Herz ein wenig zusammen, aber er
dachte das mit der Zeit vollends zu überwinden, und er meinte,
es wäre doch schade gewesen, hätte er sich in der argen Welt
zurückhalten lassen.

Dazu kam, daß jetzt sich auch die Einsamkeit mehr und mehr verlor wie ein Winternebel. Es erschienen je und je unerwartete, freundlich aufgenommene Gäste verschiedener Art, lauter fremde Menschen, von denen er nie gewußt hatte und deren eigentümliche Klasse er nun kennenlernte, da sie alle aus unbekannter Quelle seine Adresse wußten und keiner ihres Ordens durch das Tal zog, ohne ihn heimzusuchen. Es waren dies verstreute Angehörige jener großen Schar von Sonderlingsexistenzen, die außerhalb der gewöhnlichen Weltordnung ein kometenhaftes Wanderleben führen und deren einzelne Typen nun Berthold allmählich unterscheiden lernte.

Der erste, der sich zeigte, war ein ziemlich bürgerlich aussehender Herr aus Leipzig, der die Welt mit Vorträgen über die Gefahren des Alkohols bereiste und auf einer Ferientour unterwegs war. Er blieb nur eine Stunde oder zwei, hinterließ aber bei Reichardt ein angenehmes Gefühl, er sei nicht völlig in der Welt vergessen und gehöre einer heimlichen Gesellschaft edel strebender Menschen an.

Der nächste Besucher sah schon aparter aus, es war ein regsamer, begeisterter Herr in einem weiten altmodischen Gehrock, zu welchem er keine Weste, dafür aber ein Jägerhemd, gelbe karierte Beinkleider und auf dem Kopf einen breitrandigen Filzhut trug. Dieser Mann, welcher sich Salomon Adolfus Wolff nannte, benahm sich mit einer so leutseligen Fürstlichkeit und nannte seinen Namen so bescheiden lächelnd und alle zu hohen Ehrenbezeigungen im voraus etwas nervös ablehnend, daß Reichardt in eine kleine Verlegenheit geriet, da er ihn nicht kannte und seinen Namen nie gehört hatte.

Der Fremde war, soweit aus seinem eigenen Berichte hervorging, ein hervorragendes Werkzeug Gottes und vollzog wundersame Heilungen, wegen deren er zwar von Ärzten und Gerichten beargwöhnt und angefeindet, ja grimmig verfolgt, von der kleinen Schar der Weisen und Gerechten aber desto höher verehrt wurde. Er hatte soeben in Italien einer Gräfin, deren Namen er nicht verraten dürfe, durch bloßes Händeauflegen das schon verlorengegebene Leben wiedergeschenkt. Nun war er, als ein Verächter der modernen Hastigkeit, zu Fuß auf dem Rückweg nach der Heimat, wo ihn zahlreiche Bedürftige erwarteten. Leider sehe er sich die Reise durch Geldmangel erschwert, denn es sei ihm unmöglich, für seine Heilungen anderen Entgelt anzunehmen als die Dankestränen der Genesenen, und er schäme sich daher nicht, seinen Bruder Reichardt, zu welchem Gott ihn gewiesen, um ein kleines Darlehen zu bitten, welches nicht seiner Person – an welcher nichts gelegen sei –, sondern eben den auf seine Rückkunft harrenden Bedürftigen zugute kommen sollte.

Das Gegenteil dieses Heilandes stellte ein junger Mann von russischem Aussehen vor, welcher eines Abends vorsprach und dessen feine Gesichtszüge und Hände in Widerspruch standen mit seiner äußerst dürftigen Arbeiterkleidung und den zerrissenen groben Schuhen. Er sprach nur wenige Worte Deutsch, und Reichardt erfuhr nie, ob er einen verfolgten Anarchisten, einen heruntergekommenen Künstler oder einen Heiligen beherbergt habe. Der Fremdling begnügte sich damit, einen glühend forschenden Blick in Reichardts Gesicht zu tun und ihn dann mit einem geheimen Signal der aufgehobenen Hände zu begrüßen. Er ging schweigend durch das ganze Häuschen, von dem verwunderten Wirt gefolgt, zeigte dann auf eine leerstehende Kammer mit einer breiten Wandbank und fragte demütig: »Ich hier kann schlafen?« Reichardt nickte, lud ihn zur Abendsuppe ein und machte ihm auf jener Bank ein Nachtlager zurecht. Am nächsten Morgen nahm der Fremde noch eine Tasse Milch an, sagte mit tiefem Gurgelton »Danke« und ging fort.

Bald nach ihm erschien ein halbnackter Vegetarier, der erste einer langen Reihe, in Sandalen und einer Art von baumwollener Hemdhose. Er hatte, wie die meisten Brüder seiner Zunft, außer einiger Arbeitsscheu keine Laster, sondern war ein kindlicher Mensch von rührender Bedürfnislosigkeit, der in seinem sonderbaren Gespinst von hygienischen und sozialen Erlösungsgedanken ebenso frei und natürlich dahinlebte, wie er äußerlich seine etwas theatralische Wüstentracht nicht ohne Würde trug.

Dieser einfache, kindliche Mann machte Eindruck auf Reichardt. Er predigte nicht Haß und Kampf, sondern war in stolzer Demut überzeugt, daß auf dem Grunde seiner Lehre ganz von selbst ein neues paradiesisches Menschendasein erblühen werde, dessen er selbst sich schon teilhaftig fühlte. Sein oberstes

Gebot war: »Du sollst nicht töten!«, was er nicht nur auf Mitmenschen und Tiere bezog, sondern als eine grenzenlose Verehrung alles Lebendigen auffaßte. Ein Tier zu töten, schien ihm scheußlich, und er glaubte fest daran, daß nach Ablauf der jetzigen Periode von Entartung und Blindheit die Menschheit von diesem Verbrechen wieder völlig ablassen werde. Er fand es aber auch mörderisch, Blumen abzureißen und Bäume zu fällen. Reichardt wandte ein, daß wir, ohne Bäume zu fällen, ja keine Häuser bauen könnten, worauf der Frugivore eifrig nickte: »Ganz recht! Wir sollen ja auch keine Häuser haben, so wenig wie Kleider, das alles trennt uns von der Natur und führt uns weiter zu allen den Bedürfnissen, um derentwillen Mord und Krieg und alle Laster entstanden sind.« Und als Reichardt wieder einwarf, es möchte sich kaum irgendein Mensch finden, der in unserem Klima ohne Haus und ohne Kleider einen Winter überleben könnte, da lächelte sein Gast abermals freudig und sagte: »Gut so, gut so! Sie verstehen mich ausgezeichnet. Ebendas ist ja die Hauptquelle alles Elends in der Welt, daß der Mensch seine Wiege und natürliche Heimat im Schoß Asiens verlassen hat. Dahin wird der Weg der Menschheit zurückführen, und dann werden wir alle wieder im Garten Eden sein.«

Berthold hatte, trotz der offenkundigen Untiefen, eine gewisse Freude an dieser idyllischen Philosophie, die er noch von manchen anderen Verkündern in anderen Tönungen zu hören bekam, und er hätte ein Riese sein müssen, wenn nicht allmählich jedes dieser Bekenntnisse ihm, der außerhalb der Welt lebte, Eindruck gemacht und sein eigenes Denken gefärbt hätte. Die Welt, wie er sie jetzt sah und nicht anders sehen konnte, bestand aus dem kleinen Kreis primitiver Tätigkeiten, denen er oblag, darüberhinaus war nichts vorhanden als auf der einen Seite eine verderbte, verfaulende und daher von ihm verlassene Kultur, auf der anderen eine über die Welt verteilte kleine Gemeinde von Zukünftigen, welcher er sich zurechnen mußte und zu der auch alle die Gäste zählten, deren manche tagelang bei ihm blieben. Nun begriff er auch wohl den sonderbar religiös-schwärmerischen Anhauch, den alle diese seine Gäste und Brüder hatten. Sie waren das Salz der Erde, die Umschaffenden und Zukunftbringenden, geheime geistige Kräfte hatten sich mit ihnen verbündet, vom Fasten und den Mysterien der Ägypter und Inder bis zu den

Phantasien der langhaarigen Obstesser und den Heilungswundern der Magnetiseure oder Gesundbeter.

Daß aus diesen Erlebnissen und Beobachtungen alsbald wieder eine systematische Theorie oder Weltanschauung werde, dafür sorgte nicht nur des Doktors eigenes Geistesbedürfnis, sondern auch eine ganze Literatur von Schriften, die ihm von diesen Gästen teils mitgebracht, teils zugesandt, teils als notwendig empfohlen wurden. Eine seltsame Bibliothek entstand in dem kleinen Häuschen, beginnend mit vegetarischen Kochbüchern und endend mit den tollsten mystischen Systemen, über Platonismus, Gnostizismus, Spiritismus und Theosophie hinweg alle Gebiete geistigen Lebens in einer allen diesen Autoren gemeinsamen Neigung zu okkultistischer Wichtigtuerei umfassend. Der eine Autor wußte die Identität der pythagoreischen Lehre mit dem Spiritismus darzutun, der andere Jesus als Verkünder des Vegetarismus zu deuten, der dritte das lästige Liebesbedürfnis als eine Übergangsstufe der Natur zu erweisen, welche sich der Fortpflanzung nur vorläufig bediene, in ihren Endabsichten aber die leibliche Unsterblichkeit der Individuen anstrebe.

Mit dieser Büchersammlung fand sich Berthold schließlich bei rasch abnehmenden Tagen seinem zweiten Tiroler Winter gegenübergestellt. Mit dem Eintritt der kühlen Zeit hörte der Gästeverkehr, an den er sich gewöhnt hatte, urplötzlich auf wie mit der Schere abgeschnitten. Die Apostel und Brüder saßen jetzt entweder im eigenen Winternest oder hielten sich, soweit sie heimatlos von Wanderung und Bettel lebten, an andere Gegenden und an die Adressen städtischer Gesinnungsgenossen.

Um diese Zeit las Reichardt in der einzigen Zeitung, die er bezog, die Nachricht vom Tode des Eduard van Vlissen. Der hatte in einem Dorf an der russischen Grenze, wo er der Cholera wegen in Quarantäne gehalten, aber kaum bewacht wurde, in der Bauernschenke gegen den Schnaps gepredigt und war im ausbrechenden Tumult erschlagen worden.

Vereinsamt sah Berthold dem Einwintern in seinem Tale zu. Seit einem Jahr hatte er sein Stücklein Boden nimmer verlassen und sich zugeschworen, auch ferner dem Leben der Welt den Rücken zu kehren. Die Genügsamkeit und erste Kinderfreude am Neuen war aber nicht mehr in seinem Herzen, er trieb sich viel auf mühsamen Spaziergängen im Schnee herum, denn der Winter war viel härter als der vorjährige, und überließ die häusliche Handarbeit immer häufiger dem Xaver, der sich längst in dem kleinen Haushalt unentbehrlich wußte und das Gehorchen so ziemlich verlernt hatte.

Mochte sich aber Reichardt noch so viel draußen herumtreiben, so mußte er doch alle die unendlich langen Abende allein in der Hütte sitzen, und ihm gegenüber mit furchtbaren großen Augen saß die Einsamkeit wie ein Wolf, den er nicht anders zu bannen wußte als durch ein stets waches Starren in seine leeren Augen, und der ihn doch von hinten überfiel, sooft er den Blick abwandte. Die Einsamkeit saß nachts auf seinem Bett, wenn er durch leibliche Ermüdung den Schlaf gefunden hatte, und vergiftete ihm Schlaf und Träume. Und wenn am Abend der Knecht das Haus verließ und pfeifend durch den Obstgarten hinab gegen das Dorf verschwand, sah ihm sein Herr nicht selten mit nacktem Neide nach. Nichts ist gefährlicher und seelenmordender als die beständige Beschäftigung mit dem eigenen Wesen und Ergehen, der eigenen einsamen Unzufriedenheit und Schwäche. Die ganze Krankheit dieses Zustandes mußte der Eremit an sich erleben, und durch die Lektüre so manches mystischen Buches geschult, konnte er nun an sich selbst beobachten, wie unheimlich wahr alle die vielen Legenden von den Nöten und Versuchungen der frommen Einsiedler in der Wüste Thebais waren.

So brachte er trostlose Monate hin, dem Leben entfremdet und an der Wurzel krank. Er sah übel aus, und seine früheren Freunde hätten ihn nicht mehr erkannt; denn über dem wetterfarbenen, aber eingesunkenen Gesicht waren Bart und Haar lang gewachsen, und aus dem hohlen Gesicht brannten hungrig und durch die Einsamkeit scheu geworden die Augen, als hätten sie niemals gelacht und niemals sich unschuldig an der Buntheit der Welt gefreut.

Es blies schon der erste Föhnwind, da brachte eines Tages der Knecht mit der Zeitung auch einen Brief herauf, die gedruckte Einladung zu einer Versammlung aller derer, die mit Wort oder Tat sich um eine Reform des Lebens und der Menschheit mühten. Die Versammlung, zu deren Einberufung theosophische, vegetarische und andere Gesellschaften sich vereinigt hatten, sollte zu Ende des Februar in München abgehalten werden.

Wohlfeile Wohnungen und fleischfreie Kosttische zu vermitteln, erbot sich ein dortiger Verein.

Mehrere Tage schwankte Reichardt ungewiß, dann aber faßte er seinen Entschluß und meldete sich in München an. Und nun dachte er drei Wochen lang an nichts anderes als an dieses Unternehmen. Schon die Reise, so einfach sie war, machte ihm, der länger als ein Jahr eingesponnen hier gehaust hatte, Gedanken und Sorgen. Gern hätte er auch zum Bader geschickt und sich Bart und Haar zuschneiden lassen, doch scheute er davor zurück, da es ihm als eine feige Konzession an die Weltsitten erschien und da er wußte, daß manche der ihm befreundeten Sektierer auf nichts einen so hohen Wert legten wie auf die religiös eingehaltene Unbeschnittenheit des Haarwuchses. Dafür ließ er sich im Dorf einen neuen Anzug machen, gleich in Art und Schnitt wie sein van Vlissensches Büßerkleid, aber von gutem Tuche und einen landesüblichen Lodenkragen als Mantel.

Am vorbestimmten Tag verließ er früh am kalten Morgen sein Häuschen, dessen Schlüssel er im Dorf bei Xaver abgab, und wanderte in der Dämmerung das stille Tal hinab bis zum nächsten Bahnhof. Dann saß er mit einer lang nicht mehr gekosteten frohen Reiseunruhe im Münchener Zug und fuhr aufmerksam durch das schöne Land, unendlich froh, dem unerträglichen heimischen Zustand für ungewisse Tage entronnen zu sein.

Es war der Tag vor dem Beginn der Versammlung, und es begrüßten den Ankommenden gleich am Bahnhof die ersten Zeichen derselben. Aus einem Zug, der mit dem seinen zugleich ankam, stieg eine ganze Gesellschaft von Naturverehrern in malerisch exotischen Kostümen und auf Sandalen, mit Christusköpfen und Apostelköpfen, und mehrere Entgegenkömmlinge gleicher Art aus der Stadt begrüßten die Brüder, bis alle sich in einer ansehnlichen Prozession in Bewegung setzten. Reichardt, den ein ebenfalls heute zugereister Buddhist, einer seiner Sommerbesucher, erkannt hatte, mußte sich anschließen, und so hielt er seinen Wiedereinzug in München in einem Aufzug von Erscheinungen, deren Absonderlichkeit ihm hier peinlich auffiel. Unter dem lauten Vergnügen einer nachfolgenden Knabenhorde und den belustigten Blicken aller Vorübergehenden wallte die seltsame Schar stadteinwärts zur Begrüßung im Empfangssaale.

Reichardt erfragte so bald als möglich die ihm zugewiesene Wohnung und bekam einen Zettel mit der Adresse in die Hand gedrückt. Er verabschiedete sich, nahm an der nächsten Straßenecke einen Wagen und fuhr, ermüdet und verwirrt, nach der ihm unbekannten Straße. Da rauschte um ihn her das Leben der wohlbekannten Stadt, da standen die Ausstellungsgebäude, in denen er einst mit Kollegen Kunstkritik getrieben hatte, dort lag seine ehemalige Wohnung, mit erleuchteten Fenstern, da drüben hatte früher der Justizrat Weinland gewohnt. Er aber war vereinsamt und beziehungslos geworden und hatte nichts mehr mit alledem zu tun, und doch bereitete jede von den wieder erweckten Erinnerungen ihm einen süßen Schmerz. Und in den Straßen lief und fuhr das Volk wie ehemals und immer, als sei nichts Arges dabei und sei keine Sorge noch Gefahr in der Welt, elegante Wagen fuhren auf lautlosen Rädern zu den Theatern, und Soldaten hatten ihre Mädel im Arm.

Das alles erregte den Einsamen, das wogende rötliche Licht, das im feuchten Pflaster sich mit froher Eitelkeit abspiegelte, und das Gesumme der Wagen und Schritte, das ganze wie selbstverständlich spielende Getriebe. Da war Laster und Not, Luxus und Selbstsucht, aber da war auch Freude und Glanz, Geselligkeit und Liebe, und vor allem war da die naive Rechenschaftslosigkeit und gleichmütige Lebenslust einer Welt, deren mahnendes Gewissen er hatte sein wollen und die ihn einfach beiseite getan hatte, ohne einen Verlust zu fühlen, während sein bißchen Glück darüber in Scherben gegangen war. Und dies alles sprach zu ihm, zog mit ungelösten Fäden an seinen Gefühlen und machte ihn traurig.

Sein Wagen hielt vor einem großen Mietshaus, seinem Zettel folgend stieg er zwei Treppen hinan und wurde von einer Frau, die ihn mißtrauisch musterte, in ein überaus kahles Zimmerchen geführt, das ihn kalt und ungastlich empfing.

»Für wieviel Tage ist es?« fragte die Vermieterin kühl und bedeutete ihm, daß das Mietgeld im voraus zu erlegen sei.

Unwillig zog er die Geldtasche und fragte, während sie auf die Zahlung lauerte, nach einem besseren Zimmer.

»Für anderthalb Mark am Tag gibt es keine besseren Zimmer, in ganz München nicht«, sagte die Frau. Nun mußte er lächeln.

»Es scheint hier ein Mißverständnis zu walten«, sagte er rasch.

»Ich suche ein bequemes Zimmer, nicht eine Schlafstelle. Mir liegt nichts am Preis, wenn Sie ein schöneres Zimmer haben.« Die Vermieterin ging wortlos durch den Korridor voran, öffnete ein anderes Zimmer und drehte das elektrische Licht an. Zufrieden sah der Gast sich in dem weit größeren und wohnlich eingerichteten Zimmer um, legte den Mantel ab und gab der Frau ihr Geld für einige Tage voraus.

Erst am Morgen, da er in dem ungewohnt weichen fremden Bett erwachte und sich auf den vorigen Abend besann, ward ihm bewußt, daß seine Unzufriedenheit mit der einfachen Schlafstelle und sein Verlangen nach größerer Bequemlichkeit eigentlich wider sein Gewissen sei. Allein er nahm es sich nicht zu Herzen, stieg vielmehr munter aus dem Bett und sah dem Tag mit Spannung entgegen. Früh ging er aus, und beim nüchternen Gehen durch die noch ruhigen Straßen erkannte er auf Schritt und Tritt bekannte Bilder wieder. Es war herrlich, hier umherzuziehen und als kleiner Mitbewohner dem Getriebe einer schönen Stadt anzugehören, statt im verzauberten Ring der Einsamkeit zu lechzen und immer nur vom eigenen Gehirn zu zehren.
Die großen Kaffeehäuser und Läden waren noch geschlossen, er suchte daher eine volkstümliche Frühstückshalle, um eine Schale Milch zu genießen.
»Kaffee gefällig?« fragte der Kellner und begann schon einzugießen. Lächelnd ließ Reichardt ihn gewähren und roch mit heimlichem Vergnügen den Duft des Trankes, den er ein Jahr lang entbehrt hatte. Doch ließ er es bei diesem kleinen Genusse bewenden, aß nur ein Stück Brot dazu und nahm eine Zeitung zur Hand.
Dann suchte er den Versammlungssaal auf, den er mit Palmen und Lorbeer geschmückt und schon von vielen Gästen belebt fand. Die Naturburschen waren sehr in der Minderzahl, und die alttestamentlichen oder tropischen Kostüme fielen auch hier als Seltsamkeiten auf, dafür sah man manchen feinen Gelehrtenkopf und viel Künstlerjugend. Die gestrige Gruppe von langhaarigen Barfüßern stand fremd als wunderliche Insel im Gewoge.
Ein eleganter Wiener trat als erster Redner auf und sprach den Wunsch aus, die Angehörigen der vielen Einzelgruppen möch-

ten sich hier nicht noch weiter auseinanderreden, sondern das Gemeinsame suchen und Freunde werden. Dann sprach er parteilos über die religiösen Neubildungen der Zeit und ihr Verhältnis zur Frage des Weltfriedens. Ihm folgte ein greiser Theosoph aus England, der seinen Glauben als universale Vereinigung der einzelnen Lichtpunkte aller Weltreligionen empfahl. Ihn löste ein Rassentheoretiker ab, der mit scharfer Höflichkeit für die Belehrung dankte, jedoch den Gedanken einer internationalen Weltreligion als eine gefährliche Utopie brandmarkte, da jede Nation das Bedürfnis und Recht auf einen eigenen, nach ihrer Sonderart geformten und gefärbten Glauben habe.

Während dieser Rede wurde eine neben Reichardt sitzende Frau unwohl, und er begleitete sie durch den Saal bis zum nächsten Ausgang. Um nicht weiter zu stören, blieb er alsdann hier stehen und suchte den Faden des Vortrages wieder zu erhaschen, während sein Blick über die benachbarten Stuhlreihen wanderte.

Da sah er gar nicht weit entfernt in aufmerksamer Haltung eine schöne Frauenfigur sitzen, die seinen Blick gefangenhielt, und während sein Herz unruhig wurde und jeder Gedanke an die Worte des Redners ihn jäh verließ, erkannte er Agnes Weinland. Heftig zitternd lehnte er sich an den Türbalken und hatte keine andere Empfindung als die eines Verirrten, dem in Qual und Verzweiflung unerwartet die Türme der Heimat winken. Denn kaum hatte er die stolze Haltung ihres Kopfes erkannt und von hinten den verlorenen Umriß ihrer Wange erfühlt, so wußte er nichts auf der Welt als sich und sie, und wußte, der Schritt zu ihr und der Blick ihrer braunen Augen und der Kuß ihres Mundes seien das einzige, was seinem Leben fehle und ohne welche keine Weisheit ihm helfen könne. Und dies alles schien ihm möglich und in Treue aufbewahrt; denn er fühlte mit liebender Ahnung, daß sie nur seinetwegen oder doch im Gedanken an ihn diese Versammlung aufgesucht habe.

Als der Redner zu Ende war, meldeten sich viele zur Erwiderung, und es machte sich bereits die erste Woge der Rechthaberei und Unduldsamkeit bemerklich, welche fast allen diesen ehrlichen Köpfen die Weite und Liebe nahm und woran auch dieser ganze Kongreß, statt der Welterlösung zu dienen, kläglich scheitern sollte.

Berthold Reichardt jedoch hatte für diese Vorboten naher

Stürme kein Ohr. Er starrte auf die Gestalt seiner Geliebten, als sei sein ganzes Wesen sich bewußt, daß es einzig von ihr gerettet werden könne. Mit dem Schluß jener Rede erhob sich das Fräulein, schritt dem Ausgang zu und zeigte ein ernstkühles Gesicht, in welchem sichtlich ein Widerwille gegen diese ganzen Verhandlungen unterdrückt wurde. Sie ging nahe an Berthold vorbei, ohne ihn zu beachten, und er konnte deutlich sehen, wie ihr beherrschtes kühles Gesicht noch immer in frischer Farbe blühte, doch um einen feinen lieben Schatten älter und stiller geworden war. Zugleich bemerkte er mit Stolz, wie die Vorüberschreitende überall von bewundernden und achtungsvollen Blicken begleitet wurde.

Sie trat ins Freie und ging die Straße hinab, wie sonst in tadelloser Kleidung und mit ihrem sportmäßigen Schritt, nicht eben fröhlich, aber aufrecht und elastisch. Ohne Eile ging sie dahin, von Straße zu Straße, nur vor einem prächtig prangenden Blumenladen eine Weile sich vergnügend, ohne zu ahnen, daß ihr Berthold immerzu folgte und in ihrer Nähe war. Und er blieb hinter ihr bis zur Ecke der fernen Vorstadtstraße, wo er sie im Tor ihrer alten Wohnung verschwinden sah.

Dann kehrte er um, und im langsamen Gehen blickte er an sich nieder. Er war froh, daß sie ihn nicht gesehen hatte, und die ganze ungepflegte Dürftigkeit seiner Erscheinung, die ihn schon seit gestern bedrückt hatte, schien ihm jetzt unerträglich. Sein erster Gang war zu einem Barbier, der ihm das Haar scheren und den Bart abnehmen mußte, und als er in den Spiegel sah und dann wieder auf die Gasse trat und die Frische der rasierten Wangen im leisen Winde spürte, fiel alle einsiedlerische Scheu vollends von ihm ab. Eilig fuhr er nach einem großen Kleidergeschäft, kaufte einen modischen Anzug und ließ ihn so sorgfältig wie möglich seiner Figur anpassen, kaufte nebenan weiße Wäsche, Halsbinde, Hut und Schuhe, sah sein Geld zu Ende gehen und fuhr zur Bank um neues, fügte dem Anzug einen Mantel und den Schuhen Gummischuhe hinzu und fand am Abend, als er in angenehmer Ermüdung heimkehrte, alles schon in Schachteln und Paketen daliegen und auf ihn warten.

Nun konnte er nicht widerstehen, sofort eine Probe zu machen, und zog sich alsbald von Kopf zu Füßen an, lächelte sich etwas verlegen im Spiegel zu und konnte sich nicht erinnern, je in

303

seinem Leben eine so knabenhafte Freude über neue Kleider gehabt zu haben. Daneben hing, unsorglich über einen Stuhl geworfen, sein asketisches Lodenzeug, grau und entbehrlich geworden wie die Puppenhülle eines jungen Schmetterlings.

Während er so vor dem Spiegel stand, unschlüssig, ob er noch einmal ausgehen sollte, wurde an seine Tür geklopft, und er hatte kaum Antwort gegeben, so trat geräuschvoll ein stattlicher Mann herein, in welchem er sofort den Herrn Salomon Adolfus Wolff erkannte, jenen reisenden Wundertäter, der ihn vor Monaten in der Tiroler Einsiedelei besucht hatte.

Wolff begrüßte den »Freund« mit heftigem Händeschütteln und nahm mit Verwunderung dessen frische Eleganz wahr. Er selbst trug den braunen Hut und alten Gehrock von damals, jedoch diesmal auch eine schwarze Weste dazu und graue Beinkleider, die jedoch für längere Beine als die seinen gearbeitet schienen, da sie oberhalb der Stiefel eine harmonikaähnliche Anordnung von widerwilligen Querfalten aufwiesen. Er beglückwünschte den Doktor zu seinem guten Aussehen und hatte nichts dagegen, als dieser ihn zum Abendessen einlud.

Schon unterwegs auf der Straße begann Salomon Adolfus mit Leidenschaft von den heutigen Reden und Verhandlungen zu sprechen und konnte es kaum glauben, daß Reichardt ihnen nicht beigewohnt habe. Am Nachmittag hätte ein schöner langlockiger Russe über Pflanzenkost und soziales Elend gesprochen und dadurch Skandal erregt, daß er beständig den nichtvegetarianischen Teil der Menschheit als Leichenfresser bezeichnet hatte. Darüber waren die Leidenschaften der Parteien erwacht, mitten im Gezänke hatte sich ein Anarchist des Wortes bemächtigt und mußte durch Polizeigewalt von der Tribüne entfernt werden. Die Buddhisten hatten stumm in geschlossenem Zuge den Saal verlassen, die Theosophen vergebens zum Frieden gemahnt. Ein Redner habe das von ihm selbst verfaßte »Bundeslied der Zukunft« vorgetragen, mit dem Refrain:

> »Ich laß der Welt ihr Teil,
> Im All allein ist Heil!«

und das Publikum sei schließlich unter Lachen und Schimpfen auseinandergegangen.

Erst beim Essen beruhigte sich der erregte Mann und wurde dann gelassen und heiter, indem er ankündigte, er werde morgen selbst im Saale sprechen. Es sei ja traurig, all diesen Streit um nichts mitanzusehen, wenn man selbst im Besitz der so einfachen Wahrheit sei. Und er entwickelte seine Lehre, die vom »Geheimnis des Lebens« handelte und in der Weckung der in jedem Menschen vorhandenen magischen Seelenkräfte das Heilmittel für die Übel der Welt erblickte.

»Sie werden doch dabei sein, Bruder Reichardt?« sagte er einladend.

»Leider nicht, Bruder Wolff«, meinte dieser lächelnd. »Ich kenne ja Ihre Lehre schon, der ich guten Erfolg wünsche. Ich selber bin in Familiensachen hier in München und morgen leider nicht frei. Aber wenn ich Ihnen sonst irgendeinen Dienst erweisen kann, tue ich es sehr gerne.«

Wolff sah ihn mißtrauisch an, konnte aber in Reichardts Mienen nur Freundliches entdecken.

»Nun denn«, sagte er rasch. »Sie haben mir diesen Sommer mit einem Darlehen von zehn Kronen geholfen, die nicht vergessen sind, wenn ich auch bis jetzt nicht in der Lage war, sie zurückzugeben. Wenn Sie mir nun nochmals mit einer Kleinigkeit aushelfen wollten – mein Aufenthalt hier im Dienst unserer Sache ist mit Kosten verbunden, die niemand mir ersetzt.«

Berthold gab ihm ein Goldstück und wünschte nochmals Glück für morgen, dann nahm er Abschied und ging nach Hause, um zu schlafen.

Kaum lag er jedoch im Bett und hatte das Licht gelöscht, da waren Müdigkeit und Schlaf plötzlich dahin, und er lag die ganze Nacht brennend in Gedanken an Agnes.

Früh am Morgen verließ er das Haus, unruhig und von der schlaflosen Nacht erschöpft. Er brachte die frühen Stunden auf einem Spaziergang und im Schwimmbad zu, saß dann noch eine ungeduldige halbe Stunde vor einer Tasse Tee und fuhr, sobald ein Besuch möglich schien, in einem hübschen Wagen an der Weinlandschen Wohnung vor.

Nachdem er die Glocke gezogen, mußte er eine Weile warten, dann fragte ihn ein kleines neues Mädchen, keine richtige Magd, unbeholfen nach seinem Begehren. Er fragte nach den Damen, und die Kleine lief, die Tür offen lassend, nach der Küche davon.

Dort wurde nun ein Gespräch hörbar und zur Hälfte verständlich.

»Es geht nicht«, sagte Agnesens Stimme, »du mußt sagen, daß die gnädige Frau krank ist. – Wie sieht er denn aus?«

Schließlich aber kam Agnes selbst heraus, in einem blauen leinenen Küchenkleid, sah ihn fragend an und sprach kein Wort, da sie ihn unverweilt erkannte.

Er streckte ihr die Hand entgegen. »Darf ich hereinkommen?« fragte er, und ehe weiteres gesagt wurde, traten sie in das bekannte Wohnzimmer, wo die Frau Rat in einen Wollschal gehüllt im Lehnstuhl saß und sich bei seinem Anblick alsbald steif und tadellos aufrichtete.

»Der Herr Doktor Reichardt ist gekommen«, sagte Agnes zur Mutter, die dem Besuch die Hand gab.

Sie selbst aber sah nun im Morgenlicht der hellen Stube den Mann an, las die Not eines verfehlten und schweren Jahres in seinem mageren Gesicht und den Willen einer geklärten Liebe in seinen Augen.

Sie ließ seinen Blick nicht mehr los, und eines vom andern wortlos angezogen, gaben sie einander nochmals die Hand.

»Kind, aber Kind!« rief die Rätin erschrocken, als unversehens ihre Tochter große Tränen in den Augen hatte und ihr erbleichtes Gesicht neben dem der Mutter im Lehnstuhl verbarg.

Das Mädchen richtete sich aber mit neu erglühten Wangen sogleich wieder auf und lächelte noch mit Tränen in den Augen.

»Es ist schön, daß Sie wiedergekommen sind«, begann nun die alte Dame. Da stand das hübsche Paar schon Hand in Hand bei ihr und sah dabei so gut und lachend aus, als habe es schon seit langem zusammengehört. *(1910)*

Das Nachtpfauenauge

Mein Gast und Freund Heinrich Mohr war von seinem Abendspaziergang heimgekehrt und saß nun bei mir im Studierzimmer, noch beim letzten Tageslicht. Vor den Fenstern lag weit hinaus der bleiche See, scharf vom hügeligen Ufer gesäumt. Wir sprachen, da eben mein kleiner Sohn uns gute Nacht gesagt hatte, von Kindern und von Kindererinnerungen.

»Seit ich Kinder habe«, sagte ich, »ist schon manche Liebhaberei der eigenen Knabenzeit wieder bei mir lebendig geworden. Seit einem Jahr etwa habe ich sogar wieder eine Schmetterlingssammlung angefangen. Willst du sie sehen?«

Er bat darum, und ich ging hinaus, um zwei oder drei von den leichten Pappkästen hereinzuholen. Als ich den ersten öffnete, merkten wir beide erst, wie dunkel es schon geworden war; man konnte kaum noch die Umrisse der aufgespannten Falter erkennen.

Ich griff zur Lampe und strich ein Zündholz an, und augenblicklich versank die Landschaft draußen, und die Fenster standen voll von undurchdringlichem Nachtblau.

Meine Schmetterlinge aber leuchteten in dem hellen Lampenlicht prächtig aus dem Kasten. Wir beugten uns darüber, betrachteten die schönfarbigen Gebilde und nannten ihre Namen.

»Das da ist ein gelbes Ordensband«, sagte ich, »lateinisch *fulminea*, das gilt hier für selten.«

Heinrich Mohr hatte vorsichtig einen der Schmetterlinge an seiner Nadel aus dem Kasten gezogen und betrachtete die Unterseite seiner Flügel.

»Merkwürdig«, sagte er, »kein Anblick weckt die Kindheitserinnerungen so stark in mir wie der von Schmetterlingen.«

Und, indem er den Falter wieder an seinem Ort ansteckte und den Kastendeckel schloß: »Genug davon!«

Er sagte es hart und rasch, als wären diese Erinnerungen ihm unlieb. Gleich darauf, da ich den Kasten weggetragen hatte und wieder hereinkam, lächelte er mit seinem braunen, schmalen Gesicht und bat um eine Zigarette.

»Du mußt mir's nicht übelnehmen«, sagte er dann, »wenn ich

deine Sammlung nicht genauer angeschaut habe. Ich habe als Junge natürlich auch eine gehabt, aber leider habe ich mir selber die Erinnerung daran verdorben. Ich kann es dir ja erzählen, obwohl es eigentlich schmählich ist.«

Er zündete seine Zigarette über dem Lampenzylinder an, setzte den grünen Schirm über die Lampe, so daß unsre Gesichter in Dämmerung sanken, und setzte sich auf das Gesims des offenen Fensters, wo seine schlanke hagere Figur sich kaum von der Finsternis abhob. Und während ich eine Zigarette rauchte und draußen das hochtönige ferne Singen der Frösche die Nacht erfüllte, erzählte mein Freund das Folgende.

Das Schmetterlingssammeln fing ich mit acht oder neun Jahren an und trieb es anfangs ohne besonderen Eifer wie andre Spiele und Liebhabereien auch. Aber im zweiten Sommer, als ich etwa zehn Jahre alt war, da nahm dieser Sport mich ganz gefangen und wurde zu einer solchen Leidenschaft, daß man ihn mir mehrmals meinte verbieten zu müssen, da ich alles darüber vergaß und versäumte. War ich auf Falterfang, dann hörte ich keine Turmuhr schlagen, sei es zur Schule oder zum Mittagessen, und in den Ferien war ich oft, mit einem Stück Brot in der Botanisierbüchse, vom frühen Morgen bis zur Nacht draußen, ohne zu einer Mahlzeit heimzukommen.

Ich spüre etwas von dieser Leidenschaft noch jetzt manchmal, wenn ich besonders schöne Schmetterlinge sehe. Dann überfällt mich für Augenblicke wieder das namenlose, gierige Entzücken, das nur Kinder empfinden können, und mit dem ich als Knabe meinen ersten Schwalbenschwanz beschlich. Und dann fallen mir plötzlich ungezählte Augenblicke und Stunden der Kinderzeit ein, glühende Nachmittage in der trockenen, stark duftenden Heide, kühle Morgenstunden im Garten oder Abende an geheimnisvollen Waldrändern, wo ich mit meinem Netz auf der Lauer stand wie ein Schatzsucher und jeden Augenblick auf die tollsten Überraschungen und Beglückungen gefaßt war. Und wenn ich dann einen schönen Falter sah, er brauchte nicht einmal besonders selten zu sein, wenn er auf einem Blumenstengel in der Sonne saß und die farbigen Flügel atmend auf und ab bewegte und mir die Jagdlust den Atem verschlug, wenn ich näher und näher schlich und jeden leuchtenden Farbenfleck und jede kristallene Flügelader und jedes feine braune Haar der Fühler sehen konnte, das war eine Spannung und Wonne, eine Mischung von zarter Freude mit wilder Begierde, die ich später im Leben selten mehr empfunden habe.

Meine Sammlung mußte ich, da meine Eltern arm waren und mir nichts dergleichen schenken konnten, in einer gewöhnlichen alten Kartonschachtel aufbewahren. Ich klebte runde Korkscheiben, aus Flaschenpfropfen geschnitten, auf den Boden, um die Nadeln darein zu stecken, und zwischen den zerknickten Pappdeckelwänden dieser Schachtel hegte ich meine Schätze. Anfangs zeigte ich gern und häufig meine Sammlung den Kameraden, aber andere hatten Holzkästen mit Glasdeckeln, Raupenschachteln mit grünen Gazewänden und anderen Luxus, so daß ich mit meiner primitiven Einrichtung mich nicht eben brüsten konnte. Auch war mein Bedürfnis danach nicht groß und ich gewöhnte mir an, sogar wichtige und aufregende Fänge zu verschweigen und die Beute nur meinen Schwestern zu zeigen. Einmal hatte ich den bei uns seltenen blauen Schillerfalter erbeutet und aufgespannt, und als er trokken war, trieb mich der Stolz, ihn doch wenigstens meinem Nachbarn zu zeigen, dem Sohn eines Lehrers, der überm Hof wohnte. Dieser Junge hatte das Laster der Tadellosigkeit, das bei Kindern doppelt unheimlich ist. Er besaß eine kleine unbedeutende Sammlung, die aber durch ihre Nettigkeit und exakte Erhaltung zu einem Juwel wurde. Er verstand sogar die seltene und schwierige Kunst, beschädigte und zerbrochene Falterflügel wieder zusammenzuleimen, und war in jeder Hinsicht ein Musterknabe, weshalb ich ihn denn mit Neid und halber Bewunderung haßte.

Diesem jungen Idealknaben zeigte ich meinen Schillerfalter. Er begutachtete ihn fachmännisch, anerkannte seine Seltenheit und sprach ihm einen Barwert von etwa zwanzig Pfennigen zu; denn der Knabe Emil wußte alle Sammelobjekte, zumal Briefmarken und Schmetterlinge, nach ihrem Geldwert zu taxieren. Dann fing er aber an zu kritisieren, fand meinen Blauschiller schlecht aufgespannt, den rechten Fühler gebogen, den linken ausgestreckt, und entdeckte richtig auch noch einen Defekt, denn dem Falter fehlten zwei Beine. Ich schlug zwar diesen Mangel nicht hoch an, doch hatte mir der Nörgler die Freude an meinem

Schiller einigermaßen verdorben und ich habe ihm nie mehr meine Beute gezeigt.

Zwei Jahre später, wir waren schon große Buben, aber meine Leidenschaft war noch in voller Blüte, verbreitete sich das Gerücht, jener Emil habe ein Nachtpfauenauge gefangen. Das war nun für mich weit aufregender als wenn ich heute höre, daß ein Freund von mir eine Million geerbt oder die verlorenen Bücher des Livius gefunden habe. Das Nachtpfauenauge hatte noch keiner von uns gefangen, ich kannte es überhaupt nur aus der Abbildung eines alten Schmetterlingsbuches, das ich besaß und dessen mit der Hand kolorierte Kupfer unendlich viel schöner und eigentlich auch exakter waren als alle modernen Farbendrucke. Von allen Schmetterlingen, deren Namen ich kannte und die in meiner Schachtel noch fehlten, ersehnte ich keinen so glühend wie das Nachtpfauenauge. Oft hatte ich die Abbildung in meinem Buch betrachtet, und ein Kamerad hatte mir erzählt: Wenn der braune Falter an einem Baumstamm oder Felsen sitze und ein Vogel oder anderer Feind ihn angreifen wolle, so ziehe er nur die gefalteten dunkleren Vorderflügel auseinander und zeige die schönen Hinterflügel, deren große helle Augen so merkwürdig und unerwartet aussähen, daß der Vogel erschrecke und den Schmetterling in Ruhe lasse.

Dieses Wundertier sollte der langweilige Emil haben! Als ich es hörte, empfand ich im ersten Augenblick nur die Freude, endlich das seltene Tier zu Gesicht zu bekommen und eine brennende Neugierde darauf. Dann stellte sich freilich der Neid ein, und es schien mir schnöde zu sein, daß gerade dieser Langweiler und Mops den geheimnisvollen kostbaren Falter hatte erwischen müssen. Darum bezwang ich mich auch und tat ihm die Ehre nicht an, hinüberzugehen und mir seinen Fang zeigen zu lassen. Doch brachte ich meine Gedanken von der Sache nicht los, und am nächsten Tage, als das Gerücht sich in der Schule bestätigte, war ich sofort entschlossen, doch hinzugehen.

Nach Tisch, sobald ich vom Hause wegkonnte, lief ich über den Hof und in den dritten Stock des Nachbarhauses hinauf, wo neben Mägdekammern und Holzverschlägen der Lehrerssohn ein oft von mir beneidetes kleines Stübchen für sich allein bewohnen durfte. Niemand begegnete mir unterwegs, und als ich oben an die Kammertür klopfte, erhielt ich keine Antwort. Emil war nicht da, und als ich die Türklinke versuchte, fand ich den Eingang offen, den er sonst während seiner Abwesenheit peinlich verschloß.

Ich trat ein, um das Tier doch wenigstens zu sehen, und nahm sofort die beiden großen Schachteln vor, in welchen Emil seine Sammlung verwahrte. In beiden suchte ich vergebens, bis mir einfiel, der Falter werde noch auf dem Spannbrett sein. Da fand ich ihn denn auch: die braunen Flügel mit schmalen Papierstreifen überspannt, hing das Nachtpfauenauge am Brett, ich beugte mich darüber und sah alles aus nächster Nähe an, die behaarten hellbraunen Fühler, die eleganten und unendlich zart gefärbten Flügelränder, die feine wollige Behaarung am Innenrand der unteren Flügel. Nur gerade die Augen konnte ich nicht sehen, die waren vom Papierstreifen verdeckt.

Mit Herzklopfen gab ich der Versuchung nach, die Streifen loszumachen, und zog die Stecknadel heraus. Da sahen mich die vier großen merkwürdigen Augen an, weit schöner und wunderlicher als auf der Abbildung, und bei ihrem Anblick fühlte ich eine so unwiderstehliche Begierde nach dem Besitz des herrlichen Tieres, daß ich unbedenklich den ersten Diebstahl meines Lebens beging, indem ich sachte an der Nadel zog und den Schmetterling, der schon trocken war und die Form nicht verlor, in der hohlen Hand aus der Kammer trug. Dabei hatte ich kein Gefühl als das einer ungeheuren Befriedigung.

Das Tier in der rechten Hand verborgen, ging ich die Treppe hinab. Da hörte ich, daß von unten mir jemand entgegenkam, und in dieser Sekunde wurde mein Gewissen wach, ich wußte plötzlich, daß ich gestohlen hatte und ein gemeiner Kerl war; zugleich befiel mich eine ganz schreckliche Angst vor der Entdeckung, so daß ich instinktiv die Hand, die den Raub umschlossen hielt, in die Tasche meiner Jacke steckte. Langsam ging ich weiter, zitternd und mit einem kalten Gefühl von Verworfenheit und Schande, ging angstvoll an dem heraufkommenden Dienstmädchen vorbei und blieb an der Haustüre stehen, mit klopfendem Herzen und schwitzender Stirn, fassungslos und vor mir selbst erschrocken.

Alsbald wurde mir klar, daß ich den Falter nicht behalten könne und dürfe, daß ich ihn zurücktragen und alles nach Möglichkeit ungeschehen machen müsse. So kehrte ich denn, trotz aller

Angst vor einer Begegnung und Entdeckung, schnell wieder um, sprang mit Eile die Stiege hinan und stand eine Minute später wieder in Emils Kammer. Vorsichtig zog ich die Hand aus der Tasche und legte den Schmetterling auf den Tisch, und ehe ich ihn wieder sah, wußte ich das Unglück schon und war dem Weinen nah, denn das Nachtpfauenauge war zerstört. Es fehlte der rechte Vorderflügel und der rechte Fühler, und als ich den abgebrochenen Flügel vorsichtig aus der Tasche zu ziehen suchte, war er zerschlissen und an kein Flicken mehr zu denken.

Beinahe noch mehr als das Gefühl des Diebstahls peinigte mich nun der Anblick des schönen seltenen Tieres, das ich zerstört hatte. Ich sah an meinen Fingern den zarten braunen Flügelstaub hängen und den zerrissenen Flügel daliegen, und hätte jeden Besitz und jede Freude gern hingegeben, um ihn wieder ganz zu wissen.

Traurig ging ich nach Hause und saß den ganzen Nachmittag in unsrem kleinen Garten, bis ich in der Dämmerung den Mut fand, meiner Mutter alles zu erzählen. Ich merkte wohl, wie sie erschrak und traurig wurde, aber sie mochte fühlen, daß schon dies Geständnis mich mehr gekostet habe als die Erduldung jeder Strafe.

»Du mußt zum Emil hinübergehen«, sagte sie bestimmt, »und es ihm selber sagen. Das ist das einzige, was du tun kannst, und ehe das nicht geschehen ist, kann ich dir nicht verzeihen. Du kannst ihm anbieten, daß er sich irgendetwas von deinen Sachen aussucht, als Ersatz, und du mußt ihn bitten, daß er dir verzeiht.«

Das wäre mir nun bei jedem anderen Kameraden leichter gefallen als bei dem Musterknaben. Ich fühlte im voraus genau, daß er mich nicht verstehen und mir womöglich gar nicht glauben würde, und es wurde Abend und beinahe Nacht, ohne daß ich hinzugehen vermochte. Da fand mich meine Mutter unten im Hausgang und sagte leise: »Es muß heut noch sein, geh jetzt!«

Und da ging ich hinüber und fragte im untern Stock nach Emil, er kam und erzählte sofort, es habe ihm jemand das Nachtpfauenauge kaputt gemacht, er wisse nicht, ob ein schlechter Kerl oder vielleicht ein Vogel oder die Katze, und ich bat ihn, mit mir hinaufzugehen und es mir zu zeigen. Wir gingen hinauf, er schloß die Kammertür auf und zündete eine Kerze an, und ich sah auf dem Spannbrett den verdorbenen Falter liegen. Ich sah, daß er daran gearbeitet hatte, ihn wieder herzustellen, der kaputte Flügel war sorgfältig ausgebreitet und auf ein feuchtes Fließpapier gelegt, aber er war unheilbar, und der Fühler fehlte ja auch.

Nun sagte ich, daß ich es gewesen sei, und versuchte zu erzählen und zu erklären.

Da pfiff Emil, statt wild zu werden und mich anzuschreien, leise durch die Zähne, sah mich eine ganze Weile still an und sagte dann: »So so, also so einer bist du.«

Ich bot ihm alle meine Spielsachen an, und als er kühl blieb und mich immer noch verächtlich ansah, bot ich ihm meine ganze Schmetterlingssammlung an. Er sagte aber:

»Danke schön, ich kenne deine Sammlung schon. Man hat ja heut wieder sehen können, wie du mit Schmetterlingen umgehst.«

In diesem Augenblicke fehlte nicht viel, so wäre ich ihm an die Gurgel gesprungen. Es war nichts zu machen, ich war und blieb ein Schuft, und Emil stand kühl in verächtlicher Gerechtigkeit vor mir wie die Weltordnung. Er schimpfte nicht einmal, er sah mich nur an und verachtete mich.

Da sah ich zum erstenmal, daß man nichts wieder gut machen kann, was einmal verdorben ist. Ich ging weg und war froh, daß die Mutter mich nicht ausfragte, sondern mir einen Kuß gab und mich in Ruhe ließ. Ich sollte zu Bett gehen, es war schon spät für mich. Vorher aber holte ich heimlich im Eßzimmer die große braune Schachtel, stellte sie aufs Bett und machte sie im Dunkeln auf. Und dann nahm ich die Schmetterlinge heraus, einen nach dem andern, und drückte sie mit den Fingern zu Staub und Fetzen.   (*1911*)

Robert Aghion

Im Laufe des achtzehnten Jahrhunderts wuchs in Großbritannien eine neue Art von Christentum und christlicher Betätigung heran, die sich aus einer winzigen Wurzel ziemlich rasch zu einem großen exotischen Baume auswuchs und welche einem jeden heute unter dem Namen der evangelischen Heidenmission bekannt ist.

Für die von England ausgehende protestantische Missionsbewegung war äußerlich nicht wenig Grund und Anlaß vorhanden. Seit dem glorreichen Zeitalter der Entdeckungen hatte man allerwärts auf Erden entdeckt und erobert, und es war das wissenschaftliche Interesse an der Form entfernter Inseln und Gebirge ebenso wie das seefahrende und abenteuernde Heldentum überall einem modernen Geist gewichen, der sich in den entdeckten exotischen Gegenden nicht mehr für aufregende Taten und Erlebnisse, für seltsame Tiere und romantische Palmenwälder interessierte, sondern für Pfeffer und Zucker, für Seide und Felle, für Reis und Sago, kurz für die Dinge, mit denen der Welthandel Geld verdient. Darüber war man häufig etwas einseitig und hitzig geworden und hatte manche Regeln vergessen und verletzt, die im christlichen Europa Geltung hatten. Man hatte eine Menge von erschrockenen Eingeborenen da draußen wie Raubzeug verfolgt und niedergeknallt, und der gebildete christliche Europäer hatte sich in Amerika, Afrika und Indien benommen wie der in den Hühnerstall eingebrochene Marder. Es war, auch wenn man die Sache ohne besondere Empfindsamkeit betrachtete, recht scheußlich hergegangen und recht grob und säuisch geräubert worden, und zu den Regungen der Scham und Entrüstung im Heimatvolk gehörte auch die Missionsbewegung, fußend auf dem schönen Wunsche, es möchte den Heidenvölkern von Europa her doch auch etwas anderes, Besseres und Höheres mitgebracht werden als nur Schießpulver und Branntwein.

Es kam in der zweiten Hälfte des vorvorigen Jahrhunderts in England nicht allzuselten vor, daß wohlmeinende Privatleute sich dieses Missionsgedankens tätig annahmen und Mittel zu seiner Ausführung hergaben. Geordnete Gesellschaften und

Betriebe dieses Behufes aber, wie sie heute blühen, gab es zu jener Zeit noch nicht, sondern es versuchte eben ein jeder nach eigenem Vermögen und auf eigenem Wege die gute Sache zu fördern, und wer damals als Missionar in ferne Länder auszog, der fuhr nicht wie ein heutiger gleich einem wohladressierten Poststück durch die Meere und einer geregelten und organisierten Arbeit entgegen, sondern er reiste mit Gottvertrauen und ohne viel Anleitung geradenwegs in ein zweifelhaftes Abenteuer hinein.

In den neunziger Jahren entschloß sich ein Londoner Kaufherr, dessen Bruder in Indien reich geworden und dort ohne Kinder gestorben war, eine bedeutende Geldsumme für die Ausbreitung des Evangeliums in jenem Lande zu stiften. Ein Mitglied der mächtigen Ostindischen Kompagnie sowie mehrere Geistliche wurden als Ratgeber herbeigezogen und ein Plan ausgearbeitet, nach welchem zunächst drei oder vier junge Männer, mit einer hinlänglichen Ausrüstung und gutem Reisegeld versehen, als Missionare ausgesandt werden sollten.
Die Ankündigung dieses Unternehmens zog alsbald einen Schwarm von abenteuerlustiger Mannheit heran, erfolglose Schauspieler und entlassene Barbiergehilfen glaubten sich zu der verlockenden Reise berufen, und das fromme Kollegium hatte alle Mühe, über die Köpfe dieser Zudringlichen hinweg nach würdigen Männern zu fahnden. Unter der Hand suchte man vor allem junge Theologen zu gewinnen, doch war die englische Geistlichkeit durchweg keineswegs der Heimat müde oder auf anstrengende, ja gefährliche Unternehmungen erpicht; die Suche zog sich in die Länge, und der Stifter begann schon ungeduldig zu werden.
Da verlor sich die Kunde von seinen Absichten und Mißerfolgen endlich auch in ein Bauerndorf in der Gegend von Lancaster und in das dortige Pfarrhaus, dessen ehrwürdiger Herr seinen jungen Bruderssohn namens Robert Aghion als Amtsgehilfen bei sich in Kost und Wohnung hatte. Robert Aghion war der Sohn eines Schiffskapitäns und einer frommen fleißigen Schottin, er hatte den Vater früh verloren und kaum gekannt und war als ein Knabe von guten Gaben durch seinen Onkel auf Schulen geschickt und ordnungsgemäß auf den Beruf eines Geistlichen

vorbereitet worden, dem er nunmehr so nahestand, als ein Kandidat mit guten Zeugnissen, aber ohne Vermögen, es eben konnte. Einstweilen stand er seinem Oheim und Wohltäter als Vikarius bei und hatte auf eine eigene Pfarre bei dessen Lebzeiten nicht zu rechnen. Da nun der Pfarrer Aghion noch ein rüstiger Mann war, sah des Neffen Zukunft nicht allzu glänzend aus. Als ein armer Jüngling, der nach aller Voraussicht nicht vor dem mittleren Mannesalter auf ein eigenes Amt und Einkommen zu rechnen hatte, war er für junge Mädchen kein begehrenswerter Mann, wenigstens nicht für ehrbare, und mit anderen als solchen war er nie zusammengetroffen.

Als Sohn einer herzlich frommen Mutter hatte er einen schlichten Christensinn und Glauben, welchen als Prediger zu bekennen ihm eine Freude war. Seine eigentlichen geistigen Vergnügungen aber fand er im Betrachten der Natur, wofür er ein feines Auge besaß. Als ein bescheidener frischer Junge mit tüchtigen Augen und Händen fand er Befriedigung im Sehen und Kennen, Sammeln und Untersuchen der natürlichen Dinge, die sich ihm darboten. Als Knabe hatte er Blumen gezüchtet und botanisiert, hatte dann eine Weile sich eifrig mit Steinen und Versteinerungen abgegeben, und neuerdings, zumal seit seinem Aufenthalt in der ländlichen Umgebung, war ihm die vielfarbige Insektenwelt vor allem andern lieb geworden. Das Allerliebste aber waren ihm die Schmetterlinge, deren glänzende Verwandlung aus dem Raupen- und Puppenstand ihn immer wieder innig entzückte und deren Zeichnung und Farbenschmelz ihm ein so reines Vergnügen bereiteten, wie es geringer befähigte Menschen nur in den Jahren der frühen Kindheit erleben können.

So war der junge Theologe beschaffen, der als erster auf die Kunde von jener Stiftung hin alsbald aufhorchte und ein Verlangen in seinem Innersten gleich einem Kompaßzeiger gegen Indien hinweisen fühlte. Seine Mutter war vor wenigen Jahren gestorben, ein Verlöbnis oder auch nur ein heimlicher Verspruch mit einem Mädchen bestand nicht. Er schrieb nach London, bekam ermunternde Antwort und das Reisegeld für die Fahrt nach der Hauptstadt zugestellt und fuhr gleich darauf mit einer kleinen Bücherkiste und einem Kleiderbündel getrost nach London, wobei es ihm nur leid tat, daß er seine Herbarien, Versteinerungen und Schmetterlingskästen nicht mitnehmen konnte.

Bänglich betrat in der düsteren brausenden Altstadt von London der Kandidat das hohe ernste Haus des frommen Kaufherrn, wo ihm im düsteren Korridor eine gewaltige Wandkarte der östlichen Erdhälfte und gleich im ersten Zimmer ein großes fleckiges Tigerfell das ersehnte Land vor Augen führte. Beklommen und verwirrt ließ er sich von dem vornehmen Diener in das Zimmer führen, wo ihn der Hausherr erwartete. Es empfing ihn ein großer, ernster, schön rasierter Herr mit eisblauen scharfen Augen und strengen alten Mienen, dem der schüchterne Bewerber jedoch nach wenigen Reden recht wohl gefiel, so daß er ihn zum Sitzen einlud und sein Examen mit Vertrauen und Wohlwollen zu Ende führte. Darauf ließ der Herr sich seine Zeugnisse übergeben und schellte den Diener herbei, der den Theologen stillschweigend hinwegführte und in ein Gastzimmer brachte, wo unverweilt ein zweiter Diener mit Tee, Wein, Schinken, Butter und Brot erschien. Mit diesem Imbiß ward der junge Mann allein gelassen und tat seinem Hunger und Durst Genüge. Dann blieb er beruhigt in dem blausamtenen Armstuhl sitzen, dachte über seine Lage nach und musterte mit müßigen Augen das Zimmer, wo er nach kurzem Umherschauen zwei weitere Entgegenkömmlinge aus dem fernen heißen Lande entdeckte, nämlich in einer Ecke neben dem Kamin einen ausgestopften rotbraunen Affen und über ihm aufgehängt an der blauen Seidentapete das gegerbte Fell einer riesig großen Schlange, deren augenloser Kopf blind und schlaff herabhing. Das waren Dinge, die er schätzte und die er sofort aus der Nähe zu betrachten und zu befühlen eilte. War ihm auch die Vorstellung der lebendigen Boa, die er durch das Zusammenbiegen der glänzend silbrigen Haut zu einem Rohre zu unterstützen versuchte, einigermaßen grauenvoll und zuwider, so ward doch seine Neugierde auf die geheimnisvolle Ferne durch ihren Anblick noch geschürt. Er dachte sich weder von Schlangen noch von Affen schrecken zu lassen und malte sich mit Wollust die fabelhaften Blumen, Bäume, Vögel und Schmetterlinge aus, die in solchen gesegneten Ländern gedeihen mußten.

Es ging indessen schon gegen Abend, und ein stummer Diener trug eine angezündete Lampe herein. Vor dem hohen Fenster stand neblige Dämmerung. Die Stille des vornehmen Hauses, das ferne schwache Wogen der großen Stadt, die Einsamkeit des hohen kühlen Zimmers, in dem er sich wie gefangen fühlte, der Mangel an jeder Beschäftigung und die Ungewißheit seiner romanhaften Lage verbanden sich mit der zunehmenden Dunkelheit der Londoner Herbstnacht und stimmten die Seele des jungen Menschen von der Höhe seiner Hoffnung immer weiter herab, bis er nach zwei Stunden, die er horchend und wartend in seinem Lehnstuhl hingebracht hatte, für heute jede Erwartung aufgab und sich kurzerhand müde in das vortreffliche Gastbett legte, wo er in kurzem einschlief.

Es weckte ihn, wie ihm schien, mitten in der Nacht, ein Diener mit der Nachricht, der junge Herr werde zum Abendessen erwartet und möge sich beeilen. Verschlafen kroch Aghion in seine Kleider und taumelte mit blöden Augen hinter dem Manne her durch Zimmer und Korridore und eine Treppe hinab bis in das große, grell von Kronleuchtern erhellte Speisezimmer, wo ihn die in Sammet gekleidete und von Schmuck funkelnde Hausfrau durch ein Augenglas betrachtete und der Herr ihn zwei Geistlichen vorstellte, die ihren jungen Bruder gleich während der Mahlzeit in eine scharfe Prüfung nahmen und vor allem sich über die Echtheit seiner christlichen Gesinnung zu unterrichten suchten. Der schlaftrunkene Apostel hatte Mühe, alle Fragen zu verstehen und gar zu beantworten; aber die Schüchternheit kleidete ihn gut, und die Männer, die an ganz andere Aspiranten gewöhnt waren, wurden ihm alle wohlgesinnt. Nach Tische wurden im Nebenzimmer Landkarten vorgelegt, und Aghion sah zum erstenmal die Gegend, der er Gottes Wort verkündigen sollte, auf der indischen Karte als einen gelben Fleck südlich von der Stadt Bombay liegen.

Am folgenden Tag wurde er zu einem ehrwürdigen alten Herrn gebracht, der des Kaufherrn oberster geistlicher Berater war. Dieser Greis fühlte sich sofort von dem harmlosen jungen Menschen angezogen. Er wußte Roberts Sinn und Wesen rasch zu erkennen, und da er wenig geistlichen Unternehmungsgeist in ihm wahrnahm, wollte der Junge ihm leid tun, und er stellte ihm die Gefahren der Seereise und die Schrecken der südlichen Zonen eindringlich vor Augen; denn es schien ihm sinnlos, daß ein junger Mensch sich da draußen opfere und zugrunde richte, wenn er nicht durch besondere Gaben und Neigungen zu einem solchen Dienst bestimmt schien. So legte er denn dem Kandidaten die Hand auf die Schulter, sah ihm mit eindringlicher Güte in die Augen und sagte: »Was Sie mir sagen, ist gut und mag richtig sein; aber ich kann noch immer nicht ganz verstehen, was Sie nun eigentlich nach Indien zieht. Seien Sie offen, lieber Freund, und sagen Sie mir ohne Hinterhalt: ist es irgendein weltlicher Wunsch und Drang, der Sie treibt, oder ist es lediglich der innige Wunsch, den armen Heiden unser liebes Evangelium zu bringen?« Auf diese Anrede wurde Robert Aghion so rot wie ein ertappter Schwindler. Er schlug die Augen nieder und schwieg eine Weile, dann aber bekannte er freimütig, mit jenem frommen Willen sei es ihm zwar völlig ernst, doch wäre er wohl nie auf den Gedanken gekommen, sich für Indien zu melden und überhaupt Missionar zu werden, wenn nicht ein Gelüst nach den herrlichen seltenen Pflanzen und Tieren der tropischen Länder, zumal nach deren Schmetterlingen, ihn dazu verlockt hätte. Der alte Mann sah wohl, daß der Jüngling ihm nun sein letztes Geheimnis preisgegeben und nichts mehr zu bekennen habe. Lächelnd nickte er ihm zu und sagte freundlich: »Nun, mit dieser Sünde müssen Sie selber fertigwerden. Sie sollen nach Indien fahren, lieber Junge!« Und alsbald ernst werdend, legte er ihm beide Hände aufs Haupt und segnete ihn feierlich mit den Worten des biblischen Segens.

Drei Wochen später reiste der junge Missionar, mit Kisten und Koffern wohl ausgerüstet, auf einem schönen Segelschiff als Passagier hinweg, sah sein Heimatland im grauen Meer versinken und lernte in der ersten Woche, noch ehe Spanien erreicht war, die Launen und Gefahren des Meeres kennen. In jenen Zeiten konnte ein Indienfahrer noch nicht so grün und unerprobt sein Ziel erreichen wie heute, wo man in Europa seinen bequemen Dampfer besteigt, sich auf dem Suezkanal um Afrika drückt und nach kurzer Zeit, verwundert und träg vom vielen Schlafen und Essen, die indische Küste erblickt. Damals mußten die Segelschiffe sich um das ungeheure Afrika herum monatelang quälen, von Stürmen gefährdet und von toten langen Windstillen gelähmt, und es galt zu schwitzen und zu frieren, zu hungern und des Schlafes zu entbehren, und wer die Reise siegreich vollendet hatte, der war nun längst kein unerprobter Neuling mehr, sondern hatte gelernt, sich einigermaßen auf den Beinen zu halten. So ging es auch dem Missionar. Er war zwischen England und

Indien hundertsechsundfünfzig Tage unterwegs und stieg in der Hafenstadt Bombay als ein gebräunter und gemagerter Seefahrer an Land.

Indessen hatte er seine Freude und Neugierde nicht verloren, obwohl sie stiller geworden war, und wie er schon auf der Reise jeden Strand mit Forschersinn betreten und jede fremde Palmeninsel mit ehrfürchtiger Neugierde betrachtet hatte, so betrat er das indische Land mit begierig offenen Augen und hielt seinen Einzug in der schönen leuchtenden Stadt mit ungebrochenem Mut.

Zunächst suchte und fand er das Haus, an das er empfohlen war; es lag in einer stillen vorstädtischen Gasse, von Kokospalmen überragt. Beim Eintreten streifte sein Blick den kleinen Vorgarten und fand, obwohl jetzt eben Wichtigeres zu tun und zu beachten war, gerade noch Zeit, einen dunkelbelaubten Strauch mit großen goldgelben Blüten zu bemerken, der von einer zierlichen Schar weißer Falter auf das fröhlichste umgaukelt wurde. Dies Bild noch im leicht geblendeten Auge, trat er über einige flache Stufen in den Schatten der breiten Veranda und durch die offenstehende Haustüre. Ein dienender Hindu in einem weißen Kleid mit nackten dunkelbraunen Beinen lief über den kühlen roten Ziegelboden herbei, machte eine ergebene Verbeugung und begann in singendem Tonfall hindostanische Worte zu näseln, merkte aber rasch, daß der Fremde ihn nicht verstehe und führte ihn mit neuen weichen Verbeugungen und schlangenhaften Gebärden der Ergebenheit und Einladung tiefer ins Haus und vor eine Türöffnung, die statt der Tür mit einer lose herabhängenden Bastmatte verschlossen war. Zur gleichen Zeit ward diese Matte von innen beiseite gezogen, und es erschien ein großer, hagerer, herrisch aussehender Mann in weißen Tropenkleidern und mit Strohsandalen an den nackten Füßen. Er richtete in einer unverständlichen indischen Sprache eine Reihe von Scheltworten an den Diener, der sich klein machte und der Wand entlang davonschlich, dann wandte er sich an Aghion und hieß ihn auf Englisch eintreten.

Der Missionar suchte zuerst seine unangemeldete Ankunft zu entschuldigen und den armen Diener zu rechtfertigen, der nichts verbrochen habe. Aber der andere winkte ungeduldig ab und

sagte: »Mit den Schlingeln von Dienern werden Sie ja bald um-
zugehen lernen. Treten Sie ein! Ich erwarte Sie.«

»Sie sind wohl Mister Bradley?« fragte der Ankömmling höflich, während doch bei diesem ersten Schritt in die exotische
Wirtschaft und beim Anblick des Ratgebers, Lehrers und Mit-
arbeiters eine Fremdheit und Kälte in ihm aufstieg.

»Ich bin Bradley, gewiß, und Sie sind ja wohl Aghion. Also,
Aghion, kommen Sie nun endlich herein! Haben Sie schon Mit-
tagbrot gehabt?«

Der große knochige Mann nahm alsbald mit aller kurz ange-
bundenen, herrischen Praxis eines bewährten Überseers und
Handelsagenten den Lebenslauf seines Gastes in seine braunen,
dunkelbehaarten Hände. Er ließ ihm eine Reismahlzeit mit
Hammelfleisch und brennendem Curry bringen, er wies ihm ein
Zimmer an, zeigte ihm das Haus, nahm ihm seine Briefe und
Aufträge ab, beantwortete seine ersten neugierigen Fragen und
gab ihm die ersten notwendigen indischen Lebensregeln. Er
setzte die vier braunen Hindudiener in Bewegung, befahl und
schnauzte in seiner kalten Zornigkeit durch das schallende
Haus, ließ auch einen indischen Schneidermeister kommen, der
sofort ein Dutzend landesüblicher Kleidungen für Aghion machen mußte. Dankbar und etwas eingeschüchtert nahm der
Neuling alles hin, obwohl es seinem Sinne mehr entsprochen
hätte, seinen Einzug in Indien stiller und friedlicher zu begehen,
sich erst einmal ein bißchen heimisch zu machen und sich in
einem freundlichen Gespräch seiner ersten Eindrücke und seiner vielen starken Reiseerinnerungen zu entladen. Indessen lernt
man auf einer halbjährigen Seereise sich bescheiden und sich in
viele Lagen finden, und als gegen Abend Mister Bradley wegging, um seiner kaufmännischen Arbeit in der Stadt nachzuge-
hen, atmete der evangelische Jüngling fröhlich auf und dachte
nun allein in stillem Behagen seine Ankunft zu feiern und das
Land Indien zu begrüßen.

Feierlich verließ er sein luftiges Zimmer, das weder Tür noch
Fenster, sondern nur leere geräumige Öffnungen in allen Wänden hatte, und ging ins Freie, einen großrandigen Hut mit langem Sonnenschleier auf dem blonden Kopf und einen tüchtigen
Stock in der Hand. Beim ersten Schritt in den Garten blickte er
mit einem tiefen Atemzug ringsum und sog mit witternden Sin-

nen die Lüfte und Düfte, Lichter und Farben des fremden, sagenhaften Landes, das er als ein bescheidener Mitarbeiter erobern helfen sollte und dem er sich willig hinzugeben gesonnen war.

Was er um sich sah und verspürte, gefiel ihm alles wohl und kam ihm wie eine tausendfältige strahlende Bestätigung vieler Träume und Ahnungen vor. Dichte hohe Gebüsche standen im heftigen Sonnenlicht und strotzten von großen, wunderlich starkfarbigen Blumen; auf säulenschlanken, glatten Stämmen ragten in erstaunlicher Höhe die stillen runden Wipfel der Kokospalmen, eine Fächerpalme stand hinter dem Hause und hielt ihr sonderbar strenges, gleichmäßiges Riesenrad von gewaltigen mannslangen Blättern steif in die Lüfte, am Rand des Weges aber nahm sein naturfreundliches Auge ein kleines lebendiges Wesen wahr, dem er sich vorsichtig näherte. Es war ein grünes Chamäleon mit einem dreieckigen Kopf und boshaften kleinen Augen. Er beugte sich darüber und fühlte sich wie ein Knabe beglückt.

Eine fremdartige Musik weckte ihn aus seiner andächtigen Versunkenheit. Aus der flüsternden Stille der tiefen grünen Baum- und Gartenwildnis brach der rhythmische Lärm metallener Trommeln und Pauken und schneidend helltöniger Blasinstrumente. Erstaunt lauschte der fromme Naturfreund hinüber und machte sich, da nichts zu sehen war, neugierig auf den Weg, die Art und Herkunft dieser barbarisch-festlichen Klänge auszukundschaften. Immer den Tönen folgend, verließ er den Garten, dessen Tor weit offen stand, und verfolgte den grasigen Fahrweg durch eine freundliche Landschaft von Hausgärten, Palmenpflanzungen und lachend hellgrünen Reisfeldern, bis er, um die hohe Ecke eines Gartens biegend, in eine dörflich anmutende Gasse von indischen Hütten gelangte. Die kleinen Häuschen waren aus Lehm oder auch nur aus Bambusgestänge erbaut, die Dächer mit trockenen Palmblättern gedeckt, in allen Türöffnungen standen und hockten braune Hindufamilien. Mit Neugierde sah er die Leute an und tat den ersten Blick in das dörfliche Leben des fremden Naturvolkes, und vom ersten Augenblick an gewann er die braunen Menschen lieb, deren schöne kindliche Augen wie in einer unbewußten und unerlösten Traurigkeit blickten. Schöne Frauen schauten aus mächtigen Flechten langen, tiefschwarzen Haares hervor, still und rehhaft; sie trugen mitten im Gesicht sowie an den Hand- und Fußgelenken silbernen Schmuck und Ringe an den Fußzehen.

Kleine Kinder standen vollkommen nackt und trugen nichts am Leibe als an dünner Bastschnur ein seltsames Amulett aus Silber oder aus Horn.

Noch immer schallte die tolle Musik, nun ganz in der Nähe, und an der Ecke der nächsten Gasse hatte er gefunden, was er suchte. Da stand ein unheimlich sonderbares Gebäude von äußerst phantastischer Form und beängstigender Höhe, ein ungeheures Tor in der Mitte, und indem er daran empor staunte, fand er die ganze riesengroße Fläche des Bauwerks aus lauter steinernen Figuren von fabelhaften Tieren, Menschen und Göttern oder Teufeln zusammengesetzt, die sich zu Hunderten bis an die ferne schmale Spitze des Tempels hinantürmten, ein Wald und wildes Geflecht von Leibern, Gliedern und Köpfen. Dieser erschreckende Steinkoloß, ein großer Hindutempel, leuchtete heftig in den waagrechten Strahlen der späten Abendsonne und erzählte dem verblüfften Fremdling deutlich, daß diese tierhaft sanften, halbnackten Menschen eben doch keineswegs ein paradiesisches Naturvolk waren, sondern seit einigen tausend Jahren schon Gedanken und Götter, Künste und Religionen besaßen.

Die schallende Paukenmusik war soeben verstummt, und es kamen aus dem Tempel viele fromme Inder in weißen und farbigen Gewändern, voran und vornehm abgetrennt eine kleine feierliche Schar von Brahmanen, hochmütig in tausendjährig erstarrter Gelehrsamkeit und Würde. Sie schritten an dem weißen Manne so stolz vorüber wie Edelleute an einem Handwerksburschen, und weder sie noch die bescheideneren Gestalten, die ihnen folgten, sahen so aus, als hätten sie die geringste Neigung, sich von einem zugereisten Fremdling über göttliche und menschliche Dinge des Rechten belehren zu lassen.

Als der Schwarm verlaufen und der Ort stiller geworden war, näherte sich Robert Aghion dem Tempel und begann in verlegener Teilnahme das Figurenwerk der Fassade zu studieren, ließ jedoch bald mit Betrübnis und Schrecken davon wieder ab; denn die groteske Allegoriensprache dieser Bildwerke verwirrte und ängstigte ihn nicht minder als der Anblick einiger Szenen von schamloser Obszönität, die er naiv mitten zwischen dem Göttergewimmel dargestellt fand.

Während er sich abwandte und nach einem Rückweg ausblickte, erloschen der Tempel und die Gassen plötzlich; ein kurzes zuckendes Farbenspiel lief über den Himmel, und rasch brach die Nacht herein. Das unheimlich schnelle Eindunkeln, obwohl er es längst kannte, überfiel den jungen Missionar mit einem leichten Schauder. Zugleich mit dem Anbruch der Dämmerung begann aus allen Bäumen und Gebüschen ringsum ein grelles Singen und Lärmen von Tausenden Insekten, und in der Ferne erhob sich das Wut- oder Klagegeschrei eines Tieres mit fremden wilden Tönen. Eilig suchte Aghion seinen Heimweg, fand ihn glücklich wieder und hatte die kleine Strecke Weges noch nicht völlig zurückgelegt, als schon das ganze Land in tiefer Nachtfinsternis und der hohe schwarze Himmel voll von Sternen stand.

Im Hause, wo er nachdenklich und zerstreut ankam und sich dem ersten erleuchteten Raume näherte, empfing ihn Mister Bradley mit den Worten: »So, da sind Sie. Sie sollten aber fürs erste so spät am Abend nicht mehr ausgehen, es ist nicht ohne Gefahr. Übrigens, können Sie gut mit dem Gewehr umgehen?«

»Mit dem Gewehr? Nein, das habe ich nicht gelernt.«

»Dann lernen Sie es bald ... Wo waren Sie denn heut abend?«

Aghion erzählte voll Eifer. Er fragte begierig, welcherlei Religion jener Tempel angehöre und welcherlei Götter- oder Götzendienst darin getrieben werde, was die vielen Figuren bedeuteten und was die seltsame Musik, ob die schönen stolzen Männer in weißen Kleidern Priester seien und wie denn ihre Götter hießen. Allein hier erlebte er die erste Enttäuschung. Von allem, was er da fragte, wollte sein Ratgeber gar nichts wissen. Er erklärte, daß kein Mensch sich in dem scheußlichen Wirrwarr und Unflat dieser Götzendienste auskenne, daß die Brahmanen eine heillose Bande von Ausbeutern und Faulenzern seien und daß überhaupt diese Inder alle zusammen ein schweinisches Pack von Bettlern und Unholden wären, mit denen ein anständiger Engländer lieber gar nichts zu tun habe.

»Aber«, meinte Aghion zaghaft, »meine Bestimmung ist es doch gerade, diese verirrten Menschen auf den rechten Weg zu führen! Dazu muß ich sie kennen und lieben und alles von ihnen wissen ...«

»Sie werden bald mehr von ihnen wissen, als Ihnen lieb sein wird. Natürlich müssen Sie Hindostani und später vielleicht noch andere von diesen infamen Niggersprachen lernen. Aber mit der Liebe werden Sie nicht weit kommen.«

»Oh, die Leute sehen aber doch recht gutartig aus!«

»Finden Sie? Nun, Sie werden ja sehen. Von dem, was Sie mit den Hindus vorhaben, verstehe ich nichts und will nicht darüber urteilen. Unsere Aufgabe ist es, diesem gottlosen Pack langsam ein wenig Kultur und einen schwachen Begriff von Anständigkeit beizubringen; weiter werden wir vielleicht niemals kommen!«

»Unsere Moral, oder was Sie Anständigkeit heißen, ist aber die Moral Christi, mein Herr!«

»Sie meinen die Liebe. Ja, sagen Sie nur einmal einem Hindu, daß Sie ihn lieben. Dann wird er Sie heute anbetteln und Ihnen morgen das Hemd aus dem Schlafzimmer stehlen!«

»Ist das möglich?«

»Das ist sogar ganz sicher, lieber Herr. Sie haben es hier gewissermaßen mit Unmündigen zu tun, die noch keine Ahnung von Ehrlichkeit und Recht haben, nicht mit gutartigen englischen Schulkindern, sondern mit einem Volk von schlauen braunen Lausbuben, denen jede Schändlichkeit einen Hauptspaß macht. Sie werden noch an mich denken!«

Aghion verzichtete traurig auf ein weiteres Fragen und nahm sich vor, nun einmal vor allem fleißig und gehorsam alles zu lernen, was hier zu lernen wäre. Doch ob nun der strenge Bradley recht hatte oder nicht, schon seit dem Anblick des ungeheuern Tempels und der unnahbar stolzen Brahmanen war ihm sein Vorhaben und Amt in diesem Lande unendlich viel schwieriger erschienen, als er je zuvor gedacht hätte.

Am nächsten Morgen wurden die Kisten ins Haus gebracht, in denen der Missionar sein Eigentum aus der Heimat mit sich geführt hatte. Sorglich packte er aus, legte Hemden zu Hemden und Bücher zu Büchern und fand sich durch manche Gegenstände nachdenklich gestimmt. Es fiel ihm ein kleiner Kupferstich in schwarzem Rahmen in die Hände, dessen Glas unterwegs zerbrochen war und der ein Bildnis des Herrn Defoe, des

Verfassers von Robinson Crusoe, darstellte, und das alte, ihm
von der frühen Kindheit an vertraute Gebetbuch seiner Mutter,
alsdann aber als ermunternder Wegweiser in die Zukunft eine
Landkarte von Indien, die ihm sein Oheim geschenkt, und zwei
stählerne Netzbügel für den Schmetterlingsfang, die er sich selber noch in London hatte machen lassen. Einen von diesen legte
er sogleich zum Gebrauch in den nächsten Tagen beiseite.
Am Abend war seine Habe verteilt und verstaut, der kleine Kupferstich hing über seinem Bett, und das ganze Zimmer war in
saubere Ordnung gebracht. Die Beine seines Tisches und seiner
Bettstatt hatte er, wie es ihm empfohlen worden war, in kleine
irdene Näpfe gestellt und die Näpfe mit Wasser gefüllt, zum
Schutz gegen die Ameisen. Mister Bradley war den ganzen Tag
in Geschäften abwesend, und es war dem jungen Manne sonderbar, vom ehrfürchtigen Diener durch Zeichen zu den Mahlzeiten gelockt und dabei bedient zu werden, ohne daß er ein
einziges Wort mit ihm reden konnte.
In der Frühe des folgenden Tages begann Aghions Arbeit. Es
erschien und wurde ihm von Bradley vorgestellt der schöne
dunkeläugige Jüngling Vyardenya, der sein Lehrmeister in der
Hindostani-Sprache werden sollte. Der lächelnde junge Inder
sprach nicht übel Englisch und hatte die besten Manieren; nur
schreckte er ängstlich zurück, als der arglose Engländer ihm
freundlich die Hand zur Begrüßung entgegenstreckte, und vermied auch künftighin jede körperliche Berührung mit dem Weißen, die ihn verunreinigt haben würde, da er einer hohen Kaste
angehörte. Er wollte sich auch niemals auf einen Stuhl setzen,
den vor ihm ein Fremder benutzt hatte, sondern brachte jeden
Tag zusammengerollt unterm Arm seine eigene hübsche Bastmatte mit, die er auf dem Ziegelboden ausbreitete und auf welcher er mit gekreuzten Beinen edel und aufrecht saß. Sein Schüler, mit dessen Eifer er zufrieden sein konnte, suchte auch diese
Kunst von ihm zu lernen und kauerte während seiner Lektionen
stets auf einer ähnlichen Matte am Boden, obwohl ihm dabei in
der ersten Zeit alle Glieder weh taten, bis er daran gewöhnt
wurde. Fleißig und geduldig lernte er Wort für Wort, mit den
alltäglichen Begrüßungsformeln beginnend, die ihm der Jüngling unermüdet und lächelnd vorsprach, und stürzte sich jeden
Tag mit neuem Mut in den Kampf mit den indischen Girr- und

Gaumenlauten, die ihm zu Anfang als ein unartikuliertes Röcheln erschienen waren und die er nun alle zu unterscheiden und nachzuahmen lernte.

So merkwürdig das Hindostani war und so rasch die Vormittagsstunden mit dem höflichen Sprachlehrer vergingen, so waren doch die Nachmittage und gar die Abende lang genug, um den strebsamen Herrn Aghion die Einsamkeit fühlen zu lassen, in der er lebte. Sein Wirt, zu dem er in einem unklaren Verhältnisse stand und der ihm halb als Gönner, halb als eine Art Vorgesetzter entgegentrat, war wenig zu Hause; er kam meistens gegen Mittag zu Fuß oder zu Pferde aus der Stadt zurück, präsidierte als Hausherr beim Essen, zu dem er manchmal einen englischen Schreiber mitbrachte, und legte sich dann zwei, drei Stunden zum Rauchen und Schlafen auf die Veranda, um gegen Abend nochmals für einige Stunden in sein Kontor oder Magazin zu gehen. Zuweilen mußte er für mehrere Tage verreisen, um Produkte einzukaufen, und sein neuer Hausgenosse hatte wenig dagegen, da er mit dem besten Willen sich dem rauhen und wortkargen Geschäftsmann nicht befreunden konnte. Auch gab es manches in der Lebensführung Mister Bradleys, was dem Missionar nicht gefallen konnte. Unter anderem kam es zuweilen vor, daß Bradley am Feierabend mit jenem Schreiber zusammen bis zur Trunkenheit eine Mischung von Wasser, Rum und Limonadensaft genoß; dazu hatte er in der ersten Zeit den jungen Geistlichen mehrmals eingeladen, aber stets von ihm eine sanfte Absage erhalten.

Bei diesen Umständen war Aghions tägliches Leben nicht gerade kurzweilig. Er hatte versucht, seine ersten schwachen Sprachkenntnisse anzuwenden, indem er an den langen öden Nachmittagen, wo das hölzerne Haus ringsum von der stechenden Hitze belagert lag, sich zur Dienerschaft in die Küche begab und sich mit den Leuten zu unterhalten suchte. Der mohammedanische Koch zwar gab ihm keine Antwort und war so hochmütig, daß er ihn gar nicht zu sehen schien, der Wasserträger aber und der Hausjunge, die beide stundenlang müßig auf ihren Matten hockten und Betel kauten, hatten nichts dagegen, sich an den angestrengten Sprechversuchen des Masters zu belustigen.

Eines Tages erschien aber Bradley in der Küchentür, als gerade

die beiden Schlingel sich über einige Irrtümer und Wortver-
wechslungen des Missionars vor Vergnügen auf die mageren
Schenkel klatschten. Bradley sah der Lustbarkeit mit verbisse-
nen Lippen zu, gab blitzschnell dem Boy eine Ohrfeige, dem
Wasserträger einen Fußtritt und zog den erschrockenen Aghion
stumm mit sich davon. In seinem Zimmer sagte er dann ärgerlich: »Wie oft muß ich Ihnen noch sagen, daß Sie sich nicht mit
den Leuten einlassen sollen! Sie verderben mir die Burschen,
selbstverständlich in der besten Absicht, und ohnehin geht es
nicht an, daß ein Engländer sich vor diesen braunen Schelmen
zum Hanswurst macht!« Er war wieder davongegangen, noch
ehe der beleidigte Aghion sich rechtfertigen konnte.
Unter Menschen kam der vereinsamte Missionar nur am Sonntag, wo er regelmäßig zur Kirche ging, auch selbst einmal für den
wenig arbeitsamen englischen Pfarrer die Predigt übernahm.
Aber er, der daheim vor den Bauern und Wollwebern seiner
Gegend mit Liebe gepredigt hatte, fand sich hier, vor einer kühlen Gemeinde von reichen Geschäftsleuten, müden, kränklichen
Damen und lebenslustigen jungen Angestellten, fremd und ernüchtert.
Wenn er nun über dem Betrachten seiner Lage zuweilen recht
betrübt wurde und sich erbarmenswert vorkam, so gab es einen
Trost für sein Gemüt, der niemals versagte. Dann rüstete er sich
zu einem Ausflug, hängte die Botanisierbüchse um und nahm
das Netz zur Hand, das er mit einem langen schlanken Bam-
busstab versehen hatte. Gerade das, worüber die meisten anderen Engländer sich bitter zu beklagen pflegten, die glühende
Sonnenhitze und das ganze indische Klima, war ihm lieb und
schien ihm herrlich; denn er hielt sich an Leib und Seele frisch
und ließ keine Erschlaffung aufkommen. Für seine Naturstu-
dien und Liebhabereien vollends war dieses Land eine uner-
meßliche Weide, auf Schritt und Tritt hielten unbekannte
Bäume, Blumen, Vögel, Insekten ihn auf, die er mit der Zeit alle
namentlich kennenzulernen beschloß. Seltsame Eidechsen und
Skorpione, riesengroße dicke Tausendfüßler und anderes Ko-
boldzeug erschreckte ihn selten mehr, und seit er eine dicke
Schlange in der Badekammer mutig mit dem hölzernen Eimer
erschlagen hatte, fühlte er seine Bangnis vor unheimlicher Tier-
gefahr immer mehr dahinschwinden.

Als er zum erstenmal mit seinem Netz nach einem großen prächtigen Schmetterling schlug, als er ihn gefangen sah und mit vorsichtigen Fingern das stolze strahlende Tier an sich nahm, dessen breite Flügel alabastern glänzten und mit dem duftigsten Farbenflaum behaucht waren, da schlug ihm das Herz in einer unbändigen Freude, wie er sie nicht mehr empfunden hatte, seit er als Knabe seinen ersten Schwalbenschwanz erbeutet hatte. Fröhlich gewöhnte er sich an die Unbequemlichkeiten des Dschungels und verzagte nicht, wenn er im Urwald tief in versteckte Schlammgruben einbrach, von heulenden Affenherden verhöhnt und von wütenden Ameisenvölkern überfallen wurde. Nur einmal lag er zitternd und betend hinter einem ungeheuren Gummibaum auf den Knien, während in der Nähe wie ein Gewitter und Erdbeben ein Trupp von Elefanten durchs dichte Gehölz brach. Er gewöhnte sich daran, in seinem luftigen Schlafzimmer frühmorgens vom rasenden Affengebrüll aus dem nahen Walde geweckt zu werden und bei Nacht das heulende Schreien der Schakale zu hören. Seine Augen glänzten hell und wachsam aus dem gemagerten, braun und männlich gewordenen Gesicht.

Auch in der Stadt und noch lieber in den friedlichen gartenartigen Außendörfern sah er sich immer besser um, und die Hinduleute gefielen ihm desto mehr, je mehr er von ihnen sah. Störend und äußerst peinlich war ihm nur die Sitte der unteren Stände, ihre Frauen mit nacktem Oberkörper laufen zu lassen. Nackte Frauenhälse und -arme und Frauenbrüste auf der Gasse zu sehen, daran konnte der Missionar sich schwer gewöhnen, obgleich es häufig sehr hübsch aussah.

Nächst dieser Anstößigkeit machte nichts ihm so viel zu schaffen und zu denken wie die Rätsel, die ihm das geistige Leben dieser Menschen entgegenhielt. Wohin er blicken mochte, überall war Religion. In London konnte man gewiß am höchsten kirchlichen Feiertag nicht so viel Frömmigkeit wahrnehmen wie hier an jedem Werktag und in jeder Gasse; überall waren Tempel und Bilder, war Gebet und Opfer, waren Umzüge und Zeremonien, Büßer und Priester zu sehen. Aber wer wollte sich jemals in diesem wirren Knäuel von Religionen zurechtfinden? Da waren Brahmanen und Mohammedaner, Feueranbeter und Buddhisten, Diener des Schiwa und des Krischna, Turbanträger

329

und Gläubige mit glattrasierten Köpfen, Schlangenanbeter und Diener heiliger Schildkröten.

Wo war der Gott, dem alle diese Verirrten dienten? Wie sah er aus, und welcher Kultus von den vielen war der ältere, heiligere, reinere? Das wußte niemand, und namentlich den Indern selber war dies vollkommen einerlei; wer von dem Glauben seiner Väter nicht befriedigt war, der ging zu einem andern über oder zog als Büßer dahin, um eine neue Religion zu finden oder gar zu schaffen. Göttern und Geistern, deren Namen niemand wußte, wurden Speisen in kleinen Schalen geopfert, und alle diese hundert Gottesdienste, Tempel und Priesterschaften lebten vergnügt nebeneinander hin, ohne daß es den Anhängern des einen Glaubens einfiel, die anderen zu hassen oder totzuschlagen, wie es daheim in den Christenländern Sitte war. Vieles sogar sah sich hübsch und lieblich an, Flötenmusik und zarte Blumenopfer, und auf vielen frommen Gesichtern wohnte ein Friede und heiter stiller Glanz, den man in den Gesichtern der Engländer vergeblich suchte. Schön und heilig schien ihm auch das von den Hindus streng gehaltene Gebot, kein Tier zu töten, und er schämte sich zuweilen und suchte Rechtfertigung vor sich selbst, wenn er ohne Erbarmen einige schöne Schmetterlinge und Käfer umgebracht und auf Nadeln gespießt hatte. Andererseits waren unter diesen selben Völkern, denen jeder Wurm als Geschöpf Gottes heilig galt und die sich innig in Gebeten und Tempeldienst hingaben, Diebstahl und Lüge, falsches Zeugnis und Vertrauensbruch ganz alltägliche Dinge, über die keine Seele sich empörte oder nur wunderte. Je mehr es der wohlmeinende Glaubensbote bedachte, desto mehr schien ihm dieses Volk zum undurchdringlichen Rätsel zu werden, das jeder Logik und Theorie hohnsprach. Der Diener, mit dem er trotz Bradleys Verbot bald wieder Gespräche pflog und der soeben ein Herz und eine Seele mit ihm zu sein schien, stahl ihm eine Stunde später ein baumwollenes Hemd, und als er ihn mit liebreichem Ernst zur Rede stellte, leugnete er zuerst unter Schwüren, gab dann lächelnd alles zu, zeigte das Hemd her und sagte zutraulich, es habe ja schon ein kleines Loch, und so habe er gedacht, der Master werde es gewiß nimmer tragen mögen.

Ein anderes Mal setzte ihn der Wasserträger in Erstaunen. Dieser Mann erhielt seinen Lohn und sein Essen dafür, daß er täglich die Küche und die Badekammer aus der nächsten Zisterne her mit Wasser versorgte. Er tat diese Arbeit stets am frühen Morgen und am Abend, den ganzen übrigen Tag saß er in der Küche oder in der Dienerhütte und kaute entweder Betel oder ein Stückchen Zuckerrohr. Einmal, da der andere Diener ausgegangen war, gab ihm Aghion ein Beinkleid zum Ausbürsten, das von einem Spaziergang her voll von Grassamen hing. Der Mann lachte nur und streckte die Hände auf den Rücken, und als der Missionar unwillig wurde und ihm streng befahl, sofort die kleine Arbeit zu tun, folgte er zwar endlich, tat die Verrichtung aber unter Murren und Tränen, setzte sich dann trostlos in die Küche und schalt und tobte eine Stunde lang wie ein Verzweifelter. Mit unendlicher Mühe und nach Überwindung vieler Mißverständnisse brachte Aghion an den Tag, daß er den Menschen schwer beleidigt habe durch den Befehl zu einer Arbeit, die nicht zu seinem Amte gehörte.

Alle diese kleinen Erfahrungen traten, sich allmählich verdichtend, wie zu einer Glaswand zusammen, die den Missionar von seiner Umgebung abtrennte und in eine immer peinlichere Einsamkeit verwies. Desto heftiger, ja mit einer gewissen verzweifelten Gier lag er seinen Sprachstudien ob, in denen er gute Fortschritte machte und die ihm, wie er sehnlichst hoffte, dies fremde Volk doch noch erschließen sollten. Immer häufiger konnte er es nun wagen, Eingeborene auf der Straße anzureden, er ging ohne Dolmetscher zum Schneider, zum Krämer, zum Schuhmacher. Manchmal gelang es ihm, mit einfachen Leuten ins Geplauder zu kommen, etwa indem er einem Handwerker sein Werk, einer Mutter ihren Säugling freundlich betrachtete und lobte, und aus Worten und Blicken dieser Heidenmenschen, namentlich aber aus ihrem guten, kindlichen, seligen Lachen, sprach ihn oft die Seele des fremden Volkes so klar und brüderlich an, daß für Augenblicke alle Schranken fielen und das Gefühl der Fremdheit sich verlor.

Schließlich meinte er entdeckt zu haben, daß Kinder und einfache Leute vom Lande ihm fast immer zugänglich seien, ja, daß alle Schwierigkeiten, alles Mißtrauen und alle Verderbnis der Städter nur von der Berührung mit den europäischen Schiffs- und Handelsleuten herkomme. Von da an wagte er sich, häufig zu Pferde, auf Ausflügen immer weiter ins Land hinein. Er trug

Kupfermünzen und manchmal auch Zuckerstücke für die Kinder in der Tasche, und wenn er weit drinnen im hügeligen Lande vor einer bäuerlichen Lehmhütte sein Pferd an eine Palme band und, unter das Schilfdach tretend, grüßte und um einen Trunk Wasser oder Kokosmilch bat, so ergab sich fast jedesmal eine harmlos freundliche Bekanntschaft und ein Geplauder, bei dem Männer, Weiber und Kinder, über seine noch mangelhafte Kenntnis der Sprache oft im fröhlichsten Erstaunen hellauf lachten, was er gar nicht ungerne sah.

Noch machte er keinerlei Versuche, den Leuten bei solchen Anlässen vom lieben Gott zu erzählen. Es schien ihm das nicht nur nicht eilig, sondern auch überaus heikel und fast unmöglich zu sein, da er für alle die geläufigen Ausdrücke des biblischen Glaubens durchaus keine indischen Worte finden konnte. Außerdem fühlte er kein Recht, sich zum Lehrer dieser Leute aufzuwerfen und sie zu wichtigen Änderungen in ihrem Leben aufzufordern, ehe er dieses Leben genau kannte und fähig war, mit den Hindus einigermaßen auf gleichem Fuße zu leben und zu reden.

Dadurch dehnten seine Studien sich weiter aus. Er suchte Leben, Arbeit und Erwerb der Eingeborenen kennenzulernen, er ließ sich Bäume und Früchte zeigen und benennen, Haustiere und Geräte; er erforschte nach und nach die Geheimnisse des nassen und des trockenen Reisbaues, der Gewinnung des Bastes und der Baumwolle, er betrachtete Hausbau und Töpferei, Strohflechten und Webearbeiten, worin er von der Heimat her Bescheid wußte. Er sah dem Pflügen schlammiger Reisfelder mit rosenroten fetten Wasserbüffeln zu, er lernte die Arbeit des gezähmten Elefanten kennen und sah zahme Affen für ihre Herren die Kokosnüsse von den Bäumen holen.

Auf einem seiner Ausflüge, in einem friedvollen Tal zwischen hohen grünen Hügeln, überraschte ihn einst ein wilder Gewitterregen, vor welchem er in der nächsten Hütte, die er erreichen konnte, einen Unterstand suchte. Er fand in dem engen Raum zwischen lehmbekleideten Bambuswänden eine kleine Familie versammelt, die den hereintretenden Fremdling mit scheuem Erstaunen begrüßte. Die Hausmutter hatte ihr graues Haar mit Henna feurigrot gefärbt und zeigte, da sie zum Empfang aufs freundlichste lächelte, einen Mund voll ebenso roter Zähne, die ihre Leidenschaft für das Betelkauen verrieten. Ihr Mann war ein großer, ernst blickender Mensch mit langen, noch dunklen Haaren. Er erhob sich vom Boden und nahm eine königlich aufrechte Haltung an, tauschte Begrüßungsworte mit dem Gast und bot ihm alsbald eine frisch geöffnete Kokosnuß an, von deren süßlichem Saft der Engländer einen Schluck genoß. Ein kleiner Knabe, der bei seinem Eintritt still in die Ecke hinter der steinernen Feuerstelle geflohen war, blitzte von dort unter einem Wald von glänzend schwarzen Haaren hervor mit ängstlich neugierigen Augen; auf seiner dunkeln Brust schimmerte ein messingenes Amulett, das seinen einzigen Schmuck und seine einzige Kleidung bildete. Einige große Bananenbündel schwebten über der Türe zur Nachreife aufgehängt; in der ganzen Hütte, die all ihr Licht nur durch die offene Tür erhielt, war keine Armut, wohl aber die äußerste Einfachheit und eine hübsche, reinliche Ordnung zu bemerken.

Ein leises, aus allerfernsten Kindererinnerungen emporduftendes Heimatgefühl, das den Reisenden so leicht beim Anblick zufriedener Häuslichkeit übernimmt, ein leises Heimatgefühl, das er in dem Bungalow des Herrn Bradley niemals gespürt hatte, kam über den Missionar, und es schien ihm beinahe so, als sei seine Einkehr hier nicht nur die eines vom Regen überfallenen Wanderers, sondern als wehe ihm, der sich in trüben Lebenswirrsalen verlaufen, endlich einmal wieder Sinn und Frohmut eines richtigen, natürlichen, in sich begnügten Lebens entgegen. Auf dem dichten Schilfblätterdach der Hütte rauschte und trommelte leidenschaftlich der wilde Regen und hing vor der Tür dick und blank wie eine Glaswand.

Die Alten unterhielten sich mit ihrem ungewöhnlichen Gast, und als sie am Ende mit Höflichkeit die natürliche Frage stellten, was denn seine Ziele und Absichten in diesem Lande seien, kam er in Verlegenheit und begann von anderem zu reden. Wieder, wie schon oft, wollte es dem bescheidenen Aghion als eine ungeheuerliche Frechheit und Überhebung erscheinen, daß er als Abgesandter eines fernen Volkes hierhergekommen sei mit der Absicht, diesen Menschen ihren Gott und Glauben zu nehmen und einen anderen dafür aufzunötigen. Immer hatte er gedacht, diese Scheu würde sich verlieren, sobald er nur die Hindusprache besser beherrsche; aber heute ward ihm unzweifelhaft klar, daß dies eine Täuschung gewesen war und daß er, je besser er das braune Volk verstand, desto weniger Recht und Lust in sich verspürte, herrisch in das Leben dieses Volkes einzugreifen.

Der Regen ließ nach, und das mit der fetten roten Erde durchsetzte Wasser in der hügeligen Gasse lief davon, Sonnenstrahlen drangen zwischen den naß glänzenden Palmenstämmen hervor und spiegelten sich grell und blendend in den blanken Riesenblättern der Pisangbäume. Der Missionar bedankte sich bei seinen Wirten und machte Miene sich zu verabschieden, da fiel ein Schatten auf den Boden, und der kleine Raum verfinsterte sich. Schnell wandte er sich um und sah durch die Tür eine Gestalt lautlos auf nackten Sohlen hereintreten, eine junge Frau oder ein Mädchen, die bei seinem unerwarteten Anblick erschrak und zu dem Knaben hinter die Feuerstatt floh.

»Sag dem Herrn guten Tag!« rief ihr der Vater zu, und sie trat schüchtern zwei Schritte vor, kreuzte die Hände vor der Brust und verneigte sich mehrmals. In ihrem dicken tiefschwarzen Haar schimmerten Regentropfen; der Engländer legte freundlich und befangen seine Hand darauf und sprach einen Gruß, und während er das weiche geschmeidige Haar lebendig in seinen Fingern fühlte, hob sie das Gesicht zu ihm auf und lächelte freundlich aus wunderschönen Augen. Um den Hals trug sie eine Korallenkette und am einen Fußgelenk einen schweren goldenen Ring, sonst nichts als das dicht unter den Brüsten gegürtete rotbraune Untergewand. So stand sie in ihrer Schönheit vor dem erstaunten Fremden; die Sonnenstrahlen spiegelten sich matt in ihrem Haar und auf ihren braunen blanken Schultern, blitzend funkelten die Zähne aus dem jungen Mund. Robert Aghion sah sie mit Entzücken an und suchte tief in ihre stillen sanften Augen zu blicken, wurde aber schnell verlegen; der feuchte Duft ihrer Haare und der Anblick ihrer nackten Schultern und Brüste verwirrte ihn, so daß er bald vor ihrem unschuldigen Blick die Augen niederschlug. Er griff in die Tasche und holte eine kleine stählerne Schere hervor, mit der er sich Nägel und Bart zu schneiden pflegte und die ihm auch beim Pflanzensammeln diente; die schenkte er dem schönen Mädchen und wußte wohl, daß dies eine recht kostbare Gabe sei. Sie nahm das Ding denn auch befangen und in beglücktem Erstaunen an sich, während die Eltern sich in Dankesworten erschöpften, und als er nun Abschied nahm und ging, da folgte sie ihm bis unter das Vordach der Hütte, ergriff seine linke Hand und küßte sie. Die laue, zärtliche Berührung dieser blumenhaften Lippen rann dem Manne ins Blut, am liebsten hätte er sie auf den Mund geküßt. Statt dessen nahm er ihre beiden Hände in seine Rechte, sah ihr in die Augen und sagte: »Wie alt bist du?«

»Das weiß ich nicht«, gab sie zur Antwort.

»Und wie heißt du denn?«

»Naissa.«

»Leb wohl, Naissa, und vergiß mich nicht!«

»Naissa vergißt den Herrn nicht.«

Er ging von dannen und suchte den Heimweg, tief in Gedanken, und als er spät in der Dunkelheit ankam und in seine Kammer trat, bemerkte er erst jetzt, daß er heute keinen einzigen Schmetterling oder Käfer, nicht Blatt noch Blume von seinem Ausflug mitgebracht hatte. Seine Wohnung aber, das öde Junggesellenhaus mit den herumlungernden Dienern und dem kühlen mürrischen Herrn Bradley, war ihm noch nie so unheimlich und trostlos erschienen wie in dieser Abendstunde, da er bei seiner kleinen Öllampe am wackligen Tischlein saß und in der Bibel zu lesen versuchte.

In dieser Nacht, als er nach langer Gedankenunruhe und trotz der singenden Moskitos endlich den Schlaf gefunden hatte, wurde der Missionar von sonderbaren Träumen heimgesucht.

Er wandelte in einem dämmernden Palmenhain, wo gelbe Sonnenflecken auf dem rotbraunen Boden spielten. Papageien riefen aus der Höhe, Affen turnten tollkühn an den unendlich hohen Baumsäulen, kleine edelsteinblitzende Vögel leuchteten kostbar auf, Insekten jeder Art gaben durch Töne, Farben oder Bewegungen ihre Lebensfreude kund. Der Missionar spazierte dankbar und beglückt inmitten dieser Pracht; er rief einen seiltanzenden Affen an, und siehe, das flinke Tier kletterte gehorsam zur Erde und stellte sich wie ein Diener mit Gebärden der Ergebenheit vor Aghion auf. Dieser sah ein, daß er in diesem seligen Bezirk der Kreatur zu gebieten habe, und alsbald berief er die Vögel und Schmetterlinge um sich, und sie kamen in großen glänzenden Scharen, er winkte und taktierte mit den Händen, nickte mit dem Kopf, befahl mit Blicken und Zungenschnalzen, und gefügig ordneten sich alle die herrlichen Tiere in der goldenen Luft zu schönen schwebenden Reigen und Festzügen, pfiffen und summten, zirpten und rollten in feinen Chören, suchten und flohen, verfolgten und haschten einander, beschrieben feierliche Kreise und schalkhafte Spiralen in der Luft. Es war ein glänzendes herrliches Ballett und Konzert und ein wiedergefundenes Paradies, und der Träumer verweilte in dieser harmonischen Zauberwelt, die ihm gehorchte und zu eigen war, mit einer beinahe schmerzlichen Lust; denn in all dem Glück war doch schon ein leises Ahnen oder Wissen enthalten, ein Vorgeschmack von Unverdientheit und Vergänglichkeit, wie ihn ein frommer Missionar ohnehin bei jeder Sinnenlust auf der Zunge haben muß.

Dieser ängstliche Vorgeschmack trog dann auch nicht. Noch schwelgte der entzückte Naturfreund im Anblick einer Affenquadrille und liebkoste einen ungeheuren blauen Sammetfalter, der sich vertraulich auf seine linke Hand gesetzt hatte und sich wie ein Täubchen streicheln ließ, aber schon begannen Schatten der Angst und Auflösung in dem Zauberhain zu flattern und das Gemüt des Träumers zu umhüllen. Einzelne Vögel schrien plötzlich grell und angstvoll auf, unruhige Windstöße erbrausten in den hohen Wipfeln, das frohe warme Sonnenlicht wurde fahl und siech, die Vögel huschten nach allen Seiten davon, und die schönen großen Falter ließen sich in wehrlosem Schrecken vom Winde davonführen. Regentropfen klatschten erregt auf den Baumkronen, ein ferner leiser Donner rollte langsam austönend über das Himmelsgewölbe.

Da betrat Mister Bradley den Wald. Der letzte bunte Vogel war entflogen. Hünenhaft groß von Gestalt und finster wie der Geist eines erschlagenen Königs kam Bradley heran, spuckte verächtlich vor dem Missionar aus und begann ihm in verletzenden, höhnischen, feindseligen Worten vorzuwerfen, er sei ein Gauner und Tagedieb, der sich von seinem Londoner Patron für die Bekehrung der Heiden anstellen und bezahlen lasse, statt dessen aber nichts tue als müßig gehen, Käfer fangen und spazierenlaufen. Und Aghion mußte in Zerknirschung eingestehen, jener habe recht und er sei all dieser Versäumnisse schuldig.

Es erschien nun jener mächtige reiche Patron aus England, Aghions Brotgeber, sowie mehrere englische Geistliche, und diese zusammen mit Bradley trieben und hetzten den Missionar vor sich her durch Busch und Dorn, bis sie auf eine volkreiche

Straße und in jene Vorstadt von Bombay kamen, wo der turm-
hohe groteske Hindutempel stand. Hier flutete eine bunte Men-
schenmenge aus und ein, nackte Kulis und weißgekleidete stolze
Brahmanen; dem Tempel gegenüber aber war eine christliche
Kirche errichtet, und über ihrem Portal war Gottvater in Stein
gebildet, in Wolken schwebend mit ernstem Vaterauge und flie-
ßendem Bart.

Der bedrängte Missionar schwang sich auf die Stufen des Got-
teshauses, winkte mit den Armen und begann den Hinduleuten
zu predigen. Mit lauter Stimme forderte er sie auf, herzuschauen
und zu vergleichen, wie anders der wahre Gott beschaffen sei als
ihre armen Fratzengötter mit den vielen Armen und Rüsseln.
Mit ausgestrecktem Finger wies er auf das verschlungene Figurenwerk der indischen Tempelfassade, und dann wies er einladend auf das Gottesbild seiner Kirche. Aber wie sehr erschrak er
da, als er seiner eigenen Gebärde folgend emporblickte; denn
Gottvater hatte sich verändert, er hatte drei Köpfe und sechs
Arme bekommen und hatte statt des etwas blöden und macht-
losen Ernstes ein überlegen vergnügtes Lächeln in den Gesichtern, genau wie es die indischen Götterbilder nicht selten zeigten. Verzagend sah sich der Prediger nach Bradley, nach dem
Patron und der Geistlichkeit um; sie waren aber alle verschwunden, er stand allein und kraftlos auf den Stufen der Kirche, und
nun verließ ihn auch Gottvater selbst, denn er winkte mit seinen
sechs Armen zu dem Tempel hinüber und lächelte den Hindu-
göttern mit göttlicher Heiterkeit zu.

Vollständig verlassen, geschändet und verloren stand Aghion auf
seiner Kirchentreppe. Er schloß die Augen und blieb aufrecht
stehen, jede Hoffnung war in seiner Seele erloschen, und er wartete mit verzweifelter Ruhe darauf, von den Heiden gesteinigt zu
werden. Statt dessen aber fühlte er sich, nach einer furchtbaren
Pause, von einer starken, doch sanften Hand beiseite geschoben,
und als er die Augen aufriß, sah er den steinernen Gottvater groß
und ehrwürdig die Stufen herabschreiten, während gegenüber
die Götterfiguren des Tempels in ganzen Scharen von ihren
Schauplätzen herabstiegen. Sie alle wurden von Gottvater begrüßt, der sodann in den Hindutempel eintrat und mit freundlicher Gebärde die Huldigung der weißgekleideten Brahmanen
entgegennahm. Die Heidengötter aber mit ihren Rüsseln, Rin-

gellocken und Schlitzaugen besuchten einmütig die Kirche, fanden alles gut und hübsch und zogen viele Beter nach sich, und so entstand ein Umzug der Götter und Menschen zwischen Kirche und Tempel; Gong und Orgel tönten geschwisterlich ineinander, und stille dunkle Inder brachten auf nüchternen englischchristlichen Altären Lotosblumen dar.

Mitten im festlichen Gedränge aber schritt mit den glatten, glänzend schwarzen Haaren und den großen kindlichen Augen die schöne Naissa. Sie kam zwischen vielen anderen Gläubigen vom Tempel herübergegangen, stieg die Stufen zur Kirche empor und blieb vor dem Missionar stehen. Sie sah ihm ernst und lieblich in die Augen, nickte ihm zu und bot ihm eine Lotosblüte hin. Er aber, in überwallendem Entzücken, beugte sich über ihr klares stilles Gesicht herab, küßte sie auf die Lippen und schloß sie in seine Arme.

Noch ehe er hatte sehen können, was Naissa dazu sagte, erwachte Aghion aus seinem Traum und fand sich müde und erschrocken in tiefer Dunkelheit auf seinem Lager hingestreckt. Eine schmerzliche Verwirrung aller Gefühle und Triebe quälte ihn bis zur Verzweiflung. Der Traum hatte ihm sein eigenes Selbst unverhüllt gezeigt, seine Schwäche und Verzagtheit, den Unglauben an seinen Beruf, seine Verliebtheit in die braune Heidin, seinen unchristlichen Haß gegen Bradley, sein schlechtes Gewissen dem englischen Brotgeber gegenüber.

Eine Weile lag er traurig und bis zu Tränen erregt im Dunkeln. Er versuchte zu beten und vermochte es nicht, er versuchte sich die Naissa als Teufelin vorzustellen und seine Neigung als verworfen zu erkennen und konnte auch das nicht. Am Ende erhob er sich, einer halbbewußten Regung folgend und noch von den Schatten und Schauern des Traumes umgeben; er verließ sein Zimmer und suchte Bradleys Stube auf, ebensosehr im triebhaften Bedürfnis nach Menschenanblick und Trost wie in der frommen Absicht, sich seiner Abneigung gegen diesen Mann zu schämen und durch Offenheit ihn zum Freunde zu machen.

Leise schlich er auf dünnen Bastsohlen die dunkle Veranda entlang bis zum Schlafzimmer Bradleys, dessen leichte Tür aus Bambusgestäbe nur bis zur halben Höhe der Türöffnung reichte und den hohen Raum schwach erleuchtet zeigte; denn jener pflegte, gleich vielen Europäern in Indien, die ganze Nacht hindurch ein kleines Öllicht zu brennen. Behutsam drückte Aghion die dünnen Türflügel nach innen und ging hinein.

Der kleine Öldocht schwelte in einem irdenen Schüsselchen am Boden des Gemachs und warf schwache ungeheure Schatten an den kahlen Wänden aufwärts. Ein brauner Nachtfalter umsurrte das Licht in kleinen Kreisen. Um die umfangreiche Bettstatt her war der große Moskitoschleier sorgfältig zusammengezogen. Der Missionar nahm die Lichtschale in die Hand, trat ans Bett und öffnete den Schleier eine Spanne weit. Eben wollte er des Schläfers Namen rufen, da sah er mit heftigem Erschrecken, daß Bradley nicht allein sei. Er lag, vom dünnen, seidenen Nacht-kleide bedeckt, auf dem Rücken, und sein Gesicht mit dem em-porgereckten Kinn sah um nichts zarter oder freundlicher aus als am Tage. Neben ihm aber lag nackt eine zweite Gestalt, eine Frau mit langen schwarzen Haaren. Sie lag auf der Seite und wendete dem Missionar das schlafende Gesicht zu, und er erkannte sie: es war das starke große Mädchen, das jede Woche die Wäsche ab-zuholen pflegte.

Ohne den Vorhang wieder zu schließen, floh Aghion hinaus und in sein Zimmer zurück. Er versuchte wieder zu schlafen, doch gelang es ihm nicht; das Erlebnis des Tages, der seltsame Traum und endlich der Anblick der nackten Schläferin hatten ihn ge-waltig erregt. Zugleich war seine Abneigung gegen Bradley viel stärker geworden, ja er scheute sich vor dem Augenblick des Wiedersehens und der Begrüßung beim Frühstück. Am meisten aber quälte und bedrückte ihn die Frage, ob es nun seine Pflicht sei, dem Hausgenossen wegen seiner Lebensführung Vorwürfe zu machen und seine Besserung zu versuchen. Aghions ganze Natur war dagegen, aber sein Amt schien von ihm zu fordern, daß er seine Feigheit überwinde und dem Sünder unerschrocken ins Gewissen rede. Er zündete seine Lampe an und las, von den singenden Mücken umschwärmt und gepeinigt, stundenlang im Neuen Testament, ohne doch Sicherheit und Trost zu gewinnen. Beinahe hätte er ganz Indien fluchen mögen oder doch seiner Neugierde und Wanderlust, die ihn hierher und in diese Sack-gasse geführt hatte. Nie war ihm die Zukunft so düster erschie-nen, und nie hatte er sich so wenig zum Bekenner und Märtyrer geschaffen gefühlt wie in dieser Nacht.

Zum Frühstück kam er mit unterhöhlten Augen und müden

Zügen, rührte unfroh mit dem Löffel im duftenden Tee und schälte in verdrossener Spielerei lange Zeit an einer Banane herum, bis Herr Bradley erschien. Dieser grüßte kurz und kühl wie sonst, setzte den Boy und den Wasserträger durch laute Befehle in Trab, suchte sich mit langwieriger Umsicht die goldenste Frucht aus dem Bananenbüschel und aß dann rasch und herrisch, während im sonnigen Hof der Diener sein Pferd vorführte.

»Ich hatte noch etwas mit Ihnen zu besprechen«, sagte der Missionar, als der andere eben aufbrechen wollte. Argwöhnisch blickte Bradley auf.

»So? Ich habe sehr wenig Zeit. Muß es gerade jetzt sein?«

»Ja, es ist besser. Ich fühle mich verpflichtet, Ihnen zu sagen, daß ich von dem unerlaubten Umgang weiß, den Sie mit einem Hinduweib haben. Sie können sich denken, wie peinlich es mir ist ...«

»Peinlich!« rief Bradley aufspringend und brach in ein zorniges Gelächter aus. »Herr, Sie sind ein größerer Esel, als ich je gedacht hätte! Was Sie von mir halten, ist mir natürlich durchaus einerlei, daß Sie aber in meinem Hause herumschnüffeln und spionieren, finde ich niederträchtig. Machen wir die Sache kurz! Ich lasse Ihnen Zeit bis Sonntag. Bis dahin suchen Sie sich freundlichst eine neue Unterkunft in der Stadt; denn in diesem Haus werde ich Sie keinen Tag länger dulden!«

Aghion hatte eine barsche Abfertigung, nicht aber diese Antwort erwartet. Doch ließ er sich nicht einschüchtern.

»Es wird mir ein Vergnügen sein«, sagte er mit guter Haltung, »Sie von meiner lästigen Einquartierung zu befreien. Guten Morgen, Herr Bradley!«

Er ging weg, und Bradley sah ihm aufmerksam nach, halb betroffen, halb belustigt. Dann strich er sich den harten Schnurrbart, rümpfte die Lippen, pfiff seinem Hunde und stieg die Holztreppe zum Hof hinab, um in die Stadt zu reiten.

Beiden Männern war die kurze gewitterhafte Aussprache und Klärung der Lage willkommen. Aghion allerdings sah sich unerwartet vor Sorgen und Entschlüsse gestellt, die ihm bis vor einer Stunde noch in angenehmer Ferne geschwebt hatten. Aber je ernstlicher er seine Angelegenheiten bedachte und je deutlicher es ihm wurde, daß der Streit mit Bradley eine Nebensache,

die Lösung seines ganzen verworrenen Zustandes aber nun eine
unerbittliche Notwendigkeit geworden sei, desto klarer und
wohler wurde ihm in den Gedanken. Das Leben in diesem
Hause, das Brachliegen seiner Kräfte, alle die ungestillten Begierden und toten Stunden waren ihm zu einer Qual geworden,
die seine einfältige Natur ohnehin nicht lange mehr ertragen
hätte.

Es war noch früh am Morgen, und eine Ecke des Gartens, sein
Lieblingsplatz, lag noch kühl im Schatten. Hier hingen die
Zweige verwilderter Gebüsche über einen ganz kleinen, gemauerten Weiher nieder, der einst als Badestelle angelegt, aber verwahrlost und nun von einem Völkchen gelber Schildkröten bewohnt war. Hierher trug er seinen Bambusstuhl, legte sich nieder und sah den schweigsamen Tieren zu, welche träg und
wohlig im lauen grünen Wasser schwammen und still aus klugen
kleinen Augen blickten. Jenseits im Wirtschaftshof kauerte in
seinem Winkel der unbeschäftigte Stalljunge und sang; sein ein-
töniges näselndes Lied klang wie Wellenspiel herüber und zer-
floß in der warmen Luft, und unversehens überfiel nach der
schlaflosen erregten Nacht den Liegenden die Müdigkeit, er
schloß die Augen, ließ die Arme sinken und schlief ein.

Als ein Mückenstich ihn weckte, sah er mit Beschämung, daß er
fast den ganzen Vormittag verschlafen hatte. Aber er fühlte sich
nun frisch und ging ungesäumt daran, seine Gedanken und
Wünsche zu ordnen und die Wirrnis seines Lebens sachte auseinander zu falten. Da wurde ihm unzweifelhaft klar, was unbewußt seit langem ihn gelähmt und seine Träume beängstigt hatte,
daß nämlich seine Reise nach Indien zwar durchaus gut und klug
gewesen war, daß aber zum Missionar ihm der richtige innere
Beruf und Antrieb fehle. Er war bescheiden genug, darin eine
Niederlage und einen betrübenden Mangel zu sehen; aber zur
Verzweiflung war kein Grund vorhanden. Vielmehr schien ihm
jetzt, da er entschlossen war, sich eine angemessenere Arbeit zu
suchen, das reiche Indien erst recht eine gute Zuflucht und Heimat zu sein. Mochte es traurig sein, daß alle diese Eingeborenen
sich falschen Göttern verschrieben hatten – sein Beruf war es
nicht, das zu ändern. Sein Beruf war, dieses Land für sich zu
erobern und für sich und andere das Beste daraus zu holen,
indem er sein Auge, seine Kenntnis, seine zur Tat gewillte Ju-

gend darbrachte und überall bereitstand, wo eine Arbeit für ihn sich böte.

Noch am Abend desselben Tages wurde er, nach einer kurzen Besprechung, von einem in Bombay wohnhaften Herrn Sturrock als Sekretär und Aufseher für eine benachbarte Kaffeepflanzung angestellt. Einen Brief an seine bisherigen Brotgeber, worin Aghion sein Tun erklärte und sich zum späteren Ersatz des Empfangenen verpflichtete, versprach Sturrock nach London zu besorgen. Als der neue Aufseher in seine Wohnung zurückkehrte, fand er Bradley in Hemdärmeln allein beim Abendessen sitzen. Er teilte ihm, noch ehe er neben ihm Platz nahm, das Geschehene mit. Bradley nickte mit vollem Munde, goß etwas Whisky in sein Trinkwasser und sagte fast freundlich: »Sitzen Sie, und bedienen Sie sich, der Fisch ist schon kalt. Nun sind wir ja eine Art von Kollegen. Na, ich wünsche Ihnen Gutes. Kaffee bauen ist leichter als Hindus bekehren, das ist gewiß, und möglicherweise ist es ebenso wertvoll. Ich hätte Ihnen nicht so viel Vernunft zugetraut, Aghion!«

Die Pflanzung, die er beziehen sollte, lag zwei Tagereisen weit landeinwärts, und übermorgen sollte Aghion in Begleitung einer Kulitruppe dorthin aufbrechen; so blieb ihm zum Besorgen seiner Angelegenheiten nur ein einziger Tag. Zu Bradleys Verwunderung erbat er sich für morgen ein Reitpferd, doch enthielt sich jener aller Fragen, und die beiden Männer saßen, nachdem sie die von tausend Insekten umflügelte Lampe hatten wegtragen lassen, in dem lauen, schwarzen indischen Abend einander gegenüber und fühlten sich einander näher als in all diesen vielen Monaten eines gezwungenen Zusammenlebens.

»Sagen Sie«, fing Aghion nach einem langen Schweigen an, »Sie haben sicher von Anfang an nicht an meine Missionspläne geglaubt?«

»O doch«, gab Bradley ruhig zurück. »Daß es Ihnen damit Ernst war, konnte ich ja sehen.«

»Aber Sie konnten gewiß auch sehen, wie wenig ich zu dem paßte, was ich hier tun und vorstellen sollte! Warum haben Sie mir das nie gesagt?«

»Ich war von niemand dazu angestellt. Ich liebe es nicht, wenn mir jemand in meine Sachen hineinredet; so tue ich das auch bei anderen nicht. Außerdem habe ich hier in Indien schon die verrücktesten Dinge unternehmen und gelingen sehen. Das Bekehren war Ihr Beruf, nicht meiner. Und jetzt haben Sie ganz von selber einige Ihrer Irrtümer eingesehen! So wird es Ihnen auch noch mit anderen gehen …«

»Mit welchen zum Beispiel?«

»Zum Beispiel in dem, was Sie heut morgen mir an den Kopf geworfen haben.«

»O, wegen des Mädchens!«

»Gewiß. Sie sind ein Geistlicher gewesen; trotzdem werden Sie zugeben, daß ein gesunder Mann nicht jahrelang leben und arbeiten und gesund bleiben kann, ohne gelegentlich eine Frau bei sich zu haben. Mein Gott, darum brauchen Sie doch nicht rot zu werden! Nun sehen Sie: als Weißer in Indien, der sich nicht gleich eine Frau mit aus England herübergebracht hat, hat man wenig Auswahl. Es gibt keine englischen Mädchen hier. Die hier geboren werden, die schickt man schon als Kinder nach Europa heim. Es bleibt nur die Wahl zwischen den Matrosendirnen und den Hindufrauen, und die sind mir lieber. Was finden Sie daran schlimm?«

»O, hier verstehen wir uns nicht, Herr Bradley! Ich finde, wie es die Bibel und unsere Kirche vorschreibt, jede uneheliche Verbindung schlimm und unrecht!«

»Wenn man aber nichts anderes haben kann?«

»Warum sollte man nicht können? Wenn ein Mann ein Mädchen wirklich lieb hat, so soll er es heiraten.«

»Aber doch nicht ein Hindumädchen?«

»Warum nicht?«

»Aghion, Sie sind weitherziger als ich! Ich will mir lieber einen Finger abbeißen als eine Farbige heiraten, verstehen Sie? Und so werden Sie später auch einmal denken!«

»O bitte, das hoffe ich nicht. Da wir so weit sind, kann ich es Ihnen ja sagen: ich liebe ein Hindumädchen, und es ist meine Absicht, sie zu meiner Frau zu machen.«

Bradleys Gesicht wurde ernsthaft. »Tun Sie das nicht!« sagte er fast bittend.

»Doch, ich werde es tun«, fuhr Aghion begeistert fort. »Ich werde mich mit dem Mädchen verloben und sie dann so lange erziehen und unterrichten, bis sie die christliche Taufe erhalten kann; dann lassen wir uns in der englischen Kirche trauen.«

»Wie heißt sie denn?« fragte Bradley nachdenklich.

»Naissa.«

»Und ihr Vater?«

»Das weiß ich nicht.«

»Na, bis zur Taufe hat es ja noch Zeit; überlegen Sie sich das lieber noch einmal! Natürlich kann sich unsereiner in ein indisches Mädel verlieben, sie sind oft hübsch genug. Sie sollen auch treu sein und zahme Frauen abgeben. Aber ich kann sie doch immer nur wie eine Art Tierchen ansehen, wie lustige Ziegen oder schöne Rehe, nicht wie meinesgleichen.«

»Ist das nicht ein Vorurteil? Alle Menschen sind Brüder, und die Inder sind ein altes edles Volk.«

»Ja, das müssen Sie besser wissen, Aghion. Was mich betrifft, ich habe sehr viel Achtung vor Vorurteilen.«

Er stand auf, sagte gute Nacht und ging in sein Schlafzimmer, in dem er gestern die hübsche große Wäscheträgerin bei sich gehabt hatte. »Wie eine Art Tierchen«, hatte er gesagt, und Aghion lehnte sich nachträglich in Gedanken dagegen auf.

Früh am andern Tage, noch ehe Bradley zum Frühstück gekommen war, ließ Aghion das Reitpferd vorführen und ritt davon, während noch in den Baumwipfeln die Affen ihr Morgengeschrei verübten. Und noch stand die Sonne nicht hoch, als er schon in der Nähe jener Hütte, wo er die hübsche Naissa kennengelernt hatte, sein Tier anband und zu Fuß sich der Behausung näherte. Auf der Türschwelle saß nackt der kleine Sohn und spielte mit einer jungen Ziege, von der er sich lachend immer wieder vor die Brust stoßen ließ.

Eben als der Besucher vom Weg abbiegen wollte, um in die Hütte zu treten, stieg über den kauernden Jungen hinweg vom Innern der Hütte her ein junges Mädchen, das er sofort als Naissa erkannte. Sie trat auf die Gasse, einen hohen irdenen Wasserkrug leer in der losen Rechten tragend, und ging, ohne ihn zu beachten, vor Aghion her, der ihr mit Entzücken folgte. Bald hatte er sie eingeholt und rief ihr einen Gruß zu. Sie hob den Kopf, indem sie das Grußwort leise erwiderte, und sah aus den schönen braungoldenen Augen kühl auf den Mann, als kenne sie ihn nicht, und als er ihre Hand ergriff, zog sie sie erschrocken zurück und lief mit beschleunigten Schritten weiter. Er begleitete sie bis zu dem gemauerten Wasserbehälter, wo das Wasser

344

einer schwachen Quelle dünn und sparsam über moosig-alte
Steine rann; er wollte ihr helfen, den Krug zu füllen und em-
porzuziehen, aber sie wehrte ihn schweigend ab und machte ein
trotziges Gesicht. Er war über so viel Sprödigkeit erstaunt und
enttäuscht, und jetzt suchte er aus seiner Tasche das Geschenk
hervor, das er für sie mitgebracht hatte, und es tat ihm nun doch
ein wenig weh, zu sehen, wie sie alsbald die Abwehr vergaß und
nach dem Dinge griff, das er ihr anbot. Es war eine emaillierte
kleine Dose mit hübschen Blumenbildchen darauf, und die innere Seite des runden Deckels bestand aus einem kleinen Spiegel.
Er zeigte ihr, wie man ihn öffne, und gab ihr das Ding in die
Hand.

»Für mich?« fragte sie mit Kinderaugen.

»Für dich!« sagte er, und während sie mit der Dose spielte, streichelte er ihren sammetweichen Arm und ihr langes schwarzes
Haar.

Da sie ihm nun Dank sagte und mit unentschlossener Gebärde
den vollen Wasserkrug ergriff, versuchte er, ihr etwas Liebes und
Zärtliches zu sagen, was sie jedoch offenbar nur halb verstand,
und indem er sich auf Worte besann und unbeholfen neben ihr
stand, schien ihm plötzlich die Kluft zwischen ihm und ihr ungeheuer, und er dachte mit Trauer, wie wenig doch vorhanden
sei, das ihn mit ihr verbinde, und wie lange, lange es dauern
möchte, bis sie einmal seine Braut und seine Freundin sein, seine
Sprache verstehen, sein Wesen begreifen, seine Gedanken teilen
könnte.

Mittlerweile hatte sie langsam den Rückweg angetreten, und er
ging neben ihr her, der Hütte entgegen. Der Knabe war mit der
Ziege in einem atemlosen Jagdspiel begriffen; sein schwarzbrau-
ner Rücken glänzte metallisch in der Sonne, und sein geblähter
Reisbauch ließ die Beine zu dünn erscheinen. Mit einem Anflug
von Befremdung dachte der Engländer daran, daß, wenn er
Naissa heirate, dieses Naturkind sein Schwager sein würde. Um
sich diesen Vorstellungen zu entziehen, sah er das Mädchen wieder an. Er betrachtete ihr entzückend feines, großäugiges Gesicht mit dem kühlen kindlichen Mund und mußte denken, ob es
ihm wohl glücken werde, heute noch von diesen Lippen den
ersten Kuß zu erhalten.

Aus diesem lieblichen Gedanken schreckte ihn eine Erschei-

nung, die plötzlich aus der Hütte trat und wie ein Spuk vor
seinen ungläubigen Augen stand. Es erschien im Türrahmen,
schritt über die Schwelle und stand vor ihm eine zweite Naissa,
ein Spiegelbild der ersten, und das Spiegelbild lächelte ihm zu
und grüßte ihn, griff in ihr Hüftentuch und zog etwas hervor,
das sie triumphierend über ihrem Haupte schwang, das blank in
der Sonne glitzerte und das er nach einer Weile denn auch erkannte. Es war die kleine Schere, die er kürzlich Naissa geschenkt hatte, und das Mädchen, dem er heute die Spiegeldose
gegeben, in dessen schöne Augen er geblickt und dessen Arm er
gestreichelt hatte, war gar nicht Naissa, sondern deren Schwester, und wie die beiden Mädchen nebeneinander standen, noch
immer kaum voneinander zu unterscheiden, da kam sich der
verliebte Aghion unsäglich betrogen und irregegangen vor.
Zwei Rehe konnten einander nicht ähnlicher sein, und wenn
man ihm in diesem Augenblick freigestellt hätte, eine von ihnen
zu wählen und mit sich zu nehmen und für immer zu behalten, er
hätte nicht gewußt, welche von beiden es war, die er liebte. Wohl
konnte er allmählich erkennen, daß die wirkliche Naissa die ältere und ein wenig kleinere sei; aber seine Liebe, deren er vor
Augenblicken noch so sicher zu sein gemeint hatte, war ebenso
auseinandergebrochen und zu zwei Hälften zerfallen wie das
Mädchenbild, das sich vor seinen Augen so unerwartet und unheimlich verdoppelt hatte.
Bradley erfuhr nichts von dieser Begebenheit, er stellte auch
keine Fragen, als zu Mittag Aghion heimkehrte und schweigsam
beim Essen saß. Und am nächsten Morgen, als Aghions Kulis
anrückten und seine Kisten und Säcke aufpackten und wegtru-
gen und als der Abreisende dem Dableibenden noch einmal
Dank sagte und die Hand hinbot, da faßte Bradley die Hand
kräftig und sagte: »Gute Reise, mein Junge! Es wird später eine
Zeit kommen, wo Sie vor Sehnsucht vergehen werden, statt der
süßen Hinduschnauzen wieder einmal einen ehrlichen ledernen
Engländerkopf zu sehen! Dann kommen Sie zu mir, und dann
werden wir über alles Mögliche einig sein, worüber wir heute
noch verschieden denken!«

(1912)

Der Zyklon

Es war in der Mitte der neunziger Jahre, und ich tat damals
Volontärdienst in einer kleinen Fabrik meiner Vaterstadt, die ich
noch im selben Jahre für immer verließ. Ich war etwa achtzehn
Jahre alt und wußte nichts davon, wie schön meine Jugend sei,
obwohl ich sie täglich genoß und um mich her fühlte wie der
Vogel die Luft. Ältere Leute, die sich der Jahrgänge im einzelnen
nicht mehr besinnen mögen, brauche ich nur daran zu erinnern,
daß in dem Jahre, von dem ich erzähle, unsere Gegend von einem
Zyklon oder Wettersturm heimgesucht wurde, dessengleichen
in unserm Lande weder vorher noch später gesehen worden ist.
In jenem Jahr ist es gewesen. Ich hatte mir vor zwei oder drei
Tagen einen Stahlmeißel in die linke Hand gehauen. Sie hatte ein
Loch und war geschwollen, ich mußte sie verbunden tragen und
durfte nicht in die Werkstatt gehen.
Es ist mir erinnerlich, daß jenen ganzen Spätsommer hindurch
unser enges Tal in einer unerhörten Schwüle lag und daß zuweilen tagelang ein Gewitter dem andern folgte. Es war eine
heiße Unruhe in der Natur, von welcher ich freilich nur dumpf
und unbewußt berührt wurde und deren ich mich doch noch in
Kleinigkeiten entsinne. Abends zum Beispiel, wenn ich zum
Angeln ging, fand ich von der wetterschwülen Luft die Fische
seltsam aufgeregt, sie drängten unordentlich durcheinander,
schlugen häufig aus dem lauen Wasser empor und gingen blind-
lings an die Angel. Nun war es endlich ein wenig kühler und
stiller geworden, die Gewitter kamen seltener, und in der Mor-
genfrühe roch es schon ein wenig herbstlich.
Eines Morgens verließ ich unser Haus und ging meinem Vergnügen nach, ein Buch und ein Stück Brot in der Tasche. Wie ich
es in der Bubenzeit gewohnt gewesen war, lief ich zuerst hinters
Haus in den Garten, der noch im Schatten lag. Die Tannen, die
mein Vater gepflanzt und die ich selber noch ganz jung und
stangendünn gekannt hatte, standen hoch und stämmig, unter
ihnen lagen hellbraune Nadelhaufen, und es wollte dort seit Jahren nichts mehr wachsen als Immergrün. Daneben aber in einer
langen, schmalen Rabatte standen die Blumenstauden meiner
Mutter, die leuchteten reich und fröhlich, und es wurden von

ihnen auf jeden Sonntag große Sträuße gepflückt. Da war ein Gewächs mit zinnoberroten Bündeln kleiner Blüten, das hieß brennende Liebe, und eine zarte Staude trug an dünnen Stengeln hängend viele herzförmige rote und weiße Blumen, die nannte man Frauenherzen, und ein anderer Strauch hieß die stinkende Hoffart. Nahebei standen hochstielige Astern, welche aber noch nicht zur Blüte gekommen waren, und dazwischen kroch am Boden mit weichen Stacheln die fette Hauswurz und der drollige Portulak, und dieses lange schmale Beet war unser Liebling und unser Traumgarten, weil da so vielerlei seltsame Blumen beieinander standen, welche uns merkwürdiger und lieber waren als alle Rosen in den beiden runden Beeten. Wenn hier die Sonne schien und auf der Efeumauer glänzte, dann hatte jede Staude ihre ganz eigene Art und Schönheit, die Gladiolen prahlten fett mit grellen Farben, der Heliotrop stand grau und wie verzaubert in seinen schmerzlichen Duft versunken, der Fuchsschwanz hing ergeben welkend herab, die Akelei aber stellte sich auf die Zehen und läutete mit ihren vierfältigen Sommerglocken. An den Goldruten und im blauen Phlox schwärmten laut die Bienen, und über dem dicken Efeu rannten kleine braune Spinnen heftig hin und wider; über den Levkoien zitterten in der Luft jene raschen, launisch schwirrenden Schmetterlinge mit dicken Leibern und gläsernen Flügeln, die man Schwärmer oder Taubenschwänze heißt.

In meinem Feiertagsbehagen ging ich von einer Blume zur andern, roch da und dort an einer duftenden Dolde oder tat mit vorsichtigem Finger einen Blütenkelch auf, um hineinzuschauen und die geheimnisvollen bleichfarbenen Abgründe und die stille Ordnung von Adern und Stempeln, von weichhaarigen Fäden und kristallenen Rinnen zu betrachten. Dazwischen studierte ich den wolkigen Morgenhimmel, wo ein sonderbar verwirrtes Durcheinander von streifigen Dunstfäden und wollig flockigen Wölkchen herrschte. Mir schien, es werde gewiß heute wieder einmal ein Gewitter geben, und ich nahm mir vor, am Nachmittag ein paar Stunden zu angeln. Eifrig wälzte ich, in der Hoffnung, Regenwürmer zu finden, ein paar Tuffsteine aus der Wegeinfassung beiseite, aber es krochen nur Scharen von grauen, trockenen Mauerasseln hervor und flüchteten verstört nach allen Seiten.

348

Ich besann mich, was nun zu unternehmen sei, und es wollte mir
nicht sogleich etwas einfallen. Vor einem Jahre, als ich zum letztenmal Ferien gehabt hatte, da war ich noch ganz ein Knabe
gewesen. Was ich damals am liebsten getrieben hatte, mit Ha-
selnußbogen ins Ziel schießen, Drachen steigen lassen und die
Mauslöcher auf den Feldern mit Schießpulver sprengen, das
hatte alles den damaligen Reiz und Schimmer nicht mehr, als sei
ein Teil meiner Seele müde geworden und antworte nimmer auf
die Stimmen, die ihr einst lieb waren und Freude brachten.
Verwundert und in einer stillen Beklemmung blickte ich in dem
wohlbekannten Bezirk meiner Knabenfreuden umher. Der
kleine Garten, die blumengeschmückte Altane und der feuchte
sonnenlose Hof mit seinem moosgrünen Pflaster sahen mich an
und hatten ein anderes Gesicht als früher, und sogar die Blumen
hatten etwas von ihrem unerschöpflichen Zauber eingebüßt.
Schlicht und langweilig stand in der Gartenecke das alte Wasserfaß mit der Leitungsröhre; da hatte ich früher zu meines Vaters Pein halbe Tage lang das Wasser laufen lassen und hölzerne
Mühlräder eingespannt, ich hatte auf dem Weg Dämme gebaut
und Kanäle und mächtige Überschwemmungen veranstaltet.
Das verwitterte Wasserfaß war mir ein treuer Liebling und Zeit-
vertreiber gewesen, und indem ich es ansah, zuckte sogar ein
Nachhall jener Kinderwonne in mir auf, allein sie schmeckte
traurig, und das Faß war kein Quell, kein Strom und kein Nia-
gara mehr.
Nachdenklich kletterte ich über den Zaun, eine blaue Winden-
blüte streifte mir das Gesicht, ich riß sie ab und steckte sie in den
Mund. Ich war nun entschlossen, einen Spaziergang zu machen
und vom Berg herunter auf unsere Stadt zu sehen. Spazierengehen war auch so ein halbfrohes Unternehmen, das mir in früheren Zeiten niemals in den Sinn gekommen wäre. Ein Knabe
geht nicht spazieren. Er geht in den Wald als Räuber, als Ritter
oder Indianer, er geht an den Fluß als Flößer und Fischer oder
Mühlenbauer, er läuft in die Wiesen zur Schmetterlings- und
Eidechsenjagd. Und so erschien mir mein Spaziergang als das
würdige und etwas langweilige Tun eines Erwachsenen, der
nicht recht weiß, was er mit sich anzufangen hat.
Meine blaue Winde war bald welk und weggeworfen, und ich
nagte jetzt an einem Buchsbaumzweig, den ich mir abgerissen

349

hatte, er schmeckte bitter und gewürzig. Beim Bahndamm, wo
der hohe Ginster stand, lief mir eine grüne Eidechse vor den
Füßen weg, da wachte doch das Knabentum wieder in mir auf,
und ich ruhte nicht und lief und schlich und lauerte, bis ich das
ängstliche Tier sonnenwarm in meinen Händen hielt. Ich sah
ihm in die blanken kleinen Edelsteinaugen und fühlte mit einem
Nachhall ehemaliger Jagdseligkeit den geschmeidigen kräftigen
Leib und die harten Beine zwischen meinen Fingern sich wehren
und stemmen. Dann aber war die Lust erschöpft, und ich wußte
nimmer, was ich mit dem gefangenen Tier beginnen sollte. Es
war nichts damit, es war kein Glück mehr dabei. Ich bückte mich
nieder und öffnete meine Hand, die Eidechse hielt verwundert
einen Augenblick mit heftig atmenden Flanken still und verschwand eifrig im Grase. Ein Zug fuhr auf den glänzenden Ei-
senschienen daher und an mir vorbei, ich sah ihm nach und
fühlte einen Augenblick ganz klar, daß mir hier keine wahre
Lust mehr blühen könne, und wünschte inbrünstig, mit diesem
Zuge fort und in die Welt zu fahren.
Ich hielt Umschau, ob nicht der Bahnwärter in der Nähe sei, und
da nichts zu sehen noch zu hören war, sprang ich schnell über die
Geleise und kletterte jenseits an den hohen roten Sandsteinfelsen
empor, in welchen da und dort noch die geschwärzten Spreng-
löcher vom Bahnbau her zu sehen waren. Der Durchschlupf
nach oben war mir bekannt, ich hielt mich an den zähen, schon
verblühten Ginsterbesen fest. In dem roten Gestein atmete eine
trockene Sonnenwärme, der heiße Sand rieselte mir beim Klettern in die Ärmel, und wenn ich über mich sah, stand über der
senkrechten Steinwand erstaunlich nah und fest der warme
leuchtende Himmel. Und plötzlich war ich oben, ich konnte
mich an dem Steinrand aufstemmen, die Knie nachziehen, mich
an einem dünnen, dornigen Akazienstämmchen festhalten und
war nun auf einem verlorenen, steil ansteigenden Grasland.
Diese stille kleine Wildnis, unter welcher in steiler Verkürzung
die Eisenbahnzüge wegfahren, war mir früher ein lieber Aufenthalt gewesen. Außer dem zähen, verwilderten Gras, das nicht
gemäht werden konnte, wuchsen hier kleine, feindornige Ro-
sensträucher und ein paar vom Wind ausgesäte, kümmerliche
Akazienbäumchen, durch deren dünne, transparente Blätter die
Sonne schien. Auf dieser Grasinsel, die auch von oben her durch

ein rotes Felsenband abgeschnitten war, hatte ich einst als Robinson gehaust, der einsame Landstrich gehörte niemandem, als wer den Mut und die Abenteuerlaune hatte, ihn durch senkrechtes Klettern zu erobern. Hier hatte ich als Zwölfjähriger mit dem Meißel meinen Namen in den Stein gehauen, hier hatte ich einst die Rosa von Tannenburg gelesen und ein kindliches Drama gedichtet, das vom tapferen Häuptling eines untergehenden Indianerstammes handelte.

Das sonnverbrannte Gras hing in bleichen, weißlichen Strähnen an der steilen Halde, das durchglühte Ginsterlaub roch stark und bitter in der windstillen Wärme. Ich streckte mich in die trockene Dürre, sah die feinen Akazienblätter in ihrer peinlich zierlichen Anordnung grell durchsonnt in dem satten blauen Himmel ruhen und dachte nach. Es schien mir die rechte Stunde zu sein, um mein Leben und meine Zukunft vor mir auszubreiten.

Doch vermochte ich nichts Neues zu entdecken. Ich sah nur die merkwürdige Verarmung, die mich von allen Seiten bedrohte, das unheimliche Erblassen und Hinwelken erprobter Freuden und liebgewordener Gedanken. Für das, was ich widerwillig hatte hingeben müssen, für die ganze verlorene Knabenseligkeit war mein Beruf mir kein Ersatz, ich liebte ihn wenig und bin ihm auch nicht lange treu geblieben. Er war für mich nichts als ein Weg in die Welt hinaus, wo ohne Zweifel irgendwo neue Befriedigungen zu finden wären. Welcher Art konnten diese sein?

Man konnte die Welt sehen und Geld verdienen, man brauchte Vater und Mutter nicht mehr zu fragen, ehe man etwas tat und unternahm, man konnte sonntags Kegel schieben und Bier trinken. Dieses alles aber, sah ich wohl, waren nur Nebensachen und keineswegs der Sinn des neuen Lebens, das mich erwartete. Der eigentliche Sinn lag anderswo, tiefer, schöner, geheimnisvoller, und er hing, so fühlte ich, mit den Mädchen und mit der Liebe zusammen. Da mußte eine tiefe Lust und Befriedigung verborgen sein, sonst wäre das Opfer der Knabenfreuden ohne Sinn gewesen.

Von der Liebe wußte ich wohl, ich hatte manches Liebespaar gesehen und wunderbar berauschende Liebesdichtungen gelesen. Ich hatte mich auch selber schon mehrere Male verliebt und in Träumen etwas von der Süßigkeit empfunden, um die ein

Mann sein Leben einsetzt und die der Sinn seines Tuns und Strebens ist. Ich hatte Schulkameraden, die schon jetzt mit Mädchen gingen, und ich hatte in der Werkstatt Kollegen, die von den sonntäglichen Tanzböden und von nächtlich erstiegenen Kammerfenstern ohne Scheu zu erzählen wußten. Mir selbst indessen war die Liebe noch ein verschlossener Garten, vor dessen Pforte ich in schüchterner Sehnsucht wartete.

Erst in der letzten Woche, kurz vor meinem Unfall mit dem Meißel, war der erste klare Ruf an mich ergangen, und seitdem war ich in diesem unruhig nachdenklichen Zustand eines Abschiednehmenden, seitdem war mein bisheriges Leben mir zur Vergangenheit und war der Sinn der Zukunft mir deutlich geworden. Unser zweiter Lehrbube hatte mich eines Abends beiseite genommen und mir auf dem Heimweg berichtet, er wisse mir eine schöne Liebste, sie habe noch keinen Schatz gehabt und wolle keinen andern als mich, und sie habe einen seidenen Geldbeutel gestrickt, den wolle sie mir schenken. Ihren Namen wollte er nicht sagen, ich werde ihn schon selber erraten können. Als ich dann drängte und fragte und schließlich geringschätzig tat, blieb er stehen – wir waren eben auf dem Mühlensteg überm Wasser – und sagte leise: »Sie geht gerade hinter uns.« Verlegen drehte ich mich um, halb hoffend und halb fürchtend, es sei doch alles nur ein dummer Scherz. Da kam hinter uns die Brückenstufen herauf ein junges Mädchen aus der Baumwollspinnerei gegangen, die Berta Vögtlin, die ich vom Konfirmandenunterricht her noch kannte. Sie blieb stehen, sah mich an und lächelte und wurde langsam rot, bis ihr ganzes Gesicht in Flammen stand. Ich lief schnell weiter und nach Hause.

Seither hatte sie mich zweimal aufgesucht, einmal in der Spinnerei, wo wir Arbeit hatten, und einmal abends beim Heimgehen, doch hatte sie nur grüß Gott gesagt und dann: »Auch schon Feierabend?« Das bedeutet, daß man ein Gespräch anzuknüpfen willens ist, ich hatte aber nur genickt und ja gesagt und war verlegen fortgegangen.

An dieser Geschichte hingen nun meine Gedanken fest und fanden sich nicht zurecht. Ein hübsches Mädchen liebzuhaben, davon hatte ich schon oft mit tiefem Verlangen geträumt. Da war nun eine, hübsch und blond und etwas größer als ich, die wollte von mir geküßt sein und in meinen Armen ruhen. Sie war groß und kräftig gewachsen, sie war weiß und rot und hübsch von Gesicht, an ihrem Nacken spielte schattiges Haargekräusel, und ihr Blick war voll Erwartung und Liebe. Aber ich hatte nie an sie gedacht, ich war nie in sie verliebt gewesen, ich war ihr nie in zärtlichen Träumen nachgegangen und hatte nie mit Zittern ihren Namen in mein Kissen geflüstert. Ich durfte sie, wenn ich wollte, liebkosen und zu eigen haben, aber ich konnte sie nicht verehren und nicht vor ihr knien und anbeten. Was sollte daraus werden? Was sollte ich tun?

Unmutig stand ich von meinem Graslager auf. Ach, es war eine üble Zeit. Wollte Gott, mein Fabrikjahr wäre schon morgen um und ich könnte wegreisen, weit von hier, und neu anfangen und das alles vergessen.

Um nur etwas zu tun und mich leben zu fühlen, beschloß ich, vollends auf den Berg zu steigen, so mühsam es von hier aus war. Da droben war man hoch über dem Städtchen und konnte in die Ferne sehen. Im Sturm lief ich die Halde hinan bis zum oberen Felsen, klemmte mich zwischen den Steinen empor und zwängte mich auf das hohe Gelände, wo der unwirtliche Berg in Gesträuch und lockeren Felstrümmern verlief. In Schweiß und Atemklemme kam ich hinan und atmete befreiter im schwachen Luftzug der sonnigen Höhe. Verblühende Rosen hingen locker an den Ranken und ließen müde blasse Blätter sinken, wenn ich vorüberstreifte. Grüne kleine Brombeeren wuchsen überall und hatten nur an der Sonnenseite den ersten schwachen Schimmer von metallischem Braun. Distelfalter flogen ruhig in der stillen Wärme einher und zogen Farbenblitze durch die Luft; auf einer bläulich überhauchten Schafgarbendolde saßen zahllose rot und schwarz gefleckte Käfer, eine sonderbare lautlose Versammlung, und bewegten automatenhaft ihre langen, hageren Beine. Vom Himmel waren längst alle Wolken verschwunden, er stand in reinem Blau, von den schwarzen Tannenspitzen der nahen Waldberge scharf durchschnitten.

Auf dem obersten Felsen, wo wir als Schulknaben stets unsere Herbstfeuer angezündet hatten, hielt ich an und wendete mich um. Da sah ich tief im halbschattigen Tal den Fluß aufglänzen und die weißschaumigen Mühlenwehre blitzen, und eng in die Tiefe gebettet, unsere alte Stadt mit braunen Dächern, über denen still und steil der blaue mittägliche Herdrauch in die Lüfte stieg. Da stand meines Vaters Haus und die alte Brücke, da stand unsere Werkstatt, in der ich klein und rot das Schmiedefeuer glimmen sah, und weiter flußab die Spinnerei, auf deren flachem Dache Gras wuchs und hinter deren blanken Scheiben mit vielen andern auch die Berta Vögtlin ihrer Arbeit nachging. Ach die! Ich wollte nichts von ihr wissen.

Die Vaterstadt sah wohlbekannt in der alten Vertrautheit zu mir herauf mit allen Gärten, Spielplätzen und Winkeln, die goldenen Zahlen der Kirchenuhr glänzten listig in der Sonne auf, und im schattigen Mühlkanal standen Häuser und Bäume klar in kühler Schwärze gespiegelt. Nur ich selber war anders geworden, und nur an mir lag es, daß zwischen mir und diesem Bilde ein gespenstischer Schleier der Entfremdung hing. In diesem kleinen Bezirk von Mauern, Fluß und Wald lag mein Leben nicht mehr sicher und zufrieden eingeschlossen, es hing wohl noch mit starken Fäden an diese Stätten geknüpft, war aber nicht mehr eingewachsen und umfriedet, sondern schlug überall mit Wogen der Sehnsucht über die engen Grenzen ins Weite. Indem ich mit einer eigentümlichen Trauer hinuntersah, stiegen alle meine geheimen Lebenshoffnungen feierlich in meinem Gemüt auf, Worte meines Vaters und Worte der verehrten Dichter zusammen mit meinen eigenen heimlichen Gelübden, und es schien mir eine ernsthafte, doch köstliche Sache, ein Mann zu werden und mein eigenes Schicksal bewußt in Händen zu halten. Und alsbald fiel dieser Gedanke wie ein Licht in die Zweifel, die mich wegen der Angelegenheit mit Berta Vögtlin bedrängten. Mochte sie hübsch sein und mich gern haben; es war nicht meine Sache, das Glück so fertig und unerworben mir von Mädchenhänden schenken zu lassen.

Es war nicht mehr lange bis Mittag. Die Lust am Klettern war mir verflogen, nachdenklich stieg ich den Fußweg nach der Stadt hinab, unter der kleinen Eisenbahnbrücke durch, wo ich in früheren Jahren jeden Sommer in den dichten Brennesseln die dunkeln pelzigen Raupen der Pfauenaugen erbeutet hatte, und an der Friedhofmauer vorbei, vor deren Pforte ein moosiger Nußbaum dichten Schatten streute. Das Tor stand offen, und ich hörte von drinnen den Brunnen plätschern. Gleich nebenan lag der Spiel- und Festplatz der Stadt, wo beim Maienfest und am Sedanstag gegessen und getrunken, geredet und getanzt wurde. Jetzt lag er still und vergessen im Schatten der uralten, mächtigen Kastanien, mit grellen Sonnenflecken auf dem rötlichen Sand.

Hier unten im Tal, auf der sonnigen Straße den Fluß entlang, brannte eine erbarmungslose Mittagshitze, hier standen, auf der Flußseite den grell bestrahlten Häusern gegenüber, die spärlichen Eschen und Ahorne dünnlaubig und schon spätsommerlich angegilbt. Wie es meine Gewohnheit war, ging ich auf der Wasserseite und schaute nach den Fischen aus. Im glashellen Flusse wedelte mit langen, wallenden Bewegungen das dichte bärtige Seegras, dazwischen in dunkeln, mir genau bekannten Lücken stand da und dort vereinzelt ein dicker Fisch träge und regungslos, die Schnauze gegen die Strömung gerichtet, und obenhin jagten zuweilen in kleinen dunkeln Schwärmen die jungen Weißfische hin. Ich sah, daß es gut gewesen war, diesen Morgen nicht zum Angeln zu gehen, aber die Luft und das Wasser und die Art, wie zwischen zwei großen runden Steinen eine dunkle alte Barbe ausruhend im klaren Wasser stand, sagte mir verheißungsvoll, es werde heut am Nachmittag wahrscheinlich etwas zu fangen sein. Ich merkte es mir und ging weiter und atmete tief auf, als ich von der blendenden Straße durch die Einfahrt in den kellerkühlen Flur unseres Hauses trat.

»Ich glaube, wir werden heute wieder ein Gewitter haben«, sagte bei Tisch mein Vater, der ein zartes Wettergefühl besaß. Ich wandte ein, daß kein Wölkchen am Himmel und kein Hauch von Westwind zu spüren sei, aber er lächelte und sagte: »Fühlst du nicht, wie die Luft gespannt ist? Wir werden sehen.«

Es war allerdings schwül genug, und der Abwasserkanal roch heftig wie bei Föhnbeginn. Ich spürte von dem Klettern und von der eingeatmeten Hitze nachträglich eine Müdigkeit und setzte mich gegen den Garten auf die Veranda. Mit schwacher Aufmerksamkeit und oft von leichtem Schlummer unterbrochen, las ich in der Geschichte des Generals Gordon, des Helden von Chartum, und immer mehr schien es nun auch mir, es müsse bald ein Gewitter kommen. Der Himmel stand nach wie vor im reinsten Blau, aber die Luft wurde immer bedrückender, als lägen durchglühte Wolkenschichten vor der Sonne, die doch klar in der Höhe stand. Um zwei Uhr ging ich in das Haus zurück und begann mein Angelzeug zu rüsten. Während ich meine

355

Schnüre und Haken untersuchte, fühlte ich die innige Erregung der Jagd voraus und empfand mit Dankbarkeit, daß doch dieses eine, tiefe, leidenschaftliche Vergnügen mir geblieben sei.

Die sonderbar schwüle, gepreßte Stille jenes Nachmittags ist mir unvergeßlich geblieben. Ich trug meinen Fischeimer flußabwärts bis zum unteren Steg, der schon zur Hälfte im Schatten der hohen Häuser lag. Von der nahen Spinnerei hörte man das gleichmäßige, einschläfernde Surren der Maschinen, einem Bienenfluge ähnlich, und von der Obermühle her schnarrte jede Minute das böse, schartige Kreischen der Kreissäge. Sonst war es ganz still, die Handwerker hatten sich in den Schatten der Werkstätten zurückgezogen, und kein Mensch zeigte sich auf der Gasse. Auf der Mühlinsel watete ein kleiner Bub nackt zwischen den nassen Steinen umher. Vor der Werkstatt des Wagnermeisters lehnten rohe Holzdielen an der Wand und dufteten in der Sonne überstark, der trockene Geruch kam bis zu mir herüber und war durch den satten, etwas fischigen Wasserduft hindurch deutlich zu spüren.

Die Fische hatten das ungewöhnliche Wetter auch bemerkt und verhielten sich launisch. Ein paar Rotaugen gingen in der ersten Viertelstunde an die Angel, ein schwerer breiter Kerl mit schönen roten Bauchflossen riß mir die Schnur ab, als ich ihn schon beinahe in Händen hatte. Gleich darauf kam eine Unruhe in die Tiere, die Rotaugen gingen tief in den Schlamm und sahen keinen Köder mehr an, oben aber wurden Schwärme von jungem, einjährigem Fischzeug sichtbar und zogen in immer neuen Scharen wie auf einer Flucht flußaufwärts. Alles deutete darauf, daß anderes Wetter im Anzug sei, aber die Luft stand still wie Glas, und der Himmel war ohne Trübung.

Mir schien, es müsse irgendein schlechtes Abwasser die Fische vertrieben haben, und da ich noch nicht nachzugeben gesonnen war, besann ich mich auf einen neuen Standort und suchte den Kanal der Spinnerei auf. Kaum hatte ich dort einen Platz bei dem Schuppen gefunden und meine Sachen ausgepackt, so tauchte an einem Treppenfenster der Fabrik die Berta auf, schaute herüber und winkte mir. Ich tat aber, als sähe ich es nicht, und bückte mich über meine Angel.

Das Wasser strömte dunkel in dem gemauerten Kanal, ich sah meine Gestalt darin mit wellig zitternden Umrissen gespiegelt, sitzend, der Kopf zwischen den Fußsohlen. Das Mädchen, das noch drüben am Fenster stand, rief meinen Namen herüber, ich starrte aber regungslos ins Wasser und wendete den Kopf nicht um.

Mit dem Angeln war es nichts, auch hier trieben sich die Fische hastig wie in eiligen Geschäften umher. Von der bedrückenden Wärme ermüdet, blieb ich auf dem Mäuerlein sitzen, nichts mehr von diesem Tag erwartend, und wünschte, es möchte schon Abend sein. Hinter mir summte in den Sälen der Spinnerei das ewige Maschinengetöne, der Kanal rieb sich leise rauschend an den grünbemoosten, feuchten Mauern. Ich war voll schläfriger Gleichgültigkeit und blieb nur sitzen, weil ich zu träge war, meine Schnur schon wieder aufzuwickeln.

Aus dieser faulen Dämmerung erwachte ich, vielleicht nach einer halben Stunde, plötzlich mit einem Gefühl von Sorge und tiefem Unbehagen. Ein unruhiger Windzug drehte sich gepreßt und widerwillig um sich selber, die Luft war dick und schmeckte fad, ein paar Schwalben flogen erschreckt dicht über dem Wasser hinweg. Mir war schwindlig, und ich meinte, vielleicht einen Sonnenstich zu haben, das Wasser schien stärker zu riechen, und mir begann ein übles Gefühl, wie vom Magen her, den Kopf einzunehmen und den Schweiß zu treiben. Ich zog die Angelschnur heraus, um meine Hände an den Wassertropfen zu erfrischen, und begann mein Zeug zusammenzupacken.

Als ich aufstand, sah ich auf dem Platz vor der Spinnerei den Staub in kleinen spielenden Wölkchen wirbeln, plötzlich stieg er hoch und in eine einzige Wolke zusammen, hoch oben in den erregten Lüften flohen Vögel wie gepeitscht davon, und gleich darauf sah ich talherabwärts die Luft weiß werden wie in einem dicken Schneesturm. Der Wind, sonderbar kühl geworden, sprang wie ein Feind auf mich herab, riß die Fischleine aus dem Wasser, nahm meine Mütze und schlug mich wie mit Fäusten ins Gesicht.

Die weiße Luft, die eben noch wie eine Schneewand über fernen Dächern gestanden hatte, war plötzlich um mich her, kalt und schmerzhaft, das Kanalwasser spritzte hoch auf wie unter schnellen Mühlradschlägen, die Angelschnur war fort, und um mich her tobte schnaubend und vernichtend eine weiße brüllende Wildnis, Schläge trafen mir Kopf und Hände, Erde spritzte an mir empor, Sand und Holzstücke wirbelten in der Luft.

Alles war mir unverständlich; ich fühlte nur, daß etwas Furchtbares geschehe und daß Gefahr sei. Mit einem Satz war ich beim Schuppen und drinnen, blind vor Überraschung und Schrecken. Ich hielt mich an einem eisernen Träger fest und stand betäubte Sekunden atemlos in Schwindel und animalischer Angst, bis ich zu begreifen begann. Ein Sturm, wie ich ihn nie gesehen oder für möglich gehalten hatte, riß teuflisch vorüber, in der Höhe klang ein banges oder wildes Sausen, auf das flache Dach über mir und auf den Erdboden vor dem Eingang stürzte weiß in dicken Haufen ein grober Hagel, dicke Eiskörner rollten zu mir herein. Der Lärm von Hagel und Wind war furchtbar, der Kanal schäumte gepeitscht und stieg in unruhigen Wogen an den Mauern auf und nieder.

Ich sah, alles in einer Minute, Bretter, Dachschindeln und Baumzweige durch die Luft dahingerissen, fallende Steine und Mörtelstücke, alsbald von der Masse der darüber geschleuderten Hagelschloßen bedeckt; ich hörte wie unter raschen Hammerschlägen Ziegel brechen und stürzen, Glas zersplittern, Dachrinnen stürzen.

Jetzt kam ein Mensch dahergelaufen, von der Fabrik her quer über den eisbedeckten Hof, mit flatternden Kleidern schräg wider den Sturm gelegt. Kämpfend taumelte die Gestalt näher, mir entgegen, mitten aus der scheußlich durcheinandergewühlten Sintflut. Sie trat in den Schuppen, lief auf mich zu, ein stilles fremd-bekanntes Gesicht mit großen liebevollen Augen schwebte mit schmerzlichem Lächeln dicht vor meinem Blick, ein stiller warmer Mund suchte meinen Mund und küßte mich lange in atemloser Unersättlichkeit, Hände umschlangen meinen Hals, und blondes feuchtes Haar preßte sich an meine Wangen, und während ringsum der Hagelsturm die Welt erschütterte, überfiel ein stummer, banger Liebessturm mich tiefer und schrecklicher.

Wir saßen auf einem Bretterstoß, ohne Worte, eng umschlungen, ich streichelte scheu und verwundert Bertas Haar und drückte meine Lippen auf ihren starken, vollen Mund, ihre Wärme umschloß mich süß und schmerzlich. Ich tat die Augen zu, und sie drückte meinen Kopf an ihre klopfende Brust, in ihren Schoß und strich mit leisen, irren Händen über mein Gesicht und Haar.

Da ich die Augen aufschlug, von einem Sturz in Schwindelfinsternis erwachend, stand ihr ernstes, kräftiges Gesicht in trauriger Schönheit über mir, und ihre Augen sahen mich verloren an. Von ihrer hellen Stirne lief, unter den verwirrten Haaren hervor, ein schmaler Streifen hellroten Blutes über das ganze Gesicht und bis in den Hals hinab.

»Was ist? Was ist denn geschehen?« rief ich angstvoll.

Sie sah mir tiefer in die Augen und lächelte schwach.

»Ich glaube, die Welt geht unter«, sagte sie leise, und der dröhnende Wetterlärm verschlang ihre Worte.

»Du blutest«, sagte ich.

»Das ist vom Hagel. Laß nur! Hast du Angst?«

»Nein. Aber du?«

»Ich habe keine Angst. Ach du, jetzt fällt die ganze Stadt zusammen. Hast du mich denn gar nicht lieb, du?«

Ich schwieg und schaute gebannt in ihre großen, klaren Augen, die waren voll betrübter Liebe, und während sie sich über meine senkten und während ihr Mund so schwer und zehrend auf meinem lag, sah ich unverwandt in ihre ernsten Augen, und am linken Auge vorbei lief über die weiße, frische Haut das dünne hellrote Blut. Und indessen meine Sinne trunken taumelten, strebte mein Herz davon und wehrte sich mit Verzweiflung dagegen, so im Sturm und wider seinen Willen weggenommen zu werden. Ich richtete mich auf, und sie las in meinem Blick, daß ich Mitleid mit ihr habe.

Da bog sie sich zurück und sah mich wie zürnend an, und da ich ihr in einer Bewegung von Bedauern und Sorge die Hand hinstreckte, nahm sie die Hand mit ihren beiden, senkte ihr Gesicht darein, sank kniend nieder und begann zu weinen, und ihre Tränen liefen warm über meine zuckende Hand. Verlegen schaute ich zu ihr nieder, ihr Kopf lag schluchzend über meiner Hand, auf ihrem Nacken spielte schattig ein weicher Haarflaum. Wenn das nun eine andere wäre, dachte ich heftig, eine, die ich wirklich liebte und der ich meine Seele hingeben könnte, wie wollte ich in diesem süßen Flaum mit liebenden Fingern wühlen und diesen weißen Nacken küssen! Aber mein Blut war stiller geworden, und ich litt Qualen der Scham darüber, diese da zu meinen Füßen knien zu sehen, welcher ich nicht gewillt war, meine Jugend und meinen Stolz hinzugeben.

Dieses alles, das ich durchlebte wie ein verzaubertes Jahr und das mir heute noch mit hundert kleinen Regungen und Gebärden wie ein großer Zeitraum im Gedächtnis steht, hat in der Wirklichkeit nur wenige Minuten gedauert. Eine Helligkeit brach unvermutet herein, Stücke blauen Himmels schienen feucht in versöhnlicher Unschuld hervor, und plötzlich, messerscharf abgeschnitten, fiel das Sturmgetöse in sich zusammen, und eine erstaunliche, unglaubhafte Stille umgab uns.

Wie aus einer phantastischen Traumhöhle trat ich aus dem Schuppen hervor an den wiedergekehrten Tag, verwundert, daß ich noch lebte. Der öde Hof sah übel aus, die Erde zerwühlt und wie von Pferden zertreten, überall Haufen von großen eisigen Schloßen, mein Angelzeug war fort und auch der Fischeimer verschwunden. Die Fabrik war voll Menschengetöse, ich sah durch hundert zerschlagene Scheiben in die wogenden Säle, aus allen Türen drängten Menschen hervor. Der Boden lag voll von Glasscherben und zerborstenen Ziegelsteinen, eine lange blecherne Dachrinne war losgerissen und hing schräg und verbogen über das halbe Haus herab.

Nun vergaß ich alles, was eben noch gewesen war, und fühlte nichts als eine wilde, ängstliche Neugierde, zu sehen, was eigentlich passiert wäre und wieviel Schlimmes das Wetter angerichtet habe. Alle die zerschlagenen Fenster und Dachziegel der Fabrik sahen im ersten Augenblick recht wüst und trostlos aus, aber schließlich war doch das alles nicht gar so gräßlich und stand nicht recht im Verhältnis zum furchtbaren Eindruck, den der Zyklon mir gemacht hatte. Ich atmete auf, befreit und halb auch wunderlich enttäuscht und ernüchtert: die Häuser standen wie zuvor, und zu beiden Seiten des Tales waren auch die Berge noch da. Nein, die Welt war nicht untergegangen.

Indessen, als ich den Fabrikhof verließ und über die Brücke in die erste Gasse kam, gewann das Unheil doch wieder ein schlimmeres Ansehen. Das Sträßlein lag voll von Scherben und zerbrochenen Fensterläden, Schornsteine waren herabgestürzt und hatten Stücke der Dächer mitgerissen, Menschen standen vor allen Türen, bestürzt und klagend, alles, wie ich es auf Bildern belagerter und eroberter Städte gesehen hatte. Steingeröll und

Baumäste versperrten den Weg. Fensterlöcher starrten überall hinter Splittern und Scherben, Gartenzäune lagen am Boden oder hingen klappernd über Mauern herab. Kinder wurden vermißt und gesucht, Menschen sollten auf den Feldern vom Hagel erschlagen worden sein. Man zeigte Hagelstücke herum, groß wie Talerstücke und noch größere.

Noch war ich zu erregt, um nach Hause zu gehen und den Schaden im eigenen Hause und Garten zu betrachten; auch fiel mir nicht ein, daß man mich vermissen könnte, es war mir ja nichts geschehen. Ich beschloß, noch einen Gang ins Freie zu tun, statt weiter durch die Scherben zu stolpern, und mein Lieblingsort kam mir verlockend in den Sinn, der alte Festplatz neben dem Friedhof, in dessen Schatten ich alle großen Feste meiner Knabenjahre gefeiert hatte. Verwundert stellte ich fest, daß ich erst vor vier, fünf Stunden auf dem Heimweg von den Felsen dort vorübergegangen sei; es schienen mir lange Zeiten seither vergangen.

Und so ging ich die Gasse zurück und über die untere Brücke, sah unterwegs durch eine Gartenlücke unsern roten sandsteinernen Kirchturm wohlerhalten stehen und fand auch die Turnhalle nur wenig beschädigt. Weiter drüben stand einsam ein altes Wirtshaus, dessen Dach ich von weitem erkannte. Es stand wie sonst, sah aber doch sonderbar verändert aus, ich wußte nicht gleich warum. Erst als ich mir Mühe gab, mich genau zu besinnen, fiel mir ein, daß vor dem Wirtshaus immer zwei hohe Pappeln gestanden waren. Diese Pappeln waren nicht mehr da. Ein uralt vertrauter Anblick war zerstört, eine liebe Stelle geschändet.

Da stieg mir eine böse Ahnung auf, es möchte noch mehr und noch Edleres verdorben sein. Mit einemmal fühlte ich mit beklemmender Neuheit, wie sehr ich meine Heimat liebte, wie tief mein Herz und Wohlsein abhängig war von diesen Dächern und Türmen, Brücken und Gassen, von den Bäumen, Gärten und Wäldern. In neuer Erregung und Sorge lief ich rascher, bis ich drüben bei dem Festplatz war.

Da stand ich still und sah den Ort meiner liebsten Erinnerungen namenlos verwüstet in völliger Zerstörung liegen. Die alten Kastanien, in deren Schatten wir unsere Festtage gehabt hatten und deren Stämme wir als Schulknaben zu dreien und vieren kaum

hatten umarmen können, die lagen abgebrochen, geborsten, mit
den Wurzeln ausgerissen und umgestülpt, daß hausgroße Löcher im Boden klafften. Nicht einer stand mehr an seinem Platz,
es war ein schauerhaftes Schlachtfeld, und auch die Linden und
die Ahorne waren gefallen, Baum an Baum. Der weite Platz war
ein ungeheurer Trümmerhaufen von Ästen, gespaltenen Stämmen, Wurzeln und Erdblöcken, mächtige Stämme standen noch
im Boden, aber ohne Krone, abgeknickt und abgedreht mit tausend weißen, nackten Splittern.

Es war nicht möglich weiterzugehen, Platz und Straße waren
haushoch von durcheinandergeworfenen Stämmen und Baum-
trümmern gesperrt, und wo ich seit den ersten Kinderzeiten nur
tiefen heiligen Schatten und hohe Baumtempel gekannt hatte,
starrte der leere Himmel über der Vernichtung.

Mir war, als sei ich selber mit allen geheimen Wurzeln ausgerissen und in den unerbittlich grellen Tag gespien worden. Tagelang ging ich umher und fand keinen Waldweg, keinen vertrauten
Nußbaumschatten, keine von den Eichen der Bubenkletterzeit
mehr wieder, überall weit um die Stadt nur Trümmer, Löcher,
gebrochene Waldhänge wie Gras hingemäht, Baumleichen klagend mit entblößtem Wurzelwerk zur Sonne gekehrt. Zwischen
mir und meiner Kindheit war eine Kluft aufgebrochen, und
meine Heimat war nicht die alte mehr. Die Lieblichkeit und die
Torheit der gewesenen Jahre fielen von mir ab, und bald darauf
verließ ich die Stadt, um ein Mann zu werden und das Leben zu
bestehen, dessen erste Schatten mich in diesen Tagen gestreift
hatten. *(1913)*

Autorenabend

Als ich gegen Mittag in dem Städtchen Querburg ankam, empfing mich am Bahnhof ein Mann mit einem breiten grauen Backenbart. »Mein Name ist Schievelbein«, sagte er, »ich bin der Vorstand des Vereins.«

»Freut mich«, sagte ich. »Es ist großartig, daß es hier in dem kleinen Querburg einen Verein gibt, der literarische Abende veranstaltet.«

»Na, wir leisten uns hier allerlei«, bestätigte Herr Schievelbein. »Im Oktober war zum Beispiel ein Konzert, und im Karneval geht es schon ganz toll zu. – Und Sie wollen uns also heut abend durch Vorträge unterhalten?«

»Ja, ich lese ein paar von meinen Sachen vor, kürzere Prosastücke und Gedichte, wissen Sie.«

»Ja, sehr schön. Sehr schön. Wollen wir einen Wagen nehmen?«

»Wie Sie meinen. Ich bin hier ganz fremd; vielleicht zeigen Sie mir ein Hotel, wo ich absteigen kann.«

Der Vereinsvorstand musterte jetzt den Koffer, den der Träger hinter mir herbrachte. Dann ging sein Blick prüfend über mein Gesicht, über meinen Mantel, meine Schuhe, meine Hände, ein ruhig prüfender Blick, so wie man etwa einen Reisenden ansieht, mit dem man eine Nacht das Coupé teilen soll. Seine Prüfung fing eben an, mir aufzufallen und peinlich zu werden, da verbreiteten sich wieder Wohlwollen und Höflichkeit über seine Züge.

»Wollen Sie bei mir wohnen?« fragte er lächelnd. »So gut wie im Gasthaus finden Sie es da auch und sparen die Hotelkosten.«

Er begann mich zu interessieren; seine Patronatsmiene und wohlhabende Würde waren drollig und lieb, und hinter dem etwas herrischen Wesen schien viel Gutmütigkeit verborgen. Ich nahm also die Einladung an; wir setzten uns in einen offenen Wagen, und nun konnte ich wohl sehen, neben wem ich saß, denn in den Straßen von Querburg war beinahe kein Mensch, der meinen Patron nicht mit Ergebenheit gegrüßt hätte. Ich mußte beständig die Hand am Hute haben und bekam eine Vorstellung davon, wie es Fürsten zumute ist, wenn sie sich durch ihr Volk hindurchsalutieren müssen.

Um ein Gespräch zu beginnen, fragte ich: »Wieviel Plätze hat wohl der Saal, in dem ich sprechen soll?«

Schievelbein sah mich beinahe vorwurfsvoll an: »Das weiß ich wirklich nicht, lieber Herr; ich habe mit diesen Sachen gar nichts zu tun.«

»Ich dachte nur, weil Sie ja doch Vorstand – –«

»Gewiß; aber das ist nur so ein Ehrenamt, wissen Sie. Das Geschäftliche besorgt alles unser Sekretär.«

»Das ist wohl der Herr Giesebrecht, mit dem ich korrespondiert habe?«

»Ja, der ist's. Jetzt passen Sie auf, da kommt das Kriegerdenkmal, und dort links, das ist das neue Postgebäude. Fein, nicht?«

»Sie scheinen hier in der Gegend keinen eigenen Stein zu haben«, sagte ich, »da Sie alles aus Backstein machen?«

Herr Schievelbein sah mich mit runden Augen an, dann brach er in ein Gelächter aus und schlug mir kräftig aufs Knie.

»Aber Mann, das ist ja eben unser Stein! Haben Sie nie vom Querburger Backstein gehört? Ist ja berühmt. Von dem leben wir hier alle.«

Da waren wir schon vor seinem Hause. Es war mindestens ebenso schön wie das Postgebäude. Wir stiegen aus, und über uns ging ein Fenster auf und eine Frauenstimme rief herunter: »So, hast du also den Herrn doch mitgebracht? Na, schön. Komm nur, wir essen gleich.«

Bald darauf erschien die Dame an der Haustür und war ein vergnügtes rundes Wesen, voll von Grübchen und mit kleinen, dikken, kindlichen Wurstfingern. Wenn man gegen den Herrn Schievelbein etwa noch Bedenken hätte hegen können, diese Frau zerstreute jeden Zweifel, sie atmete nichts als wohligste Harmlosigkeit. Erfreut nahm ich ihre warme, gepolsterte Hand.

Sie musterte mich wie ein Fabeltier und sagte dann halb lachend: »Also Sie sind der Herr Hesse! Na, ist schön, ist schön. Nein, aber daß Sie eine Brille tragen!«

»Ich bin etwas kurzsichtig, gnädige Frau.«

Sie schien die Brille trotzdem sehr komisch zu finden, was ich nicht recht begriff. Aber sonst gefiel mir die Hausfrau sehr. Hier war solides Bürgertum; es würde gewiß ein vorzügliches Essen geben.

Einstweilen wurde ich in den Salon geführt, wo eine Palme einsam zwischen unechten Eichenmöbeln stand. Die ganze Einrichtung zeigte sich lückenlos in jenem schlechtbürgerlichen Stil unserer Väter und älteren Schwestern, den man selten mehr in solcher Reinheit antrifft. Mein Auge blieb gebannt an einem gleißenden Gegenstand hängen, den ich bald als einen ganz und gar mit Goldbronze bestrichenen Stuhl erkannte.

»Sind Sie immer so ernst?« fragte die Dame mich nach einer flauen Pause.

»O nein«, rief ich schnell, »aber entschuldigen Sie: warum haben Sie eigentlich diesen Stuhl vergolden lassen?«

»Haben Sie das noch nie gesehen? Es war eine Zeitlang sehr in Mode, natürlich nur als Ziermöbel, nicht zum Draufsitzen. Ich finde es sehr hübsch.«

Herr Schievelbein hustete: »Jedenfalls hübscher als das verrückte moderne Zeug, was man jetzt bei jung verheirateten Leuten sehen muß. – Aber können wir noch nicht essen?«

Die Hausfrau erhob sich, und eben kam das Mädchen, uns zum Essen zu bitten. Ich bot der Gnädigen den Arm, und wir wandelten durch ein ähnlich prunkvoll aussehendes Gemach in das Speisezimmer und einem kleinen Paradies von Frieden, Stille und guten Sachen entgegen, das zu beschreiben ich mich nicht fähig fühle.

Ich sah bald, daß man hier nicht gewohnt war, sich neben dem Essen her mit Unterhaltung anzustrengen, und meine Furcht vor etwaigen literarischen Gesprächen fand sich angenehm enttäuscht. Es ist undankbar von mir, aber ich lasse mir ungern ein gutes Essen von den Wirten dadurch verderben, daß man mich fragt, ob ich den »Jörn Uhl« auch schon gelesen habe und ob ich Tolstoi oder Ganghofer hübscher finde. Hier war Sicherheit und Friede. Man aß gründlich und gut, sehr gut, und auch den Wein muß ich loben, und unter sachlichen Tafelgesprächen über Weinsorten, Geflügel und Suppen verrann selig die Zeit. Es war herrlich, und nur einmal gab es eine Unterbrechung. Man hatte mich um meine Meinung über das Füllsel der jungen Gans gefragt, an der wir aßen, und ich sagte so etwas wie: das seien Gebiete des Wissens, mit welchen wir Schriftsteller meist allzu wenig zu tun bekämen.

Da ließ Frau Schievelbein ihre Gabel sinken und starrte mich aus großen runden Kinderaugen an:

365

»Ja, sind Sie denn auch Schriftsteller?«

»Natürlich«, sagte ich ebenfalls verwundert. »Das ist ja mein Beruf. Was hatten Sie denn geglaubt?«

»O, ich dachte, Sie reisen eben immer so herum und halten Vorträge. Es war einmal einer hier – Emil, wie hieß er gleich? Weißt du, der, der damals diese bayrischen Volkslieder vorgetragen hat.«

»Ach, der mit den Schnadahüpferln –« Aber auch er konnte sich des Namens nicht mehr erinnern. Und auch er sah mich verwundert an und gewissermaßen mit etwas mehr Respekt, und dann nahm er sich zusammen, erfüllte seine gesellschaftliche Pflicht und fragte vorsichtig: »Ja, und was schreiben Sie da eigentlich? Wohl fürs Theater?«

Nein, sagte ich, das hätte ich noch nie probiert. Nur so Gedichte, Novellen und solche Sachen.

»Ach so«, seufzte er erleichtert. Und sie fragte: »Ist das nicht furchtbar schwer?«

Ich sagte nein, es ginge an. Herr Schievelbein aber hegte noch immer irgendein Mißtrauen.

»Aber nicht wahr«, fing er nochmals zögernd an, »ganze Bücher schreiben Sie doch nicht?«

»Doch«, mußte ich bekennen, »ich habe auch schon ganze Bücher geschrieben.« Das stimmte ihn sehr nachdenklich. Er aß eine Weile schweigend fort, dann hob er sein Glas und rief mit etwas angestrengter Munterkeit: »Na, prosit!«

Gegen den Schluß der Tafel wurden die Leute beide zusehends stiller und schwerer, sie seufzten verschiedene Male tief und ernst, und Herr Schievelbein legte eben die Hände über der Weste zusammen und wollte einschlafen, da mahnte ihn seine Frau: »Erst wollen wir noch den schwarzen Kaffee trinken.« Aber auch sie hatte schon ganz kleine Augen.

Der Kaffee war nebenan serviert; man saß in blauen Polstermöbeln zwischen zahlreichen stillblickenden Familienphotographien. Nie hatte ich eine Einrichtung gesehen, welche dem Wesen der Bewohner so vollkommen entsprach und Ausdruck verlieh. Mitten im Zimmer stand ein ungeheurer Vogelkäfig, und drinnen saß regungslos ein großer Papagei.

»Kann er sprechen?« fragte ich.

Frau Schievelbein verkniff ein Gähnen und nickte. »Sie werden ihn vielleicht bald hören. Nach Tisch ist er immer am munter-sten.«

Es hätte mich interessiert zu wissen, wie er sonst aussah, denn weniger munter hatte ich noch nie ein Tier gesehen. Er hatte die Lider halb über die Augen gezogen und sah aus wie von Porzellan.

Aber nach einer Weile, als der Hausherr entschlummert war und auch die Dame bedenklich im Sessel nickte, da tat der versteinerte Vogel wahrhaftig den Schnabel auf und sprach in gähnendem Tonfall mit gedehnter und äußerst menschenähnlicher Stimme die Worte, die er konnte: »O Gott ogott ogott ogott – –«

Frau Schievelbein wachte erschrocken auf; sie glaubte, es sei ihr Mann gewesen, und ich benutzte den Augenblick, um ihr zu sagen, ich möchte mich jetzt gern ein wenig in mein Zimmer zurückziehen.

»Vielleicht geben Sie mir irgend etwas zu lesen mit«, setzte ich hinzu.

Sie lief und kam mit einer Zeitung wieder. Aber ich dankte und sagte: »Haben Sie nicht irgendein Buch? Einerlei was.«

Da stieg sie seufzend mit mir die Treppe zum Gastzimmer hinauf, zeigte mir meine Stube und öffnete dann mit Mühe einen kleinen Schrank im Korridor. »Bitte, bedienen Sie sich hier«, sagte sie und zog sich zurück. Ich glaubte, es handle sich um einen Likör, aber vor mir stand die Bibliothek des Hauses, eine kleine Reihe staubiger Bücher. Begierig griff ich zu, man findet in solchen Häusern oft ungeahnte Schätze. Es waren aber nur zwei Gesangbücher, drei alte Bände von »Über Land und Meer«, ein Katalog der Weltausstellung in Brüssel von Anno soundso und ein Taschenlexikon der französischen Umgangssprache.

Eben war ich nach einer kurzen Siesta am Waschen, da wurde geklopft, und das Dienstmädchen führte einen Herrn herein. Es war der Vereinssekretär, der mich sprechen wollte. Er klagte, der Vorverkauf sei sehr schlecht, sie schlügen kaum die Saalmiete heraus. Und ob ich nicht mit weniger Honorar zufrieden wäre. Aber er wollte nichts davon wissen, als ich vorschlug, die Vorlesung lieber zu unterlassen. Er seufzte nur sorgenvoll, und dann meinte er: »Soll ich für etwas Dekoration sorgen?«

»Dekoration? Nein, ist nicht nötig.«

»Es wären zwei Fahnen da«, lockte er unterwürfig. Endlich ging er wieder, und meine Stimmung begann sich erst wieder zu heben, als ich mit meinen nun wieder munter gewordenen Gastgebern beim Tee saß. Es gab Buttergebackenes dazu und Rum und Benediktiner.

Am Abend gingen wir dann alle drei in den »Goldenen Anker«. Das Publikum strömte in Scharen nach dem Hause, so daß ich ganz erstaunt war; aber die Leute verschwanden alle hinter den Flügeltüren eines Saales im Parterre, während wir in die zweite Etage hinaufstiegen, wo es viel stiller zuging.
»Was ist denn da unten los?« fragte ich den Sekretär.
»Ach, die Biermusik. Das ist jeden Samstag.«
Ehe Schievelbeins mich verließen, um in den Saal zu gehen, ergriff die gute Frau in einer plötzlichen Wallung meine Hand, drückte sie begeistert und sagte leise: »Ach, ich freue mich ja so furchtbar auf diesen Abend.«
»Warum denn?« konnte ich nur sagen, denn mir war ganz anders zumute.
»Nun«, rief sie herzlich, »es gibt doch nichts Schöneres, als wenn man sich wieder einmal so richtig auslachen kann!«
Damit eilte sie davon, froh wie ein Kind am Morgen seines Geburtstages.
Das konnte gut werden.
Ich stürzte mich auf den Sekretär. »Was denken sich die Leute eigentlich unter diesem Vortrag?« rief ich hastig. »Mir scheint, sie erwarten etwas ganz anderes als einen Autoren-Abend.«
Ja, stammelte er kleinlaut, das könne er unmöglich wissen. Man nehme an, ich werde lustige Sachen vortragen, vielleicht auch singen, das andere sei meine Sache – und überhaupt, bei diesem miserablen Besuch – –
Ich jagte ihn hinaus und wartete allein in bedrückter Stimmung in einem kalten Stübchen, bis der Sekretär mich wieder abholte und in den Saal führte. Da standen etwa zwanzig Stuhlreihen, von denen drei oder vier besetzt waren. Hinter dem kleinen Podium war eine Vereinsfahne an die Wand genagelt. Es war scheußlich. Aber ich stand nun einmal da, die Fahne prunkte, das Gaslicht blitzte in meiner Wasserflasche, die paar Leute sa-

ßen und warteten, ganz vorne Herr und Frau Schievelbein. Es half alles nichts; ich mußte beginnen.

So las ich denn in Gottes Namen ein Gedicht vor. Alles lauschte erwartungsvoll – aber als ich glücklich im zweiten Vers war, da brach unter unseren Füßen mit Pauken und Tschinellen die große Biermusik los. Ich war so wütend, daß ich mein Wasserglas umwarf. Man lachte herzlich über diesen Scherz.

Als ich drei Gedichte vorgelesen hatte, tat ich einen Blick in den Saal. Eine Reihe von grinsenden, fassungslosen, enttäuschten, zornigen Gesichtern sah mich an, etwa sechs Leute erhoben sich verstört und verließen diese unbehagliche Veranstaltung. Ich wäre am liebsten mitgegangen. Aber ich machte nur eine Pause und sagte dann, soweit ich gegen die Musik ankam, es scheine leider hier ein Mißverständnis zu walten, ich sei kein humoristischer Rezitator, sondern ein Literat, eine Art von Sonderling und Dichter, und ich wolle ihnen jetzt, da sie doch einmal da seien, eine Novelle vorlesen.

Da standen wieder einige Leute auf und gingen fort.

Aber die Übriggebliebenen rückten jetzt aus den lichtgewordenen Reihen näher beim Podium zusammen; es waren immer noch etwa zwei Dutzend Leute, und ich las weiter und tat meine Schuldigkeit, nur kürzte ich das Ganze tüchtig ab, so daß wir nach einer halben Stunde fertig waren und gehen konnten. Frau Schievelbein begann mit dicken Händchen wütend zu klatschen, aber es klang so allein nicht gut, und so hörte sie errötend wieder auf.

Der erste literarische Abend von Querburg war zu Ende. Mit dem Sekretär hatte ich noch eine kurze ernste Unterredung; dem Mann standen Tränen in den Augen. Ich warf einen Blick in den leeren Saal zurück, wo das Gold der Fahne einsam leuchtete, dann ging ich mit meinen Wirten nach Hause. Sie waren so still und feierlich wie nach einem Begräbnis, und plötzlich, als wir so blöd und schweigend nebeneinander hergingen, mußte ich laut hinauslachen, und nach einer kleinen Weile stimmte Frau Schievelbein mit ein. Daheim stand ein ausgesuchtes kleines Essen bereit, und nach einer Stunde waren wir drei in der besten Stimmung. Die Dame sagte mir sogar, meine Gedichte seien herzig und ich möchte ihr eins davon abschreiben.

Das tat ich zwar nicht, aber vor dem Schlafengehen schlich ich mich ins Nebenzimmer, drehte Licht an und trat vor den großen Vogelkäfig. Ich hätte gerne den alten Papagei noch einmal gehört, dessen Stimme und Tonfall dies ganze liebe Bürgerhaus sympathisch auszudrücken schien. Denn was irgendwo drinnen ist, will sich zeigen; Propheten haben Gesichte, Dichter machen Verse, und dieses Haus ward Klang und offenbarte sich im Ruf dieses Vogels, dem Gott eine Stimme verlieh, daß er die Schöpfung preise.

Der Vogel war beim Aufblitzen des Lichtes erschrocken und sah mich aus verschlafenen Augen starr und glasig an. Dann fand er sich zurecht, dehnte den Flügel mit einer unsäglich schläfrigen Gebärde und gähnte mit fabelhaft menschlicher Stimme: »O Gott ogott ogott ogott – –«   *(1913)*

Wenn der Krieg noch zwei Jahre dauert

Seit meiner Jugend hatte ich die Gewohnheit, von Zeit zu Zeit zu verschwinden und zur Erfrischung in andere Welten unterzutauchen, man pflegte mich dann zu suchen und nach einiger Zeit als vermißt auszuschreiben, und wenn ich schließlich wiederkam, so war es mir stets ein Vergnügen, die Urteile der sogenannten Wissenschaft über mich und meine »Abwesenheit« – oder Dämmerzustände anzuhören. Während ich nichts anderes tat als das, was meiner Natur selbstverständlich war und was früher oder später die meisten Menschen werden tun können, wurde ich von diesen seltsamen Menschen für eine Art Phänomen angesehen, von den einen als Besessener, von den andern als ein mit Wunderkräften Begnadeter.

Kurz, ich war also wieder eine Weile fortgewesen. Nach zwei oder drei Kriegsjahren hatte die Gegenwart viel an Reiz für mich verloren, und ich drückte mich hinweg, um eine Weile andere Luft zu atmen. Auf dem gewohnten Wege verließ ich die Ebene, in der wir leben, und hielt mich gastweise auf anderen Ebenen auf. Ich war eine Zeitlang in fernen Vergangenheiten, jagte unbefriedigt durch Völker und Zeiten, sah den üblichen Kreuzigungen, Händeln, Fortschritten und Verbesserungen auf Erden zu und zog mich dann für einige Zeit ins Kosmische zurück.

Als ich wiederkam, war es 1920, und zu meiner Enttäuschung standen sich überall noch immer mit der gleichen geistlosen Hartnäckigkeit die Völker im Kriege gegenüber. Es waren einige Grenzen verschoben, einige ausgesuchte Regionen älterer höherer Kulturen mit Sorgfalt zerstört worden, aber alles in allem hatte sich äußerlich auf der Erde nicht viel geändert.

Groß war der erreichte Fortschritt in der Gleichheit auf Erden. Wenigstens in Europa sah es in allen Ländern, wie ich hörte, genau gleich aus, auch der Unterschied zwischen Kriegführenden und Neutralen war fast ganz verschwunden. Seit man die Beschießung der Zivilbevölkerung mechanisch durch Freiballons betrieb, welche aus Höhen von 15000 bis 20000 Metern im Dahintreiben ihre Geschosse fallenließen, seither waren die Landesgrenzen, obwohl nach wie vor scharf bewacht, so ziemlich illusorisch geworden. Die Streuung dieser vagen Schießerei aus der Luft herab war so groß, daß die Absender solcher Ballons ganz zufrieden waren, wenn sie nur ihr eigenes Gebiet nicht trafen, und sich nicht mehr darum kümmerten, wie viele ihrer Bomben auf neutrale Länder oder schließlich auch auf das Gebiet von Bundesgenossen fielen.

Dies war eigentlich der einzige Fortschritt, den das Kriegswesen selbst gemacht hatte; in ihm sprach sich endlich einigermaßen klar der Sinn des Krieges aus. Die Welt war eben in zwei Parteien geteilt, welche einander zu vernichten suchten, weil sie beide das gleiche begehrten, nämlich die Befreiung der Unterdrückten, die Abschaffung der Gewalttat und die Aufrichtung eines dauernden Friedens. Gegen einen Frieden, der möglicherweise nicht ewig währen könnte, war man überall sehr eingenommen – wenn der ewige Friede nicht zu haben war, so zog man mit Entschiedenheit den ewigen Krieg vor, und die Sorglosigkeit, mit welcher die Munitionsballons aus ungeheuren Höhen ihren Segen über Gerechte und Ungerechte regnen ließen, entsprach dem Sinn dieses Krieges vollkommen. Im übrigen wurde er jedoch auf die alte Weise mit bedeutenden, aber unzulänglichen Mitteln weitergeführt. Die bescheidene Phantasie der Militärs und Techniker hatte noch einige wenige Vernichtungsmittel erfunden – jener Phantast aber, der den mechanischen Streuballon ausgedacht hatte, war der letzte seiner Art gewesen; denn seither hatten die Geistigen, die Phantasten, Dichter und Träumer sich mehr und mehr vom Interesse für den Krieg zurückgezogen. Er blieb, wie gesagt, den Militärs und Technikern überlassen und machte also wenig Fortschritte. Mit ungeheurer Ausdauer standen und lagen sich überall die Heere gegenüber, und obwohl der Materialmangel längst dazu geführt hatte, daß die soldatischen Auszeichnungen nur noch aus Papier bestanden, hatte die Tapferkeit sich nirgends erheblich vermindert.

Meine Wohnung fand ich zum Teil durch Flugzeuggeschosse zertrümmert, doch ließ es sich noch darin schlafen. Immerhin war es kalt und unbehaglich, der Schutt am Boden und der feuchte Schimmel an den Wänden mißfielen mir, und ich ging bald wieder weg, um einen Spaziergang zu machen.

Ich ging durch einige Gassen der Stadt, die sich stark gegen früher verändert hatten. Vor allem waren keine Läden mehr zu sehen. Die Straßen waren ohne Leben. Ich war noch nicht lange unterwegs, da trat ein Mann mit einer Blechnummer am Hut auf mich zu und fragte, was ich da tue. Ich sagte, ich gehe spazieren. Er: »Haben Sie Erlaubnis?« Ich verstand ihn nicht, es gab einen Wortwechsel, und er forderte mich auf, ihm in das nächste Amtshaus zu folgen.

Wir kamen in eine Straße, deren Häuser alle mit weißen Schildern behängt waren, auf denen ich Bezeichnungen von Ämtern mit Nummern und Buchstaben las.

»Beschäftigungslose Zivilisten« stand auf einem Schilde, und die Nummer 2487 B 4 dabei. Dort gingen wir hinein. Es waren die üblichen Amtsräume, Wartezimmer und Korridore, in welchen es nach Papier, nach feuchten Kleidern und Amtsluft roch. Nach manchen Fragen wurde ich auf Zimmer 72 d abgeliefert und dort verhört.

Ein Beamter stand vor mir und musterte mich. »Können Sie nicht strammstehen?« fragte er streng. Ich sagte: »Nein.« Er fragte: »Warum nicht?« »Ich habe es nie gelernt«, sagte ich schüchtern.

»Also Sie sind dabei festgenommen worden, wie Sie ohne Erlaubnisschein spazierengegangen sind. Geben Sie das zu?«

»Ja«, sagte ich, »das stimmt wohl. Ich hatte es nicht gewußt. Sehen Sie, ich war längere Zeit krank –«.

Er winkte ab. »Sie werden dadurch bestraft, daß Ihnen für drei Tage das Gehen in Schuhen untersagt wird. Ziehen Sie Ihre Schuhe aus!«

Ich zog meine Schuhe aus.

»Mensch!« rief der Beamte da entsetzt. »Mensch, Sie tragen ja Lederschuhe! Woher haben Sie die? Sind Sie denn völlig verrückt?«

»Ich bin geistig vielleicht nicht völlig normal, ich kann das selbst nicht genau beurteilen. Die Schuhe habe ich früher einmal gekauft.«

»Ja, wissen Sie nicht, daß das Tragen von Leder in jedweder Form den Zivilpersonen streng verboten ist? – Ihre Schuhe bleiben hier, die werden beschlagnahmt. Zeigen Sie übrigens doch einmal Ihre Ausweispapiere!«

Lieber Gott, ich hatte keine.

»Das ist mir doch seit einem Jahr nimmer vorgekommen!«

stöhnte der Beamte und rief einen Schutzmann herein. »Bringen
Sie den Mann ins Amt Nummer 194, Zimmer 8!«
Barfuß wurde ich durch einige Straßen getrieben, dann traten
wir wieder in ein Amtshaus, gingen durch Korridore, atmeten
den Geruch von Papier und Hoffnungslosigkeit, dann wurde ich
in ein Zimmer gestoßen und von einem andern Beamten verhört.
Dieser trug Uniform.
»Sie sind ohne Ausweispapiere auf der Straße betroffen worden.
Sie bezahlen zweitausend Gulden Buße. Ich schreibe sofort die
Quittung.«
»Um Vergebung«, sagte ich zaghaft, »so viel habe ich nicht bei
mir. Können Sie mich nicht statt dessen einige Zeit einsper-
ren?«
Er lachte hell auf.
»Einsperren? Lieber Mann, wie denken Sie sich das? Glauben
Sie, wir hätten Lust, Sie auch noch zu füttern? – Nein, mein
Guter, wenn Sie die Kleinigkeit nicht zahlen können, bleibt Ih-
nen die härteste Strafe nicht erspart. Ich muß Sie zum proviso-
rischen Entzug der Existenzbewilligung verurteilen. Bitte geben
Sie mir Ihre Existenzbewilligungskarte!«
Ich hatte keine.
Der Beamte war nun ganz sprachlos. Er rief zwei Kollegen herein, flüsterte lange mit ihnen, deutete mehrmals auf mich, und
alle sahen mich mit Furcht und tiefem Erstaunen an. Dann ließ er
mich, bis mein Fall beraten wäre, in ein Haftlokal abführen.
Dort saßen oder standen mehrere Personen herum, vor der Tür
stand eine militärische Wache. Es fiel mir auf, daß ich, abgesehen
von dem Mangel an Stiefeln, weitaus der am besten Gekleidete
von allen war. Man ließ mich mit einer gewissen Ehrfurcht sitzen, und sogleich drängte ein kleiner scheuer Mann sich neben
mich, bückte sich vorsichtig zu meinem Ohr herab und flüsterte
mir zu: »Sie, ich mache Ihnen ein fabelhaftes Angebot. Ich habe
zu Hause eine Zuckerrübe! Eine ganze, tadellose Zuckerrübe!
Sie wiegt beinahe drei Kilo. Die können Sie haben. Was bieten
Sie?«
Er bog sein Ohr zu meinem Munde, und ich flüsterte: »Machen
Sie mir selbst ein Angebot! Wieviel wollen Sie haben?«
Leise flüsterte er mir ins Ohr: »Sagen wir hundertfünfzehn Gulden!«

374

Ich schüttelte den Kopf und versank in Nachdenken.

Ich sah, ich war zu lange weggewesen. Es war schwer, sich wieder einzuleben. Viel hätte ich für ein Paar Schuhe oder Strümpfe gegeben, denn ich hatte an den bloßen Füßen, mit denen ich durch die nassen Straßen hatte gehen müssen, schrecklich kalt. Aber es war niemand in dem Zimmer, der nicht barfuß gewesen wäre.

Nach einigen Stunden holte man mich ab. Ich wurde in das Amt Nr. 285, Zimmer 19 f, geführt. Der Schutzmann blieb diesmal bei mir; er stellte sich zwischen mir und dem Beamten auf. Es schien mir ein sehr hoher Beamter zu sein.

»Sie haben sich in eine recht böse Lage gebracht«, fing an. »Sie halten sich in hiesiger Stadt auf und sind ohne Existenzbewilligungsschein. Es wird Ihnen bekannt sein, daß die schwersten Strafen darauf stehen.«

Ich machte eine kleine Verbeugung.

»Erlauben Sie«, sagte ich, »ich habe eine einzige Bitte an Sie. Ich sehe vollkommen ein, daß ich der Situation nicht gewachsen bin und daß meine Lage nur immer schwieriger werden muß. – Ginge es nicht an, daß Sie mich zum Tode verurteilen? Ich wäre sehr dankbar dafür!«

Milde sah der hohe Beamte mir in die Augen.

»Ich begreife«, sagte er sanft. »Aber so könnte schließlich jeder kommen! Auf alle Fälle müßten Sie vorher eine Sterbekarte lösen. Haben Sie Geld dafür? Sie kostet viertausend Gulden.«

»Nein, so viel habe ich nicht. Aber ich würde alles geben, was ich habe. Ich habe großes Verlangen danach, zu sterben.«

Er lächelte sonderbar.

»Das glaube ich gerne, da sind Sie nicht der einzige. Aber so einfach geht das mit dem Sterben nicht. Sie gehören einem Staate an, lieber Mann, und sind diesem Staat verpflichtet, mit Leib und Leben. Das dürfte Ihnen doch bekannt sein. Übrigens – ich sehe da eben, daß Sie als Sinclair, Emil, eingetragen sind. Sind Sie vielleicht der Schriftsteller Sinclair?«

»Gewiß, der bin ich.«

»O, das freut mich sehr. Ich hoffe, Ihnen gefällig sein zu können. Schutzmann, Sie können inzwischen abtreten.«

Der Schutzmann ging hinaus, der Beamte bot mir die Hand.

»Ich habe Ihre Bücher mit viel Interesse gelesen«, sagte er verbindlich, »und ich will Ihnen gern nach Möglichkeit behilflich sein. – Aber sagen Sie mir doch, lieber Gott, wie Sie in diese unglaubliche Lage geraten konnten?«

»Ja, ich war eben eine Zeitlang weg. Ich flüchtete mich für einige Zeit ins Kosmische, es mögen so zwei, drei Jahre gewesen sein, und offen gestanden hatte ich so halb und halb angenommen, der Krieg würde inzwischen sein Ende gefunden haben. – Aber sagen Sie, können Sie mir eine Sterbekarte verschaffen? Ich wäre Ihnen fabelhaft dankbar.«

»Es wird vielleicht gehen. Vorher müssen Sie aber eine Existenz-bewilligung haben. Ohne sie wäre natürlich jeder Schritt aus-sichtslos. Ich gebe Ihnen eine Empfehlung an das Amt 127 mit, da werden Sie auf meine Bürgschaft hin wenigstens eine provi-sorische Existenzkarte bekommen. Sie gilt allerdings nur zwei Tage.«

»O, das ist mehr als genug!«

»Nun gut! Kommen Sie dann bitte zu mir zurück.«

Ich drückte ihm die Hand.

»Noch eines!« sagte ich leise. »Darf ich noch eine Frage an Sie stellen? Sie können sich denken, wie schlecht orientiert ich in allem Aktuellen bin.«

»Bitte, bitte.«

»Ja, also – vor allem würde es mich interessieren zu wissen, wie es möglich ist, daß bei diesen Zuständen das Leben überhaupt noch weitergeht. Hält denn ein Mensch das aus?«

»O ja. Sie sind ja in einer besonders schlimmen Lage, als Zivil-person, und gar ohne Papiere! Es gibt sehr wenig Zivilpersonen mehr. Wer nicht Soldat ist, der ist Beamter. Schon damit wird für die meisten das Leben viel erträglicher, viele sind sogar sehr glücklich. Und an die Entbehrungen hat man sich eben so all-mählich gewöhnt. Als das mit den Kartoffeln allmählich auf-hörte und man sich an den Holzbrei gewöhnen mußte – er wird jetzt leicht geteert und dadurch recht schmackhaft –, da dachte jeder, es sei nicht mehr auszuhalten. Und jetzt geht es eben doch. Und so ist es mit allem.«

»Ich verstehe«, sagte ich. »Es ist eigentlich weiter nicht erstaun-lich. Nur eins begreife ich nicht ganz. Sagen Sie mir: wozu ei-gentlich macht nun die ganze Welt diese riesigen Anstrengun-gen? Diese Entbehrungen, diese Gesetze, diese tausend Ämter und Beamte – was ist es eigentlich, was man damit beschützt und aufrechterhält?«

Erstaunt sah der Herr mir ins Gesicht.

»Ist das eine Frage!« rief er mit Kopfschütteln. »Sie wissen doch, daß Krieg ist, Krieg in der ganzen Welt! Und das ist es, was wir erhalten, wofür wir Gesetze geben, wofür wir Opfer bringen. Der Krieg ist es. Ohne diese enormen Anstrengungen und Leistungen könnten die Armeen keine Woche länger im Felde stehen. Sie würden verhungern – es wäre unausstehlich!«

»Ja«, sagte ich langsam, »das ist allerdings ein Gedanke! Also der Krieg ist das Gut, das mit solchen Opfern aufrechterhalten wird! Ja, aber – erlauben Sie eine seltsame Frage – warum schätzen Sie den Krieg so hoch? Ist er denn das alles wert? Ist denn der Krieg überhaupt ein Gut?«

Mitleidig zuckte der Beamte die Achseln. Er sah, ich verstand ihn nicht.

»Lieber Herr Sinclair«, sagte er, »Sie sind sehr weltfremd geworden. Aber bitte, gehen Sie durch eine einzige Straße, reden Sie mit einem einzigen Menschen, strengen Sie Ihre Gedanken nur ein klein wenig an und fragen Sie sich: Was haben wir noch? Worin besteht unser Leben? Dann müssen Sie doch sofort sagen: Der Krieg ist das einzige, was wir noch haben! Vergnügen und persönlicher Erwerb, gesellschaftlicher Ehrgeiz, Habgier, Liebe, Geistesarbeit – alles existiert nicht mehr. Der Krieg ist es einzig und allein, dem wir es verdanken, daß noch so etwas wie Ordnung, Gesetz, Gedanke, Geist in der Welt vorhanden ist. – Können Sie denn das nicht sehen?«

Ja, nun sah ich es ein, und ich dankte dem Herrn sehr.

Dann ging ich davon und steckte die Empfehlung an das Amt 127 mechanisch in meine Tasche. Ich hatte nicht im Sinne, von ihr Gebrauch zu machen, es war mir nichts daran gelegen, noch irgendeines dieser Ämter zu belästigen. Und noch ehe ich wieder bemerkt und zur Rede gestellt werden konnte, sprach ich den kleinen Sternensegen in mich hinein, stellte meinen Herzschlag ab, ließ meinen Körper im Schatten eines Gebüsches verschwinden und setzte meine vorherige Wanderung fort, ohne mehr an Heimkehr zu denken. *(1917)*

Kinderseele

Manchmal handeln wir, gehen aus und ein, tun dies und das, und es ist alles leicht, unbeschwert und gleichsam unverbindlich, es könnte scheinbar alles auch anders sein. Und manchmal, zu anderen Stunden, könnte nichts anders sein, ist nichts unverbindlich und leicht, und jeder Atemzug, den wir tun, ist von Gewalten bestimmt und schwer von Schicksal.
Die Taten unseres Lebens, die wir die guten nennen und von denen zu erzählen uns leicht fällt, sind fast alle von jener ersten, »leichten« Art, und wir vergessen sie leicht. Andere Taten, von denen zu sprechen uns Mühe macht, vergessen wir nie mehr, sie sind gewissermaßen mehr unser als andere, und ihre Schatten fallen lang über alle Tage unseres Lebens.

Unser Vaterhaus, das groß und hell an einer hellen Straße lag, betrat man durch ein hohes Tor, und sogleich war man von Kühle, Dämmerung und steinern feuchter Luft umfangen. Eine hohe, düstere Halle nahm einen schweigsam auf, der Boden von roten Sandsteinfliesen führte leicht ansteigend gegen die Treppe, deren Beginn zuhinterst tief im Halbdunkel lag. Viele tausend Male bin ich durch dies hohe Tor eingegangen, und niemals hatte ich acht auf Tor und Flur, Fliesen und Treppe: dennoch war es immer ein Übergang in eine andere Welt, in »unsere« Welt. Die Halle roch nach Stein, sie war finster und hoch, hinten führte die Treppe aus der dunklen Kühle empor und zu Licht und hellem Behagen. Immer aber war erst die Halle und die ernste Dämmerung da: etwas von Vater, etwas von Würde und Macht, etwas von Strafe und schlechtem Gewissen. Tausendmal ging man lachend hindurch. Manchmal aber trat man herein und war sogleich erdrückt und zerkleinert, hatte Angst, suchte rasch die befreiende Treppe.
Als ich elf Jahre alt war, kam ich eines Tages von der Schule her nach Hause, an einem von den Tagen, wo Schicksal in den Ecken lauert, wo leicht etwas passiert. An diesen Tagen scheint jede Unordnung und Störung der eigenen Seele sich in unserer Umwelt zu spiegeln und sie zu entstellen. Unbehagen und Angst beklemmen unser Herz, und wir suchen und finden ihre ver-

meintlichen Ursachen außer uns, sehen die Welt schlecht eingerichtet und stoßen überall auf Widerstände.

Ähnlich war es an jenem Tage. Von früh an bedrückte mich – wer
weiß woher? vielleicht aus Träumen der Nacht – ein Gefühl wie
schlechtes Gewissen, obwohl ich nichts Besonderes begangen
hatte. Meines Vaters Gesicht hatte am Morgen einen leidenden
und vorwurfsvollen Ausdruck gehabt, die Frühstücksmilch war
lau und fad gewesen. In der Schule war ich zwar nicht in Nöte
geraten, aber es hatte alles wieder einmal trostlos, tot und ent-
mutigend geschmeckt und hatte sich vereinigt zu jenem mir
schon bekannten Gefühl der Ohnmacht und Verzweiflung, das
uns sagt, daß die Zeit endlos sei, daß wir ewig und ewig klein und
machtlos und im Zwang dieser blöden, stinkenden Schule bleiben werden, Jahre und Jahre, und daß dies ganze Leben sinnlos
und widerwärtig sei.

Auch über meinen derzeitigen Freund hatte ich mich heute ge-
ärgert. Ich hatte seit kurzem eine Freundschaft mit Oskar Weber, dem Sohn eines Lokomotivführers, ohne recht zu wissen,
was mich zu ihm zog. Er hatte neulich damit geprahlt, daß sein
Vater sieben Mark am Tage verdiene, und ich hatte aufs Gera-
tewohl erwidert, der meine verdiene vierzehn. Daß er sich dadurch hatte imponieren lassen, ohne Einwände zu machen, war
der Anfang der Sache gewesen. Einige Tage später hatte ich mit
Weber einen Bund gegründet, indem wir eine gemeinsame Sparkasse anlegten, aus welcher später eine Pistole gekauft werden
sollte. Die Pistole lag im Schaufenster eines Eisenhändlers, eine
massive Waffe mit zwei bläulichen Stahlrohren. Und Weber
hatte mir vorgerechnet, daß man nur eine Weile richtig zu sparen
brauche, dann könne man sie kaufen. Geld gebe es ja immer, er
bekomme sehr oft einen Zehner für Ausgänge, oder sonst ein
Trinkgeld, und manchmal finde man Geld auf der Gasse, oder
Sachen mit Geldeswert, wie Hufeisen, Bleistücke und anderes,
was man gut verkaufen könne. Einen Zehner hatte er auch sofort
für unsere Kasse hergegeben, und der hatte mich überzeugt und
mir unseren ganzen Plan als möglich und hoffnungsvoll erscheinen lassen.

Indem ich an jenem Mittag unseren Hausflur betrat und mir in
der kellerig kühlen Luft dunkle Mahnungen an tausend unbe-
queme und hassenswerte Dinge und Weltordnungen entgegen-

wehten, waren meine Gedanken mit Oskar Weber beschäftigt. Ich fühlte, daß ich ihn nicht liebte, obwohl sein gutmütiges Gesicht, das mich an eine Waschfrau erinnerte, mir sympathisch war. Was mich zu ihm hinzog, war nicht seine Person, sondern etwas anderes, ich könnte sagen, sein Stand – es war etwas, das er mit fast allen Buben von seiner Art und Herkunft teilte: eine gewisse freche Lebenskunst, ein dickes Fell gegen Gefahr und Demütigung, eine Vertrautheit mit den kleinen praktischen Angelegenheiten des Lebens, mit Geld, mit Kaufläden und Werkstätten, Waren und Preisen, mit Küche und Wäsche und dergleichen. Solche Knaben wie Weber, denen die Schläge in der Schule nicht weh zu tun schienen und die mit Knechten, Fuhrleuten und Fabrikmädchen verwandt und befreundet waren, die standen anders und gesicherter in der Welt als ich; sie waren gleichsam erwachsener, sie wußten, wieviel ihr Vater am Tag verdiene, und wußten ohne Zweifel auch sonst noch vieles, worin ich unerfahren war. Sie lachten über Ausdrücke und Witze, die ich nicht verstand. Sie konnten überhaupt auf eine Weise lachen, die mir versagt war, auf eine dreckige und rohe, aber unleugbar erwachsene und »männliche« Weise. Es half nichts, daß man klüger war als sie und in der Schule mehr wußte. Es half nichts, daß man besser als sie gekleidet, gekämmt und gewaschen war. Im Gegenteil, eben diese Unterschiede kamen ihnen zugute. In die »Welt«, wie sie mir in Dämmerschein und Abenteuerschein vorschwebte, schienen mir solche Knaben wie Weber ganz ohne Schwierigkeiten eingehen zu können, während mir die »Welt« so sehr verschlossen war und jedes ihrer Tore durch unendliches Älterwerden, Schulesitzen, durch Prüfungen und Erzogenwerden mühsam erobert werden mußte. Natürlich fanden solche Knaben auch Hufeisen, Geld und Stücke Blei auf der Straße, bekamen Lohn für Besorgungen, kriegten in Läden allerlei geschenkt und gediehen auf jede Weise.

Ich fühlte dunkel, daß meine Freundschaft zu Weber und seiner Sparkasse nichts war als wilde Sehnsucht nach jener »Welt«. An Weber war nichts für mich liebenswert als sein großes Geheimnis, kraft dessen er den Erwachsenen näher stand als ich, in einer schleierlosen, nackteren, robusteren Welt lebte als ich mit meinen Träumen und Wünschen. Und ich fühlte voraus, daß er mich enttäuschen würde, daß es mir nicht gelingen werde, ihm sein Geheimnis und den magischen Schlüssel zum Leben zu entreißen.

Eben hatte er mich verlassen, und ich wußte, er ging nun nach Hause, breit und behäbig, pfeifend und vergnügt, von keinen Ahnungen verdüstert. Wenn er die Dienstmägde und Fabrikler antraf und ihr rätselhaftes, vielleicht wunderbares, vielleicht verbrecherisches Leben führen sah, so war es ihm kein Rätsel und ungeheures Geheimnis, keine Gefahr, nichts Wildes und Spannendes, sondern selbstverständlich, bekannt und heimatlich wie der Ente das Wasser. So war es. Und ich hingegen, ich würde immer nebendraußen stehen, allein und unsicher, voll von Ahnungen, aber ohne Gewißheit.

Überhaupt, das Leben schmeckte an jenem Tage wieder einmal hoffnungsvoll fade, der Tag hatte etwas von einem Montag an sich, obwohl es ein Samstag war, er roch nach Montag, dreimal so lang und dreimal so öde als die anderen Tage. Verdammt und widerwärtig war dies Leben, verlogen und ekelhaft war es. Die Erwachsenen taten, als sei die Welt vollkommen und als seien sie selber Halbgötter, wir Knaben aber nichts als Auswurf und Abschaum. Diese Lehrer –! Man fühlte Streben und Ehrgeiz in sich, man nahm redliche und leidenschaftliche Anläufe zum Guten, sei es nun zum Lernen der griechischen Unregelmäßigen oder zum Reinhalten seiner Kleider, zum Gehorsam gegen die Eltern oder zum schweigenden, heldenhaften Ertragen aller Schmerzen und Demütigungen – ja, immer und immer wieder erhob man sich, glühend und fromm, um sich Gott zu widmen und den idealen, reinen, edlen Pfad zur Höhe zu gehen, Tugend zu üben, Böses stillschweigend zu dulden, anderen zu helfen – ach, und immer und immer wieder blieb es ein Anlauf, ein Versuch und kurzer Flatterflug! Immer wieder passierte schon nach Tagen, o schon nach Stunden etwas, was nicht hätte sein dürfen, etwas Elendes, Betrübendes und Beschämendes. Immer wieder fiel man mitten aus den trotzigsten und adligsten Entschlüssen und Gelöbnissen plötzlich unentrinnbar in Sünde und Lumperei, in Alltag und Gewöhnlichkeiten zurück! Warum war es so, daß man die Schönheit und Richtigkeit guter Vorsätze so wohl und tief erkannte und im Herzen fühlte, wenn doch beständig und immerzu das ganze Leben (die Erwachsenen einbegriffen) nach Gewöhnlichkeit stank und überall darauf eingerichtet war, das Schäbige und Gemeine triumphieren zu lassen? Wie konnte es sein, daß man morgens im Bett auf den Knien oder nachts vor angezündeten Kerzen sich mit heiligem Schwur dem Guten und Lichten verbündete, Gott anrief und jedem Laster für immer Fehde ansagte – und daß man dann, vielleicht bloß ein paar Stunden später, an diesem selben heiligen Schwur und Vorsatz den elendsten Verrat üben konnte, sei es auch nur durch das Einstimmen in ein verführerisches Gelächter, durch das Gehör, das man einem dummen Schulbubenwitze lieh? Warum war das so? Ging es andern anders? Waren die Helden, die Römer und Griechen, die Ritter, die ersten Christen – waren diese alle andere Menschen gewesen als ich, besser, vollkommener, ohne schlechte Triebe, ausgestattet mit irgendeinem Organ, das mir fehlte, das sie hinderte, immer wieder aus dem Himmel in den Alltag, aus dem Erhabenen ins Unzulängliche und Elende zurückzufallen? War die Erbsünde jenen Helden und Heiligen unbekannt? War das Heilige und Edle nur Wenigen, Seltenen, Auserwählten möglich? Aber warum war mir, wenn ich nun also kein Auserwählter war, dennoch dieser Trieb nach dem Schönen und Adligen eingeboren, diese wilde, schluchzende Sehnsucht nach Reinheit, Güte, Tugend? War das nicht zum Hohn? Gab es das in Gottes Welt, daß ein Mensch, ein Knabe, gleichzeitig alle hohen und alle bösen Triebe in sich hatte und leiden und verzweifeln mußte, nur so als eine unglückliche und komische Figur, zum Vergnügen des zuschauenden Gottes? Gab es das? Und war dann nicht – ja war dann nicht die ganze Welt ein Teufelsspott, gerade wert, sie anzuspucken?! War dann nicht Gott ein Scheusal, ein Wahnsinniger, ein dummer, widerlicher Hanswurst? – Ach, und während ich mit einem Beigeschmack von Empörerwollust diese Gedanken dachte, strafte mich schon mein banges Herz durch Zittern für die Blasphemie!

Wie deutlich sehe ich, nach dreißig Jahren, jenes Treppenhaus wieder vor mir, mit den hohen, blinden Fenstern, die gegen die nahe Nachbarmauer gingen und so wenig Licht gaben, mit den weißgescheuerten, tannenen Treppen und Zwischenböden und dem glatten, harthölzernen Geländer, das durch meine tausend sausenden Abfahrten poliert war! So fern mir die Kindheit steht,

und so unbegreiflich und märchenhaft sie mir im ganzen erscheint, so ist mir doch alles genau erinnerlich, was schon damals, mitten im Glück, in mir an Leid und Zwiespalt vorhanden
war. Alle diese Gefühle waren damals im Herzen des Kindes
schon dieselben, wie sie es immer blieben: Zweifel am eigenen
Wert, Schwanken zwischen Selbstschätzung und Mutlosigkeit,
zwischen weltverachtender Idealität und gewöhnlicher Sinnes-
lust – und wie damals, so sah ich auch hundertmal später noch in
diesen Zügen meines Wesens bald verächtliche Krankheit, bald
Auszeichnung, habe zu Zeiten den Glauben, daß mich Gott auf
diesem qualvollen Wege zu besonderer Vereinsamung und Ver-
tiefung führen wolle, und finde zu andern Zeiten wieder in alledem nichts als die Zeichen einer schäbigen Charakterschwä-
che, einer Neurose, wie Tausende sie mühsam durchs Leben
schleppen.
Wenn ich alle die Gefühle und ihren qualvollen Widerstreit auf
ein Grundgefühl zurückführen und mit einem einzigen Namen
bezeichnen sollte, so wüßte ich kein anderes Wort als: Angst.
Angst war es, Angst und Unsicherheit, was ich in allen jenen
Stunden des gestörten Kinderglücks empfand: Angst vor Strafe,
Angst vor dem eigenen Gewissen, Angst vor Regungen meiner
Seele, die ich als verboten und verbrecherisch empfand.
Auch in jener Stunde, von der ich erzähle, kam dies Angstgefühl
wieder über mich, als ich in dem heller und heller werdenden
Treppenhause mich der Glastür näherte. Es begann mit einer
Beklemmung im Unterleib, die bis zum Hals emporstieg und
dort zum Würgen oder zu Übelkeit wurde. Zugleich damit emp-
fand ich in diesen Momenten stets, und so auch jetzt, eine peinliche Geniertheit, ein Mißtrauen gegen jeden Beobachter, einen
Drang zu Alleinsein und Sichverstecken.
Mit diesem üblen und verfluchten Gefühl, einem wahren Verbrechergefühl, kam ich in den Korridor und in das Wohnzimmer. Ich spürte: es ist heut der Teufel los, es wird etwas passieren.
Ich spürte es, wie das Barometer einen veränderten Luftdruck
spürt, mit rettungsloser Passivität. Ach, nun war es wieder da,
dies Unsägliche! Der Dämon schlich durchs Haus, Erbsünde
nagte am Herzen, riesig, und unsichtbar stand hinter jeder Wand
ein Geist, ein Vater und Richter.
Noch wußte ich nichts, noch war alles bloß Ahnung, Vorgefühl,

nagendes Unbehagen. In solchen Lagen war es oft das beste, wenn man krank wurde, sich erbrach und ins Bett legte. Dann ging es manchmal ohne Schaden vorüber, die Mutter oder Schwester kam, man bekam Tee und spürte sich von liebender Sorge umgeben, und man konnte weinen oder schlafen, um nachher gesund und froh in einer völlig verwandelten, erlösten und hellen Welt zu erwachen.

Meine Mutter war nicht im Wohnzimmer, und in der Küche war nur die Magd. Ich beschloß, zum Vater hinaufzugehen, zu dessen Studierzimmer eine schmale Treppe hinaufführte. Wenn ich auch Furcht vor ihm hatte, zuweilen war es doch gut, sich an ihn zu wenden, dem man so viel abzubitten hatte. Bei der Mutter war es einfacher und leichter, Trost zu finden; beim Vater aber war der Trost wertvoller, er bedeutete einen Frieden mit dem richtenden Gewissen, eine Versöhnung und ein neues Bündnis mit den guten Mächten. Nach schlimmen Auftritten, Untersuchungen, Geständnissen und Strafen war ich oft aus des Vaters Zimmer gut und rein hervorgegangen, bestraft und ermahnt zwar, aber voll neuer Vorsätze, durch die Bundesgenossenschaft des Mächtigen gestärkt gegen das feindliche Böse. Ich beschloß, den Vater aufzusuchen und ihm zu sagen, daß mir übel sei.

Und so stieg ich die kleine Treppe hinauf, die zum Studierzimmer führte. Diese kleine Treppe mit ihrem eigenen Tapetengeruch und dem trockenen Klang der hohlen, leichten Holzstufen war noch unendlich viel mehr als der Hausflur ein bedeutsamer Weg und ein Schicksalstor; über diese Stufen hatten viele wichtige Gänge mich geführt, Angst und Gewissensqual hatte ich hundertmal dort hinaufgeschleppt, Trotz und wilden Zorn, und nicht selten hatte ich Erlösung und neue Sicherheit zurückgebracht. Unten in unserer Wohnung waren Mutter und Kind zu Hause, dort wehte harmlose Luft; hier oben wohnten Macht und Geist, hier waren Gericht und Tempel und das »Reich des Vaters«.

Etwas beklommen wie immer drückte ich die altmodische Klinke nieder und öffnete die Tür halb. Der väterliche Studierzimmergeruch floß mir wohlbekannt entgegen: Bücher- und Tintenduft, verdünnt durch blaue Luft aus halboffnen Fenstern, weiße, reine Vorhänge, ein verlorner Faden von Kölnisch-Wasser-Duft und auf dem Schreibtisch ein Apfel. – Aber die Stube war leer.

Mit einer Empfindung halb von Enttäuschung und halb von Aufatmen trat ich ein. Ich dämpfte meinen Schritt und trat nur mit Zehen auf, so wie wir hier oben manchmal gehen mußten, wenn der Vater schlief oder Kopfweh hatte. Und kaum war dies leise Gehen mir bewußt geworden, so bekam ich Herzklopfen und spürte verstärkt den angstvollen Druck im Unterleib und in der Kehle wieder. Ich ging schleichend und angstvoll weiter, einen Schritt und wieder einen Schritt, und schon war ich nicht mehr ein harmloser Besucher und Bittsteller, sondern ein Eindringling. Mehrmals schon hatte ich heimlich in des Vaters Abwesenheit mich in seine beiden Zimmer geschlichen, hatte sein geheimes Reich belauscht und erforscht und hatte zweimal auch etwas daraus entwendet.

Die Erinnerung daran war alsbald da und erfüllte mich, und ich wußte sofort: jetzt war das Unglück da, jetzt passierte etwas, jetzt tat ich Verbotenes und Böses. Kein Gedanke an Flucht! Vielmehr, ich dachte wohl daran, dachte sehnlich und inbrünstig daran, davonzulaufen, die Treppe hinab und in mein Stübchen oder in den Garten – aber ich wußte, ich werde das doch nicht tun, nicht tun können. Innig wünschte ich, mein Vater möchte sich im Nebenzimmer rühren und hereintreten und den ganzen grauenvollen Bann durchbrechen, der mich dämonisch zog und fesselte. O käme er doch! Käme er doch, scheltend meinetwegen, aber käme er nur, eh es zu spät ist!

Ich hustete, um meine Anwesenheit zu melden, und als keine Antwort kam, rief ich leise: »Papa!« Es blieb alles still, an den Wänden schwiegen die vielen Bücher, ein Fensterflügel bewegte sich im Wind und warf einen hastigen Sonnenspiegel über den Boden. Niemand erlöste mich, und in mir selber war keine Freiheit, anders zu tun, als der Dämon wollte. Verbrechergefühl zog mir den Magen zusammen und machte mir die Fingerspitzen kalt, mein Herz flatterte angstvoll. Noch wußte ich keineswegs, was ich tun würde. Ich wußte nur, es würde etwas Schlechtes sein.

Nun war ich beim Schreibtisch, nahm ein Buch in die Hand und las einen englischen Titel, den ich nicht verstand. Englisch haßte ich – das sprach der Vater stets mit der Mutter, wenn wir es nicht verstehen sollten und auch wenn sie Streit hatten. In einer Schale

lagen allerlei kleine Sachen, Zahnstocher, Stahlfedern, Steckna-
deln. Ich nahm zwei von den Stahlfedern und steckte sie in die
Tasche, Gott weiß wozu, ich brauchte sie nicht und hatte keinen
Mangel an Federn. Ich tat es nur, um dem Zwang zu folgen, der
mich fast erstickt hätte, dem Zwang, Böses zu tun, mir selbst zu
schaden, mich mit Schuld zu beladen. Ich blätterte in meines Vaters Papieren, sah einen angefangenen Brief liegen, ich las die
Worte: »es geht uns und den Kindern, Gott sei Dank, recht gut«,
und die lateinischen Buchstaben seiner Handschrift sahen mich
an wie Augen.

Dann ging ich leise und schleichend in das Schlafzimmer hinüber. Da stand Vaters eisernes Feldbett, seine braunen Haus-
schuhe darunter, ein Taschentuch lag auf dem Nachttisch. Ich
atmete die väterliche Luft in dem kühlen, hellen Zimmer ein,
und das Bild des Vaters stieg deutlich vor mir auf, Ehrfurcht und
Auflehnung stritten in meinem beladenen Herzen. Für Augenblicke haßte ich ihn und erinnerte mich seiner mit Bosheit und
Schadenfreude, wie er zuweilen an Kopfwehtagen still und flach
in seinem niederen Feldbett lag, sehr lang und gestreckt, ein
nasses Tuch über der Stirn, manchmal seufzend. Ich ahnte wohl,
daß auch er, der Gewaltige, kein leichtes Leben habe, daß ihm,
dem Ehrwürdigen, Zweifel an sich selbst und Bangigkeit nicht
unbekannt waren. Schon war mein seltsamer Haß verflogen,
Mitleid und Rührung folgten ihm. Aber inzwischen hatte ich
eine Schieblade der Kommode herausgezogen. Da lag Wäsche
geschichtet und eine Flasche Kölnisches Wasser, das er liebte; ich
wollte daran riechen, aber die Flasche war noch ungeöffnet und
fest verstöpselt, ich legte sie wieder zurück. Daneben fand ich
eine kleine runde Dose mit Mundpastillen, die nach Lakritzen
schmeckten, von denen steckte ich einige in den Mund. Eine
gewisse Enttäuschung und Ernüchterung kam über mich, und
zugleich war ich doch froh, nicht mehr gefunden und genommen zu haben.

Schon im Ablassen und Verzichten zog ich noch spielend an
einer andern Lade, mit etwas erleichtertem Gefühl und mit dem
Vorsatz, nachher die zwei gestohlenen Stahlfedern drüben wieder an ihren Ort zu legen. Vielleicht waren Rückkehr und Reue
möglich, Wiedergutmachung und Erlösung. Vielleicht war Gottes Hand über mir stärker als alle Versuchung …

Da sah ich mit schnellem Blick noch eilig in den Spalt der kaum aufgezogenen Lade. Ach, wären Strümpfe oder Hemden oder alte Zeitungen darin gewesen! Aber da war nun die Versuchung, und sekundenschnell kehrte der kaum gelockerte Krampf und Angstbann wieder, meine Hände zitterten, und mein Herz schlug rasend. Ich sah in einer aus Bast geflochtenen, indischen oder sonst exotischen Schale etwas liegen, etwas Überraschendes, Verlockendes, einen ganzen Kranz von weiß bezuckerten, getrockneten Feigen!

Ich nahm ihn in die Hand, er war wundervoll schwer. Dann zog ich zwei, drei Feigen heraus, steckte eine in den Mund, einige in die Tasche. Nun waren alle Angst und alles Abenteuer doch nicht umsonst gewesen. Keine Erlösung, keinen Trost konnte ich mehr von hier fortnehmen, so wollte ich wenigstens nicht leer ausgehen. Ich zog noch drei, vier Feigen von dem Ring, der davon kaum leichter wurde, und noch einige, und als meine Taschen gefüllt und von dem Kranz wohl mehr als die Hälfte verschwunden war, ordnete ich die übriggebliebenen Feigen auf dem etwas klebrigen Ring lockerer an, so daß weniger zu fehlen schienen. Dann stieß ich, in plötzlichem hellem Schrecken, die Lade heftig zu und rannte davon, durch beide Zimmer, die kleine Stiege hinab und in mein Stübchen, wo ich stehenblieb und mich auf mein kleines Stehpult stützte, in den Knien wankend und nach Atem ringend.

Bald darauf tönte unsre Tischglocke. Mit leerem Kopf und ganz von Ernüchterung und Ekel erfüllt, stopfte ich die Feigen in mein Bücherbrett, verbarg sie hinter Büchern und ging zu Tisch. Vor der Eßzimmertür merkte ich, daß meine Hände klebten. Ich wusch sie in der Küche. Im Eßzimmer fand ich alle schon am Tische warten. Ich sagte schnell Gutentag, der Vater sprach das Tischgebet, und ich beugte mich über meine Suppe. Ich hatte keinen Hunger, jeder Schluck machte mir Mühe. Und neben mir saßen meine Schwestern, die Eltern gegenüber, alle hell und munter und in Ehren, nur ich Verbrecher elend dazwischen, allein und unwürdig, mich fürchtend vor jedem freundlichen Blick, den Geschmack der Feigen noch im Mund. Hatte ich oben die Schlafzimmertür auch zugemacht? Und die Schublade?

Nun war das Elend da. Ich hätte mir die Hand abhauen lassen, wenn dafür meine Feigen wieder oben in der Kommode gelegen hätten. Ich beschloß, sie fortzuwerfen, sie mit in die Schule zu nehmen und zu verschenken. Nur daß sie wegkämen, daß ich sie nie wieder sehen müßte!

»Du siehst heut schlecht aus«, sagte mein Vater über den Tisch weg. Ich sah auf meinen Teller und fühlte seine Blicke auf meinem Gesicht. Nun würde er es merken. Er merkte ja alles, immer. Warum quälte er mich vorher noch? Mochte er mich lieber gleich abführen und meinetwegen totschlagen.

»Fehlt dir etwas?« hörte ich seine Stimme wieder. Ich log, ich sagte, ich habe Kopfweh.

»Du mußt dich nach Tisch ein wenig hinlegen«, sagte er. »Wieviel Stunden habt ihr heute nachmittag?«

»Bloß Turnen.«

»Nun, turnen wird dir nicht schaden. Aber iß auch, zwinge dich ein bißchen! Es wird schon vergehen.«

Ich schielte hinüber. Die Mutter sagte nichts, aber ich wußte, daß sie mich anschaute. Ich aß meine Suppe hinunter, kämpfte mit Fleisch und Gemüse, schenkte mir zweimal Wasser ein. Es geschah nichts weiter. Man ließ mich in Ruhe. Als zum Schluß mein Vater das Dankgebet sprach: »Herr, wir danken dir, denn du bist freundlich, und deine Güte währet ewiglich«, da trennte wieder ein ätzender Schnitt mich von den hellen, heiligen, vertrauensvollen Worten und von allen, die am Tische saßen: mein Händefalten war Lüge, und meine andächtige Haltung war Lästerung.

Als ich aufstand, strich mir die Mutter übers Haar und ließ ihre Hand einen Augenblick auf meiner Stirn liegen, ob sie heiß sei. Wie bitter war das alles!

In meinem Stübchen stand ich dann vor dem Bücherbrett. Der Morgen hatte nicht gelogen, alle Anzeichen hatten recht gehabt. Es war ein Unglückstag geworden, der schlimmste, den ich je erlebt hatte. Schlimmeres konnte kein Mensch ertragen. Wenn noch Schlimmeres über einen kam, dann mußte man sich das Leben nehmen. Man müßte Gift haben, das war das beste, oder sich erhängen. Es war überhaupt besser, tot zu sein, als zu leben. Es war ja alles so falsch und häßlich. Ich stand und sann und griff zerstreut nach den verborgenen Feigen und aß davon, eine und mehrere, ohne es recht zu wissen.

Unsre Sparkasse fiel mir in die Augen, sie stand im Bord unter den Büchern. Es war eine Zigarrenkiste, die ich fest zugenagelt hatte; in den Deckel hatte ich mit einem Taschenmesser einen ungefügen Schlitz für die Geldstücke geschnitten. Er war schlecht und roh geschnitten, der Schlitz, Holzsplitter standen heraus. Auch das konnte ich nicht richtig. Ich hatte Kameraden, die konnten so etwas mühsam und geduldig und tadellos machen, daß es aussah wie vom Schreiner gehobelt. Ich aber pfuschte immer nur, hatte es eilig und machte nichts sauber fertig. So war es mit meinen Holzarbeiten, so mit meiner Handschrift und meinen Zeichnungen, so war es mit meiner Schmetterlingssammlung und mit allem. Es war nichts mit mir. Und nun stand ich da und hatte wieder gestohlen, schlimmer als je. Auch die Stahlfedern hatte ich noch in der Tasche. Wozu? Warum hatte ich sie genommen – nehmen *müssen*? Warum mußte man, was man gar nicht wollte?

In der Zigarrenkiste klapperte ein einziges Geldstück, der Zehner von Oskar Weber. Seither war nichts dazugekommen. Auch diese Sparkassengeschichte war so eine meiner Unternehmungen! Alles taugte nichts, alles mißriet und blieb im Anfang stecken, was ich begann! Mochte der Teufel diese unsinnige Sparkasse holen! Ich mochte nichts mehr von ihr wissen.

Diese Zeit zwischen Mittagessen und Schulbeginn war an solchen Tagen wie heute immer mißlich und schwer herumzubringen. An guten Tagen, an friedlichen, vernünftigen liebenswerten Tagen, war es eine schöne und erwünschte Stunde; ich las dann entweder in meinem Zimmer an einem Indianerbuch oder lief sofort nach Tisch wieder auf den Schulplatz, wo ich immer einige unternehmungslustige Kameraden traf, und dann spielten wir, schrien und rannten und erhitzten uns, bis der Glockenschlag uns in die völlig vergessene »Wirklichkeit« zurückrief. Aber an Tagen wie heute – mit wem wollte man da spielen und wie die Teufel in der Brust betäuben? Ich sah es kommen – noch nicht heute, aber ein nächstes Mal, vielleicht bald. Da würde mein Schicksal vollends zum Ausbruch kommen. Es fehlte ja nur noch eine Kleinigkeit, eine winzige Kleinigkeit mehr an Angst und Leid und Ratlosigkeit, dann lief es über, dann mußte es ein Ende mit Schrecken nehmen. Eines Tages, an gerade so einem Tag wie heute, würde ich vollends im Bösen untersinken,

ich würde in Trotz und Wut und wegen der sinnlosen Unerträg-
lichkeit dieses Lebens etwas Gräßliches und Entscheidendes
tun, etwas Gräßliches, aber Befreiendes, das der Angst und Quä-
lerei ein Ende machte, für immer. Ungewiß war, was es sein
würde; aber Phantasien und vorläufige Zwangsvorstellungen
davon waren mir schon mehrmals verwirrend durch den Kopf
gegangen, Vorstellungen von Verbrechen, mit denen ich an der
Welt Rache nehmen und zugleich mich selbst preisgeben und
vernichten würde. Manchmal war es mir so, als würde ich unser
Haus anzünden: ungeheure Flammen schlugen mit Flügeln
durch die Nacht, Häuser und Gassen wurden vom Brand ergriffen, die ganze Stadt loderte riesig gegen den schwarzen Himmel. Oder zu anderen Zeiten war das Verbrechen meiner
Träume eine Rache an meinem Vater, ein Mord und grausiger
Totschlag. Ich aber würde mich dann benehmen wie jener Verbrecher, jener einzige, richtige Verbrecher, den ich einmal hatte
durch die Gassen unsrer Stadt führen sehen. Es war ein Einbrecher, den man gefangen hatte und in das Amtsgericht führte,
mit Handschellen gefesselt, einen steifen Melonenhut schief auf
dem Kopf, vor ihm und hinter ihm ein Landjäger. Dieser Mann,
der durch die Straßen und durch einen riesigen Volksauflauf von
Neugierigen getrieben wurde, an tausend Flüchen, boshaften
Witzen und herausgeschrienen bösen Wünschen vorbei, dieser
Mann hatte in nichts jenen armen, scheuen Teufeln geglichen, die
man zuweilen vom Polizeidiener über die Straße begleitet sah
und welche meistens bloß arme Handwerksburschen waren, die
gebettelt hatten. Nein, dieser war kein Handwerksbursche und
sah nicht windig, scheu und weinerlich aus, oder flüchtete in ein
verlegen-dummes Grinsen, wie ich es auch schon gesehen hatte –
dieser war ein echter Verbrecher und trug den etwas zerbeulten
Hut kühn auf einem trotzigen und ungebeugten Schädel, er war
bleich und lächelte still verachtungsvoll, und das Volk, das ihn
beschimpfte und anspie, wurde neben ihm zu Pack und Pöbel.
Ich hatte damals selbst mitgeschrien: »Man hat ihn, der gehört
gehängt!«; aber dann sah ich seinen aufrechten, stolzen Gang,
wie er die gefesselten Hände vor sich trug, und wie er auf dem
zähen, bösen Kopf den Melonenhut kühn wie eine phantastische
Krone trug – und wie er lächelte! und da schwieg ich. So wie
dieser Verbrecher aber würde auch ich lächeln und den Kopf

390

steif halten, wenn man mich ins Gericht und auf das Schafott
führte, und wenn die vielen Leute um mich her drängten und
hohnvoll aufschrien – ich würde nicht ja und nicht nein sagen,
einfach schweigen und verachten.

Und wenn ich hingerichtet und tot war und im Himmel vor den
ewigen Richter kam, dann wollte ich mich keineswegs beugen
und unterwerfen. O nein, und wenn alle Engelscharen ihn um-
standen und alle Heiligkeit und Würde aus ihm strahlte! Mochte
er mich verdammen, mochte er mich in Pech sieden lassen! Ich
wollte mich nicht entschuldigen, mich nicht demütigen, ihn
nicht um Verzeihung bitten, nichts bereuen! Wenn er mich
fragte: »Hast du das und das getan?«, so würde ich rufen: »Jawohl habe ich's getan, und noch mehr, und es war recht, daß
ich's getan habe, und wenn ich kann, werde ich es wieder und
wieder tun. Ich habe totgeschlagen, ich habe Häuser angezündet, weil es mir Spaß machte, und weil ich dich verhöhnen und
ärgern wollte. Ja, denn ich hasse dich, ich spucke dir vor die
Füße, Gott. Du hast mich gequält und geschunden, du hast Gesetze gegeben, die niemand halten kann, du hast die Erwachsenen angestiftet, uns Jungen das Leben zu versauen.«

Wenn es mir glückte, mir dies vollkommen deutlich vorzustellen
und fest daran zu glauben, daß es mir gelingen würde, genau so
zu tun und zu reden, dann war mir für Augenblicke finster wohl.
Sofort aber kehrten die Zweifel wieder. Würde ich nicht
schwach werden, würde mich einschüchtern lassen, würde doch
nachgeben? Oder, wenn ich auch alles tat, wie es mein trotziger
Wille war – würde nicht Gott einen Ausweg finden, eine Überlegenheit, einen Schwindel, so wie es den Erwachsenen und
Mächtigen ja immer gelang, am Ende noch mit einem Trumpf zu
kommen, einen schließlich doch noch zu beschämen, einen nicht
für voll zu nehmen, einen unter der verfluchten Maske des
Wohlwollens zu demütigen? Ach, natürlich würde es so enden.

Hin und her gingen meine Phantasien, ließen bald mich, bald
Gott gewinnen, hoben mich zum unbeugsamen Verbrecher und
zogen mich wieder zum Kind und Schwächling herab.

Ich stand am Fenster und schaute auf den kleinen Hinterhof des
Nachbarhauses hinunter, wo Gerüststangen an der Mauer lehnten und in einem kleinen winzigen Garten ein paar Gemüsebeete

grünten. Plötzlich hörte ich durch die Nachmittagsstille Glokkenschläge hallen, fest und nüchtern in meine Visionen hinein, einen klaren, strengen Stundenschlag, und noch einen. Es war zwei Uhr, und ich schreckte aus den Traumängsten in die der Wirklichkeit zurück. Nun begann unsre Turnstunde, und wenn ich auch auf Zauberflügeln fort und in die Turnhalle gestürzt wäre, ich wäre doch schon zu spät gekommen. Wieder Pech! Das gab übermorgen Aufruf, Schimpfworte und Strafe. Lieber ging ich gar nicht mehr hin, es war doch nichts mehr gutzumachen. Vielleicht mit einer sehr guten, sehr feinen und glaubhaften Entschuldigung – aber es wäre mir in diesem Augenblick keine eingefallen, so glänzend mich auch unsre Lehrer zum Lügen erzogen hatten; ich war jetzt nicht imstande, zu lügen, zu erfinden, zu konstruieren. Besser war es, vollends ganz aus der Stunde wegzubleiben. Was lag daran, ob jetzt zum großen Unglück noch ein kleines kam!

Aber der Stundenschlag hatte mich geweckt und meine Phantasiespiele gelähmt. Ich war plötzlich sehr schwach, überwirklich sah mein Zimmer mich an, Pult, Bilder, Bett, Bücherschaft, alles geladen mit strenger Wirklichkeit, alles Zurufe aus der Welt, in der man leben mußte, und die mir heut wieder einmal so feindlich und gefährlich geworden war. Wie denn? Hatte ich nicht die Turnstunde versäumt? Und hatte ich nicht gestohlen, jämmerlich gestohlen, und hatte die verdammten Feigen im Bücherbrett liegen, soweit sie nicht schon aufgegessen waren? Was gingen mich jetzt der Verbrecher, der liebe Gott und das jüngste Gericht an! Das würde alles dann schon kommen, zu seiner Zeit – aber jetzt, jetzt im Augenblick konnte das Verbrechen entdeckt werden. Vielleicht war es schon soweit, vielleicht hatte mein Vater droben schon jene Schublade gezogen und stand vor meiner Schandtat, beleidigt und erzürnt, und überlegte sich, auf welche Art mir der Prozeß zu machen sei. Ach, er war möglicherweise schon unterwegs zu mir, und wenn ich nicht sofort entfloh, hatte ich in der nächsten Minute schon sein ernstes Gesicht mit der Brille vor mir. Denn er wußte natürlich sofort, daß ich der Dieb war. Es gab keine Verbrecher in unserm Haus außer mir, meine Schwestern taten nie so etwas, Gott weiß warum. Aber wozu brauchte mein Vater da in seiner Kommode solche Feigenkränze verborgen zu haben?

Ich hatte mein Stübchen schon verlassen und mich durch die hintere Haustür und den Garten davongemacht. Die Gärten und Wiesen lagen in heller Sonne, Zitronenfalter flogen über den Weg. Alles sah jetzt schlimm und drohend aus, viel schlimmer als heut morgen. Oh, ich kannte das schon, und doch meinte ich, es nie so qualvoll gespürt zu haben: wie da alles in seiner Selbstverständlichkeit und mit seiner Gewissensruhe mich ansah, Stadt und Kirchturm, Wiesen und Weg, Grasblüten und Schmetterlinge, und wie alles Hübsche und Fröhliche, was man sonst mit Freuden sah, nun fremd und verzaubert war! Ich kannte das, ich wußte, wie es schmeckt, wenn man in Gewissensangst durch die gewohnte Gegend läuft! Jetzt konnte der seltenste Schmetterling über die Wiese fliegen und sich vor meinen Füßen hinsetzen – es war nichts, es freute nicht, reizte nicht, tröstete nicht. Jetzt konnte der herrlichste Kirschbaum mir seinen vollsten Ast herbieten – es hatte keinen Wert, es war kein Glück dabei. Jetzt gab es nichts als fliehen, vor dem Vater, vor der Strafe, vor mir selber, vor meinem Gewissen, fliehen und rastlos sein, bis dennoch unerbittlich und unentrinnbar alles kam, was kommen mußte.

Ich lief und war rastlos, ich lief bergan und hoch bis zum Wald, und vom Eichenberg nach der Hofmühle hinab, über den Steg und jenseits wieder bergauf und durch Wälder hinan. Hier hatten wir unser letztes Indianerlager gehabt. Hier hatte letztes Jahr, als der Vater auf Reisen war, unsre Mutter mit uns Kindern Ostern gefeiert und im Wald und Moos die Eier für uns versteckt. Hier hatte ich einst mit meinen Vettern in den Ferien eine Burg gebaut, sie stand noch halb. Überall Reste von einstmals, überall Spiegel, aus denen mir ein andrer entgegensah, als der ich heute war! War ich das alles gewesen? So lustig, so zufrieden, so dankbar, so kameradschaftlich, so zärtlich mit der Mutter, so ohne Angst, so unbegreiflich glücklich? War das ich gewesen? Und wie hatte ich so werden können, wie ich jetzt war, so anders, so ganz anders, so böse, so voll Angst, so zerstört? Alles war noch wie immer, Wald und Fluß, Farnkräuter und Blumen, Burg und Ameisenhaufen, und doch alles wie vergiftet und verwüstet. Gab es denn gar keinen Weg zurück, dorthin, wo das Glück und die Unschuld waren? Konnte es nie mehr werden, wie es gewesen war? Würde ich jemals wieder so lachen, so mit den Schwestern spielen, so nach Ostereiern suchen?

Ich lief und lief, den Schweiß auf der Stirn, und hinter mir lief meine Schuld und lief groß und ungeheuer der Schatten meines Vaters als Verfolger mit.

An mir vorbei liefen Alleen, sanken Waldränder hinab. Auf einer Höhe machte ich halt, abseits vom Weg, ins Gras geworfen, mit Herzklopfen, das vom Bergaufwärtsrennen kommen konnte, das vielleicht bald besser wurde. Unten sah ich Stadt und Fluß, sah die Turnhalle, wo jetzt die Stunde zu Ende war und die Buben auseinanderliefen, sah das lange Dach meines Vaterhauses. Dort war meines Vaters Schlafzimmer und die Schublade, in der die Feigen fehlten. Dort war mein kleines Zimmer. Dort würde, wenn ich zurückkam, das Gericht mich treffen. – Aber wenn ich nicht zurückkam?

Ich wußte, daß ich zurückkommen würde. Man kam immer zurück, jedesmal. Es endete immer so. Man konnte nicht fort, man konnte nicht nach Afrika fliehen oder nach Berlin. Man war klein, man hatte kein Geld, niemand half einem. Ja, wenn alle Kinder sich zusammentaten und einander hülfen! Sie waren viele, es gab mehr Kinder als Eltern. Aber nicht alle Kinder waren Diebe und Verbrecher. Wenige waren so wie ich. Vielleicht war ich der einzige. Aber nein, ich wußte, es kamen öfters solche Sachen vor wie meine – ein Onkel von mir hatte als Kind auch gestohlen und viele Sachen angestellt, das hatte ich irgendwann einmal erlauscht, heimlich aus einem Gespräch der Eltern, heimlich, wie man alles Wissenswerte erlauschen mußte. Doch das alles half mir nicht, und wenn jener Onkel selber da wäre, er würde mir auch nicht helfen! Er war jetzt längst groß und erwachsen, er war Pastor, und er würde zu den Erwachsenen halten und mich im Stich lassen. So waren sie alle. Gegen uns Kinder waren sie alle falsch und verlogen, spielten eine Rolle, gaben sich anders als sie waren. Die Mutter vielleicht nicht, oder weniger.

Ja, wenn ich nun nicht mehr heimkehren würde? Es könnte ja etwas passieren, ich konnte mir den Hals brechen oder ertrinken oder unter die Eisenbahn kommen. Dann sah alles anders aus. Dann brachte man mich nach Hause, und alles war still und erschrocken und weinte, und ich tat allen leid, und von den

Feigen war nicht mehr die Rede. Ich wußte sehr gut, daß man sich selber das Leben nehmen konnte. Ich dachte auch, daß ich das wohl einmal tun würde, später, wenn es einmal ganz schlimm kam. Gut wäre es gewesen, krank zu werden, aber nicht bloß so mit Husten, sondern richtig todkrank, so wie damals, als ich Scharlachfieber hatte.

Inzwischen war die Turnstunde längst vorüber, und auch die Zeit war vorüber, wo man mich zu Hause zum Kaffee erwartete. Vielleicht riefen und suchten sie jetzt nach mir in meinem Zimmer, im Garten und Hof, auf dem Estrich. Wenn aber der Vater meinen Diebstahl schon entdeckt hatte, dann wurde nicht gesucht, dann wußte er Bescheid.

Es war mir nicht möglich, länger liegenzubleiben. Das Schicksal vergaß mich nicht, es war hinter mir her. Ich nahm das Laufen wieder auf. Ich kam an einer Bank in den Anlagen vorüber, an der hing wieder eine Erinnerung, wieder eine, die einst schön und lieb gewesen war und jetzt wie Feuer brannte. Mein Vater hatte mir ein Taschenmesser geschenkt, wir waren zusammen spazierengegangen, froh und in gutem Frieden, und er hatte sich auf diese Bank gesetzt, während ich im Gebüsch mir eine lange Haselrute schneiden wollte. Und da brach ich im Eifer das neue Messer ab, die Klinge dicht am Heft, und kam entsetzt zurück, wollte es erst verheimlichen, wurde aber gleich danach gefragt. Ich war sehr unglücklich, wegen des Messers und weil ich Scheltworte erwartete. Aber da hatte mein Vater nur gelächelt, mir leicht die Schulter berührt und gesagt: »Wie schade, du armer Kerl!« Wie hatte ich ihn da geliebt, wieviel ihm innerlich abgebeten! Und jetzt, wenn ich an das damalige Gesicht meines Vaters dachte, an seine Stimme, an sein Mitleid – was war ich für ein Ungeheuer, daß ich diesen Vater so oft betrübt, belogen und heut bestohlen hatte!

Als ich wieder in die Stadt kam, bei der oberen Brücke und weit von unserm Hause, hatte die Dämmerung schon begonnen. Aus einem Kaufladen, hinter dessen Glastür schon Licht brannte, kam ein Knabe gelaufen, der blieb plötzlich stehen und rief mich mit Namen an. Es war Oskar Weber. Niemand konnte mir ungelegener kommen. Immerhin erfuhr ich von ihm, daß der Lehrer mein Fehlen in der Turnstunde nicht bemerkt habe. Aber wo ich denn gewesen sei?

»Ach nirgends«, sagte ich, »ich war nicht recht wohl.«

Ich war schweigsam und zurückweisend, und nach einer Weile, die ich empörend lang fand, merkte er, daß er mir lästig sei. Jetzt wurde er böse.

»Laß mich in Ruhe«, sagte ich kalt, »ich kann allein heimgehen.«

»So?« rief er jetzt. »Ich kann geradesogut allein gehen wie du, dummer Fratz! Ich bin nicht dein Pudel, daß du's weißt. Aber vorher möchte ich doch wissen, wie das jetzt eigentlich mit unserer Sparkasse ist! Ich habe einen Zehner hineingetan und du nichts.«

»Deinen Zehner kannst du wiederhaben, heut noch, wenn du Angst um ihn hast. Wenn ich dich nur nimmer sehen muß. Als ob ich von dir etwas annehmen würde!«

»Du hast ihn neulich gern genommen«, meinte er höhnisch, aber nicht, ohne einen Türspalt zur Versöhnung offen zu lassen.

Aber ich war heiß und böse geworden, alle in mir angehäufte Angst und Ratlosigkeit brach in hellen Zorn aus. Weber hatte mir nichts zu sagen! Gegen ihn war ich im Recht, gegen ihn hatte ich ein gutes Gewissen. Und ich brauchte jemand, gegen den ich mich fühlen, gegen den ich stolz und im Recht sein konnte. Alles Ungeordnete und Finstere in mir strömte wild in diesen Ausweg. Ich tat, was ich sonst so sorgfältig vermied, ich kehrte den Herrensohn heraus, ich deutete an, daß es für mich keine Entbehrung sei, auf die Freundschaft mit einem Gassenbuben zu verzichten. Ich sagte ihm, daß für ihn jetzt das Beerenessen in unserm Garten und das Spielen mit meinen Spielsachen ein Ende habe. Ich fühlte mich aufglühen und aufleben: Ich hatte einen Feind, einen Gegner, einen, der schuld war, den man packen konnte. Alle Lebenstriebe sammelten sich in diese erlösende, willkommene, befreiende Wut, in die grimmige Freude am Feind, der diesmal nicht in mir selbst wohnte, der mir gegenüberstand, mich mit erschreckten, dann mit bösen Augen anglotzte, dessen Stimme ich hörte, dessen Vorwürfe ich verachten, dessen Schimpfworte ich übertrumpfen konnte.

Im anschwellenden Wortwechsel, dicht nebeneinander, trieben wir die dunkelnde Gasse hinab; da und dort sah man uns aus einer Haustüre nach. Und alles, was ich gegen mich selber an Wut und Verachtung empfand, kehrte sich gegen den unseligen

Weber. Als er damit zu drohen begann, er werde mich dem Turnlehrer anzeigen, war es Wollust für mich: er setzte sich ins Unrecht, er wurde gemein, er stärkte mich.

Als wir in der Nähe der Metzgergasse handgemein wurden, blieben gleich ein paar Leute stehen und sahen unserm Handel zu. Wir hieben einander in den Bauch und ins Gesicht und traten mit den Schuhen gegeneinander. Nun hatte ich für Augenblicke alles vergessen, ich war im Recht, war kein Verbrecher, Kampfrausch beglückte mich, und wenn Weber auch stärker war als ich, so war ich flinker, klüger, rascher, feuriger. Wir wurden heiß und schlugen uns wütend. Als er mir mit einem verzweifelten Griff den Hemdkragen aufriß, fühlte ich mit Inbrunst den Strom kalter Luft über meine glühende Haut laufen.

Und im Hauen, Reißen und Treten, Ringen und Würgen hörten wir nicht auf, uns weiter mit Worten anzufeinden, zu beleidigen und zu vernichten, mit Worten, die immer glühender, immer törichter und böser, immer dichterischer und phantastischer wurden. Und auch darin war ich ihm über, war böser, dichterischer, erfinderischer. Sagte er Hund, so sagte ich Sauhund. Rief er Schuft, so schrie ich Satan. Wir bluteten beide, ohne etwas zu fühlen, und dabei häuften unsre Worte böse Zauber und Wünsche, wir empfahlen einander dem Galgen, wünschten uns Messer, um sie einander in die Rippen zu jagen und darin umzudrehen, wir beschimpften einer des andern Namen, Herkunft und Vater.

Es war das erste und einzige Mal, daß ich einen solchen Kampf im vollen Kriegsrausch bis zu Ende ausfocht, mit allen Hieben, allen Grausamkeiten, allen Beschimpfungen. Zugesehen hatte ich oft und mit grausender Lust diese vulgären, urtümlichen Flüche und Schandworte angehört; nun schrie ich sie selber heraus, als sei ich ihrer von klein auf gewohnt und in ihrem Gebrauch geübt. Tränen liefen mir aus den Augen und Blut über den Mund. Die Welt aber war herrlich, sie hatte einen Sinn, es war gut zu leben, gut zu hauen, gut zu bluten und bluten zu machen.

Niemals vermochte ich in der Erinnerung das Ende dieses Kampfes wieder zu finden. Irgendeinmal war es aus, irgendeinmal stand ich allein in der stillen Dunkelheit, erkannte Straßenecken und Häuser, war nahe bei unserm Hause. Langsam floh der Rausch, langsam hörte das Flügelbrausen und Donnern auf, und Wirklichkeit drang stückweise vor meine Sinne, zuerst nur vor die Augen. Da der Brunnen. Die Brücke. Blut an meiner Hand, zerrissene Kleider, herabgerutschte Strümpfe, ein Schmerz im Knie, einer im Auge, keine Mütze mehr da – alles kam nach und nach, wurde Wirklichkeit und sprach zu mir. Plötzlich war ich tief ermüdet, fühlte meine Knie und Arme zittern, tastete nach einer Hauswand.

Und da war unser Haus. Gott sei Dank! Ich wußte nichts auf der Welt mehr, als daß dort Zuflucht war, Friede, Licht, Geborgenheit. Aufatmend schob ich das hohe Tor zurück.

Da mit dem Duft von Stein und feuchter Kühle überströmte mich plötzlich Erinnerung, hundertfach. O Gott! Es roch nach Strenge, nach Gesetz, nach Verantwortung, nach Vater und Gott. Ich hatte gestohlen. Ich war kein verwundeter Held, der vom Kampf heimkehrte. Ich war kein armes Kind, das nach Hause findet und von der Mutter in Wärme und Mitleid gebettet wird. Ich war Dieb, ich war Verbrecher. Da droben waren nicht Zuflucht, Bett und Schlaf für mich, nicht Essen und Pflege, nicht Trost und Vergessen. Auf mich wartete Schuld und Gericht.

Damals in dem finstern abendlichen Flur und im Treppenhaus, dessen viele Stufen ich unter Mühen erklomm, atmete ich, wie ich glaube, zum erstenmal in meinem Leben für Augenblicke den kalten Äther, die Einsamkeit, das Schicksal. Ich sah keinen Ausweg, ich hatte keine Pläne, auch keine Angst, nichts als das kalte, rauhe Gefühl: »Es muß sein.« Am Geländer zog ich mich die Treppe hinauf. Vor der Glastür fühlte ich Lust, noch einen Augenblick mich auf die Treppe zu setzen, aufzuatmen, Ruhe zu haben. Ich tat es nicht, es hatte keinen Zweck. Ich mußte hinein. Beim Öffnen der Tür fiel mir ein, wie spät es wohl sei?

Ich trat ins Eßzimmer. Da saßen sie um den Tisch und hatten eben gegessen, ein Teller mit Äpfeln stand noch da. Es war gegen acht Uhr. Nie war ich ohne Erlaubnis so spät heimgekommen, nie hatte ich beim Abendessen gefehlt.

»Gott sei Dank, da bist du!« rief meine Mutter lebhaft. Ich sah, sie war in Sorge um mich gewesen. Sie lief auf mich zu und blieb erschrocken stehen, als sie mein Gesicht und die beschmutzten und zerrissenen Kleider sah. Ich sagte nichts und blickte niemanden an, doch spürte ich deutlich, daß Vater und Mutter sich mit Blicken meinetwegen verständigten. Mein Vater schwieg und beherrschte sich; ich fühlte, wie zornig er war. Die Mutter nahm sich meiner an, Gesicht und Hände wurden mir gewaschen, Pflaster aufgeklebt, dann bekam ich zu essen. Mitleid und Sorgfalt umgaben mich, ich saß still und tief beschämt, fühlte die Wärme und genoß sie mit schlechtem Gewissen. Dann ward ich zu Bett geschickt. Dem Vater gab ich die Hand, ohne ihn anzusehen.

Als ich schon im Bett lag, kam die Mutter noch zu mir. Sie nahm meine Kleider vom Stuhl und legte mir andere hin, denn morgen war Sonntag. Dann fing sie behutsam zu fragen an, und ich mußte von meiner Rauferei erzählen. Sie fand es zwar schlimm, schalt aber nicht und schien ein wenig verwundert, daß ich dieser Sache wegen so sehr gedrückt und scheu war. Dann ging sie.

Und nun, dachte ich, war sie überzeugt, daß alles gut sei. Ich hatte Händel ausgefochten und war blutiggehauen worden, aber das würde morgen vergessen sein. Von dem andern, dem Eigentlichen, wußte sie nichts. Sie war betrübt gewesen, aber unbefangen und zärtlich. Auch der Vater wußte also vermutlich noch nichts.

Und nun überkam mich ein furchtbares Gefühl von Enttäuschung. Ich merkte jetzt, daß ich seit dem Augenblick, wo ich unser Haus betreten hatte, ganz und gar von einem einzigen, sehnlichen, verzehrenden Wunsch erfüllt gewesen war. Ich hatte nichts anderes gedacht, gewünscht, ersehnt, als daß das Gewitter nun ausbrechen möge, daß das Gericht über mich ergehe, daß das Furchtbare zur Wirklichkeit werde und die entsetzliche Angst davor aufhöre. Ich war auf alles gefaßt, zu allem bereit gewesen. Mochte ich schwer gestraft, geschlagen und eingesperrt werden! Mochte er mich hungern lassen! Mochte er mich verfluchen und verstoßen! Wenn nur die Angst und Spannung ein Ende nahmen!

Statt dessen lag ich nun da, hatte noch Liebe und Pflege genossen, war freundlich geschont und für meine Unarten nicht zur Rechenschaft gezogen worden und konnte aufs neue warten und bangen. Sie hatten mir die zerrissenen Kleider, das lange Fortbleiben, das versäumte Abendessen vergeben, weil ich müde war und blutete und ihnen leid tat, vor allem aber, weil sie das andere nicht ahnten, weil sie nur von meinen Unarten, nichts von meinem Verbrechen wußten. Es würde mir doppelt schlimm gehen, wenn es ans Licht kam! Vielleicht schickte man mich, wie man früher einmal gedroht hatte, in eine Besserungsanstalt, wo man altes, hartes Brot essen und während der ganzen Freizeit Holz sägen und Stiefel putzen mußte, wo es Schlafsäle mit Aufsehern geben sollte, die einen mit dem Stock schlugen und morgens um vier mit kaltem Wasser weckten. Oder man übergab mich der Polizei?

Jedenfalls aber, es komme wie es möge, lag wieder eine Wartezeit vor mir. Noch länger mußte ich die Angst ertragen, noch länger mit meinem Geheimnis herumgehen, vor jedem Blick und Schritt im Hause zittern und niemand ins Gesicht sehen können.

Oder war es am Ende möglich, daß mein Diebstahl gar nicht bemerkt wurde? Daß alles blieb, wie es war? Daß ich mir alle diese Angst und Pein vergebens gemacht hatte? – O, wenn das geschehen sollte, wenn dies Unausdenkliche, Wundervolle möglich war, dann wollte ich ein ganz neues Leben beginnen, dann wollte ich Gott danken und mich dadurch würdig zeigen, daß ich Stunde für Stunde ganz rein und fleckenlos lebte! Was ich schon früher versucht hatte und was mir mißglückt war, jetzt würde es gelingen, jetzt waren mein Vorsatz und Wille stark genug, jetzt nach diesem Elend, dieser Hölle voll Qual! Mein ganzes Wesen bemächtigte sich dieses Wunschgedankens und sog sich inbrünstig daran fest. Trost regnete vom Himmel, Zukunft tat sich blau und sonnig auf. In diesen Phantasien schlief ich endlich ein und schlief unbeschwert die ganze, gute Nacht hindurch.

Am Morgen war Sonntag, und noch im Bett empfand ich, wie den Geschmack einer Frucht, das eigentümliche, sonderbar gemischte, im ganzen aber so köstliche Sonntagsgefühl, wie ich es seit meiner Schulzeit kannte. Der Sonntagmorgen war eine gute Sache: Ausschlafen, keine Schule, Aussicht auf ein gutes Mittagessen, kein Geruch nach Lehrer und Tinte, eine Menge freie Zeit. Dies war die Hauptsache. Schwächer nur klangen andere, fremdere, fadere Töne hinein: Kirchgang oder Sonntagsschule, Familienspaziergang, Sorge um die schönen Kleider. Damit wurden der reine, gute, köstliche Geschmack und Duft ein wenig verfälscht und zersetzt – so, wie wenn zwei gleichzeitig gegessene Speisen, etwa ein Pudding und der Saft dazu, nicht ganz zusammenpaßten, oder wie zuweilen Bonbons oder Backwerk, die man in kleinen Läden geschenkt bekam, einen fatalen leisen Beigeschmack von Käse oder von Erdöl hatten. Man aß sie, und sie waren gut, aber es war nichts Volles und Strahlendes, man mußte ein Auge dabei zudrücken. Nun, so ähnlich war meistens der Sonntag, namentlich wenn ich in die Kirche oder Sonntagsschule gehen mußte, was zum Glück nicht immer der Fall war. Der freie Tag bekam dadurch einen Beigeschmack von Pflicht und von Langeweile. Und bei den Spaziergängen mit der ganzen Familie, wenn sie auch oft schön sein konnten, passierte gewöhnlich irgend etwas, es gab Streit mit den Schwestern, man ging zu rasch oder zu langsam, man brachte Harz an die Kleider; irgendein Haken war meistens dabei.

Nun, das mochte kommen. Mir war wohl. Seit gestern war eine Masse Zeit vergangen. Vergessen hatte ich meine Schandtat nicht, sie fiel mir schon am Morgen wieder ein, aber es war nun so lange her, die Schrecken waren ferngerückt und unwirklich geworden. Ich hatte gestern meine Schuld gebüßt, wenn auch nur durch Gewissensqualen, ich hatte einen bösen, jammervollen Tag durchlitten. Nun war ich wieder zu Vertrauen und Harmlosigkeit geneigt und machte mir wenig Gedanken mehr. Ganz war es ja noch nicht abgetan, es klangen noch ein wenig Drohung und Peinlichkeit nach, so wie in den schönen Sonntag jene kleinen Pflichten und Kümmernisse mit hineinklangen.

Beim Frühstück waren wir alle vergnügt. Es wurde mir die Wahl zwischen Kirche und Sonntagsschule gelassen. Ich zog, wie immer, die Kirche vor. Dort wurde man wenigstens in Ruhe gelassen und konnte seine Gedanken laufen lassen; auch war der hohe, feierliche Raum mit den bunten Fenstern oft schön und ehrwürdig, und wenn man mit eingekniffenen Augen dort das lange dämmernde Schiff gegen die Orgel sah, dann gab es manchmal wundervolle Bilder; die aus dem Finstern ragenden Orgelpfeifen erschienen oft wie eine strahlende Stadt mit hundert Türmen. Auch war es mir oft geglückt, wenn die Kirche nicht voll war, die ganze Stunde ungestört in einem Geschichtenbuch zu lesen.

Heut nahm ich keines mit und dachte auch nicht daran, mich um den Kirchgang zu drücken, wie ich es auch schon getan hatte. So viel klang von gestern abend noch in mir nach, daß ich gute und redliche Vorsätze hatte und gesonnen war, mich mit Gott, Eltern und Welt freundlich und gefügig zu vertragen. Auch mein Zorn gegen Oskar Weber war ganz und gar verflogen. Wenn er gekommen wäre, ich hätte ihn aufs beste aufgenommen.

Der Gottesdienst begann, ich sang die Choralverse mit, es war das Lied »Hirte deiner Schafe«, das wir auch in der Schule auswendig gelernt hatten. Es fiel mir dabei wieder einmal auf, wie ein Liedervers beim Singen, und gar bei dem schleppend langsamen Gesang in der Kirche, ein ganz anderes Gesicht hatte als beim Lesen oder Hersagen. Beim Lesen war so ein Vers ein Ganzes, hatte einen Sinn, bestand aus Sätzen. Beim Singen bestand er nur noch aus Worten, Sätze kamen nicht zustande, Sinn war keiner da, aber dafür gewannen die Worte, die einzelnen, gesungenen, langhin gedehnten Worte, ein sonderbar starkes, unabhängiges Leben, ja, oft waren es nur einzelne Silben, etwas an sich ganz Sinnloses, die im Gesang selbständig wurden und Gestalt annahmen. In dem Vers »Hirte deiner Schafe, der von keinem Schlafe etwas wissen mag« war zum Beispiel heute beim Kirchengesang gar kein Zusammenhang und Sinn, man dachte auch weder an einen Hirten noch an Schafe, man dachte durchaus gar nichts. Aber das war keineswegs langweilig. Einzelne Worte, namentlich das »Schla-afe«, wurden so seltsam voll und schön, man wiegte sich ganz darin, und auch das »mag« tönte geheimnisvoll und schwer, erinnerte an »Magen« und an dunkle, gefühlsreiche, halbbekannte Dinge, die man in sich innen im Leibe hat. Dazu die Orgel!

Und dann kam der Stadtpfarrer und die Predigt, die stets so unbegreiflich lang war, und das seltsame Zuhören, wobei man oft lange Zeit nur den Ton der redenden Stimme glockenhaft schweben hörte, dann wieder einzelne Worte scharf und deutlich samt ihrem Sinn vernahm und ihnen zu folgen bemüht war, solange es ging. Wenn ich nur im Chor hätte sitzen dürfen, statt unter all den Männern auf der Empore. Im Chor, wo ich bei Kirchenkonzerten schon gesessen war, da saß man tief in schweren, isolierten Stühlen, deren jeder ein kleines festes Gebäude war, und über sich hatte man ein sonderbar reizvolles, vielfältiges, netzartiges Gewölbe, und hoch an der Wand war die Bergpredigt in sanften Farben gemalt, und das blaue und rote Gewand des Heilands auf dem blaßblauen Himmel war so zart und beglückend anzusehen.

Manchmal knackte das Kirchengestühl, gegen das ich eine tiefe Abneigung hegte, weil es mit einer gelben, öden Lackfarbe gestrichen war, an der man immer ein wenig klebenblieb. Manchmal summte eine Fliege auf und gegen eines der Fenster, in deren Spitzbogen blaurote Blumen und grüne Sterne gemalt waren. Und unversehens war die Predigt zu Ende, und ich streckte mich vor, um den Pfarrer in seinen engen, dunklen Treppenschlauch verschwinden zu sehen. Man sang wieder, aufatmend und sehr laut, und man stand auf und strömte hinaus; ich warf den mitgebrachten Fünfer in die Opferbüchse, deren blecherner Klang so schlecht in die Feierlichkeit paßte, und ließ mich vom Menschenstrom mit ins Portal ziehen und ins Freie treiben.

Jetzt kam die schönste Zeit des Sonntags, die zwei Stunden zwischen Kirche und Mittagessen. Da hatte man seine Pflicht getan, man war im langen Sitzen auf Bewegung, auf Spiele oder Gänge begierig geworden, oder auf ein Buch, und war völlig frei bis zum Mittag, wo es meistens etwas Gutes gab. Zufrieden schlenderte ich nach Hause, angefüllt mit freundlichen Gedanken und Gesinnungen. Die Welt war in Ordnung, es ließ sich in ihr leben. Friedfertig trabte ich durch Flur und Treppe hinauf.

In meinem Stübchen schien Sonne. Ich sah nach meinen Raupenkästen, die ich gestern vernachlässigt hatte, fand ein paar neue Puppen, gab den Pflanzen frisches Wasser.

Da ging die Tür.

Ich achtete nicht gleich darauf. Nach einer Minute wurde die Stille mir sonderbar; ich drehte mich um. Da stand mein Vater. Er war blaß und sah gequält aus. Der Gruß blieb mir im Halse stecken. Ich sah: er wußte! Er war da. Das Gericht begann. Nichts war gut geworden, nichts abgebüßt, nichts vergessen! Die Sonne wurde bleich, und der Sonntagmorgen sank welk dahin.

Aus allen Himmeln gerissen starrte ich dem Vater entgegen. Ich haßte ihn, warum war er nicht gestern gekommen? Jetzt war ich auf nichts vorbereitet, hatte nichts bereit, nicht einmal Reue und Schuldgefühl. – Und wozu brauchte er oben in seiner Kommode Feigen zu haben?

Er ging zu meinem Bücherschrank, griff hinter die Bücher und zog einige Feigen hervor. Es waren wenige mehr da. Dazu sah er mich an, mit stummer, peinlicher Frage. Ich konnte nichts sagen. Leid und Trotz würgten mich.

»Was ist denn?« brachte ich dann heraus.

»Woher hast du diese Feigen?« fragte er, mit einer beherrschten, leisen Stimme, die mir bitter verhaßt war.

Ich begann sofort zu reden. Zu lügen. Ich erzählte, daß ich die Feigen bei einem Konditor gekauft hätte, es sei ein ganzer Kranz gewesen. Woher das Geld dazu kam? Das Geld kam aus einer Sparkasse, die ich gemeinsam mit einem Freunde hatte. Da hatten wir beide alles kleine Geld hineingetan, das wir je und je bekamen. Übrigens – hier war die Kasse. Ich holte die Schachtel mit dem Schlitz hervor. Jetzt war bloß noch ein Zehner darin, eben weil wir gestern die Feigen gekauft hatten.

Mein Vater hörte zu, mit einem stillen, beherrschten Gesicht, dem ich nichts glaubte.

»Wieviel haben denn die Feigen gekostet?« fragte er mit der zu leisen Stimme.

»Eine Mark und sechzig.«

»Und wo hast du sie gekauft?«

»Beim Konditor.«

»Bei welchem?«

»Bei Haager.«

Es gab eine Pause. Ich hielt die Geldschachtel noch in frierenden Fingern. Alles an mir war kalt und fror.

Und nun fragte er, mit einer Drohung in der Stimme: »Ist das wahr?«

Ich redete wieder rasch. Ja, natürlich war es wahr, und mein Freund Weber war im Laden gewesen, ich hatte ihn nur begleitet. Das Geld hatte hauptsächlich ihm, dem Weber, gehört, von mir war nur wenig dabei.

»Nimm deine Mütze«, sagte mein Vater, »wir wollen miteinander zum Konditor Haager gehen. Er wird ja wissen, ob es wahr ist.«

Ich versuchte zu lächeln. Nun ging mir die Kälte bis in Herz und Magen. Ich ging voran und nahm im Korridor meine blaue Mütze. Der Vater öffnete die Glastür, auch er hatte seinen Hut genommen.

»Noch einen Augenblick!« sagte ich, »ich muß schnell hinaus-
gehen.«
Er nickte. Ich ging auf den Abtritt, schloß zu, war allein, war
noch einen Augenblick gesichert. O, wenn ich jetzt gestorben
wäre!
Ich blieb eine Minute, blieb zwei. Es half nichts. Man starb nicht.
Es galt standzuhalten. Ich schloß auf und kam. Wir gingen die
Treppe hinunter.
Als wir eben durchs Haustor gingen, fiel mir etwas Gutes ein,
und ich sagte schnell:
»Aber heut ist ja Sonntag, da hat der Haager gar nicht offen.«
Das war eine Hoffnung, zwei Sekunden lang. Mein Vater sagte
gelassen: »Dann gehen wir zu ihm in die Wohnung. Komm.«
Wir gingen. Ich schob meine Mütze gerade, steckte eine Hand in
die Tasche und versuchte neben ihm daherzugehen, als sei nichts
Besonderes los. Obwohl ich wußte, daß alle Leute mir ansahen,
ich sei ein abgeführter Verbrecher, versuchte ich doch mit tausend Künsten, es zu verheimlichen. Ich bemühte mich, einfach
und harmlos zu atmen; es brauchte niemand zu sehen, wie es mir
die Brust zusammenzog. Ich war bestrebt, ein argloses Gesicht
zu machen, Selbstverständlichkeit und Sicherheit zu heucheln.
Ich zog einen Strumpf hoch, ohne daß er es nötig hatte, und
lächelte, während ich wußte, daß dies Lächeln furchtbar dumm
und künstlich aussehe. In mir innen, in Kehle und Eingeweiden,
saß der Teufel und würgte mich.
Wir kamen am Gasthaus vorüber, beim Hufschmied, beim
Lohnkutscher, bei der Eisenbahnbrücke. Dort drüben hatte ich
gestern abend mit Weber gekämpft. Tat nicht der Riß beim Auge
noch weh? Mein Gott! Mein Gott!
Willenlos ging ich weiter, unter Krämpfen um meine Haltung
bemüht. An der Adlerscheuer vorbei, die Bahnhofstraße hinaus.
Wie war diese Straße gestern noch gut und harmlos gewesen!
Nicht denken! Weiter! Weiter!
Wir waren ganz nahe bei Haagers Haus. Ich hatte in diesen paar
Minuten einige hundertmal die Szene voraus erlebt, die mich
dort erwartete. Nun waren wir da. Nun kam es.
Aber es war mir unmöglich, das auszuhalten. Ich blieb stehen.
»Nun? Was ist?« fragte mein Vater.
»Ich gehe nicht hinein«, sagte ich leise.

Er sah zu mir herab. Er hatte es ja gewußt, von Anfang an. Warum hatte ich ihm das alles vorgespielt und mir so viel Mühe gegeben? Es hatte ja keinen Sinn.

»Hast du die Feigen nicht bei Haager gekauft?« fragte er.

Ich schüttelte den Kopf.

»Ach so«, sagte er mit scheinbarer Ruhe. »Dann können wir ja wieder nach Hause gehen.«

Er benahm sich anständig, er schonte mich auf der Straße, vor den Leuten. Es waren viele Leute unterwegs, jeden Augenblick wurde mein Vater gegrüßt. Welches Theater! Welche dumme, unsinnige Qual! Ich konnte ihm für diese Schonung nicht dankbar sein.

Er wußte ja alles! Und er ließ mich tanzen, ließ mich meine nutzlosen Kapriolen vollführen, wie man eine gefangene Maus in der Drahtfalle tanzen läßt, ehe man sie ersäuft. Ach, hätte er mir gleich zu Anfang, ohne mich überhaupt zu fragen und zu verhören, mit dem Stock über den Kopf gehauen, das wäre mir im Grunde lieber gewesen als diese Ruhe und Gerechtigkeit, mit der er mich in meinem dummen Lügengespinst einkreiste und langsam erstickte. Überhaupt, vielleicht war es besser, einen groben Vater zu haben als so einen feinen und gerechten. Wenn ein Vater, so wie es in Geschichten und Traktätchen vorkam, im Zorn oder in der Betrunkenheit seine Kinder furchtbar prügelte, so war er eben im Unrecht, und wenn die Prügel auch weh taten, so konnte man doch innerlich die Achseln zucken und ihn verachten. Bei meinem Vater ging das nicht, er war zu fein, zu einwandfrei, er war nie im Unrecht. Ihm gegenüber wurde man immer klein und elend.

Mit zusammengebissenen Zähnen ging ich vor ihm her ins Haus und wieder in mein Zimmer. Er war noch immer ruhig und kühl, vielmehr er stellte sich so, denn in Wahrheit war er, wie ich deutlich spürte, sehr böse. Nun begann er in seiner gewohnten Art zu sprechen.

»Ich möchte nur wissen, wozu diese Komödie dienen soll? Kannst du mir das nicht sagen? Ich wußte ja gleich, daß deine ganze hübsche Geschichte erlogen war. Also wozu die Faxen? Du hältst mich doch nicht im Ernst für so dumm, daß ich sie dir glauben würde?«

Ich biß weiter auf meine Zähne und schluckte. Wenn er doch

aufhören wollte! Als ob ich selber gewußt hätte, warum ich ihm diese Geschichte vorlog! Als ob ich selber gewußt hätte, warum ich nicht mein Verbrechen gestehen und um Verzeihung bitten konnte! Als ob ich auch nur gewußt hätte, warum ich diese unseligen Feigen stahl! Hatte ich das denn gewollt, hatte ich es denn mit Überlegung und Wissen und aus Gründen getan?! Tat es mir denn nicht leid? Litt ich denn nicht mehr darunter als er?

Er wartete und machte ein nervöses Gesicht voll mühsamer Geduld. Einen Augenblick lang war mir selbst die Lage vollkommen klar, im Unbewußten, doch hätte ich es nicht wie heut mit Worten sagen können. Es war so: Ich hatte gestohlen, weil ich trostbedürftig in Vaters Zimmer gekommen war und es zu meiner Enttäuschung leer gefunden hatte. Ich hatte nicht stehlen wollen. Ich hatte, als der Vater nicht da war, nur spionieren wollen, mich unter seinen Sachen umsehen, seine Geheimnisse belauschen, etwas über ihn erfahren. So war es. Dann lagen die Feigen da, und ich stahl. Und sofort bereute ich, und den ganzen Tag gestern hatte ich Qual und Verzweiflung gelitten, hatte zu sterben gewünscht, hatte mich verurteilt, hatte neue, gute Vorsätze gefaßt. Heut aber – ja, heut war es nun anders. Ich hatte diese Reue und all das nun ausgekostet, ich war jetzt nüchterner, und ich spürte unerklärliche, aber riesenstarke Widerstände gegen den Vater und gegen alles, was er von mir erwartete und verlangte.

Hätte ich ihm das sagen können, so hätte er mich verstanden. Aber auch Kinder, so sehr sie den Großen an Klugheit überlegen sind, stehen einsam und ratlos vor dem Schicksal.

Steif vor Trotz und verbissenem Weh schwieg ich weiter, ließ ihn klug reden und sah mit Leid und seltsamer Schadenfreude zu, wie alles schiefging und schlimm und schlimmer wurde, wie er litt und enttäuscht war, wie er vergeblich an alles Bessere in mir appellierte.

Als er fragte: »Also hast du die Feigen gestohlen?«, konnte ich nur nicken. Mehr als ein schwaches Nicken brachte ich auch nicht über mich, als er wissen wollte, ob es mir leid tue. – Wie konnte er, der große, kluge Mann, so unsinnig fragen! Als ob es mir etwa nicht leid getan hätte! Als ob er nicht hätte sehen können, wie mir das Ganze weh tat und das Herz umdrehte! Als ob es mir möglich gewesen wäre, mich etwa gar noch meiner Tat und der elenden Feigen zu freuen!

Vielleicht zum erstenmal in meinem kindlichen Leben empfand ich fast bis zur Schwelle der Einsicht und des Bewußtwerdens, wie namenlos zwei verwandte, gegeneinander wohlgesinnte Menschen sich mißverstehen und quälen und martern können, und wie dann alles Reden, alles Klugseinwollen, alle Vernunft bloß noch Gift hinzugießen, bloß neue Qualen, neue Stiche, neue Irrtümer schaffen. Wie war das möglich? Aber es war möglich, es geschah. Es war unsinnig, es war toll, es war zum Lachen und zum Verzweifeln – aber es war so.

Genug nun von dieser Geschichte! Es endete damit, daß ich über den Sonntagnachmittag in der Dachkammer eingesperrt wurde. Einen Teil ihrer Schrecken verlor die harte Strafe durch Umstände, welche freilich mein Geheimnis waren. In der dunkeln, unbenutzten Bodenkammer stand nämlich tief verstaubt eine Kiste, halb voll mit alten Büchern, von denen einige keineswegs für Kinder bestimmt waren. Das Licht zum Lesen gewann ich durch das Beiseiteschieben eines Dachziegels.

Am Abend dieses traurigen Sonntags gelang es meinem Vater, kurz vor Schlafengehen mich noch zu einem kurzen Gespräch zu bringen, das uns versöhnte. Als ich im Bett lag, hatte ich die Gewißheit, daß er mir ganz und vollkommen verziehen habe – vollkommener als ich ihm. *(1918/19)*

Die Fremdenstadt im Süden

Diese Stadt ist eine der witzigsten und einträglichsten Unternehmungen modernen Geistes. Ihre Entstehung und Einrichtung beruht auf einer genialen Synthese, wie sie nur von sehr tiefen Kennern der Psychologie des Großstädters ausgedacht werden konnte, wenn man sie nicht geradezu als eine direkte Ausstrahlung der Großstadtseele, als deren verwirklichten Traum bezeichnen will. Denn diese Gründung realisiert in idealer Vollkommenheit alle Ferien- und Naturwünsche jeder durchschnittlichen Großstädterseele. Bekanntlich schwärmt der Großstädter für nichts so sehr wie für Natur, für Idylle, Friede und Schönheit. Bekanntlich aber sind alle diese schönen Dinge, die er so sehr begehrt und von welchen bis vor kurzem die Erde noch übervoll war, ihm völlig unbekömmlich, er kann sie nicht vertragen. Und da er sie nun dennoch haben will, da er sich die Natur nun einmal in den Kopf gesetzt hat, so hat man ihm hier, wie es koffeinfreien Kaffee und nikotinfreie Zigarren gibt, eine naturfreie, eine gefahrlose, hygienische, denaturierte Natur aufgebaut. Und bei alledem war jener oberste Grundsatz des modernen Kunstgewerbes maßgebend, die Forderung nach absoluter »Echtheit«. Mit Recht betont ja das moderne Gewerbe diese Forderung, welche in früheren Zeiten nicht bekannt war, weil damals jedes Schaf in der Tat ein echtes Schaf war und echte Wolle gab, jede Kuh echt war und echte Milch gab und künstliche Schafe und Kühe noch nicht erfunden waren. Nachdem sie aber erfunden waren und die echten nahezu verdrängt hatten, wurde in Bälde auch das Ideal der Echtheit erfunden. Die Zeiten sind vorüber, wo naive Fürsten sich in irgendeinem deutschen Tälchen künstliche Ruinen, eine nachgemachte Einsiedelei, eine kleine unechte Schweiz, einen imitierten Posilipo bauen ließen. Fern liegt heutigen Unternehmern der absurde Gedanke, dem großstädtischen Kenner etwa ein Italien in der Nähe Londons, eine Schweiz bei Chemnitz, ein Sizilien am Bodensee vortäuschen zu wollen. Der Naturersatz, den der heutige Städter verlangt, muß unbedingt echt sein, echt wie das Silber, mit dem er tafelt, echt wie die Perlen, die seine Frau trägt, und echt wie die Liebe zu Volk und Republik, die er im Busen hegt.

Dies alles zu verwirklichen, war nicht leicht. Der wohlhabende Großstädter verlangt für den Frühling und Herbst einen Süden, der seinen Vorstellungen und Bedürfnissen entspricht, einen echten Süden mit Palmen und Zitronen, blaue Seen, malerische Städtchen, und dies alles war ja leicht zu haben. Er verlangt aber auch außerdem Gesellschaft, verlangt Hygiene und Sauberkeit, verlangt Stadtatmosphäre, verlangt Musik, Technik, Eleganz, er erwartet eine dem Menschen restlos unterworfene und von ihm umgestaltete Natur, eine Natur, die ihm zwar Reize und Illusionen gewährt, aber lenkbar ist und nichts von ihm verlangt, in die er sich mit allen seinen großstädtischen Gewohnheiten, Sitten und Ansprüchen bequem hineinsetzen kann. Da nun die Natur das Unerbittlichste ist, was wir kennen, scheint das Erfüllen solcher Ansprüche nahezu unmöglich; aber menschlicher Tatkraft ist bekanntlich nichts unmöglich. Der Traum ist erfüllt.

Die Fremdenstadt im Süden konnte natürlich nicht in einem einzigen Exemplar hergestellt werden. Es wurden dreißig oder vierzig solche Idealstädte gemacht, an jedem irgend geeigneten Ort sieht man eine stehen, und wenn ich eine dieser Städte zu schildern versuche, ist es natürlich nicht diese oder jene, sie trägt keinen Eigennamen, so wenig wie ein Ford-Automobil, sie ist ein Exemplar, ist eine von vielen.

Zwischen langhin gedehnten, sanft geschwungenen Kaimauern liegt mit kleinen, kurzen Wellchen ein See aus blauem Wasser, an dessen Rand findet der Naturgenuß statt. Am Ufer schwimmen unzählige kleine Ruderboote mit farbig gestreiften Sonnendächern und bunten Fähnchen, elegante hübsche Boote mit kleinen netten Kissen und sauber wie Operationstische. Ihre Besitzer gehen auf dem Kai auf und nieder und bieten allen Vorübergehenden unaufhörlich ihre Schiffchen zum Mieten an. Diese Männer gehen in matrosenähnlichen Anzügen mit bloßer Brust und bloßen braunen Armen, sie sprechen echtes Italienisch, sind jedoch imstande, auch in jeder anderen Sprache Auskunft zu geben, sie haben leuchtende Südländeraugen, rauchen lange, dünne Zigarren und wirken malerisch.

Längs dem Ufer schwimmen die Boote, längs dem Seerand läuft die Seepromenade, eine doppelte Straße, der seewärts gekehrte Teil unter sauber geschnittenen Bäumen ist den Fußgängern re-

serviert, der innere Teil ist eine blendende und heiße Verkehrs-
straße, voll von Hotelomnibussen, Autos, Trambahnen und
Fuhrwerken. An dieser Straße steht die Fremdenstadt, welche
eine Dimension weniger hat als andere Städte, sie erstreckt sich
nur in die Länge und Höhe, nicht in die Tiefe. Sie besteht aus
einem dichten, stolzen Gürtel von Hotelgebäuden. Hinter diesem Gürtel aber, eine nicht zu übersehende Attraktion, findet
der echte Süden statt, dort nämlich steht tatsächlich ein altes
italienisches Städtchen, wo auf engem, stark riechendem Markt
Gemüse, Hühner und Fische verkauft werden, wo barfüßige
Kinder mit Konservenbüchsen Fußball spielen und Mütter mit
fliegenden Haaren und heftigen Stimmen die wohllautenden
klassischen Namen ihrer Kinder ausbrüllen. Hier riecht es nach
Salami, nach Wein, nach Abtritt, nach Tabak und Handwerken,
hier stehen in Hemdsärmeln joviale Männer unter offenen La-
dentüren, sitzen Schuhmacher auf offener Straße, das Leder
klopfend, alles echt und sehr bunt und originell, es könnte auf
dieser Szene jederzeit der erste Akt einer Oper beginnen. Hier
sieht man die Fremden mit großer Neugierde Entdeckungen
machen und hört häufig von Gebildeten verständnisvolle Äu-
ßerungen über die fremde Volksseele. Eishändler fahren mit
kleinen rasselnden Karren durch die engen Gassen und brüllen
ihre Näschereien aus, da und dort beginnt in einem Hof oder auf
einem Plätzchen ein Drehklavier zu spielen. Täglich bringt der
Fremde in dieser kleinen, schmutzigen und interessanten Stadt
eine Stunde oder zwei zu, kauft Strohflechtereien und Ansichts-
karten, versucht Italienisch zu sprechen und sammelt südliche
Eindrücke. Hier wird auch sehr viel photographiert.
Noch weiter entfernt, hinter dem alten Städtchen, liegt das
Land, da liegen Dörfer und Wiesen, Weinberge und Wälder, die
Natur ist dort noch wie sie immer war, wild und ungeschliffen,
doch bekommen die Fremden davon wenig zu sehen, denn
wenn sie je und je in Automobilen durch diese Natur fahren,
sehen sie die Wiesen und Dörfer genau so verstaubt und feind-
selig am Rand der Autostraße liegen wie überall.
Bald kehrt daher der Fremde von solchen Exkursionen wieder in
die Idealstadt zurück. Dort stehen die großen, vielstöckigen
Hotels, von intelligenten Direktoren geleitet, mit wohlerzoge-
nem, aufmerksamem Personal. Dort fahren niedliche Dampfer

über den See und elegante Wagen auf der Straße, überall tritt der
Fuß auf Asphalt und Zement, überall ist frisch gefegt und ge-
spritzt, überall werden Galanteriewaren und Erfrischungen angeboten. Im Hotel Bristol wohnt der frühere Präsident von
Frankreich und im Parkhotel der deutsche Reichskanzler, man
geht in elegante Cafés und trifft da die Bekannten aus Berlin,
Frankfurt und München an, man liest die heimatlichen Zeitungen und ist aus dem Operetten-Italien der Altstadt wieder in die
gute, solide Luft der Heimat getreten, der Großstadt; man
drückt frischgewaschene Hände, lädt einander zu Erfrischungen
ein, ruft zwischenein am Telephon die heimatliche Firma an,
bewegt sich nett und angeregt zwischen netten, gutgekleideten,
vergnügten Menschen. Auf Hotelterrassen hinter Säulenbalu-
straden und Oleanderbäumen sitzen berühmte Dichter und
starren mit sinnendem Auge auf den Spiegel des Sees, zuweilen
empfangen sie Vertreter der Presse, und bald erfährt man, an
welchem Werk dieser und jener Meister nun arbeitet. In einem
feinen, kleinen Restaurant sieht man die beliebteste Schauspie-
lerin der heimatlichen Großstadt sitzen, sie trägt ein Kostüm,
das ist wie ein Traum, und füttert einen Pekinghund mit Dessert.
Auch ist sie entzückt von der Natur und oft bis zur Andacht
gerührt, wenn sie abends in Nr. 178 des Palace-Hotels ihr Fenster öffnet und die endlose Reihe der schimmernden Lichter
sieht, die sich dem Ufer entlang zieht und träumerisch jenseits
der Bucht verliert.
Sanft und befriedigt wandelt man auf der Promenade, Müllers
aus Darmstadt sind auch da, und man hört, daß morgen ein
italienischer Tenor im Kursaale auftreten wird, der einzige, der
sich nach Caruso wirklich hören lassen kann. Man sieht gegen
Abend die Dampferchen heimkehren, mustert die Aussteigen-
den, trifft wieder Bekannte, bleibt eine Weile vor einem Schaufenster voll alter Möbel und Stickereien stehen, dann wird es
kühl, und nun kehrt man ins Hotel zurück, hinter die Wände
von Beton und Glas, wo der Speisesaal schon von Porzellan,
Glas und Silber funkelt und wo nachher ein kleiner Ball stattfinden wird. Musik ist ohnehin schon da, kaum hat man Abend-
toilette gemacht, so wird man schon vom süßen, wiegenden
Klang empfangen.
Vor dem Hotel erlischt langsam im Abend die Blumenpracht.

Da stehen in Beeten, zwischen Betonmauern dicht und bunt die blühendsten Gewächse, Kamelien und Rhododendren, hohe Palmen dazwischen, alles echt, und voll dicker kühlblauer Kugeln die fetten Hortensien. Morgen findet eine große Gesellschaftsfahrt nach -aggio statt, auf die man sich freut. Und sollte man morgen aus Versehen statt nach -aggio an irgendeinen anderen Ort gelangen, nach -iggio oder -ino, so schadet das nichts, denn man wird dort ganz genau die gleiche Idealstadt antreffen, denselben See, denselben Kai, dieselbe malerisch-drollige Altstadt und dieselben guten Hotels mit den hohen Glaswänden, hinter welchen uns die Palmen beim Essen zuschauen, und dieselbe gute weiche Musik und all das, was so zum Leben des Städters gehört, wenn er es gut haben will. *(1925)*

Der Bettler

Vor Jahrzehnten, wenn ich an die »Geschichte mit dem Bettler« dachte, war sie für mich eine Geschichte, und es schien mir nicht unwahrscheinlich und auch nicht besonders schwierig, daß ich sie eines Tages erzählen würde. Aber daß das Erzählen eine Kunst sei, deren Voraussetzungen uns Heutigen, oder doch mir, fehlen und deren Ausübung darum nur noch das Nachahmen überkommener Formen sein kann, ist mir inzwischen immer klarer geworden, wie denn ja unsre ganze Literatur, soweit sie von den Autoren ernst gemeint und wirklich verantwortet wird, immer schwieriger, fragwürdiger und dennoch waghalsiger geworden ist. Denn keiner von uns Literaten weiß heute, wie weit sein Menschentum und Weltbild, seine Sprache, seine Art von Glauben und Verantwortung, seine Art von Gewissen und Problematik den anderen, den Lesern und auch den Kollegen, vertraut und verwandt, erfaßbar und verständlich ist. Wir sprechen zu Menschen, die wir wenig kennen und von denen wir wissen, daß sie unsre Worte und Zeichen schon wie eine Fremdsprache lesen, mit Eifer und Genuß vielleicht, aber mit sehr ungefährem Verständnis, während die Struktur und Begriffswelt einer politischen Zeitung, eines Filmes, eines Sportberichts ihnen weit selbstverständlicher, zuverlässiger und lückenloser zugänglich sind.

So schreibe ich diese Blätter, welche ursprünglich nur die Erzählung einer kleinen Erinnerung aus meiner Kinderzeit sein sollten, nicht für meine Söhne oder Enkel, die wenig mit ihnen anfangen könnten, noch für irgendwelche andere Leser, wenn nicht etwa die paar Menschen, deren Kinderzeit und Kinderwelt ungefähr dieselbe wie die meine gewesen ist, und die zwar nicht den Kern dieser nicht erzählbaren Geschichte (der mein persönliches Erlebnis ist), doch aber wenigstens die Bilder, den Hintergrund, die Kulissen und Kostüme der Szene wiedererkennen werden.

Aber nein, auch an sie wendet meine Aufzeichnung sich nicht, und auch das Vorhandensein dieser einigermaßen Vorbereiteten und Eingeweihten vermag meine Blätter nicht zur Erzählung zu erheben, denn Kulissen und Kostüme machen noch längst keine

Geschichte aus. Ich schreibe also meine leeren Blätter mit Buchstaben voll, nicht in der Absicht und Hoffnung, damit jemanden zu erreichen, dem sie Ähnliches wie mir bedeuten könnten, sondern aus dem bekannten, wenn auch nicht erklärbaren Trieb zu einsamer Arbeit, einsamem Spiel, dem der Künstler gehorcht wie einem Naturtrieb, obwohl er gerade den sogenannten Naturtrieben zuwiderläuft, wie sie heute von der Volksmeinung oder der Psychologie oder der Medizin definiert werden. Wir stehen ja an einem Ort, einer Strecke oder Biegung des Menschenweges, zu dessen Kennzeichen auch das gehört, daß wir über den Menschen nichts mehr wissen, weil wir uns zuviel mit ihm beschäftigt haben, weil zuviel Material über ihn vorliegt, weil eine Anthropologie, eine Kunde vom Menschen, einen Mut zur Vereinfachung voraussetzt, den wir nicht aufbringen. So wie die erfolgreichsten und modernsten theologischen Systeme dieser Zeit nichts so sehr betonen als die völlige Unmöglichkeit irgendeines Wissens über Gott, so hütet sich unsere Menschenkunde ängstlich, über das Wesen des Menschen irgend etwas wissen und aussagen zu wollen. Es geht also den modern eingestellten Theologen und Psychologen ganz ebenso wie uns Literaten: die Grundlagen fehlen, es ist alles fragwürdig und zweifelhaft geworden, alles relativiert und durchwühlt, und dennoch besteht jener Trieb zu Arbeit und Spiel ungebrochen fort, und wie wir Künstler, so bemühen sich auch die Männer der Wissenschaft eifrig weiter, ihre Beobachtungswerkzeuge und ihre Sprache zu verfeinern und dem Nichts oder Chaos wenigstens einige sorgfältig beobachtete und beschriebene Aspekte abzugewinnen.

Nun, möge man dies alles als Zeichen des Untergangs oder als Krise und notwendige Durchgangsstation ansehen – da jener Trieb in uns fortbesteht und da wir, indem wir ihm folgen und unsre einsamen Spiele trotz aller Fragwürdigkeit auch unter allen Erschwerungen weitertreiben, ein zwar einsames und melancholisches, aber doch ein Vergnügen empfinden, ein kleines Mehr an Lebensgefühl oder an Rechtfertigung, haben wir uns nicht zu beklagen, obwohl wir jene unsrer Kollegen recht wohl verstehen, welche, des einsamen Treibens müde, der Sehnsucht nach Gemeinschaft, nach Ordnung, Klarheit und Einfügung nachgeben und sich der Zuflucht anvertrauen, welche als Kirche und Religion oder als deren moderner Ersatz sich anbietet. Wir Einzelgänger und störrischen Nichtkonvertiten haben an unserer Vereinsamung nicht nur einen Fluch, eine Strafe zu tragen, sondern haben in ihr auch trotz allem eine Art von Lebensmöglichkeit, und das heißt für den Künstler Schaffensmöglichkeit. Was mich betrifft, so ist meine Einsamkeit zwar nahezu vollkommen, und was an Kritik oder Anerkennung, an Anfeindung oder Duzbrüderschaft aus dem Kreise der mir durch die Sprache Verbundenen an mich gelangt, trifft zumeist an mir vorbei, so wie einem dem Tode nahen Kranken etwa die Wünsche besuchender Freunde für Genesung und langes Leben am Ohr vorbei tönen mögen. Aber diese Einsamkeit, dies Herausgefallensein aus den Ordnungen und Gemeinschaften und dies Sichnichtanpassenwollen oder -können an eine vereinfachte Daseinsform und Lebenstechnik bedeutet darum noch lange nicht Hölle und Verzweiflung. Meine Einsamkeit ist weder eng noch ist sie leer, sie erlaubt mir zwar das Mitleben in einer der heute gültigen Daseinsformen nicht, erleichtert mir aber zum Beispiel das Mitleben in hundert Daseinsformen der Vergangenheit, vielleicht auch der Zukunft, es hat ein unendlich großes Stück Welt in ihr Raum. Und vor allem ist diese Einsamkeit nicht leer. Sie ist voll von Bildern. Sie ist eine Schatzkammer von angeeigneten Gütern, ichgewordener Vergangenheit, assimilierter Natur. Und wenn der Trieb zum Arbeiten und Spielen noch immer ein wenig Kraft in mir hat, so ist es dieser Bilder wegen. Eines dieser tausend Bilder festzuhalten, auszuführen, aufzuzeichnen, ein Gedenkblatt mehr zu so vielen andern zu fügen, ist zwar mit den Jahren immer schwieriger und mühevoller geworden, aber nicht weniger lockend. Und besonders lockend ist der Versuch des Aufzeichnens und Fixierens bei jenen Bildern, die aus den Anfängen meines Lebens stammen, die, von Millionen späterer Eindrücke und Erlebnisse überdeckt, dennoch Farbe und Licht bewahrt haben. Es wurden ja diese frühen Bilder in einer Zeit empfangen, in der ich noch ein Mensch, ein Sohn, ein Bruder, ein Kind Gottes war und noch nicht ein Bündel von Trieben, Reaktionen und Beziehungen, noch nicht der Mensch des heutigen Weltbildes.

Ich versuche die Zeit, den Schauplatz und die Personen der kleinen Szene festzustellen. Nicht alles ist genau nachweisbar, nicht zum Beispiel das Jahr und die Jahreszeit, auch nicht ganz genau die Zahl der miterlebenden Personen. Es ist ein Nachmittag wahrscheinlich im Frühling oder Sommer, und ich war damals zwischen fünf und sieben, mein Vater zwischen fünfunddreißig und siebenunddreißig Jahre alt. Es war ein Spaziergang des Vaters mit den Kindern, die Personen waren: der Vater, meine Schwester Adele, ich, möglicherweise auch meine jüngere Schwester Marulla, was nicht mehr nachweisbar ist, ferner hatten wir den Kinderwagen mit, in dem wir entweder eben diese jüngere Schwester oder aber, wahrscheinlicher, unsern jüngsten Bruder Hans mitführten, der noch nicht der Sprache und des Gehens mächtig war. Schauplatz des Spaziergangs waren die paar Straßen des äußeren Spalenquartiers im Basel der achtziger Jahre, zwischen denen unsre Wohnung lag, nahe dem Schützenhaus im Spalenringweg, der damals noch nicht seine spätere Breite hatte, denn zwei Drittel von ihr nahm die ins Elsaß führende Eisenbahnlinie ein. Es war eine kleinbürgerliche, heitere und ruhige Stadtgegend, am äußersten Rande des damaligen Basel, ein paar hundert Schritte weiter lag schon die damals endlose Prärie der Schützenmatte, der Steinbruch und erste Bauernhöfe am Wege nach Allschwil, wo wir Kinder manchmal in einem der dunklen warmen Ställe die Milch frisch von der Kuh zu trinken bekamen und von wo wir ein Körbchen Eier mit nach Hause trugen, ängstlich und stolz darauf, daß uns dies anvertraut wurde. Es wohnten harmlose Bürgersleute um uns herum, einige wenige Handwerker, meistens aber Leute, die in die Stadt zu ihrer Arbeit gingen und feierabends in den Fenstern lagen und Pfeifen rauchten oder in den kleinen Gärtchen vor ihren Häusern mit Rasen und Kies sich zu schaffen machten. Einigen Lärm machte die Eisenbahn, und zu fürchten waren die Bahnwärter, die am Bahnübergang zwischen Austraße und Allschwiler Straße in einer Bretterhütte mit winzigem Fensterchen hausten und wie die Teufel herbeigestürzt kamen, wenn wir einen hineingefallenen Ball oder Hut oder Pfeil aus dem Graben retten wollten, der die Bahnlinie von der Straße trennte und den zu betreten niemand das Recht hatte als eben jene Wärter, die wir fürchteten und an denen nichts mir gefiel als das allerdings

entzückende, messingene Hörnchen, das sie an einem Bandelier
über die Schulter hängen hatten und auf dem sie, obwohl es nur
einen einzigen Ton hatte, alle Stufen ihrer jeweiligen Aufregung
oder Schläfrigkeit auszudrücken vermochten. Übrigens war
dennoch einmal einer dieser Männer, die für mich die ersten
Vertreter der Macht, des Staates, des Gesetzes und der Polizeigewalt waren, überraschenderweise sehr menschlich und nett
mit mir gewesen; er hatte mich, der ich mit Peitsche und Kreisel
auf der sonnigen Straße beschäftigt war, herbeigewinkt, hatte
mir ein Geldstück in die Hand gegeben und mich freundlich
gebeten, ihm aus dem nächsten Laden einen Limburger Käse zu
holen. Ich gehorchte ihm freudig, bekam im Laden den Käse
eingewickelt und überreicht, dessen Konsistenz und Geruch mir
allerdings unheimlich und verdächtig waren, kehrte mit dem
Päckchen und dem Überrest des Geldes zurück und wurde zu
meiner großen Genugtuung vom Bahnwärter im Innern seiner
Hütte erwartet, das ich zu sehen längst begierig gewesen war
und nun betreten durfte. Es enthielt jedoch außer dem schönen
gelben Hörnchen, das zur Zeit an einem Wandnagel hing, und
dem daneben an die Bretterwand gehefteten, aus einer Zeitung
geschnittenen Bildnis eines schnurrbärtigen Mannes in Uniform
keine Kostbarkeiten. Leider endete mein Besuch bei Gesetz und
Staatsgewalt schließlich doch mit einer Enttäuschung und Verlegenheit, die mir äußerst peinlich gewesen sein muß, da ich sie
nicht vergessen konnte. Der heute so gutgelaunte und freundliche Wärter wollte, nachdem er Käse und Geld in Empfang
genommen hatte, mich nicht ohne Dank und Lohn entlassen, er
holte aus einer schmalen Sitztruhe ein Laibchen Brot heraus,
schnitt ein Stück ab, schnitt auch vom Käse ein tüchtiges Stück
und legte oder klebte es auf das Brot, das er mir darreichte und
das er mir mit Appetit zu essen empfahl. Ich wollte mich samt
dem Brot aus dem Staube machen und dachte es wegzuwerfen,
sobald ich den Augen des Spenders entronnen sein würde. Aber
er witterte, wie es schien, meine Absicht, oder er wollte nun
einmal gern bei seinem Imbiß einen Kameraden haben; er
machte große und, wie mir scheinen wollte, drohende Augen
und bestand darauf, daß ich gleich hier hineinbeiße. Ich hatte
mich artig bedanken und in Sicherheit bringen wollen, denn ich
begriff sehr wohl, allzu wohl, daß er mein Verschmähen seiner

418

Gabe und gar meinen Widerwillen gegen die von ihm geliebte Speise als Beleidigung empfinden würde. Und so war es auch. Ich stammelte erschrocken und unglücklich irgend etwas Unbedachtes heraus, legte das Brot auf den Truhenrand, drehte mich um und ging drei, vier Schritte von dem Manne weg, den ich nicht mehr anzusehen wagte, dann schlug ich meinen schnellsten Trab ein und entfloh nach Hause.

Die Begegnungen mit den Wärtern, den Vertretern der Macht, waren in unsrer Nachbarschaft, in der kleinen heiteren Welt, in der ich lebte, das einzige Unvertraute, das einzige Loch und Fenster nach den Dunkelheiten, Abgründen und Gefahren hin, deren Vorhandensein in der Welt mir schon damals nicht mehr unbekannt war. Zum Beispiel hatte ich einmal aus einer Schenke weiter innen in der Stadt das Gegröle betrunkener Zecher vernommen, hatte einmal einen Menschen mit zerrissener Jacke von zwei Polizisten abführen sehen und ein andermal in der abendlichen Spalenvorstadt die teils schrecklich eindeutigen, teils ebenso schrecklich rätselhaften Geräusche einer Schlägerei zwischen Männern mit angehört und mich dabei so gefürchtet, daß unsre Magd Anna, die mich begleitete, mich eine Strecke weit auf den Arm nehmen mußte. Und dann gab es noch etwas, was mir unstreitig böse, scheußlich und durchaus diabolisch vorkam, es war der fatale Geruch im Umkreis einer Fabrik, an der ich mit älteren Kameraden mehrere Male vorbeigekommen war und deren Dunstkreis eine bestimmte Art von Ekel, Beklemmung, Empörung und tiefer Furcht in mir wachrief, welche auf irgendeine wunderliche Weise mit dem Gefühl verwandt war, das Bahnwärter und Polizei mir verursachten, einem Gefühl, an dem außer der bangen Empfindung von Gewalterleiden und Machtlosigkeit auch noch ein Zuschuß oder Unterton von schlechtem Gewissen teilhatte. Denn zwar hatte ich in Wirklichkeit noch nie eine Begegnung mit der Polizei erlebt und ihre Gewalt zu spüren bekommen, aber oft hatte ich von Dienstboten oder Kameraden die geheimnisvolle Drohung gehört: »Wart, ich hole die Polizei«, und ebenso wie bei den Konflikten mit den Bahnwärtern war da jedesmal irgend etwas wie eine Schuld auf meiner Seite, die Übertretung eines mir bekannten oder auch nur geahnten und imaginierten Gesetzes vorgelegen. Aber jene Unheimlichkeiten, jene Eindrücke, Töne und Gerüche hatten mich weit von Hause erreicht, im Innern der Stadt, wo es ohnehin lärmig und aufregend, wenn auch freilich höchst interessant zuging. Unsere stille und saubere Kleinwelt vorstädtischer Wohnstraßen mit ihren Gärtchen an der Front und ihren Wäscheleinen an der Rückseite war arm an Eindrücken und Mahnungen dieser Art, sie begünstigte eher den Glauben an eine wohlgeordnete, freundliche und arglose Menschheit, um so mehr als zwischen diesen Angestellten, Handwerkern und Rentnern da und dort auch Kollegen meines Vaters oder Freundinnen meiner Mutter wohnten, Leute, die mit der Heidenmission zu tun hatten, Missionare im Ruhestand, Missionare auf Urlaub, Missionarswitwen, deren Kinder die Schulen des Missionshauses besuchten, lauter fromme, freundliche, aus Afrika, Indien und China heimgekehrte Leute, die ich zwar keineswegs in meiner Einteilung der Welt an Rang und Würde meinem Vater gleichstellen konnte, die aber ein ähnliches Leben führten wie er und die sich untereinander mit Du und Bruder oder Schwester anredeten.

Damit bin ich denn bei den Personen meiner Geschichte angelangt, deren es drei Hauptpersonen: mein Vater, ein Bettler und ich, und zwei bis drei Nebenpersonen sind, nämlich meine Schwester Adele, möglicherweise auch meine zweite Schwester und der von uns im Wagen geschobene kleine Bruder Hans. Über ihn habe ich ein anderes, früheres Mal schon Erinnerungen aufgeschrieben; bei diesem Basler Spaziergang war er nicht Mitspieler oder Miterlebender, sondern nur eben die kleine, der Rede noch unmächtige, von uns sehr geliebte Kostbarkeit im Kinderwagen, den zu schieben wir alle als ein Vergnügen und eine Auszeichnung betrachteten, den Vater nicht ausgenommen. Auch Schwester Marulla, sofern sie überhaupt an jenem Nachmittag mit an unsrem Spaziergang teilnahm, kommt als Mitspielerin nicht eigentlich in Betracht, auch sie war noch zu klein. Immerhin mußte sie erwähnt werden, wenn auch nur die Möglichkeit bestand, daß sie uns damals begleitete, und mit ihrem Namen Marulla, der noch mehr als der ebenfalls in unsrer Umgebung kaum bekannte Name Adele als fremd und wunderlich auffiel, ist auch etwas von der Atmosphäre und dem Kolorit unsrer Familie gegeben. Denn Marulla war eine aus dem Russischen stammende Koseform von Maria und drückte, neben

420

vielen anderen Kennzeichen, etwas vom Wesen der Fremdheit
und Einmaligkeit unsrer Familie und ihrer Nationenmischung
aus. Unser Vater war zwar gleich der Mutter, dem Großvater
und der Großmutter in Indien gewesen, hatte dort ein wenig
Indisch gelernt und im Dienst der Mission seine Gesundheit
eingebüßt, aber das war in unsrem Milieu so wenig besonders
und auffallend, wie wenn wir eine Familie von Seefahrern in
einer Hafenstadt gewesen wären. In Indien, am Äquator, bei
fremden dunkeln Völkern und an fernen Palmenküsten waren
auch alle die andern »Brüder« und »Schwestern« von der Mission gewesen, auch sie konnten das Vaterunser in einigen fremden Sprachen sprechen, hatten lange Seereisen und lange, von
uns Kindern trotz ihrer großen Mühsal höchst beneidete Land-
reisen auf Eseln oder Ochsenkarren gemacht und konnten zu
den wunderbaren Sammlungen des Missionsmuseums genaue
und zuweilen abenteuerreiche Erzählungen und Erklärungen
geben, wenn wir dies Museum im Erdgeschoß des Missionshauses unter ihrer Führung besuchen durften.
Aber ob Indien oder China, Kamerun oder Bengalen, die andern
Missionare und ihre Frauen waren zwar weit herumgekommen,
schließlich waren sie aber doch beinahe alle entweder Schwaben
oder Schweizer, es fiel schon auf, wenn einmal ein Bayer oder
Österreicher sich unter sie verirrt hatte. Unser Vater aber, der
seine kleine Tochter Marulla rief, kam aus einer fremderen, un-
bekannteren Ferne, er kam aus Rußland, er war ein Balte, ein
Deutschrusse, und hat bis zu seinem Tode von den Mundarten,
die um ihn herum und auch von seiner Frau und seinen Kindern
gesprochen wurden, nichts angenommen, sondern sprach in unser Schwäbisch und Schweizerdeutsch hinein sein reines, ge-
pflegtes, schönes Hochdeutsch. Dieses Hochdeutsch, obwohl es
für manche Einheimische unser Haus an Vertraulichkeit und
Behagen einbüßen ließ, liebten wir sehr und waren stolz darauf,
wir liebten es ebenso wie die schlanke, gebrechlich zarte Gestalt,
die hohe edle Stirn und den reinen, oft leidenden, aber stets
offenen, wahrhaftigen und zu gutem Benehmen und Ritterlich-
keit verpflichtenden, an das Bessere im andern appellierenden
Blick des Vaters. Es war, das wußten seine wenigen Freunde,
und das wußten schon sehr früh wir Kinder, nicht ein Aller-
weltsmann, sondern ein Fremdling, ein edler und seltener

Schmetterling oder Vogel aus anderen Zonen zu uns verflogen, durch seine Zartheit und sein Leiden und nicht minder durch ein verschwiegenes Heimweh ausgezeichnet und isoliert. Wenn wir die Mutter mit einer natürlichen, auf Nähe, Wärme und Gemeinschaft gegründeten Zärtlichkeit liebten, so liebten wir den Vater mit einem leisen Beiklang von Ehrfurcht, von Scheu, von einer Bewunderung, wie sie die Jugend nicht für das Eigene und Heimatliche, sondern nur für das Fremde hat.

Sei das Bemühen um Wahrheit noch so enttäuschend, sei es noch so illusorisch, es ist dies Bemühen ebenso wie das Streben nach Form und Schönheit dennoch unentbehrlich bei Aufzeichnungen dieser Art, welche sonst auf keinerlei Wert Anspruch machen könnten. Es mag recht wohl sein, daß mein Bemühen um Wahrheit mich zwar der Wahrheit nicht näher führt, aber es wird, auf diese oder jene mir selbst vielleicht nicht erkennbare Weise dennoch nicht völlig vergeblich sein. So war ich, als ich die ersten Zeilen dieses Berichtes schrieb, der Meinung, es wäre einfacher und könne nichts schaden, wenn ich Marulla überhaupt nicht erwähnen würde, da es ja höchst zweifelhaft war, ob sie in diese Geschichte hineingehöre. Aber siehe, sie war eben doch nötig, schon ihres Namens wegen. Es hat schon mancher Schreiber oder Künstler sich in einem Werke um dies oder jenes ihm teure Ziel treulich und geduldig bemüht und hat zwar nicht dieses Ziel, wohl aber andere Ziele und Wirkungen erreicht, die ihm gar nicht oder doch weit weniger bewußt und wichtig waren. Man könnte sich etwa recht wohl denken, daß Adalbert Stifter in seinem »Nachsommer« nichts so ernst und heilig genommen, nichts so geduldig und treulich angestrebt habe wie gerade das, was uns an diesem Werk heute langweilig ist. Und dennoch wäre das andere, der neben und trotz der Langeweile vorhandene, der die Langeweile weit überstrahlende hohe Wert dieses Werkes nicht zustande gekommen ohne dies Bemühen, diese Treue und Geduld, diesen Kampf um das dem Schreibenden so Wichtige. So muß auch ich mich bemühen, so viel Wahrheit einzufangen als irgend möglich ist. Dazu gehört unter anderem, daß ich versuchen muß, meinen Vater noch einmal so zu sehen, wie er an jenem Tag unsres Spazierganges wirklich war, denn das Ganze seiner Persönlichkeit war ja meinem Kinderblick längst nicht übersehbar, ist es auch heute kaum, sondern ich muß versuchen, ihn noch einmal so zu sehen, wie ich ihn als Knabe an jenen Tagen sah. Ich sah ihn als etwas nahezu Vollkommenes und Unnachahmliches, als eine Gestalt gewordene Reinheit und Würde der Seele, als einen Kämpfer, Ritter und Dulder, dessen Überlegenheit durch seine Fremdheit, seine Heimatlosigkeit, seine leibliche Zartheit gemildert und der wärmsten Liebe und Zärtlichkeit zugänglich wurde. Irgendeinen Zweifel an ihm, irgendeine Kritik an ihm kannte ich nicht, damals noch nicht, wenn auch Konflikte mit ihm mir leider nichts Unbekanntes waren. Aber bei diesen Konflikten stand er mir zwar als Richter, Warner, Bestrafer oder Verzeihender gegenüber, zu meiner Not und Beschämung, aber stets war er es, der recht hatte, stets fand ich Tadel oder Strafe durch mein eigenes Wissen bestätigt und anerkannt; noch war ich nie in Gegensatz oder Kampf mit ihm und seiner Gerechtigkeit und Tugend geraten, dazu führten erst viel spätere Konflikte. Zu keinem andern Menschen, er möge mir noch so sehr überlegen gewesen sein, habe ich dies Verhältnis einer natürlichen, durch Liebe des Stachels beraubten Unterordnung je wieder gehabt, oder wenn ich, wie etwa bei meinem Göppinger Lehrer, ein ähnliches Verhältnis einmal wiederfand, so war es nicht auf lange Dauer und stellte sich mir später beim Rückblick deutlich als eine Wiederholung, als ein Zurückbegehren in jenes Vater-Sohn-Verhältnis dar.

Was ich von unsrem Vater damals wußte, war großenteils aus seinen eigenen Erzählungen gespeist. Er, der im übrigen keine Künstlernatur und an Phantasie und Temperament weniger reich war als unsre Mutter, fand ein Vergnügen und erwarb eine gewisse Künstlerschaft darin, von Indien oder von seiner Heimat zu erzählen, von den großen Zeiten seines Lebens. Vor allem war es seine Kindheit in Estland, das Leben in seinem Vaterhaus und auf den Landgütern, mit Reisen im Planwagen und Besuchen an der See, wovon er uns nicht genug erzählen konnte. Eine überaus heitere, bei aller Christlichkeit sehr lebensfrohe Welt tat sich da vor uns auf, nichts wünschten wir sehnlicher, als auch einmal dies Estland und Livland zu sehen, wo das Leben so paradiesisch, so bunt und lustig war. Wir hatten Basel, das Spalenquartier, das Missionshaus, unsern Müllerweg und die Nachbarn und Kameraden recht gern, aber wo wurde man hier auf weit entfernte Güter eingeladen, mit Bergen von Kuchen und Körben voll Obst bewirtet, auf junge Pferdchen gesetzt, in Planwagen weit über Land gefahren? Einiges von jenem baltischen Leben und seinen Gebräuchen hatte der Vater auch hier einführen können, es gab bei uns Worte wie Marulla, es gab einen Samowar, ein Bild des Zaren Alexander, und es gab einige aus des Vaters Heimat stammende Spiele, die er uns gelehrt hatte, vor allem das österliche Eierrollen, zu dem wir etwa auch ein Nachbarkind mitbringen durften, um ihm mit diesen Sitten und Gebräuchen Eindruck zu machen. Aber es war wenig, was Vater hier in der Fremde seiner Jugendheimat anzugleichen vermocht hatte, auch der Samowar stand am Ende mehr wie ein Museumsstück da, als daß er benutzt wurde, und so waren es die Erzählungen vom russischen Vaterhaus, von Weißenstein, Reval und Dorpat, vom heimatlichen Garten, von den Festen und Reisen, in denen der Vater nicht nur sich selber des Geliebten und Entbehrten wieder erinnerte, sondern auch in uns Kindern ein kleines Estland anbaute und die ihm teuren Bilder auch in unsre Seelen senkte.

Damit, mit diesem gewissen Kult, den er seiner Heimat und ersten Jugend widmete, mochte es auch zusammenhängen, daß er ein ganz ausgezeichneter Spieler, Spielkamerad und Spiellehrer geworden war. In keinem Hause, das wir kannten, wurden so zahlreiche Spiele gekannt und gekonnt, wurden ihnen so viele und witzige Variationen ersonnen, wurden so viele neue Spiele erfunden. An dem Geheimnis, daß unser Vater, der Ernste, der Gerechte, der Fromme, uns nicht entschwand und zur Altarfigur wurde, daß er trotz aller Ehrfurcht durchaus ein Mensch und unsrem Kindersinn nah und erreichbar blieb, daran hatte sein Spieltalent großen Anteil, ebenso großen wie seine Schilderungen und Geschichten. Für mich, das Kind, war natürlich all das, was ich heute über die biographische und die psychologische Deutung dieser Spielfreude vermute, nicht vorhanden. Vorhanden und lebendig wirksam war für uns Kinder nur dieser sein Kult der Spiele selbst, und er hat nicht nur in unsrer Erinnerung seinen Platz, er ist auch literarisch dokumentiert: unser Vater hat bald nach der Zeit, von der hier die Rede ist, ein volkstümliches Spielbüchlein mit dem Titel »Das Spiel im häuslichen

Kreise« geschrieben, das im Verlag unsres Onkels Gundert in Stuttgart erschienen ist. Bis ins Alter und bis in die Jahre der Blindheit hinein blieb die Begabung zum Spielen ihm treu. Wir Kinder wußten es nicht anders und hielten es für selbstverständlich, zum Charakter und zu den Funktionen eines Vaters gehörig: wären wir mit dem Vater auf eine wilde Insel verschlagen oder in den Kerker geworfen worden oder, in Wäldern verirrt, in der Zuflucht einer Höhle gelandet, so wären zwar vielleicht Not und Hunger, gewiß aber nicht Leere und Langeweile zu fürchten gewesen, Vater hätte Spiel um Spiel für uns erfunden, und dies auch noch, wenn wir in Fesseln oder im Dunkeln hätten weilen müssen, denn gerade die Spiele, zu denen es keines Apparates bedurfte, waren ihm die liebsten, zum Beispiel Rätselraten, Rätselerfinden, mit Worten spielen, Gedächtnisübungen anstellen. Und bei den Spielen, bei welchen Spielzeug und Hilfsmittel nicht entbehrlich waren, hat er stets Freude am Einfachsten und Selbstgefertigten und eine Abneigung gegen das von der Industrie Gemachte und im Laden Gekaufte gehabt. Viele Jahre lang haben wir Brettspiele wie Go Bang oder Halma auf Brettern und mit Figuren gespielt, die er selbst angefertigt und bemalt hatte.

Übrigens ist dieser sein Hang zum Zusammensein, zur Geselligkeit im Schutz und unter dem sanften Zwang von Spielregeln später auch bei einem seiner Kinder, seinem Jüngsten, zu einem Kennzeichen und Charakterzug geworden: Bruder Hans war darin dem Vater ähnlich, daß auch er im Umgang und Spiel mit Kindern seine beste Erholung, seine Freude und einen Ersatz für vieles fand, was ihm das Leben vorenthielt. Er, der schüchterne und zuzeiten etwas ängstliche Hans blühte, sobald er mit Kindern allein gelassen, sobald ihm Kinder anvertraut wurden, zu allen Gipfeln seiner Phantasie und Lebensfreude empor, entzückte und bezauberte die Kinder und versetzte sich selbst in einen paradiesischen Zustand von Gelöstheit und Glück, in dem er unwiderstehlich liebenswürdig war und von dem nach seinem Tode selbst nüchterne und kritische Augenzeugen mit einer betonten Wärme sprachen.

Vater also führte uns spazieren. Er war es, der den Kinderwagen die größte Strecke schob, obwohl er keineswegs rüstig war. Im

Wagen lag, lächelnd und ins Licht staunend, der kleine Hans, Adele ging an Vaters Seite, während ich mich dem gemessenen Andante des Spazierschrittes weniger anzupassen vermochte und bald voraus lief, bald einer interessanten Entdeckung wegen zurückblieb und darum bettelte, den Wagen schieben zu dürfen, bald mich ohne Rücksicht auf seine Ermüdbarkeit an Vaters Arm oder Rock klammerte und ihn mit Fragen bestürmte. Was auf jenem Spaziergang, einem von tausend ähnlichen, gesprochen wurde, davon ist mir nichts im Gedächtnis geblieben. Geblieben ist mir, und auch Adele, von diesem Tag und Spaziergang nichts als das Erlebnis mit dem Bettler. Im Bilderbuch meiner frühen Erinnerungen gehört es zu den eindrücklichsten und anregendsten Bildern, anregend zu Gedanken und Grübeleien verschiedenster Art, wie es denn noch heute, wohl fünfundsechzig Jahre später, mich zu diesen Gedanken angeregt und zu der Bemühung mit diesen Aufzeichnungen gezwungen hat.

Wir wandelten gemächlich dahin, die Sonne schien und malte neben jede der in Kugelform geschnittenen Akazien des Weges ihren Schatten, was den Eindruck von Pedanterie, Regelmäßigkeit und Linealästhetik noch verstärkte, den diese Pflanzung mir immer machte. Es geschah nichts als das Gewohnte und Alltägliche: daß ein Briefträger den Vater grüßte und ein vierspänniger Bierbrauerwagen mit schweren, schönen Rossen beim Bahnübergang warten mußte und uns Zeit ließ, die herrlichen Tiere zu bestaunen, die einen ansehen konnten, als wollten sie Gruß und Rede mit uns tauschen, und an denen mir nur das Geheimnis unheimlich war, daß ihre Füße es ertrugen, wie Holz gehobelt und mit diesen klobigen Eisen beschlagen zu werden. Aber als wir schon uns wieder unsrer Straße näherten, geschah doch noch etwas Neues und Besonderes.

Es kam uns ein Mann entgegen, der ein wenig mitleiderregend und ein wenig ungut aussah, ein noch ziemlich junger Mensch mit einem bärtigen, vielmehr seit langer Zeit unrasierten Gesicht. Zwischen dem dunklen Haar und Bartwuchs waren Wangen und Lippen von lebhaftem Rot, die Kleidung und Haltung des Mannes hatte etwas Verwahrlostes und Verwildertes, sie machte uns ebenso bange wie neugierig, gern hätte ich mir diesen Mann genauer betrachtet und etwas über ihn erfahren. Er gehörte, das sah ich beim ersten Blick, zu der geheimnisvollen und abgründigen Seite der Welt, er mochte einer von jenen rätselhaften und gefährlichen, aber nicht minder unglücklichen und schwierigen Menschen sein, von denen man gelegentlich als von Herumtreibern, Vaganten, Bettlervolk, Trinkern, Verbrechern sprechen hörte, in Gesprächen der Erwachsenen, welche sofort unterbrochen oder zum Flüstern gedämpft wurden, wenn man bemerkte, daß eins von uns Kindern zuhörte. So klein ich war, so hatte ich doch für eben jene drohende und beklemmende Seite der Welt nicht nur die natürliche, knabenhafte Neugierde, sondern, so glaube ich heute, ich ahnte auch schon etwas davon, daß diese wunderbar zwielichtigen, ebenso armen wie gefährlichen, ebenso Abwehr wie Brudergefühle aufrufenden Erscheinungen, diese Zerlumpten, Verwahrlosten und Entgleisten ebenso »richtig« und gültig, daß ihr Dasein in der Mythologie durchaus notwendig, daß im großen Weltspiel der Bettler so unentbehrlich sei wie der König, der Abgerissene ebensoviel gelte wie der Mächtige und Uniformierte. So sah ich denn mit einem Schauder, an dem Entzücken und Furcht gleichen Anteil hatten, den zottigen Mann uns entgegenkommen und seine Schritte auf uns zulenken, sah ihn die etwas scheuen Augen auf unsern Vater richten und mit halbgezogener Mütze vor ihm stehenbleiben.

Artig erwiderte Vater seinen gemurmelten Gruß, und mit der größten Spannung sah ich, während der Kleine im Wägelchen beim Halten erwachte und langsam die Augen auftat, der Szene zwischen den beiden einander scheinbar so sehr fremden Männern zu. Stärker noch, als es auch sonst schon des öftern geschah, empfand ich die Mundart des einen und die gepflegte, genau akzentuierende Sprache des andern als Ausdruck eines inneren Gegensatzes, als Sichtbarwerden einer zwischen dem Vater und seiner Umwelt bestehenden Scheidewand. Andrerseits war es aufregend und hübsch, zu sehen, wie der Angesprochene den Bettler so höflich und ohne Ablehnung oder Zurückzucken empfing und als Menschenbruder anerkannte. Der Unbekannte versuchte nun, nachdem die paar ersten Worte getauscht waren, das Herz des Vaters, in dem er einen gutmütigen und vielleicht leicht zu rührenden Menschen vermuten mochte, mit einer Schilderung seiner Armut, seines Hungers und Elendes zu bestürmen, es kam etwas Singendes und Beschwörendes in seine Redeweise, als klage er dem Himmel seine Not: kein Stückchen

Brot habe er, kein Dach überm Kopf, keine ganzen Schuhe mehr, es sei ein Elend, er wisse nicht mehr, wohin sich wenden, und er bitte inständig um ein wenig Geld, es sei schon lang keines mehr in seiner Tasche gewesen. Er sagte nicht Tasche, sondern Sack, während mein Vater in seiner Antwort den Ausdruck Tasche vorzog. Ich verstand übrigens mehr die Musik und Mimik des Auftrittes, von den Worten nur wenige.

Schwester Adele, zwei Jahre älter als ich, war nun in einer Hinsicht über Vater besser unterrichtet als ich. Sie wußte, was mir noch lange Jahre verborgen blieb, schon damals: daß nämlich unser Vater so gut wie niemals Geld bei sich trug und daß er, wenn es doch einmal geschah, ziemlich hilflos und auch leichtsinnig damit umging, Silber statt Nickel und große statt kleine Münzen hingab. Sie zweifelte vermutlich nicht daran, daß er kein Geld bei sich habe. Ich dagegen neigte sehr zu der Erwartung, er werde nun, beim nächsten Ansteigen und Schluchzen der Töne in des Bettlers Klagelied, in die Tasche greifen und dem Mann eine ganze Menge von halben und ganzen Frankenstükken in die Hände drücken oder in die Mütze schütten, genug, um Brot, Limburger Käse, Schuhe und alles andre zu kaufen, dessen der Fremdling bedürftig war. Statt dessen aber hörte ich den Vater auf alle Anrufe mit derselben höflichen und beinah herzlichen Stimme antworten und hörte seine beruhigend und beschwichtigend gemeinten Worte sich schließlich zu einer kleinen, gut formulierten Rede verdichten. Der Sinn dieser Rede war, wie wir Geschwister uns später zu erinnern meinten, dieser: er sei nicht imstande, Geld zu geben, da er keines bei sich habe, auch sei mit Geld nicht immer geholfen, man könne es leider auf so verschiedene Arten verwenden, zum Beispiel statt zum Essen zum Trinken, und dazu wolle er in keiner Weise behilflich sein; dagegen sei es ihm nicht möglich, einen wirklich Hungernden von sich zu weisen, darum schlage er vor, der Mann möge ihn bis zum nächsten Kaufladen begleiten, dort werde er soviel Brot bekommen, daß er mindestens für diesen Tag nicht zu hungern brauche.

Während dieses Gesprächs standen wir die ganze Zeit am selben Fleck auf der breiten Straße, und ich konnte die beiden Männer mir gut ansehen, sie miteinander vergleichen und mir auf Grund ihres Aussehens, ihres Tonfalls und ihrer Worte meine Gedan-

428

ken machen. Unangetastet natürlich blieb die Überlegenheit und Autorität des Vaters in diesem Wettstreit, er war ohne Zweifel nicht nur der Anständige, ordentlich Gekleidete, sich gut Benehmende, er war auch der, welcher sein Gegenüber ernster nahm, der besser und genauer auf den Partner einging und seine Worte unumwunden ehrlich meinte. Dafür hatte der andere aber diesen Beiklang von Wildheit und hatte hinter sich und seinen Worten etwas sehr Starkes und Wirkliches stehen, stärker und wirklicher als alle Vernunft und Artigkeit: sein Elend, seine Armut, seine Rolle als Bettler, sein Amt als Sprecher für alles verschuldete und unverschuldete Elend der Welt, und das gab ihm ein Gewicht, das half ihm Töne und Gebärden finden, die dem Vater nicht zur Verfügung standen. Und außerdem und über dies alles hinweg entstand während der so schönen und spannenden Bettelszene Zug um Zug zwischen dem Bettler und dem Angebettelten eine gewisse nicht zu benennende Ähnlichkeit, ja Brüderlichkeit. Sie beruhte zum Teil darauf, daß der Vater, von dem Armen angesprochen, ohne Sträuben und Stirnrunzeln den andern anhörte und gelten ließ, daß er keinen Abstand zwischen ihn und sich legte und sein Recht auf Angehörtwerden und Mitleid als ein selbstverständliches anerkannte. Aber dies war das wenigste. War dieser halbbärtige dunkelhaarige Arme aus der Welt der zufriedenen, arbeitenden und jeden Tag satt werdenden Leute herausgefallen, machte er inmitten dieser reinlichen kleinbürgerlichen Wohnhäuser und Vorgärtchen den Eindruck eines Fremdlings, so war ja Vater längst schon, wenn auch auf so ganz andere Weise, ein Fremdling, ein Mann von anderswoher, der mit Leuten, unter denen er lebte, nur in einer losen, auf Übereinkommen beruhenden, nicht gewachsenen und erdhaften Gemeinschaft stand. Und wie der Bettler hinter seinem eher trotzigen und desperadohaften Aussehen doch etwas Kindliches, Naturhaftes und Unschuldiges zu haben schien, so war ja auch bei Vater hinter der Fassade des Frommen, des Höflichen, des Vernünftigen viel Kindhaftes verborgen. Jedenfalls – denn alle diese klugen Gedanken hatte ich damals natürlich nicht – empfand ich, je länger die beiden miteinander und vielleicht aneinander vorbeiredeten, desto mehr eine wunderliche Art von Zusammengehörigkeit zwischen ihnen. Und Geld hatten sie also beide keines.

Vater stützte sich auf den Rand des Kinderwagens, während er dem Fremden Rede stand. Er machte ihm klar, daß er gesonnen sei, ihm einen Laib Brot zu geben, doch müsse dies Brot in einem Laden geholt werden, wo man ihn kenne, und der Mann sei nun eingeladen, dahin mitzukommen. Damit setzte der Vater den Wagen wieder in Bewegung, drehte um und schlug die Richtung nach der Austraße ein, und der Fremde marschierte ohne Widerrede mit, war aber wieder etwas scheu geworden und fühlte sich sichtlich nicht recht zufrieden, das Ausbleiben der Geldspende hatte ihn enttäuscht. Wir Kinder hielten uns dicht neben dem Vater und dem Wagen, dem Fremden nicht zu nahe, der sein Pathos aufgegeben hatte und jetzt still und eher mürrisch geworden war. Ich betrachtete ihn aber im geheimen und machte mir Gedanken, es war mit diesem Menschen so viel in unsre nächste Nähe getreten, so viel Bedenkliches, im Sinn des zu Bedenkenden sowohl wie in dem des Bangemachenden, und jetzt, wo der Bettler schweigsam und anscheinend schlechter Laune geworden war, gefiel er mir wieder weniger und glitt wieder mehr und mehr aus jener Zusammengehörigkeit mit dem Vater heraus und ins Unvertraute hinüber. Es war ein Stück Leben, dem ich zusah, Leben der Großen, der Erwachsenen, und da dies Leben der Erwachsenen um uns Kinder her äußerst selten so primitive und elementare Formen annahm, war ich tief davon gefesselt, aber die Fröhlichkeit und Zuversicht von vorher war hingeschwunden, wie an einem heitern Tag plötzlich ein Wolkenschleier Licht und Wärme dämpfen und hinwegzaubern kann.

Unser guter Vater freilich schien keine solchen Gedanken zu haben, heiter und freundlich blieb sein klares Gesicht, heiter und gleichmäßig sein Schritt. So zogen wir, Vater, Kinder, Wagen und Bettler, eine kleine Karawane, nach der Austraße weiter und in ihr fort bis zu einem Kaufladen, den wir alle kannten und wo es die verschiedensten Dinge zu kaufen gab, vom Wecken und Brot bis zu Schiefertafeln, Schulheften und Spielzeug. Hier hielten wir an, und Vater bat den Fremden, hier eine kleine Weile bei uns Kindern zu warten, bis er aus dem Laden zurückkäme. Adele und ich sahen einander an, es war uns beiden gar nicht wohl zumute, wir hatten etwas Angst, oder vielmehr ziemlich große Angst, und ich glaube, wir fanden es auch vom Vater son-

430

derbar und nicht recht begreiflich, daß er uns da mit dem fremden Manne so allein ließ, als könne uns unmöglich etwas geschehen, als seien noch niemals Kinder von bösen Männern
umgebracht oder entführt und verkauft oder zum Betteln und
Stehlen gezwungen worden. Und beide hielten wir uns, zum
eigenen Schutz wie auch zu dem unsres Kleinsten, dicht zu beiden Seiten an den Wagen geklammert, den wir unter keinen Umständen loszulassen gedachten. Schon war der Vater die paar
Steinstufen zur Ladentür hinangestiegen, schon legte er die
Hand auf die Klinke, schon war er verschwunden. Wir waren
mit dem Bettler allein, in der ganzen langen und geraden Straße
war kein Mensch zu sehen. Ich redete mir, in der Form eines
Gelübdes, innerlich zu, tapfer und männlich zu sein.
So standen wir alle, eine Minute lang vielleicht, und wohl ums
Herz war keinem von uns außer dem Brüderchen, das den Fremden überhaupt nicht wahrgenommen hatte und vergnügt mit
seinen winzigen Fingerchen spielte. Ich wagte es, aufzublicken,
nach dem Unheimlichen hin, und sah auf seinem roten Gesicht
die Unruhe und Unzufriedenheit noch gesteigert, er gefiel mir
nicht, er machte mir richtig Angst, deutlich sah man wider-
sprechende Triebe in ihm kämpfen und nach Taten drängen.
Aber da war er auch schon mit seinen Gedanken und Gefühlen
zu einem Ende gekommen, ein Entschluß durchzuckte ihn, und
man konnte das Aufzucken mit Augen sehen. Aber wozu er sich
entschlossen hatte und was er jetzt tat, war von allem, woran ich
etwa gedacht oder was ich gehofft oder gefürchtet hatte, das
Gegenteil, es war das Unerwartetste von allem, was geschehen
konnte, es überrumpelte uns beide, Adele und mich, vollkommen, daß wir starr und sprachlos standen. Der Bettler, nachdem
der Zuck in ihn gefahren war, hob einen seiner Füße mit den
mitleiderregenden Schuhen, zog das Knie an, erhob beide zu
Fäusten geballte Hände bis in Schulterhöhe und lief in einem
Schnellauf, den man seiner Figur kaum zugetraut hätte, die lange
gerade Straße hinunter, er hatte die Flucht ergriffen und rannte,
rannte wie ein Verfolgter, bis er die nächste Querstraße erreicht
hatte und für immer unsern Augen entschwand.
Was ich bei diesem Anblick empfand, läßt sich nicht beschreiben, es war ebensosehr Schrecken wie Aufatmen, ebenso Ver-
blüffung wie Dankbarkeit, aber zur selben Sekunde auch Ent-

täuschung, ja Bedauern. Und nun kehrte heiteren Gesichtes, mit einem langen Laib Weißbrot in der Hand, Vater aus dem Laden zurück, staunte einen Augenblick, ließ sich berichten, was geschehen war, und lachte. Es war am Ende das Beste, was er tun konnte. Mir aber war, als sei meine Seele mit dem Bettler fortgerannt, ins Unbekannte, in die Abgründe der Welt, und es dauerte lange, bis ich zum Nachdenken darüber kam, warum wohl der Mann vor dem Brotlaib davongelaufen war, so wie einst ich vor dem mir dargereichten Bissen des Bahnwärters durchgebrannt war. Tage- und wochenlang behielt das Erlebnis seine Frische und Unausschöpfbarkeit und hat sie, so einleuchtende Begründungen wir später auch dafür ausdenken mochten, bis heute behalten. Die Welt der Abgründe und Geheimnisse, in die der flüchtende Bettler uns entschwunden war, wartete auch auf uns. Sie hat jenes hübsche und harmlose Leben des Vordergrundes überwuchert und ausgelöscht, sie hat unsern Hans verschlungen, und auch wir Geschwister, die wir bis heute und bis ins Alter standzuhalten versucht haben, wissen uns und den Funken in unsern Seelen von ihr umdrängt und umdunkelt.

(1948)

Unterbrochene Schulstunde

Es scheint, als müsse ich in meinen späten Tagen nicht nur, wie alle alten Leute, mich wieder den Erinnerungen aus den Kinderjahren zuwenden, sondern als müsse ich auch, zur Strafe gewissermaßen, die fragwürdige Kunst des Erzählens noch einmal mit umgekehrten Vorzeichen ausüben und abbüßen. Das Erzählen setzt Zuhörer voraus und fordert vom Erzähler eine Courage, welche er nur aufbringt, wenn ihn und seine Zuhörer ein gemeinsamer Raum, eine gemeinsame Gesellschaft, Sitte, Sprache und Denkart umschließt. Die Vorbilder, die ich in meiner Jugend verehrte (und heute noch verehre und liebe), vor allem den Erzähler der Seldwyler Geschichten, haben mich damals lange Zeit in dem frommen Glauben unterstützt, daß auch mir diese Zugehörigkeit und Gemeinsamkeit angeboren und überkommen sei, daß auch ich, wenn ich Geschichten erzählte, mit meinen Lesern eine gemeinsame Heimat bewohne, daß ich für sie auf einem Instrumente und nach einem Notensystem musiziere, das ihnen wie mir vollkommen vertraut und selbstverständlich sei. Da waren Hell und Dunkel, Freude und Trauer, Gut und Böse, Tat und Leiden, Frömmigkeit und Gottlosigkeit zwar nicht ganz so kategorisch und grell voneinander getrennt und abgehoben wie in den moralischen Erzählungen der Schul- und Kinderbücher, es gab Nuancen, es gab Psychologie, es gab namentlich auch Humor, aber es gab nicht den grundsätzlichen Zweifel, weder am Verständnis der Zuhörer noch an der Erzählbarkeit meiner Geschichten, welche denn auch meist ganz artig abliefen mit Vorbereitung, Spannung, Lösung, mit einem festen Gerüst von Handlung, und mir und meinen Lesern beinah ebensoviel Vergnügen machten wie das Erzählen einst dem großen Meister von Seldwyla und das Zuhören seinen Lesern gemacht hatte. Und nur sehr langsam und widerwillig kam ich mit den Jahren zur Einsicht, daß meine Art zu leben und meine Art zu erzählen einander nicht entsprachen, daß ich dem guten Erzählen zuliebe die Mehrzahl meiner Erlebnisse und Erfahrungen mehr oder weniger vergewaltigt hatte, und daß ich entweder auf das Erzählen verzichten oder mich entschließen müsse, statt eines guten ein schlechter Erzähler zu werden. Die Versuche dazu,

433

etwa von Demian bis zur Morgenlandfahrt, führten mich denn auch immer mehr aus der guten und schönen Tradition des Erzählens hinaus. Und wenn ich heute irgendein noch so kleines, noch so gut isoliertes Erlebnis aufzuzeichnen versuche, dann rinnt mir alle Kunst unter den Händen weg, und das Erlebte wird auf eine beinah gespenstische Weise vielstimmig, vieldeutig, kompliziert und undurchsichtig. Ich muß mich darein ergeben, es sind in den letzten Jahrzehnten größere und ältere Werte und Kostbarkeiten als nur die Erzählkunst fragwürdig und zweifelhaft geworden.

In unserm wenig geliebten Klassenzimmer der Calwer Lateinschule saßen wir Schüler eines Vormittags über einer schriftlichen Arbeit. Es war in den ersten Tagen nach längeren Ferien, kürzlich erst hatten wir unsere blauen Zeugnishefte abgeliefert, die unsere Väter hatten unterschreiben müssen, wir waren noch nicht so recht wieder an die Gefangenschaft und Langeweile gewöhnt und empfanden sie darum stärker. Auch der Lehrer, ein Mann von noch längst nicht vierzig Jahren, der uns Elf- und Zwölfjährigen aber uralt erschien, war eher gedrückt als schlechter Laune, wir sahen ihn auf seinem erhöhten Thron sitzen, gelben Gesichtes, über Hefte gebeugt, mit leidenden Zügen. Er lebte, seit ihm seine junge Frau gestorben war, mit einem einzigen Söhnchen allein, einem blassen Knaben mit hoher Stirn und blauwäßrigen Augen. Angestrengt und unglücklich saß der ernste Mann in seiner erhabenen Einsamkeit, geachtet, aber auch gefürchtet; wenn er ärgerlich oder gar zornig war, konnte ein Strahl höllischer Wildheit die klassische Humanistenhaltung durchbrechen und Lügen strafen. Es war still in der nach Tinte, Knaben und Schuhleder riechenden Stube, nur selten gab es ein erlösendes Geräusch: das Klatschen eines fallengelassenen Buches auf dem staubigen Tannenbretterboden, das Flüstern eines heimlichen Zwiegesprächs, das kitzelnde, zum Umschauen nötigende Keuchen eines mühsam gedämmten Lachens, und jedes solche Geräusch wurde vom Thronenden wahrgenommen und sofort zur Ruhe gebracht, meistens nur durch einen Blick, ein Warnen des Gesichtes mit vorgerecktem Kinn oder einen drohend erhobenen Finger, zuweilen durch ein Räuspern oder ein kurzes Wort. Zwischen Klasse und Professor herrschte an jenem

Tage, Gott sei Dank, nicht gerade eine Gewitterstimmung, aber doch jene gelinde Spannung der Atmosphäre, aus der dies und jenes Überraschende und vermutlich Unerwünschte entstehen kann. Und ich wußte nicht recht, ob dies mir nicht lieber war als die vollkommenste Harmonie und Ruhe. Es war vielleicht gefährlich, es konnte vielleicht etwas geben, aber am Ende lauerten wir Knaben, namentlich während einer solchen schriftlichen Arbeit, auf nichts so begierig als auf Unterbrechungen und Überraschungen, seien sie wie immer geartet, denn die Langeweile und die unterdrückte Unruhe in den allzu lang und streng zum Stillsitzen und Schweigen gezwungenen Knaben war groß.

Was für eine Arbeit es gewesen sei, mit der unser Lehrer uns beschäftigte, während er hinter der bretternen Verschanzung seines Hochsitzes sich mit Amtsgeschäften befaßte, weiß ich nicht mehr. Auf keinen Fall war es Griechisch, denn es war die ganze Klasse beisammen, während in den Griechischstunden nur wir vier oder fünf »Humanisten« dem Meister gegenübersaßen. Es war das erste Jahr, in dem wir Griechisch lernten, und die Abtrennung von uns »Griechen« oder »Humanisten« von der übrigen Schulklasse hatte dem ganzen Schulleben eine neue Note gegeben. Einerseits fanden wir paar Griechen, wir künftigen Pfarrer, Philologen und anderen Akademiker, uns schon jetzt vom großen Haufen der künftigen Gerber, Tuchmacher, Kaufleute oder Bierbrauer abgehoben und gewissermaßen ausgezeichnet, was eine Ehre und einen Anspruch und Ansporn bedeutete, denn wir waren die Elite, die für Höheres als Handwerk und Geldverdienen Bestimmten, doch hatte diese Ehre wie billig auch ihre bedenkliche und gefährliche Seite. Wir wußten in ferner Zukunft Prüfungen von sagenhafter Schwere und Härte auf uns warten, vor allem das gefürchtete Landexamen, in dem die humanistische Schülerschaft des ganzen Schwabenlandes zum Wettkampf nach Stuttgart einberufen wurde und dort in mehrtägiger Prüfung die engere und wirkliche Elite auszusieben hatte, ein Examen, von dessen Ergebnis für die Mehrzahl der Kandidaten die ganze Zukunft abhing, denn von jenen, welche diese enge Pforte nicht passierten, waren die meisten damit auch zum Verzicht auf das geplante Studium verurteilt. Und seit ich selber zu den Humanisten, zu den vorläufig für die Elite in Aus-

sicht genommenen und vorgemerkten Schülern gehörte, war
mir schon mehrmals, angeregt vermutlich durch Gespräche meiner älteren Brüder, der Gedanke gekommen, daß es für einen
Humanisten, einen Berufenen, aber längst noch nicht Auserwählten, recht peinlich und bitter sein müsse, seinen Ehrentitel
wieder abzulegen und die letzte und oberste Klasse unserer
Schule wieder als Banause zwischen den vielen andern Banausen
abzusitzen, herabgesunken und ihresgleichen geworden.
Wir paar Griechen also waren seit dem Beginn des Schuljahres
auf diesem schmalen Pfad zum Ruhm und damit in ein neues,
viel intimeres und damit auch viel heikleres Verhältnis zum
Klassenlehrer gekommen. Denn er gab uns die Griechisch-
Stunden, und da saßen nun wir wenigen nicht mehr innerhalb
der Klasse und Masse, die als Ganzes der Macht des Lehrers
wenigstens ihre Quantität entgegenzusetzen hatte, sondern einzeln, schwach und exponiert dem Manne gegenüber, der nach
kurzer Zeit jeden von uns sehr viel genauer kannte als alle übrigen Klassenkameraden. Uns gab er in diesen oft erhebenden und
noch öfter schrecklich bangen Stunden sein Bestes an Wissen, an
Überwachung und Sorgfalt, an Ehrgeiz und Liebe, aber auch an
Laune, Mißtrauen und Empfindlichkeit; wir waren die Berufenen, waren seine künftigen Kollegen, waren die zum Höheren
bestimmte kleine Schar der Begabteren oder Ehrgeizigeren, uns
galt mehr als der ganzen übrigen Klasse seine Hingabe und seine
Sorge, aber von uns erwartete er auch ein Mehrfaches an Aufmerksamkeit, Fleiß und Lernlust, und auch ein Mehrfaches an
Verständnis für ihn selbst und seine Aufgabe. Wir Humanisten
sollten nicht Allerweltsschüler sein, die sich vom Lehrer in Gottes Namen bis zum vorgeschriebenen Mindestmaß an Schulbildung schleppen und zerren ließen, sondern strebsame und dankbare Mitgänger auf dem steilen Pfad, unsrer auszeichnenden
Stellung im Sinne einer hohen Verpflichtung bewußt. Er hätte
sich Humanisten gewünscht, die ihm die Aufgabe gestellt hätten, ihren brennenden Ehrgeiz und Wissensdurst beständig zu
zügeln und zu bremsen, Schüler, welche jeden kleinsten Bissen
der Geistesspeise mit Heißhunger erwarteten und aufnahmen
und alsbald in neue geistige Energien verwandelten. Ich weiß
nun nicht, wieweit etwa der eine oder andere meiner paar Mitgriechen diesem Ideal zu entsprechen gewillt und veranlagt ge-

wesen ist, doch nehme ich an, es werde den andern nicht viel anders gegangen sein als mir, und sie werden zwar aus ihrem Humanistentum einen gewissen Ehrgeiz ebenso wie einen gewissen Standesdünkel gezogen, sie werden sich als etwas Besseres und Kostbareres empfunden und aus diesem Hochmut in guten Stunden auch eine gewisse Verpflichtung und Verantwortung entwickelt haben; alles in allem aber waren wir eben doch elf- bis zwölfjährige Schulknaben und vorläufig von unseren nichthumanistischen Klassenbrüdern äußerst wenig verschieden, und keiner von uns stolzen Griechen hätte, vor die Wahl zwischen einem freien Nachmittag und einer griechischen Extralektion gestellt, einen Augenblick gezögert, sondern sich entzückt für den freien Nachmittag entschieden. Ja, das hätten wir ohne Zweifel getan – und dennoch war etwas von jenem Andern in unseren jungen Seelen auch vorhanden, etwas von dem, was der Professor von uns so sehnlich und oft so ungeduldig erwartete und forderte. Was mich anging, so war ich nicht klüger als andere und nicht reifer als meine Jahre, und mit weit weniger als dem Paradies eines freien Nachmittags hätte man mich leicht von Kochs griechischer Grammatik und dem Würdegefühl des Humanisten weglocken können – und dennoch war ich zuzeiten und in gewissen Bezirken meines Wesens auch ein Morgenlandfahrer und Kastalier und bereitete mich unbewußt darauf vor, Mitglied und Historiograph aller platonischen Akademien zu werden. Manchmal, beim Klang eines griechischen Wortes oder beim Malen griechischer Buchstaben in meinem von des Professors unwirschen Korrekturen durchpflügten Schreibheft empfand ich den Zauber einer geistigen Heimat und Zugehörigkeit und war ohne alle Vorbehalte und Nebengelüste willig, dem Ruf des Geistes und der Führung des Meisters Folge zu leisten. Und so wohnte unserem dummstolzen Elitegefühl ebenso wie unserer tatsächlichen Herausgehobenheit, wohnte unserer Isolierung und unserem bangen Ausgeliefertsein an den so oft gefürchteten Scholarchen eben doch ein Strahl echten Lichtes, eine Ahnung echter Berufung, ein Anhauch echter Sublimierung inne.

Augenblicklich freilich, in dieser unfrohen und langweiligen Schulmorgenstunde, da ich über meine längst fertige Schreibarbeit hinweg den kleinen geduckten Geräuschen des Raumes und

den fernen, heiteren Tönen der Außenwelt und Freiheit
lauschte: dem Flügelknattern eines Taubenfluges, dem Krähen
eines Hahnes etwa oder dem Peitschenknall eines Fuhrmanns,
sah es nicht so aus, als hätten jemals gute Geister in dieser niederen Stube gewaltet. Eine Spur von Adel, ein Strahl von Geist
weilte einzig über dem etwas müden und sorgenvollen Gesicht
des Professors, den ich heimlich mit einer Mischung von Teilnahme und schlechtem Gewissen beobachtete, stets bereit, seinem sich etwa erhebenden Blick mit dem meinen rechtzeitig
auszuweichen. Ohne mir eigentlich Gedanken dabei zu machen,
und ohne Absichten irgendwelcher Art, war ich nur dem
Schauen hingegeben, der Aufgabe, dieses unschöne, aber nicht
unedle Lehrergesicht meinem Bilderbuch einzuverleiben, und es
ist denn auch über sechzig Jahre hinweg darin erhalten geblieben: der dünne strähnige Haarschopf über der fahlen scharf-
kantigen Stirn, die etwas welken Lider mit spärlichen Wimpern,
das gelblich-blasse, hagere Gesicht mit dem höchst ausdrucks-
vollen Mund, der so klar zu artikulieren und so resigniert-spöt-
tisch zu lächeln verstand, und dem energischen, glattrasierten
Kinn. Das Bild blieb mir eingeprägt, eines von vielen, es ruhte
Jahre und Jahrzehnte unbenützt in seinem raumlosen Archiv
und erwies sich, wenn seine Stunde einmal wieder kam und es
angerufen wurde, jedesmal als vollkommen gegenwärtig und
frisch, als wäre vor einem Augenblick und Liderblinzeln noch
sein Urbild selbst vor mir gestanden. Und indem ich, den Mann
auf dem Katheder beobachtend, seine leidenden und von Lei-
denschaftlichkeit durchzuckten, aber von geistiger Arbeit und
Zucht beherrschten Züge in mich aufnahm und in mir zum lang-
dauernden Bilde werden ließ, war die öde Stube doch nicht so
öde und die scheinbar leere und langweilige Stunde doch nicht
so leer und langweilig. Seit vielen Jahrzehnten ist dieser Lehrer
unter der Erde, und wahrscheinlich bin von den Humanisten
jenes Jahrgangs ich der einzige noch lebende und der, mit dessen
Tod erst dieses Bildnis für immer auslöschen wird. Mit keinem
meiner Mitgriechen, deren Kamerad ich damals nur kurze Zeit
gewesen bin, hat mich Freundschaft verbunden. Von einem weiß
ich nur, daß er längst nicht mehr lebt, von einem andern, daß er
im Jahre 1914 im Kriege umgekommen ist. Und von einem dritten, einem, den ich gern mochte und dem einzigen von uns, der

unser aller damaliges Ziel wirklich erreicht hat und Theologe
und Pfarrer geworden ist, erfuhr ich später Bruchstücke seines
merkwürdigen und eigensinnigen Lebenslaufes: er, der die
Muße jeder Arbeit vorzog und viel Sinn für die kleinen sinnli-
chen Genüsse des Lebens hatte, wurde als Student von seinen
Verbindungsbrüdern »die Materie« genannt, er blieb unver-
mählt, brachte es als Theologe bis zu einer Dorfpfarre, war viel
auf Reisen, wurde beständiger Versäumnisse in seinem Amte
bezichtigt, ließ sich noch bei jungen und gesunden Jahren in den
Ruhestand versetzen und lag seiner Pensionsansprüche wegen
lange mit der Kirchenbehörde im Prozeß, begann an Langeweile
zu leiden (er war schon als Knabe außerordentlich neugierig
gewesen) und bekämpfte sie teils durch Reisen, teils durch die
Gewohnheit, täglich einige Stunden als Zuhörer in den Ge-
richtssälen zu sitzen, und hat sich, da er die Leere und Langeweile dennoch immer mehr wachsen sah, als beinahe Sechzig-
jähriger im Neckar ertränkt.
Ich erschrak und senkte wie ertappt den auf des Lehrers Schädel
ruhenden Blick, als dieser sein Gesicht erhob und über die
Klasse weg spähte.
»Weller« hörten wir ihn rufen, und gehorsam stand hinten in
einer der letzten Bänke Otto Weller auf. Wie eine Maske
schwebte sein großes rotes Gesicht über den Köpfen der andern.
Der Professor winkte ihn zu sich an den Katheder, hielt ihm ein
blaues kleines Heft vors Gesicht und stellte ihm leise ein paar
Fragen. Weller antwortete ebenfalls flüsternd und sichtlich beunruhigt, mir schien, er verdrehe die Augen ein wenig, und das
gebe ihm ein bekümmertes und ängstliches Aussehen, woran
wir bei ihm nicht gewöhnt waren. Er war eine gelassene Natur
und stak in einer Haut, an welcher vieles ohne Schaden ablief,
was anderen schon wehtat. Übrigens war es ein eigentümliches
und unverwechselbares Gesicht, dem er jetzt diesen sorgenvollen Ausdruck gab, ein ganz unverwechselbares und für sich
ebenso unvergeßliches Gesicht wie das meines ersten Grie-
chischlehrers. Es waren damals manche Mitschüler meiner
Klasse, von denen weder Gesicht noch Namen eine Spur in mir
hinterlassen haben; ich wurde ja auch schon im nächsten Jahr in
eine andere Stadt und Schule geschickt. Das Gesicht Otto Wel-

lers aber kann ich mir in vollkommener Deutlichkeit noch heute vergegenwärtigen. Es fiel, wenigstens zu jener Zeit, vor allem durch seine Größe auf, es war nach den Seiten und nach unten hin vergrößert, denn die Partien unterhalb der Kinnbacken waren stark geschwollen und diese Geschwulst machte das Gesicht um vieles breiter, als es sonst gewesen wäre. Ich erinnere mich, daß ich, von dieser Erscheinung beunruhigt, ihn einmal gefragt habe, was denn eigentlich mit seinem Gesicht los sei, und erinnere mich seiner Antwort: »Das sind die Drüsen, weißt du. Ich habe Drüsen.« Nun, auch von diesen Drüsen abgesehen war Wellers Gesicht recht malerisch, es war voll und kräftig rot, die Haare dunkel, die Augen gutmütig und die Bewegungen der Augäpfel sehr langsam, und dann hatte er einen Mund, der trotz seiner Röte dem einer alten Frau glich. Vermutlich der Drüsen wegen hielt er das Kinn etwas gehoben, so daß man den ganzen Hals sehen konnte; diese Haltung trug dazu bei, die obere Gesichtshälfte zurückzudrängen und beinahe vergessen zu lassen, während die vergrößerte untere trotz des vielen Fleisches zwar vegetativ und ungeistig, aber wohlwollend, behaglich und nicht unliebenswürdig aussah. Mir war er mit seinem breiten Dialekt und gutartigen Wesen sympathisch, doch kam ich nicht sehr viel mit ihm zusammen; wir lebten in verschiedenen Sphären: in der Schule gehörte ich zu den Humanisten und hatte meinen Sitz nahe dem Katheder, während Weller zu den vergnügten Nichtstuern gehörte, die ganz hinten saßen, selten eine Antwort auf Lehrerfragen wußten, häufig Nüsse, gedörrte Birnen und dergleichen aus den Hosentaschen zogen und verzehrten und durch ihre Passivität ebenso wie durch unbeherrschtes Schwatzen und Kichern nicht selten dem Lehrer lästig wurden. Und auch außerhalb der Schule gehörte Otto Weller einer anderen Welt zu als ich, er wohnte draußen in der Nähe des Bahnhofs, weit von meiner Gegend entfernt, und sein Vater war Eisenbahner, ich kannte ihn nicht einmal vom Sehen.

Otto Weller wurde nach kurzem Geflüster wieder an seinen Platz zurückgeschickt, er schien unzufrieden und bedrückt. Der Professor aber war aufgestanden, er hielt jenes kleine dunkelblaue Heft in der Hand und blickte suchend durch die ganze Stube. Auf mir blieb sein Blick haften, er kam auf mich zu, nahm mein Schreibheft, betrachtete es und fragte: »Du bist mit deiner

Arbeit fertig?« Und als ich ja gesagt hatte, winkte er mir, ihm zu folgen, ging zur Tür, die er zu meiner Verwunderung öffnete, winkte mich hinaus und schloß die Tür hinter uns wieder.

»Du kannst mir einen Auftrag besorgen«, sagte er und übergab mir das blaue Heft. »Hier ist das Zeugnisheft von Weller, das nimmst du und gehst damit zu seinen Eltern. Dort sagst du, ich lasse fragen, ob die Unterschrift unter Wellers Zeugnis wirklich von der Hand seines Vaters sei.«

Ich schlüpfte hinter ihm nochmals ins Schulzimmer zurück und holte meine Mütze vom hölzernen Rechen, steckte das Heft in die Tasche und machte mich auf den Weg.

Es war also ein Wunder geschehen. Es war, mitten während der langweiligen Stunde, dem Professor eingefallen, mich spazieren zu schicken, in den schönen lichten Vormittag hinaus. Ich war benommen vor Überraschung und Glück; nichts Erwünschteres hätte ich mir denken können. In Sprüngen nahm ich die beiden Treppen mit den tief ausgetretenen fichtenen Stufen, hörte aus einem der anderen Schulräume die eintönige, diktierende Stimme eines Lehrers schallen, sprang durchs Tor und die flachen Sandsteinstufen hinab und schlenderte dankbar und glücklich in den hübschen Morgen hinein, der eben noch so ermüdend lang und leer geschienen hatte. Hier draußen war er es nicht, hier war weder von der Öde noch von den geheimen Spannungen etwas zu spüren, die im Klassenzimmer den Stunden das Leben aussog und sie so erstaunlich in die Länge zog. Hier wehte Wind und flogen eilige Wolkenschatten über das Pflaster des breiten Marktplatzes, Taubenschwärme erschreckten kleine Hunde und brachten sie zum Bellen, Pferde standen vor Bauernwagen gespannt, hatten eine hölzerne Krippe vor sich stehen und fraßen Heu, die Handwerker waren an der Arbeit oder unterhielten sich durch ihre niedrig gelegenen Werkstättenfenster mit der Nachbarschaft. Im kleinen Schaufenster der Eisenhandlung lag immer noch die derbe Pistole mit dem blaustählernen Lauf, die zweieinhalb Mark kosten sollte und mir seit Wochen in die Augen stach. Verlockend und schön war auch die Obstbude der Frau Haas auf dem Markt und der winzige Spielzeugladen des Herrn Jenisch, und nebenan blickte aus dem offenen Werkstattfenster das weißbärtige und rotleuchtende Gesicht des Kupferschmiedes, wetteifernd an Glanz und Röte mit dem blanken

Metall des Kessels, an dem er hämmerte. Dieser stets muntere und stets neugierige alte Mann ließ selten jemand an seinem Fenster vorübergehen, ohne ihn anzusprechen oder mindestens einen Gruß mit ihm zu tauschen. Auch mich sprach er an: »Ja, ist denn eure Schule schon aus?« und als ich ihm erzählt hatte, daß ich einen Auftrag meines Lehrers zu besorgen habe, riet er mir verständnisvoll: »Na, dann pressier du nur nicht zuviel, der Vormittag ist noch lang.« Ich folgte seinem Rat und blieb eine gute Weile auf der alten Brücke stehen. Auf die Brüstung gestützt, blickte ich ins still ziehende Wasser hinab und beobachtete ein paar kleine Barsche, die ganz tief, nah am Boden, scheinbar schlafend und regungslos am selben Fleck verweilten, in Wirklichkeit aber unmerklich die Plätze miteinander tauschten. Sie hielten die Mäuler nach unten gekehrt, den Boden absuchend, und wenn sie zuweilen wieder flach und unverkürzt zu erblicken waren, konnte ich auf ihren Rücken das helldunkle Streifenmuster erkennen. Über das nahe Wehr rann mit sanftem helltönigem Rauschen das Wasser, weiter unten auf der Insel lärmten in Scharen die Enten, auf diese Entfernung tönte auch ihr Geschwader und Gequake sanft und eintönig und hatte gleich dem Strömen des Flusses übers Wehr jenen zauberischen Klang von Ewigkeit, in den man versinken und von dem man sich einschläfern und zudecken lassen konnte wie vom nächtlichen Sommerregenrauschen oder vom leisen dichten Sinken des Schneefalles. Ich stand und schaute, stand und lauschte, zum erstenmal an diesem Tage war ich für eine kleine Weile wieder in jener holden Ewigkeit, in der man von Zeit nichts weiß.

Schläge der Kirchenuhr weckten mich. Ich schrak auf, fürchtete, viel Zeit vertan zu haben, erinnerte mich meines Auftrags. Und jetzt erst fing dieser Auftrag und was mit ihm zusammenhing meine Aufmerksamkeit und Teilnahme ein. Indem ich ohne weiteres Säumen der Bahnhofsgegend zustrebte, fiel mir Wellers unglückliches Gesicht wieder ein, wie er mit dem Professor geflüstert hatte, jenes Verdrehen der Augen und der Ausdruck seines Rückens und seines Ganges, wie er so langsam und wie geschlagen in seine Bank zurückgekehrt war.

Daß einer nicht zu allen Stunden derselbe sein, daß er manche Gesichter, mancherlei Ausdruck und Haltung haben könne, nun, das war nichts Neues, das wußte man längst und kannte es,

442

an anderen wie an sich selber. Neu aber war, daß es diese Unterschiede, diesen wunderlichen und bedenklichen Wechsel zwischen Mut und Angst, Freude und Jammer auch bei ihm gab, bei dem guten Weller mit dem Drüsengesicht und den Hosentaschen voll Eßbarem, bei einem von jenen dort hinten in den letzten beiden Bänken, die sich so gar keine Schulsorgen zu machen und von der Schule nichts als ihre Langeweile zu fürchten schienen, einem von jenen im Lernen so gleichgültigen, mit den Büchern so unvertrauten Kameraden, die dafür, sobald es um Obst und Brot, Geschäfte und Geld und andere Angelegenheiten der Erwachsenen ging, uns andern so weit voraus und beinah schon selber wie Erwachsene waren – das beunruhigte mich nun, indem ich meine Gedanken damit beschäftigte, recht sehr.

Ich erinnerte mich einer seiner sachlichen und lakonischen Mitteilungen, mit der er mich noch vor kurzem überrascht und beinah in Verlegenheit gebracht hatte. Es war auf dem Weg zur Bachwiese, wo wir im Schwarm der Kameraden eine kleine Strecke weit nebeneinander gingen. Das Röllchen mit Handtuch und Badehose unter dem Arm geklemmt, schritt er in seiner gelassenen Weise neben mir, und plötzlich blieb er eine Sekunde stehen, wandte mir sein großes Gesicht zu und sagte die Worte: »Mein Vater verdient sieben Mark am Tag.«

Ich hatte bisher von niemandem gewußt, wieviel er am Tag verdiene, und wußte auch nicht so recht, wieviel sieben Mark eigentlich seien, es schien mir immerhin eine recht schöne Summe, und er hatte sie auch mit einem Ton von Befriedigung und Stolz genannt. Aber da das Auftrumpfen mit irgendwelchen Zahlen und Größen eine der Spielarten im Unterhaltungston zwischen uns Schülern war, ließ ich, obwohl er vermutlich die Wahrheit gesagt hatte, mir nicht imponieren. Wie man einen Ball zurückschlägt, warf ich ihm meine Entgegnung hin und teilte ihm mit, daß mein Vater am Tag zwölf Mark verdiene. Das war gelogen, war frei erfunden, machte mir aber keine Skrupel, denn es war eine rein rhetorische Übung. Weller dachte einen Augenblick nach, und als er sagte: »Zwölf? Das ist bei Gott nicht schlecht!« ließ sein Blick und Ton es fraglich, ob er meine Auskunft ernst genommen habe oder nicht. Er bestand nicht darauf, mich zu entlarven, er ließ es gut sein, ich hatte da etwas behauptet, woran sich vielleicht zweifeln ließ, er nahm es hin und fand es keiner Auseinandersetzung wert, und damit war er wieder der Überlegene und Erfahrene, der Praktiker und beinah Erwachsene, und ich erkannte das ohne Widerspruch an. Es war, als habe ein Zwanzigjähriger mit einem Elfjährigen gesprochen. Aber waren wir denn nicht beide elfjährig?

Ja, und noch eine andere seiner so erwachsen und sachlich hingesprochenen Mitteilungen fiel mir ein, die mich noch mehr erstaunt und bestürzt hatte. Sie bezog sich auf einen Schlossermeister, dessen Werkstatt nicht weit von meinem großväterlichen Hause entfernt lag. Dieser Mann hatte sich eines Tages, wie ich mit Entsetzen von den Nachbarn erzählen hörte, das Leben genommen, etwas, was in der Stadt seit manchen Jahren nicht vorgekommen und mir, wenigstens in solcher Nähe von uns, mitten zwischen den vertrauten lieben Umgebungen meines Knabenlebens, bisher völlig undenkbar gewesen war. Es hieß, er habe sich erhängt, doch wurde darüber noch gestritten, man wollte ein so seltenes und großes Ereignis nicht gleich registrieren und zu den Akten legen, sondern erst sein Grausen und Schaudern daran haben, und so wurde der arme Tote schon am ersten Tag nach seinem Ende von den Nachbarsfrauen, Dienstmägden, Briefträgern mit einem Sagenkreis umsponnen, von dem auch mich einige Strähnen erreichten. Andern Tages aber traf Weller mich auf der Straße, wie ich scheu nach dem Schlosserhause mit der verstummten und geschlossenen Werkstatt hinüberblickte, und fragte, ob ich wissen wolle, wie es der Schlosser gemacht habe. Dann gab er mir freundlich und mit einem überzeugenden Anschein von absolutem Wissen Auskunft: »Also, weil er doch Schlosser gewesen ist, hat er keinen Strick nehmen wollen, er hat sich an einem Draht aufgehängt. Er hat den Draht und Nägel und Hammer und Zange mitgenommen, ist den Teichelweg hinausgegangen, fast ganz bis zur Waldmühle, dort hat er den Draht zwischen zwei Bäumen gut festgemacht und sogar noch die übrigen Enden sorgfältig mit der Zange abgezwickt, und dann hat er sich an dem Draht aufgehängt. Wenn sich aber einer aufhängt, nicht wahr, dann hängt er sich meistens unten am Hals auf, und dann treibt es ihm die Zunge heraus, das sieht scheußlich aus, und das wollte er nicht haben. Also, was hat er getan? Er hat sich nicht unten am Hals aufgehängt, sondern ganz

444

vorn beim Kinn, und darum hat ihm die Zunge nachher nicht herausgehangen. Aber blau im Gesicht ist er doch geworden.«

Und nun hatte dieser Weller, der so gut in der Welt Bescheid wußte und sich um die Schule so wenig kümmerte, offenbar eine schwere Sorge. Es bestand ein Zweifel, ob die Unterschrift seines Vaters unter dem letzten Zeugnis wirklich echt sei. Und da Weller so sehr bedrückt ausgesehen und bei seinem Rückweg durchs Schulzimmer einen so geschlagenen Ausdruck gehabt hatte, konnte man wohl annehmen, es habe mit jenem Zweifel seine Richtigkeit, und wenn dem so war, dann war es ja nicht nur ein Zweifel, sondern ein Verdacht oder eine Anklage, daß nämlich Otto Weller selbst seines Vaters Namenszug nachzuahmen versucht habe. Erst jetzt, wo ich nach dem kurzen Freuden- und Freiheitsrausch wieder wach und zum Denken fähig geworden war, begann ich den gequälten und verdrehten Blick meines Kameraden zu verstehen und zu ahnen, daß da eine fatale und häßliche Geschichte spiele, ja ich begann zu wünschen, ich möchte lieber nicht der glückliche Auserwählte sein, den man während der Schulstunde spazieren geschickt hatte. Der heitere Vormittag mit seinem Wind und seinen jagenden Wolkenschatten und die heitere hübsche Welt, durch die ich spaziert war, hatten sich verändert, meine Freude sank und sank, und statt ihrer füllten die Gedanken an Weller und seine Geschichte mich aus, lauter unangenehme und traurigmachende Gedanken. War ich auch noch ohne Weltkenntnis und ein Kind neben Wellers sachlicher Erfahrenheit, so wußte ich doch, und zwar aus frommen moralischen Erzählungen für die reifere Jugend, daß das Fälschen einer Unterschrift etwas ganz Schlimmes, etwas Kriminelles war, eine jener Etappen auf dem Wege, der die Sünder ins Gefängnis und zum Galgen führte. Und doch war unser Schulkamerad Otto ein Mensch, den ich gern hatte, ein gutartiger und netter Kerl, den ich nicht für einen Verworfenen und zum Galgen Bestimmten halten konnte. Ich hätte dies und jenes dafür gegeben, wenn sich herausstellen würde, daß die Unterschrift echt und der Verdacht ein Irrtum sei. Aber hatte ich nicht sein bekümmert-erschrockenes Gesicht gesehen, hatte er nicht recht deutlich merken lassen, daß er Angst und also ein schlechtes Gewissen habe?

Ich näherte mich schon, wieder ganz langsam gehend, jenem

Hause, in dem lauter Leute von der Eisenbahn wohnten, als mir
der Gedanke kam, ob ich nicht vielleicht etwas für Otto tun
könne. Wenn ich nun, dachte ich, gar nicht in dieses Haus hin-
eeininginge, sondern in die Klasse zurück, und dem Professor melden würde, die Unterschrift sei in Ordnung? Kaum war mir der
Einfall gekommen, da spürte ich schwere Beklemmungen: ich
hatte mich selber in diese schlimme Geschichte eingeschaltet, ich
würde, wenn ich meinem Einfall folgte, nicht mehr zufälliger
Bote und Nebenfigur, sondern Mitspieler und Mitschuldiger
sein. Ich ging immer langsamer, ging schließlich an dem Hause
vorbei und langsam weiter, ich mußte Zeit gewinnen, ich mußte
es mir noch überlegen. Und nachdem ich mir die rettende und
edle Lüge, zu der ich schon halb entschlossen war, als wirklich
ausgesprochen dachte und mich in ihre Folgen verstrickt hatte,
sah ich ein, daß das über meine Kräfte gehe. Nicht aus Klugheit,
aus Furcht vor den Folgen verzichtete ich auf die Rolle des Hel-
fers und Retters. Ein zweiter, harmloserer Ausweg fiel mir noch
ein: ich konnte umkehren und melden, daß bei Wellers niemand
zu Hause gewesen sei. Aber siehe, auch zu dieser Lüge reichte
mein Mut nicht aus. Der Professor würde mir zwar glauben,
aber er würde fragen, warum ich dann so lange ausgeblieben sei.
Betrübt und mit schlechtem Gewissen ging ich endlich in das
Haus hinein, rief nach Herrn Weller und wurde von einer Frau
in den oberen Stock gewiesen, dort wohnt Herr Weller, aber er
sei im Dienst und ich werde nur seine Frau antreffen. Ich stieg
die Treppe hinan, es war ein kahles und eher unfreundliches
Haus, es roch nach Küche und nach einer scharfen Lauge oder
Seife. Und oben fand ich richtig Frau Weller; sie kam aus der
Küche, war eilig und fragte kurz, was ich wolle. Als ich aber
berichtet hatte, daß der Klassenlehrer mich geschickt habe und
es sich um Ottos Zeugnis handle, trocknete sie die Hände an
ihrer Schürze ab und führte mich in die Stube, bot mir einen
Stuhl an und fragte sogar, ob sie mir etwas vorsetzen könne, ein
Butterbrot etwa oder einen Apfel. Ich hatte aber schon das
Zeugnisheft aus der Tasche gezogen, hielt es ihr hin und sagte
ihr, der Professor lasse fragen, ob die Unterschrift wirklich von
Ottos Vater sei. Sie verstand nicht gleich, ich mußte es wieder-
holen, angestrengt hörte sie zu und hielt sich nun das aufge-
schlagene Heft vor die Augen. Ich konnte sie mir in Muße an-

sehen, denn sie saß sehr lange Zeit regungslos, starrte in das Heft
und sagte kein Wort. So betrachtete ich sie denn, und ich fand,
daß ihr Sohn ihr sehr ähnlich sehe, nur die Drüsen fehlten. Sie
war frisch und rot im Gesicht, aber während sie so saß, nichts
sagte und das Büchlein in Händen hielt, sah ich dies Gesicht ganz
langsam schlaff und müde, welk und alt werden, es dauerte Minuten, und als sie endlich das Ding in ihren Schoß sinken ließ
und mich wieder ansah oder ansehen wollte, liefen ihr aus beiden
weit offenen Augen still und stetig große Tränen herab. Während sie das Heft noch in Händen gehalten und sich den Anschein gegeben hatte, als studiere sie es, waren, wie ich zu wissen
meinte, eben jene Vorstellungen vor ihr aufgetaucht und in trau-
rigem und schrecklichem Zuge vor ihrem innern Blick vorbei-
gezogen, die auch mich heimgesucht hatten, die Vorstellungen
vom Weg des Sünders ins Böse und vors Gericht, ins Gefängnis
und zum Galgen.

Tief beklommen saß ich ihr, die für meinen Kinderblick eine alte
Frau war, gegenüber, sah die Tränen über ihre roten Backen
laufen und wartete, ob sie etwas sagen würde. Das lange Schweigen war so schwer zu ertragen. Sie sagte aber nichts. Sie saß und
weinte, und als ich, da ich es nicht mehr aushielt, endlich selbst
das Schweigen durchbrach und nochmals fragte, ob Herr Weller
seinen Namen selbst in das Heft geschrieben habe, machte sie ein
noch mehr bekümmertes und trauriges Gesicht und schüttelte
mehreremal den Kopf. Ich stand auf, und auch sie erhob sich,
und als ich ihr die Hand hinreichte, nahm sie sie und hielt sie eine
Weile in ihren kräftigen warmen Händen. Dann nahm sie das
unselige blaue Heft, wischte ein paar Tränen von ihm ab, ging zu
einer Truhe, zog eine Zeitung daraus hervor, riß sie in zwei
Stücke, legte eines in die Truhe zurück und machte aus dem
andern säuberlich einen Umschlag um das Heft, das ich nicht
wieder in meine Jackentasche zu stecken wagte, sondern sorgfältig in der Hand davontrug.

Ich kehrte zurück und sah unterwegs weder Wehr noch Fische,
weder Schaufenster noch Kupferschmied, stattete meinen Bericht ab, war eigentlich enttäuscht darüber, daß mir mein langes
Ausbleiben nicht vorgeworfen wurde, denn das wäre in Ordnung gewesen und hätte mir eine Art von Trost bedeutet, so als
würde ich zu einem kleinen Teil mitbestraft, und habe mir in der

447

folgenden Zeit alle Mühe gegeben, diese Geschichte zu vergessen.

Ob und wie mein Mitschüler bestraft wurde, habe ich nie erfahren, wir beide haben über diese Angelegenheit nie ein Wort miteinander gesprochen, und wenn ich je einmal auf der Straße von weitem seiner Mutter gewahr wurde, war mir kein Umweg zu weit, um die Begegnung zu vermeiden. *(1948)*

Kaminfegerchen

Am Karnevals-Dienstagnachmittag mußte meine Frau rasch nach Lugano. Sie redete mir zu, ich möchte mitkommen, dann könnten wir eine kleine Weile dem Flanieren der Masken oder vielleicht einem Umzug zusehen. Mir war es nicht danach zumute, seit Wochen von Schmerzen in allen Gelenken geplagt und halb gelähmt spürte ich Widerwillen schon beim Gedanken, den Mantel anziehen und in den Wagen steigen zu müssen. Aber nach einigem Widerstreben bekam ich doch Courage und sagte zu. Wir fuhren hinunter, ich wurde bei der Schifflände abgesetzt, dann fuhr meine Frau weiter, einen Parkplatz zu suchen, und ich wartete mit Kato, der Köchin, in einem dünnen und doch spürbaren Sonnenschein, inmitten eines lebhaft, aber gelassen flutenden Verkehrs. Lugano ist schon an gewöhnlichen Tagen eine ausgesprochen fröhliche und freundliche Stadt, heute aber lachte sie einen auf allen Gassen und Plätzen übermütig und lustig an, die bunten Kostüme lachten, die Gesichter lachten, die Häuser an der Piazza mit menschen- und maskenüberfüllten Fenstern lachten, und es lachte heut sogar der Lärm. Er bestand aus Schreien, aus Wogen von Gelächter und Zurufen, aus Fetzen von Musik, aus komischem Gebrüll eines Lautsprechers, aus Gekreische und nicht ernst gemeinten Schreckensrufen von Mädchen, die von den Burschen mit Fäusten voll Konfetti beworfen wurden, wobei die Hauptabsicht offenbar die war, den Beschossenen möglichst einen Haufen der Papierschnitzel in den Mund zu zwingen. Überall war das Straßenpflaster mit dem vielfarbigen Papierkram bedeckt, unter den Arkaden ging man darauf weich wie auf Sand oder Moos.
Bald war meine Frau zurück, und wir stellten uns an einer Ecke der Piazza Riforma auf. Der Platz schien Mittelpunkt des Festes zu sein. Platz und Trottoirs standen voll Menschen, zwischen deren bunten und lauten Gruppen aber außerdem ein fortwährendes Kommen und Gehen von flanierenden Paaren oder Gesellschaften lief, eine Menge kostümierter Kinder darunter. Und am jenseitigen Rande des Platzes war eine Bühne aufgeschlagen, auf der vor einem Lautsprecher mehrere Personen lebhaft agierten: Ein Conférencier, ein Volkssänger mit Gitarre, ein feister

Clown und andre. Man hörte zu oder nicht, verstand oder verstand nicht, lachte aber auf jeden Fall mit, wenn der Clown wieder einen wohlbekannten Nagel auf den wohlbekannten Kopf getroffen hatte, Akteure und Volk spielten zusammen, Bühne und Publikum regten einander gegenseitig an, es war ein dauernder Austausch von Wohlwollen, Anfeuerung, Spaßlust und Lachbereitschaft. Auch ein Jüngling wurde vom Conférencier seinen Mitbürgern vorgestellt, ein junger Künstler, Dilettant von bedeutenden Gaben, er entzückte uns durch die virtuose Nachahmung von Tierstimmen und anderen Geräuschen.

Höchstens eine Viertelstunde, hatte ich mir ausbedungen, wollten wir in der Stadt bleiben. Wir blieben aber eine gute halbe Stunde, schauend, hörend, zufrieden. Für mich ist schon der Aufenthalt in einer Stadt, unter Menschen, und gar in einer festlichen Stadt, etwas ganz Ungewohntes und halb Beängstigendes, halb Berauschendes, ich lebe wochen- und monatelang allein in meinem Atelier und meinem Garten, sehr selten noch raffe ich mich auf, den Weg bis in unser Dorf, oder auch nur bis ans Ende unsres Grundstücks, zurückzulegen. Nun auf einmal stand ich, von einer Menge umdrängt, inmitten einer lachenden und spaßenden Stadt, lachte mit und genoß den Anblick der Menschengesichter, der so vielartigen, abwechslungs- und überraschungsreichen, wieder einmal einer unter vielen, dazugehörig, mitschwingend. Es würde natürlich nicht lange dauern, bald würden die kalten schmerzenden Füße, die müden schmerzenden Beine genug haben und heimbegehren, bald auch würde der kleine holde Rausch des Sehens und Hörens, das Betrachten der tausend so merkwürdigen, so schönen, so interessanten und liebenswerten Gesichter und das Horchen auf die vielerlei Stimmen, die sprechenden, lachenden, schreienden, kecken, biederen, hohen, tiefen, warmen oder scharfen Menschenstimmen mich ermüdet und erschöpft haben; der heiteren Hingabe an die üppige Fülle der Augen- und Ohrengenüsse würde die Ermattung und jene dem Schwindel nah verwandte Furcht vor dem Ansturm der nicht mehr zu bewältigenden Eindrücke folgen. »Kenne ich, kenne ich«, würde hier Thomas Mann den Vater Briest zitieren. Nun, es war, wenn man sich die Mühe nahm, ein wenig nachzudenken, nicht allein die Altersschwäche schuld an dieser Furcht vor dem Zuviel, vor der Fülle der Welt, vor dem glänzenden Gaukelspiel der Maja. Es war auch nicht bloß, um mit dem Vokabular der Psychologen zu sprechen, die Scheu des Introvertierten vor dem Sichbewähren der Umwelt gegenüber. Es lagen auch andre, gewissermaßen bessere Gründe für diese leise, dem Schwindel so ähnliche Angst und Ermüdbarkeit vor. Wenn ich meine Nachbarn ansah, die während jener halben Stunde auf der Piazza Riforma neben mir standen, so wollte es mir scheinen, sie weilten wie Fische im Wasser, lässig, müde, zufrieden, zu nichts verpflichtet; es wollte mir scheinen, als nähmen ihre Augen die Bilder und ihre Ohren die Laute so auf, als säße nicht hinter dem Auge ein Film, ein Gehirn, ein Magazin und Archiv und hinterm Ohr eine Platte oder ein Tonband, in jeder Sekunde beschäftigt, sammelnd, raffend, aufzeichnend, verpflichtet nicht nur zum Genuß, sondern weit mehr zum Aufbewahren, zum etwaigen späteren Wiedergeben, verpflichtet zu einem Höchstmaß an Genauigkeit im Aufmerken. Kurz, ich stand hier wieder einmal nicht als Publikum, nicht als verantwortungsloser Zuschauer und Zuhörer, sondern als Maler mit dem Skizzenbuch in der Hand, arbeitend, angespannt. Denn eben dies war ja unsre, der Künstler, Art von Genießen und Festefeiern, sie bestand aus Arbeit, aus Verpflichtung, und war dennoch Genuß – so weit eben die Kraft hinreichte, soweit eben die Augen das fleißige Hin und Her zwischen Szene und Skizzenbuch ertrugen, soweit eben die Archive im Gehirn noch Raum und Dehnbarkeit besaßen. Ich würde das meinen Nachbarn nicht erklären können, wenn es von mir verlangt würde, oder wenn ich es versuchen wollte, so würden sie vermutlich lachen und sagen: »Caro uomo, beklagen Sie sich nicht zu sehr über Ihren Beruf! Er besteht im Anschauen und eventuellen Abschildern lustiger Dinge, wobei Sie sich angestrengt und fleißig vorkommen mögen, während wir andern für Sie Feriengenießer, Gaffer und Faulenzer sind. Wir haben aber tatsächlich Ferien, Herr Nachbar, und sind hier, um sie zu genießen, nicht um unsern Beruf auszuüben wie Sie. Unser Beruf aber ist nicht so hübsch wie der Ihre, Signore, und wenn Sie ihn gleich uns einen einzigen Tag lang in unseren Werkstätten, Kaufläden, Fabriken und Büros ausüben müßten, wären Sie schnell erledigt.« Er hat recht, mein Nachbar, vollkommen recht; aber es hilft nichts, auch ich glaube recht zu haben. Doch sagen wir einander unsre Wahrheiten ohne Groll, freundlich und mit etwas Spaß; jeder hat nur den Wunsch, sich ein wenig zu rechtfertigen, nicht aber den Wunsch, dem andern weh zu tun.

Immerhin, das Auftauchen solcher Gedanken, das Imaginieren solcher Gespräche und Rechtfertigungen war schon der Beginn des Versagens und Ermüdens; es würde gleich Zeit sein heimzukehren und die versäumte Mittagsruhe nachzuholen. Ach, und wie wenige von den schönen Bildern dieser halben Stunde waren ins Archiv gelangt und gerettet! Wieviel hunderte, vielleicht die schönsten, waren meinen untüchtigen Augen und Ohren schon ebenso spurlos entglitten wie denen, die ich glaubte als Genießer und Gaffer ansehen zu dürfen!

Eins der tausend Bilder ist mir dennoch geblieben und soll für die Freunde ins Skizzenbüchlein gebracht werden.

Beinahe die ganze Zeit meines Aufenthalts auf der festlichen Piazza stand mir nahe eine sehr stille Gestalt, ich hörte sie während jener halben Stunde kein Wort sagen, sah sie kaum einmal sich bewegen, sie stand in einer merkwürdigen Einsamkeit oder Entrücktheit mitten in dem bunten Gedränge und Getriebe, ruhig wie ein Bild, und sehr schön. Es war ein Kind, ein kleiner Knabe, wohl höchstens etwa sieben Jahre alt, ein hübsches kleines Figürchen mit unschuldigem Kindergesicht, für mich dem liebenswertesten Gesicht unter den hunderten. Der Knabe war kostümiert, er steckte in schwarzem Gewand, trug ein schwarzes Zylinderhütchen und hatte den einen seiner Arme durch ein Leiterchen gesteckt, auch eine Kaminfegerbürste fehlte nicht, es war alles sorgfältig und hübsch gearbeitet, und das kleine liebe Gesicht war ein wenig mit Ruß oder andrem Schwarz gefärbt. Davon wußte er aber nichts. Im Gegensatz zu allen den erwachsenen Pierrots, Chinesen, Räubern, Mexikanern und Biedermeiern, und ganz und gar im Gegensatz zu den auf der Bühne agierenden Figuren, hatte er keinerlei Bewußtsein davon, daß er ein Kostüm trage und einen Kaminfeger darstelle, und noch weniger davon, daß das etwas Besonderes und Lustiges sei und ihm so gut stehe. Nein, er stand klein und still auf seinem Platz, auf kleinen Füßen in kleinen braunen Schuhen, das schwarz lackierte Leiterchen über der Schulter, vom Gewoge umdrängt und manchmal ein wenig gestoßen, ohne es zu merken, er stand und

staunte mit träumerisch entzückten, hellblauen Augen aus dem
glatten Kindergesicht mit den geschwärzten Wangen empor zu
einem Fenster des Hauses, vor dem wir standen. Dort im Fenster, eine Mannshöhe über unsern Köpfen, war eine vergnügte
Gesellschaft von Kindern beisammen, etwas größer als er, die
lachten, schrien und stießen sich, alle in bunten Vermummun-
gen, und von Zeit zu Zeit ging aus ihren Händen und Tüten ein
Regen von Konfetti über uns nieder. Gläubig, entrückt, in seliger Bewunderung blickten die Augen des Knaben staunend empor, gefesselt, nicht zu sättigen, nicht loszulösen. Es war kein
Verlangen in diesem Blick, keinerlei Begierde, nur staunende
Hingabe, dankbares Entzücken. Ich vermochte nicht zu erkennen, was es sei, das diese Knabenseele so staunen und das einsame Glück des Schauens und Bezaubertseins erleben ließ. Es
mochte die Farbenpracht der Kostüme sein, oder ein erstmaliges
Innewerden der Schönheit von Mädchengesichtern, oder das
Lauschen eines Einsamen und Geschwisterlosen auf das gesellige Gezwitscher der hübschen Kinder dort droben, vielleicht
auch waren die Knabenaugen nur entzückt und behext von dem
sacht rieselnden Farbenregen, der von Zeit zu Zeit aus den Händen jener Bewunderten herabsank, sich dünn auf unsern Köpfen
und Kleidern und dichter auf dem Steinboden sammelte, den er
schon wie feiner Sand bedeckte.
Und ähnlich wie dem Knaben ging es mir. So wie er weder von
sich selbst und den Attributen und Intentionen seiner Verklei-
dung noch von der Menge, dem Clownstheater und den das
Volk wie in Wogengängen durchpulsenden Schwellungen des
Gelächters und Beifalls etwas wahrnahm, einzig dem Anblick
im Fenster hörig, so war auch mein Blick und mein Herz mitten
im werbenden Gedränge so vieler Bilder immer wieder dem einen Bilde zugehörig und hingegeben, dem Kindergesicht zwischen schwarzem Hut und schwarzem Gewand, seiner Unschuld, seiner Empfänglichkeit für das Schöne, seinem unbewußten Glück. *(1953)*

Quellennachweis

Der Wolf: Geschrieben im Januar 1903 u.d.T. »Ein Untergang«. Typoskript u.d.T. »Wolf im Jura« im Deutschen Literaturarchiv, Marbach am Neckar. Erstdruck in »Rheinisch-Westfälische Zeitung«, Essen vom 17. 7. 1904. Unter verschiedenen Titeln (»Des Wolfes Ende«, »Wolf im Jura«) mehrfach in Zeitungen und Zeitschriften gedruckt. Erstmals in Buchform in H. Hesse, »Am Weg«. Konstanz 1915.

Aus Kinderzeiten: Geschrieben 1903/04. Manuskript im Deutschen Literaturarchiv, Marbach. Erstdruck in »Die Rheinlande«, Düsseldorf vom August 1904. Erstmals in Buchform in H. Hesse, »Diesseits«. Berlin 1907.

In der alten Sonne: Geschrieben im Januar/Februar 1904. Manuskript u.d.T. »Sonnenbrüder« im Deutschen Literaturarchiv, Marbach. Erstdruck in »Süddeutsche Monatshefte«, München vom Mai/Juni 1905. Erstmals in Buchform in H. Hesse, »Nachbarn«. Berlin 1908.

Der Lateinschüler: Geschrieben Januar bis Juli 1905. Manuskript im Deutschen Literaturarchiv, Marbach. Erstdruck in »Über Land und Meer«, Stuttgart vom Juni 1906. Erstmals in Buchform in H. Hesse, »Diesseits«. Berlin 1907.

Heumond: Geschrieben 1905. Manuskript in der Österreichischen Nationalbibliothek, Wien (Sammlung Stefan Zweig). Erstdruck in »Die Neue Rundschau«, Berlin vom April 1905. Erstmals in Buchform in H. Hesse, »Diesseits«. Berlin 1907.

Das erste Abenteuer: Geschrieben 1905. Typoskript im Deutschen Literaturarchiv, Marbach. Erstdruck in »Simplicissimus«, München vom 12. 3. 1906. Unter verschiedenen Titeln (»Erlebnis«, »Liebe wie im Traum«, »Mit achtzehn Jahren«, »Achtzehnjährig«) in Zeitungen und Zeitschriften mehrfach nachgedruckt. Erstmals in Buchform in H. Hesse, »Die Kunst des Müßiggangs«. Kurze Prosa aus dem Nachlaß. Herausgegeben von Volker Michels, Frankfurt am Main 1973.

Casanovas Bekehrung: Erstdruck in »Süddeutsche Monatshefte«, München vom April 1906. Erstmals in Buchform in H. Hesse, »Legenden«. Frankfurt am Main 1975.

Hans Dierlamms Lehrzeit: Geschrieben im Februar 1907. Manuskript im Deutschen Literaturarchiv, Marbach. Erstdruck in

455

»Über Land und Meer«, Stuttgart vom Oktober 1908. Erstmals in Buchform in H. Hesse, »Die Erzählungen«, herausgegeben von Volker Michels, Frankfurt am Main 1973.

Taedium vitae: Erstdruck in »Die Neue Rundschau«, Berlin vom Juli 1908. Erstmals in Buchform in H. Hesse, »Die Erzählungen«, a.a.O. 1973.

Die Verlobung: Manuskript u.d.T. »Die Jugendzeit des kleinen Ohngelt« im Deutschen Literaturarchiv, Marbach. Erstdruck u.d.T. »Eine Liebesgeschichte« in »März«, München vom September-Oktober 1908. Erstmals in Buchform in H. Hesse, »Nachbarn«. Berlin 1908.

Die Stadt: Skizze. Geschrieben im Februar 1910. Erstdruck in »Licht und Schatten«, München vom März 1910. Erstmals in Buchform u.d.T. »Wie eine Stadt entsteht und vergeht« in »Der deutschen Jugend Wunderhorn«, Ullstein Verlag, Berlin 1927, und H. Hesse, »Traumfährte«. Neue Erzählungen und Märchen, Zürich 1945.

Doktor Knölges Ende: Geschrieben 1910. Typoskript im Deutschen Literaturarchiv, Marbach. Erstdruck in »Jugend«, München vom Oktober 1910. Erstmals in Buchform in H. Hesse, »Die Erzählungen«, a.a.O. 1973.

Pater Matthias: Geschrieben 1910. Manuskript im Privatbesitz. Erstdruck in »März«, München vom November-Dezember 1911. Erstmals in Buchform in H. Hesse, »Umwege«, Berlin 1912.

Der Weltverbesserer: Geschrieben 1910. Erstdruck in »März«, München vom April-Mai 1911. Erstmals in Buchform in H. Hesse, »Umwege«, a.a.O. 1912.

Das Nachtpfauenauge: Erstdruck in »Jugend«, München vom 6. 6. 1911. Unter verschiedenen Titeln wie »Der Schmetterling«, »Der Nachtfalter«, »Der kleine Nachtfalter«, »Geschichte vom kleinen Nachtfalter« in Zeitungen und Zeitschriften mehrfach gedruckt. Erstmals in Buchform in H. Hesse, »Kleiner Garten«, E.P. Tal Verlag, Wien und Leipzig 1919.

Robert Aghion: Geschrieben 1912. Manuskript im Deutschen Literaturarchiv, Marbach. Erstdruck in »Die Schweiz«, Zürich vom Januar 1913. Erstmals in Buchform in H. Hesse, »Aus Indien«, Berlin 1913.

Der Zyklon: Geschrieben 1913. Typoskript im Deutschen Literaturarchiv, Marbach. Erstdruck in »Die Neue Rundschau«, Berlin vom Juli 1913. Erstmals in Buchform in H. Hesse, »Schön ist die Jugend«, Berlin 1916.

Autorenabend: Geschrieben 1912. Manuskript im Deutschen Literaturarchiv, Marbach. Erstdruck in »Simplicissimus«, München vom 13. 7. 1914. Erstmals in Buchform in H. Hesse, »Bilderbuch«, Berlin 1926.

Wenn der Krieg noch zwei Jahre dauert: Geschrieben im November 1917. Erstdruck u.d.T. »Im Jahre 1920« unter dem Pseudonym Emil Sinclair in »Neue Zürcher Zeitung« vom 15./16. 11. 1917. Erstmals in Buchform in H. Hesse, »Sinclairs Notizbuch«, Zürich 1923.

Kinderseele: Geschrieben Dezember 1918 bis Februar 1919. Typoskript in der Hesse-Sammlung von Alice und Fritz Leuthold der Eidgenössischen Technischen Hochschule, Zürich. Erstdruck in »Deutsche Rundschau«, Berlin vom November 1919. Erstmals in Buchform in »Alemannenbuch«, herausgegeben von H. Hesse, Bern 1919.

Die Fremdenstadt im Süden: Geschrieben im Mai 1925. Manuskript im Deutschen Literaturarchiv, Marbach. Erstdruck in »Berliner Tageblatt« vom 31. 5. 1925. Erstmals in Buchform in »Materialien zu Hermann Hesse ›Der Steppenwolf‹«, herausgegeben von Volker Michels. Frankfurt am Main 1972.

Der Bettler: Geschrieben im Juli 1948. Typoskript im Deutschen Literaturarchiv, Marbach. Erstdruck in »Neue Zürcher Zeitung« vom 7.-11. 10. 1948. Erstmals in Buchform in H. Hesse, »Späte Prosa«. Frankfurt am Main 1951.

Unterbrochene Schulstunde: Geschrieben 1948. Typoskript im Deutschen Literaturarchiv, Marbach. Erstdruck in »Schweizer Monatshefte«, Zürich vom November 1951. Erstmals in Buchform in H. Hesse, »Späte Prosa«, a.a.O. 1951.

Kaminfegerchen: Geschrieben im Februar 1953. Erstdruck in »Neue Zürcher Zeitung« vom 24. 2. 1953 u.d.T. »Skizzenblatt«. Erstmals in Buchform in H. Hesse, »Beschwörungen«, a.a.O.

Hermann Hesse
Sämtliche Werke in 20 Bänden

Band 1:
Jugendschriften

Band 2:
Peter Camenzind, Unterm Rad, Gertrud

Band 3:
Roßhalde, Knulp, Demian, Siddhartha

Band 4:
Der Steppenwolf, Narziß und Goldmund,
Die Morgenlandfahrt

Band 5:
Das Glasperlenspiel

Band 6:
Die Erzählungen I

Band 7:
Die Erzählungen II

Band 8:
Die Erzählungen III

Band 9:
Märchen, Legenden, Nachdichtungen,
dramatische Versuche, Idyllen

Band 10:
Die Gedichte

Band 11:
Autobiographische Schriften: Wanderung, Kurgast,
Nürnberger Reise, Tagebücher

Band 12:
Selbstzeugnisse und Gedenkblätter

Band 13:
Betrachtungen I

Band 14:
Betrachtungen II

Band 15:
Politische Schriften

Band 16:
Die Welt im Buch I

Band 17:
Die Welt im Buch II

Band 18:
Die Welt im Buch III

Band 19:
Die Welt im Buch IV

Band 20:
Die Welt im Buch V